Vorbemerkung

Vor § 373

Übersicht

A. Allgemeines

1 Das HGB verwendet den Begriff des Handelskaufs in der Überschrift des zweiten Abschnitts des dritten Buches (§§ 373 ff HGB). Es versteht darunter Kaufverträge über Waren und Wertpapiere sowie Werklieferungsverträge (§ 381 HGB), die ein Kaufmann im Rahmen seines Handelsgewerbes abschließt (§§ 343 f HGB). Dabei ist es gleichgültig, ob beide Vertragsparteien zum Kreis der Kaufleute (§§ 1 ff HGB) gehören oder der Kauf bzw. Werklieferungsvertrag nur für eine der Parteien ein Handelsgeschäft darstellt (§ 345 HGB). K. Schmidt (Handelsrecht[2] (1982) § 28 I 2) hält die Erstreckung der Sonderregeln des Handelskaufs auf einseitige Handelsgeschäfte für rechtspolitisch mißglückt und unter Umständen sogar ihre Anwendung für rechtsmißbräuchlich (K. Schmidt § 28 II 2 b). Diese Kritik erscheint als überzogen, weil es durchaus sachgerecht ist, dem typischen Beschleunigungsinteresse von Kaufleuten auch im Verhältnis zu Nichtkaufleuten, zumal wenn diese unternehmerisch tätig sind, Rechnung zu tragen. Gleichwohl ist nicht zu verkennen, daß der Handelskauf in der Variante „Kauf zwischen Kaufleuten bzw. Unternehmen" größere eigenständige Bedeutung gewinnen kann, wenn im Zuge der Rechtsfortbildung stärker Konsumentenschutzgesichtspunkte zum Tragen kommen (vgl. dazu *H. P. Westermann* Verbraucherschutz, in: Gutachten und Vorschläge zur Überarbeitung des Schuldrechts Bd. III (1983) S. 1 ff; *Lieb* AcP **183** (1983) 327, 348; *Joerges* Verbraucherschutz als Rechtsproblem (1981); *Dauner-Lieb* Verbraucherschutz durch Ausbildung eines Sonderprivatrechts für Verbraucher (1983)).

Die Rechtsgrundlagen des Handelskaufs finden sich nur zum geringsten Teil im HGB. Das ADHGB enthielt noch eine ausführliche Regelung des Kaufrechts. Weil sich diese sehr bewährt hatte, wurde sie zum größten Teil verallgemeinert und in das BGB übernommen. Das HGB enthält mithin nur noch einen kaufrechtlichen Torso, der durch die Vorschriften des BGB ergänzt wird. Gerade bei Handelskäufen sind daneben weitere rechtliche Gestaltungsfaktoren zu beachten. Zu nennen sind insbesondere **Allgemeine Geschäftsbedingungen** und **Formularverträge** (Rdn. 2), **Handelsklauseln** (Rdn. 167), **Handelsbräuche** (§ 346 HGB), die z. B. gerade beim **Überseekauf** eine große Rolle spielen. Bei internationalen Austauschverträgen wird das HGB/BGB zum Teil durch **Einheitliches Kaufrecht** (EKG/EAG (Rdn. 299)) und in absehbarer Zeit durch das **Wiener UN-Kaufrecht** (Rdn. 621) sowie weiteres einschlägiges Einheitsrecht verdrängt.

B. Allgemeine Geschäftsbedingungen und Formularverträge

2 Verbreitet haben Verbände Allgemeine Geschäftsbedingungen empfohlen oder jedenfalls ausgearbeitet. Die AGB sind, soweit sie empfohlen worden sind, im Bundesanzeiger veröffentlicht. Im übrigen sei auf die Allgemeinen Geschäftsbedingungen der bei *Krafzig* (Die Spruchpraxis der Hanseatischen Schiedsgerichte (1974) S. 9f) aufgezählten Verbände sowie auf die Allgemeinen Bedingungen für die Warenlieferung zwischen den Organisationen der Mitgliedsländer des Rates für Gegenseitige Wirtschaftshilfe (ALB/RGW 1968/1975) hingewiesen.

Besonders hervorgehoben seien:
Geschäftsbedingungen des Warenvereins der Hamburger Börse e. V. (**WVB**), abgedruckt bei *Straatmann/Ulmer* Handelsrechtliche Schiedsgerichts-Praxis (Bd. 2 1982) Textteil S. 29ff.

Literatur: *Mathies/Grimm/Sieveking* Die Geschäftsbedingungen des Waren-Vereins der Hamburger Börse e. V.[3] (1967); *Straatmann/Ulmer* Handelsrechtliche Schiedsgerichts-Praxis (1975/1982).

Bedingungen der Bremer Baumwollbörse für den Handel in Rohbaumwolle, Baumwollabfällen, Linters und Abfällen aus Chemiefasern oder Fasermischungen

Literatur: *Vierheilig* Das Kaufrecht der Bedingungen der Bremer Baumwollbörse (1968).

Bedingungen der Internationalen Wollvereinigung, herausgegeben von der Deutschen Wollvereinigung Bremen

Conditions of Contract for Electrical and Mechanical Works (FIDIC)

Literatur: *Stein/Berrer* Praxis des Exportgeschäfts II (1981).

Einheitsbedingungen im deutschen Getreidehandel und Sonderbestimmungen für Futtermittel und Mühlenprodukte

Literatur: *Stark* Kommentar zu den Einheitsbedingungen im deutschen Getreidehandel und den Sonderbestimmungen für Futtermittel sowie Lieferbedingungen für Mühlenprodukte[2] (1967).

Combiterms

Literatur: *Ramberg* Bimco-Bulletin Combiterms IV **1972** 1600; *Finke* S. 188; *Basedow* RabelsZ **43** (1979) 117.

Allgemeine Bedingungen für die Warenlieferung zwischen den Organisationen der Mitgliedsländer des Rates für Gegenseitige Wirtschaftshilfe (ALB/RGW)

Literatur: *Fink* Allgemeine Lieferbedingungen RGW-Finnland, RIW **1981** 92; *Kemper/Strohbach/Wagner* Die Allgemeinen Lieferbedingungen des RGW 1968 — Kommentar — (1975); *Reithmann* Internationales Vertragsrecht[3] (1980) Rdn. 313; *Uschakow* Vereinheitlichung des Kaufrechts im Ost-West-Verhältnis (1978); *Warmbold* Grundzüge eines einheitlichen Privatrechts für den Ost-West-Handel (1980).

Unter den Formularverträgen sind hervorzuheben:

3 Die von der Europäischen Wirtschaftskommission der Vereinten Nationen (U. N. Economic Commission for Europe) aufgestellten ECE-Bedingungen (Allgemeine Liefer- und Montagebedingungen). Die deutschsprachige Variante dieser Formularverträge kann beim *Maschinenbau-Verlag* 6000 Frankfurt bezogen werden.

Literatur: *Bartels/Motomura* Haftungsprinzip, Haftungsbefreiung und Vertragsbeendigung beim internationalen Kauf, RabelsZ **43** (1979), 649; *Benjamin* The ECE General Conditions of Sale and Standard Forms of Contract, J. Bus. L. (1961) 113; *Cornil* Journal of World Trade Law 3 (1969) S. 390 ff; *Ferid* Die allgemeinen Lieferbedingungen für den Export von Anlagegütern (1954); *Finke* Die Bedeutung internationaler Handelsklauseln für die Gefahrtragung nach deutschem und US-amerikanischem Recht (1984); *Harz* Die Allgemeinen Liefer- und Montagebedingungen für den Export von Maschinen und Anlagen, Recht im Außenhandel (1959) Nr. 22, S. 1; *v. Hoffmann* Zur Auslegung von Formularbedingungen des internationalen Handelsverkehrs, AWD **1970** 247; *Katona* The International Sale of Goods Among Member States of the Council for Mutual Economic Assistance, Colum. J. Transnat. L. 9 (1970) 226, 281; *Kropholler* Internationales Einheitsrecht, in: Beiträge zum ausländischen und internationalen Privatrecht Bd. 39 (1975); *Moecke* in Herber, Wiener UNCITRAL Übereinkommen über internationale Warenkaufverträge 2 (1983); *Schmitthoff* Das neue Recht des Welthandels, RabelsZ **28** (1964) 47, 65 f; *Tunc* L' élaboration de conditions générales de vente sous les auspices de la Commission Economique pour l' Europe, Revue international droit comparé 12 (1960) 108.

Feeding Stuff Contracts

Literatur: *Hansen* Feeding Stuffs Contract No. III a for C & F/CIF transactions in feeding Stuffs of animal origin (1967).

European Contract for Coffee, abgedruckt *Straatmann/Ulmer* Handelsrechtliche Schiedsgerichts-Praxis Bd. 2 (1982) Textteil S. 63 ff.

Weitere Quellenangaben zu Formularverträgen finden sich bei *Digenopoulos* Die Abwandlung der CIF- und FOB-Geschäfte im modernen Überseekaufrecht (1978) S. 236 ff.

Zur Gültigkeit der in den AGB und den Formularverträgen verwandten Klauseln im Lichte des AGBG siehe die Kommentierungen des AGBG.

C. Der Überseekauf

Übersicht

Schrifttum

4 *Albers* Gewichtsklauseln im Überseekauf (1950); *Basedow* Die Incoterms und der Container oder wie man kodifizierte Usancen reformiert, RabelsZ **43** (1979) 116; *Baumbach/Duden/Hopt* Kommentar zum HGB[25] (1983); *Beyer* „Trade Terms" — „Incoterms" Ihre rechtliche Bedeutung und Abgrenzung, AWD **1954** 20; *Day* The Law of International Trade (1981); *Digenopoulos* Die Abwandlung der CIF- und FOB-Geschäfte im modernen Überseekaufrecht (1978); *Du Pontavice* Les obligations des parties dans la vente CAF, European Transport Law **17** (1982) 343; *Eisemann* Zur Auslegung der Fob-Klausel, AWD **1962** 153; *Eisemann* Die Incoterms im internationalen Warenkaufrecht — Wesen und Geltungsgrund (1967); *Eisemann* Die Incoterms Heute und Morgen (1980); *Eisemann/Melis* Incoterms (1982); *Ewald* Dokumentengefahr, HansRZ **1927** 733; *Finke* Die Bedeutung der internationalen Handelsklauseln für den Gefahrübergang nach deutschem und US-amerikanischem Recht (1984); *Grimm* Kasse gegen Dokumente — Anm. zu OLG Hamburg AWD **1962** 52, 53f; *Großkommentar zum HGB*[3] (1967ff); *Großmann* Weltusancen für den Überseekauf, HansRZ **1925** 81; *Grossmann-Doerth* Das Recht des Überseekaufs Bd. I (1930); *Gütschow* Verschiffungstermin bei cif-Geschäften, HansRZ **1920** 535; *Haage* Die Klausel „ab Kai" unter Berücksichtigung der Trade Terms, BB **1956** 195; *Haage* Das Abladegeschäft (1958); *Hager* Die Gefahrübertragung beim Kauf (1982); *Hannack* Konzentration und notify address, Festschrift Kastner (1972) 169; *Herber* Einführung in das UN-Abkommen über den internationalen multimodalen Gütertransport, TransportR **1981** 37; *Hermann* Das Abladegeschäft im deutschen und französischen Recht und die Anforderungen an die Aufmachung des Konnossements, Diss. Köln (1962); *Herrmann* Der Kauf schwimmender Ware, Diss. Hamburg (1966); *Heuer* Über Vertragsklauseln in Bezug auf Abladung und Verschiffung des Kaufgegenstandes im überseeischen Handelsverkehr, LZ **1911** 102; *v. Hoffmann* Zur Auslegung von Formularbedingungen des internationalen Handelsverkehrs, AWD **1970** 247; *Kulenkamp* Gefahrteilung im Überseekauf, Diss. Hamburg (1964); *Larsen/Dielmann* Die „Multimodalkonvention" von 1980, VersR **1982** 417; *Lebuhn* CIF und FOB-Anwendung heute, European Transport Law XVI (1981) 24; *Leo* Übersicht der Kriegsrechtsprechung zum Abladegeschäft, HansRZ **1917/1918** 283, 374; *Liesecke* Die neuere Rechtsprechung, insbesondere des BGH, auf dem Gebiete des Überseekaufs, WM **1966** 174; *Liesecke* Die typischen Klauseln des internationalen Handelsverkehrs in der neueren Praxis, WM **1978** Sonderbeilage Nr. 3; *Mercadal* Les ventes FOB et CAF en France, European Transport Law **16** (1981) 11; *Möller* Aufteilungen der Vergütungsgefahr beim Überseekauf, HansRGZ **1940** A 253; *Necker* Reine Konnossemente gegen Revers, AWD **1959** 114; *Nielsen* Anmerkung, ZIP **1983** 583; *Nolte* Überseeische Cif-Abladegeschäfte, ZHR **89** 1; *Ohling* Kai-Gebühren im Seefrachtgeschäft, AWD **1964** 322; *Prüßmann/Rabe* Seehandelsrecht[2] (1983); *Richter,* in: Spezielle Rechtsprobleme der Nuvoy Charter/Incoterms 1980; *Sassoon* British Shipping Laws, C. I. F. and F. O. B. — Contracts[2] (1975); *ders.,* Application of FOB and CIF sales in common law countries, European Transport Law **16** (1981) 50; *Sieg* Der Versicherungsschein in wertpapierrechtlicher Sicht und seine Bedeutung bei der Veräußerung der versicherten Sache, VersR **1977** 213; *Schaps/Abraham* Das Seerecht in der Bundesrepublik Deutschland[4] (1978); *Schlegelberger/Hefermehl* Kommentar zum HGB[5] (1976); *Schmitthoff* The Export Trade[7] (1980); *Straatmann/Ulmer* Handelsrechtliche Schiedsgerichtspraxis (1975/1982); *Trappe* VersR **1981** 718; *Westphalen, Graf von* Rechtsprobleme der Exportfinanzierung[2] (1982); *Wüstendörfer* Bezahlung von beschlagnahmter Ware bei cif-Käufen, HansRGZ **1940** 1; *Wüstendörfer* Zur internationalen Vereinheitlichung des cif-Geschäfts, HansRZ **1926** 441.

I. Formen und Rechtsquellen des Überseekaufs

1. Grundformen des Überseekaufs

5 a) Der Überseekauf stellt einen Kaufvertrag dar, der in rechtlichem oder wirtschaftlichem Zusammenhang mit einem Seetransport steht. Seitdem sich die Überseekäufe im internationalen Warenhandel als eigenständiger **Vertragstyp** herauskristallisiert haben, hat man sich bemüht, die Formen des Überseekaufs zu systematisieren.

In der deutschen Literatur ist eine Einteilung in **echte** (eigentliche) und **unechte** (uneigentliche) **Abladegeschäfte** gebräuchlich (*Würdinger/Röhricht* Vorauflage vor § 373 241 f). Das echte Abladegeschäft wird dadurch charakterisiert, daß den Verkäufer die Pflicht trifft, die Ware zum Seetransport abzuladen bzw. zu verschiffen und dem Käufer die Abladedokumente anzudienen. Außerdem hat der Käufer beim echten Abladegeschäft die Gefahren des Seetransports zu tragen (Rdn. 116). Auf der anderen Seite stehen die unechten Abladegeschäfte, bei denen der Verkäufer mit den Gefahren des Seetransports belastet ist, die Ware also ab Bestimmungshafen verkauft wird (Rdn. 147 ff). Diese „ab Schiff" („ex ship")- oder „ab Kai"-Geschäfte stellen Ankunftsverträge dar, die ihren Charakter als Überseekäufe dadurch erhalten, daß die Abwicklung der Käufe durch den Seetransport geprägt ist.

6 Sachgerechter erscheint es, von drei Grundformen des Überseekaufs, den **cif-,** den **fob-** und den **Ankunftsgeschäften** auszugehen. Beim cif-Kauf hat der Verkäufer die Ware auf eigene Kosten im Abladehafen zu verschiffen, die Fracht zum Bestimmungshafen zu bezahlen und die Ware gegen Risiken des Seetransports zu versichern. Die Gefahr des Seetransports trägt hingegen der Käufer (Rdn. 65). Beim fob-Kauf wird der Käufer nicht nur mit den Gefahren des Seetransports, sondern auch grundsätzlich mit dessen vollen Kosten belastet (Rdn. 107). Bei Ankunftsgeschäften hat der Verkäufer den Transport zum Bestimmungshafen auf eigene Kosten und Gefahr zu veranlassen (Einzelheiten Rdn. 147 ff). Jede dieser drei Grundformen von Überseekäufen kennt **Modifikationen,** die im Zusammenhang mit der Erläuterung der Grundformen des

Überseekaufs dargestellt werden (Rdn. 73, 128). Als typische Modifikationen seien hier nur fas (frei Längsseite Schiff) als Variante des fob-Kaufs und c & f als Modifikation des cif-Geschäfts genannt.

b) Nicht jeder Überseekauf wird unter Bezug auf eine Basisklausel (z. B. fob, cif) geschlossen. Soweit dies nicht geschieht, gilt für derartige Käufe allgemeines dispositives Recht. Haben die Parteien die **Ablade-** bzw. **Verschiffungsklausel** (Rdn. 17) zur Fixierung der Verkäuferpflichten verwandt, so handelt es sich um einen Versendungskauf, auf den die §§ 447, 448 BGB unter Beachtung der für Abladegeschäfte typischen Besonderheiten (Rdn. 65 ff) Anwendung finden. Erfüllungsort ist dann der Abladehafen (*Haage* Das Abladegeschäft (1958) S. 211). Der Verkäufer ist im übrigen so wie ein cif-Verkäufer (Rdn. 36) gehalten, eine Verladeanzeige zu erstatten und die üblichen Dokumente zu liefern (ausführlich *Haage*, Abladegeschäft, S. 211 f).

7 In der Praxis beeinflussen die verschiedensten Umstände die Wahl zwischen den Grundformen und Modifikationen des Überseekaufs. Einige Faktoren sind von herausragender Bedeutung. Im Vordergrund steht zunächst die Wahl des Schiffes. Der Verkäufer, der Wert darauf legt, daß die Ware mit bestimmten Schiffen befördert wird, weil er sich z. B. die Rabatte von Schiffahrtskonferenzen erhalten will oder weil staatliche Lenkungsmaßnahmen die Freiheit der Befrachtung einschränken, wird cif- oder Ankunftsverträge abschließen. Auf fob-Verträgen oder deren Modifikationen wird derjenige Käufer bestehen, der sich Vorteile von der Auswahl der Schiffe verspricht oder zur Wahl bestimmter Schiffe gezwungen ist (*Sassoon*, C. I. F. and F. O. B. Contracts (1975) S. 291 f). Gleiches gilt unter dem Aspekt der Seetransportversicherung, wobei es zu Doppelversicherungen kommen kann, wenn die Zahlungswilligkeit aufgezwungener ausländischer Versicherer fragwürdig ist oder Schwierigkeiten beim Transfer der Versicherungsleistung befürchtet werden [1].

8 c) Die derzeit übliche Vertragspraxis wandelt sich unter der Entwicklung **neuer Transporttechniken und neuer Dokumentenpraktiken.** Zunächst ist das Vordringen der Linienschiffahrt hervorzuheben. Das führte dazu, daß die Reedereien immer häufiger die Waren nicht erst am Schiff, sondern schon am Terminal des Abladehafens in Empfang nehmen, der Seeverfrachter also das Gut schon auf dem Land in seine Obhut nimmt. Stärker noch wurde der Transportablauf durch die Verwendung von **Containern** und ähnlichen Ladungseinheiten (z. B. roll on — roll off — Transport) revolutioniert. So kann eine Einheit wie ein Container auf der Straße oder Schiene zum Schiff befördert werden, ohne daß die Ware umgeladen werden muß [2]. Auf der Ebene der Transportverträge entspricht dem das Vordringen des **multimodalen Transports.** Der Warentransport auf der Basis von Durchfrachtverträgen wirft dann aus kaufrechtlicher Sicht keine besonderen Probleme auf, wenn eine „ab Werks"- oder eine „Geliefert"-Klausel (Rdn. 174, 231 f) vereinbart wird. Vielfach wird eine der Parteien jedoch nicht geneigt sein, Schadens- und Kostenrisiken in einem für sie fremden Land zu übernehmen und daher Handelsklauseln den Vorzug geben, die die Risiken auf das eigene Land, gegebenenfalls auch auf den Seetransport beschränken. Wird auf der Grundlage von fob oder cif kontrahiert, so hat die Verknüpfung des Gefahrübergangs mit dem Beladen des Schiffs freilich keinen rechten Sinn mehr. Nur zu häufig läßt es sich nämlich beim multimodalen Transport nicht mehr feststellen, wo das Gut abhandengekommen oder wo es beschädigt worden ist (*Finke* S. 192, 206 ff). Der Durchfrachtunter-

---

[1] *Digenopoulos* Die Abwandlung der CIF- und FOB-Geschäfte im modernen Überseekaufrecht (1978) S. 44 ff.

[2] *Basedow* RabelsZ **43** (1979) 116; *Ramberg* in: *Eisemann* Die Incoterms Heute und Morgen (1980) S. 293 ff.

nehmer wird ferner eine Einheitsfracht vom im Landesinneren liegenden Übernahmeort bis zum Bestimmungsort fordern, die nicht nach eingesetzten Verkehrsmitteln aufgespalten werden kann, da der Durchfrachtunternehmer ja den Einsatz der Transportmittel optimieren soll. Dieser Umstand macht insbesondere beim fob-Kauf Schwierigkeiten. Die Schlußfolgerung liegt nahe, **Gefahrübergang** sowie unter Umständen auch **Kostentragungspflichten** mit dem Zeitpunkt zu koppeln, an dem das Frachtgut an den Durchfrachtunternehmer ausgehändigt wird (*Larsen/Dielmann* VersR **1982** 417).

Anderer Ansicht zufolge soll es in Parallele zum Überschreiten der Reling auf das Überschreiten der Containerwand ankommen (*Lebuhn* Arkiv for Sjørett **1965—67,** 522; *Finke* S. 207). Ferner wird auf das Schließen des Containers abgehoben (*Basedow* RabelsZ **43** (1979) 117, 144). Zur Lösung des Problems hat man davon auszugehen, daß die überkommenen Regeln des Überseekaufs über die Gefahrtragung auf die spezifischen und jedenfalls aus historischer Sicht typischerweise höheren Seetransportrisiken zugeschnitten sind. Die besondere Zuweisung von Seetransportrisiken verliert in dem Moment an Bedeutung, in dem die Auswirkungen spezifischer Seerisiken nur mehr zum Teil ex post beweisbar sind. Nun ist es keineswegs so, daß diese neue Situation zwangsläufig eintreten muß. Vielmehr resultiert die Veränderung der Beweislage auf einer freien Entscheidung einer Partei oder beider Parteien, die Ware mit Hilfe von Containern zu befördern. An diese Entscheidung gilt es anzuknüpfen. Sofern die Versicherungsmöglichkeiten nicht so sind, daß dem Verkäufer das volle Transportrisiko zugemutet werden kann (umfassende, kostengünstige Versicherung) und die CIF- bzw. FOB-Klauseln deshalb nur noch die Funktion einer Kostentragungsklausel besitzen, kommt es darauf an, in wessen Interesse der Transport gerade mit Containern durchgeführt wird. Es gilt dann der Grundsatz: Wer den Vorteil hat, muß auch das Risiko auf sich nehmen.

Im Rahmen des **cif-Kaufes** heißt dies, daß die Erschwerung der Beweissituation zu Lasten des Verkäufers geht, wenn er ohne dazu verpflichtet gewesen zu sein, die Ware in Container verpackt anstatt sie normal an das Schiff zu liefern. Haben die Parteien vereinbart, daß die Ware in Containern zu liefern ist, so ist im Zweifel davon auszugehen, daß diese Abrede im Interesse des Verkäufers getroffen wurde, der die Frachtkosten zu tragen und daher an einem rationellen Transport interessiert ist. Lag die Abrede primär im Interesse des Käufers, weil dieser z. B. am schnellen Umschlag interessiert war, so ist dort, wo der Container vom Verkäufer gepackt wurde, auf die Übergabe an den Verfrachter abzustellen. Auf diese Weise wird sichergestellt, daß die Gefahr erst übergeht, nachdem die Ware die Sphäre des Verkäufers verlassen hat. Der Verkäufer wird hierdurch nicht mit Beweisschwierigkeiten konfrontiert, die im Vergleich zum herkömmlichen Transportablauf wesentlich gestiegen sind; denn er braucht bloß die ordnungsgemäße Beladung des Containers mit unbeschädigter Ware und sorgfältige Behandlung des Containers bis zur Übergabe zu beweisen. In Fällen, in denen der Verfrachter den Container packt, liegt es nahe, die erste Transportbewegung für maßgeblich zu erklären, da sich erst in diesem Zeitpunkt typische Transportrisiken realisieren können. Im Hinblick auf die Verpackung und Obhut vor dem eigentlichen Transport ist der Verfrachter der Sphäre des Verkäufers zuzurechnen (**a. A.** *Finke* S. 207 f). Es ist allerdings immer zu beachten, daß besondere Abreden und Klauseln (z. B. Combiterms (Rdn. 2)) und die handelsübliche Deutung bestimmter Abreden (z. B. frachtfrei Container-Terminal) den Vorrang genießen. Bislang ist ein einheitliches Verständnis bestimmter Klauseln nicht ersichtlich.

Beim **fob-Kauf** gelten im Ansatz die für das cif-Geschäft maßgeblichen Regeln (s. oben). Wenn der Käufer einseitig ein Container-Schiff avisiert, so trägt er die Gefahr von der Übergabe an den Verfrachter. Gleiches gilt im Zweifel, falls die Parteien eine Container-Verpackung verabredet haben, da der Käufer den größten Teil der Transportkosten zu tragen hat.

Die transporttechnologischen Neuerungen haben sich auch im Bereich der Dokumentenpraktiken ausgewirkt. Das Bordkonnossement hat dort seine Bedeutung verloren, wo die Güter dem Reeder vor der Befrachtung des Schiffs ausgehändigt werden. Es kommen hier nur Übernahmekonnossemente mit An-Bord-Vermerk in Betracht. Gehört der multimodale Transporteur nicht zum Kreis der Reeder, so ist streitig, welche Rechtsnatur die vom multimodalen Transporteur ausgestellten Dokumente besitzen. Die Genfer Konvention, die ein besonderes Wertpapier des Durchfrachtvertrages geschaffen hat (*Larsen/Dielmann* VersR **1982** 417, 419), ist bislang nicht ratifiziert (*Herber* Transportrecht **1981** 37, 45). Auf privatrechtlicher Ebene ist zwar auch ein Inhaber- bzw. Orderpapier des multimodalen Verkehrs bekannt (*Helm,* Festschrift Hefermehl (1976) 57 ff) und die Einheitlichen Richtlinien und Gebräuche für Dokumentenakkreditive haben dem Rechnung getragen; doch muß der Bank, sofern nicht das Akkreditiv einen multimodalen Transport vorsieht, Weisung erteilt worden sein, ein solches Papier aufzunehmen. Im Containerverkehr sind Konnossemente zum Teil gänzlich unüblich geworden, weil die Dokumente vielfach erst nach Eintreffen der Ware in Übersee zum Empfänger gelangen und die Notwendigkeit der Einlagerung entsteht. Die Auslieferung der Ware wird daher mit Hilfe von Computern organisiert[3].

2. Abgrenzung zum Wertpapierkauf

9 Der Überseekauf ist regelmäßig Warenkauf, der die Leistung von Ware, nicht nur die Verschaffung eines in einem Wertpapier verbrieften oder sonstigen Herausgabeanspruchs gegen den Transportunternehmer zum Gegenstand hat. Denkbar ist jedoch, daß lediglich das Konnossement als solches gekauft wird. Hier liegt ein Wertpapierkauf vor, bei dem der Verkäufer nur für die Existenz und Einredefreiheit der verbrieften Forderung einzustehen hat. Der Abschluß eines Wertpapierkaufs darf indessen nicht schon dort angenommen werden, wo der Verkäufer berechtigt ist, dem Käufer ein Konnossement aus einer Drittabladung (schwimmende Ware) anzudienen, da auch hier das Interesse des typischen Käufers auf den Erwerb der Ware gerichtet ist.

3. Rechtsquellen

Die maßgeblichen Rechtsquellen sind auf zwei Ebenen zu suchen.

10 a) Zunächst geht es um die Bestimmung der maßgeblichen **nationalen Rechtsordnung,** da Überseekäufe in aller Regel zwischen Parteien geschlossen werden, die verschiedenen nationalen Rechtsordnungen unterliegen. Sofern der Einzelvertrag nichts Besonderes bestimmt und auch Einheitskaufrecht (Rdn. 299, 621) nicht anwendbar ist, ist die maßgebliche Rechtsordnung nach den Regeln des internationalen Privatrechts zu ermitteln. Das Problem der Ermittlung der maßgeblichen nationalen Rechtsordnung wird dadurch entschärft, daß der Überseekauf weitgehend dem dispositiven nationalen Recht entzogen ist. An die Stelle des dispositiven Rechts sind in großem Umfang Allgemeine Geschäftsbedingungen in Form von Firmenformularen, Musterverträgen (Rdn. 2), von Verbänden empfohlenen Lieferbedingungen (z. B. Geschäftsbedingungen

---

[3] Vgl. auch *Grönfors,* Festschrift Meyer, Sonderausgabe der Zeitschrift für Luft- und Weltraumrecht, S. 103, 107.

des Waren-Vereins der Hamburger Börse e. V., Rdn. 2), ferner Handelsbräuche getreten. Außerdem spielen Klauseln mit fester Bedeutung (zu den Incoterms Rdn. 747; zu den Trade Terms Rdn. 762) eine wesentliche Rolle. Darüber hinaus ist von Bedeutung, daß Streitigkeiten aus Überseekäufen meist der staatlichen Rechtsprechung entzogen sind, weil die Parteien Schiedsgerichtsklauseln vereinbaren. Dennoch muß häufig die Frage nach der maßgeblichen Rechtsordnung beantwortet werden. Bei der Feinabstimmung werden nämlich auch bei vereinheitlichten Klauselwerken Interpretationsunterschiede sichtbar (*Hager* Die Gefahrtragung beim Kauf (1982) S. 108 ff). Zum anderen ist zu berücksichtigen, daß häufig nationales Recht darüber entscheidet, ob überhaupt eine vom dispositiven Recht abweichende Regelung getroffen wurde und ob diese Regelung gültig ist. So ist im deutschen Recht das AGBG zu beachten.

11 b) Herausragende Bedeutung als Rechtsquelle im weiteren Sinn haben die **Incoterms** (Text Rdn. 747) erlangt, die von der Internationalen Handelskammer formuliert worden sind. Die Incoterms liefern eine Auslegung für eine Reihe von Handelsklauseln, darunter für die im Überseehandel besonders wichtigen Klauseln fas, fob, c & f, cif, „ab Schiff“ und „ab Kai“. Die in den Incoterms niedergelegte Auslegung ist mit Sicherheit dort verbindlich, wo die Parteien die Basisklausel (z. B. fob) durch den Vermerk „Incoterms“ ergänzt haben. Aber auch in Fällen, in denen nicht ausdrücklich auf die Incoterms Bezug genommen wird, sollen sie nach heute h. M. im Bereich des Überseehandels maßgeblich sein. Zum Teil wird angenommen, daß sich mit den Incoterms eine neue „lex mercatoria“ entwickelt hat[4]. Andere sprechen jedenfalls im Kernbereich der Incoterms von Handelsbräuchen[5]. Zutreffend erscheint die Ansicht, derzufolge die Incoterms bei internationalen Käufen im Rahmen der Auslegung der Basisklauseln (z. B. fob) als Auslegungsmittel eigener Art zu verwenden sind. Dort, wo ein Vertrag keinen bestimmten räumlichen Schwerpunkt erkennen läßt, sind Handelsklauseln vom typischen internationalen Verständnishorizont her zu interpretieren. Dieser erschließt sich angesichts des Bekanntheits- und Verwendungsgrades sowie der Autorität der Internationalen Handelskammer am besten aus den Incoterms[6]. Zur Geltung der Incoterms bei in den Anwendungsbereich des Einheitlichen Kaufgesetzes fallenden Kaufverträgen *Dölle/Huber* Einheitskaufrecht, Art. 19 EKG 27. Dagegen ist bei reinen Inlandsgeschäften im Zweifel auf den Verständnishorizont nationaler Handelskreise, wie er sich in den Trade Terms (Rdn. 762) widerspiegelt, abzuheben[7].

12 c) Im Jahre 1923 ermittelte die Internationale Handelskammer erstmals die Auslegung von sechs Vertragsformeln in verschiedenen Staaten. Das ICC Dokument Nr. 16 der Internationalen Handelskammer, Paris, **„Trade Terms** — Handelsübliche Vertragsformeln — synoptische Tabellen mit Anmerkungen“ (1955) gibt über die Bedeutung der Klauseln „ab Werk“, „for — fot (frei/franko) Waggon“, „fas“, „fob-Seeschiff“, „c & f Bestimmungshafen“, „cif Bestimmungshafen“, „ab Schiff . . . benannter Hafen“, „ab Kai . . . benannter Hafen“ Auskunft. Es enthält die Auslegung der Klau-

---

4 *Eisemann* Die Incoterms im internationalen Warenkaufrecht — Wesen und Geltungsgrund (1967) S. 46 ff.

5 *Basedow* RabelsZ **43** (1979) 116, 125; **a. A.** *Liesecke* WM **1978** Beilage Nr. 3, S. 26.

6 BGH WM **1975** 917, 920; *v. Hoffmann* AWD **1970** 247, 252; *Basedow* RabelsZ **43** (1979) 126 ff sowie Nachweise S. 122 Fn. 28; *Eisemann/Melis* Incoterms (1982) S. 30 f; *Liesecke* WM **1978** Beilage Nr. 3, S. 26 unter Hinweis auf BGH WM **1975** 917; **a. A.** *Prüßmann/Rabe* Seehandelsrecht² (1983) vor § 556 HGB IV 1; *Mertens/Rehbinder* Internationales Kaufrecht (1975) Art. 9 EKG Rdn. 39; *Schlegelberger/Hefermehl* HGB⁵ § 346 54 m. Nachw.; *Graf v. Westphalen* Rechtsprobleme der Exportfinanzierung² S. 96; *Trappe* VersR **1981** 718; *Finke*, S. 100.

7 *v. Hoffmann* AWD **1970** 247, 252 m. Nachw.; ferner bei *Basedow* RabelsZ **43** (1979) 122 Fn. 28.

seln in den Staaten Ägypten, Australien, Belgien, Deutschland, Dänemark, Frankreich, Großbritannien, Italien, Jugoslawien, Kanada, Marokko, Niederlande, Norwegen, Österreich, Schweden, Schweiz, Südafrika, USA. Die deutsche Variante ist bei Rdn. 762 abgedruckt.

Inwieweit die in den Trade Terms mitgeteilten Interpretationen Handelsbräuche darstellen, ist nicht ganz gesichert. Zum Teil wird die Auffassung vertreten, bei den Trade Terms handle es sich generell um die Aufzeichnung nationaler Handelsbräuche[8]. *Sonnenberger* (Verkehrssitten im Schuldvertrag (1970) S. 79) zufolge, soll es sich vielfach nur um „Rechtsbefehle", um Verhaltensregeln handeln, die von den Vertragspartnern im Geschäftsverkehr eingehalten werden sollen (*Schlegelberger/Hefermehl* HGB § 346 52). Es müsse im Einzelfall ermittelt werden, ob und inwieweit die Trade Terms bestehende Gebräuche wiedergeben[9]. Zutreffend erscheint die Ansicht, daß sich in den Trade Terms der typisierte „Verständnishorizont" der jeweiligen nationalen Handelskreise widerspiegele und daß im Rahmen der Auslegung der Basisklauseln (z. B. ab Werk) auf diesen Verständnishorizont zurückzugreifen ist (*v. Hoffmann,* AWD **1970** 247, 252).

Von der Frage, welche Klausel in der in den Trade Terms aufgezeichneten nationalen Bedeutung gilt, ist die Frage zu unterscheiden, auf welche nationalen Trade Terms zurückzugreifen ist. Sofern nicht Spezialabreden oder die Incoterms (Rdn. 747) zum Tragen kommen, kann sich jeder Vertragsteil im Zweifel für seine Verpflichtung auf die Trade Terms seines Landes berufen[10]. Ein Kaufvertrag kann mithin durchaus unterschiedlichen Trade Terms unterliegen. Enthält der Vertrag eine Schiedsklausel, derzufolge ein bestimmtes Schiedsgericht zu entscheiden hat (z. B. Hamburger freundschaftliche Arbitrage), so gelten die am Ort des Schiedsgerichts gebräuchlichen Interpretationen der Trade Terms.

II. Das cif-Geschäft

1. Pflichten des Verkäufers

13 **a) Lieferung der Ware.** Das cif-Geschäft stellt eine Form des Warenkaufs dar (Rdn. 9). Es ist kein Geschäft über die Waren verkörpernden Wertpapiere. Die Lieferung von Waren ist mithin Hauptleistungspflicht des Verkäufers. Der Verkäufer ist aber anders als bei normalen Kaufverträgen außerdem verpflichtet, die Ware in Gestalt der die Ware vertretenden vertragsgemäßen Dokumente (z. B. Konnossemente Rdn. 42 ff) anzudienen. Andere Formen der Besitzverschaffung stehen dem Verkäufer nicht offen. Insbesondere ist er nicht berechtigt, im Bestimmungshafen eingetroffene Ware in natura zu übergeben (Rdn. 62).

Den Verkäufer trifft zunächst wie jeden Verkäufer die Pflicht, dem Käufer an Waren der vereinbarten Qualität Eigentum und unmittelbaren Besitz zu verschaffen. Dabei kann die **Qualität** der Ware durch die Art der geschuldeten Abladung (zum Begriff der Abladung Rdn. 18) näher bestimmt sein. Der Verkäufer kann verpflichtet sein, ausschließlich Ware aus eigener Abladung, d. h. aus eigener Produktion, eigenem Sortiment oder direkter Abladung[11] zu liefern. Wenn dies nicht ausdrücklich ausbedungen

---

[8] *Baumbach/Duden/Hopt*[25] HGB Anh. 6 nach § 905 Anm. 1; *Graf v. Westphalen* Exportfinanzierung, S. 96; *Beyer* AWD **1954** 20; wohl auch OLG Karlsruhe RIW/AWD **1975** 225.

[9] *Sonnenberger* Verkehrssitten im Schuldvertrag (1970) S. 79; *Basedow* RabelsZ **43** (1979) 116, 122 Fn. 28; *Finke,* S. 99 ff.

[10] *Graf v. Westphalen* Exportfinanzierung, S. 96 m. Nachw. (str.).

[11] „direktes Abladegeschäft" *Straatmann/Ulmer* Handelsrechtliche Schiedsgerichts-Praxis (1975/1982) J 5 a Nr. 45, 52, 56.

ist, so ist eine derartige Beschränkung des Kreises lieferbarer Waren nur dann anzunehmen, wenn der Käufer wegen der besonderen Qualität der vom Verkäufer produzierten oder geführten Ware erkennbar Wert darauf legt, ausschließlich solche Ware zu erhalten. Vielfach wird der Verkäufer eher daran interessiert sein, seine Leistungspflicht auf die eigene Produktion bzw. den eigenen Vorrat zu begrenzen. In derartigen Konstellationen ist der Verkäufer berechtigt, seine Verpflichtung mit Ware der gewünschten Qualität zu erfüllen, die aus anderen Quellen stammt (vgl. § 33 WVB (Rdn. 2)). Dieser Art der Verpflichtung liegt keine Wahlschuld zugrunde, da § 265 BGB das Ziel der Risikobegrenzung zunichte macht. Vielmehr ist der Verkäufer lediglich befugt, an Erfüllungs Statt Ware aus anderen Quellen zu liefern (RGZ **88** 73; *Haage* Abladegeschäft, S. 7). Regelmäßig werden jedoch beim Überseekauf, zumal im Bereich des Rohstoff- und Halbfertigproduktenhandels, unbeschränkte Gattungsschulden vereinbart. Es ist dann Sache des Verkäufers, aus welchen Quellen er sich eindeckt, ob er Ware aus seinen Vorräten oder durch eigene Lieferanten auf das Schiff liefern läßt oder gar erst schwimmende Ware aufkauft (*Straatmann/Ulmer* Handelsrechtliche Schiedsgerichts-Praxis (1975/1982) J 5 a Nr. 46). Häufig wird der Verkäufer Kontrakte schließen, ohne sich vorher eingedeckt zu haben, weil er glaubt, sich später auf dem Markt zu niedrigeren Preisen als dem vereinbarten Verkaufspreis eindecken zu können. Das Risiko der rechtzeitigen Eindeckung wird dem Verkäufer nach Maßgabe der allgemeinen Regeln zugerechnet. In jedem Fall ist aber zu beachten, daß der Verkäufer keine Lokoware schuldet, sondern ausschließlich solche Ware, die noch durch Konnossemente vertreten wird[12]. Allgemeine Geschäftsbedingungen enthalten häufig eine Modifikation der Zurechnungsregeln. So z. B. §§ 15, 17, 39 WVB (Rdn. 2).

Art. A 1 der **Incoterms** (Rdn. 753) sagt nur, daß die Ware in Übereinstimmung mit dem Kaufvertrag zu liefern ist. Die deutschen cif-**Trade Terms** (Rdn. 768) enthalten keine Bestimmung in Hinblick auf die Qualität der Ware und Art der Verpflichtung. Geregelt ist nur der Erfüllungsort und die Verpackung.

14 **b) Verpackung und Kennzeichnung.** aa) Der Verkäufer hat die Ware verpackt zu liefern. Der Figur des cif-Kaufs liegt die Vorstellung zugrunde, daß der Verkäufer im Rahmen seiner Kaufvertragsverpflichtungen gehalten ist, den überseeischen Transport zu bewirken. Dem entspricht — wie ganz allgemein — die Verpflichtung des Verkäufers, die Ware so zu verpacken, daß sie bei einem normalen Transportablauf in der geschuldeten Qualität im Bestimmungshafen ankommt. Steht bei Vertragsschluß der Bestimmungshafen noch nicht fest, so darf sich der Verkäufer nicht darauf berufen, daß die Verpackung nach Mitteilung des Bestimmungshafens überdurchschnittliche Aufwendungen nach sich gezogen habe, sofern diese vorhersehbar waren. Unter Umständen muß der Verkäufer die Ware sogar so verpacken, daß sie im Bestimmungsland ohne weiteres verkäuflich ist. Dabei fällt maßgeblich ins Gewicht, ob dem Verkäufer die Notwendigkeit einer besonderen Verpackung bekannt war und die Ware vor Transportbeginn ohne oder nur mit minimalem Mehraufwand auf eine den Absatzmöglichkeiten im Ausland entsprechende Weise verpackt werden konnte (*Eisemann/Melis* Incoterms (1982) S. 154). — Die Kosten der seefesten Verpackung hat entgegen § 448 BGB der Verkäufer zu tragen (**a. A.** *Haage* Abladegeschäft, S. 139). Die Verpakkungskosten sind wie die reinen Frachtkosten zu behandeln, die bei der cif-Abrede dem Verkäufer zur Last fallen.

---

[12] *Haage* Das Abladegeschäft (1958) S. 15; Schiedsspruch *Straatmann/Ulmer* J. 5 a Nr. 46.

15 bb) Gemäß Art. A 8 **Incoterms** (Rdn. 753) hat der Verkäufer im Zweifel für die übliche Verpackung zu sorgen. Unverpackt darf er Ware nur absenden, wenn dies mit den einschlägigen Handelsbräuchen im Einklang steht. Nr. I 6 **Trade Terms** (Rdn. 768) stellt auf die Transportgeeignetheit und Handelsüblichkeit ab.

16 cc) Die Ware ist ferner so zu **kennzeichnen,** daß sie auf dem Transport und bei der Zwischenlagerung vor Verwechslungen infolge leichter Fahrlässigkeit des Transport- bzw. Lagerpersonals geschützt ist (vgl. *Straatmann/Ulmer* Schiedsspruch E 1 e Nr. 1).

17 c) **Lieferzeit.** Die Lieferzeit wird im Kaufvertrag vielfach mit Hilfe der Begriffe **„Abladung", „Verschiffung", „Segelung"** fixiert (z. B. September Abladung Hongkong). Die Tatsache, daß Art. 40 Abs. 1 der Einheitlichen Richtlinien und Gebräuche für Akkreditive die Begriffe synonym verwendet, ist im Verhältnis unter den Kaufvertragsparteien im Zweifel irrelevant.

18 aa) Wurde **„Abladung"** (gleichbedeutend „Verladung") in Zusammenhang mit einer Zeitangabe ausbedungen, so muß der Verkäufer die Ware innerhalb des vereinbarten Zeitrahmens oder zum vereinbarten Zeitpunkt dem Verfrachter, Reeder oder deren Vertreter (z. B. Kaianstalt) übergeben haben (BGH WM **1963** 1185; anders § 39 Abs. 1 WVB (Rdn. 2)). Diese Personen müssen den unmittelbaren Besitz an den Waren erlangt haben. Es genügt nicht, daß sie lediglich mittelbaren Besitz erhalten haben, z. B. nur einen Herausgabeanspruch gegen Spediteure, Lagerhalter oder Landfrachtführer. Die Ware muß demjenigen Verfrachter bzw. dessen Vertreter übergeben worden sein, der nach der Planung des Verkäufers den Seetransport zum Bestimmungshafen ausführen soll. Wird die Ware nicht innerhalb der Abladefrist an Bord des Schiffes gebracht oder läuft das Schiff innerhalb der Abladefrist nicht aus, so geht das nicht zu Lasten des Verkäufers. Es ist entgegen *Heuer* (LZ **1911** 102, 110) auch nicht notwendig, daß das Schiff im Moment der Abladung, d. h. Übergabe der Ware an Verfrachter, Reeder bzw. deren Vertreter, bereits ladebereit im Hafen liegt (*Haage* Abladegeschäft, S. 22). Auf der anderen Seite darf nicht verkannt werden, daß der Verkäufer im Moment des Vertragsschlusses typischerweise besser über die den Hafen anlaufenden Schiffe Bescheid wissen wird und der Käufer die Abladefrist in Hinblick auf den wahrscheinlichen Ankunftszeitpunkt des Schiffes verabreden wird. Der Käufer muß daher davor geschützt werden, daß der Verkäufer Abladung binnen einer bestimmten Frist verspricht, obwohl der Hafen für längere Zeit von keinem passenden Schiff angelaufen wird. *Haage* (Abladegeschäft, S. 23 f) legt deshalb die Abladevereinbarung in dem Sinne aus, daß die Ware binnen der Abladefrist dem Verfrachter etc. übergeben und innerhalb einer weiteren objektiv angemessenen Frist verschifft sein muß. Werde diese Frist überschritten, so sei ein etwaiges Verschulden oder Nichtverschulden des Verkäufers unerheblich. Hierbei wird jedoch zu wenig berücksichtigt, daß die Parteien auch „Verschiffung" vereinbaren und dabei gleich die zunächst ins Auge gefaßte Abladefrist um die „angemessene Frist" erweitern können. Wenn die Vereinbarung „Abladung" im Lichte der Möglichkeit einer Verschiffungsabrede nicht weitgehend ihren Sinn verlieren soll, so muß der Verkäufer bei einer „Abladungs"-Abrede von der Gefahr entlastet werden, daß Schiffe zu spät im Hafen eintreffen und ladebereit sind. Hat der Verkäufer im Abladezeitraum abgeladen und ein Schiff gebucht, von dem er annehmen durfte, daß es die Ware binnen angemessener Frist nach Ablauf des Abladezeitraums an Bord nehmen werde, so geht die verspätete Ladebereitschaft des Schiffes nicht zu Lasten des Verkäufers (vgl. *Gütschow* HansRZ **1920** 537). Der Verkäufer, der bei Vertragsschluß wissen konnte, daß der Hafen längere Zeit nach dem vereinbarten Abladetermin von keinem geeigneten Schiff angelaufen wird, muß hierüber den Käufer informieren. Ein Verstoß gegen diese Pflicht zieht eine Haftung aus c. i. c. nach sich. Wird im Kaufvertrag „Abladung mit einem benannten Schiff" vereinbart, so liefert der Verkäufer fristgerecht, falls er das benannte Schiff ordnungsgemäß gebucht hatte und in dem Moment, in dem die Ware im Abladezeitraum abgeladen wurde, noch Verlademöglichkeiten per benanntem Schiff bestanden. Die Tatsache, daß die Ware aufgrund des Übernahmekonnossements, das eine Substitutionsklausel enthält, mit einem von der Reederei substituierten Schiff transportiert wird (*Haage* Abladegeschäft, S. 24f), stellt dann keine Vertragsverletzung dar.

19 bb) Ist **Verschiffung** vereinbart worden, so muß die Ware binnen der vertraglichen Lieferfrist an Bord des Schiffes übernommen worden sein (BGH WM **1963** 1185). Es sind dann Bordkonnossemente anzudienen, die in der Verschiffungsfrist ausgestellt worden sind oder Übernahmekonnossemente, in denen die Reederei die fristgerechte Verladung bescheinigt. Trifft das für den Transport gebuchte Schiff verspätet im Abladehafen ein, so versäumt der Verkäufer die Lieferfrist.

20 cc) Wird der Lieferzeitpunkt mit dem Wort **„Segelung"** festgelegt, so muß das Schiff binnen der verabredeten Frist den Hafen verlassen und die Reise angetreten haben (BGH WM **1963** 1185).

21 dd) Manchmal wird die auf den Abladehafen bezogene Lieferzeit ergänzt durch eine Lieferklausel, die auf die **Ankunft des Schiffes** im Bestimmungshafen abhebt (z. B. Abladung . . ., Eintreffen des Schiffes auf Elbe spätestens . . .). In derartigen Fällen hat der Verkäufer zwei Lieferzeiten einzuhalten. Eine Reiseverzögerung des Schiffes geht zu seinen Lasten.

ee) Enthält ein cif-Geschäft **keine** auf die Abladung etc. bezogene **Zeitbestimmung,** so heißt dies im Zweifel nicht, daß der Käufer berechtigt ist, die Ware nach Belieben abzurufen. Vielmehr hat der Verkäufer innerhalb einer den Umständen nach angemessenen Zeit zu liefern. (So auch Art. A 4 Incoterms (Rdn. 753); gemäß § 10 Abs. 1 WVB (Rdn. 2) ist im Einklang mit § 271 BGB sofort zu liefern). § 39 WVB (Rdn. 2) legt bei Vereinbarung „prompter" Abladung, Verladung oder Verschiffung exakte Fristen fest, die sich an der geographischen Lage der Abladehäfen orientieren.

22 ff) Art. A 4 der cif-**Incoterms** (Rdn. 753) konkretisiert die in Verbindung mit einer Incoterms-Abrede (Rdn. 11) getroffene Lieferzeitvereinbarung dahin, daß der Verkäufer die Ware zum vereinbarten Zeitpunkt bzw. innerhalb der vereinbarten, hilfsweise angemessenen Frist an Bord des Schiffes zu bringen hat. Der Verkäufer schuldet mithin nach den Incoterms „Verschiffung". Haben die Parteien den Lieferzeitpunkt bzw. die Lieferfrist mit Hilfe des Begriffs „Abladung" umrissen, so kommt es trotz der Geltung der Incoterms auf den Abladungszeitpunkt an (Vorrang der Individualabrede). Allerdings ist jeweils zu prüfen, ob wirklich Abladung gemeint war, d. h. ob durch die Verwendung des Begriffs „Abladung" die Stellung des Verkäufers verbessert werden sollte.

23 gg) Die Verpflichtung, zum versprochenen Zeitpunkt oder innerhalb der versprochenen Frist „abzuladen", zu „verladen", „zu verschiffen", begründet bei Massengütern und Rohstoffen nach Handelsbrauch eine **Fixschuld** im Sinne des § 376 HGB[13]. Fraglich ist, ob auch auf die Zeit der Ankunft im Bestimmungshafen bezogenen Abreden die Rechtsfolgen des § 376 HGB auslösen. Der BGH (NJW **1959** 933f) hat dies grund-

[13] BGH LM § 376 HGB Nr. 1; *Liesecke* WM **1966** 174, 177; *Haage* Abladegeschäft, S. 10; Schiedssprüche *Straatmann/Ulmer* C 1 Nr. 7; E 4a Nr. 4, 7.

sätzlich verneint. Die cif-Klausel mache für sich allein nicht jede Schuld zur Fixschuld. Es bedürfe besonderer, zusätzlicher Umstände, wie der Gefahr starker Preisschwankungen und zusätzlicher Abreden (z. B. ohne Nachfrist zum . . .), um Lieferklauseln zu Fixschuldklauseln zu erheben. Diesen Standpunkt nimmt auch § 87 WVB (Rdn. 2) ein. **Beweis** der Rechtzeitigkeit der Lieferung Rdn. 55.

24 **d) Exportfreie Ware.** Der Verkäufer hat exportfreie Ware zu **liefern.** Diese Regel entspricht wohl Handelsbrauch und hat sich in Art. A 3 Incoterms (Rdn. 753) und Nr. I 10 Trade Terms (Rdn. 768) niedergeschlagen (*Liesecke,* WM **1978** Beilage Nr. 3, S. 30); vgl. auch die Erwägungen zum fob-Kauf (Rdn. 95). War dem Verkäufer allerdings bei Vertragsschluß das Bestimmungsland nicht erkennbar und scheitert die Ausfuhrbewilligung daran, daß für das später benannte Bestimmungsland ein Exportverbot besteht, so hat der Käufer die **Preis-** und **Leistungsgefahr** zu tragen. Dem Verkäufer sind dort, wo er sich der Gestaltungsmacht des Käufers aussetzt, im Zweifel nur erkennbare Risiken zuzumuten.

Die **Kosten** der Ausfuhrbewilligung sowie sonstige Ausfuhrkosten hat der Verkäufer auf sich zu nehmen (so auch Art. A 10 Incoterms (Rdn. 753) und Nr. I 10 Trade Terms (Rdn. 768)).

25 **e) Seetransport.** aa) Der Verkäufer hat für den Transport der Ware zum Bestimmungshafen zu sorgen. In der **Auswahl des Schiffes** ist der Verkäufer grundsätzlich frei, sofern das zum Transport vorgesehene Schiff als geeignet erscheint, die Ware unter den üblichen Transportrisiken zum Bestimmungshafen zu transportieren. In Hinblick auf das Interesse des Käufers, die Konnossemente weiter zu „veräußern", ist dort, wo die Ware vor ihrer Ankunft im Bestimmungshafen bezahlt werden soll, zu fordern, daß die Ware mit einer in den beteiligten Handelskreisen anerkannten Reederei transportiert wird (*Haage* Abladegeschäft, S. 51). Der Frachtvertrag ist so abzuschließen, daß das Konnossement keine unüblichen Freizeichnungsklauseln enthält (**a. A.** *Haage* Abladegeschäft, S. 51), doch hat der Verkäufer hierfür nicht unter allen Umständen einzustehen. Angesichts der verwirrenden und ausführlichen Konnossementsklauseln ist dem Verkäufer nicht zuzumuten, jeden Frachtvertrag einer eingehenden Prüfung zu unterziehen. Bei Fehlen besonderer Anhaltspunkte darf er davon ausgehen, daß allgemein anerkannte Reedereien Vertragsformulare mit den üblichen Haftungsausschlüssen benutzen.

Art. A 2 **Incoterms** (Rdn. 753) hebt darauf ab, daß die Ware zu den üblichen Bedingungen mit einem für den Transport dieser Warengattung üblicherweise verwendeten Schiffstyp befördert wird. Gleiches gilt für Nr. I 1 der **Trade Terms** (Rdn. 768).

26 Wird zwischen den Parteien vereinbart, daß die Ware mit einem **bestimmten (benannten) Schiff** zu transportieren ist, so ist der Transport mit diesem Schiff Teil der Verkäuferpflichten. Wird dem Verkäufer die Erfüllung unmöglich, weil das Schiff im Lieferzeitpunkt nicht zur Beladung geeignet zur Verfügung steht, so darf der Verkäufer nicht auf ein anderes Schiff verladen[14]. Auf eine Vertragsanpassung unter Berufung auf den Wegfall der Geschäftsgrundlage darf sich der Verkäufer auch bei höherer Gewalt nicht berufen; denn der Käufer kann seinerseits schon die Ware „ex benanntem Schiff" weiterverkauft haben (so auch Nr. I 1 Trade Terms (Rdn. 768)). Die Rechtsfolgen ergeben sich vielmehr je nach den Umständen aus § 376 HGB oder den Regeln über die Unmöglichkeit der Leistung.

[14] **A. A.** BGH WM **1963** 1185, der zu wenig das Bedürfnis nach Rechtssicherheit berücksichtigt; vgl. *Liesecke* WM **1966** 174, 175.

Neue
Schriftenreihe
zum

Recht des internationalen Wirtschafts-verkehrs

RiWV

de Gruyter

Recht des internationalen Wirtschaftsverkehrs (RiWV)

herausgegeben von
Professor Dr. **Norbert Horn**, Bielefeld

in Verbindung mit
Professor Dr. **Ulrich Drobnig**, Hamburg
Professor Dr. **Rolf Herber**,
Ministerialdirigent, Bonn
Professor Dr. **Rolf A. Schütze**,
Rechtsanwalt, Stuttgart

und der Forschungsstelle für Vertragsrecht der internationalen Wirtschaft an der Universität Bielefeld

Das Recht des internationalen Wirtschaftsverkehrs nimmt entsprechend der starken außenwirtschaftlichen Orientierung der Bundesrepublik Deutschland einen immer wichtigeren Platz in der Arbeit des Wirtschaftsjuristen ein und erfordert eine größere Aufmerksamkeit der Rechtswissenschaft. Die neue Schriftenreihe will ein Forum für die praxisnahe wissenschaftliche Behandlung der Probleme des internationalen Wirtschaftsrechts sein. Im Mittelpunkt des Interesses stehen die im internationalen Handel und Kapitalverkehr sowie die in der wirtschaftlichen Kooperation verwendeten Verträge, ihre Gestaltung, Abwicklung und Konfliktbeilegung; ferner ihre durch nationales Privatrecht und Außenwirtschaftsrecht gesetzten Rahmenbedingungen. Die Schriftenreihe will zur wissenschaftlichen Diskussion beitragen, ihren Nutzen aber vor allem in der sachgerechten Information für die Praktiker des internationalen Wirtschaftsrechts bewähren.

27 bb) Grundsätzlich hat der Verkäufer ein Schiff zu wählen, das die als handelsüblich angesehenen **Verkehrswege** einschlägt. Das Schiff muß also nicht notwendig den kürzesten Weg zum Bestimmungshafen nehmen oder sich auf der Heimreise befinden (vgl. auch § 40 WVB (Rdn. 2)). Der Verkäufer muß die Ware auch nicht zwingend auf einem Liniendampfer verladen; er darf auch ein Trampschiff befrachten, das auf einer handelsüblichen Route den Bestimmungshafen anläuft (*Haage* Abladegeschäft, S. 53). Das Schiff darf aber nicht nochmals auf dem Weg zum Bestimmungshafen den Verladehafen anlaufen (*Straatmann/Ulmer* Schiedssprüche E 1e Nr. 4, 5). Läßt sich der handelsübliche Verkehrsweg nicht ermitteln, so hat der Verkäufer dafür zu sorgen, daß je nach Art der Ware und der Marktsituation Transportdauer sowie die Transportgefahr nicht in Relation zum kürzesten Verkehrsweg unverhältnismäßig erhöht werden. Dabei fällt zugunsten des Verkäufers ins Gewicht, daß ihm nur wenige Verschiffungsmöglichkeiten zur Verfügung standen (*Straatmann/Ulmer* Schiedsspruch E 1e Nr. 4) oder daß die Ware auch in einem später angelaufenen Hafen hätte abgeladen werden dürfen. Unerheblich ist hingegen, daß das Schiff, das mit geringeren Umwegen den Bestimmungshafen erreicht hätte, eine höhere Fracht gekostet hätte. Es ist Sache des Verkäufers, seine cif-Preise unter Beachtung des für ihn besser erkennbaren Frachtenmarktes zu kalkulieren. Er braucht sich allerdings nicht entgegenhalten lassen, daß die Segellisten nach Abladung geändert wurden (*Straatmann/Ulmer* Schiedssprüche E 1e Nr. 5, 7). Derartige Änderungen fallen unter die Transportgefahr (Rdn. 65 ff). Art. A 2 **Incoterms** (Rdn. 753) hebt lediglich auf den üblichen Weg ab. Gleiches gilt gemäß Nr. I 2 **Trade Terms** (Rdn. 768).

28 cc) Der Verkäufer ist nicht gehalten, die Ware ohne **Umladung** zu verschiffen, sofern die Verschiffung über Zwischenhäfen nicht handelsunüblich ist oder unverhältnismäßige Verzögerungen oder Transportgefahren mit sich bringt. Der Verkäufer muß dafür sorgen, daß die Ware bei der Verschiffung mit dem ersten Dampfer konkretisiert wird (vgl. auch § 40 Abs. 2 WVB (Rdn. 2)). Ist **direkte** Verladung (without transshipment) vereinbart, so muß sich das Schiff auf der Aus- oder Heimreise zum Bestimmungshafen befinden und es darf nicht umgeladen werden (*Haage* Abladegeschäft, S. 52 f). Ebenso § 40 Abs. 1 WVB (Rdn. 2).

29 dd) Der Verkäufer hat die **Kosten des Seetransportes** zu tragen. (1) Diese umfassen die **Fracht** sowie die in die Fracht einbezogenen **Ein- und Ausladekosten,** soweit diese einen integrierenden Bestandteil der Fracht darstellen. Der Verkäufer hat ferner die gesamten gesondert anfallenden Einladespesen auf sich zu nehmen. Für die Kosten des Wiegens, Messens etc. gilt § 448 Abs. 1 BGB. Zur Frage der Konsulatsgebühren *Haage* Abladegeschäft, S. 48. Gesondert berechnete Ausladekosten, die bei der Löschung im Bestimmungshafen entstehen und von den Parteien des Frachtvertrages nicht als Teil der Fracht behandelt werden, hat der Verkäufer zu bezahlen, auch wenn die Fracht auf der Basis **„free in and out"** oder **„free out"** (*Prüßmann/Rabe* Seehandelsrecht[2] (1983) § 561 D 2 c) berechnet worden ist; denn gemäß § 593 HGB gehört das Ausladen grundsätzlich zu den Verfrachterpflichten. Die Art und Weise, in der die Leistungen des Verfrachters berechnet werden, ist im Verhältnis zum Käufer irrelevant[15]. Die Klausel **„cif-landed"** stellt diese Kostenverteilung klar. Anders ist die Rechtslage, wenn die Fracht üblicherweise nicht die Ausladekosten umfaßt, der Verfrachter also entgegen § 593 HGB sein Transportversprechen einer allgemeinen Übung entsprechend eingeschränkt hat[16]. — **Zuschläge** hat der Verkäufer zu tragen[17]. Dies gilt grundsätzlich

[15] *Ohling* AWD **1964** 322, 324; **a. A.** *Eisemann/Melis* S. 134 f.

[16] *Eisemann/Melis* S. 134; *Liesecke* WM **1966** 174, 179.

[17] Schiedsspruch *Straatmann/Ulmer* J 3 Nr. 6; *Liesecke* WM **1978** Beilage 3, S. 44.

derartiger Anhaltspunkte ist auf die im Abladehafen und in der Branche des Verkäufers geltenden Usancen zurückzugreifen. Nr. I 15 der **Trade Terms** (Rdn. 768) sagt dazu, daß in Hinblick auf den Versicherungsumfang kein Handelsbrauch bestehe. In Widerspruch dazu wird weiter festgestellt, daß eine inzwischen nicht mehr angebotene FPA-Versicherung im allgemeinen nicht genüge; denn wenn allgemein kein Handelsbrauch besteht, ist auch die Tendenzaussage, im allgemeinen habe der Verkäufer eine weitergehende Versicherung zu nehmen, sinnlos. Der Käufer hat mithin die Existenz einer ihm günstigen Usance nachzuweisen.

Läßt sich die Existenz einer einschlägigen Usance nicht beweisen, so hat der Verkäufer mangels besonderer Abreden die Kriegsgefahr nicht zu versichern[20]. Er braucht im Zweifel auch weder die Diebstahlsgefahr, die nicht zu den eigentlichen Gefahren des Seetransports gehört (*Haage* Abladegeschäft, S. 57), noch seetransportspezifische Beschädigungsgefahren zu versichern (**a. A.** *Haage* Abladegeschäft, S. 57). Es ist nämlich Sache des Käufers, den Umfang der vom Verkäufer geschuldeten Leistungen zu beweisen. Im Zweifel schuldet der Verkäufer demnach lediglich die übliche „Minimalversicherung". Unberührt bleibt natürlich die aus Treu und Glauben abzuleitende Nebenpflicht des Verkäufers, auf Wunsch des Käufers auf dessen Rechnung zusätzliche Risiken abzudecken. — Auf diesem Standpunkt beruht Art. A 5 **Incoterms,** der allerdings der Änderung der Versicherungsklauseln noch nicht Rechnung trägt (*Eisemann/Melis* Incoterms, S. 142).

33 bb) Der Verkäufer hat den **Incoterms** zufolge den cif-Preis (Kaufpreis samt Fracht und Versicherung) zuzüglich 10 % imaginären Gewinns zu versichern, es sei denn, daß abweichende Vereinbarungen getroffen wurden oder abweichende Handelsbräuche existieren (*Haage* Abladegeschäft, S. 58; Nr. I 16 Trade Terms (Rdn. 768); Art. A 5 Incoterms (Rdn. 753)).

34 cc) Die Versicherung hat die **gesamte Dauer des Seetransports** von der Übergabe der Ware an den Verfrachter bis zum Absetzen der Ware am Kai bzw. auf ein anderes Schiff zu decken. Der Verkäufer hat die Kosten der Versicherung zu tragen. Wird z. B. bei einem durch Krieg bedingten Aufenthalt in einem Nothafen die Zahlung weiterer Prämien erforderlich, so geht dies jedoch als Ausfluß der Transportgefahr zu Lasten des Käufers (RGZ **88** 403, 404; RG LZ **1919** 254, 255).

35 dd) Die Versicherung ist bei einer „anerkannten" Versicherung zu nehmen. Der Verkäufer haftet für sorgfältige **Auswahl der Versicherung,** nicht jedoch für deren Solvenz (OLG Hamburg HansRZ **1926** 336). Er ist auch nicht verpflichtet, die Police daraufhin zu überprüfen, ob die als zuverlässig angesehene Versicherung in ihre Versicherungskonditionen außergewöhnliche Freizeichnungsklauseln aufgenommen hat, da dies den Verkäufer unzumutbar belasten würde (OLG Hamburg, HansRZ **1926** 336, 337). Der Verkäufer haftet nicht dafür, daß er gesetzlich gezwungen ist, mit einer Versicherung zu kontrahieren, deren Bonität zweifelhaft ist (*Eisemann/Melis* Incoterms, S. 144). Der Verkäufer ist den Trade Terms (Rdn. 768) und den Incoterms (Rdn. 753) zufolge gehalten, dem Käufer eine **übertragbare Transportversicherungspolice** anzudienen. Es genügt auch ein Versicherungszertifikat (*Sieg* VersR **1977** 213; *Haage* Abladegeschäft, S. 78). Näher dazu Rdn. 51.

36 **g) Verladeanzeige.** aa) Der Verkäufer ist verpflichtet, dem Käufer eine Verladeanzeige zuzusenden[21]. Diese Verladeanzeige soll den Käufer so früh wie möglich in die

---

[20] RGZ **88** 403, 404; RG JW **1916** 1194, 1195; *Leo* HansRZ **1918** 286, 378.

[21] *Haage* Abladegeschäft, S. 34; *Liesecke* WM **1966** 174, 176; Nr. I 8 Trade Terms (Rdn. 762); Art. A 4 Incoterms (Rdn. 747).

Lage versetzen, die Ware schwimmend weiterzuverkaufen, sonstige Dispositionen vor Ankunft der Ware zu treffen und gegebenenfalls die Ware höher zu versichern. Aus der Sicht des Verkäufers hat die Verladeanzeige den Vorteil, daß sie im Falle einer Gattungsschuld die Leistungsgefahr rückwirkend auf den Zeitpunkt der Verladung übergehen läßt (Rdn. 66).

Der Verkäufer hat in der Verladeanzeige den Namen des Schiffes **mitzuteilen,** in das die Ware verladen worden ist. Darüber hinaus ist der exakte Abladehafen, die Warengattung und der Kaufvertrag, der erfüllt werden soll, anzugeben, wenn der Verkäufer ohne diese Angaben nicht wissen kann, auf welchen Vertrag geleistet werden soll. Weitergehend § 41 WVB (Rdn. 2). Das exakte Ablade- bzw. Verschiffungsdatum braucht nicht notwendig mitgeteilt zu werden, da es der Käufer bei der Reederei unschwer erfragen kann (vgl. aber auch *Straatmann/Ulmer* Schiedsspruch E 1 a Nr. 9). Es besteht daher auch keine Pflicht, die Verladeanzeige insoweit nachträglich zu ergänzen (**a. A.** *Haage* Abladegeschäft, S. 36). Wurde aber das Abladedatum ohne Vorbehalt mitgeteilt, so muß es richtig sein. Zu den Rechtsfolgen einer unrichtigen Verladeanzeige Rdn. 38, 41.

37 bb) Die Verladeanzeige darf erst **abgesandt** werden, nachdem die Ware auf das Schiff verladen worden ist.

38 cc) Der Verkäufer ist nicht befugt, eine **Verladeanzeige durch eine andere zu ersetzen** (*Straatmann/Ulmer* Schiedsspruch E 1 a Nr. 7). Hat der Verkäufer fahrlässig eine Verladeanzeige abgesandt, die die tatsächlich erfolgte Verladung falsch wiedergibt, so begeht er eine positive Forderungsverletzung. Der Verkäufer ist jedoch grundsätzlich berechtigt, die unrichtige Verladeanzeige zu berichtigen. *Haage* (Abladegeschäft, S. 37) zufolge, soll die Berechtigung zur Richtigstellung immer davon abhängen, daß der Verkäufer nachweist, er habe die Verladeanzeige „gutgläubig" erstattet (ebenso *Straatmann/Ulmer* Schiedsspruch J 5 a Nr. 59). Gegen jede Berichtigung von Verladeanzeigen in Hauptpunkten sprechen sich Schiedssprüche (*Straatmann/Ulmer* E 1 a Nr. 7, 9) aus, da wegen der Formstrenge im Abladegeschäft die in der Verladeanzeige enthaltenen Daten die Lieferpflicht konkretisieren würden. Angemessener erscheint es, bei unrichtigen Verladeanzeigen mit flexiblen Schadensersatzansprüchen zu reagieren, auf deren Basis auch der Schaden liquidiert werden kann, der daraus entsteht, daß der Käufer Dokumente zurückweist, weil er annehmen darf, daß der Verkäufer gelieferte Partien ausgetauscht hat. Entgegen einem Schiedsspruch (*Straatmann/Ulmer* J 5 a Nr. 59, 60) sind hierbei im String-Geschäft die Vorderleute keine Erfüllungsgehilfen, weil diese als selbständige Händler tätig werden und der Schuldner deren Zuverlässigkeit nicht hinreichend exakt zu kalkulieren vermag.

Aus § 44 Abs. 1 WVB (Rdn. 2) ergibt sich, daß der Verkäufer nicht berechtigt ist, eine Verladeanzeige zu berichtigen, weil dies das strikte Rücktrittsrecht des Käufers in Frage stellen würde. Dem Bedürfnis nach Verkehrssicherheit wird hier zulässigerweise der Vorrang eingeräumt.

39 Hat der Verkäufer die Verladeanzeige „unter Vorbehalt" aufgegeben („u. ü. V."), so berechtigt dies den Verkäufer nicht, diese Verladeanzeige durch eine zweite, eine andere Partie betreffende Verladeanzeige zu ersetzen[22]. Der Vorbehalt ist vielmehr in dem Sinne zu verstehen, daß sich der Verkäufer vor einer Haftung wegen Unrichtig-

---

[22] Schiedsspruch *Straatmann/Ulmer* E 1 a Nr. 7; *Mathies/Grimm/Sieveking* Die Geschäftsbedingungen des Waren-Vereins der Hamburger Börse e. V.[3] (1967) § 37 7.

keit der Verladeanzeige (Irrtum; *Straatmann/Ulmer* Schiedsspruch E 1 a Nr. 9) schützen will (*Haage* Abladegeschäft, S. 40). Diese Klausel ist in dem Sinne wirksam, daß der Käufer nicht auf eine unter Vorbehalt abgegebene Verladeanzeige vertrauen darf. Der Verkäufer kann sich indessen andererseits nicht auf diese Weise einseitig von seiner Pflicht befreien, dem Käufer eine verläßliche, vorbehaltlose Verladeanzeige zuzusenden.

40 dd) Sendet der Verkäufer die Verladeanzeige nicht unverzüglich (gemäß § 41 WVB (Rdn. 2) 10 Tage) ab, so kann er sich nach Maßgabe der §§ 284 ff BGB schadensersatzpflichtig machen. Eine Mahnung ist regelmäßig entbehrlich, da beim Überseekauf dem Zeitmoment entscheidende Bedeutung zukommt (**a. A.** *Haage* Abladegeschäft, S. 35, der darauf abhebt, ob der Käufer deutlich zum Ausdruck gebracht habe, daß er eine Verladeanzeige wünsche). Ferner muß den Verkäufer ein Verschulden treffen. Erfolgt trotz Setzung einer Nachfrist keine Verladeanzeige, so darf der Käufer gemäß § 326 BGB zurücktreten[23]. Geht die Verladeanzeige ohne Verschulden des Verkäufers nach Absendung verloren, so findet der Rechtsgedanke des § 447 BGB keine Anwendung (**a. A.** *Haage* Abladegeschäft, S. 42). Der Verkäufer hat nochmals die Verladeanzeige zu erstatten. Dies ändert allerdings nichts an der Tatsache, daß schon die verlorengegangene Verladeanzeige die Konkretisierung ausgelöst hat.

41 ee) Hat der Verkäufer dem Käufer eine Verladeanzeige abgesandt, aus der sich unmittelbar oder mittelbar ergibt, daß der Verkäufer **nicht vertragsgemäß geliefert** hat, so darf der Verkäufer nicht ohne weiteres darauf vertrauen, daß der Käufer die angezeigte Ware als vertragsgemäß annehmen werde (*Haage* Abladegeschäft, S. 40 ff). Dies gilt jedenfalls in Fällen, in denen der Käufer der Verladeanzeige nicht eindeutig die Vertragswidrigkeit der Ware entnehmen kann. Ergibt sich aus der Verladeanzeige eindeutig, daß vertragswidrige Ware verschifft worden ist, so liegt es nahe, auf die Wertung der §§ 377, 378 HGB zurückzugreifen und den Käufer so zu behandeln, als ob ihm die Ware ausgeliefert worden wäre. Dagegen spricht indessen die Erwägung, daß die Ausdehnung der „Rügeobliegenheit" die Verkehrssicherheit gefährdet, da sich der Handel nur im Hinblick auf Warenlieferungen auf eine strikte Anwendung des § 377 HGB eingestellt hat. Es ist deshalb auf die allgemeinen Grundsätze über das Schweigen im Rechtsverkehr zurückzugreifen. Die vom Kaufvertrag abweichende Verladeanzeige enthält ein Angebot zum Abschluß eines Abänderungsvertrages. Schweigt der Käufer auf ein solches Angebot, so ist sein Schweigen nicht immer schon kraft verkehrsmäßig typisierten Verhaltens als Annahme zu werten[24]. Entgegen manchen Tendenzen in der Literatur (MünchKomm-*Kramer* BGB § 116 26; § 151 6 m. Nachw.) und der Rechtsprechung (BGHZ **1** 353) darf das Schweigen nicht allein deshalb als Zustimmung gewertet werden, weil eine ablehnende Erklärung des Käufers zu erwarten war. Der Käufer, der nicht antwortet, macht sich lediglich schadensersatzpflichtig, wenn er den Umständen, unter denen die Verladeanzeige abgegeben wurde, entnehmen konnte, daß der Verkäufer davon ausging, der Käufer werde die Schlecht- bzw. Falschlieferung annehmen und der Verkäufer daher auf anderweitige Dispositionen verzichtete (*Großkomm z HGB-Canaris* Vorauflage Anh. § 362 Rdn. 8, 13). Etwas anderes gilt, wenn das in der Verladeanzeige enthaltene Angebot dem Käufer in dem Moment, in dem eine Antwort zu erwarten war, lediglich einen Vorteil brachte. Diese Rechtslage wird durch § 44 Abs. 1 WVB (Rdn. 2) nicht geändert, da dem Käufer, der schweigt, al-

---

[23] *Liesecke* WM **1978** Beilage Nr. 3, S. 25; Schiedsspruch *Straatmann/Ulmer* C 1 Nr. 6; vgl. auch § 41 WVB (Rdn. 2).

[24] Schiedsspruch *Straatmann/Ulmer* D 1b Nr. 14, 16; *Haage* Abladegeschäft, S. 41; allgemein dazu *Großkomm z HGB-Canaris* [3] Anh. § 362 18.

lenfalls der Anspruch auf Schadensersatz entzogen wird, falls ihm nach Zugang der vertragswidrigen Verschiffungsanzeige eine Frist gesetzt worden ist.

42 **h) Dokumente.** Beim Überseekauf besteht die Hauptleistungspflicht des Verkäufers nicht nur darin, die Ware als solche zu liefern. Der Verkäufer hat darüber hinaus im Range einer Hauptleistungspflicht dem Käufer die die Ware vertretenden Dokumente (dazu Rdn. 43) sowie insbesondere Faktura und Versicherungspolice bzw. -zertifikat zu liefern. Das heißt allerdings nicht, daß Kaufgegenstand ausschließlich die Dokumente wären. Es geht hier nur um eine besondere Form der Lieferung, die sich zweistufig vollzieht. Die Ware ist nicht bei der Ankunft auszuhändigen, sondern mit Hilfe der Dokumente zu liefern und gegebenenfalls zu übereignen (*Digenopoulos* Die Abwandlung der CIF- und FOB-Geschäfte im modernen Überseekaufrecht (1978) S. 125 m. Nachw.).

43 **aa) Art der Dokumente.** Der Verkäufer hat grundsätzlich die Konnossemente, die Versicherungspolice und die Faktura zu übergeben. Daneben hat der Verkäufer nach Handelsbrauch (vgl. Nr. I 12 Trade Terms (Rdn. 768)) ein Ursprungszeugnis und die Konsulatsfaktura anzudienen.

(1) Die **Konnossemente** müssen auf den Käufer ausgestellt, an ihn indossiert, mit einem Blankoindossament versehen oder auf den Inhaber ausgestellt sein. Zur Frage der Form der Konnossemente *Haage* Abladegeschäft S. 62. Der Verkäufer hat alle Konnossementsexemplare („full set") anzudienen. Das gilt auch dann, wenn ein Konnossementsexemplar vorgelegt wird, das mit einem Auslieferungsvermerk des Reeders bzw. seines Vertreters versehen ist. Bringt der Verkäufer, der nur ein Exemplar vorlegen kann, freilich eine erstklassige Bankgarantie bei, die den Käufer vor Schaden schützt, so darf der Käufer nach Treu und Glauben das Konnossement nur zurückweisen und sofort Schadensersatz verlangen, falls die konkrete Gefahr erkennbar ist, daß ihm aus Ansprüchen Dritter ein Schaden entstehen wird.

44 (2) Der Verkäufer darf auch **Teilkonnossemente,** die zur Kategorie der „Originaldokumente" gehören, liefern. Falls nicht die Andienung von „Originaldokumenten" vereinbart ist, ist es auch zulässig, Konnossements-Surrogate, wie **Kaiteilschein, Konnossementsteilschein**[25] und unter Umständen eine **„Delivery-Order"** zur Verfügung zu stellen (vgl. auch § 42 Abs. 1 WVB (Rdn. 2)).

45 (3) Der **Kaiteilschein** tritt in Form von Verpflichtungsscheinen oder von Anweisungen in Erscheinung. Als Anweisung werden Kaiteilscheine vom Inhaber des Konnossements ausgestellt. Als Anweisung an die Kaiverwaltung muß der Kaiteilschein von der Kaiverwaltung als Vertreterin des Schiffes akzeptiert worden sein, um andienungsfähig zu sein. Das Akzept muß nicht ausdrücklich erteilt werden; es genügt der Vermerk, daß das — wirtschaftlich gesehen — zugrunde liegende Konnossement der Kaiverwaltung als Vertreterin des Schiffes ausgehändigt worden ist (*Schaps/Abraham* Das Seerecht[4] (1978) § 649 13). Die Übergabe des Kaiteilscheins enthält eine Abtretung des bürgerlich-rechtlichen Herausgabeanspruchs. Diese Abtretung ist auch ohne Übertragung des Konnossements möglich, weil das Konnossement mit der Auslieferung an die Kaianstalt aus dem Verkehr gezogen wurde (*Haage* Abladegeschäft, S. 69; *Schaps/Abraham* § 649 13). Der Erwerber des Kaiteilscheins kann mithin gemäß § 931 BGB Ei-

[25] *Lebuhn* European Transport Law, Bd. XVI (1981) 24 (28); *Prüßmann/Rabe* Seehandelsrecht[2] § 648 HGB F 2; *Digenopoulos* S. 161 ff m. Nachw.

gentum erwerben. Ist der Kaiteilschein als Anweisung ausgestellt, so kann er nach richtiger Interpretation des § 363 HGB (*GroßKomm z HGB-Canaris* § 363 10 m. Nachw. zum Streitstand; **a. A.** *Prüßmann/Rabe* § 648 HGB F 2a) als echtes Orderpapier ausgeformt werden, falls die zu liefernde Ware vertretbare Sachen umfaßt. Im übrigen findet § 784 BGB entsprechende Anwendung (str.), jedoch mit der Maßgabe, daß die Verpflichtung des Akzeptierenden in begrenztem Umfang typusbezogen ist. Danach ist die Kaiverwaltung berechtigt, dem Erwerber des Kaiteilscheines entgegenzuhalten, daß die Gebühren noch nicht bezahlt sind (zur Parallele zur Situation bei Warenpapieren vgl. *GroßKomm z HGB-Canaris* Vorauflage § 364 33). Dem Erwerber können jedoch nicht alle Einwendungen aus dem zwischen dem Einlieferer des Konnossements und der Kaiverwaltung geschlossenen Vertrag entgegengesetzt werden (**a. A.** *Haage* Abladegeschäft, S. 71).

46 (4) Der **Konnossementsteilschein** tritt ebenfalls in der Form einer angenommenen Anweisung oder eines Verpflichtungsscheins in Erscheinung, der gegen Auslieferung des Konnossements ausgestellt wird. Im Unterschied zum Kaiteilschein wird er aber vom Verfrachter oder Schiffsmakler als Vertreter ausgestellt. Die Rechtswirkungen des Konnossementsteilscheins entsprechen denen des Kaiteilscheins (*Schaps/Abraham* § 649 12).

47 (5) Die **Delivery-Order** ist ebenfalls je nach Art ihrer Ausstellung als eine Art Anweisung oder als Verpflichtungsschein zu qualifizieren (*Prüßmann/Rabe* § 648 HGB F 2c). Angewiesener bzw. Aussteller der Delivery-Order in Form eines Verpflichtungsscheins ist der sog. Konnossementshalter, dem der ehemalige Konnossementsinhaber das Konnossement ausgehändigt hat. Als Konnossementshalter werden regelmäßig Spediteure, Lagerhalter, Banken oder seetransportnahe Unternehmen tätig. Sie sind in Hinblick auf etwaige Fehler bei der Ausstellung Erfüllungsgehilfen des Abladers (*Straatmann/Ulmer* Schiedsspruch J 5a Nr. 38). Soweit die Delivery-Order in Form einer Anweisung ausgestellt wird, bedarf sie, um überhaupt andienungsfähig zu sein (näher dazu Rdn. 49), der Annahme durch den Konnossementshalter. Die Annahme erfolgt durch den Vermerk, daß sich das Konnossement in Gewahrsam des Konnossementshalter befindet. Der Erwerber einer Delivery-Order erlangt anders als beim Kaiteilschein keinen Herausgabeanspruch gegen den Verfrachter, da der bürgerlich-rechtliche Herausgabeanspruch nur unter Aushändigung des Konnossements übertragen werden kann, das Konnossement jedoch beim Konnossementshalter verbleibt. Das hat zur Konsequenz, daß der Erwerb des Eigentums (§ 931 BGB) jedenfalls bis zu dem Zeitpunkt hinausgeschoben ist, in dem das Konnossement dem Verfrachter oder dessen Vertreter zurückgegeben wird. Daraus resultiert eine nicht unerhebliche Schwäche der Delivery-Order[26].

48 Der Konnossementshalter besitzt das Konnossement als **Treuhänder.** Fraglich ist, ob er es kraft einer Ermächtigungstreuhand oder ob er es als Vollrechtstreuhänder besitzt. Für die Annahme einer Ermächtigungstreuhand plädiert *Haage* (Abladegeschäft, S. 74). Der Konnossementshalter sei lediglich ermächtigt, im eigenen Namen das Recht auf Auslieferung der Ware auszuüben und die Verteilung der Ware so vorzunehmen, wie dies der Delivery-Order entspreche. Bei dieser Interpretation des Vertrages „ehemaliger Konnossementsinhaber — Konnossementshalter" ist der Erwerber der Delivery-Order zwar gegen Insolvenzen des Konnossementshalters geschützt, nicht aber

[26] *Haage* Abladegeschäft, S. 73 f; *Schaps/Abraham* Seerecht[4] § 648 10; *Prüßmann/Rabe* Seehandelsrecht[2] § 648 HGB F 2c.

gegen Insolvenzen des ehemaligen Konnossementsinhabers, da dieser materiell-rechtlich Träger des Auslieferungsanspruchs und gegebenenfalls Eigentümer geblieben ist. Es muß im Fall der Auslieferung sogar mit konkursrechtlichen Anfechtungsklagen gerechnet werden. Der Erwerber erlangt nur dort eine gesicherte Position, wo die Ware vom Schiff an den Konnossementshalter ausgeliefert wurde, bevor der ehemalige Konnossementsinhaber zahlungsunfähig wurde. Man wird nämlich davon ausgehen müssen, daß der ehemalige Konnossementsinhaber seinen Herausgabeanspruch gegen den Konnossementshalter antizipiert an den Erwerber der Delivery-Order abgetreten hat und diesem auf diese Weise Eigentum in dem Moment verschafft, in dem der Konnossementshalter unmittelbaren Besitz erwirbt. — Denkbar ist aber auch, daß der Konnossementshalter das Konnossement und unter Umständen das Eigentum an der Ware als Vollrechtstreuhänder hält. Treugeber ist hier zunächst der ehemalige Konnossementsinhaber. Diese Treugeberposition wird entsprechend der zu liefernden Teilmenge auf die Erwerber der Delivery-Order „übertragen". Dies kann in der Weise erfolgen, daß der ehemalige Konnossementsinhaber parallel zur Aushändigung der Delivery-Order seine Treugeberstellung abtritt oder daß der Konnossementshalter im Sinne einer Novation ein Treuhandverhältnis zugunsten des Erwerbers der Delivery-Order begründet. In dieser Variante genießt der Treugeber den für Treuhandverhältnisse typischen insolvenzrechtlichen Schutz (*Palandt/Bassenge* BGB ^{43}, vor § 929 7 Bb). Auf den ersten Blick steht dem zwar das sog. „Unmittelbarkeits"-Prinzip (BGH WM **1965** 174) entgegen. Es ist jedoch zu berücksichtigen, daß es hier anders als in den Fällen mittelbarer Stellvertretung, auf die das „Unmittelbarkeits"-Prinzip zugeschnitten ist, um eine Frage der Übertragung der Treugeber-Position geht. Ferner ist zu beachten, daß das „Unmittelbarkeits"-Prinzip zu Recht auf immer mehr Kritik stößt[27]. Es wird zu Recht betont, daß die insolvenzrechtliche Position des Treuhänders mit Hilfe des Offenkundigkeits-Gedankens (*Canaris* Festschrift Flume (1978) S. 371, 413) abgesteckt werden sollte. Geht man davon aus, daß der Treugeber unabhängig von der Unmittelbarkeit des Erwerbs insolvenzrechtlich geschützt sein soll, wenn die Treuhänderstellung des Konnossementshalters unter anderem aufgrund seiner Berufsstellung offenkundig ist, so werden in aller Regel keine Bedenken bestehen, dem Erwerber der Delivery-Order die Treugeberstellung in Hinblick auf den im Konnossement verbrieften Auslieferungsanspruch und gegebenenfalls das Eigentum zuzugestehen. Nimmt der Konnossementshalter die Ware aufgrund seiner Legitimation als Inhaber des Konnossements in Empfang, so erstreckt sich die Treugeberposition des Inhabers der Delivery-Order — pro rata — auf dieses Gut. Ein Fall primär rechtsgeschäftlicher Surrogation, auf den das Unmittelbarkeits-Prinzip zugeschnitten ist, liegt nicht vor. Im übrigen ist der Vorrang des Offenkundigkeits-Prinzips zu beachten. Ungeschützt bleibt der Erwerber der Delivery-Order auch hier natürlich davor, daß der Konnossementshalter eine Veruntreuung begeht oder fahrlässig handelt, ohne hinreichend solvent zu sein. — Welche der beiden Treuhandabreden gilt, ist eine Sache der Vertragsauslegung, mithin der Umstände des Einzelfalles. In diesem Zusammenhang ist davon auszugehen, daß die Parteien angesichts der üblichen Zahlung „Kasse gegen Dokumente" diejenige Treuhandform wählen werden, die dem Inhaber der Delivery-Order eine möglichst sichere Position verleiht, daß aber nachteilige Folgen steuerrechtlicher Art vermieden sein müssen.

---

[27] Vgl. *Canaris* Festschrift Flume (1978) 406 ff, 441; *Palandt-Bassenge* BGB ^{43} vor § 929 7 D m. Nachw.

Eine mehr durch die Art der Geschäftsabwicklung bedingte Schwäche der Delivery-Order liegt darin, daß der Konnossementshalter vielfach außerstande sein wird, verdeckte Frachtschäden rechtzeitig (§ 611 HGB) zu rügen (*Haage* Abladegeschäft, S. 75). **49**

Die Delivery-Order kann wegen der ihr immanenten Schwächen nicht ohne weiteres zum Kreis der andienungsfähigen Papiere gezählt werden[28]. Es bedarf daher einer besonderen Abrede (z. B. Kasse gegen D. O.; dazu *Digenopoulos* S. 166 ff m. Nachw.) oder eines Handelsbrauchs. Die Abrede, daß Delivery-Orders hereinzunehmen sind, kann sich auch aus den Umständen ergeben, so aufgrund einer ständigen Gepflogenheit unter den Parteien (*Digenopoulos* S. 164). Da die Delivery-Order dort, wo der Konnossementshalter Vollrechtstreuhänder ist, dem Erwerber eine sehr starke Position verschafft, sind angesichts der Nähe der Delivery-Order zu den Kaiteilscheinen an die konkludente Vereinbarung, daß auch Delivery-Orders angedient werden dürfen, nicht allzu harte Anforderungen zu stellen. — Gemäß § 42 WVB (Rdn. 2) sind Delivery-Orders nicht andienungsfähig, es sei denn, es handelt sich um einen Lieferschein der Reederei.

(6) Zur Frage der Andienungsfähigkeit von sog. **Durchkonnossementen** *Haage* Abladegeschäft, S. 77; *Liesecke* WM **1978** Beilage Nr. 3 S. 13 m. Nachw. **50**

(7) Der Verkäufer hat ferner eine **Transportversicherungspolice** anzudienen, die auf den Käufer ausgestellt oder mit einem Blankoindossament versehen ist. Zur Möglichkeit, Transportversicherungspolicen als echte Inhaberpapiere auszustellen (*Hueck/Canaris* Recht der Wertpapiere [11], § 25 I 5). Ob die übertragbare Transportversicherungspolice durch ein **Versicherungszertifikat**[29] ersetzt werden kann, ist eine Frage des im Einzelfall einschlägigen Handelsbrauchs (bejahend *Haage* Abladegeschäft, S. 78; ferner *Liesecke* WM **1966** 174, 180). In § 42 Abs. 1 WVB (Rdn. 2) ist von einem Versicherungsschein die Rede, der „die Versicherung ... nachweist“. Es heißt nicht „verbrieft“, so daß dem § 42 Abs. 1 WVB zufolge auch Zertifikate andienungsfähig sind. Gemäß Art. A 5 **Incoterms** hat der Verkäufer immer eine übertragbare Police zu liefern. Auch Nr. I 14 **Trade Terms** (Rdn. 768) spricht von der Transportversicherungspolice. Ihnen stehen Versicherungszertifikate gleich, die als hinkende Inhaberpapiere ausgestellt sind. **51**

(8) Fester Bestandteil der vom Verkäufer zu liefernden Dokumente ist schließlich die Original-**Faktura**, der zu entnehmen ist, daß eine dem Kaufvertrag entsprechende Ware zu einem bestimmten Kaufpreis geliefert wurde. Der Käufer ist an der Lieferung der Faktura u. a. deshalb interessiert, weil er nur so der Bank, die den Kaufpreis finanziert, nachweisen kann, daß seinem Kreditwunsch eine Warenlieferung zugrunde liegt. Die Verpflichtung, die Rechnung zu liefern, ist Hauptpflicht im Sinn des § 326 BGB (offengelassen bei *Haage* Abladegeschäft, S. 79), da sie für den Käufer regelmäßig von zentraler Bedeutung ist (ebenso § 42 I, V WVB (Rdn. 2)). **52**

bb) Inhalt der Dokumente:

(1) Die Rechnung muß exakt auf die vereinbarte **Ware, Menge** (geringere Menge ist zulässig) und **Lieferzeit** lauten[30]. Nicht erforderlich ist, daß die Warenbezeichnung in Rechnung und Frachtdokumenten sowie Versicherungspolice exakt übereinstimmt, da **53**

---

[28] *Haage* Abladegeschäft, S. 76; *Lebuhn* European Transport Law, Bd. XVI (1981) 24 (29); *Liesecke* WM **1966** 174, 178.

[29] *Sieg* VersR **1977** 213; *Liesecke* WM **1978** Beilage 3, S. 15.

[30] vgl. auch *Schmitthoff* The Export Trade[7] (1980) S. 29; *Eisemann/Melis* S. 148 f.

die Frachtdokumente häufig abkürzende Formulierungen verwenden. Die Bezeichnung in den Frachtdokumenten darf nur nicht völlig von der Faktura und dem Kaufvertrag abweichen. Als Maßstab kann § 378 HGB herangezogen werden[31].

54 (2) Schuldet der Verkäufer „Abladung" (Rdn. 18), so braucht er nur ein **Übernahmekonnossement** beizubringen. Ist „Verschiffung" oder „Segelung" (Rdn. 19f) vereinbart, so hat der Verkäufer grundsätzlich ein **Bordkonnossement** (*Prüßmann/Rabe* § 642 HGB D 1b) anzudienen (*Liesecke* WM **1966** 174, 175). Es genügt ein Übernahmekonnossement (*Prüßmann/Rabe* § 642 HGB D 2), wenn es den an-Bord-Vermerk (since shipped; actually on board) mit Unterschrift des Verfrachters und Datum trägt (OLG Hamburg VersR **1978** 936). Die Konnossemente müssen den vereinbarten Bestimmungshafen (*Straatmann/Ulmer* Schiedssprüche C 1 Nr. 10, J 5a Nr. 41) ausweisen. Sie müssen die in der Verladeanzeige genannte Konnossements-Nummer tragen. Das gilt auch für die Andienung von Delivery-Orders (*Straatmann/Ulmer* Schiedsspruch J 5a Nr. 38).

55 (3) Falls Umladung verboten ist, muß die darauf bezogene Klausel im Konnossement gestrichen sein (vgl. *Schmitthoff* The Export Trade[7] (1980) S. 32) und das genaue **Datum,** an dem die Ware vom Verfrachter übernommen worden war, enthalten; denn der Verkäufer darf den Beweis rechtzeitiger Abladung nur mit Hilfe eines datierten Konnossements bzw. Teilscheins etc. (Rdn. 43ff) führen[32]. Legt der Verkäufer dort, wo „verschiffte" Ware verkauft wurde, ein Übernahmekonnossement vor, so hat er eine Bescheinigung der Reederei oder des Hafenamtes über den Zeitpunkt der Verladung beizubringen[33]. Ein undatiertes Konnossement ist nicht andienungsfähig (*Eisemann/Melis* Incoterms, S. 149). Es muß im übrigen den **Form**vorschriften des maßgeblichen Landesrechts entsprechen. Gilt deutsches Recht, so muß das Konnossement gemäß § 656 Nr. 8 HGB Gewicht, Zahl, Art oder Markierung der Ware enthalten. Es muß unterschrieben sein. Faksimile oder Abstempelung genügt (*Prüßmann/Rabe* § 642 HGB E (str.)). Ein Konnossement, in dem diese Angaben fehlen, ist unvollständig (Rdn. 63). Falsch ausgestellte Dokumente dürfen nur vor der ersten Andienung berichtigt werden. Die Berichtigung muß durch eine befugte Person erfolgt sein. Dies muß bei der Andienung urkundlich nachgewiesen werden (*Straatmann/Ulmer* Schiedssprüche J 5a Nr. 77, 79).

56 (4) Das **Konnossement** muß ferner **„rein"** sein, d. h. es darf keine Vermerke enthalten, die ausdrücklich den Zustand der Ware oder Verpackung als mangelhaft erscheinen lassen. Ein Dokument ist „unrein", wenn es Zusätze enthält, die ausdrücklich den Zustand der Ware und/oder Verpackung als mangelhaft bezeichnen[34]. Der Zusatz „Gewicht unbekannt" schadet mithin nur, falls sich aus den Dokumenten ergibt, daß der Verfrachter Anlaß zu Zweifeln an den Angaben des Abladers hatte (weitergehend *Liesecke* WM **1966** 174, 180). Gleiches gilt für Vermerke, in denen der Verfrachter den Zustand der Ware notiert, um sich vor eventuellen Schadensersatzansprüchen zu schützen, die aber die vereinbarte Qualität der Ware nicht in Frage stellen und der Käufer dies erkennen kann (vgl. *Eisemann/Melis* Incoterms, S. 151). Es muß sicherge-

---

[31] BGH LM Nr. 3 zu § 373 HGB; *Haage* Abladegeschäft, S. 63; *Eisemann/Melis* Incoterms, S. 148; *Mathies/Grimm/Sieveking* Geschäftsbedingungen[3], S. 63 f; *Liesecke* WM **1966** 174, 179; **a. A.** *Straatmann/Ulmer* Schiedssprüche des Deutschen Kaffee-Verbandes J 5a Nr. 19, 22, 44, wohl aufgrund der besonderen Bräuche des Kaffeehandels.

[32] Schiedssprüche *Straatmann/Ulmer* D 1b Nr. 2; J 5a Nr. 79; *Haage* Abladegeschäft, S. 26.

[33] **A. A.** *Digenopoulos* S. 128, 132; *Liesecke* WM **1978** Beilage Nr. 3, S. 13.

[34] BGH Hansa **1961** 1619; *Prüßmann/Rabe* Seehandelsrecht[2] § 656 HGB F 1; *Eisemann/Melis* S. 151; *Necker* AWD **1959** 114, 117.

stellt werden, daß der Käufer das „Reinheitserfordernis" nicht als Instrument der Spekulation zu Lasten des Verkäufers mißbraucht. Vom Käufer der Ware kann Kenntnis der Eigenschaften der Ware erwartet werden[35]. Gleiches gilt für einen weiteren Abkäufer, dem der Käufer das mit Zusätzen versehene Dokument andienen muß; vgl. aber auch *K.-L. Hermann* (Das Abladegeschäft im deutschen und französischen Recht und die Anforderungen an die Aufmachung des Konnossements, Diss. Köln 1962, S. 144), der darauf abheben will, ob die Ware in Anbetracht der Beschreibung der Ware oder Verpackung im Konnossement handelbar und umlauffähig ist. Dieses Kriterium ist jedoch unbrauchbar, weil auch im Sinne des Kaufvertrages evident mangelhafte Ware handelbar sein kann. Ausgangspunkt kann immer nur die Qualitätsvereinbarung der Parteien sein. Zu berücksichtigen ist aber auch der Umstand, daß die Banken im Rahmen des Dokumentenakkreditiv-Geschäfts gehalten sind, mangels besonderer Weisungen ausschließlich „reine" Dokumente aufzunehmen.

57 Enthält ein Konnossement Zusätze über Merkmale der Ware, so ist die Bank grundsätzlich gezwungen, das Konnossement zurückzuweisen, da sie nicht wissen kann, ob die in dem Konnossementszusatz aufgeführten Merkmale qualitätsschädlich sind oder nicht. Die Praxis ist daher bestrebt, vom Verfrachter „reine" Dokumente zu erhalten und trägt dem Sicherheitsbedürfnis des Verfrachters dadurch Rechnung, daß sich der Ablader verpflichtet, gegen Ausstellung eines reinen Dokuments das Schiff von etwaigen Regreßansprüchen freizustellen. Diese Reverspraxis hat freilich zu erheblichen Mißbräuchen geführt (*Haage* Abladegeschäft, S. 99), die die Rechtsprechung veranlaßt haben, die Wirksamkeit von Freistellungsvereinbarungen stark zurückzuschneiden (BGH AWD **1973** 405; *Prüßmann/Rabe* § 656 HGB F 1, 3 m. Nachw.). Jedenfalls Reverse, die im Zusammenhang mit bewußt zur Täuschung falsch ausgestellten Konnossementen gegeben werden, sind dieser Rechtsprechung zufolge gemäß § 138 Abs. 1 BGB nichtig. Ob diese Sanktion auch dort eingreift, wo auf Wunsch des Abladers Vermerke über Mängel der Güter weggelassen werden, hat der BGH offengelassen. Man wird in dieser Fallkonstellation eine Nichtigkeit verneinen müssen, falls der Verfrachter bzw. Kapitän ohne bedingten Vorsatz der Ansicht war, die auf Wunsch des Abladers im Konnossement weggelassenen Qualitätsmerkmale stünden nicht im Widerspruch zu den Vertragspflichten des Abladers oder seines Auftraggebers zu Dritten (z. B. Käufer der Ware) (OLG Hamburg MDR **1970** 146; *Prüßmann/Rabe* § 656 HGB F 3,5 m. Nachw.). Die **Incoterms** entschärfen das Problem der unreinen Dokumente etwas dadurch, daß sie einen Katalog unschädlicher Klauseln aufgestellt haben (Anmerkung zu Art. A 6 Rdn. 753), der bei Geltung der Incoterms (Rdn. 11) zu beachten ist. Die Gefahr, daß der Verfrachter ohne Anlaß und Verschulden des Verkäufers ein „unreines" Konnossement ausstellt, geht zu Lasten des Verkäufers; denn der Verkäufer hat die Verfrachtung zu organisieren und reine Konnossemente anzudienen.

58 (5) Sofern nicht die Fracht in der Faktura deutlich vom cif-Kaufpreis abgezogen ist, muß das Konnossement den Vermerk des Verfrachters **„Fracht bezahlt"** tragen, damit der Käufer vor Pfandrechten des Verkäufers geschützt ist.

cc) Lieferung der Dokumente:

59 (1) Die Dokumente sind, sofern nichts Besonderes vereinbart ist, an die Niederlassung des Käufers zu liefern. Diese Verpflichtung zur Lieferung der Dokumente ist mit-

[35] *K.-L. Hermann* Das Abladegeschäft im deutschen und französischen Recht und die Anforderungen an die Aufmachung des Konnossements, Diss. Köln 1962, S. 138 ff.

hin kraft Gewohnheitsrecht eine **Bringschuld**[36] mit der Konsequenz, daß der Verkäufer die **Gefahr eines Verlustes** der Dokumente auf sich zu nehmen hat (*Liesecke* WM **1978** Beilage Nr. 3, S. 36). Im Falle eines vom Verkäufer nicht verschuldeten Verlusts wird dieser zwar von der Leistungspflicht frei (§ 275 BGB), verliert aber andererseits den Anspruch auf Zahlung des Kaufpreises (§ 323 BGB)[37]. Dabei ist davon auszugehen, daß der Verkäufer, wenn die verkaufte Ware z. B. durch eine Verladeanzeige bereits konkretisiert worden ist (Rdn. 65), berechtigt und verpflichtet ist, ausschließlich die auf die konkretisierte Ware bezogenen Dokumente zu liefern. Dem Verkäufer steht im Falle eines Verlusts der Dokumente kein Ersetzungsrecht zu. Verzichtet der Käufer auf die Andienung der Dokumente und erklärt er sich bereit, die Ware am Kai zu übernehmen, so handelt der Verkäufer, der sich auf den Verlust der Dokumente beruft, rechtsmißbräuchlich, wenn sich der Käufer bereiterklärt, Ansprüche der Reederei, die die Ware ohne Dokumente herausgibt, durch eine Bankgarantie abzusichern (weitergehend *Haage* Abladegeschäft, S. 45 f). Sind sowohl die Dokumente als auch die Ware auf dem Transport verlorengegangen, so stellt die Berufung auf den Verlust der Dokumente einen Rechtsmißbrauch dar, falls der Käufer im konkreten Fall nicht auf den Besitz der Dokumente angewiesen ist[38].

60 (2) Der Verkäufer hat die Dokumente im eigenen Namen **unverzüglich** zu liefern (so auch Art. A 7 Incoterms (Rdn. 753)). Hat der Verkäufer nicht selbst abgeladen, so muß er sich so schnell wie möglich den Besitz der Dokumente verschaffen. Gemäß § 42 Abs. 3 WVB (Rdn. 2) wird die Verpflichtung zur Lieferung der Dokumente spätestens in dem Moment fällig, in dem das Schiff den Bestimmungshafen erreicht. Dies gilt auch, wenn die Ware nicht gelöscht werden kann, weil sie unter für einen anderen Hafen bestimmten Partien gelagert war (*Straatmann/Ulmer* Schiedsspruch J 5 a Nr. 3).

61 (3) Der Käufer muß offensichtliche Mängel der Dokumente oder das Fehlen einzelner Dokumente unverzüglich **rügen**[39]. Vertragswidrige Dokumente darf der Käufer aber unter **Vorbehalt** aufnehmen und dann, wenn sie von seinen Abnehmern zurückgewiesen werden, ebenfalls ablehnen (*Straatmann/Ulmer* Schiedsspruch J 5 a Nr. 5).

(4) Der Verkäufer darf, um die Gefahr von Manipulationen im Keim zu ersticken, die Ware nach ihrer Ankunft im Bestimmungshafen **nicht untersuchen** oder in irgendeiner Weise behandeln (*Straatmann/Ulmer* Schiedsspruch J 5 a Nr. 43). Dies gilt auch für Dritte, die der Verkäufer einschaltet oder denen er den Zutritt zum Gut ermöglicht (vgl. §§ 36, 46 WVB (Rdn. 2)).

62 (5) Der Verkäufer, der Dokumente zu liefern hat, ist nicht berechtigt, anstatt der Dokumente die **Ware in natura** anzubieten (vgl. BGH LM § 373 HGB Nr. 3). Letzteres ist auch dort ein aliud, wo die Ware bereits im Bestimmungshafen eingetroffen ist. Der Käufer erwartet beim cif-Geschäft, die Ware mit Hilfe von Dokumenten durchhandeln zu können (*Digenopoulos* S. 126 m. Nachw.).

63 (6) Liefert der Verkäufer nicht unverzüglich die geschuldeten Dokumente, so kann ihm der Käufer, gegebenenfalls nach Mahnung, eine **Nachfrist** setzen und die **Rechte aus § 326 BGB** geltend machen[40]. Der Setzung einer Nachfrist bedarf es auch dort, wo

---

[36] *Haage* Abladegeschäft, S. 44; vgl. auch § 9 Abs. 2 WVB (Rdn. 2); Schiedsspruch *Straatmann/Ulmer* J 5 a Nr. 33.

[37] *Haage* Abladegeschäft, S. 44 f; **a. A.** *Eisemann/Melis* S. 152 f.

[38] OLG Hamburg HansGZ **1918** Nr. 77; *Ewald* HansRZ **1927** 733; *Haage* Abladegeschäft, S. 47; **a. A.** *Nolte* ZHR **89** 63.

[39] Schiedssprüche *Straatmann/Ulmer* J 5 a Nr. 29, 35, 70; J 2 Nr. 8; anders J 5 a Nr. 37.

[40] Ausnahme: Ketten(String)-Geschäft; Schiedsspruch *Straatmann/Ulmer* J 5 a Nr. 61.

der Verkäufer **„unrichtige Dokumente"** angedient hatte. Darunter versteht man Dokumente, denen zufolge die Ware z. B. nach Qualität bzw. Menge nicht vertragsgemäß ist oder nicht zum vertragsgemäßen Zeitpunkt abgeladen bzw. verschifft worden ist oder die Beförderung nicht vertragsgemäß ist[41]. Teilleistungen sind zulässig. Es ist aber zu beachten, daß gemäß § 44 WVB (Rdn. 2) in Fällen, in denen sich aus der Verschiffungsanzeige die Abladung vertragswidriger oder verspäteter Ware ergibt, der Käufer sofort zurücktreten darf. Hat der Käufer lediglich den Verdacht, daß ihm **vertragswidrige Ware** geliefert wird, so darf er die Annahme der Dokumente auch dann, wenn die Ware bereits im Erfüllungshafen eingetroffen ist, nicht mit der Begründung verweigern, er müsse erst die Ware **untersuchen**[42]. Nur so kann sichergestellt werden, daß der Verkäufer und seine Bank den Eingang der Zahlung exakt kalkulieren können, woran sie angesichts des typischerweise hohen Wertes der Ware ein besonders großes Interesse besitzen[43]. Es gilt der Grundsatz des „erst zahlen, dann untersuchen und reklamieren". Eine Ausnahme von diesem Grundsatz ist dort zuzulassen, wo der Käufer dem Verkäufer den Einwand treuwidrigen (dolo petit, qui petit, quod statim redditurus est) Verhaltens entgegenzusetzen vermag (vgl. auch § 13 Abs. 1 WVB (Rdn. 2)). Hierfür genügt es nicht, daß die vorhergehende Lieferung mangelhaft war[44]. Um Verzögerungen zu vermeiden, darf der Käufer sich auf treuwidriges Verhalten (z. B. bewußte Andienung vertragswidriger Ware) des Verkäufers nur berufen, wenn er dies sofort glaubhaft zu machen vermag. Dies ist z. B. dort der Fall, wo dem Käufer „unreine" Dokumente (Rdn. 56) angedient wurden[45]. § 321 BGB bleibt unberührt.

64 (7) Der Verkäufer kann dem Käufer die Dokumente **„zu getreuen Händen"** andienen, falls der Käufer nicht sofort Zahlung leistet. Der Käufer, dem Dokumente „zu getreuen Händen" ausgehändigt worden sind, erlangt aufschiebend bedingtes Eigentum an den Dokumenten (**a. A.** *Nielsen* ZIP **1983** 535, 537 f) und aus der Treuhandabrede ein auflösend bedingtes Besitzrecht an den Dokumenten. Die auflösende Bedingung tritt ein, wenn der Käufer nicht fristgerecht Zahlung leistet oder eine sonstige Bedingung nicht erfüllt wird (vgl. § 14 S. 1 WVB (Rdn. 2)). Die aufschiebende Bedingung tritt ein, wenn der Käufer gezahlt hat (Wertung des § 270 BGB; **a. A.** *Haage* Abladegeschäft, S. 104). Der Verkäufer will im Zweifel kein Solvenzrisiko eingehen. Der Zahlung steht grundsätzlich (*Nielsen* ZIP **1983** 535, 537 f) die wirksame Aufrechnung gleich (vgl. OLG Hamburg ZIP **1983** 153, 155). Vor Zahlung ist der Käufer nicht berechtigt, über die Dokumente zu **verfügen** (OLG Hamburg ZIP **1983** 153), insbesondere mit ihnen seine Verpflichtung gegenüber Dritten zu erfüllen. Dies gilt auch bei vertragswidriger Andienung (OLG Hamburg ZIP **1983** 153, 154). Er darf die Dokumente auch nicht benutzen, um die Ware vor der Zahlung zu **untersuchen,** es sei denn, daß z. B. „Zahlung nach Empfang" vereinbart ist[46]. Die Andienung „zu getreuen Händen" soll grundsätzlich nicht die Position des Käufers stärken, sondern lediglich den Zahlungsvorgang erleichtern. Der Käufer darf sich deshalb über die Bedingungen, zu denen ihm die Dokumente treuhänderisch angedient wurden, nicht hinwegsetzen, auch nicht unter Berufung auf abweichende Abreden im Kaufvertrag. Die kaufvertragliche

---

[41] *Liesecke* WM 1978 Beilage Nr. 3, S. 16 m. Nachw. Ausnahme gemäß § 45 WVB (Rdn. 2) für Gewürze.

[42] Nr. II 6 Trade Terms (Rdn. 768); BGHZ **41** 215; **a. A.** RGZ **106** 299.

[43] *Haage* Abladegeschäft, S. 81; *Liesecke* WM **1966** 174, 181 m. Nachw.; *Digenopoulos* S. 139 m. Nachw.

[44] BGH WM **1963** 844; OLG Hamburg AWD **1962** 52; Schiedsspruch *Straatmann/Ulmer* J 5 a Nr. 18.

[45] ähnlich *Haage* Abladegeschäft S. 81, 102; *Digenopoulos* S. 173 ff; *Grimm* AWD **1962** 53; Schiedssprüche *Straatmann/Ulmer* J 5 a Nr. 40, 51, 58, 70.

[46] OLG Hamburg HansGZ **1925** Nr. 33; Schiedsspruch *Straatmann/Ulmer* J 5 a Nr. 40; **a. A.** *Straatmann/Ulmer* Schiedsspruch J 5 a Nr. 32.

Vereinbarung begründet nur Ansprüche und das Recht, eine vertragswidrige Andienung zurückzuweisen. Die im Rahmen der treuhänderischen Andienung gesetzten Bedingungen sind bindend, weil sonst der Käufer die vertragsgemäße Erfüllung im Weg der Selbsthilfe erzwingen könnte. Verletzt der Käufer die Bedingungen, so macht er sich schadensersatzpflichtig. Allerdings kann er mit dem Schaden aufrechnen, den er dadurch erleidet, daß der Verkäufer in Verzug geraten ist. § 14 WVB (Rdn. 2) stellt für den Fall, daß der Käufer die Dokumente im Widerspruch zu den Bedingungen benutzt, die Fiktion auf, daß diese Bedingungen genehmigt seien. Auf diese Weise wird dem Käufer faktisch die Aufrechnungsmöglichkeit genommen, auch wenn den Käufer kein Verschulden trifft. Diese Klausel ist im Licht der §§ 10 Nr. 5, 11 Nr. 5 AGBG nicht unbedenklich (§ 9 AGBG).

i) Gefahrtragung in Hinblick auf die Ware

aa) Leistungsgefahr

65 (1) Grundsätzlich trägt auch bei cif-Käufen der Käufer die Leistungsgefahr (§ 275 BGB). Wurde jedoch, wie im Überseehandel üblich, eine Gattungsschuld vereinbart, so geht die Leistungsgefahr gemäß § 279 BGB — die Fälle des Wegfalls der Geschäftsgrundlage ausgeklammert — erst dann auf den Käufer über, wenn die Lieferung gleichartiger Ware objektiv unmöglich wird oder die Ware im Zeitpunkt der Beschädigung bereits konkretisiert war (§ 243 Abs. 2 BGB). Voraussetzung für die Konkretisierung beim cif-Kauf ist zunächst, daß die Ware dem den Seetransport erledigenden Verfrachter übergeben worden ist. War „Abladung“ (Rdn. 18) vereinbart, so genügt die Übergabe an Land, sonst ist die Lieferung an Bord erforderlich (BGH WM **1963** 1185, *Digenopoulos* S. 68, 73). Einer älteren Rechtsprechung zufolge ist außerdem erforderlich, daß der Verkäufer mit Hilfe von Verladeanzeigen oder Absendung der auf den Käufer lautenden bzw. blanko indossierten Konnossemente eindeutig und irreversibel erkennbar gemacht hat, daß die Ware für den Käufer bestimmt ist[47]. Daß die ordnungsgemäß abgesandten Verladeanzeigen bzw. Konnossemente den Käufer erreichten, soll hingegen ohne Bedeutung sein (RGZ **88** 389, 393; OLG Hamburg HansGZ **1919** Nr. 98). Diese Ansicht beschränkt zu Unrecht die Möglichkeit einer Konkretisierung. Für die Konzentration der Gattungsschuld ist nur erforderlich, daß der Verkäufer die ihm obliegenden Leistungshandlungen erbracht hat und sich jeder Chance beraubt hat, eine zunächst für den Käufer bestimmte Ware gegen eine andere auszutauschen und so das vom Käufer zu tragende Risiko zu manipulieren. Eine eindeutige, irreversible Aussonderung ist nicht nur mit Hilfe der Zusendung von Verladeanzeigen und Konnossementen denkbar (**a. A.** wohl *Straatmann/Ulmer* Schiedsspruch E 2b Nr. 2). Sie kann **auch mit Hilfe einer Markierung** der Ware erfolgen, wenn die Verpakkung oder ein anderes unzweideutiges Merkmal den Käufer als Empfänger der Ware erkennen läßt[48]. Diesen Standpunkt nimmt auch § 35 WVB (Rdn. 2) ein, der nur fordert, der Wille des Verkäufers, daß die Ware für den Käufer bestimmt sei, müsse klar erkennbar geworden sein. Eine Konkretisierung tritt demnach nicht ein, wenn der Verkäufer mehrere Schiffe belädt und sich erst noch schlüssig werden will, welche Ladung er welchem Käufer andienen will oder sich der Empfänger der Ware nur aus den Büchern des Verkäufers ergibt. Auch die Aufnahme des Namens des Käufers in die sog.

---

[47] RGZ **88** 389, 391 f; Schiedsspruch *Straatmann/Ulmer* J 5a Nr. 59.

[48] *Würdinger/Röhricht* Vorauflage, vor § 373 258; *Hager* Die Gefahrtragung beim Kauf (1982) S. 114; *Digenopoulos* S. 69; *Liesecke* WM **1978** Beilage Nr. 3, S. 35 jeweils m. Nachw.

„notify adress“ führt nicht zur Konzentration (*Hannak*, Festschrift Kastner (1972) S. 169, 179). Die Konkretisierung kann nicht **rückgängig gemacht** werden, da sonst Manipulationen zu besorgen wären (*Straatmann/Ulmer* Schiedsspruch J 5 a Nr. 59). Aus diesem Grunde darf der Verkäufer nicht eine Verladeanzeige gegen eine andere austauschen; dies auch dann nicht, wenn er mit Hilfe der Verladeanzeige eine Ware konkretisiert hat, die zu spät abgeladen (Rdn. 11) worden ist. Zur Verwendung von **Containern** Rdn. 8.

66 (2) Hat der Verkäufer die Ware dem Verfrachter ordnungsgemäß übergeben und sendet er später unverzüglich eine Verladeanzeige bzw. die Konnossemente ab, so hat diese Absendung (RGZ **88** 389, 393) nach zutreffender h. M. zur Folge, daß der Gefahrübergang **rückwirkend** in dem Moment eintritt, in dem die Ware dem Verfrachter übergeben worden ist[49]. Der Grund für diese Rückverlagerung des Gefahrübergangs liegt darin, daß sich später kaum jemals feststellen läßt, wann sich die Gefahr realisiert hat und es als unangemessen erscheint, daß das Risiko der Unbeweisbarkeit zu Lasten des Verkäufers geht. Beim cif-Kauf soll der Käufer die Gefahren des Seetransports auf sich nehmen. Die lediglich der Unterbindung von Manipulationen des Verkäufers dienende Absendung der Verladeanzeige bzw. der Konnossemente darf nicht die unangemessene Konsequenz haben, daß der Verkäufer wegen Beweisschwierigkeiten die Gefahr der gesamten Seereise tragen muß.

Voraussetzung für die **Rückwirkung** der Verladeanzeige bzw. Versendung der Konnossemente ist jedoch, daß der Verkäufer im Moment der Absendung der Papiere gutgläubig war, d. h. den Schaden weder kannte noch kennen mußte[50]. *Hager* (S. 125) will die rückwirkende Gefahrtragung im Interesse der Vereinfachung dagegen ausschließlich davon abhängig machen, daß der Verkäufer die Konkretisierung unverzüglich vornimmt. Dadurch werden dem Verkäufer aber Spielräume für die Gefahrenzuweisung eröffnet. Der Verkäufer könnte sich nämlich bei gleichzeitiger Abladung aussuchen, welchem Käufer er die beschädigte Partie andient. Dies widerspricht dem Sinn der Konkretisierung. Zutreffend betont *Hager* jedoch, daß die Konkretisierung unverzüglich erfolgt sein müsse, weil die Sanktion der §§ 284 ff, 326 BGB die Gefahr einer Manipulation durch bewußte Verzögerung der Konkretisierung nicht zuverlässig genug ausschaltet.

67 (3) Grundsätzlich ist eine Konkretisierung nur dort denkbar, wo einem bestimmten Käufer individuell bestimmte Sachen zugeordnet sind. Bei **Sammelladungen,** bei denen körperlich noch nicht getrennte Ware an mehrere Käufer versandt wird, tritt gleichwohl Konkretisierung ein, falls die Sammelladung vertraglich gestattet war oder dem Handelsbrauch entsprach[51]. Für eine vertragliche Gestattung spricht, daß der Verkäufer Konnossements- bzw. Kaiteilscheine oder Delivery-Orders (Rdn. 43 ff) andienen darf. Die Grundsätze der Sammelladung wird man jedoch unter den oben genannten Bedingungen auch dort heranzuziehen haben, wo ein Teil der Sammelsendung im Moment des Schadenseintritts noch zur Disposition des Verkäufers stand, falls sichergestellt ist, daß der Verkäufer den auf ihn entfallenden Teil des Schadens nicht manipulieren kann (**a. A.** *Würdinger/Röhricht* Vorauflage vor § 373 261). Dies ist z. B. dann der Fall, wenn die Käufer Konnossements- oder Kaiteilscheine empfangen haben und der Verkäufer als einfaches Mitglied der Empfängergemeinschaft an der Auseinander-

---

49 OLG Hamburg HansGZ **1919** Nr. 98; *Hager* S. 118, 124 m. Nachw.; **a. A.** RG JW **1929** 919 in einem obiter dictum.

50 *Großmann* HansRZ **1925** 81, 110; *Wüstendorfer* HansRGZ **1940** A 1,6 (positive Kenntnis).

51 RGZ **88** 389, 391; *Schröder* MDR **1973** 466 ff; *Hönn* AcP **177** 385, 396 ff.

setzung teilnimmt. In einer solchen Konstellation besteht kein Anlaß, die Käufer, denen mittelbar die Vorteile der rationellen „Sammellagerung" zugute gekommen sind, von den Transportrisiken zu entlasten (zutreffend einschränkend *Straatmann/Ulmer* Schiedsspruch E 2b Nr. 6 für den Fall des Annahmeverzugs eines einzelnen Käufers, der die Gefahrengemeinschaft durchbricht).

(4) Zu **Modifikationen** der Gefahrtragung bei Verwendung zusätzlicher Klauseln Rdn. 78 ff.

bb) Preisgefahr

68 (1) Die Preisgefahr geht in Fällen, in denen „Verschiffung" vereinbart oder ein „Bordkonnossement" anzudienen ist, vorbehaltlich der Konkretisierung (Rdn. 65) in dem Moment auf den Käufer über, in dem die Ware die Reling des Schiffes überschreitet (kritisch *Finke* 117). Darf der Verkäufer ein Übernahmekonnossement andienen bzw. ist „Abladung" vereinbart, so ist auf den Zeitpunkt der Übernahme der Ware in die Obhut des Verfrachters abzuheben[52]. § 35 WVB (Rdn. 2) stellt immer auf das Überschreiten der Reling ab. **Anders** im Ansatz auch Art. A 5 Incoterms (Rdn. 753). Zur Verwendung von **Containern** Rdn. 8.

69 (2) Eine ältere Rechtsprechung und viele Stimmen in der Literatur folgern diese Verteilung der Preisgefahr aus § 447 BGB, indem sie den Erfüllungsort auf den Abladehafen verlegen[53]. Gleichzeitig wird jedoch betont, daß die Vereinbarung einer cif-Klausel den Abladehafen nur in Hinblick auf die Preisgefahr zum Erfüllungsort mache, nicht jedoch im Hinblick auf den Gerichtsstand oder das IPR. Diese differenzierende Auslegung des Begriffs „Erfüllungsort" ist zwar denkbar. Es besteht dazu jedoch kein Anlaß; denn der Übergang der Preisgefahr im Abladehafen läßt sich ohne weiteres auf Handelsbrauch, ja wohl sogar auf Handelsgewohnheitsrecht stützen[54]. Es besteht mithin keine Ursache, auf § 447 BGB zurückzugreifen oder mit einem gespaltenen Erfüllungsort zu arbeiten. Deshalb wird die Gefahrtragung auch nicht ohne weiteres durch Abreden modifiziert, die der cif-Klausel einen **benannten Erfüllungsort** hinzufügen. Der benannte Erfüllungsort ist nur für den Gerichtsstand, IPR und die Lieferung der Dokumente von Bedeutung (*Haage* Abladegeschäft, S. 221; **a. A.** OLG Hamburg MDR **1964** 601). Das gilt vor allem dann, wenn die Erfüllungsortabrede in AGB enthalten ist; denn die Individualabrede hat den Vorrang.

70 Gemäß Art. A 5 **Incoterms** (Rdn. 753) hat der Verkäufer alle Gefahren bis zu dem Zeitpunkt zu tragen, in dem die Ware im Abladehafen die Reling des Schiffes überschritten hat, es sei denn, daß sich der Käufer schon vorher in Annahmeverzug befand. Dem Wortlaut der Incoterms zufolge gilt diese Gefahrenverteilung auch dort, wo der Verkäufer lediglich ein Übernahmekonnossement anzudienen hat. Aus der Vereinbarung, daß der Verkäufer die Ware schon an Land in die Obhut des Verfrachters geben oder ein Übernahmekonnossement andienen darf, ist jedoch eine Vorverlegung des Gefahrübergangs auf den Zeitpunkt der Übernahme abzuleiten; denn die Incoterms gehen davon aus, daß der Verkäufer ein Bordkonnossement zu liefern hat (*Eisemann/Melis* Incoterms, S. 144). Zu Modifikationen der Gefahrtragung bei Verwendung zusätzlicher Klauseln Rdn. 78 ff.

---

[52] BGH WM **1983** 1238; *Hager* S. 111; *Digenopoulos* S. 81 m. Nachw.; Nr. I 8 Trade Terms (Rdn. 768).

[53] RGZ **87** 134; **93** 166; **96** 230, 231; RG JW **1916** 1018, 1194; *Haage* Abladegeschäft, S. 29 f; *Würdinger/Röhricht* Vorauflage, vor § 373 256 f.

[54] *Grossmann-Doerth* Das Recht des Überseekaufs Bd. I (1930) S. 249; *Digenopoulos* S. 80; vgl. auch *Hager* S. 112.

j) Pflichten des Käufers

71 (1) Eine Hauptpflicht des Käufers besteht darin, die ihm angedienten vertragsgemäßen (Rdn. 53ff) **Dokumente anzunehmen** und den Kaufpreis entsprechend der Vereinbarung **zu bezahlen.** Ist die Zahlung nicht an die Übergabe der Ware geknüpft, so ist der Käufer nicht berechtigt, die Bezahlung des Kaufpreises von einer vorherigen Untersuchung der Ware abhängig zu machen oder die Einrede vertragswidriger Ware zu erheben. Zur Ausnahme von diesem Grundsatz Rdn. 63. Entsprechende Regelungen treffen Art. B 1 Incoterms (Rdn. 753), Nr. II 5 Trade Terms (Rdn. 768).

72 (2) Zurückbehaltungsrechte wegen Forderungen aus einem anderen Geschäft stehen dem Käufer grundsätzlich nicht zu (Rdn. 63; *Straatmann/Ulmer* Schiedsspruch E 1c Nr. 2). Sobald die Ware im Bestimmungshafen eingetroffen ist, hat der Käufer die Ware abzunehmen, wenn er nicht in Annahmeverzug geraten will. Auch hier kann der Käufer die Annahme nicht von einer Untersuchung abhängig machen (*Digenopoulos* S. 143 m. Nachw.) Zur Prüfung der Ware nach Ablieferung auf Mangelfreiheit und Menge vgl. Kommentierung zu § 377 HGB. Nr. I 8 Trade Terms (Rdn. 768) trifft eine Regelung für den Fall, daß der Verkäufer die Fracht noch nicht bezahlt hat. Ihr zufolge hat der Käufer die Frachtzahlung zu übernehmen und sie auf den Kaufpreis (Ware und Fracht) anzurechnen. Die Kosten der Löschung, Leichterung und Verbringung an Land hat der Käufer zu tragen, soweit sie nicht nach den oben (Rdn. 29) dargestellten Regeln dem Verkäufer zur Last fallen (ebenso im Kern Art. B 2 Incoterms (Rdn. 753)). Zur Frage erhöhter Frachtkosten s. oben Rdn. 29f. Der Import der Ware ist sowohl unter dem Aspekt der Zulässigkeit als auch unter dem Aspekt der Zölle sowie sonstigen Abgaben und Kosten Sache des Käufers (ebenso Nr. II 12 Trade Terms (Rdn. 768) und Art. B 7, 8 Incoterms (Rdn. 753)).

III. Modifikationen des cif-Geschäfts

1. Kauf schwimmender Ware

73 a) Wird Ware „schwimmend" auf cif-Basis verkauft, so besagt dies nicht notwendig, daß ein Spezieskauf vorliegt (*Würdinger/Röhricht* Vorauflage vor § 373 264 m. Nachw.). So ist die verkaufte Ware nur gattungsmäßig bestimmt, wenn die Angabe des Dampfers fehlt, auf dem die Ware schwimmt, oder falls der Dampfer benannt ist, nicht auf ein bestimmtes Konnossement oder eine Verladeanzeige Bezug genommen wurde (RGZ **88** 389, 391; **92** 128, 130; RG WarnR **1918** Nr. 217), es sei denn, daß sich auf dem benannten Schiff für die Parteien erkennbar nur eine Partie der verkauften Ware befindet. Allerdings ist die geschuldete Gattung auf schwimmende Ware beschränkt. In Konstellationen, in denen die schwimmende Ware unter Benennung des Dampfers und der Verladedokumente bereits bei Abschluß des Kaufvertrages individualisiert war, liegt ein Spezieskauf vor (*Straatmann/Ulmer* Schiedsspruch J 4 Nr. 21).

74 b) Der Verkäufer schwimmender Ware verpflichtet sich, die Ware zu liefern, die im Moment des Vertragsschlusses bereits an Bord des Schiffes verladen ist, ohne daß das Schiff notwendigerweise bereits ausgelaufen sein muß (*Liesecke* WM **1978** Beilage Nr. 3, S. 25). Diese Deutung der „schwimmend"-Abrede trägt dem Interesse vieler Käufer Rechnung, die Ankunftszeit der Ware relativ genau prognostizieren zu können[55].

---

[55] *R. Herrmann* Der Kauf schwimmender Ware, Diss. Hamburg 1966, S. 22 ff; ebenso § 39 Abs. 3 WVB (Rdn. 2).

75 c) Ist eine bestimmte Warenpartie „schwimmend" verkauft, obwohl die Ware im Zeitpunkt des Vertragsschlusses überhaupt **noch nicht verladen** war, so soll der Kaufvertrag gemäß § 306 BGB nichtig sein[56]. *Herrmann* (Der Kauf schwimmender Ware, Diss. Hamburg 1966, S. 24 ff) geht hingegen davon aus, daß der Verkäufer die Garantie abgegeben habe, die Ware sei bereits verladen. Für die zweite Lösung spricht, daß der Käufer im Moment des Vertragsschlusses nur schwer in der Lage ist, zu kontrollieren, ob die Ware tatsächlich verladen ist. § 306 BGB läßt die Nichtigkeit jedoch auch dort eintreten, wo der Käufer überhaupt, d. h. im Sinn abstrakter Beherrschbarkeit, imstande war, festzustellen, ob die Erfüllung der versprochenen Leistung möglich war[57]. Von dieser Regel abzuweichen, besteht auch beim Überseekauf kein Anlaß, es sei denn, daß abweichende Handelsbräuche oder Vereinbarungen existieren[58]. Ein besonderer Rücktritt vom Vertrag ist daher nicht nötig, falls sich später herausstellt, daß die Ware bei Vertragsschluß noch nicht schwamm (**a. A.** *Straatmann/Ulmer* Schiedsspruch J 4 Nr. 21). Der Verkäufer haftet unter Umständen auf das negative Interesse (§ 307 BGB). Nach Treu und Glauben wird man dem Käufer, wenn die Partie markiert war, auch das Recht geben müssen, zu verlangen, daß die Ware noch nachträglich abgeladen und geliefert wird.

76 Anders ist die Situation, wenn die Ware im Zeitpunkt des Vertragsschlusses bereits verschifft und **untergegangen** war. Auf den ersten Blick liegt es zwar auch hier nahe, § 306 BGB anzuwenden. Man hat jedoch zu berücksichtigen, daß die Ware cif verkauft wurde und daß daher grundsätzlich der Käufer die Gefahr der Seereise auf sich zu nehmen hat. Bei der sachgerechten Verteilung der Transportgefahr hat man allerdings mit der Schwierigkeit zu kämpfen, daß sehr häufig unklar ist, in welchem Moment der Schaden eingetreten ist. Würde man die Transportgefahr nach allgemeinen Grundsätzen in dem Moment auf den Käufer übergehen lassen, in dem ihm die Konnossemente übergeben werden[59] oder in dem der Kaufvertrag geschlossen wurde[60], so befände sich der Käufer vielfach in einer mißlichen Lage. Er müßte nämlich beweisen, daß die Ware zum maßgeblichen Zeitpunkt bereits nicht mehr existierte oder beschädigt war, wenn er der Pflicht zur Kaufpreiszahlung entgehen will (**a. A.** *Herrmann* S. 44). Dieser Beweis wird ihm insbesondere in Fällen der Beschädigung der Ware häufig nicht gelingen. Jedenfalls sind erhebliche Streitigkeiten zu befürchten. Da unter beweisrechtlichen Aspekten die Position des Käufers ohnehin nicht sehr stark ist, erscheint es unter dem Gesichtspunkt der Streitvermeidung als sachgerecht, dem Käufer grundsätzlich das Recht abzuschneiden, einen Beweis über den Untergang/Beschädigung der Ware nach der Verladung zu führen. Die h. M. belastet daher den Käufer rückwirkend zum Zeitpunkt der Verladung mit der Transportgefahr, so daß sich der Käufer auch nicht mit der Behauptung, die schwimmende Ware sei bereits im Moment des Vertragsschlusses zerstört gewesen, auf § 306 BGB berufen darf[61]. Der Käufer wird durch diese Gefahrverteilung nicht allzu hart getroffen; denn er kann sich weitgehend an die Versicherung halten. Dort, wo der Verkäufer im Moment des Vertragsschlusses bereits wußte oder wissen mußte, daß die verkaufte Partie verloren oder beschädigt war, hat aller-

---

56 *Würdinger/Röhricht* Vorauflage, vor § 373 263.

57 *Koller* Die Risikozurechnung bei Vertragsstörungen in Austauschverträgen (1979) S. 100; **a. A.** *Herrmann* S. 44, der die Informationsmöglichkeiten des Käufers unterschätzt.

58 z. B. § 39 Abs. 3 in Verbindung mit § 39 Abs. 4 WVB (Rdn. 2); *Mathies/Grimm/Sieveking* Geschäftsbedingungen³ § 36 27.

59 LG Mannheim LZ **1916** 492; Schiedssprüche *Straatmann/Ulmer* E 2 b Nr. 5, J 3 Nr. 9.

60 §§ 306, 459 BGB in Verbindung mit der cif-Klausel; vgl. auch Art. 68 Wiener UN-Kaufrecht (Rdn. 621).

61 *Würdinger/Röhricht* Vorauflage, vor § 373 263; *Haage* Abladegeschäft S. 212; *Herrmann* S. 145 m. w. Nachw.; *Liesecke* WM **1978** Beilage Nr. 3, S. 39; *Eisemann/Melis* S. 145 f.

dings der Gesichtspunkt der Streitvermeidung zurückzutreten. Hier muß sich der Verkäufer entgegenhalten lassen, daß er zumindest fahrlässig einen Vertrag geschlossen hat, der später zu einer Quelle des Streites zwischen den Parteien wird[62]. War die Ware nicht versichert (Verkauf auf der Basis c & f), so muß dem Käufer allerdings gestattet werden, den Beweis über den Untergang/Beschädigung der Ware vor Vertragsschluß zu führen (**a. A.** *Hager* S. 145; *Herrmann* S. 48).

Hat der Dampfer ein **aliud** geladen, so ist der Vertrag nicht gemäß § 306 BGB nichtig (**a. A.** *Medicus,* Bürgerliches Recht[11], § 15 II 4).

d) Bei einem Verkauf „schwimmender" Ware auf cif-Basis hat der Verkäufer wie bei einem normalen cif-Kauf (Rdn. 32) für einen ausreichenden **Versicherungsschutz** zu sorgen. Er hat gegebenenfalls mit rückwirkender Kraft den bereits vorhandenen Versicherungsschutz dem zwischen den Parteien vereinbarten (erhöhten) Kaufpreis anzupassen.

77 e) Eine Garantie für die **rechtzeitige Ankunft** der Ware im Bestimmungshafen übernimmt der Verkäufer im Zweifel auch dort nicht, wo im Vertrag der voraussichtliche Zeitpunkt des Eintreffens der Ware genannt wird. Der Verkäufer haftet jedoch nach den Grundsätzen des Übernahmeverschuldens, falls die rechtzeitige Ankunft des Schiffes erkennbar unwahrscheinlich war (*Mathies/Grimm/Sieveking* Die Geschäftsbedingungen des Warenvereins der Hamburger Börse[3] (1967) S. 137).

2. „Ausgeliefertes Gewicht"-Klauseln

78 Häufig enthalten cif-Kaufverträge Klauseln, denen zufolge der Kaufpreis nicht nach dem Verschiffungsgewicht, sondern nach dem „ausgelieferten Gewicht" (delivered weight; landed weight; deficiency on Bill of Lading weight) im Bestimmungshafen berechnet werden soll. Diesen Klauseln wurde verschiedentlich lediglich die Funktion zugeschrieben, den Käufer vor vorsätzlich oder irrtümlich falschen Gewichtsangaben im Abladehafen zu schützen (RGZ **87** 134, 135; OLG Hamburg HansGZ **1917** 237, 239). Der Käufer muß demnach nach Maßgabe des Abladegewichts zahlen, falls es dem Verkäufer gelingt, nachzuweisen, daß der Gewichtsverlust erst nach Gefahrübergang auf den Käufer eingetreten ist (OLG Hamburg, HansGZ **1916** 51, 53 f; **1916** 73, 75; *Liesecke* WM **1966** 174, 176). Denkbar ist es aber auch, daß die „ausgeliefertes Gewicht"-Klauseln dem Käufer sämtliche Risiken eines Mindergewichts oder aber auch nur die Gefahr eines auf natürlichem Schwund beruhenden Mindergewichts (*Haage* Abladegeschäft, S. 218) abnehmen. Angesichts der technischen Perfektion der heute üblichen Verwiegemethoden ist davon auszugehen, daß die „ausgeliefertes Gewicht"-Klausel die sich aus der cif-Abrede ergebenden Gefahrverteilungsgrundsätze modifizieren soll, d. h. daß dem Verkäufer auch das Risiko von nach Gefahrübergang eingetretenen Gewichtsverlusten zugewiesen werden soll (*Digenopoulos* S. 93; *Finke* S. 123 ff; **a. A.** *Lebuhn* European Transport Law, Bd. XVI (1981) 24 (26)). Es stellt sich nur die Frage, in welchem Umfang im Einzelfall von den cif-Regeln abgewichen werden soll. Maßgeblich ist hier in erster Linie die Auslegung der Parteivereinbarung. Ist in ihr von sämtlichen Gewichtsverlusten (any deficiency) die Rede und wird der Verkäufer auch sonst mit Beschädigungsgefahren belastet, so spricht das dafür, daß der Verkäufer auch für Gewichtsverluste infolge von Seeunfällen einzustehen hat[63]. Im übrigen ist zu berücksichtigen, daß der cif-Käufer gegen Gewichtsverluste, die auf der

[62] *Haage* Abladegeschäft S. 213; nur bei Vorsatz des Verkäufers wohl *Hager* S. 145.

[63] *Digenopoulos* S. 98; vgl. auch Schiedsspruch *Straatmann/Ulmer* J 3 Nr. 16.

natürlichen Beschaffenheit der Ware beruhen, üblicherweise nicht versichert ist und auch vom Verfrachter keinen Ersatz verlangen kann (§ 608 Abs. 1 HGB). Im Zweifel ist daher davon auszugehen, daß der Käufer mit der „ausgeliefertes Gewicht"-Klausel die Lücke seines Versicherungsschutzes ausgleichen will und sich auf diese Weise zumindest von der Gefahr natürlichen Schwunds entlasten will[64]. Hatte der Verkäufer die Partien unter Ausschluß des Beschädigungsrisikos zu versichern, so ist mangels besonderer Anhaltspunkte und einschlägiger Handelsbräuche anzunehmen, daß der Verkäufer auch die Gefahr von Gewichtsverlusten infolge von Seeunfällen auf sich zu nehmen hat (*Digenopoulos* S. 100). Die enge Verknüpfung der „ausgeliefertes Gewicht"-Klauseln mit den Versicherungskonditionen hat ferner die Konsequenz, daß der Verkäufer im Zweifel die natürlichen Gewichtsverluste infolge transportbedingter Reiseverzögerungen zu tragen hat[65]. Der Verkäufer hat zu beweisen, daß der Gewichtsverlust nicht mit der natürlichen Beschaffenheit der Ware zusammenhängt.

Zur **„Neugewicht"**-Klausel *Straatmann/Ulmer* Schiedsspruch J 3 Nr. 16.

3. „Verlust"-Klauseln

79 Verschiedentlich werden in cif-Kaufverträge Klauseln aufgenommen, denen zufolge der Kaufvertrag in Fällen eines Verlustes „aufgelöst" sein soll (z. B. Steamer, Lighter lost whether before or after declaration, Contract to be void for any portion). Die Auslegung dieser Klauseln ist strittig. Zum Teil wird ihnen die Bedeutung beigelegt, daß der Käufer lediglich berechtigt sein soll, die Kaufpreisschuld durch Abtretung des Versicherungsanspruchs zu erfüllen. Diese Deutung widerspricht jedoch dem klaren Wortlaut der Klausel. Über das Ziel schießt auch eine Interpretation hinaus, die der cif-Abrede im Licht der „Verlust"-Klausel nur noch die Funktion einer Spesen- und Preisberechnungsklausel beilegt. Diese Auslegung ist nur dann sachgerecht, wenn für die cif-gemäße Gefahrenverteilung überhaupt kein Raum ist[66]. Das ist indessen grundsätzlich nicht der Fall. Es bedarf vielmehr zusätzlicher Anhaltspunkte, um die cif-Klausel auf das Niveau einer reinen Spesenklausel herabzudrücken[67].Die Verlustklausel kann auch nicht als auflösende Bedingung des Kaufvertrages verstanden werden (so z. B. RG HansGZ **1917** 285, 288), obwohl der Wortlaut der Klausel vielfach darauf hindeutet; denn der Sache nach geht es bloß um eine Abrede über die Verteilung der Seetransportgefahr (*Digenopoulos* S. 109; *Finke* S. 133 f). Zutreffend ist deshalb diejenige Auffassung, die in der „Verlust"-Klausel eine Modifikation der cif-Gefahrenverteilungsgrundsätze erblickt. Entgegen den normalen cif-Regeln (Rdn. 65 ff) soll der Käufer mittels der „Verlust"-Klausel von der partiellen Gefahr eines Totalverlustes der Ware während der Seereise entlastet werden[68]. Unter wirtschaftlichem Aspekt hat mithin der Verkäufer das Risiko eines Verlustes in dem Umfang zu tragen, in dem die Versicherung den Schaden nicht ersetzt; denn der vorleistungspflichtige Käufer ist berechtigt, sich zunächst bei der Versicherung zu erholen und dann aufzurechnen. Die Gefahr von Beschädigungen der Ware hat hingegen der Käufer auf sich zu nehmen.

---

[64] *Haage* Abladegeschäft, S. 218; *Liesecke* WM **1978** Beilage Nr. 3, S. 37.

[65] *Digenopoulos* S. 103; *Kulenkamp* Gefahrteilung im Überseekauf, Diss. Hamburg 1964, S. 40; **a. A.** OLG Hamburg HansGZ **1916** 51, 53; **1916** 73, 75; *Grossmann-Doerth* S. 319.

[66] *Liesecke* WM **1966** 174, 176; *Haage* Abladegeschäft, S. 161; *Digenopoulos* S. 108; *Lebuhn* European Transport Law Bd. XVI (1981) 24 (26).

[67] z. B. in den Entscheidungen des RG, HansGZ **1917** 285, 286 ff; OLG Hamburg HansGZ **1917** 85, 86; **1918** 57, 58.

[68] *Möller* HansRGZ 1940 A, Sp. 253, 255; *Kulenkamp,* S. 47, 51; *Digenopoulos* S. 109 f.

4. „Beschädigungs"-Klauseln

80 „Beschädigungs"-Klauseln tauchen in den Verträgen in Kurzform „gesund ausgeliefert" („sound delivered"), oder in ausführlicher Fassung (z. B. „should the grain arrive out of condition, due allowance shall be made . . .") auf. Sie sind zum Teil mit Zurückweisungsrechten des Käufers, häufiger mit Kaufpreiserstattungspflichten des Verkäufers gekoppelt. Die Reichweite der „Beschädigungs"-Klauseln ist nicht immer eindeutig. Denkbar ist es, die „Beschädigungs"-Klausel dahingehend zu interpretieren, daß die cif-Abrede nur noch der Preisberechnung dient und der Verkäufer alle Transportrisiken zu tragen hat[69]. Dagegen spricht aber nicht nur der Wortlaut der Klausel, sondern auch der Umstand, daß es angesichts eines begrenzten Versicherungsschutzes durchaus sachgerecht sein kann, nur die Beschädigungsgefahr, nicht aber die Gefahr des Totalverlustes auf den Verkäufer abzuwälzen[70]. Andererseits wird das Gewicht der cif-Abrede überbewertet, wenn man der „sound delivered"-Klausel ausschließlich die Aufgabe der Beweislastumkehr in dem Sinne zubilligt, daß der Verkäufer zu beweisen hat, die Beschädigung sei nach dem Gefahrübergang eingetreten (*Liesecke* WM **1966** 174, 176). Die Beschädigungsklausel trifft dem Wortlaut nach eindeutig in Bezug auf die cif-Abrede eine Sonderregelung der Art, daß den Verkäufer das Risiko der Ankunft unbeschädigter Ware trifft. Es geht daher nicht an, die Reichweite der „Beschädigungs"-Klausel nur mit Rücksicht darauf zu minimieren, daß sie in Widerspruch zur cif-Klausel steht. Vielmehr liegt es nahe, die „Beschädigungs"-Klausel als teilweise Durchbrechung der cif-Gefahrenverteilungsgrundsätze zu qualifizieren (*Digenopoulos* S. 115f; *Finke* S. 138f).

81 Es stellt sich nur die Frage, in welchem Umfang die normale cif-Abrede modifiziert wird. Der Umstand, daß die Seetransportversicherung üblicherweise nicht einen auf der natürlichen Beschaffenheit der Güter beruhenden Schaden (vgl. § 608 Abs. 1 Nr. 7 HGB) deckt, spricht dafür anzunehmen, daß sich der Käufer mit Hilfe der „Beschädigungs"-Klausel jedenfalls vor solchen Schäden schützen will, gegen die er nicht versichert ist[71]. In diesem Zusammenhang ist zu beachten, daß danach auch Schäden infolge von Reiseverzögerungen in den Risikobereich des Verkäufers fallen, wenn diese Schäden nur in Anbetracht der spezifischen Beschaffenheit der Waren entstanden sein können. Der Verkäufer hat ferner rein transportbedingte Schäden an der Ware auf sich zu nehmen, falls der Wortlaut der Klausel eindeutig darauf hinweist (z. B. in Kontrakten der Federation of Oils, Seeds and Fats Association, Ltd. London (1971)). Fehlen derartige besondere Anhaltspunkte oder einschlägige Handelsbräuche, so sind die „Beschädigungs"-Klauseln dort, wo sie sich in Standard-Kontrakten finden, im Zweifel gemäß § 5 AGBG eng auszulegen[72]. Es ist ferner zu berücksichtigen, ob nach der Art der Güter die aus deren natürlicher Beschaffenheit resultierenden Risiken überhaupt ins Gewicht fallen. Muß dies verneint werden, so muß unterstellt werden, daß die Parteien eine sinnvolle Regelung treffen wollten und alle Beschädigungsrisiken gemeint haben.

5. Klausel „Glückliche Ankunft vorbehalten"

82 Durch die Klausel wird der Kaufvertrag auflösend bedingt (RGZ **93** 171, 172). Diese Klausel hat **neben** der cif-Klausel keine Wirkung, die über die cif-Klausel hin-

---

69 RG HansGZ **1917** 85, 87; *Wüstendorfer* HansRZ **1926** Sp. 441, 450.

70 *Digenoupoulos* S. 115; *Liesecke* WM **1978** Beilage Nr. 3, S. 38.

71 *Haage* Abladegeschäft, S. 222; *Würdinger/Röhricht* Vorauflage vor § 373 257.

72 *Nolte* ZHR **89** 1, 83; **a. A.** *Digenopoulos* S. 118; *Kulenkamp* S. 54; *Lebuhn* European Transport Law Bd. XVI (1981) 24 (28).

ausgeht. Insbesondere vermag sie nicht die Notwendigkeit einer Konkretisierung (Rdn. 65f) zu ersetzen, da von glücklicher Ankunft nur gesprochen werden kann, wenn die Bestimmung der Ware zur Vertragserfüllung feststeht (RGZ **93** 171, 172; **98** 141, 142). Siehe auch Rdn 182.

6. Klausel „cif ... Kasse gegen Dokumente bei Ankunft des Dampfers"

83 Hier wird nur die Fälligkeit des Kaufpreises, nicht aber die Verteilung der Preisgefahr geregelt (RGZ **87** 134, 136; *Liesecke* WM **1966** 174, 176).

7. cif & c

84 Diese Abkürzung steht für cif und „commission" und hat nur dort selbständige Bedeutung, wo ein vom Käufer beauftragter „Kommissionär" liefert (*Schmitthoff* S. 38f).

IV. Das fob-Geschäft

1. Wirtschaftliche Bedeutung

85 a) Das fob-Geschäft dürfte die älteste Form des Überseekaufes darstellen. Mit den neuen Kommunikationstechniken verlor es zunächst stark an Bedeutung. Das cif-Geschäft trat in den Vordergrund. Die beiden Weltkriege mit ihrer Verknappung des Schiffsraums und den daraus resultierenden Schwankungen der Frachtraten führten zu einer Aufwertung des fob-Geschäfts. Heute werden viele Kaufvertragsparteien durch staatliche Anordnungen zum Schutz der einheimischen Wirtschaft und des Devisenbestandes gezwungen, zu fob-Konditionen abzuschließen.

86 b) Das fob-Geschäft tritt heute in **vielerlei Gestalt** in Erscheinung. In seiner klassischen Form beschränkte sich die Pflicht des Verkäufers darauf, die gekaufte Ware auf seine Kosten an Bord zu bringen und dort vom Käufer, der die Rolle des Befrachters einnahm, Zahlung zu erhalten (vgl. *Sassoon* S. 293). Der Pflichtenkreis des Verkäufers wird erweitert, wenn er verpflichtet ist, Exportformalitäten zu erfüllen oder gar, wie dem amerikanischen Uniform Commercial Code (section 2—323) zufolge, ein Konnossement zu besorgen und damit Partei des Frachtvertrages zu werden. Häufig verpflichten sich fob-Verkäufer auch mehr oder minder intensiv, den für den Transport notwendigen Schiffsraum zu beschaffen (*Lebuhn* S. 24 (32); näher Rdn. 131). Zwischen diesen drei Grundformen des fob-Geschäfts gibt es entsprechend den differenzierten Parteibedürfnissen und den unterschiedlichen Handelsbräuchen eine Vielzahl an Übergangserscheinungen. Detaillierte und erschöpfende Auslegungsregeln der fob-Abrede werden und wurden durch eine Vielzahl von Organisationen und Institutionen für maßgeblich erklärt oder zur Verwendung vorgeschlagen (eingehend *Sassoon* S. 296). Soweit diese Auslegungsregeln ausdrücklich in den Vertrag einbezogen sind, z. B. auf dem Weg über eine Abrede „fob Incoterms 1953" (Rdn. 751), steht ihre Relevanz außer Zweifel. Im übrigen wird gegen ihre Entscheidungserheblichkeit häufig eingewandt, es sei sehr zweifelhaft, in welchem Umfang die vorgeschlagenen Auslegungsregeln den Inhalt von Handelsbräuchen oder auch nur verbreitete Erwartungen in Kaufmannskreisen wiedergeben (vgl. *Sassoon* S. 296; ferner Rdn. 11).

87 c) Im folgenden wird zunächst der **klassische Typ** des fob-Geschäfts dargestellt. Dabei wird starkes Gewicht auf die Auslegungsregeln der deutschen fob Trade Terms (Rdn. 766) und der Incoterms 1953 (Rdn. 751) gelegt. Anschließend werden übliche **Modifikationen** des fob-Geschäfts erörtert (Rdn. 128).

2. Pflichten des Verkäufers **88**

a) Lieferung der Ware. Zur Art, Qualität und Herkunft der zu liefernden Ware siehe Rdn. 13f. **89**

b) Lieferzeit. Die Lieferzeit ist entweder vertraglich exakt vereinbart oder es wird — wie regelmäßig — nur ein Zeitrahmen fixiert. Zum Begriff der Abladung Rdn. 18. Ist es Sache des Käufers, den Schiffsraum zu besorgen (Rdn. 122), so hat der Käufer den exakten Ladezeitpunkt zu nennen (eingehend dazu Rdn. 126). Allgemeine Geschäftsbedingungen enthalten häufig Aussagen über die Lieferzeiten. So setzt § 39 WVB (Rdn. 2) entsprechend den Abladehäfen unterschiedliche Fristen bei der Vereinbarung „prompter" Abladung, Verladung, Verschiffung fest. Ist die Ware mit der Klausel „schwimmend" verkauft, so muß sich die Ware bei Vertragsschluß an Bord befinden. **90**

Beim fob-Geschäft ist Lieferung an Bord wie bei jedem Abladegeschäft **Fixgeschäft** im Sinn des § 376 Abs. 1 HGB[73]. Der Käufer kann mithin zurücktreten, ohne daß er eine Nachfrist zu setzen braucht. Konnossemente, die eine Überschreitung der Abladefrist erkennen lassen, braucht er sich nicht andienen zu lassen (Rdn. 55). Dies gilt auch dann, wenn sich der Käufer nachweislich nur deshalb vom Vertrag lossagt, weil sich die Konjunktur entgegen seinen Erwartungen entwickelt hat (*Haage* Abladegeschäft, S. 10). Der Einwand des Rechtsmißbrauchs ist unstatthaft, da er dem Bedürfnis nach Rechtssicherheit im Überseehandel zuwiderläuft. — Der Verkäufer hat gemäß § 376 HGB Schadensersatz zu zahlen, wenn er in Verzug geraten war. Die Voraussetzungen dafür ergeben sich aus den §§ 276, 279 BGB (widersprüchlich *Haage* Abladegeschäft, S. 9ff). Manche Allgemeine Geschäftsbedingungen setzen zulässigerweise die Schwelle der Schadensersatzpflicht herab. Gemäß §§ 39, 17 WVB (Rdn. 2) kann der Käufer in näher bestimmtem Umfang Schadensersatz wegen Nichterfüllung verlangen, ohne daß der Verkäufer in Verzug geraten sein muß. Die Schadensersatzpflicht entfällt nur im Falle höherer Gewalt[74]. Der Käufer kann trotz Überschreitung der Lieferzeit weiterhin auf Erfüllung bestehen (§ 376 Abs. 1 S. 2 HGB). Es ist zu beachten, daß dem Kaufvertrag eine Vereinbarung über den Erfüllungszeitraum zugrunde liegen kann, so daß die Leistung unmöglich geworden sein kann. Liefererschwerungen gehen im Falle des Verzugs zu Lasten des Verkäufers (§ 287 BGB), sonst sind sie nach den allgemeinen Regeln zu verteilen. Verfehlt ist es, in einem Fall, in dem eine bestimmte Abladung (Rdn. 18), „z. B. September-Abladung", versprochen wurde, eine spätere Abladung als Lieferung einer Ware, der die zugesicherten Eigenschaften fehlen, zu qualifizieren (so aber *Haage* Abladegeschäft, S. 10). Angesichts der Tatsache, daß der Käufer das Abladedatum den Transportdokumenten entnehmen kann, benötigt er insoweit nicht den Schutz des § 480 Abs. 2 BGB. Das Interesse des Käufers, rechtzeitig beliefert zu werden, wird durch die Spezialvorschrift des § 376 Abs. 1 HGB geschützt. Ein weitergehender Schadensersatzanspruch bedarf eines besonderen Garantievertrages, dessen Zustandekommen im Einzelfall nachzuweisen ist.

c) Verpackung. aa) Ob und wie der Verkäufer die Ware zu verpacken hat, bestimmt sich primär nach den Individualvereinbarungen. Im allgemeinen werden fob-Kontrakte eine Aussage darüber enthalten, wer die Ware zu verpacken hat und auf welche Weise sie zu verpacken ist. Fehlen vertragliche Abreden, so ist in erster Linie auf die im Einzelfall anwendbaren Geschäftsbedingungen und in zweiter Linie auf die einschlägigen **91**

---

73 BGH AWD **1973** 406; OLG Karlsruhe RIW **1975** 225; vgl. ferner Rdn. 23 so z. B. auch § 39 (4) WVB (Rdn. 2).

74 § 15 WVB; näher zum Begriff höherer Gewalt Rdn. 235); Schiedsspruch *Straatmann/Ulmer* E 4 d.

Handelsbräuche zurückzugreifen. Liefern diese auch keine Entscheidungsgesichtspunkte, so ist die allgemeine Regel heranzuziehen, daß der Verkäufer die Ware transportsicher zu verpacken hat. Problematisch ist in diesem Zusammenhang, ob die Verpackung auch vor den spezifischen Gefahren des Seetransports schützen muß. Dagegen spricht, daß die Abwicklung des Seetransports Sache des Käufers ist und dem Verkäufer häufig sogar der Bestimmungsort der Ware unbekannt ist (vgl. *Eisemann/Melis* Incoterms, S. 107, 86). Andererseits weiß der Verkäufer, daß die Ware auf dem Seeweg transportiert werden wird. Es würde daher unnötigen Doppelaufwand bedeuten, wenn die Ware an Bord, wohin der Verkäufer die Ware zu liefern hat, erst noch seefest verpackt werden müßte. Der Verkäufer schuldet daher die dem zu erwartenden Transport angemessene seefeste Verpackung[75]. Zur Verletzung der Verpackungspflicht BGH WM **1983** 1155.

92 bb) Die spezifischen **Kosten** der seefesten Verpackung hat beim fob-Geschäft mangels abweichender Handelsbräuche der Verkäufer zu tragen.

93 cc) Gemäß Art. A 5 der **Incoterms** (Rdn. 751) hat der Verkäufer für die übliche Verpackung der Ware zu sorgen, sofern es nicht Handelsbrauch ist, die Ware unverpackt zu verschiffen. Unter üblicher Verpackung verstehen *Eisemann/Melis* die Verpakkung, die bei der konkreten Ware üblicherweise gebräuchlich ist. Sie braucht den Anforderungen des Seewegs nicht zu genügen. Hat aber der Verkäufer zu verpacken, so muß er auch deren Kosten auf sich nehmen (*Eisemann/Melis* Incoterms, S. 107, 86). Ziff. I 2 der deutschen fob-**Trade Terms** (Rdn. 766) zufolge hat der Verkäufer auf eigene Kosten für die handelsübliche Herrichtung und Verpackung der Ware unter Berücksichtigung ihrer Art und ihrer Beförderung auf dem Seeweg zu sorgen.

94 **d) Qualitätsprüfung, Wiegen, Messen, Zählen.** Gemäß § 448 Abs. 1 BGB fallen die Kosten mangels abweichender Vereinbarung, allgemeiner Geschäftsbedingungen oder Handelsbräuche dem Verkäufer zur Last, der auch diese für die Verschiffung notwendigen Maßnahmen zu veranlassen hat.

Eine abweichende Regel enthält z. B. § 37 Abs. 2 WVB (Rdn. 2), demzufolge der Käufer die Wiegegebühr zu tragen hat.

Art. A 6 der **Incoterms** (Rdn. 751) weist die durch die Lieferung der Ware bedingten Kosten der Prüfung jeglicher Art dem Verkäufer zu. Auf demselben Standpunkt steht Nr. I 3 **Trade Terms** (Rdn. 766).

95 **e) Ausfuhrgenehmigung.** aa) Gemäß Art. A 3 der **Incoterms** (Rdn. 751) hat der Verkäufer auf eigene Kosten und Gefahr die Ausfuhrbewilligung oder jede andere amtliche Bescheinigung zu beschaffen, die für die Ausfuhr der Ware erforderlich ist. In Hinblick auf das Ursprungszeugnis ist nur davon die Rede, daß der Verkäufer das Zeugnis auf Kosten des Käufers zu besorgen hat (Art. A 8). Bei sonstigen Dokumenten, die im Ursprungs- und/oder Verschiffungsland auszustellen sind und die der Käufer für die Einfuhr bzw. Durchfuhr benötigt, hat der Verkäufer lediglich „jede Hilfe" zu gewähren (Art. A 9). — Die Incoterms gehen mithin ersichtlich davon aus, daß der Verkäufer beim fob-Kontrakt das Risiko der Exportierbarkeit trägt (anders beim fas-Kontrakt; Rdn. 141). Wird die Ausfuhrgenehmigung versagt und war dies nicht unvorhersehbar, so soll der Verkäufer zum Schadensersatz verpflichtet sein (so *Eisemann/Melis* Incoterms, S. 102 f unter Berufung auf Schiedssprüche der Hamburger freund-

[75] *Liesecke* WM **1978** Beilage Nr. 3, S. 28; so auch *Sassoon* C.I.F. and F.O.B. Contracts[2] (1975) S. 309 f für das englische Recht.

schaftlichen Arbitrage). Diese Schiedssprüche sind allerdings vor dem Hintergrund des § 15 WVB (Rdn. 2) zu sehen, der dem Verkäufer die Leistungsgefahr bis zur Grenze der höheren Gewalt aufbürdet. Nach deutschem dispositiven Recht ist zu beachten, daß § 279 BGB dem Verkäufer die Berufung darauf erlaubt, ihm sei es ohne sein Verschulden (auch Übernahmeverschulden) objektiv unmöglich geworden, die geschuldete Leistung zu erbringen. Eine derartige objektive Unmöglichkeit liegt vor, wenn die Ausfuhrbewilligung nicht erteilt wird (vgl. *Koller* Die Risikozurechnung bei Vertragsstörungen in Austauschverträgen (1979) S. 237 m. Nachw.). Hingegen bestehen keine Bedenken, auf der Basis der fob-Incoterms dem Verkäufer die volle Preisgefahr aufzubürden, wenn die Ausfuhrgenehmigung versagt wird. Etwas anderes gilt, falls der Verkäufer bei Vertragsschluß noch nicht wußte oder wissen konnte, wie der Bestimmungsort lautet und ob später die Ausfuhrgenehmigung nur mit Rücksicht auf das konkrete Bestimmungsland versagt wird. In einer derartigen Konstellation hat der Käufer die Gefahr zu tragen; denn die Risikobelastung des Verkäufers erscheint nur tragbar, wenn er das Risiko bei Vertragsschluß anhand der verfügbaren Daten zu kalkulieren in der Lage war (*Eisemann/Melis* Incoterms, S. 102). Im Zweifel darf der Verkäufer davon ausgehen, daß die Ware in ein Land ausgeführt werden soll, für das Ausfuhrgenehmigungen erteilt werden. Hält sich der Käufer die Bestimmung des Ankunftshafens bzw. des Destinationsortes offen, so entspringen gefahrerhöhende Momente seiner Sphäre.

96 bb) Kommen die Incoterms nicht zum Tragen, so ist die Rechtslage sehr undurchsichtig.

(1) Die Schiedsgerichtspraxis scheint dahin zu tendieren, den Verkäufer mit dem Risiko der Exportbewilligung zu belasten[76], wobei nicht immer ganz klar ist, ob diese Schiedssprüche zu fob-Verträgen ergangen sind.

97 (2) Die **Trade Terms** geben keine klare Auskunft. Gemäß Nr. I 9 Trade Terms (Rdn. 766) hat der Verkäufer auf Verlangen, Kosten und Gefahr des Käufers bei der Beschaffung aller im Ursprungs- und/oder Verschiffungsland auszustellenden Dokumente, die der Käufer zur Ausfuhr, Einfuhr oder Durchfuhr benötigt, jede Hilfe zu gewähren. In Hinblick auf die Ausfuhrbewilligung wird nur angeordnet, daß der Verkäufer die Kosten zu tragen habe. Daraus muß man im Umkehrschluß ableiten, daß die Gefahr einer Versagung der Exportbewilligung in den Risikobereich des Käufers fällt. Es ist allerdings fraglich, inwieweit die Trade Terms auf dem Gebiet der Exportbewilligung noch anerkannte Handelsbräuche wiedergeben (vgl. Rdn. 12).

98 (3) Sind im Einzelfall keine Handelsbräuche einschlägig und kommen auch die Incoterms nicht zum Tragen (Rdn. 11), so ist nach **deutschem dispositiven Recht** zunächst von dem Grundsatz auszugehen, daß der Käufer die Gefahr von Verwendungsstörungen zu tragen hat. Der Verkäufer hat hingegen, falls er einen Erfolg schuldet, das Risiko auf sich zu nehmen, daß er sein Pflichtenprogramm nicht erfüllen kann. Dem Kern der fob-Abrede läßt sich nun nicht entnehmen, ob der Verkäufer nur die Verbringung der Ware an Bord im Sinn einer Transporthandlung oder im Sinn der Lieferung exportfreier Ware schuldet[77]. Man wird daher bei der allgemeinen Überlegung ansetzen müssen, daß der Verkäufer in Hinblick auf die Beschaffung der Ausfuhrbewilligung der Sachnähere ist, der die Risiken einer Versagung besser einzuschätzen vermag. Dem entspricht die Pflicht des Verkäufers, sich um die Erteilung der Exportgenehmigung zu bemühen. Dies gilt erst recht dort, wo nach den Gesetzen des

---

[76] Schiedssprüche *Straatmann/Ulmer* E 2b Nr. 3; E 4a Nr. 12; E 4b Nr. 4, 11, 15; E 4d Nr. 1.

[77] vgl. *Eisemann* Incoterms heute und morgen (1980) S. 141; **a. A.** *Schmitthoff* The Export Trade[7] (1980) S. 22.

Exportlandes ausschließlich der Verkäufer die Ausfuhrbewilligung beantragen darf (*Schmitthoff* S. 22). Damit ist jedoch noch nicht gesagt, daß der Verkäufer auch die volle Preisgefahr zu tragen hat; denn es kann sein, daß er die Pflicht, die Exportgenehmigung zu besorgen, lediglich im Sinne einer Dienstleistung, nicht jedoch im Sinne eines Erfolges schuldet. Der Umstand, daß die Erteilung der Ausfuhrbewilligung nicht voll in der Macht des Verkäufers steht, muß nicht dazu führen, daß der Verkäufer nur Dienste schuldet. Es ist nämlich auch zu berücksichtigen, daß der Verkäufer typischerweise besser als der in einem anderen Land ansässige Käufer in der Lage ist, die Aussichten des Exportes einzuschätzen und Störungen der Ausfuhr zu prognostizieren (vgl. auch *Sassoon* S. 319). Dies berechtigt, dem Verkäufer die Beschaffung der Exportbewilligung im Sinne eines Erfolges aufzubürden (*Liesecke* WM **1978** Beilage Nr. 3, S. 29).

99 (4) Wird nun im Einzelfall eine Exportgenehmigung ohne ein Verschulden des Verkäufers verweigert, so sind die **Rechtsfolgen** primär nach Maßgabe der die Versagung der Ausfuhrbewilligung tragenden wirtschaftspolitischen Zwecke zu bestimmen (vgl. dazu auch *Schmitthoff* S. 97). Das heißt allerdings nicht, daß die wirtschaftspolitischen Ziele anderer Staaten respektiert werden müßten (vgl. *Straatmann/Ulmer* Schiedsspruch E 4 b Nr. 4). Führt dieser Ansatz nicht weiter, so kommen die allgemeinen Regeln über die Verteilung der Leistungs- und Preisgefahr sowie den Wegfall der Geschäftsgrundlage zur Anwendung. Daraus folgt, daß der Verkäufer mangels abweichender Abreden[78] die Leistungsgefahr nur bis zur Grenze des Verschuldens auf sich zu nehmen hat. Die Preisgefahr fällt grundsätzlich voll dem Verkäufer zur Last. Eine Ausnahme gilt dort, wo die Verweigerung der Exportgenehmigung gänzlich unvorhersehbar war und die Ware auf Bestellung des Käufers gefertigt worden ist. Dann ist zu berücksichtigen, daß es der Käufer war, der den Verkäufer zu Aufwendungen veranlaßt hatte[79]. Die h. M. tendiert jedoch generell zur Vertragsanpassung bzw. zur billigen Verteilung der wirtschaftlichen Schäden.

Ohne Relevanz für die Risikoverteilung ist es, ob der Verkäufer — gegebenenfalls auch im eigenen Interesse — die Konnossemente besorgt oder gegenüber dem Verfrachter die Rolle des Befrachters übernommen hat, da dies primär transportrechtliche Fragen betrifft. Die Verlegung des Erfüllungsorts durch die fob-Abrede auf den Abladehafen und die Wertung des § 448 BGB wird dadurch nicht außer Kraft gesetzt.

100 **f) Importgenehmigung.** Der Import der Ware am Bestimmungsort ist Sache des Käufers. Er hat die notwendigen Lizenzen zu besorgen, wobei ihn der Verkäufer nach Treu und Glauben zu unterstützen hat. Als der Sachnähere hat der Käufer kraft seiner typischen Informationsvorsprünge, die ihn in die Lage versetzen, das Risiko besser zu kalkulieren und zu steuern, auch die Gefahr auf sich zu nehmen, daß entgegen den Erwartungen die Importgenehmigung versagt wird (vgl. auch *Sassoon* S. 343). Etwas anderes gilt dort, wo die Ware nur am Bestimmungsort verwendbar war, aus einem Vorrat geliefert wurde und die Unterbindung des Imports unvorhersehbar war. Hier kann sich der Käufer auf den Wegfall der Geschäftsgrundlage berufen. Zu beachten ist, daß manche Standardverträge das Importrisiko partiell auf den Verkäufer abwälzen. Weil der Import eindeutig zu dem Verwendungsrisiko der Ware gehört, gehen Zweifel über die Reichweite der Abwälzung zu Lasten des Käufers.

101 **g) Sonstige Genehmigungen und Dokumente. Ursprungszeugnisse.** Sie hat der Verkäufer auf fremde Gefahr zu besorgen, so daß sich der Käufer nicht darauf berufen

---

[78] z. B. § 15 WVB (Rdn. 2); Schiedssprüche *Straatmann/Ulmer* E 4 d Nr. 4 a, 7; E 4 a Nr. 12.

[79] vgl. *Koller* Risikozurechnung, S. 95; BGH LM Nr. 12 zu § 242 (Bb) BGB.

darf, daß es dem Verkäufer nicht gelungen ist, diese Dokumente zu besorgen (*Eisemann/Melis* Incoterms, S. 110). Eindeutig ordnet Art. A 9 Incoterms an, daß die Beschaffung **sonstiger Dokumente** auf Gefahr des Käufers erfolgt. Dadurch wird der Verkäufer natürlich nicht von der Haftung für Verschulden entlastet. Die **Kosten** der für Ausfuhr, Einfuhr und Durchfuhr erforderlichen Genehmigungen, Dokumente und Belege hat im Zweifel der Käufer zu tragen.

102 **h) Lieferort.** aa) fob-Trade Terms (Nr. I 1; Rdn. 766), fob-Incoterms (Art. A 1; Rdn. 751) sowie viele Verbandsformulare (z. B. § 35 WVB (Rdn. 2)) verpflichten den Verkäufer, die Ware im vereinbarten Verschiffungs(Ablade)hafen an Bord des Schiffes zu liefern (RGZ **106** 212). Den gleichen Standpunkt nehmen ausländische Rechtsordnungen ein. In Frankreich wird allerdings eine gewisse Unsicherheit in Hinblick auf den exakten Erfüllungsort verzeichnet (*Hager* S. 137). — In manchen Branchen wird die Klausel „fob-verstaut" verwandt. Durch diese Klausel wird der Verkäufer verpflichtet, die Ware nicht nur an Bord zu bringen, sondern die Ware auf eigene Kosten und Gefahr im Schiffsraum ordnungsgemäß stauen zu lassen. Dabei kann der Verkäufer davon ausgehen, daß der Schiffsraum zum Transport der Ware geeignet ist (vgl. *Sassoon* S. 312).

103 bb) Die Ware ist nach Maßgabe des Hafenbrauchs auf **Kosten** des Verkäufers an Bord zu liefern. Sind die Kosten des Anbordbringens Teil der Fracht, die der Käufer zu tragen hat, so berührt dies die allgemeinen Regeln über den Gefahrübergang (Rdn. 116) nicht (*Eisemann/Melis* Incoterms, S. 101).

104 cc) Beim fob-Kontrakt muß ein **Verschiffungshafen** ausdrücklich oder konkludent vereinbart sein. Eine Vereinbarung, derzufolge der Käufer oder der Verkäufer innerhalb eines bestimmten Rahmens berechtigt sein soll, den Abladehafen auszuwählen, steht dazu nicht im Widerspruch.

Anders als bei cif-Kontrakten ist es bei der Grundform des fob-Kaufs Sache des Käufers, den notwendigen **Schiffsraum zu besorgen** und dem Verkäufer Namen des Schiffs, genauen Ladeplatz sowie Zeitpunkt der Lieferung bekanntzugeben (eingehend Rdn. 126). Der fob-Kontrakt wird jedoch häufig durch eine mehr oder minder weitreichende Pflicht des Verkäufers modifiziert, für verladebereiten Schiffsraum Sorge zu tragen. Zu derartigen Modifikationen des fob-Vertrages und den sich hieraus ergebenden Rechtsfolgen vgl. Rdn. 131.

105 dd) Der **Erfüllungsort** für die Warenlieferungspflicht liegt am Ort des Abladehafens. Daraus folgt indessen nicht, daß der Abladehafen auch Erfüllungsort im Sinne des Kollisionsrechts oder des Gerichtsstandes ist. Vielmehr ist insoweit der Erfüllungsort nach den allgemeinen Grundsätzen zu bestimmen (*Digenopoulos* S. 182 ff; *Hager* S. 136 Fn. 277; **a. A.** LG Bochum RIW/AWD **1976** 41, 42).

106 **i) Verladeanzeige.** Gemäß Nr. I 4 deutsche fob-Trade Terms (Rdn. 766) und Art. A 2 Incoterms (Rdn. 751) hat der Verkäufer dem Käufer mitzuteilen, daß die Ware an Bord des Seeschiffs geliefert worden ist. Den **Incoterms** zufolge hat die Benachrichtigung unverzüglich zu erfolgen. Die **Trade Terms** verpflichten den Verkäufer, die Lieferung an Bord so mitzuteilen, daß der Käufer die Ware versichern kann. Auch die Incoterms-Regel dient wesentlich dem Zweck, den Käufer schnellstmöglich instand zu setzen, die Ware zu versichern (*Eisemann/Melis* Incoterms, S. 101; *Digenopoulos* S. 175). Die Verladeanzeige hat über eine bereits erfolgte Verladung zu unterrichten. Sie ist Schlußstein der Erfüllungshandlungen des Verkäufers (vgl. auch Rdn. 36). Sie braucht beim fob-Geschäft weder Angabe des Schiffes, noch Abladehafen oder -zeit enthalten, da der Käufer als Befrachter diese Information bereits besitzt. Die

Verladeanzeige reist auf Gefahr des Käufers, so daß der Verkäufer seiner Pflicht mit der Absendung genügt hat. Zu den Rechtsfolgen verspäteter Verladeanzeigen siehe Rdn. 40.

107 j) **Transportkosten.** Beim fob-Geschäft ist es Sache des Verkäufers, die Ware an Bord des vom Käufer genannten Schiffs zu bringen. Dem entspricht die Kostenbelastung, soweit die Kosten der Verladung nicht Teil der Fracht sind.

Gemäß Nr. I 3 der deutschen fob-**Trade Terms** (Rdn. 766) hat der Verkäufer alle Kosten der Ware bis zu dem Zeitpunkt zu tragen, in dem die Ware im Verschiffungshafen die Reling tatsächlich überschritten hat. Art. A 4—fob **Incoterms** (Rdn. 751) erweitert die Kostenlast um alle mit der Ausfuhr zusammenhängenden Gebühren, Abgaben, Kosten, die für die Verbringung der Ware an Bord erforderlich sind. Davon nehmen Art. A 6, 8, 9 die Spesen für Konnossemente, Ursprungszeugnisse und Konsulatspapiere aus. Die Transportkosten von der inländischen Niederlassung des Verkäufers bis zum Abladehafen, die Kosten der Stapelung am Kai, die Speditionskosten des Absenderspediteurs, der dafür sorgt, daß die Ware an Bord gebracht wird, hat der Verkäufer auf sich zu nehmen. Wird für die Leistungen des Hafens einschließlich der Übergabe der Ware mit dem Kaikran eine einheitliche Gebühr gefordert, so hat sie aus Praktikabilitätsgründen der Verkäufer in voller Höhe zu tragen (*Haage* Abladegeschäft, S. 175). Anders ist es, wenn das Schiff die Ware mit Schiffskränen übernimmt. Diese Kosten sind Teil der vom Käufer zu bezahlenden Fracht, mit Ausnahme der Kosten des Anschlagens der Ware im Zubringerfahrzeug (*Haage* Abladegeschäft, S. 174). Der Verkäufer hat grundsätzlich auch die Mehrkosten zu tragen, die dadurch entstehen, daß die Ware mit Leichtern vom vereinbarten Verschiffungshafen zum Schiff gebracht werden muß. Ausnahme: Es besteht ein abweichender Handelsbrauch, der allerdings bei vertraglicher Geltung der Incoterms unerheblich ist (*Digenopoulos* S. 191). Die Verstauungskosten fallen dem Verkäufer nur zur Last, wenn „fob verstaut" verkauft ist. Zur Belastung des Verkäufers mit den Ladehafen-Liegegeldern *Trappe* VersR **1981** 718.

108 Kommen weder Trade Terms (Rdn. 766) noch Incoterms (Rdn. 751) zum Tragen, so sprechen Gründe der Rechtssicherheit dafür, das Überschreiten der Reling auch in Hinblick auf die Kostentragung als maßgebliches Abgrenzungskriterium anzusehen. Hiervon sind jedoch staatliche Exportgebühren und -zölle auszunehmen. Diese Lastenverteilung ist unabhängig davon, ob der Verkäufer die Konnossemente besorgen sollte, die er nach deutschem Recht als Ablader auch besorgen kann, ohne Befrachter zu werden, oder ob der Verkäufer als Befrachter auftrat. Das Schwergewicht liegt bei der Abrede über den Erfüllungsort (Abladehafen) und der Wertung des § 448 BGB. Exportzölle und -gebühren belasten eindeutig aussonderbar die Verbringung der Ware außer Land, die dem Käufer zuzurechnen ist (zum englischen Recht vgl. aber *Sassoon* S. 334 ff). Ist vertraglich eine Ladezeit vereinbart, so haftet der Verkäufer für deren Überschreitung (*Trappe* VersR **1981** 718, 719), auch wenn ihn kein Verschulden trifft (**a. A.** OLG Celle VersR **1981** 528 f).

109 k) **Dokumente.** aa) Gemäß Nr. I 5 der deutschen **Trade Terms** (Rdn. 766) hat der Verkäufer auf eigene Kosten das übliche „reine" Dokument zu beschaffen, in dem entweder die Lieferung der Ware an Bord bescheinigt oder „gegebenenfalls" die Aushändigung der Ware an Land an den Verfrachter zur Verschiffung bestätigt wird. Je nach dem Hafenbrauch hat mithin der Verkäufer, der beim klassischen fob-Geschäft nicht selbst den Seetransport organisiert (zu Modifikationen Rdn. 131), ein Bord/Mate's-Receipt oder ein Kai-Receipt anzudienen. Zur Beschaffung eines Konnossements ist der Verkäufer nicht verpflichtet; denn Befrachter des Schiffes ist der Käufer (*Digenopoulos* S. 193).

110 In **Allgemeinen Geschäftsbedingungen** finden sich allerdings vielfach weitergehende Pflichten des Verkäufers. So hat der Verkäufer gemäß §§ 32, 42 WVB (Rdn. 2) ein Konnossement oder einen Konnossements-Teilschein oder einen Kai-Teilschein oder einen Lieferschein der Reederei zu liefern. Aus seerechtlicher Sicht bestehen gegen diese Erweiterung des Pflichtenkreises des Verkäufers keine Bedenken, weil der Verkäufer mit konkludent erteilter Vollmacht die Rolle des Drittabladers übernehmen kann, der die Ware im Namen des Käufers ablädt und so als Ablader das Konnossement beanspruchen kann (§ 642 HGB). Diese Erweiterung des Pflichtenkreises ändert im Zweifel nichts an der Verteilung der Kostenlast im Sinne der Trade Terms (anders das französische, amerikanische und zum Teil englische Recht, die die Beschaffung des Konnossements als originäre Kaufvertragsverpflichtung behandeln (*Digenopoulos* S. 194)).

111 Art. A 7 der **Incoterms** (Rdn. 751) zufolge muß der Nachweis der Lieferung an Bord erbracht werden. Im Einklang mit dem englischen Recht hat der Verkäufer zumindest ein Mate's-Receipt zu liefern. Allerdings ist der Verkäufer auch gehalten, dem Käufer bei der Beschaffung der Konnossemente jede Hilfe zu gewähren, also auf Gefahr und Kosten des Käufers die Konnossemente zu besorgen (*Eisemann/Melis* Incoterms, S. 110).

112 bb) Der Verkäufer hat **„reine" Dokumente** anzudienen. „Unreine" Dokumente dürfen vom Käufer auch dort zurückgewiesen werden, wo der Verkäufer gleichzeitig eine Bankgarantie zur Abdeckung eines eventuellen Schadens beibringt. Zur Frage, wann Dokumente „unrein" sind und zur Ausstellung von Freistellungsreversen Rdn. 56. Die Gefahr, daß der Verfrachter ohne Anlaß und Verschulden des Verkäufers „unreine" Konnossemente ausstellt, geht bei Geltung der deutschen Trade Terms (Rdn. 766) und der Incoterms (Rdn. 751) zu Lasten des Käufers. Der Käufer kann vom Verfrachter Schadensersatz verlangen (*Haage* Abladegeschäft, S. 101).

113 cc) Unklar ist, wer die Gefahr zu tragen hat, daß dem Verkäufer zu Unrecht ein **„unreines" Mate's-Receipt** oder **Kai-Receipt** ausgehändigt wird. Hier ist zu berücksichtigen, daß der Verkäufer beim klassischen fob-Geschäft in keinerlei Vertragsbeziehungen zum Verfrachter steht. Der Käufer schließt den Frachtvertrag (zu Modifikationen Rdn. 131). Der Verkäufer übernimmt auch nicht deshalb die Rolle des Abladers, weil er die Ware im eigenen Namen abliefert und nicht, wie dies nach h. M. für die Rolle des Abladers erforderlich ist, als Beauftragter im Namen des Käufers (*Schaps/Abraham* vor § 566 7). Nur die Position des Abladers sichert aber dem Verkäufer einen eigenen Schadensersatzanspruch gegen den Verfrachter und den Kapitän (*Schaps/Abraham* vor § 556 7). Mangels eines Rückgriffsrechts gegen den vom Käufer ausgewählten Verfrachter ist es dem Verkäufer nicht zuzumuten, die Gefahr zu tragen, daß ohne sein Verschulden das Schiff falsche Dokumente ausstellt. Es ist Sache des Käufers als Vertragspartei, den Verfrachter auf Schadensersatz in Anspruch zu nehmen. Allgemeine Geschäftsbedingungen, die eindeutig festlegen, daß der Käufer „unreine" Dokumente nicht anzunehmen braucht (z. B. §§ 42 Abs. 2, 32 WVB, Rdn. 2), treffen allerdings eine entgegengesetzte Risikoverteilung.

114 dd) Die vom Verkäufer zu liefernden Dokumente sind dem Käufer oder dessen Beauftragten **zu übermitteln.** Bislang ist es nicht geklärt, wohin diese Dokumente nach deutschem Recht zu liefern sind und auf wessen Gefahr diese Dokumente reisen. Die Frage, wohin die Dokumente zu schicken sind, wird sich in aller Regel anhand der

Zahlungsvereinbarung beantworten lassen. Der Verkäufer hat die Dokumente dem Käufer an den Ort zu bringen, an dem er Zahlung erwarten darf. Es kann auch vereinbart sein, daß die Receipts dem Spediteur des Käufers im Abladehafen zu übergeben sind. Ferner spielen natürlich Usancen des Hafens und der beteiligten Handelskreise eine wesentliche Rolle. Fehlen besondere Anhaltspunkte, so ist der Verkäufer verpflichtet, die Papiere an die Niederlassung des Käufers zu leiten.

115 Anders als Konnossemente beim cif-Geschäft (Rdn. 59) reisen die Bestätigungen (receipts), daß die Ware an Bord geliefert ist oder dem Verfrachter zur Verschiffung ausgehändigt ist, **auf Gefahr des Käufers,** wenn sie an dessen Niederlassung versandt werden sollen. In diesem Zusammenhang ist nämlich zu bedenken, daß beim fob-Geschäft der Verkäufer bei der Beschaffung der Konnossemente und demnach auch bei ihrer Versendung auf Gefahr des Käufers tätig wird (s. oben Rdn. 110), obwohl der Käufer dieses Dokument benötigt, um die Ware weiterhandeln zu können. Wenn sich der Käufer mit der Übersendung der Empfangsbestätigung an seine überseeische Niederlassung begnügt, so ist als Regel davon auszugehen, daß die Ware nicht vor ihrem Eintreffen im Bestimmungshafen weitergehandelt werden soll. Der Käufer ist deshalb auch nicht so hart davon betroffen, wenn die Empfangsbestätigungen verloren gehen, da die Empfangsbestätigungen keine Wertpapiere im engeren Sinne darstellen. Im übrigen ist zu berücksichtigen, daß die fob-Klausel als Ein-Punkt-Klausel angelegt ist, so daß auch aus diesem Grunde eine Konzentration des Gefahrübergangs im Abladehafen als angebracht erscheint.

Allgemeine Geschäftsbedingungen, in denen dem Verkäufer, der auf der Basis einer fob-Klausel verkauft hat, in gleicher Weise wie dem Verkäufer, der auf cif-Basis verkauft hat, eine Pflicht zur Lieferung von Konnossementen oder Teilscheinen (*Schaps/Abraham* § 648 HGB 9ff) auferlegt wird und in denen diese Pflicht zur Hauptpflicht erhoben wird (vgl. § 42 WVB, Rdn. 2), stellen in Hinblick auf die Dokumentengefahr den fob-Verkäufer dem cif-Verkäufer gleich. Dies hat zur Folge, daß die Dokumente auf das Risiko des Verkäufers reisen (Rdn. 59).

3. Gefahrtragung

116 a) Beim fob-Geschäft geht grundsätzlich die Gefahr in dem Moment auf den Käufer über, in dem die Ware die Reling des vom Käufer gestellten Seeschiffes überschreitet. Dies gilt sowohl für die **Preisgefahr** als auch bei Gattungsschulden für die **Leistungsgefahr,** da die Ware, sobald sie nach den Instruktionen des Käufers auf ein von ihm benanntes Schiff geliefert wird, hinreichend individualisiert ist (*Hager* S. 138). Vor der Lieferung an Bord hat der Verkäufer nicht das seinerseits Erforderliche getan (§ 243 Abs. 2 BGB). Zur Verwendung von **Containern** Rdn. 8.

117 b) Dieselbe Form der Gefahrverteilung ordnen sowohl die deutschen fob-**Trade Terms** (Nr. I 10; Rdn. 766) als auch die fob-**Incoterms** (Art. A 4; Rdn. 751) an. In Frankreich und England soll über den exakten Zeitpunkt des Gefahrübergangs Unsicherheit herrschen (*Hager* S. 136f). Von Interesse ist in diesem Zusammenhang, daß dies mit der Veränderung der Verladetechnik begründet wurde. *Hager* aaO weist jedoch zutreffend darauf hin, daß aus Rechtssicherheits- und Praktikabilitätserwägungen heraus der Gefahrübergang stets mit dem Überschreiten der Reling verknüpft werden sollte, da auf diese Weise der Moment des Gefahrübergangs ex ante genau fixiert sei, die Versicherung daraufhin ausgerichtet werden könne und die Hintereinanderschaltung von fob-Kauf und cif-Verkauf unproblematisch sei.

118 Die Ware hat die **Reling** in dem Moment **überschritten,** in der ihr Schwerpunkt über dem Schiff liegt. Löst sich die Ware aus der Schlinge, stürzt sie auf die Reling und dann in das Wasser, so trifft der Verlust den Verkäufer. Wird die Ware vom Kran, nachdem sie sich bereits über dem Schiff befand, zurückgeschwenkt, ändert dies nichts am Eintritt des Gefahrübergangs (*Eisemann/Melis* Incoterms, S. 106). Wird die Ware per Leichter an das Seeschiff herangebracht, so gilt nach Incoterms der Leichter auch dann nicht als verlängerter Arm des Seeschiffes, falls das Seeschiff den Abladehafen nicht anläuft[80]. — Wurde „fob-verstaut" vereinbart, so geht die Gefahr erst nach Beendigung der Verstauung über.

War die Ware **nicht** ordnungsgemäß **verpackt** und ist sie nach Überschreiten der Reling schadhaft geworden oder verloren gegangen, so darf sich der Verkäufer auf den Gefahrübergang nicht berufen, falls der Schaden durch die vertragswidrig unzulängliche Verpackung schuldhaft verursacht worden ist (*Straatmann/Ulmer* Schiedsspruch E 4 c Nr. 2).

119 c) Die **WVB** (Rdn. 2) treffen im Kern dieselbe Regelung, wie sie sich nach dispositivem Recht und fob-Vereinbarung ergibt. Die Gefahr geht mit Überschreiten der Reling im Verschiffungshafen über (§ 35). Wurde vertragswidrig beschaffene Ware geliefert, so kann der Käufer Ersatz des Minderwerts, Rückgängigmachung des Kaufs, wenn der Minderwert mehr als 10 % beträgt, verlangen und bei Gattungsmängeln die Annahme der Ware als Erfüllung verweigern (§§ 48 Abs. 1, 19). Im Fall von Gattungsmängeln darf der Käufer ohne Frist zurücktreten oder Schadensersatz fordern (§ 48 Abs. 2). Gattungsmängel liegen nur vor, wo — wie § 19 Abs. 5 formuliert — die Ware nicht zu der im Vertrag bestimmten Gattung gehört. Darunter fallen nicht nur aliud-Lieferungen. Vielmehr soll der Verkäufer überall dort einer verschärften Haftung unterworfen werden, wo der Ware Merkmale fehlen, die der Verkäufer ohne Rücksicht auf den Ausfall des Rohproduktes exakt herbeiführen kann, wie Lieferung aus einer bestimmten Ernte, einer bestimmten botanischen Gattung, Merkmale, die durch Bearbeitung, Verpackung und Sortierung gewährleistet werden können (*Straatmann/Ulmer* Schiedsspruch E 6 a Nr. 20). Somit eröffnet § 48 Abs. 2 WVB unter Umständen einen Schadensersatzanspruch auch dann, wenn aus einem Vorrat zu liefern war und die gesamte Gattung mangelhaft ist. Andererseits stellt sich die Frage, ob diese Differenzierung tragfähig ist; denn auf dem Weg des Sortierens läßt sich immer gewährleisten, daß der Käufer mit der Ware beliefert wird, die die vertraglich vereinbarten Merkmale aufweist. Der Schiedsspruch, der in seinem Ansatz überzeugt, läßt sich daher nur halten, wenn man ein zusätzliches Element einfügt. Denkbar wäre etwa, im Interesse des Verkäufers, der die ihm in der Qualität nicht exakt bekannte Ware weiterverkauft (schwimmende Ware), darauf abzuheben, daß die Sortierung in verkehrsüblicher Weise erfolgt ist und so in den Prozeß der Entscheidungsfindung ein Verschuldenselement einzubringen.

120 **d) Natürlicher Schwund** auf dem Seetransport geht grundsätzlich zu Lasten des Käufers. Abweichungen enthalten manche allgemeine Geschäftsbedingungen (z. B. § 35 Abs. 3 WVB (Rdn. 2)).

e) Wird Ware auf fob-Basis im **Ketten**-(String)**Geschäft** gehandelt, so geht das Transportrisiko rückwirkend auf den Käufer über, falls die Ware bei Absendung der Verladeanzeige noch schwamm (*Straatmann/Ulmer* Schiedsspruch J 5 a Nr. 46).

---

80 *Eisemann/Melis* S. 106; **a. A.** *Haage* Abladegeschäft, S. 178 zutreffend nach Handelsbrauch (*Digenopoulos* S. 191).

121 **4. Pflichten des Käufers**

122 **a) Beschaffung des Schiffsraums.** aa) Beim klassischen fob-Geschäft ist es Sache des Käufers, den zum Transport nötigen Schiffsraum zu besorgen. Diesen Standpunkt nehmen auch die deutschen fob-Trade Terms (Rdn. 766) und die Incoterms (Rdn. 751) ein. Abweichende Abreden von diesem Typus des fob-Geschäfts sind häufig zu beobachten. Sie können ausdrücklich getroffen worden sein, aber sich auch nur aus den Umständen ergeben, wie z. B. aus der Abrede, daß die Bezahlung gegen die Lieferung von Bordkonnossementen erfolgt, falls die Konnossemente dem Verkäufer nur gegen Frachtzahlung ausgehändigt werden (eingehend zu den Modifikationen des klassischen fob-Geschäfts, Rdn. 128 ff).

123 bb) Der Käufer hat verladebereiten und geeigneten Schiffsraum im vereinbarten Hafen zum vereinbarten Zeitraum bereitzustellen. Der Abladehafen muß nicht schon bei Abschluß des Kaufvertrages endgültig fixiert sein. Der Vertrag kann dem Käufer das Recht eröffnen, einen bestimmten Hafen zu wählen (z. B. fob deutscher Hafen). Der Käufer hat dann dem Verkäufer seine Wahl so rechtzeitig mitzuteilen, daß der Verkäufer die Ware sicher abzuladen vermag. Der Zeitpunkt, zu dem der Käufer den Schiffsraum bereitzustellen hat, ergibt sich aus der vereinbarten Lieferzeit. Er ist regelmäßig zunächst nur rahmenartig umrissen und wird dann später durch die fob-Instruktionen (Rdn. 126) exakt festgelegt. Es kann auch schon im Kaufvertrag das vom Käufer bereitzustellende Schiff genannt sein. Diese Abrede hindert den Käufer indessen nicht daran, ein anderes Schiff zur Verschiffung bereitzustellen, wenn dem Käufer daraus keine Erschwernisse erwachsen (vgl. *Sassoon* S. 304).

124 cc) Versäumt der Käufer, rechtzeitig am richtigen Ort zur rechten Zeit ein ladebereites Schiff bereitzustellen, so gerät er in Annahmeverzug, ohne daß es auf die Ursachen dieser Leistungsstörung ankäme (BGH WM **1975** 917, 920). Voraussetzung ist nur, daß der Verkäufer leistungsfähig ist. Daß die für den Käufer bestimmte Ware ausgesondert ist, ist für den Eintritt des Abnahmeverzugs nicht erforderlich, wohl aber für den Eintritt bestimmter Rechtsfolgen des Annahmeverzuges, wie z. B. für die Anwendbarkeit des § 300 Abs. 2 BGB (**a. A.** *Schröder* MDR **1973** 466; *Hönn* AcP **177** (1977) 385, 410 ff). Die Rechtsfolgen ergeben sich aus §§ 373 HGB, 293 ff BGB (näher dazu § 373 HGB Rdn. 21 ff). Außerdem kann der Käufer in Zahlungsverzug geraten, wenn er die Verzögerung zu vertreten hat. Unter Berufung darauf, daß der Käufer sich ernsthaft weigert, ein Schiff zu stellen, kann der Verkäufer vom Vertrag zurücktreten. Die Frage, ob der Käufer in einem Fall, in dem er den Schiffsraum nicht rechtzeitig bereitzustellen in der Lage ist, fordern kann, daß ihm die Ware an Land übergeben wird, scheint man im englischen Recht weitgehend zu verneinen (*Sassoon* S. 302). Im deutschen Recht besteht kein Anlaß, eine vergleichbar starre Haltung einzunehmen. Gemäß § 242 BGB hat der Schuldner seine Verpflichtung im Einklang mit Treu und Glauben zu erfüllen. Wenn der Käufer vom Verkäufer eine Leistung fordert, die diesem geringeren Aufwand und keine größeren Risiken verursacht, und gesichert ist, daß der Verkäufer den vollen ursprünglich versprochenen Kaufpreis erhält, so ist der Verkäufer verpflichtet, auf den Wunsch des Käufers einzugehen, ihm die Ware an Land zu übergeben. Der Verkäufer ist mit anderen Worten gemäß § 242 BGB verpflichtet, einen Abänderungsvertrag zu schließen. Die dem Erlaßvertrag zugrunde liegenden Wertungen stehen dem nicht entgegen, da dem Verkäufer nicht gegen seinen Willen ein größerer Vorteil aufgedrängt wird. Unbeachtlich ist grundsätzlich das Interesse des Verkäufers, die Ware zu exportieren; denn der Käufer könnte ja auch die an Bord gebrachte Ware noch im Inland veräußern. Eine Ausnahme gilt aber dort, wo der Verkäufer aus dem Verbleiben der Ware im Inland Nachteile von hoher Hand zu erwarten hat. Kommt

der Verkäufer seiner Verpflichtung nicht nach, sich mit der Übergabe der Ware an Land einverstanden zu erklären, so dürfen die Rechtsfolgen dieser Pflichtverletzung nicht § 376 HGB entnommen werden. Die Sanktion der Pflichtverletzung ergibt sich allein aus den §§ 284 ff, 280 BGB.

dd) Art. B 4 der **Incoterms** (Rdn. 751) und Nr. II 6 der deutschen fob-**Trade Terms** (Rdn. 766) zufolge hat der Käufer unter der Voraussetzung, daß die Ware bereits in geeigneter Weise konkretisiert war, alle aus dem Annahmeverzug sich ergebenden Mehrkosten zu tragen und alle die Ware betreffenden Gefahren auf sich zu nehmen. Diese Regelung ist nicht abschließend. Ergänzend findet zugunsten des Käufers das im Einzelfall einschlägige Landesrecht Anwendung[81]. **125**

b) Benennung des Schiffs, Ladeplatz und Ladezeit. Der Käufer hat die sog. fob-Instruktionen zu erteilen, also dem Verkäufer rechtzeitig mitzuteilen, wann und wo das von ihm bereitgestellte Schiff die Ladung übernehmen wird (vgl. Nr. II 2 deutsche Trade Terms (Rdn. 766); Art. B 1 Incoterms (Rdn. 751)). Rechtzeitig heißt in diesem Zusammenhang, daß der Verkäufer genügend Zeit haben muß, die Ware unter gewöhnlichen Umständen im Hafen abzuladen und an Bord zu transportieren. Dort, wo sich der Käufer einen Zeitraum ausbedungen hat, innerhalb dessen er Abladung fordern darf, entbindet ihn dies nicht von der Obliegenheit, dem Verkäufer rechtzeitig die erforderlichen fob-Instruktionen zu geben (vgl. *Sassoon* S. 306). Gibt der Käufer die erforderlichen Instruktionen nicht rechtzeitig, d. h. treffen die erforderlichen Mitteilungen nicht rechtzeitig beim Verkäufer ein (§ 130 BGB), und war der Verkäufer zur Lieferung imstande, so treten die gleichen Rechtsfolgen ein, die im Fall der nicht rechtzeitigen Beschaffung eines ladebereiten Schiffs (Rdn. 124) gelten. **126**

c) Rechte und Pflichten des Käufers bei Mangelhaftigkeit der Ware. Den Käufer trifft gemäß § 377 HGB die Obliegenheit, die Ware zu untersuchen. Diese Obliegenheit ist im Abladegeschäft weit auszudehnen und starr zu handhaben, weil hier der Verkäufer besonders stark darauf angewiesen ist, so schnell wie möglich darüber Klarheit zu erlangen, ob die Ware kontraktgemäß ist. Das Ziel, Rechtssicherheit zu schaffen, schließt die Berufung auf den Einwand des Rechtsmißbrauchs weitgehend aus. **127**

Ablieferungsort beim fob-Geschäft ist beim Fehlen vertraglicher Abreden und einschlägiger Handelsbräuche grundsätzlich der Abladehafen (BGHZ **60** 5, 8); denn dort hat der Käufer die Ware in ein von ihm gestelltes Schiff zu übernehmen. Es ist aber zu beachten, daß es Sache des Verkäufers ist, die Ware in einer für den Seetransport geeigneten Weise (Rdn. 91) an Bord zu liefern. Diese Verpackung kann dem Käufer die Untersuchung unangemessen erschweren und einen Teil der Leistung des Verkäufers zunichte machen. In einem derartigen Fall ist daher der Ablieferungsort auf den Bestimmungshafen zu verlegen (BGH BB **1953** 186; BGHZ **60** 5, 7; OLG Hamburg VersR **1982** 340). Irrelevant ist hingegen, ob der Käufer im Abladehafen die personellen und sachlichen Mittel bereithält, um eine zuverlässige Untersuchung zu gewährleisten; denn der Verkäufer kann ja nicht wissen, ob und mit welchen Mitteln der Käufer die Ware untersuchen will. Glaubt der Käufer, zur sachgerechten Untersuchung im Abladehafen nicht in der Lage zu sein, so muß er auf entsprechende Abreden mit dem Verkäufer dringen (eingehend § 377 Rdn. 35 f). Allgemeine Geschäftsbedingungen statuieren vielfach eine Einheitsregelung für den fob- und den cif-Kauf und legen den Ablieferungsort auf den Bestimmungshafen des Schiffes (vgl. §§ 49, 32 WVB).

---

[81] *Haage* Abladegeschäft, S. 183 f; *Eisemann/Melis* S. 114.

128 V. Modifikationen des fob-Geschäfts

1. Weiterverkauf fob gekaufter Ware

129 a) In aller Regel wird fob gekaufte Ware cif oder c & f weiterverkauft, weil der erste Käufer schon den Transport organisiert und dem Verkäufer die nötigen Instruktionen erteilt hat. Eigene Transportobliegenheiten des zweiten Käufers bestehen dann nicht. Gleichwohl sind auch fob-Käufe in der Kette zu beobachten. In solchen Fällen ist zu unterscheiden: Verkauft A an B auf fob-Basis und dann B an C ebenfalls fob, bevor B gehalten war, dem A die notwendigen Verladeinstruktionen (Rdn. 126) zu geben, so stellt der Vertrag zwischen B und C im Zweifel ein normales fob-Geschäft dar. C ist gehalten, dem B rechtzeitig ein verladebereites Schiff zu nennen, und B wird diese Mitteilung an A weiterleiten. War dem C erkennbar, daß B bereits Schiffraum beschafft hatte oder demnächst beschaffen werde, so ist davon auszugehen, daß zwischen B undC ein modifiziertes fob-Geschäft abgeschlossen worden war, demzufolge die Bereitstellung des Schiffsraums Sache des Verkäufers sein soll (zu diesem Typus eingehender Rdn. 131). Gleiches gilt, falls die Ware im Moment des Abschlusses des zweiten fob-Geschäftes bereits an Bord des Schiffes war. Grundsätzlich darf sich der Verkäufer mit schwimmender Ware eindecken, vorausgesetzt, daß die Verschiffungsaufgabe vom ersten Verkäufer in der Kette zu einem Zeitpunkt abgesandt wird, in der die Ware noch schwimmt (*Straatmann/Ulmer* Schiedsspruch J 5 a Nr. 46). Der zu einer Kette gehörende Verkäufer haftet seinem Käufer wegen schuldhaften Verhaltens (z. B. Nichtweiterleitung einer Destinationserklärung). Im Verhältnis zu den weiteren in der Kette (String) folgenden Abnehmerfirmen ist er nicht Erfüllungsgehilfe des Käufers, der die Ware weitergehandelt hatte (**a. A.** *Straatmann/Ulmer* Schiedsspruch J 5 a Nr. 47); denn das Risiko, das mit dem Auftreten weiterer Käufer in der Kette verbunden ist, ist sowohl für den Verkäufer als auch für den Käufer unübersehbar, und der Käufer hat keinen Einfluß auf den Verkäufer.

130 b) Die Gefahrtragung richtet sich grundsätzlich nach den allgemeinen fob-Regeln (Rdn. 116). Geht die Ware vor ihrer Lieferung an Bord unter, so sind alle als Verkäufer tätig gewordenen Parteien im Verhältnis zu ihren jeweiligen Abnehmern mit der Leistungs- und Preisgefahr belastet geblieben. Die Gefahr geht auf die jeweiligen Käufer über, sobald die konkretisierte Ware die Reling überschritten hat. Dabei ist es gleichgültig, ob der jeweilige Verkäufer im Moment der Absendung der Verladeanzeige oder der Konnossemente bereits wußte, daß die Ware untergegangen ist (*Haage* Abladegeschäft, S. 167 f). Wurde bereits schwimmende Ware auf fob-Basis weiterverkauft und geht die Ware nach Vertragsschluß unter, so geht dies zu Lasten des Käufers. Freilich muß auch hier im Verhältnis zwischen den jeweiligen Kaufvertragsparteien die geschuldete Leistung bereits konkretisiert gewesen sein, also das Seeschiff bereits entweder bei Vertragsschluß oder später vor dem Untergang der Ware benannt worden sein. Dort, wo die Ware im Zeitpunkt des Vertragsschlusses bereits untergegangen war, gelten die Regeln über den Verkauf schwimmender Ware auf cif-Grundlage (Rdn. 73 ff).

2. Der Verkäufer befrachtet im Auftrag des Käufers

131 a) Beim klassischen fob-Geschäft ist es Sache des Käufers, den Schiffstransport der Ware zu organisieren. Seit einiger Zeit ist häufig zu beobachten, daß fob-Käufer die Buchung des Schiffsraums ihren Vertragspartnern anvertrauten oder ihre Vertragspartner gar verpflichteten, den Überseetransport selbst zu übernehmen. In der ersten Variante liegt dem Seetransport ein Geschäftsbesorgungsvertrag zugrunde. In der

zweiten Variante werden die Verkäuferpflichten durch die Hauptpflicht „Befrachtung" erweitert.

b) Im folgenden soll zunächst der Vertragstypus eingehender dargestellt werden, in dem der **Verkäufer** lediglich **als Geschäftsbesorger** den zum Transport nötigen Schiffsraum bucht. Für eine solche Abrede spricht, daß der Verkäufer auf Rechnung (on behalf, for account) des Käufers tätig werden soll (*Digenopoulos* S. 196), daß der Käufer nur unter besonderen Schwierigkeiten Schiffsraum zu buchen vermag und dem Verkäufer aus der Buchung keine ins Gewicht fallenden Vorteile erwachsen. Dort, wo der Verkäufer ein starkes Interesse daran besitzt, den Schiffsraum zu buchen, ist im Zweifel davon auszugehen, daß der Verkäufer die Befrachtung als Hauptpflicht übernimmt, ohne daß es darauf ankommt, ob der Verkäufer berechtigt ist, die Frachtkosten offen abzuwälzen. **132**

aa) Ob der Verkäufer als Geschäftsbesorger den Schiffsraum im Namen des Käufers bucht und dafür Vollmacht besitzt oder ob er im eigenen Namen handelt, ist Tatfrage. Für die Entscheidung im Einzelfall wird es wesentlich darauf ankommen, ob ein Kreditgeschäft vorlag und der Verfrachter bereit war, dem Käufer Kredit zu gewähren und darauf, ob der Käufer daran interessiert ist, auf dem Konnossement sofort als Ablader zu erscheinen sowie die Person des Verkäufers bei dem Weiterverkauf der Ware zu verheimlichen (*Digenopoulos* S. 200). Maßgeblich ist ferner, in welchem Umfang der Verkäufer angesichts der Zahlungsabreden darauf angewiesen ist, zur Sicherung seines Zahlungsanspruchs im Konnossement als Ablader zu erscheinen. Ein Rabatt auf die Fracht gebührt in jedem Fall dem Käufer (OLG Hamburg VersR **1983** 584). **133**

bb) Da der Verkäufer selbst den Überseetransport organisiert, braucht der Käufer keine **Verschiffungsinstruktionen** zu erteilen. Etwas anderes gilt, wenn der Käufer den Bestimmungshafen wählen darf. Der Verkäufer darf nicht ohne weiteres ohne Ablauf einer Nachfrist nach einem Bestimmungshafen seiner Wahl verschiffen, wenn der Käufer den Hafen nicht fristgerecht benennt. Er muß die verspätete Destinationserklärung so lange als möglich berücksichtigen (*Straatmann/Ulmer* Schiedsspruch J 5a Nr. 47). Andererseits ist der Verkäufer gehalten, dem Käufer die Verladung unverzüglich mitzuteilen, weil der Käufer den Tag der Abladung nicht von vornherein kennt und ihn kennen muß, um eine ausreichende Versicherung zu nehmen (*Liesecke* WM **1966** 174, 175). **134**

Der Verkäufer ist verpflichtet, dem Käufer die **Konnossemente** auf dessen Kosten und Gefahr zu besorgen und zuzuleiten. Werden nach Hafengebrauch lediglich Kai-Receipts ausgestellt, so soll der Verkäufer auch nur verpflichtet sein, Übernahmekonnossemente zu beschaffen (*Digenopoulos* S. 206). Der Umstand, daß der Verkäufer den gesamten Seetransport zu organisieren hat, spricht jedoch dafür, daß ihn auch die Pflicht trifft, Bordkonnossemente zu besorgen. **135**

Die Koppelung des klassischen fob-Geschäfts (Rdn. 85) mit einem Geschäftsbesorgungsvertrag ändert nichts an der **Gefahrverteilung;** denn der Verkäufer wird als Geschäftsbesorger auf Rechnung des Käufers tätig. Dies gilt sowohl für die Leistungs- als auch für die Preisgefahr. Insbesondere hat der Verkäufer nicht das Risiko auf sich zu nehmen, daß das von ihm gebuchte Schiff nicht oder zu spät im Abladehafen eintrifft. Das Schiff gehört auch bei dieser Modalität des fob-Geschäfts zur Sphäre des Käufers. Unberührt bleibt natürlich die Verschuldenshaftung des Verkäufers. Der Käufer hat neben der Bezahlung des Kaufpreises gemäß § 670 BGB die im Rahmen der Geschäftsbesorgung erforderlich werdenden Aufwendungen zu ersetzen.

136 c) Die Parteien können vereinbaren, daß der Verkäufer im eigenen Namen auf eigene Rechnung verpflichtet sein soll, die **Verschiffung** der Ware zu besorgen und daß diese Pflicht zu den **Hauptpflichten des Verkäufers** gehören soll[82]. Der BGH (WM **1963** 1185) hat eine derartige Abrede einer Vereinbarung entnommen, in der der Termin, bis zu dem die Verschiffung auszuführen war, ausdrücklich genannt wurde (*Würdinger/Röhricht* Vorauflage, vor § 373 281). Für eine solche Abrede spricht ferner ein erhebliches Interesse des Verkäufers, den Transport selbst zu organisieren (BGH WM **1963** 1185; vgl. auch Rdn. 7 f).

137 aa) Der Verkäufer trägt die volle Gefahr, daß in der Lieferzeit ein abladebereites Schiff zur Stelle ist; d. h. er haftet nach den allgemeinen Regeln über Verzug und Unmöglichkeit, falls er seiner **Verschiffungspflicht** nicht rechtzeitig nachzukommen vermag (Rdn. 25 ff). Den Lieferzeitpunkt bestimmt der Verkäufer normalerweise innerhalb des **Abladezeitraums** selbst (*Haage* Abladegeschäft, S. 166); er muß sicherstellen, daß die Ware rechtzeitig an Bord gelangt.

138 bb) Die **Kosten des Seetransports** hat nach ganz h. M. im Unterschied zum cif- oder c & f-Geschäft der Käufer zu tragen. Aus der Tatsache, daß der Verkäufer die Ware zu verschiffen hat, läßt sich nicht zwingend ableiten, daß der Verkäufer auch die Kosten der Versendung zu tragen hat. § 448 BGB weist im Gegenteil in die entgegengesetzte Richtung. Wenn die Parteien eine Kostenbelastung des Verkäufers gewollt hätten, hätten sie regelmäßig auch gleich auf c & f-Basis (Rdn. 752) kontrahieren können (*Digenopoulos* S. 213; *Lebuhn* S. 24, 34).

139 cc) Erhebliche Probleme wirft der **Gefahrübergang** bei dieser Form des fob-Geschäftes auf. Beim klassischen fob-Kauf geht die Gefahr in dem Moment auf den Käufer über, in dem die Ware die Reling des Schiffes passiert. Diesen Zeitpunkt hält *Haage* (Abladegeschäft, S. 167 f) auch bei allen fob-Käufen mit Verschiffungspflicht für maßgeblich (ebenso *Würdinger/Röhricht* Vorauflage, vor § 373 281). Dagegen wendet *Digenopoulos* (S. 221) zu Recht ein, daß diese Form des Gefahrübergangs dem Verkäufer dort, wo eine Gattungsschuld vereinbart wurde, die Möglichkeit der Manipulation eröffne. In dem Moment, in dem die Ware an Bord gebracht wird, muß nämlich nach außen noch nicht ersichtlich sein, daß die Ware für den Käufer bestimmt ist; denn der Verkäufer hat den Schiffsraum auf eigenen Namen gebucht und wird sich auch auf eigene Order Konnossemente ausstellen lassen. Er könnte daher nach Belieben Ware, die bereits untergegangen ist, einem seiner Abkäufer andienen, wenn man den Gefahrübergang wie beim klassischen fob-Geschäft ausschließlich mit dem An-Bord-Bringen der Ware verknüpfen würde. Es ist daher wie beim cif-Geschäft zu fordern, daß die Ware im Moment des Gefahrübergangs bereits konkretisiert war oder mit rückwirkender Kraft konkretisiert wurde. Die Konkretisierung richtet sich dabei nach den für das cif-Geschäft maßgeblichen Regeln (eingehend Rdn. 65). Diese Lösung schreibt z. B. auch § 35 Abs. 2 WVB (Rdn. 2) vor. War die Ware bereits bei Übergabe an den Verfrachter hinreichend konkretisiert, so geht allerdings die Preisgefahr auch dort, wo „Abladung“ bzw. „Verladung“ vereinbart ist, erst mit dem Überschreiten der Reling auf den Käufer über. Als Befrachter hat der Verkäufer dem Käufer ein vertragsgemäßes Konnossement anzudienen. Wegen der engen Verwandtschaft dieser Form des fob-Geschäfts mit dem cif-Kauf gelten insoweit die cif-Regeln (Rdn. 42 ff; *Digenopoulos*, S. 223).

---

[82] BGH WM **1963** 1185; *Grimm* AWD **1964** 404; *Liesecke* WM **1966** 174, 175; **a. A.** *Eisemann* AWD **1962** 153.

3. „Ausgeliefertes Gewicht"-, „Neugewicht"-, „Verlust"- und „Beschädigungs"-Klauseln

140 Siehe Rdn. 78 ff.

VI. Das fas-Geschäft

141 Das fas-Geschäft unterscheidet sich vom fob-Kauf im wesentlichen darin, daß der Verkäufer die Ware nicht an Bord des Seeschiffs, sondern lediglich Längsseite Seeschiff (free alongside seaship) zu liefern hat. Dementsprechend sind beim fas-Geschäft nur einige Besonderheiten zu vermerken.

142 **Lieferort** ist beim fas-Geschäft die Längsseite des Seeschiffes, das der Käufer zu stellen und rechtzeitig zu annoncieren hat (Art. A 2, B 1 Incoterms (Rdn. 750); Nr. I 1, II 1 Trade Terms (Rdn. 765)). Der Verkäufer hat die Ware derart an das Schiff zu befördern, daß sie mit den Hebewerkzeugen des Schiffes an Bord genommen werden kann. Gegebenenfalls ist die Ware per Leichter zum Schiff zu befördern (vgl. Nr. I 2 Trade Terms (Rdn. 765)), es sei denn, daß das Schiff wegen außergewöhnlicher Umstände nicht an den normalen Ladeplatz herankommen kann. In jedem Fall haben abweichende Hafenbräuche den Vorrang (vgl. Art. A 2 Incoterms (Rdn. 750)).

143 Auch beim fas-Geschäft ist der Verkäufer gehalten, den Käufer unverzüglich über die Lieferung zu benachrichtigen, um diesem schnellstens die Möglichkeit zu geben, die Ware zu versichern (Rdn. 106).

144 Das Risiko der Exportfreiheit der Ware trifft grundsätzlich den Käufer. Der Verkäufer ist nur verpflichtet, den Käufer beim Export auf dessen Kosten zu unterstützen (Art. A 3 Incoterms (Rdn. 750); Nr. I 8 Trade Terms (Rdn. 765)). Der Fortfall der Exportmöglichkeit ist nach den allgemeinen Regeln der Verwendungszweckstörung zu berücksichtigen. Angesichts der sich ständig ändernden Voraussetzungen einer Exportgenehmigung wird die Versagung der Ausfuhr jedoch nur sehr selten unvorhersehbar sein (*Eisemann* Die Incoterms heute und morgen (1980) S. 123).

145 Auch den fas-Verkäufer trifft die Hauptpflicht, Dokumente zu liefern (zur Dokumentenandienung vgl. Rdn. 59 ff, 109 ff). Neben der Faktura und in der Regel dem Ursprungszeugnis hat der Verkäufer dem Käufer einen Lieferungsnachweis (Art. A 7 Incoterms (Rdn. 750); Nr. I 4 Trade Terms (Rdn. 765)) in der Form eines Übernahmekonnossements oder eines Mate- bzw. Kai-Receipts (Rdn. 54, 109) zu verschaffen. Es muß auch genügen, daß der Verkäufer eine Bestätigung des Spediteurs über die Lieferung „Längsseite Schiff" beibringt (*Haage* Abladegeschäft, S. 204). Die Dokumente müssen „rein" sein (Rdn. 56).

146 Ist die Ware konkretisiert (Rdn. 65), so geht die Gefahr in dem Moment auf den Käufer über, in dem die Lieferung der beschädigten oder zerstörten Ware „Längsseite Schiff" beendet ist (Art. A 4 Incoterms (Rdn. 750)); d. h. mit der Übernahme der Ware an Land durch den Verfrachter oder dann, wenn die Ware vom Ladegeschirr des Schiffes „angefaßt" worden ist (Nr. I 6 Trade Terms (Rdn. 765); **a. A.** OLG Düsseldorf AWD/RIW **1971** 238).

VII. „Ab Schiff"-Geschäft **147**

1. Bedeutung des „ab Schiff"-Geschäfts

148 Die „ab Schiff" (ex ship)-Geschäfte gehören zur Kategorie der Ankunftsverträge. Anders als bei den cif- oder fob-Geschäften liegt bei den „ab Schiff"-Geschäften der Erfüllungsort nicht im Abladehafen, sondern im Bestimmungshafen. Man spricht daher auch davon, daß bei den „ab Schiff"-Käufen Platzgeschäfte getätigt werden. Es ist gelegentlich zu beobachten, daß die cif- und die „ab Schiff"-Klausel kombiniert werden. In diesen Fällen ist im Zweifel davon auszugehen, daß die cif-Abrede ausschließlich die Funktion einer Spesenklausel besitzt, also der Preisberechnung dient und sich die Gefahrverteilung sowie sonstigen Pflichten nach der „ab Schiff"-Klausel richten (*Finke* S. 174). So auch bei „fob aus eingetroffenem Schiff" (*Straatmann/Ulmer* Schiedsspruch J 3 Nr. 13). Andernfalls wäre nämlich die „ab Schiff"-Klausel, die häufig auf Veranlassung des Käufers eingefügt wird, sinnlos (*Haage* Abladegeschäft, S. 161; *Eisemann/Melis* Incoterms, S. 163). Der Hafen ist auch dort Erfüllungsort, wo die Ware dem Vertrag zufolge weiterverladen werden soll. Im Zusammenhang mit der „ab Schiff"-Klausel ist die „Weiterverladungs"-Klausel nur ein Auftrag an den Verkäufer (*Straatmann/Ulmer* Schiedsspruch J 2 Nr. 6).

149 **2. Pflichten des Verkäufers**

150 **a) Art und Verpackung der geschuldeten Ware:** Siehe dazu Rdn. 14.

151 **b) Lieferzeit:** Siehe zur Kombination der Abrede über die „ab Schiff"-Lieferzeit mit einer Abladeklausel Rdn. 163.

152 **c) Lieferort.** Beim „ab Schiff"-Geschäft wird in Bezug auf die Ware eine besondere Art der **Holschuld** vereinbart. Der Verkäufer verpflichtet sich, die Ware dem Käufer im Bestimmungshafen zur Verfügung zu stellen. In welcher Weise der Verkäufer die Ware zur Verfügung zu stellen hat, läßt sich nicht allgemeingültig umschreiben. Nr. I 1 der Trade Terms (Rdn. 769) formulieren, „so wie sie das Schiff herausgibt". In Art. A 2 Incoterms (Rdn. 754) heißt es hingegen: „so daß sie mit dem ihrer Natur entsprechenden Entladegerät von Bord genommen werden können". Es hängt mithin unter Geltung der Incoterms von der Art der Ware ab, in welcher Form der Verkäufer sie abholbereit zur Verfügung zu stellen hat (*Liesecke* WM **1978** Beil. Nr. 3, S. 30). So kann der Käufer Getreide unmittelbar aus dem Schiffsraum übernehmen, während bei Stückgütern noch Manipulationen des Verkäufers (Schiffes) erforderlich sein können (*Eisemann* Incoterms, S. 207). Die Trade Terms (Rdn. 769) schränken den Pflichtenkreis des Verkäufers etwas ein, indem sie betonen, daß der Verkäufer nicht verpflichtet sei, die Ware an die Reling des Schiffes zu bringen. Vorbehaltlich besonderer Abreden über die Spesenlast hat der Verkäufer die **Kosten** nur bis zu dem Moment auf sich zu nehmen, in dem er die Ware tatsächlich zur Verfügung gestellt hat.

Die Kosten des Löschens gehen zu Lasten des Käufers (*Eisemann/Melis* Incoterms, S. 165; *Haage* Abladegeschäft, S. 194).

153 **d) Ankündigung des Schiffes.** In Parallele zur Verladeanzeige (Rdn. 36) hat der Verkäufer rechtzeitig das Schiff zu benennen. Nach Nr. I 2 der Trade Terms (Rdn. 769) ist es dann Sache des Käufers, sich über die **Ankunftszeit** zu informieren, während Art. A 6 Incoterms (Rdn. 754) den Verkäufer verpflichtet, dem Käufer unverzüglich das voraussichtliche Ankunftsdatum mitzuteilen.

154 **e) Gefahrtragung.** Die Benennung des Schiffes soll *Haage* (Abladegeschäft, S. 195) zufolge die **Konkretisierung** von Gattungsschulden und den Übergang der **Leistungsgefahr** auslösen[83]. Dies widerspricht dem Wortlaut der Incoterms und Trade Terms, die ganz allgemein vom Gefahrübergang sprechen, den sie in Verbindung mit den Regeln

---

[83] ebenso *Würdinger/Röhricht* Vorauflage, vor § 373 282 für das direkte Abladegeschäft.

über den Annahmeverzug erst im Zeitpunkt der effektiven Zurverfügungstellung der Ware eintreten lassen. Auch gemäß § 243 Abs. 2 BGB kann die Konkretisierung nicht vor dem Moment erfolgen, in dem der Käufer die Ware abzuholen vermag (*Finke* S. 167). Es besteht bei „ab Schiff"-Geschäften kein Anlaß, ohne weiteres von dieser allgemeinen Regel abzuweichen; denn ein abweichender Handelsbrauch ist nicht ersichtlich (anders bei Nr. II 5 „ab Kai"-Trade Terms (Rdn. 769)). Dem steht auch nicht der Umstand entgegen, daß damit dem Verkäufer erhebliche See- und Preissteigerungsrisiken aufgebürdet werden. Um die Konkretisierung auf den der Aussonderung der Ware gleichstehenden Zeitpunkt der Benennung des Schiffes vorzulegen, ist vielmehr erforderlich, daß sich der Käufer den Umständen zufolge darauf eingerichtet hat oder einrichten mußte, ausschließlich die mit dem angezeigten Dampfer transportierte Ware zu erhalten.

„Glückliche Ankunft vorbehalten": Hier muß die Ware im Moment ihres Untergangs bereits ausreichend spezifiziert, d. h. nach außen eindeutig dem Käufer zugeordnet gewesen sein (*Finke* S. 168 ff).

Die **Preisgefahr** geht in dem Moment auf den Käufer über, in dem der Verkäufer seine Lieferpflicht erfüllt hat. Es ist mithin weder der Zeitpunkt der Ankunft im Bestimmungshafen noch der des Festmachens maßgeblich. Die Ware muß dem Käufer vielmehr zur Verfügung gestellt worden sein; d. h. es muß nach den Trade Terms mit der Entstapelung begonnen worden sein[84]. Die Übergabe von Lieferscheinen oder Konnossementen genügt nicht.

3. Pflichten des Käufers

155 Den Käufer trifft neben der Pflicht zur Zahlung des Kaufpreises eine Abnahmepflicht (Art. B 1 Incoterms (Rdn. 754); Nr. II 1 Trade Terms (Rdn. 769)), die den Verkäufer berechtigt, „Schadensersatz", z. B. Ersatz der Überliegegelder, zu verlangen, die ihm wegen verzögerter Abnahme in Rechnung gestellt worden sind. Der Anspruch auf Ersatz der Überliegegelder kann allerdings auch auf § 304 BGB gestützt werden. — Der Käufer hat die Ware bei Übernahme vom Dampfer zu **untersuchen** (*Straatmann/Ulmer* Schiedsspruch E 6 b Nr. 37).

156 Der Käufer ist beim „ab Schiff"-Geschäft gehalten, die Ware unmittelbar vom Schiff zu übernehmen. Dazu benötigt er die **Dokumente,** die ihn zur Empfangnahme der Ware legitimieren (Art. A 6 Incoterms (Rdn. 754); Nr. I 2 Trade Terms (Rdn. 769)). Andienungsfähig sind Konnossemente, Konnossementsteilscheine und unter Umständen die Delivery-Order (Rdn. 44 ff). Art. A 6 Incoterms (Rdn. 754) erklärt die Delivery-Order für schlechthin andienungsgeeignet. *Eisemann/Melis* (Incoterms, S. 211) schränken dies zu Recht dahin ein, daß die Delivery-Order vom Schiff akzeptiert werden muß. Neben den Lieferdokumenten hat der Verkäufer die Konsulatsfaktura, das Ursprungszeugnis und sonstige Dokumente, die der Käufer verlangt, auf dessen Gefahr und Kosten zu besorgen. Ist Zahlung gegen Dokumente vereinbart, so hat der Verkäufer auch das Versicherungszertifikat bzw. -police zu übergeben (*Finke* S. 173).

157 Die **Einfuhr und Verzollung** der Ware fällt in den Zuständigkeitskreis des Käufers (Art. B 4, 5 Incoterms (Rdn. 754); Nr. II 5, 6 Trade Terms (Rdn. 769)). Der Verkäufer

---

[84] *Haage* Abladegeschäft, S. 193; Nr. I 5 Trade Terms (Rdn. 769); vgl. auch Art. A 3 Incoterms (Rdn. 754).

hat nur einfuhrbereite, nicht auch einfuhrfähige Ware zu liefern. Ist im Zeitpunkt der Lieferung ein Importverbot verhängt worden, so darf sich der Käufer auf den Wegfall der Geschäftsgrundlage berufen; denn die Belastung des Käufers mit dem Importrisiko gilt so wie die allgemeine Belastung des Käufers mit dem Verwendungsrisiko nur für den Regelfall.

158 **VIII. „Ab Kai"-Geschäft**

1. Bedeutung des „ab-Kai"-Geschäfts

159 Die „ab Kai"-Kaufverträge gehören zu den **Ankunftsgeschäften,** bei denen spezifische Formen von Holschulden, die im Bestimmungshafen zu erfüllen sind, vereinbart werden.

Im Unterschied etwa zu den cif- und fob-Geschäften (Rdn. 13ff, 85ff) haben sich die Pflichten und Rechte der Parteien bei den „ab Kai"-Geschäften noch nicht so deutlich herauskristallisiert. So kennen die Incoterms (Rdn. 755) nur ein „ab Kai"-Geschäft, bei dem es erforderlich ist, daß die Parteien regeln, ob verzollt oder unverzollt verkauft ist (*Eisemann/Melis* Incoterms, S. 175), während das „ab Kai"-Geschäft nach den Trade Terms Import und Verzollung als Angelegenheit des Käufers behandelt (Rdn. 770).

Die Klausel „ab Kai" muß wie auch sonst nicht ausdrücklich vereinbart sein. Es genügen im Zweifel Absprachen, denen zufolge bei Übersee-Käufen die Ware **„frei" Bestimmungshafen** geliefert werden soll, um anzunehmen, daß ein „ab Kai"-Geschäft vorliegt (*Straatmann/Ulmer* Schiedsspruch J 3 Nr. 12). Auch die Vereinbarung „fob aus eingetroffenem Schiff" soll für ein „ab Kai"-Geschäft sprechen (*Straatmann/Ulmer* Schiedssprüche J 3 Nr. 13, 26; *Eisemann/Melis* Incoterms, S. 176).

2. Pflichten des Verkäufers

160 **a) Art und Qualität der Ware:** Hier sind die für den cif-Kauf entwickelten Regeln (Rdn. 13) anwendbar. Zur Art der geschuldeten **Verpackung** Nr. I 3 Trade Terms (Rdn. 770) und Art. A 4 Incoterms (Rdn. 755). Hier ist zu berücksichtigen, daß der Weitertransport Sache des Käufers ist, so daß der Verkäufer nur für eine für die Lagerung und Übernahme geeignete Verpackung zu sorgen hat (*Eisemann/Melis* Incoterms, S. 178f).

161 **b) Lieferort** ist beim „ab Kai"-Geschäft der Kai des benannten Bestimmungshafens (Art. A 1 Incoterms (Rdn. 755); Nr. I 1 Trade Terms (Rdn. 770)). Der Verkäufer hat mithin die Ware auf dem Kai abzusetzen und die dadurch bedingten Kosten des Prüfens und Messens zu tragen (Nr. I 4 Trade Terms (Rdn. 770); Art. A 5 Incoterms (Rdn. 755)). Die Auswahl des Kais liegt im Ermessen des Verkäufers bzw. des Schiffes. Es ist Sache des Käufers, die Ware, die ihm am Kai zur Verfügung gestellt wurde, abzuholen. Der Verkäufer hat dem Käufer dazu die geeigneten **Dokumente** auszuhändigen. Hat der Verkäufer unrichtige Dokumente geliefert, so ist der Käufer erst nach Ablauf einer Nachfrist für die Lieferung der richtigen Dokumente befugt, die Rechte aus § 326 BGB geltend zu machen (vgl. auch *Straatmann/Ulmer* Schiedsspruch E 1 a Nr. 11).

162 **c) Lieferzeitpunkt.** Der Käufer braucht die Ware nicht notwendig sofort nach ihrem Absetzen auf Kai abzuholen. Maßgeblicher **Lieferzeitpunkt** im **Bestimmungshafen** ist vielmehr in erster Linie der vereinbarte Zeitpunkt (Art. A 1 Incoterms (Rdn. 755); vgl. § 80 WVB (Rdn. 2)). Die Vereinbarung eines Liefertermins begründet im Zweifel keine

Fix-Schuld im Sinne des § 376 HGB (vgl. auch § 87 WVB (Rdn. 2)). Mangels derartiger Abreden kommt es auf den Hafenbrauch an (Nr. II 1 Trade Terms (Rdn. 770)). Existiert kein besonderer Hafenbrauch, so hat der Käufer die Ware innerhalb angemessener Frist nach Ankunft abzuholen.

163 Die Parteien können aber auch einen Lieferzeitpunkt im Abladehafen durch eine **„Ablade"- oder „Verschiffungs"-Klausel** (Rdn. 18 f) vereinbart haben. Die Vereinbarung einer derartigen Klausel begründet eine Fixschuld (§ 376 HGB). Vgl. §§ 75 Abs. 2, 86 WVB (Rdn. 2). Durch **Abnahme** vom Kai gilt die Ware auch in Hinblick auf eine verspätete Abladung als genehmigt (*Straatmann/Ulmer* Schiedsspruch E 4 a Nr. 3). Wurde ein „ab Kai"-Geschäft mit einer Abladeklausel getätigt, so ist der Verkäufer nach Treu und Glauben verpflichtet, eine Verladeanzeige (Rdn. 36) abzugeben. Gleicher Ansicht auf der Grundlage der WVB (Rdn. 2) *Straatmann/Ulmer* Schiedsspruch E 1 a Nr. 10.

164 **d) Zoll, Steuern, Gebühren.** Kommen die Incoterms zum Tragen (Rdn. 11) und ist „ab Kai ... verzollt/versteuert" vereinbart, so hat der Verkäufer auf eigene Kosten und Gefahr die **Einfuhrbewilligung** zu beschaffen und sämtliche **Einfuhrabgaben und -gebühren** auf sich zu nehmen (Art. A 3 Incoterms (Rdn. 755)). Dazu gehören auch Abgaben, die anläßlich der Übergabe der Ware an den Käufer zu entrichten sind. Zoll- und Steuerrückvergütungen, die der Verkäufer aufgrund von Dispositionen des Käufers erhält, sind an den Käufer abzuführen[85]. Dort, wo auf der Basis der Incoterms „unverzollt" abgeschlossen worden ist, hat der Käufer die Einfuhr und Verzollung zu besorgen (Nr. I 1 Trade Terms (Rdn. 770); *Haage* BB **1956** 195, 197). Dem Käufer fallen auch alle sonstigen mit der Abnahme der Ware vom Kai zusammenhängenden Kosten zur Last (Nr. II 2 Trade Terms (Rdn. 770)). Der Verkäufer ist verpflichtet, Hilfe zu leisten, wo er den leichteren Zugang zu den für den Käufer notwendigen Dokumenten besitzt (Nr. I 6, 7 Trade Terms (Rdn. 770)).

3. Kosten und Gefahrtragung

165 In Hinblick auf die Kosten der Lagerung am Kai und des Übergangs der Preisgefahr gehen die Regelungen der Incoterms und der Trade Terms scheinbar auseinander. Art. A 6 Incoterms (Rdn. 755) sprechen von „tatsächlich zur Verfügung des Käufers gestellt worden ist", während Nr. I 5 Trade Terms (Rdn. 770) primär auf den Zeitpunkt abhebt, in dem der Käufer die Ware vom Kai abnimmt. Eindeutig ist zunächst, daß die Preisgefahr und Kostenlast spätestens in dem Moment auf den Käufer übergeht, in dem der Käufer die Ware in Empfang genommen hat (so auch § 66 WVB (Rdn. 2)). Andererseits erfolgt das Verbringen der Ware vom Schiff auf den Kai auf Gefahr und Kosten des Verkäufers (*Haage* Abladegeschäft, S. 189). Im übrigen ist der Zeitpunkt des Gefahrübergangs vorbehaltlich ausreichender Konkretisierung anhand der Regeln über den Annahmeverzug zu bestimmen (ebenso § 66 WVB (Rdn. 2)). Demnach trägt der Verkäufer die Gefahr, solange die Ware nicht hinreichend ausgesondert ist, er den Käufer nicht mit den notwendigen Auslieferungsdokumenten ausgestattet hat, die Kaiverwaltung nicht auslieferungsbereit ist und der Zeitraum nicht verstrichen ist, innerhalb dessen der Käufer die Ware abzuholen hatte. Auf ein Verschulden des Käufers kommt es hierbei nicht an (§ 293 ff BGB; Nr. II 3 Trade Terms (Rdn. 770)). Dies gilt auch für die nach Maßgabe der Incoterms abzuwickelnden Ge-

---

[85] Schiedssprüche *Straatmann/Ulmer* J 3 Nr. 2, 7; *Koller* Risikozurechnung, S. 376. Vgl. auch § 11 WVB (Rdn. 2); dazu *Straatmann/Ulmer* Schiedsspruch J 3 Nr. 22, 24.

schäfte; denn gemäß Art. A 2 Incoterms (Rdn. 755) ist die Ware zum vereinbarten Zeitpunkt zur Verfügung zu stellen (*Eisemann/Melis* Incoterms, S. 180). Diese Risikoverteilung entspricht dem Gedanken, daß die Vereinbarung einer Abholfrist dem Käufer Dispositionsmöglichkeiten verschaffen soll und das Risiko für den Verkäufer häufig sogar besser kalkulierbar ist (vgl. *Koller* Risikozurechnung (1979) S. 136f). An dieser Gefahrverteilung ändert der Zusatz „Neugewicht" nichts (*Straatmann/Ulmer* Schiedsspruch J 3 Nr. 16).

166 Die **Konkretisierung** und damit der Übergang der **Leistungsgefahr** richtet sich bei Geschäften auf der Grundlage der Incoterms nach den allgemeinen Regeln. Abweichend davon läßt § 78 WVB (Rdn. 2) die Konzentration schon im Moment der Andienung eintreten. In Nr. I 5 der Trade Terms (Rdn. 770) wird der Zeitpunkt der Konkretisierung und damit des Übergangs der Leistungsgefahr wesentlich vorverlagert. Maßgeblich ist danach vorbehaltlich der Aussonderung oder Sammelverladung die Absendung der Verladungsanzeige bzw. der Konnossemente. Die §§ 86, 78 WVB (Rdn. 2) lassen eine Konkretisierung vor der Andienung nur bei Geschäften mit Abladeklauseln zu (*Straatmann/Ulmer* Schiedssprüche E 1 a Nr. 11, E 2 Nr. 7). Sie tritt mit der Absendung der Verladeanzeige ein. Die Absendung besitzt wie bei cif-Käufen (Rdn. 66) rückwirkende Kraft (*Haage* Abladegeschäft, S. 188), da auch hier den Parteien nicht zugemutet werden kann, den exakten Zeitpunkt der Beschädigung der schwimmenden Ware zu beweisen.

Der Käufer hat immer sämtliche **Kosten** der Abnahme vom Kai, d. h. die Kosten des Umschlags der Ware vom Kai auf das Fahrzeug des Käufers zu zahlen (Nr. II 2 Trade Terms (Rdn. 770)). Die vorher entstehenden Kosten fallen grundsätzlich dem Verkäufer zur Last (*Eisemann/Melis* Incoterms, S. 180). Nach Hamburger Handelsbrauch fällt dem Käufer die Kai-Umschlagsgebühr zur Hälfte zur Last (*Straatmann/Ulmer* Schiedsspruch J 3 Nr. 19).

167 D. Handelsklauseln

Übersicht

Schrifttum

167

Baumbach/Duden/Hopt Kommentar zum HGB[25] (1983); *Beitzke* Höhere Gewalt-Klauseln, DB **1967** 1751; *Brandner* in Ulmer/Brandner/Hensen, AGBG[4] (1982); *v. Caemmerer* Rechtsvergleichendes Handwörterbuch für das Zivil- und Handelsrecht, Bd. IV (1933); *Eckhardt* Die Entlastung des Verkäufers nach Art. 74 EKG (1983); *Eisemann* Die Incoterms Heute und Morgen[2] (1980); *Eisemann/Melis* Incoterms (1982); *Gesang* Force-majeure und ähnliche Entlastungsgründe im Rahmen von Lieferungsverträgen von Gattungsware (1980); *Großkommentar* zum HGB[3] (1967 ff); *Hensen* in Ulmer/Brandner/Hensen, AGBG[4] (1982); *Heynen* Die Klausel „Kasse gegen Lieferschein" (1955); *Huber, U.* Einige Probleme des Rechts der Leistungsstörungen im Lichte des Haager einheitlichen Kaufrechts, JZ **1974** 433; *Joussen* Der Industrieanlagenvertrag (1981); *Kegel/Rupp/Zweigert* Die Einwirkung des Krieges auf Verträge (1941); *Krafzig* Die Spruchpraxis der Hanseatischen Schiedsgerichte (1974); *Liesecke* Die typischen Klauseln des internationalen Handelsverkehrs in der neueren Praxis, WM **1978** Beilage Nr. 3; *Löwe/Graf v. Westphalen/Trinkner* Großkommentar zum AGBG[2] (1983); *Löwisch* Arbeitskampfklauseln in Allg. Geschäftsbedingungen, BB **1974** 1493; *ders.,* Arbeitskampf und Vertragserfüllung, AcP **174** (1974) 202; *Mathies/Grimm/Sieveking* Die Geschäftsbedingungen des Waren-Vereins der Hamburger Börse e. V.[3] (1967); *Nielsen* Die Stellung der Bank im Konkurs des Kreditnehmers bei der Import- und Exportfinanzierung, ZIP **1983** 131; *Reichsgerichtsräte* Kommentar zum BGB[12] (1974 ff); *Ritter* HGB[2] (1932); *Rotbarth* Zur Frage der Auslegung der Kriegsklausel, JW **1915** 1287; *Schlegelberger* Kommentar zum HGB[5] (1976); *Schlosser/Coester-Waltjen/Graba* Kommentar zum AGBG (1977); *Starke* Kriegsklauseln in Lieferungsverträgen, LZ **1915** 668; *Staudinger* Kommentar zum

BGB [12] (1978 ff); *Stein/Berrer* Praxis des Exportgeschäfts II (1981); *Straatmann/Ulmer* Handelsrechtliche Schiedsgerichts-Praxis (1975/1982); *Ulmer/Brandner/Hensen* Kommentar zum AGBG [4] (1982); *Wolf/Horn/Lindacher* AGB-Gesetz (1984).

I. Auslegung von Handelsklauseln

168 Handelsklauseln unterliegen wie jede Vertragsabrede der Auslegung, soweit ein übereinstimmender Parteiwille (OLG München BB **1961** 669) nicht festgestellt werden kann. Bei der Interpretation von Handelsklauseln treten jedoch die Umstände des Einzelfalls regelmäßig in den Hintergrund (BGHZ **14** 61, 62). Zum einen hat sich nämlich die Bedeutung von Handelsklauseln vielfach in Handelsbräuchen verfestigt (BGH BB **1972** 1117; zu den Incoterms und Trade Terms Rdn. 11 f). Zum anderen ist zu berücksichtigen, daß Handelsklauseln im Zweifel bei typischen Geschäften auch mit typischem Gehalt gebraucht werden. Insoweit besteht dann auch für eine ergänzende Vertragsauslegung und im Verhältnis zwischen den Parteien für eine Berufung auf die Grundsätze von Treu und Glauben jedenfalls dort kein Raum, wo die Interessen Dritter berührt werden (BGHZ **14** 61, 62; **23** 131, 135 f). Werden Klauseln allerdings im Rahmen von atypischen Geschäften oder in atypischer Weise (mit atypischen Zusätzen) verwandt, so ist eine Anpassung an die Besonderheiten dieses Geschäfts notwendig und angemessen (§ 157 BGB). In Fällen, in denen die Atypizität die Interessen Dritter berührt, muß sie für diese erkennbar gewesen sein. Dort, wo die Parteien übereinstimmend einen von der typischen Bedeutung der Klausel abweichenden Inhalt der Klausel gewollt haben, ist dieser auch dann im Sinne der übereinstimmenden Willenserklärungen gültig, wenn dies Interessen Dritter beeinträchtigt und dies den Parteien bekannt war (BGHZ **23** 131, 136 f; *a. A. Schlegelberger/Hefermehl* HGB [5] § 346 57). Allein diese Lösung entspricht dem Grundsatz der Privatautonomie. Eine andere Frage ist es, ob sich die Parteien Dritten gegenüber auf ihre Interpretation der Klausel berufen dürfen. Hier sind die Grundsätze der Arglisteinrede sowie der c. i. c. in Verbindung mit der Regel „dolo facit, qui petit, quod statim redditurus est" anzuwenden.

Im Folgenden wird die typische Interpretation von Handelsklauseln dargestellt. Die Handelsklauseln werden in alphabetischer Reihenfolge kommentiert.

II. Arten der Klauseln

1. Ab Kai

169 Siehe Überseekauf (Rdn. 158).

2. Ab Lager

170 Siehe „Lager, ab" (Rdn. 257).

3. Ab Lager netto Kasse

171 Zur Bedeutung der Klausel „netto Kasse" Rdn. 269. Wird die Klausel durch die Formulierung „ab ... (Ortsangabe)" ergänzt, so kann dadurch eine Vorleistungspflicht des Käufers begründet werden. So hat die Vereinbarung „ab Lager netto Kasse" den Sinn, daß die Ware erst nach Zahlung, wie sie bei „netto Kasse" erfolgt (Rdn. 269), vom Lager abgesandt werden muß. Die Abrede **„prompte Verladung franko Waggon Köln netto Kasse"** hingegen führt nicht zu einer Vorleistungspflicht des Käufers. Hier legt die Ortsangabe nur die Art und Weise fest, in der die Ware geliefert werden soll. Die Zahlungsart richtet sich ausschließlich nach dem Klauselbestandteil „netto Kasse" (Rdn. 269) (*Ratz* Vorauflage, § 346 Rdn. 156).

4. Ab Schiff

172 Siehe Überseekauf (Rdn. 147).

5. Ab Station

173 Der Käufer hat die Ware bei Ankunft am benannten Stationsort abzunehmen und dort auf Vertragsgemäßheit hin zu überprüfen (LG Oldenburg RIW **1976** 454).

6. Ab Werk

174 Die Klausel entlastet den Verkäufer von dem Transport und den mit dem Export der Ware verbundenen Kosten und Risiken. Sie ist Bestandteil der **Incoterms**-Regeln (Rdn. 748).

175 a) Der Käufer, der auf der Basis „ab Werk" kauft, hat die Ware beim Verkäufer abzuholen. Der Verkäufer hat sie ihm im Werk zur Verfügung zu stellen. Dabei muß sich das **Werk** nicht notwendig am Sitz des Verkäufers befinden; denn Produktionslagerstätte und Sitz des Unternehmens, an dem die kaufmännischen Angelegenheiten erledigt werden, können auseinanderfallen (*Liesecke* WM **1978** Beilage Nr. 3, S. 27f). Werk im Sinne der Klausel kann auch das Lager sein, in dem die produzierten Waren üblicherweise bis zum Verkauf lagern. Betreibt ein Unternehmen mehrere Werke, so hat der Käufer die Ware dort abzuholen, wo sie tatsächlich produziert worden ist oder gelagert wurde (*Eisemann/Melis* Incoterms (1982) S. 53). Es muß sich um ein Werk des Verkäufers handeln (LG Stuttgart BB **1966** 675). Der Verkäufer hat in Fällen, in denen die Ware in mehreren Werken produziert wird, das maßgebliche Werk nach billigem Ermessen zu bestimmen. Er darf deshalb z. B. im Zweifel kein ausländisches Werk wählen. Es kann sich auch aus den zwischen den Parteien gepflogenen Geschäftsverbindungen ergeben, welches Werk gemeint ist. Im Werk selbst ist die Ware am vereinbarten Verladeort, hilfsweise am für diese Ware üblichen Verladeort zu übernehmen (Art. A 2 Incoterms). Wenn gleichwertige Verlademöglichkeiten im Werk bestehen (z. B. Bahn/LKW), kann der Käufer den Verladeort wählen, da es Sache des Käufers ist, die Transportart zu bestimmen, und da dem Käufer der Transport nicht unangemessen erschwert werden soll.

176 b) Der Verkäufer hat die Ware im Werk nur zur Verfügung zu stellen. Er hat die Ware an das vom Käufer gestellte Beförderungsmittel heranzuschaffen (Art. A 1 Incoterms (Rdn. 748); *Eisemann/Melis* Incoterms, S. 53). Er ist aber nicht gehalten, bei dessen **Beladung** mitzuwirken (widersprüchlich BGH WM **1968** 1302, 1303). Etwas anderes gilt dort, wo es unter den Parteien üblich ist, daß die Beladung vom Verkäufer übernommen wird. Erleidet die Ware infolge fehlerhafter Beladung durch den Verkäufer oder seine Leute einen Schaden, so hat der Verkäufer den Schaden zu ersetzen (*Liesecke* WM **1978** Beilage Nr. 3, S. 36). Diese Schadensersatzpflicht besteht sowohl in Fällen, in denen aufgrund der Umstände des Einzelfalls davon auszugehen ist, daß der Verkäufer in Abweichung von der typischen Interpretation der „ab Werk"-Klausel zur Mitwirkung bei der Beladung verpflichtet war, als auch in Fällen, in denen der Verkäufer die Beladung gefälligkeitshalber übernahm. Es gehört zu den dem Kaufvertrag entspringenden Schutzpflichten, den Vertragspartner nicht schuldhaft zu schädigen. Diese Schutzpflichten erstrecken sich auch auf den Bereich, in dem zwar keine Leistungspflichten bestehen, in dem aber ein enger Zusammenhang mit der Abwicklung des Vertrages besteht. Hierbei ist zu berücksichtigen, daß die freiwillige Mitwirkung des Verkäufers in aller Regel der Förderung seines „good will" dienen wird. Hat der Verkäufer seinen Leuten die Weisung gegeben, bei der Beladung nicht mitzuwirken, und mißachten seine Leute die Weisung, so haftet der Verkäufer ebenfalls aus positiver Forderungsverletzung in Verbindung mit § 278 BGB. Die Erfüllungsgehilfen des Verkäufers setzen die Schadensursache nicht nur „bei Gelegenheit" der Erfüllung; denn die Mißachtung einer derartigen Weisung gehört zu den typischen und kalkulierbaren Sorgfaltsverstößen des Verladepersonals (*Kupisch* JZ **1983** 817, 824).

177 c) Der Verkäufer hat die Ware zur **vereinbarten Zeit** zur Verfügung zu stellen. Dabei kann unter „Zeit" sowohl ein exakter Lieferzeitpunkt als auch ein bestimmter Zeitraum verstanden werden. Da der Käufer den Transport zu organisieren hat, ist im Zweifel ein Zeitraum gemeint. Gemäß Art. A 4 Incoterms hat der Verkäufer den Käufer innerhalb angemessener Frist von dem Zeitpunkt zu benachrichtigen, zu dem die Ware zur Verfügung gestellt wird. Die Ausnutzung der vereinbarten Frist wird dem Käufer dadurch nicht beschnitten (*Eisemann/Melis* Incoterms, S. 53).

178 d) **Verpackung** wird beim „ab Werk"-Vertrag nicht unbedingt geschuldet; denn der Verkäufer hat die Ware im Werk nur zur Verfügung zu stellen und der Transport ist Sache des Käufers. Der Verkäufer hat daher — soweit keine Sonderabreden bestehen oder die Ware üblicherweise verpackt geliefert wird — die Ware nur so zu verpacken, daß sie in der üblichen Weise vom Käufer übernommen werden kann (so auch Art. A 3 Incoterms (Rdn. 748)).

179 e) Die **Preis- und Leistungsgefahr** geht nach den für Holschulden geltenden allgemeinen Regeln über.

Art. A 6 **Incoterms** (Rdn. 748) legt den Zeitpunkt des Gefahrübergangs auf den Moment, in dem der Verkäufer die ausgesonderte Ware innerhalb des vereinbarten Abholzeitraums „zur Verfügung gestellt hat". Die Bedeutung dieser Formulierung erschließt sich im Lichte des Art. A 4 Incoterms. Danach hat der Verkäufer den Käufer über den Zeitpunkt zu informieren, in dem die Ware zur Verfügung stehen wird. Der Käufer weiß also exakt, wann die Ware zur Abholung bereitsteht. Daraus ergibt sich, daß die Gefahr in dem Augenblick auf den Käufer übergeht, in dem die Ware erkennbar ausgesondert und abholbereit ist. Einer erneuten Information des Käufers bedarf es nicht, es sei denn, daß dem Käufer früher ein späterer Abholtermin genannt worden ist.

Diese Regeln über die Verteilung der Leistungs- und Preisgefahr gelten Art. A 6 Incoterms zufolge auch für das Risiko von **Kostensteigerungen,** z. B. Steuererhöhungen, aber auch für laufende Kosten (z. B. Versicherungen).

Dem Prinzip der Sachnähe folgt die in Art. A 7 Incoterms niedergelegte Regel, die den Verkäufer verpflichtet, den Käufer bei der Beschaffung notwendiger Import/Export/Transit-**Dokumente** zu unterstützen. Gefahr und Kosten der Hilfe gehen zu Lasten des Käufers.

180 f) Der Käufer ist berechtigt, die Ware schon bei der Abholung vor Bezahlung zu **untersuchen.** Dies gilt auch dort, wo die Klausel „ab Werk" mit der Klausel „Kasse gegen Dokumente" kombiniert ist (*Straatmann/Ulmer* Handelsrechtliche Schiedsgerichts-Praxis (1975/1982) Schiedsspruch E 6 b Nr. 71).

g) Die Klausel **„netto ab Werk"** bezieht sich nur auf die Frachtkosten. Der Käufer hat die Frachtkosten von dem die Ware herstellenden Werk des Verkäufers ab zu tragen, auch wenn er dachte, daß ein näher gelegenes Werk die Ware produzieren würde. Zur Selbstabholung ist der Käufer nicht berechtigt (OLG Köln MDR **1973** 590).

Die Klausel ist in AGB unbedenklich (*Lindacher* in Wolf/Horn/Lindacher, AGB-Gesetz § 4 24).

7. Abruf, auf

181 Die Bedeutung der Klausel „Lieferung auf Abruf" ist ambivalent. Die Klausel kann dazu eingesetzt werden, den Lieferzeitpunkt vom Eintritt einer bestimmten Bedingung abhängig zu machen (Empfang der Zahlungsmittel aus einem anderen Geschäft; OLG Nürnberg BB **1961** 696). Mangels besonderer Anhaltspunkte ist die Klausel „Lieferung auf Abruf" ebenso wie die Klausel „Kauf auf Abruf nach Bedarf" (OLG Naumburg OLGE **20** 166) jedoch dahin zu interpretieren, daß der Käufer verpflichtet ist, die Ware binnen der vereinbarten Frist und bei fehlender Fristvereinbarung binnen angemessener Frist abzurufen. Abruf heißt in diesem Zusammenhang Aufforderung zur Absendung bzw. Bereitstellung der Ware. Mit dem Zugang des Abrufs wird die Verpflichtung des Verkäufers, zu liefern, fällig. Der Abruf ist kein Teil der Abnahmepflicht. Er steht auch neben der Annahmeobliegenheit im Sinne der §§ 293 ff BGB (**a. A.** BGH BB **1960** 264, 265). Er ist als selbständig klagbare Verpflichtung des Käufers zu qualifizieren (RGZ **56** 173, 178; **57** 109). Daraus folgt aber nicht, daß der Verkäufer in Fällen, in denen der Abruf nicht innerhalb des verabredeten Zeitraumes erfolgt, erst auf Abruf klagen müßte. Vielmehr wird der Abruf mit Ablauf der Frist unmöglich, da er nur innerhalb der Frist zulässig ist (absolute Fixschuld). Der Käufer verliert sein Recht, den Lieferzeitpunkt festzusetzen[86]. Der Verkäufer kann daher sofort auf Abnahme und Zahlung klagen und im Fall des Verzuges nach Ablehnungsandrohung und Ablauf der Nachfrist die Rechte aus § 326 BGB geltend machen (RG LZ **1919** 967). Nach ganz h. M. stellt die Pflicht zum Abruf keine Hauptpflicht i. S. d. §§ 323 ff BGB dar. Außerdem begründet die Unterlassung des Abrufs unter den Voraussetzungen der §§ 295, 297 BGB den Annahmeverzug des Käufers. Denkbar ist es, die Lieferung „auf Abruf" als Wahlschuldverhältnis zu qualifizieren. Dann kann der Käufer den Lieferzeitpunkt nach Maßgabe des § 264 BGB selbst bestimmen (BGH BB **1960** 264). — Eine besondere Art des Abrufs ist die Spezifizierungspflicht des Käufers (§ 375 HGB).

8. Ankunft, glückliche vorbehalten

182 Die Klausel „glückliche Ankunft vorbehalten" betrifft ausschließlich das Risiko des Transports der Ware. Ist ein bestimmter Transportweg vereinbart, so ist lediglich das Transportrisiko auf dieser Strecke „vorbehalten" (*Straatmann/Ulmer* Schiedssprüche J 4 Nr. 3, 25). Bei einem Gattungskauf kann die Klausel erst nach Aussonderung und eindeutiger, nach außen erkennbarer Zuordnung der Ware an den Käufer wirksam werden (RGZ **95** 246, 247; **98** 142). Ausnahme: Sammelversendung; beim beschränkten Gattungskauf Transportunfähigkeit der gesamten Gattung (RGZ **95** 246, 247). Eine Konkretisierung im Sinne des § 243 Abs. 2 BGB ist nicht erforderlich, da die Klausel auch in Verbindung mit einer Bringschuld verwendet werden kann[87]. Kommt die Ware nicht oder beschädigt beim Käufer an, so tritt die auflösende Bedingung des Kaufvertrages ein (RGZ **93** 171; RG JW **1929** 919). Die Parteien werden von ihren Leistungspflichten frei.

9. Anlieferung unfrei

183 Die Klausel „Anlieferung unfrei" stellt eine Spesenklausel dar. Sie enthält den Hinweis, daß § 448 BGB nicht abbedungen werden sollte (OLG Köln MDR **1973** 590). Siehe auch unter „unfrei" (Rdn. 292).

---

86 *Würdinger/Röhricht* Vorauflage, vor § 373 222; *Schlegelberger/Hefermehl* HGB⁵ § 346 58.

87 **A. A.** RGZ **93** 171; **98** 141, 142; *Straatmann/Ulmer* Handelsrechtliche Schiedsgerichts-Praxis (1975/1982) Schiedsspruch J 4 Nr. 3.

10. Arbeitskampf (Streik, Streik und Aussperrung)

184 a) **Auslegungsfragen.** Spricht die Klausel ganz allgemein von **„Arbeitskampf"**, so bezieht sie sich auf alle dem kollektiven Arbeitsrecht zuzurechnenden Auseinandersetzungen zwischen Arbeitgebern und Arbeitnehmern einschließlich der kollektiven Ausübung des Zurückbehaltungsrechts. Sie erfaßt auch die rechtswidrige Aussperrung (**a. A.** *Brandner* in *Ulmer/Brandner/Hensen* AGBG [4], Anh. § 9 100; *Wolf* in Wolf/Horn/Lindacher, AGB-Gesetz § 9 A 76). Es besteht kein Anlaß, die rechtswidrige Aussperrung im Wege „sinnvoller Auslegung" auszuklammern, da angesichts der Schwierigkeiten, die Grenzen des Aussperrungsrechts zu bestimmen, nur zu leicht ein unverschuldeter Rechtsirrtum unterlaufen kann, gegen den sich der Verwender der Klausel ebenfalls schützen will. Hingegen erfaßt die Klausel nicht ohne weiteres Arbeitskämpfe in anderen Unternehmen, soweit sie nicht zum Konzern gehören [88], sowie Leistungsstörungen infolge eines mit Arbeitskämpfen in Zusammenhang stehenden Vorsorge- oder Übernahmeverschuldens [89]; denn die Haftung wegen Übernahme- sowie Vorsorgeverschuldens bezieht sich nicht auf die Leistungsstörung infolge des Arbeitskampfes, sondern auf davor liegende Vorgänge. Diese einschränkende Auslegung ist auch deshalb am Platz, weil andernfalls die Totalnichtigkeit der Klausel wegen Verstoßes gegen § 9 AGBG droht (*Brandner* Rdn. 103).

Spricht die Klausel nur von **Streik,** so ist unter Berücksichtigung des Handelsbrauchs und der kaufmännischen Begriffsbildung davon auszugehen, daß ebenfalls jede Leistungsstörung infolge eines Arbeitskampfes gemeint ist. § 5 AGBG steht dem nicht entgegen (*Löwisch* BB **1974** 1493 1499).

185 b) **Kontrolle anhand des AGBG.** Im kaufmännischen Geschäftsverkehr stellt die Arbeitskampfklausel auch dann angesichts der schweren Kalkulierbarkeit der Abläufe von Arbeitskämpfen und deren weitreichenden Folgen eine im Sinne des § 9 AGBG angemessene Regel dar [90], wenn man zutreffend der Ansicht ist, daß der vorhersehbare Arbeitskampf die Haftung des Gattungsschuldners aus § 279 BGB unberührt läßt [91]. Dies gilt grundsätzlich auch für **betriebsfremde** Arbeitskämpfe. Zwar fallen diese Arbeitskämpfe häufig nur in die Kategorie allgemeiner Leistungserschwerungen, da sich der Verkäufer regelmäßig anders als geplant einzudecken vermag. Es besteht daher die Gefahr, daß die Berufung auf betriebsexterne Arbeitskämpfe benutzt wird, um sich einer verlustbringenden Leistungspflicht zu entziehen. Diese Gefahr besteht jedoch dort nicht, wo in der Klausel auf Arbeitskämpfe des Lieferanten Bezug genommen wird und diese Formulierung dahin zu verstehen ist, daß ein konkreter Deckungsvertrag zum Lieferanten existieren muß. Hier ist ähnlich wie bei der Klausel „Selbstbelieferung vorbehalten" (Rdn. 278) zu respektieren, daß der Schuldner, der die Verhältnisse bei seinen Lieferanten nur schwer zu überblicken vermag, sich davor schützen will, sich mit erheblichem Mehraufwand bei anderen Lieferanten umzusehen (**a. A.** *Wolf* in Wolf/Horn/Lindacher § 9 A 77). Nicht erforderlich ist es, daß der Zwang, sich bei anderen Lieferanten einzudecken, die Grenze der Unzumutbarkeit erreicht [92]; denn unzumutbare Anstrengungen muß ohnehin niemand machen. Hingegen verstößt eine auf jede

---

[88] *Löwisch* BB **1974** 1493, 1499; *Hensen* in *Ulmer/Brandner/Hensen* AGBG [4] Anh. §§ 9—11 Rdn. 102; *Staudinger/Schlosser* BGB [12] § 10 Nr. 3 AGBG 20.

[89] *Brandner* in *Ulmer/Brandner/Hensen* AGBG [4] Anh. §§ 9—11 Rdn. 102; **a. A.** *Löwisch* BB **1974** 1493, 1497 ff.

[90] *Staudinger/Schlosser* § 10 Nr. 3 AGBG 20; *Brandner* in *Ulmer/Brandner/Hensen* AGBG [4], Anh. §§ 9—11 Rdn. 103.

[91] **A. A.** *Löwisch* AcP **174** (1974) 202 ff; *U. Huber* JZ **1974** 433, 437.

[92] So aber *Brandner* in *Ulmer/Brandner/Hensen,* AGBG [4], Anh. §§ 9—11 Rdn. 103; *Staudinger/Schlosser* § 10 Nr. 3 AGBG 20.

Form des Verschuldens bezogene Freizeichnung vom Übernahme- bzw. Vorsorgeverschulden im Zusammenhang mit Arbeitskämpfen gegen § 9 AGBG (*Brandner* Rdn. 103). Nach verbreiteter Ansicht darf eine im Licht des § 9 AGBG wirksame Arbeitskampfklausel einen Rücktritt des Verwenders nur vorsehen, falls die Lieferung unzumutbar oder unmöglich geworden ist[93]. Auf diese Weise wird das dispositive Recht zur absoluten Schranke des Rücktrittsrechts. Die in einzelnen Handelsklauseln auftretenden Besonderheiten, denen im Weg allgemeiner Geschäftsbedingungen Rechnung getragen werden soll, bleiben unberücksichtigt. Es ist daher auch in Fällen, in denen im Moment der Rücktrittserklärung ausschließlich erhebliche Leistungserschwerungen zu besorgen sind, ein Rücktrittsrecht als angemessen anzuerkennen. Auf diese Weise werden die Parteien in die Lage versetzt, ihre Beziehungen auf eine neue, besser kalkulierbare Basis zu stellen. Zulässig sind demgemäß auch sämtliche Arbeitskampfklauseln, die das Rücktrittsrecht von erheblichen Erschwerungen abhängig machen. Unbedenklich sind nach allgemeiner Meinung Suspensivklauseln.

11. Arbitrage

186 Bei der Vereinbarung Hamburger oder Bremer Arbitrage wird typischerweise die Entscheidung von Streitigkeiten im Schiedsweg unter Ausschluß der ordentlichen Gerichte sowohl in Hinblick auf Qualitätsfragen als auch in Hinblick auf Rechtsfragen verabredet. So gibt § 20 Nr. 1 der Platzusancen für den hamburgischen Warenhandel insoweit den örtlichen Handelsbrauch wieder (BGH NJW **1969** 1296). Zur Frage, welche Bedeutung die Vereinbarung „Hamburger freundschaftliche Arbitrage" besitzt BGH IPRax **1984** 148; *Timmermann* IPRax **1984** 136. Die Schiedsverträge zwischen Kaufleuten bedürfen nach deutschem Recht keiner besonderen Form (§ 1027 Abs. 2 ZPO). Vgl. im übrigen *Straatmann/Ulmer; Krafzig* Die Spruchpraxis der Hanseatischen Schiedsgerichte (1974). Fehlen besondere Handelsbräuche, so ist der Vereinbarung von „Arbitrage" im Zweifel lediglich die Bedeutung eines Schiedsgutachtens, in dessen Rahmen streitige Fragen tatsächlicher Art geklärt werden, beizulegen (RG WarnR **1925** Nr. 15), da dies die weniger weitgehende Bedeutung der Klausel darstellt.

12. Auf Besicht

187 Siehe „Besicht, auf" (Rdn. 190).

13. Baldmöglichst

188 Siehe „prompt" (Rdn. 276).

14. Barzahlung

189 „Verkauf gegen sofortige Barzahlung" bedeutet nicht Vorauszahlung, sondern schließt lediglich die Aufrechnung aus (OLG Kiel SchlHolAnz **1924** 43).

15. Besicht, auf; Besichtigung

190 Der Kauf **auf Besicht** ist in den §§ 495 f BGB geregelt. Besondere Probleme wirft der kaufmännische Kauf auf Besicht unter dem Aspekt der Mängelrüge auf. An sich

---

93 *Staudinger/Schlosser* § 10 Nr. 3 AGBG 20; *Brandner* Anh. §§ 9—11 Rdn. 103 jeweils m. w. Nachw.; *Wolf* in *Wolf/Horn/Lindacher*, AGB-Gesetz § 9 A 80.

liegt es nahe, dem Käufer, der nach Besicht die Ware genehmigt, die Berufung auf die bei ordnungsgemäßer Untersuchung erkennbaren Mängel abzuschneiden (Rechtsgedanke des § 377 HGB). Dagegen spricht jedoch, daß die in § 377 HGB vorgesehene Verwirkung der Sachmängelrechte an die Ablieferung geknüpft ist, die es dem Käufer erlaubt, die Ware in größerer Ruhe zu untersuchen (ebenso im Ergebnis *Würdinger/Röhricht* Vorauflage, vor § 373 135). Verwirkt werden können daher nur die bei der Besichtigung evidenten Mängel. Anders ist die Rechtslage bei Geltung des § 23 WVB (Rdn. 2), der in Abs. 2 davon spricht, daß die Ware, die auf Besicht gekauft wurde, mangels einer rechtzeitigen Ablehnungserklärung als gekauft und genehmigt gilt. Hiermit wird dem Interesse des Verkäufers verstärkt Rechnung getragen, der binnen kurzer Frist wissen will, ob der Käufer die Ware in jeder Hinsicht genehmigt (*Straatmann/Ulmer* Schiedsspruch E 7 a Nr. 5). Die spätere Rüge eines verdeckten Mangels setzt daher eine besonders sorgfältige Untersuchung anläßlich der Übernahme der Ware voraus (*Straatmann/Ulmer* Schiedsspruch E 7 a Nr. 2). Das gilt auch dann, wenn die Ware ein aliud im Sinne des § 378 HGB darstellt (*Straatmann/Ulmer* Schiedsspruch E 7 a Nr. 5). Hat der Käufer in einem derartigen Fall die Ware als gattungsfremd oder mangelhaft abgelehnt, so bleiben ihm Schadensersatzansprüche wegen Nichterfüllung erhalten[94]. Die Schadensberechnung ist an Ware mittlerer Qualität zu orientieren (*Liesecke* WM **1978** Beilage Nr. 3, S. 33).

191 Die Klausel **„Zahlung nach Erhalt der Ware und Rechnung und Gutbefund"** bedeutet im Waggon-Einfuhrgeschäft nicht Kauf auf Besicht; denn es kann nicht angenommen werden, daß sich ein Verkäufer angesichts der hohen Versendungskosten bereiterklärt, das Risiko einer ins Belieben des Käufers gestellten Ablehnungserklärung hinzunehmen (*Straatmann/Ulmer* Schiedsspruch E 7 a Nr. 7). Die Formulierung „Gutbefund" soll dem Käufer nur das Recht geben, die Zahlung im Falle der Mangelhaftigkeit der Ware zu verweigern. Eine andere Auslegung ist allerdings dort am Platz, wo den Parteien bekannt war, daß sich der Käufer über die Tauglichkeit der Ware noch nicht ganz klar geworden war (OLG Düsseldorf BB **1973** 1372). Auch beim Abladegeschäft (Rdn. 5) ist im Zweifel kein Kauf auf Besicht gewollt, z. B. bei **„subject to inspection"** (*Straatmann/Ulmer* Schiedsspruch E 7 a Nr. 8).

15 a. Besichtigt, wie

192 Haftungsausschluß nur für Mängel, die bei ordnungsgemäßer Besichtigung ohne Sachverständigen hätten bemerkt werden können (BGH NJW **1979** 1887; OLG Frankfurt DB **1980** 779).

16. Betriebsstörungen vorbehalten

193 Die Klausel „Betriebsstörungen vorbehalten" macht nicht immer ganz deutlich, ob der Vorbehalt nur bei unverschuldeten oder auch bei vom Lieferanten verschuldeten Betriebsstörungen zum Tragen kommen soll. Eindeutig ist die Regelung nur dort, wo der Begriff „Betriebsstörungen" durch Beispiele ergänzt wird, die typischerweise unverschuldete Betriebsstörungen darstellen (*Staudinger/Schlosser* § 11 Nr. 7 AGBG Rdn. 56). Aber auch dort, wo derartige Beispiele fehlen, wird man im Zweifel davon auszugehen haben, daß nur unverschuldete Störungen erfaßt werden sollen, die die

---

[94] § 23 Abs. 3 WVB (Rdn. 2); Schiedsspruch *Straatmann/Ulmer* E 7 a Nr. 1, 5.

Liefermöglichkeiten erheblich beeinträchtigen (RG LZ **1918** 377). Diese Deutung entspricht § 5 AGBG.

Der Begriff „Betriebsstörungen" ist auch unter dem Aspekt unverschuldeter Leistungshindernisse vieldeutig: Störungen im technischen Ablauf der Warenerzeugung und -verteilung sind immer erheblich. Auch Rohstoff- und Energiemangel wird man immer als Betriebsstörung qualifizieren können (RGZ **94** 80). Bei reinen Handelsunternehmen ist der Begriff erweiternd dahin auszulegen, daß auch Schwierigkeiten der Selbstbelieferung mit Waren, die nicht bearbeitet werden, als Betriebsstörungen zu qualifizieren sind, da hier die Funktion des Betriebs in der Beschaffung und Verteilung von Waren liegt.

Im Lichte des AGBG ist die Klausel unbedenklich (zum Parallelfall „höhere Gewalt" Rdn. 235). Unter Kaufleuten ist sie auch hinreichend bestimmt, so daß der Käufer abschätzen kann, wann und unter welchen Umständen er mit der Auflösung des Vertrages rechnen muß (**a. A.** für den Geltungsbereich des § 10 Nr. 3 AGBG BGH NJW **1983** 1320, 1321).

17. Bis zu ... (Datum)

194 Der genannte Tag fällt noch mit in die Frist. Unklarheiten in der Formulierung gehen zu Lasten desjenigen, der die Frist setzt (*Straatmann/Ulmer* Schiedsspruch C 1 Nr. 3).

18. Brutto für netto

195 Der Preis ist nach dem Gesamtgewicht von Ware und Verpackung zu berechnen.

19. cbd (cash before delivery) (Vorauskasse)

196 Der Käufer hat vor Erhalt der Ware, im Zweifel gegen Rechnung (Kasse gegen Rechnung Rdn. 255) zu zahlen.

20. cif

197 Siehe Überseekauf (Rdn. 13).

Bei einer Verwendung der Klausel außerhalb des Rahmens des Überseekaufs, z. B. bei einer Lieferung an einen Ort in das Landesinnere, sind soweit wie möglich analoge Ergebnisse zu erzielen; d. h. der Verkäufer hat auch den Transport zu Land zu versichern, dessen Kosten zu tragen und der Käufer hat das Transportrisiko auf sich zu nehmen (OLG Düsseldorf IPRax **1982** 101 m. kritischer Anm. *Lascher* IPRax **1982** 90).

21. circa, ungefähr

198 a) Beim Verkauf von „circa, zirka, ungefähr"-**Mengen** muß auch etwas mehr an Ware als ziffermäßig vereinbart, abgenommen werden und gilt auch etwas weniger als vertraglich verabredet als gehörige Erfüllung. Das Ausmaß des „Mehr" und „Weniger" bestimmt — soweit atypische Verwendungsabsichten nicht erkennbar waren — der Handelsbrauch und die Verkehrssitte, hilfsweise die üblichen Verwendungsmöglichkeiten nach Treu und Glauben[95]. Gleiches gilt für Circawerte bei **Qualitätsangaben**

---

[95] BGH LM Nr. 2 zu § 157 (Ge) BGB, KG OLGE **38** 222; OLG Hamburg LZ **1917** 1010.

(BGH WM **1971** 217, 218). Der Käufer kann bei Nichterfüllung nur in Hinblick auf die mindestens geschuldete Menge Schadensersatz verlangen[96]. Anders ist die Situation, wenn eine bestimmte Partie verkauft war und die circa-Klausel nur den Zweck hatte, annäherungsweise die Eigenschaften der Partie zu umreißen. — „Circa" kann auch lediglich unverbindliche Schätzung bedeuten, etwa in Konstellationen, in denen die gesamte Produktion verkauft wird. Verkauft ist dann die Produktion als solche. Dies gilt nicht, falls der vereinbarte Preis auf eine Mindestmenge bezogen ist (RG JW **1912** 632, 633).

199 b) Gemäß den Platzusancen für den hamburgischen Warenhandel und § 8 WVB (Rdn. 2) darf bis zu 5 % mehr oder weniger geliefert werden. Beträgt die Fehlmenge mehr als 5 %, so darf der Käufer die Lieferung als Teilleistung betrachten. In diesem Fall kann der Verkäufer handelsüblich die Gewichtsfranchise von 5 % nicht mehr für die insgesamt kontrahierte Menge, sondern nur noch für die Restlieferung in Anspruch nehmen (*Straatmann/Ulmer* Schiedsspruch J 6 Nr. 2). Im Fall eines Schadensersatzanspruchs gilt nicht die bezifferte Menge als Berechnungsgrundlage, da insoweit der Käufer nur eine Chance gehabt hat (**a. A.** *Mathies/Grimm/Sieveking* Die Geschäftsbedingungen des Warenvereins der Hamburger Börse e. V.[3] (1967) § 8 Rdn. 7). Die circa-Klausel kann aber auch nur den Sinn haben, den Verkäufer bis zu einer bestimmten Höhe von Risiken zu entlasten, die außerhalb seiner ihm zumutbaren Einflußmöglichkeiten liegen.

c) Die „circa"-Klausel ist auch in Hinblick auf **Lieferfristen** gebräuchlich. Der Spielraum, den sie dem Verkäufer eröffnet, bemißt sich nach Handelsbrauch und bei Fehlen eines Handelsbrauchs nach den Regeln der Billigkeit. Dabei spielt die Warenart und sonstige Umstände des Geschäfts eine wesentliche Rolle (vgl. auch BGH LM § 346 (B) Nr. 3). Ist die Lieferzeit mit dem Zusatz „circa" vereinbart, so handelt es sich nie um ein Fixgeschäft im Sinne des § 376 HGB (*Straatmann/Ulmer* Schiedsspruch J 2 Nr. 5).

200 d) Bei Verwendung einer auf den **Preis** bezogenen „circa"-Klausel darf die Grenze der Angemessenheit und des branchenüblichen Spielraums nicht überschritten werden. Es ist eine Frage des Einzelfalles, ob der bezifferte Preis stets als Mindestpreis gefordert werden kann (z. B. die Klausel dient ersichtlich nur dem Schutz des Verkäufers) oder ob auch preismindernde Umstände zu berücksichtigen sind (so, falls eine exakt auf die individuelle Leistung bezogene Abrechnung gesichert werden sollte).

22. cod (cash on delivery)

201 Siehe „Nachnahme" (Rdn. 268).

23. Empfang der Ware

202 Die Klauseln „Zahlung bei Empfang der Ware" oder „nach Empfang der Ware" oder „netto Kasse" stellen keine Nachnahmeklauseln (Rdn. 268) dar, die den Käufer verpflichten, vor Untersuchung der Ware zu bezahlen (*Ratz* Vorauflage, § 346 153).

24. Erfüllungsmöglichkeit vorbehalten

203 Siehe „Lieferungsmöglichkeit vorbehalten" (Rdn. 262).

---

[96] RG DJZ **1918** 61; OLG Hamburg LZ **1923** 619; **a. A.** OLG Frankfurt JW **1924** 547.

25. Erntevorbehalt

204 Der Erntevorbehalt ist eine Variante des Selbstlieferungsvorbehalts (dazu Rdn. 278). Der Verkäufer wird mithin nur dann von seiner Leistung frei, wenn er und soweit er aus dem kongruenten Deckungsvertrag wegen Ernteausfalls nicht beliefert wird. Andernfalls wäre der Käufer über längere Zeit einseitig an den Vertrag gebunden und der Verkäufer könnte auf dessen Rücken ohne eigenes Risiko spekulieren (*Straatmann/Ulmer* Schiedssprüche J 4 Nr. 30, 33). Die Ernte kann bei Vertragsschluß schon beendet gewesen sein, da der Verkäufer nicht zu übersehen vermag, welche Auswirkungen der Ausfall der Ernte gerade auf die Lieferfähigkeit seines Lieferanten hatte.

Wird der Verkäufer aus dem Deckungsgeschäft wegen eines geringeren als erwarteten Ernteausfalls nur zum Teil beliefert, so hat er zunächst zu versuchen, mit der ihm zur Verfügung gestellten Ware all diejenigen Käufer voll zu beliefern, mit denen er auf der Grundlage des Deckungsgeschäfts vor Bekanntwerden der Mißernte kontrahiert hatte. Er muß gegebenenfalls beweisen, daß die aus dem Deckungskontrakt stammende Ware nicht voll zur Erfüllung seiner vor Bekanntwerden des geringeren Ernteausfalls getätigten Kontrakte ausreicht (*Straatmann/Ulmer* Schiedsspruch J 4 Nr. 33). Der Verkäufer ist nicht berechtigt, die Liefermengen willkürlich zu kürzen. Der Erntevorbehalt gestattet es ihm nur, die Belieferung der Käufer gleichmäßig einzuschränken. Der Verkäufer hat mithin das Risiko zu tragen, daß er gegenüber einzelnen seiner Abnehmer ohne den Erntevorbehalt abgeschlossen hat. Die Quote der Kürzung ist anhand des Verhältnisses des Ertrages der derzeitigen Ernte zu dem Durchschnittsertrag der vorangegangenen Ernteperioden zu errechnen[97]. Auf diese Weise wird verhindert, daß der Verkäufer bzw. dessen Lieferant die Gefahr zu optimistischer Ernteerwartungen auf den Käufer abwälzt. Der Erntevorbehalt soll ausschließlich vor dem Risiko von Mißernten schützen.

26. Erwartungsklausel

205 Ist im Vertrag von der **„erwarteten Ankunft"** der Ware die Rede, so kann der Käufer die Lieferung einer Partie verlangen, mit deren Ankunft bei Vertragsschluß bis spätestens zu dem genannten Zeitpunkt vernünftigerweise zu rechnen war. Eine Partie, die diesen Anforderungen nicht entspricht, braucht der Käufer nicht anzunehmen (OLG Hamburg OLGE **13** 418). Unter besonderen Umständen ist anzunehmen, daß ein Fixgeschäft im Sinne des § 376 HGB vereinbart worden war (OLG Celle MDR **1973** 412). Dies gilt jedenfalls dort, wo die Ware starken Preisschwankungen unterliegt (BGH NJW **1959** 933).

Die Verpflichtung, den Zeitpunkt der erwarteten Ankunft anzukündigen (**ETA-Meldung;** expected or estimated time of arrival), begründet kein Fixgeschäft (OLG Celle MDR **1954** 422; **1973** 412). Es bedarf hier besonderer Umstände, um ein Fixgeschäft zu bejahen (*Schlegelberger/Hefermehl* § 346 69).

27. Exportlizenz vorbehalten

206 Die Klausel „vorbehaltlich Exportlizenz" (subject to license) bedeutet, daß der Verkäufer von seiner Verpflichtung frei wird, wenn ihm der Export der zur Lieferung bestimmten Ware verweigert wird. Die Klausel bedeutet nicht, daß dem Lieferanten des Verkäufers der Export möglich sein muß (*Straatmann/Ulmer* Schiedsspruch J 4 Nr. 20).

---

[97] *Ratz* Vorauflage, § 346 145; Schiedsspruch *Straatmann/Ulmer* E 4b Nr. 17.

Die Verweigerung der Exportlizenz darf nicht verschuldet sein. Anders als in Fällen höherer Gewalt (Rdn. 235) braucht die Versagung der Exportlizenz nicht unvorhersehbar gewesen zu sein. Die Exportlizenzklausel wird nämlich regelmäßig gerade dort verwandt, wo die Unwägbarkeiten der Exportpolitik besonders groß sind[98].

28. fag (fair average quality, if inferior allowance)

207 Der Käufer darf bei Schlechtlieferung grundsätzlich nur mindern. Gleichwohl darf der Verkäufer nicht jede beliebige Ware andienen. Ist die Ware so schlecht, daß sie als aliud anzusehen ist, so kann der Verkäufer wandeln und sonstige Leistungsstörungsrechte ausüben[99].

29. fas (free alongside ship)

208 Siehe Überseekauf (Rdn. 141).

30. Fein, gesund und handelsüblich

209 Die Klausel enthält keine Zusicherung von Eigenschaften (*Straatmann/Ulmer* Schiedsspruch E 6 a Nr. 4).

31. Finales Qualitätszertifikat

210 Wird Ware mit einem „finalen Qualitätszertifikat" einer Kontrollfirma gekauft, so ist das Zertifikat als Schiedsgutachten für beide Parteien verbindlich, es sei denn, daß es offenbar unrichtig ist[100].

32. fio (free in, free out)

211 Der Käufer hat die Kosten der Beladung und der Entladung des vereinbarten Beförderungsmittels zu tragen. Zur Bedeutung dieser Klausel im Rahmen von cif-Geschäften Rdn. 29.

33. foa

212 Siehe „fob Flughafen" (Rdn. 214).

34. fob

213 Siehe Überseekauf (Rdn. 85).

35. fob Flughafen . . . (benannter Abflughafen (foa))

214 Diese Klausel ist noch nicht durch Handelsbrauch inhaltlich ausgeformt. Die Incoterms (Rdn. 11, 758) haben ihre Tragweite erst 1976 näher umrissen. Zur Anwendung der Incoterms-Regeln ist daher eine vertragliche Bezugnahme gerade auf die Incoterms erforderlich (*Eisemann/Melis* Incoterms, S. 223).

Den Incoterms zufolge ist der Verkäufer ähnlich wie bei dem modifizierten fob-Geschäft (Rdn. 131) verpflichtet, als Geschäftsbesorger des Käufers einen Luftfracht-

---

[98] Vgl. auch *Gesang* Force-majeure und ähnliche Entlastungsgründe im Rahmen der Lieferungsverträge von Gattungsware (1980) S. 100 ff.

[99] Schiedsspruch *Straatmann/Ulmer* E 6 a Nr. 11; *Liesecke* WM **1978** Beilage Nr. 3, S. 33.

[100] Schiedsspruch *Straatmann/Ulmer* B 4 Nr. 2; *Liesecke* WM **1978** Beilage Nr. 3, S. 34.

vertrag abzuschließen, es sei denn, daß eine der Parteien unverzüglich gegenteilige Nachricht gibt (Art. A 3). Der Verkäufer hat die Ware dem Luftfrachtführer oder dessen Vertreter oder einer anderen vom Käufer benannten Person (z. B. Spediteur) zu übergeben (Art. A 2). Übergabeort ist der benannte Abflughafen oder jeder andere vom Käufer im Vertrag bezeichnete Ort (Art. A 2). Der Verkäufer schuldet exportfreie Ware (Art. A 4). Der Gefahr- und Kostenübergang vollzieht sich in dem Moment, in dem die Ware an den Luftfrachtführer, dessen Agenten oder eine andere vom Käufer benannte Person übergeben wird, auch wenn dies nicht am Flughafen geschieht (*Eisemann/Melis* Incoterms, S. 224). Zur Frage der Drittschadensliquidation vgl. Art. A 14.

36. for (free on rail)

Siehe „frei Waggon" (Rdn. 227). **215**

37. fot (free on truck)

Siehe „frei Waggon" (Rdn. 227). **216**

38. Frachtfrei

217 Die Klausel „frachtfrei" ist im allgemeinen eine reine Spesenklausel; d. h., sie besagt nichts über die Gefahrtragung und den Erfüllungsort (*Straatmann/Ulmer* Schiedsspruch E 2b Nr. 1). Vielmehr gilt § 447 BGB.

Den **Incoterms** (Rdn. 760) zufolge hat die Klausel ebenfalls primär die Funktion, die Transportspesen dem Verkäufer zuzuordnen, der die Ware abzusenden hat. Der Käufer hat, von Fällen des Annahmeverzugs abgesehen, die Leistungs- und Preisgefahr ab dem Zeitpunkt der fristgerechten Übergabe an den ersten Frachtführer zu tragen. Das gilt auch, wenn der Verkäufer den Transport selbst ausführt (BGH RIW **1980** 123f). Die Versandanzeige ist keine Voraussetzung des Gefahrübergangs (Rdn. 65). Die Übergabe an einen Spediteur läßt die Gefahr noch nicht übergehen (*Eisemann* Die Incoterms Heute und Morgen (1980) S. 195, 108). Der Verkäufer hat im Einklang mit einer weit verbreiteten Übung den Käufer unverzüglich auf fernmeldetechnischem Weg von der Absendung zu benachrichtigen (Art. A 4 Incoterms) und auf eigene Rechnung sowie Gefahr die Exportlizenzen zu beschaffen und die Ausfuhrabgaben aller Art zu entrichten (Art. A 8 Incoterms). Der Verkäufer schuldet also exportfreie Ware. Diese Regelung erhöht im Vergleich zu der nicht durch die Incoterms geprägten Verwendung der frachtfrei-Klausel erheblich das Verkäuferrisiko. Der Käufer hat immer sämtliche Zollgebühren und sonstigen Abgaben, die nach der Übergabe an den Frachtführer anfallen, auf sich zu nehmen (Art. B 5 Incoterms; *Eisemann/Melis* Incoterms, S. 255).

Die Klausel **„frachtfrei Grenze"** ist mangels abweichenden Handelsbrauchs wie die Klausel „geliefert . . . (Grenze)" (Rdn. 231) auszulegen. Zur Frage der Qualitäts- und Gewichtsuntersuchungen *Straatmann/Ulmer* Schiedsspruch J 6 Nr. 3. **Frei Frachtführer** (Rdn. 224).

39. Frachtfrei versichert

218 1980 wurde diese Klausel in die Incoterms (Rdn. 761) eingefügt. Im Unterschied zur Klausel „frachtfrei" (Rdn. 217) hat der Verkäufer nicht nur die Kosten des Transports auf sich zu nehmen, sondern auch die Ware nach Maßgabe des Art. A 11 Incoterms zu versichern.

40. Frachtbasis

219 Es wird vereinbart, daß ein bestimmter Ort in Hinblick auf die Frachtkosten als Verladeort gelten soll. Frachtbasis wird häufig gleichbedeutend mit dem Begriff Frachtparität gebraucht; doch ist der Begriff Frachtparität regelmäßig auf die Empfangsstation bezogen. Ein bestimmter Ort soll also als fiktiver Empfangsort gelten. Preise „Frachtbasis" sind Preise, bei denen die dem Käufer zur Last fallende Fracht nach der Distanz zwischen Frachtbasis und dem Auslieferungsort berechnet wird. Die in Wirklichkeit angefallenen Frachtkosten sollen keine Rolle spielen.

41. Frachtparität

220 Siehe „Parität" (Rdn. 272).

42. Franko (frei)

221 Für die Klausel „franko" hat sich ebenso wie für die Klausel „frei ... (Bestimmungsort)" noch keine einheitliche Bedeutung durchgesetzt[101]. Im Zweifel wird man die Klauseln als Spesen- und Gefahrtragungsklauseln in dem Sinn zu interpretieren haben, daß die Gefahr erst am Bestimmungsort auf den Käufer übergehen wird[102]. Im Zweifel darf man die Klausel franko aber nicht in vollem Umfang nach Maßgabe der Incoterms-Klausel „frachtfrei" (Rdn. 217) auslegen. Angesichts der Tatsache, daß der Geltungsbereich der Incoterms ungesichert ist (Rdn. 11), ist die durch die Incoterms fixierte Bedeutung grundsätzlich nur dort zugrundezulegen, wo der in den Incoterms verwandte Begriff frachtfrei (freight carriage paid; fret port payé; nolo porto pagato) auftaucht. Vgl. auch OLG München AWD **1958** 79.

43. Freibleibend (ohne obligo, unverbindlich)

222 Die Klausel wird in verschiedenen Bedeutungsvarianten gebraucht.

a) Im Zweifel bezieht sich die Formulierung „freibleibend" auf die Offerte und zwar in dem Sinne, daß damit zum Ausdruck gebracht werden soll, man wolle nur eine Aufforderung zur Abgabe eines Angebots machen (RGZ **102** 227, 229; **105** 8, 12; *Schlegelberger/Hefermehl* § 346 74; *Ratz* Vorauflage § 346 138 m. w. Nachw.). Die invitatio ad offerendum zieht aber die Pflicht nach sich, demjenigen, der auf die Aufforderung ein Angebot abgibt, unverzüglich zu erklären, daß man das Angebot ablehnt. Wird die Pflicht zur Mitteilung der Ablehnung verletzt, so hat das Schweigen kraft Handelsbrauchs die Wirkung der Annahme[103]. Die Ablehnung muß unzweideutig erfolgen. Es muß auf dem gleichen Weg abgelehnt werden, der zur Übermittlung des „Angebots" gewählt wurde; u. U. muß auch auf einen Brief telefonisch/fernschriftlich geantwortet werden. Keine Antwort kann der andere Teil erwarten, wenn sein Angebot in analoger Anwendung der §§ 147 ff BGB nicht rechtzeitig abgegeben wurde. — Um nicht gegen § 3 AGBG zu verstoßen, darf die Klausel nicht überraschend sein. Dies wird im Handelsverkehr kaum jemals der Fall sein. Hingegen wird man kaum jemals annehmen dürfen, daß ein auf die Bindung an das Angebot bezogener Widerrufsvorbehalt gewollt ist, da dieser kaum praktische Bedeutung erlangen kann (vgl. BGH WM **1984** 838, 839 m. Nachw.).

---

101 BGH WM **1983** 1238, 1239; *Liesecke* WM **1978** Beilage Nr. 3, S. 30.

102 *Liesecke* WM **1978** Beilage Nr. 3, S. 30; Schiedsspruch *Straatmann/Ulmer* J 2 Nr. 15 mit Anmerkung *Timmermann* m. w. Nachw.; BGH NJW **1984** 567, 568; OLG Karlsruhe RIW **1979** 642, 643.

103 RGZ **102** 227, 229 f; weitere Nachweise *Ratz* Vorauflage, § 346 138.

223 b) Die „freibleibend"-Klausel kann sich auch auf die vertragliche Bindungswirkung beziehen. Sie hat dann den Inhalt, daß dem Verkäufer ein Rücktrittsrecht zustehen soll (RGZ **105** 368, 370; RG JW **1921** 25; **1922** 23). Denkbar ist auch, daß auf diese Weise der Vertrag unter die aufschiebende Bedingung des Leistungswillens des Verkäufers gestellt wird. Ferner ist denkbar, daß der Verkäufer nur in dem Sinn frei bleibt, daß er seinen Kunden nur nach Liefermöglichkeit verpflichtet ist (RGZ **104** 114, 116). Diese Interpretationsfragen sind unter Berücksichtigung aller Umstände des Einzelfalls, dort, wo die Klausel in AGB verwandt wird, typisierend zu entscheiden. Im Zweifel ist zuungunsten desjenigen zu erkennen, der sich auf die weitergehende Freizeichnung beruft, d. h. im Zweifel bezieht sich die Klausel nur auf das „Angebot" (RGZ **102** 227; JW **1921** 234; *Ratz* Voraufl. § 346 143 m. w. Nachw.). Auf die vertragliche Bindung beziehen sich z. B. die Klauseln „alle Angebote ... Abschlüsse verstehen sich freibleibend" (RG LZ **1922** 260) sowie „Bestellungen sind ... auch nach erfolgter Bestätigung unverbindlich". Ist der Abschluß in diesem Sinn „freibleibend" zustandegekommen, so entsteht im Zweifel lediglich ein Rücktrittsrecht für den Verkäufer (**a. A.** RG LZ **1922** 260, 261). Wird die Klausel „freibleibend" in diesem Sinn in **AGB** verwandt, so ist sie regelmäßig unwirksam (*Brandner* in Ulmer/Brandner/Hensen § 10 Nr. 3 16). Es ist unangemessen, den Vertragspartner fest zu binden und sich selbst das nach Belieben ausübbare Recht vorzubehalten, den eigenen Pflichten nicht nachkommen zu müssen (*Wolf* in Wolf/Horn/Lindacher § 10 Nr. 3 47). Etwas anderes gilt in Zeiten allgemeiner Unsicherheit oder dort, wo eine derart umfassende Freizeichnung handelsüblich ist (§ 24 Abs. 2 AGBG). In anderen Fällen kann die „freibleibend"-Klausel nur anerkannt werden, wenn sie sich auf bestimmte Faktoren des Vertrages bezieht (Preis, Art und Menge der Ware, Zeit und Lieferung). Insoweit besteht ein sachlich gerechtfertigtes Interesse der Verkäufer, sich partiellen Veränderungen der Verhältnisse anzupassen. In jedem Fall muß sich aus dem Vertrag eindeutig ergeben, worauf sich die Freizeichnung bezieht. Im Zweifel ist der Verkäufer auch nicht berechtigt, sich nach freiem Ermessen auf die „freibleibend"-Klausel zu berufen. Er hat seine Entscheidung nach billigem Ermessen zu treffen (§ 315 BGB), so daß sich der Verkäufer regelmäßig von seinen Pflichten nur zu lösen vermag, falls sich erhebliche Veränderungen ereignet haben, die von ihm nicht verschuldet waren (einschließlich Vorsorgeverschulden). Nur unter dieser Voraussetzung scheidet ein Verstoß gegen das AGBG aus (*Wolf* in Wolf/Horn/Lindacher § 10 Nr. 3 47). — Zur Klausel „Preise freibleibend" Rdn. 274. Zur Klausel „Lieferung freibleibend" Rdn. 259.

In allen Fällen muß der Verkäufer den anderen Teil unverzüglich nach Eintritt der Veränderungen, jedenfalls vor Ablauf der Lieferfrist über seine Entscheidung, sich auf die „freibleibend"-Klausel zu berufen, informieren. Er darf den Käufer nicht ungebührlich im Ungewissen halten; andernfalls verwirkt er seine Rechte[104]. Daneben kommen Schadensersatzansprüche des Käufers in Betracht (pFV). Auf die Klausel „freibleibend" kann man sich nur bis zur Erfüllung, die erst mit Ankunft der Ware am Bestimmungsort eintritt, berufen (*Ratz* Vorauflage § 144 346 m. Nachw.).

44. Frei Frachtführer

224 1980 führten die Incoterms (Rdn. 759) die Klausel „frei Frachtführer" ein, um den Anforderungen des modernen Transports, insbesondere des multimodalen Transports, Rechnung zu tragen. Spediteure sind keine Frachtführer.

---

[104] RGZ **88** 145; **91** 109; BGH WM **1984** 838, 839; *Schlegelberger/Hefermehl* § 346 75; *Ratz* Vorauflage, § 346 142.

45. Freight prepaid

225 Dem Wortlaut zufolge wird mit dieser Formulierung, die sich häufig auf Frachtdokumenten befindet, bestätigt, daß die Fracht — vom Absender — bezahlt worden ist. Dem OLG Bremen (AWD **1977** 237) zufolge, stellt die Klausel in Konnossementen in der Regel keine Quittung für die Fracht dar, sondern soll nur den Empfänger vor Frachtforderungen und Pfandrechten des Verfrachters schützen (ebenso OLG Hamburg, VersR **1982** 894, 895). Dies widerspricht dem Sinn der Klausel; denn der Empfänger, der ein Akkreditiv eröffnet, in dem Zahlung gegen ein mit dieser Klausel versehenes Transportpapier zugesagt wird, will sichergehen, daß der Verfrachter nicht in Versuchung gerät, den Transport anzuhalten, weil die Fracht noch nicht bezahlt ist. Er muß daher davon ausgehen können, daß mit „freight prepaid" die Vorauszahlung der Fracht bestätigt wird (OLG München RIW **1983** 957, 958).

46. Frei Haus

226 Die Klausel „frei Haus" stellt eine Spesen- und Gefahrtragungsklausel dar. Der benannte Ort ist Erfüllungsort[105]. Dies gilt auch dann, wenn die Klausel unter der Überschrift „Versandkosten" gebraucht wird. Der Verkäufer hat die Kosten des Transports und der Übergabe zu tragen, nicht jedoch die Kosten des Einbringens der Ware in das Lager des Käufers (**a. A.** *Staudinger/Köhler* BGB § 448 7). Zu den vom Verkäufer zu tragenden Gefahren gehört auch die Gefahr einer Verzögerung der Zollabfertigung (*Straatmann/Ulmer* Schiedsspruch F 3 Nr. 3). In diesem Zusammenhang ist zu berücksichtigen, daß der Käufer den Transportablauf nicht zu beeinflussen vermag. — Wer Ware zur Lieferung „frei Haus" innerhalb einer später beginnenden Frist verkauft, darf zu beliebiger Zeit innerhalb dieser Frist liefern (*Straatmann/Ulmer* Schiedsspruch E 1 e Nr. 9). Die Frist hat keinen Fixcharakter (*Straatmann/Ulmer* Schiedsspruch J 2 Nr. 15).

47. Frei Waggon

227 Die Klausel „frei Waggon" (free on rail; free on truck; for; fot) ist weit verbreitet. Sie ist in den Incoterms (Rdn. 749) eingehend geregelt. Danach stellt sie zunächst eine auf einen Versendungskauf bezogene Spesenregelung dar. Der Verkäufer hat die Versandkosten bis zur Übergabe des Waggons an die Eisenbahn oder bis zur Übergabe der einzelnen Stückgüter an die Eisenbahn (Artt. A 2, 3 Incoterms) sowie die bei Verladung der Ware entstehenden Prüfkosten zu tragen. Eine Ausnahme gilt für diejenigen Fälle, in denen sich der Käufer in Gläubigerverzug befindet. Die Transportgefahr geht den Incoterms zufolge nicht schon bei Übergabe der Ware an einen Spediteur, sondern erst bei der Übergabe des Waggons/Stückguts an die Eisenbahn über (Art. A 4 Incoterms, *Eisemann/Melis* Incoterms, S. 69). Entsprechendes gilt bei Transport mit dem LKW. Voraussetzung ist jeweils, daß die Ware am rechten Ort zur rechten Zeit angeliefert wurde. Bei vorzeitiger Anlieferung trägt der Verkäufer die Gefahr; bei verspäteter Lieferung kann eine Haftung des Verkäufers wegen Schuldnerverzugs eingreifen. Im Einklang mit einer in den meisten Ländern gültigen Übung ist der Verkäufer verpflichtet, den Käufer unverzüglich von der Verladung bzw. Übergabe der Ware an die Eisenbahn zu benachrichtigen, damit dieser seine Dispositionen (z. B. Versicherung) zu treffen vermag (Art. A 7 Incoterms). Vgl. auch *Straatmann/Ulmer* Schiedsspruch E 1 e Nr. 2.

---

[105] Schiedsspruch *Straatmann/Ulmer* F 3 Nr. 3; abweichend Schiedsspruch J 2 Nr. 15.

228 Wird die „frei Waggon"-Klausel mit der **„ab Werk"**-Klausel kombiniert, so ist der Käufer berechtigt, die Ware schon bei der Abholung zu untersuchen. Als Beauftragter kommt der Fahrer des LKW in Betracht (*Straatmann/Ulmer* Schiedsspruch E 6b Nr. 71). Zur Frage, ob dies auch dort gilt, wo der Vertrag zusätzlich die Klausel „Kasse gegen Dokumente" enthält, *Straatmann/Ulmer* aaO.

48. Für Rechnung von

229 Der Verkauf „für Rechnung von" kennzeichnet die Tätigkeit eines Kommissionärs. Deckt der Verkäufer auf, daß er „für Rechnung" eines anderen tätig wird und benennt er den Vorlieferanten, so beschränkt sich die Lieferverpflichtung des Verkäufers auf die Vorlieferungen, wenn der Abschluß für Rechnung des Vorlieferanten Vertragsinhalt geworden ist. Es liegt dann eine beschränkte Gattungsschuld vor (*Straatmann/Ulmer* Schiedsspruch J 4 Nr. 7), für deren Erfüllung der Verkäufer nach den allgemeinen Regeln haftet. — Im kaufmännischen Sprachgebrauch kann die Formulierung „für Rechnung von" allerdings auch auf das Handeln als Vertreter eines Dritten hinweisen.

49. Gegenbestätigung

230 Die Klausel „Gegenbestätigung der Ablader vorbehalten" hat den Sinn, daß der Verkäufer seine Lieferverpflichtung von den Eindeckungsmöglichkeiten abhängig machen will. Die Klausel eröffnet dem Verkäufer ein Rücktrittsrecht, das innerhalb der vereinbarten Lieferzeit unverzüglich geltend gemacht werden muß (OLG Hamburg HansRGZ **1936** B 369). — Wird im Rahmen eines Bestätigungsschreibens um „Gegenbestätigung" gebeten, so muß sich der Empfänger nicht den Umstand zurechnen lassen, daß er geschwiegen hat (BGH NJW **1964** 1269, 1270).

50. Geliefert Grenze ... (benannter Ort an der Grenze)

231 Die Formulierung der Klausel geht auf die Bemühungen der Internationalen Handelskammer zurück, mit Hilfe der Incoterms (Rdn. 756) die nicht zweifelsfreie Klausel „franko" durch unmißverständliche Klauseln zu ersetzen.

Wurde von den Parteien „geliefert ... (benannter Ort an der Grenze)" vereinbart und kommen die Incoterms zum Tragen (Rdn. 11), so hat der Verkäufer auf eigene Kosten und Gefahr die Ware an dem Lieferort an der Grenze zur Verfügung zu stellen (Artt. A 2, 3 Incoterms (Rdn. 756)). In der Regel wird der Grenzort ausdrücklich oder zumindest die Grenze benannt. Ist nur die Grenze benannt, so hat der Verkäufer den Grenzort nach billigem Ermessen auszuwählen. Falls nur „geliefert Grenze" vereinbart wurde, ist damit die zwischen Lieferort und Bestimmungsort dem Verkäufer nächstgelegene Grenze gemeint (*Eisemann/Melis* Incoterms S. 198). Die Ware gelangt in die Verfügungsgewalt des Käufers, wenn dieser sich tatsächlich oder aufgrund eines Transportpapiers in den Besitz der Ware setzen kann. Der Verkäufer hat daher dem Käufer auch ein auf diesen ausgestelltes oder an ihn indossiertes bzw. zediertes Transportpapier zu besorgen. Auf Wunsch des Käufers hat der Verkäufer auf dessen Kosten und Gefahr ein Durchfrachttransportpapier zu beschaffen. Die Ware muß exportfrei sein. Der Verkäufer hat ferner auf eigene Gefahr und Kosten Devisengenehmigungen und alle sonstigen amtlichen Bescheinigungen zu beschaffen, die für die Zollabfertigung der Ware zur Ausfuhr bzw. zum Transit erforderlich sind (Art. A 4 Incoterms (Rdn. 756)). Zu den Kosten der Entladung an der Grenze vgl. Artt. A 7, B 3 Incoterms (Rdn. 756). Dem Verkäufer fallen diejenigen Entladekosten zur Last, die für den Weitertransport in das Importland unumgänglich notwendig sind (*Eisemann/Melis* Incoterms, S. 200). Insbesondere um eine rechtzeitige Versicherung und Abnahme der Ware zu ermöglichen, hat der Verkäufer eine Versandanzeige zu erstatten. Ferner hat der Verkäufer dem Käufer auf dessen Kosten und Gefahr bei der Beschaffung der für den Import und die Einfuhrverzollung erforderlichen Dokumente Hilfestellung zu gewähren, soweit diese Dokumente im Versandland- oder Ursprungsland erhältlich sind. Hierunter fallen insbesondere Ursprungszeugnisse (*Eisemann/Melis* Incoterms, S. 202). Gleiches gilt für Dokumente, die in Transitländern ausgestellt werden. — Der Import und die Einfuhrverzollung ist Sache des Käufers (Artt. B 2, 3, 4, 6, 7 Incoterms (Rdn. 756)). Art. B 5 Incoterms bürdet dem Käufer die aus dessen Gläubigerverzug resultierenden Gefahren und Kosten auf. Nimmt der Käufer die Ware deshalb nicht rechtzeitig ab, weil ihm keine Versandanzeige erstattet worden ist, so kann er nach den Regeln der positiven Forderungsverletzung Schadensersatz verlangen und nach den Grundsätzen des „dolo facit, qui petit, quod statim redditurus est" die Erstattung der Kosten verweigern. — Die Kosten von Qualitätsgutachten werden mit dem Argument dem Käufer auferlegt, daß dieser die Vertragsgemäßheit der Ware zu überprüfen habe (Art. B 10 Incoterms (Rdn. 756)). — Die Ware ist an der Grenze auf ihre Qualität hin zu untersuchen (*Straatmann/Ulmer* Schiedsspruch J 6 Nr. 3). Soweit sie nicht umgeladen wird, gehören Gewichtsmängel zu den verdeckten Mängeln im Sinne des § 377 HGB. Am Bestimmungsort sind unverzüglich Gewichtsfeststellungen zu treffen.

51. Geliefert ... (benannter Bestimmungsort im Einfuhrland) verzollt

232 Vgl. die Ausführungen zur Klausel „geliefert ... (Grenze)". Im Unterschied zu dieser Klausel hat der Verkäufer bei Vereinbarung der Klausel „geliefert ... (benannter Ort im Einfuhrland) verzollt" die Ware dem Käufer auf seine Kosten und Gefahr verzollt am Bestimmungsort zur Verfügung zu stellen (Artt. A 2, 3 ff Incoterms (Rdn. 757)). Die Nichtbezahlung von Zöllen, Steuern und anderen Abgaben hemmt dann den Gefahrübergang nicht, wenn der Verkäufer die Ware dem Käufer zur Verfügung gestellt hat oder vertragsgerecht zur Verfügung stellen konnte (*Eisemann/Melis* Incoterms, S. 213; Art. B 4 Incoterms (Rdn. 757)). Allerdings muß sichergestellt sein, daß auf den Käufer nicht mehr Rückgriff genommen wird. Die Kosten der Entladung sowie Lagerung hat der Verkäufer ebenfalls auf sich zu nehmen, falls dies erforderlich und üblich ist, um sie verzollt zur Verfügung zu stellen (Art. A 6 Incoterms (Rdn. 757)). Die Üblichkeit ergibt sich aus den Branchenusancen bzw. aus der Geschäftsverbindung.

233 Ist **„ab deutsche Grenze, verzollt und versteuert"** verkauft, so ist die Andienung in einem Freihafen vertragsgemäß, selbst wenn dort die Ware noch nicht verzollt ist und es üblich ist, daß die Verzollung erst im Moment der tatsächlichen Einfuhr vorgenommen wird (*Straatmann/Ulmer* Schiedsspruch J 2 Nr. 2). Es muß aber sichergestellt sein, daß der Käufer bei einer Insolvenz des Verkäufers mit den Kosten der Verzollung zumindest aufrechnen kann. Daher erscheint diese Auslegung der Klausel nicht sachgerecht, falls der Käufer bei Andienung der Ware zur Zahlung verpflichtet ist.

52. Gutbefund

234 Siehe „Besicht, auf" (Rdn. 190).

53. Höhere Gewalt

235 a) Die „höhere Gewalt"-Klauseln treten in vielerlei Gestalt in Erscheinung. Es ist zunächst zwischen Klauseln, die den Begriff der „höheren Gewalt" isoliert verwenden, und solchen Klauseln zu differenzieren, die den Begriff der „höheren Gewalt" durch Beispiele anreichern (z. B. Feuer, Streik, ... sowie sonstige Fälle der höheren Gewalt). Auch unter dem Aspekt der Art und Weise, in der Störungen höherer Gewalt auf die geschuldete Leistung eingewirkt haben müssen, lassen sich deutliche Unterschiede ausmachen. Ein älterer Klauseltyp erklärt lediglich den „Vorbehalt" der Leistung, während neuere Typen meist die relevante Störungsschwelle zu fixieren versuchen. Dabei reicht die Bandbreite von „erheblich erschweren" bis zu „verhindern" und „unmöglich machen". Auch auf der Ebene der Rechtsfolgen sind verschiedene Formen zu beobachten. Teils soll die höhere Gewalt die Leistungspflicht lediglich suspendieren, teils soll sie ein Rücktrittsrecht, teils Rücktrittsrecht und Suspension auslösen.

236 b) Schwierigkeiten bereitet zunächst die Auslegung des Begriffs der höheren Gewalt[106]. Es sind zwei Fallgruppen zu bilden. Wird in der Klausel der Begriff der **„höheren Gewalt" isoliert gebraucht,** so ist dieser Begriff so zu interpretieren, wie er in mit dem Begriff „höherer Gewalt" arbeitenden Gesetzen verstanden wird (insbesondere §§ 701 BGB, 454 HGB, 82 EVO, 34 KVO)[107]. Wenn sich auch hier noch keine einheitliche Auslegung herauskristallisiert hat, so ist man sich in der Tendenz doch weitgehend einig, daß die Störung von außen her auf den Betrieb eingewirkt haben muß, außergewöhnlich gewesen sein muß und keine typische Betriebsgefahr darstellen darf, die wegen ihrer Häufigkeit einzukalkulieren ist. In diesem Sinne hat auch die ältere Rechtsprechung den Begriff der „höheren Gewalt" in Handelsklauseln ausgelegt (RG JW **1916** 1409; DJZ **1916** 1079). Den gleichen Standpunkt nimmt der BGH in einer Entscheidung zum Baurecht ein (BGH DB **1962** 111; BB **1970** 460). Bezeichnenderweise definiert § 15 WVB (Rdn. 2) den Begriff der höheren Gewalt ebenfalls in der Weise, daß die Störung nicht zu vertreten, unabwendbar und unvorhersehbar gewesen sein muß. Demnach sind unter derzeitigen deutschen Verhältnissen Arbeitskämpfe nur dann höhere Gewalt, wenn sie während der Laufzeit eines Tarifvertrages stattfinden[108]. Auch Kriege stellen nicht immer höhere Gewalt dar. Mit Änderungen der Handelspolitik und der Genehmigung von Ein- und Ausfuhren muß grundsätzlich gerechnet werden, so daß eine Versagung der Import- bzw. Exportlizenz nur im Falle unvorhersehbarer Änderungen der Lizenzpraxis in die Kategorie der höheren Gewalt fällt. Besondere Probleme wirft die Beurteilung der Verträge mit Staatshandelsunternehmen auf. Hier ist nach dem Grade der Unabhängigkeit der Außenhandelsunternehmen von der Regierung zu differenzieren (*Gesang* Force-majeure und ähnliche Entlastungsgründe im Rahmen der Lieferungsverträge von Gattungsware (1980) S. 35, 103). Preissteigerungen, die die Leistung erschweren, sind als Fall der höheren Gewalt zu qualifizieren, sofern die sie auslösenden Ereignisse „von außen" kamen und unvorhersehbar waren (**a. A.** *Gesang* S. 36). Anders ist die Situation dort, wo nicht der Leistungsprozeß selbst erschwert wird, sondern nur das zu liefernde Gut allgemein höher bewertet wird. Geldmangel stellt unabhängig von den auslösenden Ursachen im Interesse der Wettbewerbsgleichheit nie einen Fall der höheren Gewalt dar[109]. Anders ist die Situation bei Devisenmangel infolge hoheitlicher Eingriffe (**a. A.** *Gesang* S. 34 m. Nachw.). Auch hier ist der Grad der Verbundenheit der Unternehmen mit der jeweiligen Regierung zu berücksichtigen.

---

106 Vgl. Verhandlungen des 22. Deutschen Juristentages (1892) Bd. I, S. 348 ff; Bd. II, S. 41 ff; Bd. IV, S. 104 ff.

107 *Gesang* S. 28; *Joussen* Der Industrieanlagenvertrag (1981) S. 117.

108 *Hensen* Anh. § 9 Rdn. 102; **a. A.** *Staudinger/Schlosser* § 11 Nr. 7 AGBG 3; *Joussen* S. 117.

109 Vgl. *Koller* Die Risikozurechnung bei Vertragsstörungen in Austauschverträgen (1979) S. 232.

237 c) In der Regel wird der Begriff der **höheren Gewalt durch Beispiele ergänzt.** Hier sind zwei Auslegungsmaximen vorstellbar. Zum einen ist es denkbar, den Begriff der höheren Gewalt von den ihm zugestellten Beispielen her und damit von Fall zu Fall unterschiedlich zu interpretieren[110]. Es ist jedoch auch der umgekehrte Ansatz gangbar: Es wird von dem feststehenden Begriff der höheren Gewalt auf die Tragweite der Beispiele geschlossen. Für die zuerst genannte Auslegungsmaxime spricht der Umstand, daß die AGB, in denen zunächst lediglich der Begriff „höhere Gewalt" isoliert verwandt worden war, mit Beispielen angereichert worden sind, weil man sichergehen wollte, daß in den benannten Fällen eine Leistungs- bzw. Haftungsbefreiung eintritt (*Gesang* S. 30). Für Außenstehende ist indessen das Motiv für die Verwendung von Beispielen nur selten erkennbar, so daß es zumal unter dem Aspekt des § 5 AGBG keine Rolle spielen kann (OLG Koblenz WM **1983** 1272, 1274). Das hat zur Folge, daß im deutschen Recht, wo die „höhere Gewalt" anders als im englischen Recht der Begriff force majeure (*Stein/Berrer* Praxis des Exportgeschäftes Bd. II (1981) S. 45, 77) einen Begriff der Rechtssprache darstellt, das Schwergewicht auf den Begriff der höheren Gewalt in dem oben (Rdn. 236) dargestellten Sinn zu legen ist. Voraussetzung ist natürlich, daß die benannten Störungsereignisse in der Klausel nur als Beispiele höherer Gewalt verstanden werden können (RG WarnRspr. **1916** Nr. 38). Der Umstand, daß bei Verwendung einer um Beispiele angereicherten Klausel allgemein behauptet wird, der Schuldner hätte trotz Eintritts einer in der Klausel beispielhaft genannten Störung für von ihm vorsätzlich oder fahrlässig verursachte Schäden einzustehen, zeigt, daß die Reichweite der Beispiele nicht aus sich heraus zu bestimmen ist. Vielmehr ist die Reichweite der Beispiele anhand des Begriffs „höhere Gewalt" zu ermitteln. Demnach wirkt nicht jedes in die Klausel aufgenommene unverschuldete „Feuer", nicht jede unverschuldete „Betriebsstörung" befreiend, sondern nur solche Feuerschäden bzw. Betriebsstörungen, die im Sinne der höheren Gewalt durch ein von außen kommendes, unvorhersehbares Ereignis verursacht worden sind. Um die Anreicherung der „höheren Gewalt"-Klausel durch Beispiele nicht gänzlich leerlaufen zu lassen, hat man davon auszugehen, daß die benannten Ereignisse im Zweifel unvorhersehbar und von außen verursacht worden sind.

238 Anders ist die Situation, wenn die in der Klausel beispielhaft aufgezählten Störungen nie oder typischerweise nur selten durch Umstände im Sinne der durch Unvorhersehbarkeit und Betriebsfremdheit charakterisierten höheren Gewalt verursacht werden. Diese Störungen sind eigenständig zu betrachten; denn hier ist auch für Außenstehende klar ersichtlich, daß der Begriff der höheren Gewalt im engen Sinn nicht prägend sein kann. Aus dem Begriff höhere Gewalt ist dann nur abzuleiten, daß die Störung unverschuldet gewesen sein muß (**a. A.** in der Tendenz OLG Koblenz WM **1984** 1272, 1274). Werden in der Klausel lediglich überwiegend Beispiele aufgezählt, die typischerweise gut vorhersehbar sind, so kommt es darauf an, welche Beispiele das Gesamtbild der Klausel bestimmen.

239 d) Wird in der Klausel ausgesprochen, daß die Leistung für den Fall höherer Gewalt **„vorbehalten"** sei, so ist die Klausel dahin auszulegen, daß die Störung die Leistung weder objektiv noch subjektiv unmöglich gemacht haben muß. Es genügt, daß die Störung

---

[110] *Beitzke* DB **1967** 1751; *Gesang* S. 33 unter Hinweis auf das englische Recht S. 92 ff; *Eckhardt* Die Entlastung des Verkäufers nach Art. 74 EKG (1983) S. 87.

auf die Planungen des Schuldners in erheblichem Umfang negativ eingewirkt hat[111]. Es genügt mithin, daß die Störung dem Schuldner die Eindeckung oder auch nur die Wiedereindeckung erschwerte (RGZ **87** 92); denn die Klausel soll ersichtlich den Planungsprozeß des Schuldners absichern. Erheblich bedeutet in diesem Zusammenhang „spürbar". Eine Klausel in dieser Fassung mag Anlaß zu Spekulationen geben, die jedoch nicht überhand nehmen werden, wenn man beachtet, daß der Schuldner die Störung seiner Planungen beweisen muß. Daß er hierzu unter Umständen Geschäftsinterna preisgeben muß, ist Folge der weiten Fassung der Befreiungsklausel. Zur Wirksamkeit einer derartigen Klausel im Lichte des AGBG Rdn. 242. Vielfach wird die Art und Weise, in der die Ereignisse sich auf die Leistung ausgewirkt haben, näher qualifiziert. „Unmöglich machen" ist in diesem Zusammenhang im Sinne des Unvermögens zu verstehen. Werden mehrere Formen der Einwirkung als relevant bezeichnet (z. B. ... verringern, verzögern oder unmöglich machen), so ist im Zweifel davon auszugehen, daß dies im Sinne einer Kumulation zu verstehen ist.

240 e) Die **Rechtsfolgen** einer für relevant erklärten Störung höherer Gewalt ergeben sich primär aus dem Wortlaut der Klausel. Ist lediglich „höhere Gewalt vorbehalten", so führt dies zur automatischen Beendigung der Lieferverpflichtung und Gegenleistungspflicht (**a. A.** *Staudinger/Schlosser* BGB[12] § 10 Nr. 3 AGBG Rdn. 19). Zur Wirksamkeit im Licht des AGBG s. Rdn. 242. Hat sich der Schuldner im Falle höherer Gewalt den **Rücktritt** vorbehalten, so hat er den Rücktritt unverzüglich zu **erklären,** sobald er die Auswirkungen der Störung zu überschauen vermag[112]. Versäumt der Schuldner die Frist, so verwirkt er das Rücktrittsrecht[113]. Zum Rücktrittsrecht im Lichte des AGBG s. Rdn. 243.

241 f) Unabhängig von der Möglichkeit eines Rücktritts hat der Schuldner den anderen Teil über die im Sinne der Klausel relevanten Störungen unverzüglich zu **informieren.** Eine Verletzung dieser Pflicht macht den Schuldner schadensersatzpflichtig[114]. Auf diese Weise vermag der Vertragspartner den Schaden abzuwälzen, den er dadurch erleidet, daß er sich nicht rechtzeitig auf die neue Lage eingestellt hat. Dem Vertragspartner das positive Interesse zu sichern, besteht anders als bei einer verzögerten Erklärung des Rücktritts kein Anlaß, weil die Informationspflicht die Schwebelage nicht endgültig beseitigen soll.

242 g) Inwieweit „höhere Gewalt"-Klauseln im kaufmännischen Geschäftsverkehr, die im Rahmen von **Allgemeinen Geschäftsbedingungen** verwandt werden, gültig sind, ist strittig. Zum Teil wird die Möglichkeit, die § 279 BGB entspringende Verpflichtung im Wege von AGB einzuschränken, gänzlich verneint, weil die Beschaffungspflicht, d. h. letztlich die Pflicht, für die eigene Zahlungsfähigkeit einzustehen, zu den elementaren Grundsätzen des Wirtschaftsverkehrs gehöre[115]. Andere vertreten die Ansicht, daß eine wirksame Freizeichnung von Ereignissen höherer Gewalt voraussetze, daß die Erfüllung der Lieferpflicht in unzumutbarer Weise erschwert worden sei[116]. Schlosser

---

[111] RGZ **87** 92, 93 f; RG WarnRspr. **1916** Nr. 38; ebenso *Rotbarth* JW **1915** 1287; weitergehend *Starke* LZ **1915** 668, 669; ablehnend *v. Caemmerer* Rechtsvergleichendes Handwörterbuch für das Zivil- und Handelsrecht Bd. IV (1933), Stichwort „Höhere Gewalt" S. 252; *Gesang* S. 40, 43 m. Nachw.

[112] RG Recht **1917** 173 Nr. 304; *Schlegelberger/Hefermehl* § 346 77; für angemessene Frist BGB-*RGRK/Mezger* § 433 45.

[113] Umkehrschluß aus § 355 BGB; *Kegel/Rupp/Zweigert* Die Einwirkung des Krieges auf Verträge (1941) S. 42.

[114] **A. A.** *Mathies/Grimm/Sieveking* Die Geschäftsbedingungen des Waren-Vereins der Hamburger Börse e. V.[3] (1967) § 38 15; wohl auch *Gesang* S. 73 f.

[115] *Löwisch* BB **1974** 1493, 1497; *Schlosser/Coester-Waltjen* AGBG § 11 Nr. 7 72.

[116] *Gesang* S. 58; *Löwe/Graf von Westphalen/Trinkner* AGBG § 9 101.

(*Staudinger/Schlosser* § 11 Nr. 7 AGBG 46) will eine Freizeichnung bis zur Grenze des Verschuldens anerkennen, falls nicht der eigentliche Leistungsanspruch, sondern ausschließlich ein über den Anspruch auf Erfüllung in natura hinausgehender Schadensersatzanspruch vom Verschulden abhängig gemacht werde. Der Schuldner müsse nämlich verpflichtet bleiben, sich unter Umständen mit höheren Kosten einzudecken, brauche aber bei Verzögerungen der Erfüllung nur für Verschulden einzutreten. Richtig erscheint jedoch, daß im kaufmännischen Verkehr eine Absenkung der Einstandspflicht auf Verschulden — von den Fällen mangelnder Zahlungsfähigkeit abgesehen — ganz allgemein zulässig ist. Zunächst ist nämlich festzuhalten, daß die Einstandspflicht für die Zahlungsfähigkeit und die Beschaffungsgarantie klar zu trennen sind, wie die § 279 BGB einschränkende Geschäftsgrundlagen-Lehre und die Lehre von der Opfergrenze deutlich zeigen, die den Schuldner trotz Zahlungsfähigkeit von seiner Leistungspflicht entlasten, sobald die Leistungspflicht in einem näher zu konkretisierenden Sinn unzumutbar wird. Deshalb bietet im Vergleich zum dispositiven Recht dem Schuldner eine an der Unzumutbarkeit orientierte Freizeichnungsklausel keinerlei Vorteile. Aber auch die dem Gattungsschuldner zugeschriebene Garantie seiner Beschaffungsmöglichkeit nimmt durchaus nicht einen so hohen Rang ein, wie dies behauptet wird. Als rechtsgeschäftlich verstandene Garantie ist sie eine Fiktion. Als gesetzliche Garantie wird sie in der Literatur de lege lata in Frage gestellt[117]. Auch wenn man sich nicht dieser Ansicht anschließt und § 279 BGB zutreffend als Fall der verschuldensunabhängigen Haftung begreift, so muß man berücksichtigen, daß hinter § 279 BGB unter anderem der Gedanke der abstrakten Beherrschbarkeit steht. Dem Gattungsschuldner wird das Beschaffungsrisiko verschuldensunabhängig zugerechnet, weil er es typischerweise besser zu steuern vermag und eine verschuldensunabhängige Zurechnung tendenziell dafür sorgt, daß die Unternehmen ihre Vorsorgemaßnahmen optimieren (*Koller* Risikozurechnung, S. 58ff, 78ff, 211ff). Hinzu kommt, daß der Gattungsschuldner die seine Beschaffungsmöglichkeit typischerweise treffenden Risiken überblickt und somit besser einzukalkulieren vermag (*Koller,* Risikozurechnung, S. 89ff, 211ff). Auch Rechtssicherheitserwägungen mögen bei regelmäßig nur Kaufleute treffenden Gattungsschulden für eine verschuldensunabhängige Haftung gesprochen haben. Alle diese Wertungen sind nicht von so zentraler Bedeutung, daß sie einer Absenkung des Haftungsmaßstabs auf Verschulden im Wege stünden; denn es ist nicht zu verkennen, daß die nach generalisierenden Merkmalen erfolgende Risikozurechnung dem Gattungsschuldner erhebliche Lasten aufbürdet, falls seine Informationen unsicher und seine Einwirkungsmöglichkeiten gering sind. Es erscheint daher jedenfalls im Falle unvorhersehbarer Störungen durchaus angemessen, den Schuldner im Rahmen von AGB nur dort einstehen zu lassen, wo ihm in Hinblick auf die Sicherung der Beschaffungsmöglichkeiten der Vorwurf schuldhaften Fehlverhaltens gemacht werden kann. Dabei kann der Richter mit Hilfe des objektiven Fahrlässigkeitsmaßstabes dafür Sorge tragen, daß sich der Schuldner nicht angemessenen Anstrengungen zu entziehen vermag. Eine Ausnahme gilt für typische Störungsquellen, die jedoch grundsätzlich ohnehin nicht in die Kategorie der höheren Gewalt fallen (Rdn. 236). Derartige Risiken vermag der Schuldner unschwer einzukalkulieren. Eine weitere Ausnahme gilt für ersichtlich kurzfristig wirksame Leistungshindernisse und geringfügige Verteuerungen (BGH NJW **1983** 1320, 1321).

---

[117] *Jakobs* Unmöglichkeit und Nichterfüllung (1969) S. 209; *Lemppenau* Gattungsschuld und Beschaffungspflicht (1972) S. 98 f.

243 Unter dem Aspekt der **Rechtsfolgen** sind die in AGB verwandten **„Suspensivklauseln“**, die den Schuldner berechtigen, die Leistung hinauszuschieben, unbedenklich (*Staudinger/Schlosser* § 10 Nr. 3 AGBG Rdn. 20). Ein in AGB ausbedungenes allgemeines **Rücktrittsrecht** kann nur anerkannt werden, falls die Störung höherer Gewalt die Leistung erfahrungsgemäß erheblich erschwert oder wegen der Dauer der Störung die Gefahr einer erheblichen Erschwerung entstanden ist. Ein derartiges Rücktrittsrecht mag dem Schuldner Spekulationsmöglichkeiten eröffnen, weil er sich auf diese Weise von unliebsam gewordenen Verbindlichkeiten zu befreien vermag. Dies reicht jedoch nicht aus, um das Rücktrittsrecht ganz allgemein als unangemessen zu qualifizieren (so aber tendenziell *Staudinger/Schlosser* § 10 Nr. 3 AGBG Rdn. 20). Es ist auch zu berücksichtigen, daß ein Rücktritt klare Verhältnisse schafft und der Schuldner, dessen Planungen zur Leistungserbringung durch höhere Gewalt erheblich gestört sind, ein Interesse daran hat, seine Kalkulation alsbald auf eine neue, sichere Basis zu stellen. Dem entspricht auch das Allgemeininteresse an Verkehrssicherheit. Deshalb sind Klauseln zu respektieren, die dem Schuldner den Rücktritt eröffnen, sobald er zu erkennen vermag, daß der Einfluß höherer Gewalt seine Leistung erheblich erschwert. Der Rücktritt muß, um dem Schuldner Spekulationsmöglichkeiten abzuschneiden, binnen angemessener Frist erklärt werde.

244 Mit Hilfe von „höherer Gewalt“-Klauseln will sich der Verwender im allgemeinen eine im Vergleich zum dispositiven Recht vorteilhaftere Position verschaffen. Dies hat zur Folge, daß die „höheren Gewalt“-Klauseln grundsätzlich die Befreiungsgründe des dispositiven Rechts nicht verdrängen (RGZ **42** 114; **a. A.** *Gesang* S. 67). Es bedarf deshalb besonderer Gründe, um anzunehmen, daß mit Hilfe einer „höheren Gewalt“-Klausel eine abschließende Regelung der Risikoverteilung gewollt war. Anhaltspunkt dafür ist die individuelle Vereinbarung der Entlastung des Schuldners bei „höherer Gewalt“ oder die Übernahme der „höheren Gewalt“-Klausel aus Geschäftsbedingungen, die ein Verband zum sachgerechten Ausgleich der Interessen der Vertragsparteien aufgestellt hat (z. B. § 15 WVB (Rdn. 2)).

54. Jederzeit

245 Kann eine Leistung „jederzeit“ verlangt werden, so muß dem Schuldner nach Treu und Glauben die notwendige Zeit für die Liefervorbereitungen gelassen werden (RG Holdheim **1908** 212). Der Verkäufer hat zu liefern, als ob er „sofortige“ (Rdn. 287) Lieferung versprochen hätte.

55. Kai, ab

246 Siehe Überseekauf (Rdn. 158).

56. Kasse gegen Akkreditiv

247 Siehe *Canaris* Bankvertragsrecht, Vorauflage (2. Bearb.) Rdn. 1047 ff.

57. Kasse gegen Frachtbriefdoppel

248 Das Frachtbriefdoppel hat den typischen Charakter eines Sperrpapiers. In der Übergabe des Frachtbriefdoppels liegt daher eine stillschweigende Übereignung gemäß §§ 929, 931 BGB (*Nielsen* ZIP **1983** 131, 133).

58. Kasse gegen Dokumente

249 Siehe Überseekauf (Rdn. 72).

59. Kasse (netto)

250 Siehe „Netto Kasse" (Rdn. 269).

60. Kasse gegen Lieferschein

251 a) Die Klausel wird vor allem bei Kaufverträgen verwandt, bei denen der Käufer die Ware bei einem Lagerhalter, Spediteur, am Kai oder bei einem sonstigen Dritten abholen soll (*Heynen* Die Klausel „Kasse gegen Lieferschein" (1955)). Der Verkäufer **weist** den Besitzer der Ware an, die Ware an den Inhaber der Urkunde herauszugeben. Der Besitzer der Ware muß sich nicht notwendig verpflichtet haben, die Ware an den Anweisungsempfänger herauszugeben. Die Ware muß in dem Lieferschein in einer Verwechslungsmöglichkeiten ausschließenden Weise bezeichnet worden sein. Verletzt der Verkäufer diese Verpflichtung, so hat er den Schaden zu ersetzen (*Straatmann/Ulmer* Schiedsspruch J 5 a Nr. 76). Der Verkäufer kann auch anstelle eines Lieferscheines einen **Lagerschein** andienen (zum Lagerschein vgl. Kommentierung zu § 424 HGB). Schuldet der Verkäufer auch Freistellung (z. B. im Fall der Klausel „Kasse gegen Lieferschein/**Freistellung"**), so hat sich der Besitzer der Ware urkundlich zur Herausgabe der Ware an den aus dem Lieferschein Berechtigten zu verpflichten, und diese Urkunde ist dem Käufer auszuhändigen.

252 Der Verkäufer hat dem Käufer einen **„reinen" Lieferschein** anzudienen. Insbesondere darf der Lieferschein keinen „Kassa"-Vermerk tragen, demzufolge der Lagerhalter die Ware nur gegen Bezahlung auszuliefern hat; denn der Käufer kann ja die Partie mit anderen Zahlungsabreden, z. B. „Zahlung nach Empfang" weiterverkauft haben, so daß sein Abnehmer nicht bereit sein wird, an den Lagerhalter Zahlungen zu leisten (*Liesecke* WM **1978** Beilage Nr. 3, S. 11).

253 b) Die bloße Übergabe des Lieferscheines hat im Zweifel keine Auswirkung auf die **Eigentumslage.** Sie enthält keine Abtretung des Herausgabeanspruchs (BGH WM **1971** 742 f). Eingehend zu dieser Frage sowie zu den mit dem „Durchhandeln" und dem „Umschreiben" der Ware verbundenen Fragen *Liesecke* WM **1978** Beilage Nr. 3, S. 10; anders für den Fall, daß zugleich ein Eigentumsvorbehalt vereinbart wurde, der Lagerort der Ware gewechselt wurde und der Verkäufer Aussteller des Lieferscheins war, OLG Hamburg ZIP **1981** 996; anders bei Kettengeschäft, BGH ZIP **1982** 849, 850.

254 c) Der Käufer darf die Ware vor Aufnahme des Lieferscheins grundsätzlich nicht **untersuchen.** Es gelten hier ebenso wie für die Zulässigkeit der **Aufrechnung** bzw. für das Vorbringen von Leistungsverweigerungsrechten die für die Klausel „Kasse gegen Dokumente" (Rdn. 249) dargestellten Regeln. Die Entgegennahme des Lieferscheins setzt die **Rügefrist** des § 377 HGB noch nicht in Lauf, weil der Käufer allein damit noch keine Gelegenheit zur Untersuchung erlangt (BGH WM **1971** 742, 744). Da der Verkäufer regelmäßig bis zur Herausgabe der Ware durch den Dritten auch die Verfügungsgewalt behält, beginnt die Rügefrist — von Ausnahmen wie den Fällen des Umschreibens abgesehen — erst, wenn der Käufer die Ware beim Lagerhalter entgegennimmt oder untersuchen läßt oder sonst darüber verfügt (*Liesecke* WM **1978** Beilage Nr. 3, S. 11).

61. Kasse gegen Rechnung (Faktura)

255 Haben die Parteien Kasse gegen Rechnung vereinbart, so hat der Käufer im Zweifel binnen einer kurzen, branchenüblichen Frist nach Vorlage der Rechnung zu bezahlen. Von einer **Untersuchung** der Ware darf er die Zahlung nicht abhängig machen. Eine Ausnahme ist wie beim cif-Geschäft dort zuzulassen, wo die Ware gleichzeitig mit der Rechnung beim Käufer eintrifft und der Käufer glaubhaft zu machen vermag, daß die Ware mangelhaft ist[118]. Nach heute h. M. hat der Käufer bei der Klausel „Kasse gegen Dokumente" grundsätzlich kein Recht zur vorherigen Untersuchung (Rdn. 63) der bereits eingetroffenen Ware. Es besteht kein Anlaß, bei der Klausel „Kasse gegen Rechnung" anders zu entscheiden; denn hier trifft den Käufer eine noch weitergehendere Vorleistungspflicht. Der Verkäufer soll sichergehen können, daß er binnen kurz bemessener Frist nach Zugang der Rechnung unabhängig von der Dauer des Warentransports Zahlung erhält. Diese Sicherheit würde unterminiert werden, wenn der Käufer Gelegenheit erhielte, gestützt auf Mängelrügen, die nicht aller Wahrscheinlichkeit begründet sind, die Zahlung zu verzögern. — Die Beweislast, daß die Ware schon vor dem Gefahrübergang mangelhaft war, hat der Käufer zu tragen[119]. Der Verkäufer ist im Zweifel nicht berechtigt, die Ware erst abzusenden, wenn die Faktura bezahlt ist. Jedenfalls muß er im Moment der Absendung der Rechnung lieferbereit sein (RG JW **1923** 685). Die Klausel führt im Zweifel ebenfalls zum **Aufrechnungsausschluß**[120]. Zu den Grenzen des Aufrechnungsausschlusses Rdn. 269.

Im **internationalen Handel** kann die Klausel dahin zu verstehen sein, daß der Käufer mit der Bezahlung bis zum Eintreffen der Ware warten darf (*Liesecke* WM **1978**, Beilage Nr. 3, S. 8).

„Rechnung vorher" heißt, daß der Käufer erst zu zahlen braucht, wenn er die Rechnung auf die richtige Ausführung hin geprüft hat. Vorzuleisten braucht er hier nur, wenn die Klausel z. B. mit den Worten „Kasse" auf eine Vorleistungspflicht hinweist. Zur Klausel „Netto Kasse gegen Rechnung/Freistellung" *Straatmann/Ulmer* Schiedsspruch J 5 a Nr. 78.

62. Kontraktübernahme

256 Die Formulierung „Kontraktübernahme" ist vieldeutig. Sie kann sich auf einen Verkauf des Vertrages (dazu *Koller* JR **1982** 353), auf einen Vertrag über Warenlieferung sowie auf einen Vertrag über die von demjenigen, der den Vertrag abgibt, zu vergütende Übernahme des Vertrages beziehen. Welche Variante gewollt ist, ergibt sich primär aus den Preisabreden. Ist z. B. vereinbart, daß Zug um Zug gegen Lieferung der Ware zu zahlen ist, und deckt der vereinbarte Kaufpreis den vollen Warenwert, so ist im Zweifel von einem Warenlieferungskontrakt auszugehen. Die „Übernahme"-Klausel hat dann nur die Funktion, die Lieferverpflichtung des Verkäufers auf die Lieferung aus dem Vorkontrakt zu beschränken (*Straatmann/Ulmer* Schiedsspruch J 4 Nr. 8).

63. Lager, ab

257 Ist vereinbart, daß der Verkäufer „ab Lager" zu liefern hat, so wird man grundsätzlich davon auszugehen haben, daß der Verkäufer seine Verpflichtung durch Lieferung

---

118 Schiedsspruch *Straatmann/Ulmer* J 5 a Nr. 71; **a. A.** OLG Hamburg HansRZ **1924** 462; *Ratz* Vorauflage, § 346 Rdn. 157; wohl auch RGZ **106** 294, 299.

119 RGZ **106** 294, 299; *Ratz* Vorauflage, § 346 Rdn. 157.

120 BGH BB **1972** 1117; OLG Hamburg MDR **1953** 240; Schiedsspruch *Straatmann/Ulmer* J 5 f Nr. 3; *Staudinger/Schlosser* § 11 Nr. 3 AGBG 11; **a. A.** *Liesecke* WM **1978** Beilage Nr. 3, S. 9.

eines Lagerscheins, eines unwiderruflichen Lieferscheins des Lagerhalters oder durch einen vom Verkäufer unterzeichneten Lieferschein zu erfüllen hat (vgl. auch § 92 WVB (Rdn. 2)). Der Käufer hat die Absetzkosten zu tragen. Fraglich ist, von welchem Zeitpunkt ab der Käufer die Lagerkosten zu tragen und die Preis- sowie Leistungsgefahr auf sich zu nehmen hat. Im Hamburger Warenhandel gilt gemäß den **§§ 93, 90 WVB** (Rdn. 2) die Regel, daß der Käufer binnen zwei Wochen nach Andienung der Ware per Lagerschein etc. abzunehmen hat. Während dieser Empfangszeit lagert die Ware auf Kosten des Verkäufers. Die Preis- und Leistungsgefahr geht unter der Voraussetzung hinreichender Konkretisierung erst mit der realen Abnahme vom Lager, spätestens mit dem Ablauf der Empfangszeit auf den Käufer über. Die Gefahr und Kosten des Absetzens hat hierbei der Käufer zu tragen(*Straatmann/Ulmer* Schiedsspruch J 2 Nr. 4). Bei sonstigen „ab Lager"-Geschäften liegt es nahe, Kosten und Gefahr schon in dem Moment auf den Käufer übergehen zu lassen, in dem dieser den Herausgabeanspruch gegen den Lagerhalter erwirbt bzw. ermächtigt wird, die Herausgabe zu verlangen; denn der Käufer weiß von vornherein, daß er die Ware „ab Lager" erhält, daß es in seinem Ermessen liegt, wann er die Ware abholt, zumal es für den Verkäufer schwer kalkulierbar ist, wann der Käufer die Ware abgeholt haben wird. Der Verkäufer kann daher nur unzulänglich abschätzen, wie hoch sein Risiko sein wird. Andererseits ist aber auch zu berücksichtigen, daß der Käufer die Möglichkeit gehabt haben muß, die Ware auf etwaige Mängel hin zu besichtigen, bevor die Gefahr und damit auch das Sachmangelrisiko auf ihn übergeht. Der Kauf „ab Lager" ist kein echtes Distanzgeschäft. Man wird daher in Parallele zum WVB die Gefahr erst nach Ablauf einer angemessenen Empfangszeit, die auf der Grundlage der örtlichen Branchengewohnheiten zu bestimmen ist, übergehen lassen dürfen. Bis zum Ablauf dieser Empfangszeit hat der Verkäufer die Lagerkosten zu bezahlen. — Der Käufer muß die Ware am Ablieferungsort (Lager) untersuchen, es sei denn, daß dies dort angesichts der Räumlichkeiten oder sonstiger Umstände nicht zumutbar ist (*Straatmann/Ulmer* Schiedsspruch E 6b Nr. 30).

64. Lieferschein

258 Siehe „Kasse gegen Lieferschein" (Rdn. 251).

65. Lieferung freibleibend

259 Siehe „Lieferungsmöglichkeit vorbehalten" (Rdn. 262).

66. Lieferung sofort nach Eintreffen der Ware

260 Die Klausel ist dahin zu interpretieren, daß sich die Lieferfrist nur dort an der realen Selbstbelieferung orientieren soll, wo der Verkäufer zumutbare Anstrengungen gemacht hat, um sich die Ware zu besorgen. Es ist nämlich ebenso wie bei der Klausel „Liefermöglichkeit vorbehalten" (Rdn. 262) davon auszugehen, daß der Käufer nicht einen vom Belieben des Verkäufers abhängigen Vorbehalt zu erwarten brauchte. Die Klausel verstößt unter Kaufleuten nicht gegen das AGBG. Anders ist die Situation dort, wo die Lieferzeit in das Belieben des Verkäufers gestellt wird (*Staudinger/Schlosser* § 10 Nr. 1 AGBG Rdn. 20f).

67. Lieferung so schnell als möglich

261 Der Verkäufer hat sich unter Einsatz aller ihm zumutbaren Kräfte darum zu bemühen, die Ware so schnell als ihm bei sorgfältigem Verhalten möglich zu liefern. Angesichts des klaren Wortlauts der Formulierung steht die Lieferzeit weder im Belieben, noch im billigen Ermessen des Verkäufers (**a. A.** OLG München BB **1954** 116). Es ist nicht notwendig, daß der Verkäufer den genauen Lieferzeitpunkt durch Gestaltungserklärung bestimmt[121]; der Verkäufer muß dem Käufer nur unverzüglich die Lieferung avisieren.

68. Lieferungsmöglichkeit vorbehalten

262 a) Die Klausel läßt eine Vielfalt von Auslegungsmöglichkeiten zu. Sie kann als aufschiebende Bedingung (Entschluß des Verkäufers, zu erfüllen), als auflösende Bedingung oder als Abrede über ein mehr oder minder freies Rücktrittsrecht interpretiert werden (*Ratz* Vorauflage § 346 146 m. Nachw.). Denkbar ist auch, daß sich der Verkäufer mit Hilfe dieser Klausel von der „Beschaffungsgarantie" des § 279 BGB freizuzeichnen sucht. Welche Variante im Einzelfall maßgeblich ist, ist in erster Linie anhand des einschlägigen Handelsbrauchs zu entscheiden. Gibt dieser keine Auskunft, so hat man nach Treu und Glauben darauf abzuheben, daß ein Verkäufer, der leichtfertig leere Versprechungen abgibt, nicht schutzwürdig ist (BGH NJW **1983** 1322, 1324). Andererseits kann die Haftung bis zur Grenze der objektiven Unmöglichkeit erhebliche Risiken mit sich bringen, die nur sehr unzuverlässig einzukalkulieren sind. Insoweit ist ein Bedürfnis für Freizeichnungen anzuerkennen und muß auch vom anderen Teil, dem etwas unter der Klausel „Lieferungsmöglichkeit vorbehalten" verkauft wird, hingenommen werden. Die Klausel hat mithin die Funktion, den Verkäufer von seiner Beschaffungspflicht zu befreien, wenn dieser die Ware trotz zumutbarer Anstrengungen nicht zu besorgen vermag (BGH NJW **1958** 1628; WM **1968** 400, 402). In diesem Zusammenhang ist der Begriff der „Zumutbarkeit" nicht im Sinn der Geschäftsgrundlagenlehre oder der Lehre von der Opfergrenze einzusetzen; denn die Klausel „Lieferungsmöglichkeit freibleibend" soll den Verkäufer heute sicherlich nicht nur dort befreien, wo er kraft fortgebildeten dispositiven Rechts ohnehin befreit worden wäre. Zumutbare Anstrengungen bedeuten daher, daß der Verkäufer seine Geschäftsbeziehungen im ordnungsgemäßen Geschäftsgang voll ausschöpfen muß und diejenigen Preissteigerungen auf den Beschaffungsmärkten hinnehmen muß, mit denen in der Branche des Verkäufers gerechnet wurde oder allgemein gerechnet werden mußte[122]. Der Verkäufer darf sich in Konstellationen, in denen die Gefahrenquellen, die sich später auf die Lieferungsmöglichkeiten auswirkten, bereits bekannt waren und Störungen erwartet wurden, nicht auf die Klausel berufen. Die Klausel hat nicht die Funktion, den Verkäufer von einer Haftung wegen Vorsorge- und/oder Übernahmeverschuldens zu befreien[123]. — Ist der Verkäufer von einem Lieferanten, mit dem er einen Deckungskontrakt abgeschlossen hatte, nicht beliefert worden, so berechtigt ihn dies allein nicht, sich ohne Klage gegen den Lieferanten auf die Klausel „Lieferungsmöglichkeit vorbehalten" zu berufen[124]. Er hätte die weitergehende Klausel „Selbstbelieferung vorbehalten" vereinbaren müssen. — Im übrigen gilt die allgemeine pro-rata-Regel, d. h., der Verkäufer hat die Ware gleichmäßig unter seinen Kunden aufzuteilen. Dabei hat er

---

[121] RGZ **90** 27, 30; *Staudinger/Köhler* BGB § 433 43; *Schlegelberger/Hefermehl* § 346 65; **a. A.** RGZ **64** 114.

[122] **A. M.** *Ratz* Vorauflage, § 346 145 mit vielen Nachweisen aus der älteren Rechtsprechung.

[123] RGZ **97** 325, 327 f; **132** 305, 310 f; *Löwe/Graf von Westphalen/Trinkner* § 10 Nr. 1 AGBG 18; *Ratz* Vorauflage, § 346 145 m. w. Nachw.

[124] RGZ **103** 180, 183; *Ratz* Vorauflage, § 346 145 f m. w. Nachw.

in erster Linie zu versuchen, diejenigen Kunden voll zu befriedigen, mit denen er ohne Vorbehalt abgeschlossen hat[125].

263 **b) AGBG.** Interpretiert man die Klausel dahin, daß der Verkäufer gehalten ist, alles Zumutbare zu unternehmen, um die Ware liefern zu können, so ist die Klausel im kaufmännischen Verkehr unbedenklich[126]. Soll die Klausel jede Verantwortung des Verkäufers für die Einhaltung seiner Leistungspflicht ausschließen, so ist sie i. S. d. § 9 AGBG unangemessen (BGH NJW **1983** 1322, 1324).

69. Lieferzeit unverbindlich

264 Die Klausel bezieht sich in erster Linie auf die Lieferzeit. Da sich aber der Käufer regelmäßig auf eine Haftung des Verkäufers wegen Leistungsstörungen nur berufen darf, wenn der Lieferzeitpunkt überschritten ist, regelt die Klausel faktisch auch die Haftung des Verkäufers. In diesem Zusammenhang sind zwei Fallgruppen ins Auge zu fassen. Zum einen kann die Klausel auf einen benannten Lieferzeitpunkt bezogen sein. Weil nicht anzunehmen ist, daß sich der Käufer voll in die Hände des Verkäufers begeben wollte, ist davon auszugehen, daß von dem benannten Lieferzeitpunkt nur abgewichen werden darf, wenn dessen Einhaltung ungewöhnliche Opfer erfordert hätte[127]. Der Verkäufer hat sich mit angemessenen Mitteln weiter zu bemühen, die Lieferung umgehend nachzuholen. Eine in diesem Sinn eingesetzte Klausel verstößt nicht gegen § 9 AGBG (*Löwe/Graf von Westphalen/Trinkner* AGBG² § 10 Nr. 1 18). — Ist ausschließlich „Lieferzeit unverbindlich" vereinbart, so ist anhand der Umstände des Einzelfalls zu ermitteln, ob der Lieferzeitpunkt im Belieben oder im billigen Ermessen des Verkäufers (§ 315 BGB) stehen sollte. Im Zweifel ist davon auszugehen, daß dem Verkäufer keine volle Freiheit gewährt werden sollte (RGZ **105** 368, 371; *Staudinger/Köhler* § 433 43). Der Verkäufer muß sich dann mit verkehrsüblichen Mitteln darum bemühen, so schnell wie möglich zu liefern (vgl. auch BGH NJW **1983** 1320). Er gerät erst dann in Verzug, wenn ihn ein Verschuldensvorwurf trifft. Ein Verstoß gegen § 9 AGBG ist nur dort zu bejahen, wo die Klausel den Lieferzeitpunkt in das Belieben des Verkäufers stellt[128].

70. Muster, laut

265 Beim Kauf laut Muster sind die Eigenschaften der Ware nicht im Sinn des § 463 BGB zugesichert. § 494 gilt nicht[129].

71. Mustergutbefund

266 Ein Kaufvertrag „auf Mustergutbefund" steht unter der aufschiebenden Bedingung, daß die Muster für gut befunden werden (*Straatmann/Ulmer* Schiedsspruch E 7b

---

125 So auch bei Erntevorbehalt (Rdn. 204); **a. M.** RGZ **104** 116; *Schlegelberger/Hefermehl* § 346 80; *Ratz* Vorauflage, § 346 145, denen zufolge Kunden, die unter dem „Vorbehalt gekauft haben" in der Reihenfolge der Bestellungen zu beliefern sind. Es ist jedoch kein Unterschied zu den Fällen auszumachen, in denen ohne Vorbehalt kontrahiert wurde.

126 *Brandner* in *Ulmer/Brandner/Hensen*, AGBG⁴ § 10 Nr. 3 AGBG Rdn. 16; *Staudinger/Schlosser* § 10 Nr. 3 AGBG 17.

127 Parallele zur Klausel „Liefermöglichkeiten vorbehalten" (Rdn. 262); RGZ **104** 114, 116; **105** 368, 371; **132** 305, 310.

128 *Brandner* in *Ulmer/Brandner/Hensen*, AGBG⁴ § 10 Nr. 1 AGBG Rdn. 17; *Staudinger/Schlosser* § 10 Nr. 1 AGBG 20, ähnlich OLG Düsseldorf WM **1972** 83.

129 BGH DB **1966** 415; *Liesecke* WM **1978** Beilage Nr. 3, S. 34 m. w. Nachw.

Nr. 1). Denkbar ist auch, daß der Kauf unter der auflösenden Bedingung der Zurückweisung der Muster steht (*Straatmann/Ulmer* Schiedsspruch E 7b Nr. 2). Im Zweifel ist davon auszugehen, daß eine aufschiebende Bedingung gewollt ist. Der Verkäufer ist auch vor Eintritt der Bedingung zur Lieferung von Ware, nämlich eines der verkauften Gattung angehörenden Musters, verpflichtet (*Straatmann/Ulmer* Schiedsspruch E 7b Nr. 3). Kommt er dieser Verpflichtung nicht nach, so kann der Käufer wegen Nichterfüllung des gesamten Vertrages Schadensersatz aus § 326 BGB verlangen[130]. Der Verkäufer darf sich dann nicht darauf berufen, daß die Bedingung noch nicht eingetreten ist[131]. Eine Ausnahme gilt dort, wo der Verkäufer auch von seiner Verpflichtung aus einem unbedingten Vertrag frei geworden wäre. Ein Kaufvertrag wird nicht später dadurch aufgehoben, daß der Verkäufer musterwidrige Ware liefert. Der Verkäufer darf sich nicht durch Präsentierung minderer Qualität seinen Vertragspflichten entziehen. Dies gilt auch dort, wo die Ware vor der Versendung vereinbarungsgemäß einer Qualitätskontrolle unterworfen werden muß (*Straatmann/Ulmer* Schiedsspruch E 7b Nr. 1). — Die Klausel „*Subject buyers' approval of the outturn sample*" führt ebenfalls eine aufschiebende Bedingung in den Kaufvertrag ein. Grundsätzlich muß der Mustergutbefund vor der Verschiffung der Ware erfolgen, um unnötige Transportkosten zu ersparen (*Straatmann/Ulmer* Schiedsspruch E 7b Nr. 4). Es kann aber auch vereinbart worden sein, daß die Muster erst nach Ankunft der Ware gezogen werden sollen. Der Käufer verliert dann trotz Mißbilligung der Muster seinen Schadensersatzanspruch, wenn er die Ware seinen Abnehmern andient, anstatt sie zurückzuweisen (*Straatmann/Ulmer* Schiedsspruch E 7b Nr. 4).

72. Nachfrist, ohne

267 Siehe „ohne Nachfrist" (Rdn. 267).

73. Nachnahme (cash on delivery)

268 Den Käufer trifft eine Vorleistungspflicht. Er muß an den Überbringer der Ware zahlen, ohne vorher die Ware untersuchen zu dürfen[132]. Der Frachtführer erlangt gegen den Empfänger einen Anspruch auf Zahlung des Nachnahmebetrages, wenn dieser die Ware nebst Frachtbrief, in dem Nachnahme vermerkt ist, oder sonst wissentlich annimmt (§ 436 HGB; OLG Düsseldorf VersR **1974** 1074, 1075). Der Nachnahmevermerk muß deutlich sein (z. B. genügt „Unfrei gegen ... DM, Achtung: Kasse gegen Dokumente!" (OLG Düsseldorf VersR **1974** 1075), **nicht** dagegen bloß „Kasse gegen Dokumente" (OLG Köln AWD **1975** 162), „Netto Kasse" oder „Zahlung bei Empfang der Ware"). Ein Aufrechnungsverbot wird nicht begründet (*Staudinger/Schlosser* § 11 Nr. 3 Rdn. 10). Der Verkäufer hat den Frachtführer im Falle einer begründeten Aufrechnung unverzüglich anzuweisen, die Ware ohne Gegenleistung des Käufers auszuliefern. Der Frachtführer darf keine Zahlung mit Scheck entgegennehmen (BGHZ **83** 96, 101).

74. Netto Kasse

269 Bei Verwendung der Klausel „netto Kasse" muß der Verkäufer die Ware vor der Zahlung absenden. Der Käufer hat binnen kurzer, branchenüblicher Frist zu bezahlen,

---

[130] Anders Schiedsspruch *Straatmann/Ulmer* E 7b Nr. 4; Anspruch aus c.i.c. Hier geht es jedoch um Ansprüche nach Vertragsschluß.

[131] § 162 BGB; unzutreffend daher Schiedsspruch *Straatmann/Ulmer* E 7b Nr. 2, der einen bedingten Kauf unterstellt, um zu §§ 480, 326 BGB zu gelangen.

[132] OLG Hamburg LZ **1920** 444, 445; OLG Breslau OLGE **24** 187; *Liesecke* WM **1978** Beilage Nr. 3, S. 8.

nachdem er die Ware erhalten hat. Die Zahlung kann im Handel auch mit den dort üblichen Surrogaten Scheck und Überweisung erfolgen (*Straatmann/Ulmer* Schiedsspruch J 5g Nr. 5). Ein Skonto darf nicht abgezogen werden[133]. Anders, wenn lediglich „gegen Kasse" verkauft ist. Eine Aufrechnung sowie die Ausübung von Zurückbehaltungsrechten und Leistungsverweigerungsrechten seitens des Käufers sind unzulässig[134]. Dies gilt grundsätzlich auch für liquide Gegenforderungen. Von dieser Regel darf nicht aufgrund der besonderen Umstände des Einzelfalles eine Ausnahme gemacht werden, wenn Dritte (z. B. Banken) typischerweise angesichts der Klauselgestaltung auf die Barzahlung vertrauen und die Kaufpreisforderung im Rahmen von Kreditgeschäften bevorschußt zu werden pflegt (BGHZ **14** 61, 63; **23** 131, 136f; BGH WM **1972** 1092). Selbst die Tatsache, daß der Käufer eine anerkannte oder rechtskräftig festgestellte Gegenforderung besitzt, gibt ihm dann kein Recht zur Aufrechnung. Soweit ein Vertrauensschutz Dritter, insbesondere von Kreditgebern nicht erforderlich ist, wird man dem Käufer das Recht zugestehen müssen, mit einer anerkannten bzw. rechtskräftig festgestellten Forderung aufzurechnen (BGH NJW **1960** 859; *Liesecke* WM **1978** Beilage Nr. 3, S. 9). Gleiches gilt unter dieser Voraussetzung, wenn der Verkäufer zahlungsunfähig geworden ist[135]. Die Klausel ist in diesem Sinne auch gültig, soweit sie im Rahmen von AGB verwandt wird (*Staudinger/Schlosser* AGBG § 11 Nr. 3 Rdn. 9, 11). Der Verkäufer kann sich hingegen auf § 321 BGB berufen (*Liesecke* WM **1978** Beilage Nr. 3, S. 8). Unklar ist, ob auch ein Rechnungsabzug unzulässig ist, der auf die Minderung des Kaufpreises wegen Quantitäts- oder Qualitätsmängel gestützt wird (bejahend *Schlegelberger/Hefermehl* § 346 Rdn. 79; *Straatmann/Ulmer* Schiedsspruch J 5e Nr. 1). Jedenfalls dort, wo der Minderwert durch Qualitätsarbitrage bindend festgesetzt ist und ein Vertrauensschutz Dritter nicht erforderlich ist, darf der Käufer die Vergütung um den Minderwert kürzen (*Straatmann/Ulmer* Schiedssprüche J 5g Nr. 3; anders J 5g Nr. 4). Daraus folgt, daß dem Käufer die Untersuchung der Ware vor Zahlung nicht verwehrt werden kann[136]. Der Käufer hat dort, wo der Minderwert noch nicht bindend festliegt, nur in Fällen evidenter Mängel ein Recht zur Minderung (**a. A.** *Straatmann/Ulmer* Schiedsspruch J 5g Nr. 4). Der Verkäufer hat sich mit der Vereinbarung netto Kasse zwar auf ein erhebliches Solvenzrisiko eingelassen. Das Solvenzrisiko darf aber nicht dadurch unübersehbar werden, daß man dem Käufer Gelegenheit gibt, unter Behauptung eines Mangels auf unabsehbare Zeit die Zahlung zu verweigern. Der Verkäufer erwartet Zahlung bei Empfang der Ware. Allerdings muß auch Mißbräuchen seitens des Verkäufers ein Riegel vorgeschoben werden. Wo der Verkäufer evident mangelhafte Ware liefert, kann er nicht erwarten, daß der Käufer reibungslos zahlt (Analogie zu § 378 HGB). Im übrigen hat auch der Käufer in Kauf zu nehmen, daß er seine Gewährleistungsansprüche gegen den Verkäufer nicht zu realisieren vermag (vgl. auch Rdn. 63).

270 Lautet die Klausel **„netto Kasse nach Wareneingang und Gutbefund"**, so kann der gesamte Vertrag unter die aufschiebende Bedingung der Billigung der Ware gestellt sein (OLG Düsseldorf BB **1973** 1372). Im Zweifel hat diese Klausel aber den Sinn, daß die Zahlung erst nach Untersuchung der Ware zu leisten und daß Wandelung/Minderung für die Zahlungsverpflichtung von Bedeutung ist (vgl. § 19 Abs. 10 WVB (Rdn. 2); *Liesecke* WM **1978** Beilage Nr. 3, S. 8). Im Lichte des AGBG ist diese Klausel

---

133 *Ratz* Vorauflage § 346 154; Schiedssprüche *Straatmann/Ulmer* J 5f Nr. 2, J 5g Nr. 5.

134 Schiedssprüche *Straatmann/Ulmer* J 5g Nr. 2, 3, 4, 5; 5f Nr. 3; 5d Nr. 1.

135 BGH WM **1975** 134, 614; *Liesecke* WM **1978** Beilage Nr. 3 S. 9; **a. A.** wohl *Schlegelberger/Hefermehl* § 346 78.

136 Schiedsspruch *Straatmann/Ulmer* J 5e Nr. 1; *Liesecke* WM **1978** Beilage Nr. 3, S. 8.

im kaufmännischen Verkehr unbedenklich (*Staudinger/Schlosser* AGBG § 11 Nr. 3 Rdn. 10). Der **Erfüllungsort** wird durch die Klausel „netto Kasse" nicht geändert (RG LZ **1908** 159 Nr. 16).

Zu den Klauseln „ab Lager (Fabrik) netto Kasse" und ähnlichen die „netto-Kasse"-Klausel ergänzenden Formulierungen s. Rdn. 171.

75. Ohne Nachfrist

271 Siehe § 376 HGB Rdn. 9 zur Frage, ob die Klausel eine Fixschuld begründet. Ist dies zu bejahen, so verstößt auch die im Wege von AGB erfolgende klauselmäßige Vereinbarung von Fixschulden nicht gegen § 9 AGBG[137]. Wie § 376 HGB zeigt, gehört der Verzicht auf die Setzung einer Nachfrist zur Palette der im Handelsverkehr gebräuchlichen Vertragsformen (**a. A.** *Wolf* in Wolf/Horn/Lindacher § 9 E 67). Dabei ist es gleichgültig, ob die Vereinbarung im Wege einer Individualvereinbarung oder in Form von AGB erfolgt, solange die AGB-Klausel nicht überraschend ist. Der Verzicht auf die Nachfrist muß sich daher aus der Lieferzeitbestimmung ergeben oder in enger Verbindung mit ihr stehen.

76. Parität

272 Eine Paritätsklausel (z. B. Parität: ab Stadtlager Hamburg) legt regelmäßig nicht den Ort der Andienung fest, sondern bestimmt lediglich, daß der Empfänger kostenmäßig so zu stellen ist, als ob am Ort, auf den sich die Parität bezieht, geliefert worden wäre.

77. pod

273 Abkürzung für pay on delivery. Die Klausel entspricht der „Nachnahme"-Klausel (Rdn. 268).

78. Preise freibleibend

274 Die Klausel kommt auch in den Formen „vereinbarte Preise unverbindlich", „Preiserhöhung durch Gestehungskosten vorbehalten" vor. Sie kann zweierlei Bedeutung haben.

a) In der Regel ist der Kauf für beide Teile bindend. Der Verkäufer soll berechtigt sein, den Kaufpreis nach billigem Ermessen bis zur Höhe des im Moment der Lieferung geltenden Marktpreises festzusetzen (BGHZ **1** 353, 354; RGZ **103** 414f; **104** 306f; OGHZ **4** 168). Seine Gewinn- und Kostenkalkulation braucht er nicht zu berücksichtigen, da Kostenpreise zu unsicher zu berechnen sind und im Handelsverkehr zu viel Anlaß zu Streit geben (**a. A.** *Kronke* AcP **183** (1983) 113, 140). Der Verkäufer hat die Billigkeit der Preisbestimmung zu beweisen. Ist im Kaufvertrag schon ein Preis angegeben und handelt es sich dabei aus der Sicht eines verständigen Käufers um einen Festpreis, so ist der Klausel-Vorbehalt irrelevant. Ist die Vereinbarung eines Festpreises zu verneinen, so stellt der bezifferte Kaufpreis nur einen Richtpreis dar, den der Verkäufer nicht unterschreiten muß, wenn der Preisvorbehalt ersichtlich allein seinem Schutz dient (BGH JZ **1954** 356; vgl. aber auch BGH JZ **1957** 56). Fordert der Ver-

---

[137] *Staudinger/Schlosser* § 11 Nr. 4 AGBG 12; **a. A.** *Hensen* in *Ulmer/Brandner/Hensen*, AGBG[4] § 11 Nr. 4 AGBG Rdn. 9; *Coester-Waltjen* in *Schlosser/Graba* AGBG § 11 Nr. 4 Rdn. 23.

käufer kurz vor der geplanten Lieferung einen erhöhten Preis, so kann er den Preis nicht nochmals erhöhen, auch wenn sich die Lieferung aus Gründen, die der Verkäufer nicht zu vertreten hat, verzögert[138]. Der Käufer kann nämlich die Ware auf der Basis des ihm genannten Preises bereits weiterveräußert haben, bevor ihm die Verzögerung der Lieferung mitgeteilt wird.

b) Die Klausel kann auch nur bedeuten, daß der Verkäufer von dem Vertrag zurücktreten und ein neues Vertragsangebot unterbreiten darf. Der Käufer kann dann das neue Angebot annehmen oder ablehnen. Zum Schweigen des Käufers auf das neue Angebot BGHZ **1** 353 sowie *Canaris* Vorauflage Anh. § 362 Rdn. 14.

79. Produktion, ungestörte vorbehalten

275 Grundsätzlich ist diese Klausel ähnlich wie die Klausel „Liefermöglichkeit vorbehalten" auszulegen. Etwas anderes gilt dort, wo sich nicht der Hersteller selbst, sondern ein Händler die Klausel ausbedingt. Dann ist davon auszugehen, daß sich der Händler nur gegen Produktionsschwierigkeiten eines Herstellers schützen will, von dessen Lieferbereitschaft er sich bereits überzeugt hatte. Auf die Klausel kann sich mithin im Zweifel nur derjenige Händler berufen, der ähnlich wie bei dem Selbstbelieferungsvorbehalt (Rdn. 278) mit dem Hersteller bereits einen kongruenten Deckungsvertrag geschlossen hatte, falls der Deckungsvertrag nur wegen Produktionsstörungen nicht richtig ausgeführt worden ist (*Straatmann/Ulmer* Schiedsspruch J 4 Nr. 23).

80. Prompt

276 Soweit nicht besondere Handelsbräuche z. B. Hamburger Platzusancen eingreifen, bedeutet „prompt", daß der Verkäufer die Ware möglichst schleunig ohne jede schuldhafte Verzögerung im gewöhnlichen Geschäftsgang abzusenden hat[139]. Die Klausel macht einen Kaufvertrag nicht zum Fixgeschäft; denn der Verkäufer verpflichtet sich nur zu „prompter" Absendung, ohne daß die Ankunft innerhalb einer bestimmten Frist in Aussicht gestellt ist. Die Klausel „prompt" kann auch den Sinn haben, daß der Verkäufer bei verspäteter Absendung ohne Mahnung in Verzug gerät (RG SeuffA **38** Nr. 247; Recht **1911** Nr. 471). Die §§ 10, 39, 57 WVB (Rdn. 2) setzen bei Vereinbarung der Klausel „prompte Verladung" je nach Art des Transportweges und Vertragstyps unterschiedlich lange, starre Fristen fest. Diese Regeln gelten auch dort, wo „Hamburger freundschaftliche Arbitrage" vereinbart ist (*Straatmann/Ulmer* Schiedsspruch E 2 a Nr. 5). Die starren Fristen verleihen dem Kaufvertrag nur beim Überseekauf (Rdn. 23) Fixschuldcharakter. In anderen Fällen muß der Käufer unter Androhung der Nichtannahme der verspäteten Lieferung eine Nachfrist setzen (vgl. *Straatmann/Ulmer* Schiedsspruch J 2 Nr. 13).

81. Pünktlich

277 Siehe dazu § 376 HGB Rdn. 6.

82. Rücktritt vorbehalten

278 Siehe „freibleibend" (Rdn. 222).

---

[138] RGZ **104** 170 f; OGHZ **4** 172, 174; *Schlegelberger/Hefermehl* § 346 82; *Löwe/Graf von Westphalen/Trinkner* § 11 Nr. 1 AGBG 27; zweifelnd *Baumbach/Duden/Hopt* HGB[25] § 346 Anm. 5.

[139] RG HRR **1934** Nr. 560; WarnRspr. **1922** Nr. 55; Recht **1922** 452.

83. Selbstbelieferung, richtige und rechtzeitige, vorbehalten

279 Die Klausel soll den Verkäufer angesichts der in § 279 BGB angeordneten strengen Haftung davor bewahren, aus dem Kaufvertrag in Anspruch genommen zu werden, obwohl er sorgfältig für die eigene Belieferung Vorsorge getroffen hatte. Sie soll dem Verkäufer jedoch nicht erlauben, auf dem Rücken des Käufers zu spekulieren. Der Verkäufer darf sich daher auf die „Selbstbelieferung vorbehalten"-Klausel nur berufen, falls er im Moment des Abschlusses des Kaufvertrages bereits ein zur Erfüllung des konkreten Kaufvertrages bestimmtes (BGHZ **49** 388, 395) kongruentes Deckungsgeschäft geschlossen hatte, d. h. mit seinem Lieferanten einen vorbehaltlosen Kontrakt über die gleiche Ware (*Straatmann/Ulmer* Schiedsspruch J 4 Nr. 31) getätigt hatte (OLG Hamburg RIW **1981** 262, 264). Der Deckungskontrakt darf, vom Preis abgesehen, grundsätzlich nicht schlechtere Bedingungen als der Kaufvertrag aufweisen (*Straatmann/Ulmer* Schiedsspruch J 4 Nr. 10); denn nur unter diesen Umständen gibt der Deckungsvertrag dem Käufer ähnliche Sicherheit wie der Kaufvertrag. Der Dekkungsvertrag darf grundsätzlich nicht unter einer Bedingung stehen. Ein Preisvorbehalt ist unschädlich, falls der Preis nach billigem Ermessen zu bestimmen war (*Straatmann/Ulmer* Schiedsspruch J 4 29). Der Deckungskontrakt muß ferner auf eine gleiche oder größere Warenmenge, als verkauft wurde, lauten (*Straatmann/Ulmer* Schiedssprüche J 4 Nr. 1, 2, 10). Ein unter üblichem Mengenvorbehalt abgeschlossener Deckungskontrakt ist dann anzuerkennen, wenn der Mengenvorbehalt nur nach billigem Ermessen ausgeübt werden durfte und der Verkäufer erwarten konnte, daß auch eine reduzierte Lieferung zur Erfüllung seiner Verpflichtung ausreichen werde (*Straatmann/Ulmer* Schiedsspruch J 4 Nr. 29). Der Selbstbelieferungsvorbehalt schützt nur vor unerwarteten Ereignissen. Für die aus dem Deckungskontrakt zu liefernde Partie muß daher schon bei Abschluß des Kaufvertrages eine Export- und Importgenehmigung vorgelegen haben, wenn auf diesem Gebiet Schwierigkeiten zu befürchten waren (*Straatmann/Ulmer* Schiedssprüche J 4 Nr. 4, 5). Es dürfen auch sonst dem Verkäufer keine Umstände bekannt oder infolge Fahrlässigkeit unbekannt gewesen sein, die eine Erfüllung des Deckungskontrakts als zweifelhaft erscheinen ließen[140]. Der Verkäufer darf das Ausbleiben der Lieferung nicht verschuldet haben (*Straatmann/Ulmer* Schiedsspruch J 4 Nr. 24; zu weit *Straatmann/Ulmer* Schiedsspruch J 4 Nr. 21: Risikosphäre des Verkäufers). Wird der Verkäufer aus einem in diesem Sinne kongruenten Deckungsvertrag nicht beliefert und kann ihm die Nichtbelieferung nach den dargelegten Maßstäben nicht zugerechnet werden, so wird er von seiner Verpflichtung frei. Der Verkäufer trägt die Beweislast. Er muß deshalb den Deckungskontrakt vorlegen[141]. Bleibt nur ein Teil der im Rahmen der Deckungskäufe erworbenen Ware aus, so ist diese Ware gleichmäßig unter den Abnehmern aufzuteilen (*Straatmann/Ulmer* Schiedssprüche J 4 Nr. 14, 17). Dabei ist die zeitliche Reihenfolge der Anschlußkontrakte gleichgültig. Teillieferungen sind gleichmäßig auf die Kunden zu verteilen, deren Anschlußkontrakte sich auf bestimmte Teillieferungen beziehen. — Wird der kongruente Dekkungsvertrag **verspätet erfüllt,** so schützt die Klausel auch vor Ansprüchen aus den §§ 284 ff, 326 BGB. Dies gilt auch dort, wo lediglich „richtige" und nicht zugleich „rechtzeitige" „Selbstbelieferung vorbehalten" vereinbart ist; denn richtig heißt auch

[140] BGHZ **49** 388, 394; OLG Hamburg RIW **1981** 262, 263; Schiedssprüche *Straatmann/Ulmer* J 4 Nr. 16, 22, 26; ebenso im Ergebnis RGZ **97** 325, 328 f; **a. A.** nur Ansprüche aus c.i.c.: *Schlegelberger/Hefermehl* § 346 85; dagegen spricht aber, daß es hier um die Tragweite der Klausel geht.

[141] BGHZ **49** 388; OLG Celle BB **1974** 200; Schiedsspruch *Straatmann/Ulmer* J 4 Nr. 19 m. Anm. *Timmermann; Schlegelberger/Hefermehl* § 346 85.

rechtzeitig (*Straatmann/Ulmer* Schiedsspruch J 4 Nr. 25). Steht die Klausel unter der Überschrift „Lieferzeit", so schützt sie nur vor den Folgen unpünktlicher Lieferungen (BGHZ **24** 39, 42).

280 Der Verkäufer hat den Käufer unverzüglich von Lieferschwierigkeiten **in Kenntnis zu setzen.**

281 Ein Handelsbrauch, demzufolge der Verkäufer einen **Schadensersatzanspruch** an den Käufer **abzutreten** hat, besteht soweit ersichtlich bislang nur in Hamburg[142]. Die Abtretungspflicht ist nicht nur Nebenpflicht (**a. A.** OLG Celle BB **1974** 200, 201), deren Verletzung zu Schadensersatzansprüchen führt. Der Käufer, der unter der Bedingung „Selbstbelieferung vorbehalten" kontrahiert, verläßt sich nämlich primär auf die Lieferfähigkeit des Lieferanten, mit dem der Verkäufer das Deckungsgeschäft abgeschlossen hatte. Man hat daher anzunehmen, daß der Verkäufer berechtigt und verpflichtet ist, seinen gegen den Lieferanten gerichteten Schadensersatzanspruch erfüllungshalber abzutreten (§ 364 Abs. 2 BGB). Solange die Abtretung nicht erfolgt ist, ist der Käufer daher befugt, den Verkäufer uneingeschränkt aus dem Kaufvertrag auf Schadensersatz wegen Nichterfüllung in Anspruch zu nehmen. Der Lieferant hat auch den Schaden des Käufers zu ersetzen, da der Käufer trotz der „Selbstbelieferungsklausel" zunächst einen Schadensersatzanspruch in voller Höhe gegen den Verkäufer erlangt hat. In dieser Höhe erleidet auch der Verkäufer im Verhältnis zu seinem Lieferanten einen Schaden, den der Lieferant dem Zessionar (Käufer) zu ersetzen hat[143]. In Analogie zu § 281 BGB hat der Verkäufer auch in Konstellationen, in denen der Hamburger Handelsbrauch nicht zum Tragen kommt, seinen Schadensersatzanspruch gegen den Lieferanten abzutreten (vgl. *Liesecke* WM **1978** Beilage Nr. 3, S. 47). Der Verkäufer darf sich nicht darauf berufen, daß er dadurch zur Aufdeckung seiner Geschäftsverbindung gezwungen werde; denn er muß ohnehin die Deckungsverträge vorlegen, um die Berechtigung seines Einwands, die Selbstbelieferung sei nicht erfolgt, zu beweisen. Im übrigen mag er vereinbaren, die Ansprüche gegen den Lieferanten auf Rechnung des Käufers geltend zu machen (OLG Celle MDR **1975** 760). Die Klausel enthält keinen Ausschluß der **Sachmängelgewährleistung** im Sinne des Wandelungs- und Minderungsrechts. Der Verkäufer darf daher seinem Käufer nicht mangelhafte Ware mit dem Argument andienen, er habe selbst mangelhafte Ware erhalten (OLG Hamburg MDR **1964** 601, 602). Die Klausel schützt freilich gegen die Pflicht zur Nachlieferung einer mangelfreien Ware.

282 Im kaufmännischen Verkehr verstößt die Klausel in ihrer handelsgebräuchlichen Ausprägung nicht gegen § 9 **AGBG** (BGH NJW **1983** 1320, 1321; *Liesecke* WM **1978** Beilage Nr. 3, S. 46 m. Nachw.). Im kaufmännischen Verkehr ist es nicht notwendig, darauf hinzuweisen, daß der Selbstbelieferungsvorbehalt nicht eingreift, wenn der Verkäufer aufgrund eigenen Verhaltens, insbesondere schuldhaften Verhaltens (BGH NJW **1983** 1320, 1321) nicht beliefert wird. Diese Einschränkung versteht sich im Handelsverkehr von selbst.

84. shipment/embarkment

283 Zeitbestimmungen unter dieser Klausel sind bei Landtransporten in Parallele zu den Regeln des Überseekaufs (Rdn. 19) dahin zu verstehen, daß die Beladung zum verein-

---

142 Vgl. BGH LM § 249 BGB (D) Nr. 11; Schiedssprüche *Straatmann/Ulmer* J 4 Nr. 9, 19, ferner Anm. *Timmermann* zu J 4 Nr. 28, 33; **a. A.** OLG Celle BB **1974** 200.

143 Vgl. OLG Celle MDR **1975** 760; Schiedsspruch *Straatmann/Ulmer* J 4 Nr. 33 m. Anm. *Timmermann;* kritisch BGH DB **1973** 911, 912.

barten Termin abgeschlossen sein muß. Die Transportfahrzeuge müssen aber nicht noch am gleichen Tag rollen (*Straatmann/Ulmer* Schiedsspruch J 6 Nr. 1).

85. Skonto

284 Die Klausel „Skonto" gibt dem Käufer die Befugnis, vom Rechnungsbetrag den angegebenen oder handelsüblichen Prozentsatz abzuziehen, wenn die Rechnung innerhalb einer bestimmten Frist bar bezahlt wird. Der Barzahlung steht die Aufrechnung mit einer unbestrittenen, fälligen oder rechtskräftig festgestellten Forderung gleich. Macht der Käufer von dieser Befugnis keinen Gebrauch und zahlt er erst später, so hat er „netto" zu zahlen (OLG Düsseldorf WM **1984** 248, 249). Dies wird häufig durch die Formulierung „netto Kasse" hervorgehoben. Die alleinige Verwendung der Klausel „netto Kasse" besagt, daß kein Zahlungsziel gewährt wird. Es darf dann auch kein Skonto abgezogen werden. Hingegen hat die Klausel „gegen Kasse" niemals den Ausschluß eines handelsüblichen Skontoabzugs zum Inhalt[144]. — Das Skonto ist vom eigentlichen Kaufpreis abzuziehen. Ein Abzug von den Auslagen des Verkäufers (z. B. Fracht, Verpackung) ist grundsätzlich unzulässig. Hat der Gläubiger die Einhaltung der Skontoabrede wider Treu und Glauben behindert, so ist der Schuldner so zu behandeln, als ob er fristgerecht gezahlt hätte. Der Be- bzw. Verhinderung der Zahlung steht die dem Gläubiger zurechenbare Ungewißheit gleich, ob die Zahlung schuldbefreiend wirkt. Auf ein Verschulden kommt es nicht an (OLG Düsseldorf WM **1984** 248, 249).

86. Solange Vorrat reicht

285 Die Klausel qualifiziert die vereinbarte Gattungsschuld zu einer auf den Vorrat beschränkten Gattungsschuld und befreit den Verkäufer von der Pflicht, den Vorrat an alle Kunden gleichmäßig zu verteilen. Der Verkäufer ist nur verpflichtet, die Kunden in der Reihenfolge ihrer Bestellungen zu befriedigen. Mit dem AGBG ist die Klausel jedenfalls im kaufmännischen Verkehr vereinbar[145], denn die Klausel beschreibt lediglich das Leistungsobjekt. Es kann auch nicht behauptet werden, daß sich der Verkäufer vor Vertragsschluß erkundigen müsse, ob der Vorrat ausreiche; denn dies erfordert vielfach hohen Aufwand, zumal wenn Aufträge von verschiedenen Stellen hereingenommen werden[146]. Etwas anderes gilt dort, wo die Klausel überraschend ist (§ 3 AGBG). Eine Haftung aus c. i. c. wird durch die Klausel nicht ausgeschlossen.

87. So schnell wie möglich

286 Siehe „Lieferung, so schnell wie möglich" (Rdn. 261).

88. Sofort

287 Die Klausel „sofort" bedeutet, daß der Verkäufer, gegebenenfalls außerhalb des gewöhnlichen Geschäftsganges (RG HRR **1934** Nr. 560), aber nicht außerhalb der Geschäftszeit (RGZ **91** 67; § 382 HGB), so schnell wie ihm möglich zu liefern hat. In diesem Zusammenhang sind die einschlägigen Handelsbräuche zu berücksichtigen. Sie können den Inhalt haben, daß die Klausel „sofort" in der gleichen Weise wie „prompt"

---

[144] RG Recht **1920** Nr. 3185; *Ratz* Vorauflage § 346 159 m. w. Nachw.

[145] **A. A.** *Staudinger/Schlosser* § 10 Nr. 3 AGBG Rdn. 17; *Koch/Stübing* AGBG § 10 Nr. 3 Rdn. 11.

[146] Ebenso i. E. *Brandner* in *Ulmer/Brandner/Hensen*, AGBG[4] § 10 Nr. 3 Rdn. 7; *Löwe/Graf v. Westphalen/Trinkner* § 10 Nr. 3 Rdn. 5.

(Rdn. 276) zu interpretieren ist. Die „sofort"-Klausel begründet keinen Fixschuldcharakter der Lieferverpflichtung. Anders mag es sein, wenn die „sofort"-Klausel durch die „ohne Nachfrist"-Klausel ergänzt wird (dazu § 376 HGB Rdn. 9).

89. Subject to inspection

288 Siehe „Besicht, auf" (Rdn. 190).

90. Schiff, ab

289 Siehe Überseekauf (Rdn. 147).

91. Tel quel (Telle quelle)

290 Durch die Klausel (gleichbedeutend: „as is"; „wie die Ware fällt"; „dans l'état où elles se trouvent") werden grundsätzlich Gewährleistungsansprüche des Käufers ausgeschlossen; denn der Verkäufer ist berechtigt, die geringstwertige Qualität der ausbedungenen Gattung zu liefern, solange die Ware noch als Handelsware und nicht als Ausschuß anzusehen ist[147]. Der Verkäufer hat allerdings für ausdrücklich zugesicherte Eigenschaften voll einzustehen (BGH LM § 346 HGB (D) Nr. 5). Die Ware muß dem Muster entsprechen (BGH aaO). Eine Haftung wegen arglistigen Verschweigens von Mängeln ist ebenfalls nicht ausgeschlossen (*Straatmann/Ulmer* Schiedsspruch E 6 a Nr. 13).

92. Umgehend

291 Siehe „prompt" (Rdn. 276).

93. Unfrei

292 Die Kosten des Transports fallen dem Käufer zur Last; der Verkäufer hat nicht die Pflicht, die Fracht vorzuschießen. Es besteht kein Recht zur Selbstabholung (OLG Köln MDR **1973** 590). § 448 BGB wird durch diese Klausel abbedungen.

94. Untergewicht

293 Eine Franchise-Klausel des Inhalts, daß Untergewicht über einen bestimmten Prozentsatz zu vergüten ist, hat vielfach die Funktion, Streitigkeiten darüber zu vermeiden, ob das Untergewicht auf natürlichen, transportbedingten Schwund, der dem Käufer zur Last fällt, zurückzuführen ist. In solchen Fällen ist anzunehmen, daß die Vermutung, Schwund unter 1 % sei vom Verkäufer nicht zu vertreten, nicht als unwiderleglich anzusehen ist, weil man sonst dem Verkäufer einen Anreiz bieten würde, von vornherein untergewichtige Ware zu liefern (*Straatmann/Ulmer* Schiedsspruch J 3 Nr. 4).

95. „Verzollt und versteuert"

294 Siehe „Geliefert ... verzollt" (Rdn. 232).

---

[147] BGH LM § 346 HGB (D) Nr. 5; RGZ **19** 30, RG JW **1938** 2411.

96. Werk, ab

295 Siehe „ab Werk" (Rdn. 174).

97. Wettervorbehalt

296 Bei einem Wettervorbehalt wird der Verkäufer von seiner Verpflichtung frei, wenn er nach der objektiv zu beurteilenden Wetterlage an der Lieferung transportfähiger Ware gehindert worden ist. Das Risiko der Fehlbeurteilung der Situation geht zu Lasten des Verkäufers (*Straatmann/Ulmer* Schiedsspruch E 4b Nr. 9).

98. Zahlung nach Empfang

297 Die Klausel bedeutet, daß der Käufer erst nach Ankunft, Untersuchung der Ware und Genehmigung im Sinne des § 377 Abs. 2 HGB zu bezahlen hat. Er hat sich der übersandten Dokumente zu bedienen und dem Verkäufer unverzüglich mitzuteilen, wenn die Ware nicht wie erwartet greifbar ist (OLG Hamburg HansGZ **1925** Nr. 33).

99. Zwischenverkauf vorbehalten

298 Das Angebot steht unter der auflösenden Bedingung eines anderweitigen Verkaufs vor dem Zugang der Annahmeerklärung (OLG Hamburg BB **1960** 383). Wird die Klausel in Allgemeinen Geschäftsbedingungen verwandt, so ist sie angesichts ihrer Üblichkeit wirksam (unentschieden *Staudinger/Schlosser* § 10 Nr. 1 AGBG Rdn. 22).

E. Einheitliches Gesetz über den internationalen Kauf beweglicher Sachen (EKG)

vom 17. Juli 1973 (BGBl. I S. 856)

Schrifttum

299 *Bartels/Motomura* Haftungsprinzip, Haftungsbefreiung und Vertragsbeendigung beim internationalen Kauf, RabelsZ **43** (1979) 649; *Bauer* Das Einheitliche Kaufrecht im Deutsch-Italienischen Rechtsverkehr, RIW **1981** 663; *Beinert* Wesentliche Vertragsverletzung und Rücktritt (1979); *Beß* Die Haftung des Verkäufers für Sachmängel und Falschlieferung im Einheitlichen Kaufgesetz im Vergleich mit dem englischen und deutschen Recht (1971); *v. Caemmerer* Probleme des Haager einheitlichen Kaufrechts, AcP **178** 121; *ders.* Vertragspflichten und Vertragsgültigkeit im international Einheitlichen Kaufrecht, Festschrift Beitzke (1979) 35ff; *ders.* Die wesentliche Vertragsverletzung im international Einheitlichen Kaufrecht, Festschrift Coing (1982) 33ff; *Denkschrift* der deutschen Bundesregierung zu den Kaufrechtsübereinkommen, BT-Drucksache VI/3772 und VII/115 (zit. Denkschrift); *Dölle* Kommentar zum Einheitlichen Kaufrecht (1976); *Eckhardt* Die Entlastung des Verkäufers nach Art. 74 EKG (1983); *Graveson/Cohn/Graveson* The Uniform Laws on International Sales Act 1967 (1968); *Grüter* Die Auftragsbestätigung nach einheitlichem Kaufrecht, RIW **1975** 611; *Hausmann* Stillschweigender Ausschluß der Einheitlichen Kaufgesetze durch Allgemeine Geschäftsbedingungen, RIW **1977** 186; *ders.* Zum teilweisen Ausschluß der Einheitlichen Kaufgesetze durch Allgemeine Geschäftsbedingungen, WM **1980** 726; *Hellner* The UN-Convention on International Sales of Goods — on outsiders view, Festschrift Riesenfeld (1983) 71; *Herrmann* Anwendbarkeit des Einheitskaufrechts auf Kaufvertrag mit Zweigniederlassung (Art. 1 Abs. 1 EKG), IPRax. **1983** 212; *Huber, U.* Das Einheitliche Gesetz über den internationalen Kauf beweglicher Sachen, DB **1975** 1205, 1349, 1589; *ders.* Zur Dogmatik der Vertragsverletzungen nach einheitlichem Kaufrecht und deutschem Schuldrecht, Festschrift v. Caemmerer (1978) 837; *Hübner* Allgemeine Geschäftsbedingungen und Internationales Privatrecht, NJW **1980** 2601; *Kirchhof* Die Sachmängelhaftung nach deutschem Recht im

Vergleich zur Haftung nach dem „Einheitlichen Gesetz über den internationalen Kauf beweglicher Sachen", Diss. München (1970); *Kronke* Kaufmännisches Bestätigungsschreiben und Einheitliche Kaufgesetze, RIW **1981** 262; *Landfermann* Neues Recht für den internationalen Kauf, NJW **1974** 390; *Leser* Die Vertragsaufhebung im Einheitlichen Kaufgesetz, in: Leser/v. Marschall, Das Haager Einheitliche Kaufgesetz und das Deutsche Schuldrecht (1973); *Leser/v. Marschall* Das Haager Einheitliche Kaufgesetz und das Deutsche Schuldrecht (1973); *Magnus* European Experience with the Hague Sales Law, Comparative Law Yearbook **3** (1979/80) S. 105ff; *ders.* Europäische Kaufrechtsvereinheitlichung, RabelsZ **45** (1981) 145; *Mertens/Rehbinder* Internationales Kaufrecht (1975); *Noussias* Die Zugangsbedürftigkeit von Mitteilungen nach den Einheitlichen Haager Kaufgesetzen und nach dem UN-Kaufgesetz (1981); *Otto,* Allgemeine Geschäftsbedingungen und internationales Privatrecht (1984); *Piltz* Zur Mängelanzeige nach dem EKG, IPRax. **1981** 198; *ders.* Zur Vertragsaufhebung kraft Gesetzes nach EKG, IPRax. **1983** 215; *Rehbinder* Alleinvertriebsverträge im Einheitskauf- und Kartellrecht, IPrax. **1982** 7; *Schlechtriem* Einheitliches Kaufrecht und AGB-Gesetz, Gedächtnisschrift J. Rödig (1978) 255; *ders.* Auslegung und Lückenfüllung im Internationalen Einheitsrecht: „Erfüllungsort" für Rückabwicklungspflichten im EuGÜV und EKG, IPRax. **1981** 113; *Schultze-v. Lasaulx* Die Vertragsaufhebung im Haager Einheitlichen Kaufgesetz (1977); *Stötter* Internationales Einheitsrecht (1975); *ders.* Stillschweigender Ausschluß der Anwendbarkeit des internationalen Kaufabschlußübereinkommens und des Einheitlichen Kaufgesetzes, RIW **1980** 37; *Thamm* Die Dauer einer „angemessenen Nachfrist" für Lieferung und Mängelbeseitigung, BB **1982** 2018; *Tiling* Haftungsbefreiung, Haftungsbegrenzung und Freizeichnung im Einheitlichen Gesetz über den internationalen Kauf beweglicher Sachen, RabelsZ **32** (1968) 258; *Tunc* Erläuterungen zu den Haager Übereinkommen vom 1. Juli 1964, BT-Drucksache 469/72.

Kapitel I

Anwendungsbereich des Gesetzes

Artikel 1 EKG

(1) Dieses Gesetz ist auf Kaufverträge über bewegliche Sachen zwischen Parteien, die ihre Niederlassung im Gebiet verschiedener Vertragsstaaten haben, in jedem der folgenden Fälle anzuwenden:

a) wenn nach dem Vertrag die verkaufte Sache zur Zeit des Vertragsabschlusses oder später aus dem Gebiet eines Staates in das Gebiet eines anderen Staates befördert wird oder befördert werden soll;

b) wenn die Handlungen, die das Angebot und die Annahme darstellen, im Gebiet verschiedener Staaten vorgenommen worden sind;

c) wenn die Lieferung der Sache im Gebiet eines anderen als desjenigen Staates zu bewirken ist, in dem die Handlungen vorgenommen worden sind, die das Angebot und die Annahme darstellen.

(2) Hat eine Partei keine Niederlassung, so ist ihr gewöhnlicher Aufenthalt maßgebend.

(3) Die Anwendung dieses Gesetzes hängt nicht von der Staatsangehörigkeit der Parteien ab.

(4) Ist ein Vertrag durch Schriftwechsel zustande gekommen, so gelten das Angebot und die Annahme nur dann als im Gebiet desselben Staates vorgenommen, wenn die Briefe, Telegramme oder anderen urkundlichen Mitteilungen, in denen sie enthalten sind, im Gebiet dieses Staates abgesendet und empfangen worden sind.

(5) Für die Frage, ob die Parteien ihre Niederlassung oder ihren gewöhnlichen Aufenthalt in „verschiedenen Staaten" haben, gelten Staaten nicht als „verschiedene Staaten", wenn in bezug auf sie eine entsprechende Erklärung gemäß Artikel II des Übereinkommens vom 1. Juli 1964 zur Einführung eines Einheitlichen Gesetzes über den internationalen Kauf beweglicher Sachen wirksam abgegeben worden ist und noch weiter gilt.

300 Art. 1 regelt in Verbindung mit den Artt. 3, 5—7 den räumlichen und sachlichen Geltungsbereich des Gesetzes. Er bestimmt, welche Verträge unmittelbar, d. h. ohne Vermittlung durch IPR-Normen, dem EKG unterliegen. Soweit gemäß Artt. 1, 3, 5—7 das EKG anzuwenden ist, hat es Vorrang vor dem BGB/HGB (vgl. auch Art. 17). Das EKG kann außerdem kraft Parteivereinbarung (Art. 4) oder nach internationalprivatrechtlichen Regeln zum Tragen kommen (vgl. Erläuterungen zu Art. 2)

Der **Geltungsbereich** des EKG wird gemäß Art. 1 anhand eines personenbezogenen Kriteriums (Niederlassung) und anhand sachbezogener Kriterien (Kaufvertrag mit Auslandsberührung) umrissen. Er wird dadurch eingeschränkt, daß das EKG — auch stillschweigend — **abbedungen** werden kann (näher dazu Erläuterungen zu Art. 3).

301 Das EKG bezieht sich nur auf **Kaufverträge** über bewegliche Sachen. Zu den Kaufverträgen zählen Optionen, Leasingverträge, soweit ein Erwerbsrecht begründet wird, Käufe mit werkvertraglichen Nebenpflichten, nicht aber der reine Tausch oder der Unternehmenskauf, bei dem der Schwerpunkt nicht bei der Übertragung beweglicher Sachen liegt. Zum Kauf von Wertpapieren, Zahlungsmitteln, Luft- und Wasserfahrzeugen sowie Energie Art. 5. Zu **Werklieferungsverträgen** Art. 6.

302 Die Parteien müssen ihre **Niederlassung** in verschiedenen Vertragsstaaten besitzen. Der Begriff des **Vertragsstaates** ist in Art. 102 definiert. Bislang ist das Abkommen (BGBl. 1973 II 885) von folgenden Staaten — überwiegend unter verschiedenen Vorbehalten — ratifiziert worden: **Bundesrepublik Deutschland, Großbritannien, Niederlande, San Marino, Gambia, Luxemburg** haben das EKG unter dem Vorbehalt nach Art. III des Kaufübereinkommens ratifiziert. **Belgien** und **Italien** haben den Vorbehalt nach Art. IV und **Großbritannien** sowie **Gambia** den Vorbehalt nach Art. V gemacht. Ohne Vorbehalt hat nur **Israel** das EKG ratifiziert. — Der Vorbehalt nach Art. III hat zur Folge, daß das EKG nur in Fällen gilt, in denen **beide** Parteien den Sitz in einem Vertragsstaat haben. Demgemäß heißt es in Art. 1 Abs. 1 EKG der in der **Bundesrepublik maßgeblichen Fassung** „verschiedene Vertragsstaaten", nicht bloß „verschiedene Staaten". Die deutschen Gerichte haben mithin das EKG nur mit **dieser Einschränkung** anzuwenden, selbst, wenn ein anderer Vertragsstaat einen weitergehenden Vorbehalt gemacht hat[148]. — Der Vorbehalt nach Art. IV schaltet Art. 2 aus und führt in den Staaten, die diesen Vorbehalt gemacht haben, nur dort zur Anwendbarkeit des EKG, wo es nach IPR-Regeln berufen ist. Der Vorbehalt nach Art. V des Kaufrechtsübereinkommens erlaubt es dem Vertragsstaat, der den Vorbehalt erhoben hat, das EKG nur unter besonderen Voraussetzungen für anwendbar zu erklären. In Großbritannien muß das EKG von den Parteien als Vertragsstatut gewählt sein (Art. 4). Das EKG kann außerdem nach allgemeinen IPR-Grundsätzen zum Tragen kommen, wenn z. B. auf deutsches Recht verwiesen wird (*Mertens/Rehbinder* Art. 1/2 EKG 12).

303 Maßgeblich ist bei mehreren **Niederlassungen** einer Partei nicht die Hauptniederlassung (so aber *Dölle/Herber* Art. 1 EKG 10), da diese der anderen Partei häufig verborgen bleibt, sondern diejenige Niederlassung, auf die sich der Vertrag nach dem Willen der Parteien bezieht (BGH RIW **1982** 594; dazu *Herrmann* IPRax **1983** 212). Der Niederlassung steht der Aufenthaltsort einer nicht kaufmännisch tätigen Partei gleich (Art. 1 Abs. 2).

304 **Darüber hinaus** muß einer der in Art. 1 Abs. 1 lit. a—c genannten Fälle vorliegen. Art. 1 Abs. 1 lit. a greift nur ein, wenn der **Export Vertragsinhalt** wurde, also die Pflichten der Parteien beeinflußte. Es genügt die Begründung einer Versendungspflicht (OLG Bamberg RIW **1979** 566, 567). Die bloße Kenntnis von den Exportabsichten des

[148] OLG Hamm RIW **1983** 952; OLG Bamberg RIW **1979** 566, 567; OLG Karlsruhe OLGZ **1978** 338; *Piltz* IPRax. **1981** 198; **a. A.** OLG Karlsruhe DB **1978** 2017.

Käufers genügt nicht. Die Ware muß nicht gerade zwischen Vertragsstaaten befördert werden (BGH WM **1979** 761). — Art. 1 Abs. 1 lit. b erfaßt die Fälle des **internationalen Vertragsschlusses,** ohne Rücksicht auf die Warenbewegung. Zum Begriff „vorgenommen" s. Art. 1 Abs. 4. — Zum Begriff der Lieferung in Art. 1 Abs. 1 lit. c. siehe Art. 19 Abs. 1 und 2.

Artikel 2 EKG

Soweit dieses Gesetz nicht etwas anderes bestimmt, sind bei seiner Anwendung die Regeln des internationalen Privatrechts ausgeschlossen.

305 Die Regel gilt in denjenigen Staaten, die den Vorbehalt nach Art. IV des Kaufübereinkommens eingelegt haben, nur eingeschränkt (s. Art. 1 Rdn. 302). Soweit ein derartiger Vorbehalt nicht existiert, stellt die Vorschrift klar, daß sich der Anwendungsbereich des EKG primär aus dem EKG selbst ergibt. Zum Verhältnis Lückenfüllung — IPR Art. 17. Soweit das EKG nach Maßgabe der Art. 1, 3—7 **nicht** anwendbar ist, ist das nach IPR einschlägige Recht zu ermitteln. Führt das IPR zur Anwendung deutschen Kaufrechts, so ist nach BGB/HGB zu entscheiden. Das IPR kann allerdings auf das EKG eines anderen Vertragsstaates verweisen (näher dazu *Dölle/Herber* Art. 2 EKG 9).

Artikel 3 EKG

Den Parteien eines Kaufvertrages steht es frei, die Anwendung dieses Gesetzes ganz oder teilweise auszuschließen. Der Ausschluß kann ausdrücklich oder stillschweigend geschehen.

306 Das EKG ist in vollem Umfang abdingbar. Vertragliche Abreden, aber auch Gepflogenheiten, Usancen und Gebräuche genießen uneingeschränkten Vorrang. Die Derogation kann auch zu beliebigen Teilen, selbst nach Vertragsschluß und während des Prozesses (BGH WM **1981** 169, 170) erfolgen. Die Wirksamkeit der Ausschlußvereinbarung ist in analoger Anwendung des EAG (Rdn. 604) zu prüfen[150], weil sonst bei Kaufverträgen, bei denen gleichzeitig Parteivereinbarungen getroffen werden, die im Widerspruch zum EKG stehen, unter Umständen die Wirksamkeit der einheitlichen Vereinbarung anhand verschiedener Regeln beurteilt werden müßte.

307 Der Ausschluß des EKG (ganz oder teilweise) kann zum einen **ausdrücklich** geschehen. Regeln die Parteien nicht gleichzeitig, welches Recht an die Stelle des EKG treten soll, so ist beim totalen Ausschluß das maßgebliche Recht anhand des IPR zu ermitteln; bei teilweisem Ausschluß sind die Lücken primär nach dem Parteiwillen, im übrigen im Zweifel nach Art. 17 zu schließen. Haben die Parteien eine Rechtswahl getroffen, so bestimmt sich die Zulässigkeit nach IPR. Die Wahl „deutsches Recht" bedeutet jedoch noch nicht, daß BGB/HGB zum Tragen kommt; denn das EKG stellt ebenfalls deutsches Recht dar (BGH DB **1981** 883). Entscheidend sind die Umstände des Einzelfalles (BGH RIW **1984** 151).

308 Die Voraussetzungen eines **stillschweigenden** Ausschlusses sind nicht dem nach IPR anwendbaren nationalen Recht, sondern dem Einheitskaufrecht zu entnehmen[151]. Danach genügt es für die Bejahung eines stillschweigenden Ausschlusses nicht, daß sich die Parteien keine Gedanken über das anzuwendende Recht gemacht haben oder nur schlechthin deutsches Recht zugrunde legen wollten[152]. Das gilt nicht, wenn auf engli-

[150] Ähnlich wohl auch *Stötter* RIW **1980** 37; unmittelbar aus Art. 3 EKG *Mertens/Rehbinder* Internationales Kaufrecht (1975) Art. 3 EKG 7; *Dölle/Herber* in: Dölle, Kommentar zum Einheitlichen Kaufrecht (1976), Art. 3 EKG 6.

[151] BGH NJW **1979** 1779 = WM **1979** 761 ff; *Stötter* RIW **1980** 37.

[152] BGH WM **1981** 169, 170; OLG Hamm RIW **1983** 952; OLG Hamburg RIW **1980** 262, 263 m. Nachw.

sches Recht verwiesen wird; denn das EKG ist zwar Bestandteil des englischen Rechts, soll aber nach englischen Rechtsvorstellungen nicht automatisch gelten (Art. 1 Rdn. 302; **a. A.** OLG Hamm RIW **1983** 952, 953). Aus den besonderen Gegebenheiten des Einzelfalles oder aus typischen Umständen muß auf den Willen der Parteien, das deutsche EKG zu derogieren oder ein anderes Recht als das EKG zu wählen (BGH DB **1981** 883), zurückgeschlossen werden können[153]. Ein derartiger konkludenter Ausschluß kann auch während des Prozesses oder vorprozessual erfolgen (BGH WM **1981** 169, 170). Den Parteien muß nicht bewußt gewesen sein, das EKG zu derogieren (BGH RIW **1984** 151). Ein **hypothetischer Parteiwille** kann das EKG nur dort verdrängen, wo das EKG für eine Partei zu völlig unerträglichen Ergebnissen führen würde[154]. Demnach genügt es grundsätzlich für die Annahme eines stillschweigenden Ausschlusses **nicht,** daß die Parteien vor Inkrafttreten des EKG ihre Kaufverträge nach BGH/HGB abgewickelt haben (BGH NJW **1979** 1782), daß die AGB einer der Parteien auf die Ergänzung durch nationales Recht zugeschnitten sind (*Stötter* RIW **1980** 37, 38), es sei denn, daß dieses Recht für den Vertragspartner erkennbar das BGB/HGB ist (BGH RIW **1984** 151) oder, daß ausdrücklich auf das HGB verwiesen wird (LG Kleve IPRax **1984** 41). Gleiches gilt für Formularverträge oder die Vereinbarung eines Schiedsgerichts[155].

309 Die **Inhaltskontrolle** der Klauseln, die das EKG partiell verdrängen, erfolgt anhand des nach IPR anwendbaren nationalen Rechts (OLG Hamm IPRax. **1983** 231, 232; *Mertens/Rehbinder* Art. 3 EKG 19f). Unter Umständen ist der gesamte Vertrag wegen Sittenwidrigkeit nichtig (vgl. Art. 12 EAG Rdn. 619).

Artikel 4 EKG

Dieses Gesetz ist auch anzuwenden, wenn die Parteien es als das Recht ihres Vertrages gewählt haben, gleichgültig, ob sie ihre Niederlassung oder ihren gewöhnlichen Aufenthalt im Gebiet verschiedener Staaten haben oder nicht und ob diese Staaten Vertragsstaaten des Übereinkommens vom 1. Juli 1964 zur Einführung eines Einheitlichen Gesetzes über den internationalen Kauf beweglicher Sachen sind oder nicht, jedoch nur soweit dieses Gesetz nicht in Widerspruch zu zwingenden Bestimmungen steht, die anzuwenden wären, wenn die Parteien das Einheitliche Gesetz nicht gewählt hätten.

310 Art. 4 erstreckt die Privatautonomie in Richtung auf die Wahl des EKG. Dies ist insbesondere dort bedeutsam, wo — wie in der Bundesrepublik Deutschland — das EKG nur gilt, wenn die Parteien ihre Niederlassung in verschiedenen Vertragsstaaten besitzen (Vorbehalt III des Kaufübereinkommens; Rdn. 302) und daher der Geltungsbereich des EKG relativ eng begrenzt ist.

Die Wahl des Einheitlichen Kaufrechts kann stillschweigend erfolgen (Parallele zu Art. 3). Verweisen die Parteien schlechthin auf nationales Recht (z. B. auf deutsches Recht), so ist es eine Frage der Umstände des Einzelfalls, ob das EKG oder das unvereinheitlichte nationale Recht gewählt ist.

311 Art. 4 statuiert einen Vorbehalt des **zwingenden Rechts** und verwehrt so den Parteien, auf das Einheitskaufrecht auszuweichen, um zwingendes nationales Recht zu

---

153 BGH WM **1979** 761 f; *Magnus* RabelsZ **45** (1981) 145, 150.

154 OLG Hamm RIW **1980** 662, 663; **a. A.** *Schultze-v. Lasaulx* Die Vertragsaufhebung im Haager Einheitlichen Kaufgesetz (1977) S. 14 m. Nachw.; *Rehbinder* IPRax. **1982** 7, 8.

155 **A. A.** Schiedsgericht der Hamburger freundschaftlichen Arbitrage, RIW **1978** 377; *Mertens/Rehbinder* Art. 3 EKG 13; vgl. ferner *Hübner* NJW **1980** 2601; *Hausmann* WM **1980** 726; *ders.* RIW **1977** 186.

umgehen. Die Vorschrift hat keine große Bedeutung (*Landferman* NJW **1974** 390). Zunächst sind die Artt. 5 Abs. 2, 8 zu beachten. Darüber hinaus gilt bei innerstaatlichen Kaufverträgen der Vorrang zwingenden Rechts ohnehin uneingeschränkt. Im übrigen hängt die Möglichkeit, zwingende Rechtsnormen auszuschalten, vom jeweiligen Vertragsstatut ab; denn bei grenzüberschreitenden Kaufverträgen werden nur diejenigen zwingenden Normen wirksam, die aufgrund des IPR zum Tragen kommen (*Dölle/Herber* Art. 4 EKG 4).

Artikel 5 EKG

(1) Dieses Gesetz gilt nicht für den Verkauf
a) von Wertpapieren und Zahlungsmitteln;
b) von eingetragenen oder eintragungspflichtigen Seeschiffen, Binnenschiffen und Luftfahrzeugen;
c) von elektrischer Energie;
d) durch gerichtliche Maßnahme oder auf Grund einer Beschlagnahme.

(2) Dieses Gesetz berührt nicht die zwingenden Bestimmungen der innerstaatlichen Rechte zum Schutze des Käufers bei Abzahlungsgeschäften.

312 Art. 5 regelt zusammen mit den Artt. 6—8 den **sachlichen Anwendungsbereich. Wertpapiere** im Sinne des Art. 5 sind alle Urkunden, in denen Rechte verbrieft werden, auch wenn die Urkunden nur Legitimations- oder Beweisfunktion besitzen. Der Verkauf von Rechten (z. B. Herausgabeansprüchen, Ermächtigungen) soll vom EKG nicht erfaßt werden. Soweit Traditionspapiere (z. B. Konnossemente) oder Rektapapiere (z. B. Namenslagerscheine), die den Anspruch auf die Herausgabe beweglicher Sachen verbriefen, verkauft sind, ist im Einzelfall zu prüfen, ob das EKG nicht deshalb anwendbar ist, weil in Wirklichkeit die Ware als solche veräußert worden ist (zum Abladegeschäft vgl. Rdn. 5; ferner *Denkschrift* der deutschen Bundesregierung zu den Kaufrechtsübereinkommen, BT-Drucksache VI/3772 und VII/115 (zit. Denkschrift) S. 56). **Schiffe** und **Luftfahrzeuge** müssen in einem öffentlichen Register, das der Publizität dinglicher Rechte dient, eintragungspflichtig gewesen sein oder — auch fälschlich — eingetragen worden sein. Der Ausschluß des Art. 5 Abs. 1 lit. c gilt nur für elektrische **Energie,** nicht für Gas, Wärme etc. Unter Art. 5 Abs. 1 lit. d fällt auch der freihändige Verkauf von gepfändeten Sachen durch den Gläubiger sowie Verkäufe durch den Konkursverwalter, da sie „aufgrund einer **Beschlagnahme**" erfolgen.

313 Der Vorbehalt zugunsten des Rechts der **Abzahlungsgeschäfte** hat im Lichte des Art. 8 (Gültigkeit des Vertrages) selbständige Bedeutung für die Frage des Formerfordernisses (Art. 15). Ferner kann das Recht des Abzahlungsgeschäftes besondere Ansprüche begründen. Die Frage, ob ein Abzahlungsgeschäft vorliegt und welche Normen zwingend sind, ist nach IPR zu entscheiden.

Artikel 6 EKG

Im Sinne dieses Gesetzes stehen den Kaufverträgen die Verträge über die Lieferung herzustellender oder zu erzeugender beweglicher Sachen gleich, es sei denn, daß der Besteller einen wesentlichen Teil der für die Herstellung oder Erzeugung notwendigen Rohstoffe selbst zur Verfügung zu stellen hat.

314 Werklieferungsverträge werden Kaufverträgen ohne Rücksicht darauf, ob es sich um die Produktion vertretbarer oder unvertretbarer Sachen handelt, gleichgestellt. Das EKG erfaßt auch Kaufverträge oder Werklieferungsverträge mit Montageverpflichtung, sofern die Montageverpflichtung nur einen untergeordneten Teil der geschuldeten Leistung darstellt. In solchen Fällen ist der gesamte Vertrag ungeachtet der Tatsache, daß derartige Verträge als gemischte Verträge zu qualifizieren sind (BGH RIW **1982** 441), dem EKG unterworfen (*Dölle/Herber* Art. 6 EKG 7).

Artikel 7 EKG

Dieses Gesetz ist ohne Rücksicht darauf anzuwenden, ob die Parteien Kaufleute oder Nichtkaufleute und ob die abzuschließenden Verträge handelsrechtlicher oder bürgerlich-rechtlicher Art sind.

315 Die Vorschrift soll die Schwierigkeiten vermeiden helfen, die mit der Definition des Kaufmanns oder des Konsumentengeschäftes verbunden sind.

Artikel 8 EKG

Dieses Gesetz regelt ausschließlich die aus dem Kaufvertrag entstehenden Pflichten des Verkäufers und des Käufers. Insbesondere befaßt es sich, soweit es nicht ausdrücklich etwas anderes bestimmt, weder mit dem Abschluß des Vertrages noch mit dessen Wirkungen in bezug auf das Eigentum an der verkauften Sache noch mit der Gültigkeit des Vertrages oder der in diesem enthaltenen Bestimmungen noch mit der Gültigkeit von Gebräuchen.

316 Das EKG behandelt nur einen Ausschnitt der bei internationalen Käufen auftauchenden Rechtsfragen. Art. 8 S. 2 enthält einen Katalog der im EKG nicht behandelten Materien. Dieser Katalog ist, wie die Formulierung „insbesondere" zeigt, nicht umfassend. Es muß daher bei den in Art. 8 S. 2 nicht ausdrücklich genannten Materien von Fall zu Fall entschieden werden, ob eine Lücke des EKG vorliegt, die nach Maßgabe des Art. 17 zu schließen ist, oder ob die zu lösende Frage vom EKG nicht erfaßt wird und daher das nach IPR berufene unvereinheitlichte nationale Recht anzuwenden ist. Die in Art. 8 S. 1 gewählte Formulierung „aus dem Kaufvertrag entstehenden Pflichten" ist für die Entscheidung der Frage wenig hilfreich. Es ist deshalb darauf abzustellen, ob das EKG einen für Parteien eines Kaufvertrages typischen Interessenkonflikt erkennbar, wenn auch nicht lückenlos, regeln will.

317 **Nicht** vom EKG **erfaßt** werden demnach: **Abschluß des Vertrages,** der, soweit es den formellen Konsens betrifft, nach den Regeln des EAG (Rdn. 604) zu beurteilen ist. Die **Gültigkeit des Vertrages** ist bislang in keinem vereinheitlichten Gesetz geregelt. Zur Rechtsvereinheitlichung auf dem Gebiet des Vertretungsrechts *Stöcker* WM **1983** 778. Fragen der Gültigkeit des Vertrages, wie Geschäftsfähigkeit, Anfechtung, Nichtigkeit wegen Verstoßes gegen ein gesetzliches Verbot oder die guten Sitten sowie die Wirksamkeit von Allgemeinen Geschäftsbedingungen[156] fallen nicht in den Regelungsbereich des EKG oder des EAG. Zur Kontrolle von AGB *Schlechtriem,* Gedächtnisschrift für Jürgen Rödig (1978) S. 255, 257; *Hausmann* WM **1980** 726; *Otto,* Allgemeine Geschäftsbedingungen, aaO. Eine Ausnahme gilt für die Anfechtung wegen Irrtums über Eigenschaften der Sache (Art. 34) und für die Formgültigkeit des Vertrages (Art. 15), z. B. § 2 AGBG (str.), nicht aber AbzahlungsG (Art. 5 Abs. 2 EKG). — Über die Gültigkeit von Gebräuchen (Art. 9) ist im Licht des nach IPR anwendbaren nationalen Rechts zu urteilen. Unberührt durch das EKG bleiben auch etwaige Auswirkungen des Kaufvertrages auf die Eigentumslage. Nicht vom EKG geregelt werden ferner Zulässigkeit sowie Wirkung der **Bedingung** und **Befristung,** die **bereicherungsrechtliche** Rückabwicklung bei Ungültigkeit des Vertrages (bei Rücktritt Artt. 78 Abs. 2, 81), die **Beteiligung Dritter** am Vertrag[157], im Grundsatz die Haftung für **vorvertragliches Verhalten** (Art. 34 Rdn. 392), **öffentlich-rechtliche** Fragen, die Haftung

---

[156] Vgl. dazu *Hausmann* WM **1980** 726, 734 m. Nachw.; *Bauer* RIW **1981** 663, 667.

[157] z. B. Vertrag zugunsten Dritter, Abtretung, Schuldübernahme.

nach **Deliktsrecht,** auch im Rahmen der Produzentenhaftung, die **Verjährung** mit Ausnahme der in Artt. 39 Abs. 1, 49 Abs. 1 geregelten Fragen.

318 **Geregelt** sind hingegen u. a. die **Auslegung** des Vertrages, die **Beweisverteilung** nach allgemeinen Grundsätzen, die Haftung für **culpa in contrahendo,** jedoch nur soweit gültige Verträge geschlossen wurden und es um Fragen der Mangelfreiheit der Kaufobjekte geht (Artt. 34, 53; *Huber* Festschrift v. Caemmerer (1978) S. 837, 865); der Einwand des **Wegfalls der Geschäftsgrundlage** (Artt. 54, 74), die Haftung für **Hilfspersonen** (Artt. 17, 74), die **positive Vertragsverletzung**.

Kapitel II

Allgemeine Bestimmungen

Artikel 9 EKG

(1) Die Parteien sind an die Gebräuche, auf die sie sich ausdrücklich oder stillschweigend bezogen haben, sowie an Gepflogenheiten gebunden, die sich zwischen ihnen gebildet haben.

(2) Sie sind ferner an Gebräuche gebunden, von denen vernünftige Personen in der gleichen Lage gewöhnlich annehmen, daß sie auf ihren Vertrag anzuwenden seien. Stehen die Gebräuche in Widerspruch zu diesem Gesetz, so haben sie den Vorrang, wenn nicht das Gegenteil dem Willen der Parteien entspricht.

(3) Werden handelsübliche Ausdrücke, Klauseln oder Formulare verwendet, so bestimmt sich ihre Auslegung nach dem Sinn, den ihnen die beteiligten Handelskreise üblicherweise beilegen.

319 **Art. 9 Abs. 1** verdeutlicht, daß das EKG vom Prinzip der Privatautonomie beherrscht wird. Gebräuche werden wie jede andere Regelung durch vertragliche Einbeziehung Vertragsinhalt, unabhängig davon, ob sie nach Art. 9 Abs. 2 zwischen den Parteien gelten würden. Die Bindung an parteiinterne Gepflogenheiten entspricht im wesentlichen der Bedeutung, die laufende Geschäftsverbindungen im BGB für die Auslegung von Willenserklärungen besitzen. Die Parteien können darauf vertrauen, daß die bisherige Übung beibehalten wird, es sei denn, daß der Vertragspartner zu erkennen gegeben hat, daß er von der Übung abweichen will, oder daß ein Vertrauen (z. B. auf weitere Duldung vertragswidrigen Verhaltens) im Einzelfall nicht schutzwürdig ist.

320 **Art. 9 Abs. 2** stellt hingegen eine unmittelbar wirkende normative Regelung dar, die normativen Gebräuchen den Vorrang vor dem EKG verschafft. Auf diese Weise wird das Normprogramm des Kaufvertrages dichter an die typischen Erwartungen der Kaufvertragsparteien herangeführt und darüber hinaus unabhängig von der Kenntnis oder dem Kennenmüssen der Parteien sachnäher ausgeformt. Auch hier gilt aber der Vorrang der Privatautonomie. Normative Gebräuche i. S. d. Art. 9 Abs. 2 sind dadurch charakterisiert, daß sich die beteiligten Verkehrskreise faktisch nach diesen Gebräuchen verhalten. Der Brauch muß in den beteiligten Verkehrskreisen nicht als angemessen betrachtet werden, er darf aber auch nicht als unvernünftig gelten. Die Gebräuche müssen aus der Sicht der sich räumlich, branchenmäßig in derselben Lage befindlichen Käufer- und Verkäuferkreise üblicherweise maßgeblich sein. Dabei kann es durchaus vorkommen, daß der Brauch entsteht, einen in einem anderen Verkehrskreis entwikkelten Gebrauch auf dritte Verkehrskreise zu erstrecken. Die Gebräuche müssen nicht notwendig internationalen Charakter haben. Auch nationale und regionale Gebräuche können über Art. 9 Abs. 2 wirksam werden, falls vernünftige Personen in der gleichen Lage dem Brauch folgen, weil es sich z. B. um an Welthandelsplätzen allgemein bekannte und befolgte Usancen handelt. Mußte eine Partei vernünftigerweise damit rechnen, daß ihr Partner auch im Verhältnis zu ihr von der Verbindlichkeit eines Brauches ausgehe, so kann der Brauch nach den Regeln der Vertragsauslegung Gültigkeit erlangen (Art. 9 Abs. 1; **a. A.** *Dölle/Jung* Art. 9 EKG 13).

321 **Art. 9 Abs. 3** soll sicherstellen, daß handelsübliche Ausdrücke usw. im üblichen Sinn ausgelegt werden. Ihre Interpretation kann nicht durch bloßen Parteiwillen modifiziert werden, wenn den Parteien bekannt sein mußte, daß sich Dritte (z. B. Banken) auf das handelsübliche Verständnis der Klauseln verlassen. Art. 9 Abs. 3 löst nicht ausdrücklich das Problem, wie zu entscheiden ist, wenn in verschiedenen (Vertrags-)Staaten dieselbe Klausel unterschiedlich ausgelegt wird. Zu dieser bei den Incoterms und Trade Terms auftretenden Frage vgl. Rdn. 11f. Da Art. 9 Abs. 3 vom Zweck des Einheitsrechts her zu interpretieren ist, ist primär auf die Anschauungen vernünftiger Vertragspartner in vergleichbarer Lage abzuheben (*Mertens/Rehbinder* Art. 9 EKG 38) und sekundär das übliche Verständnis der Handelsklauseln zugrundezulegen, das im Staat der verpflichteten Partei gebräuchlich ist.

Artikel 10 EKG

Eine Vertragsverletzung wird im Sinne dieses Gesetzes immer dann als wesentlich angesehen, wenn die Partei, die sie begangen hat, im Zeitpunkt des Vertragsabschlusses gewußt hat oder hätte wissen müssen, daß eine vernünftige Person in der Lage der anderen Partei den Vertrag nicht geschlossen hätte, wenn sie die Vertragsverletzung und ihre Folgen vorausgesehen hätte.

322 Das EKG geht von einem einheitlichen Begriff der Vertragsverletzung aus, der sowohl die Fälle der Nichtlieferung und Nichtbezahlung, der verspäteten Lieferung und Bezahlung, der Schlechtlieferung einschließlich der Lieferung mangelhafter Ware umfaßt. An diesen einheitlichen Begriff der Vertragsverletzung werden unterschiedliche Rechtsfolgen geknüpft, je nachdem, ob die Vertragsverletzung zu vertreten ist oder nicht (Art. 74), ob sie wesentlich ist (Art. 10) oder nicht. Unwesentliche Vertragsverletzungen ziehen grundsätzlich nur eine Schadensersatzpflicht nach sich. Der Rücktritt der durch die Vertragsverletzung beeinträchtigten Partei (Aufhebung des Vertrages) ist regelmäßig davon abhängig, daß die Vertragsverletzung als wesentlich im Sinn des Art. 10 zu qualifizieren ist (z. B. Artt. 26 Abs. 1, 30 Abs. 1, 32 Abs. 1, 43, 45 Abs. 2, 52 Abs. 3, 55 Abs. 1, 62 Abs. 1, 66 Abs. 1, 70 Abs. 1).

323 Art. 10 enthält eine Legaldefinition des Begriffs „wesentlich". Er umschreibt diejenigen Vertragsverletzungen, die so gravierend sind, daß der Vertragspartner nicht mehr am Vertrag festgehalten werden kann. Art. 10 wird ergänzt durch Vorschriften (z. B. Art. 27 Abs. 2), die das erfolglose Verstreichenlassen einer angemessenen Nachfrist ebenfalls als wesentliche Vertragsverletzung qualifizieren.

324 Der Art. 10 tragende Grundgedanke ist nicht ganz klar erkennbar. Sicher ist nur, daß es dem Käufer verwehrt sein soll, irgendeine Vertragsverletzung des Verkäufers zum Anlaß zu nehmen, um sich von einem ex post unlukrativ gewonnenen Vertrag abzuwenden; denn in Art. 10 ist die Prüfung des hypothetischen Vertragswillens auf den Zeitpunkt des realen Vertragsschlusses zurückbezogen und darf nur im Lichte der Vertragsverletzung und der gerade hieraus resultierenden Nachteile vorgenommen werden.

325 Streitig ist, ob im übrigen ein psychologisch-empirischer oder ein mehr normativer Maßstab anzulegen ist. *Graveson/Cohn/Graveson* (The Uniform Laws on International Sales Act 1967 (1968) S. 55ff) vertreten die Ansicht, daß man sich in die hypothetische Situation eines Käufers, der frei von Launen sei, aber auch voll seine Interessen verfolge, hineinversetzen müsse. Von diesem Standpunkt aus sei zu prüfen, ob dieser Käufer den Vertrag geschlossen hätte, wenn er um die Vertragsverletzung und ihre Folgen gewußt hätte. Sie kommen folgerichtig zu dem Ergebnis, daß ein vernünftiger Käufer, der die Möglichkeit gehabt hätte, unter vielen zuverlässigen Anbietern zu wählen, nicht gekauft hätte, wenn er gewußt hätte, daß gerade sein Lieferant verspätet liefert. Erst recht hätte er nicht gekauft, wenn er gewußt hätte, daß er großen Schaden erleiden würde. Von anderer Seite wird eine stärker normative Position mit dem Ziel bezogen, eine Vertragsverletzung erst dann als „wesentlich" zu qualifizieren, wenn das Abwarten einer Nachfrist und/oder eine isolierte Liquidation des Schadens in Geld unzumutbar ist. Dabei wird von einer „vernünftigen Person" ausgegangen, die nicht nur ihre eigenen Interessen im Auge hat, sondern auch redlich ist und einen Sinn für die Verhältnismäßigkeit der Mittel besitzt[158].

326 Der Wortlaut des Art. 10 legt zwar nahe, den hypothetischen Vertragswillen empirisch zu ermitteln (*Schultze-von Lasaulx* Die Vertragsaufhebung im Haager EKG, Diss. Hamburg (1977), S. 136ff) und dazu Sachverständige heranzuziehen, um Aufschluß über die Verhaltensstandards und Motive in den Kreisen des Käufers zu gewinnen (*Stötter* Art. 10 EKG 4). Insbesondere aus der Tatsache, daß das Verstreichenlassen einer Nachfrist als wesentliche Vertragsverletzung gilt (s. Rdn. 323), ist jedoch zu schließen, daß Art. 10 die Funktion hat, die Vertragsaufhebungsmöglichkeit auf diejenigen Fälle zu beschränken, in denen dem Käufer weder das Abwarten einer Nachfrist noch ausschließlich ein Schadensausgleich in Geld zuzumuten ist[159].

327 Geht man von dieser ratio legis aus, so bedeutet **vernünftig** nicht nur frei von Launen, sondern auch redlich. Die vernünftige Person, die das Gesetz als Vergleichsmaßstab einsetzt, strebt nicht nur den eigenen Vorteil an, sondern verzichtet auch darauf, Vertragsverletzungen als Gelegenheit zu benutzen, um sich aus ex post unlukrativen Verträgen zu befreien. Sie ist bereit, kleinere Unannehmlichkeiten hinzunehmen.

328 Die **Intensität der Vertragsverletzung** ist an deren Folgen zu messen. Zeitigt eine gravierende Vertragsverletzung ausnahmsweise keine Folgen, so hätte eine vernünftige Person gleichwohl den Vertrag geschlossen. Maßgeblich ist die Vertragsverletzung und ihre Folgen im Moment der Aufhebung des Vertrages. Dabei sind drohende weitere Schäden als „Folgen" mitzuberücksichtigen.

Da davon auszugehen ist, daß der Vertrag nur in solchen Fällen nicht abgeschlossen worden wäre, in denen die Vertragsverletzung trotz Schadensausgleich unzumutbare Konsequenzen hat, ist eine wesentliche Vertragsverletzung zunächst anzunehmen, wenn die Erfüllung objektiv unmöglich geworden ist oder ein Interesse des Käufers an späterer Erfüllung gerade infolge der Vertragsverletzung gänzlich weggefallen ist. Bei der Prüfung des Interessenwegfalls ist davon auszugehen, daß der Verzögerungsschaden in Geld ersetzt wird. Ferner ist eine Vertragsverletzung wesentlich, wenn eine verspätete Erfüllung den Verkäufer allzu großen Risiken aussetzen würde (z. B. eine schwer absetzbare Ware wurde gekauft; der Abnehmer des Käufers springt infolge verspäteter Lieferung ab; es ist unklar, wann zu welchen Konditionen der Käufer andere Abnehmer findet) oder wenn sich der Verkäufer als derart vertragsuntreu gezeigt hat, daß der Käufer nicht mehr mit ausreichender Gewißheit Erfüllung erwarten kann.

329 Soweit der Käufer **keine Nachfrist** setzen kann, ist eine wesentliche Vertragsverletzung zu bejahen, wenn Leistung des Verkäufers und Schadensersatzzahlung kein ausreichendes Äquivalent für den Kaufpreis darstellen.

---

158 *Mertens/Rehbinder* Art. 10 EKG 8 ff; *Dölle/Huber* Art. 10 EKG 14 ff; *Schultze-v. Lasaulx* S. 139.

159 *v. Caemmerer* Die wesentliche Vertragsverletzung im international Einheitlichen Kaufrecht, Festschrift Coing (1982) S. 33, 47; *Beinert* Wesentliche Vertragsverletzung und Rücktritt (1979) S. 72 f; *Kronke* RIW **1981** 266.

Liefert der Verkäufer ein **aliud** an einen Händler, so braucht sich der Händler nicht darauf verweisen zu lassen, daß er diese Ware genauso gut verwerten kann wie die eigentlich bestellte Ware (*Dölle/Huber* Art. 10 EKG 15). Der Käufer besitzt nämlich das Recht, weiterhin Erfüllung zu verlangen. Liefert der Verkäufer eine mangelhafte Speziessache, die nicht repariert werden kann, so ist eine Nachfrist zur Behebung des Mangels (Art. 44 Abs. 2) sinnlos. Der Käufer hat bei dem Vertrag stehen zu bleiben, wenn die Sache für seine Zwecke hinreichend tauglich ist und der Minderwert bzw. kleinere Folgeschäden in Geld ausgeglichen werden können (**a. A.** *Dölle/Stumpf* Art. 43 EKG 2). **330**

Der Verkäufer muß ohne fruchtloses Verstreichen einer Nachfrist nur dort eine Vertragsaufhebung hinnehmen, wo er mit der Vertragsverletzung und ihren Folgen **rechnen konnte** (*Mertens/Rehbinder* Art. 10 EKG 7; *Dölle/Huber* Art. 10 EKG 28). Dabei kommt es auf den Standpunkt einer vernünftigen Person (Art. 13) im Moment des Vertragsschlusses an. Der Verkäufer muß in diesem Zeitpunkt in der Lage gewesen sein, die Konsequenzen einer Vertragsaufhebung einzukalkulieren (**a. A.** *Schultze-von Lasaulx* S. 137 f). **331**

Vereinbaren die Parteien, daß die Lieferung **„fix"** oder dgl. zu erfolgen hat, so ist der Abrede zu entnehmen, daß keine Nachfrist gesetzt zu werden braucht. Die Versäumung der Lieferfrist ist dann wie eine wesentliche Vertragsverletzung zu behandeln. Gleiches gilt für Handelsbräuche, denenzufolge, wie z. B. beim Abladegeschäft, eine zweite Andienung unzulässig ist (§ 376 HGB Rdn. 7; *Dölle/Huber* Art. 10 EKG 8). **332**

Artikel 11 EKG

Unter dem Ausdruck „kurze Frist", in der eine Handlung vorzunehmen ist, versteht dieses Gesetz eine Frist, die unter Berücksichtigung der Umstände so kurz wie möglich ist und die mit dem Zeitpunkt beginnt, in dem die Handlung vernünftigerweise vorgenommen werden kann.

Der Begriff „kurze Frist" wird im EKG verwandt, um eine Partei an Spekulationen zu Lasten der anderen Partei zu hindern und alsbald Sicherheit über die Rechtslage zu schaffen. **333**

Der **Lauf der Frist** beginnt in dem Moment, in dem die Handlung (Mitteilung, Lieferung) zum vernünftigerweise frühest möglichen Zeitpunkt vorgenommen werden kann. Maßgeblich ist eine objektive Beurteilung der Umstände des Einzelfalls. Bedeutsam ist z. B. die Gefahr falscher Vorwürfe (BGH RIW **1982** 594, 596). Grundsätzlich hat die geforderte Handlung während des Laufs der kurzen Frist zu erfolgen. Mitteilungen, die binnen kurzer Frist zu erfolgen haben, müssen innerhalb dieser Frist dem anderen Teil zugehen (*Mertens/Rehbinder* Art. 11 EKG 6; *Leser* Die Vertragsaufhebung im Einheitlichen Kaufgesetz, in: Leser/v. Marschall, Das Haager Einheitliche Kaufgesetz und das Deutsche Schuldrecht (1973) S. 12 f). Ausnahme Art. 39 Abs. 3: Mängelrüge. Bei Leistungen kommt es auf den Leistungserfolg (Art. 19) an. Die **Dauer der Frist** hängt davon ab, innerhalb welcher Zeit die in Frage stehende Handlung mit angemessenen Mitteln schnellst möglich vorgenommen werden kann. Eine Überlegungsfrist steht demjenigen, der innerhalb kurzer Frist zu handeln hat, nicht zu (*Denkschrift* S. 57 f). Es ist ein strenger Maßstab anzulegen; auf ein Verschulden kommt es nicht an (BGH RIW **1982** 594, 596).

Hat eine Handlung binnen **„angemessener" Frist** zu erfolgen, so steht dem Handelnden ein ausreichender Zeitraum für Überlegungen zu. **334**

Artikel 12 EKG

Unter dem Ausdruck „Marktpreis“ versteht dieses Gesetz den Preis, der sich aus einer amtlichen Preisnotierung auf einem Markt oder in Ermangelung einer solchen Notierung aus den Faktoren ergibt, die nach den Marktbräuchen zur Festsetzung des Preises dienen.

335 Art. 12 enthält eine Legaldefinition des in den Artt. 84 ff im Zusammenhang mit der abstrakten Schadensberechnung verwandten Begriffs „Marktpreis“. Der Marktpreis muß hinreichend sicher und objektiv feststellbar sein. Somit muß sich der Marktpreis auf organisierten Märkten herauskristallisieren, wo regelmäßig Preisfeststellungen getroffen werden. Werden diese Preisfeststellungen von damit öffentlich-rechtlich betrauten Personen getroffen, so handelt es sich um amtliche Preisnotierungen. Den amtlichen Preisnotierungen sind private Feststellungen, die durch allgemein anerkannte Organisationen erfolgen, gleichzustellen. „Marktpreise“ stellen auch solche Preise dar, die aufgrund von Marktgebräuchen gebildet werden (u. U. auch auf der Basis laufender Preise). Diejenigen Preise, die der Käufer seinen Abnehmern üblicherweise berechnet oder die im Einzelfall erzielt werden, fallen nicht in die Kategorie des Marktpreises.

Artikel 13 EKG

Wird in diesem Gesetz eine Wendung wie „eine Partei hat gewußt oder hätte wissen müssen“, „eine Partei hat gekannt oder hätte kennen müssen“ oder eine ähnliche Wendung gebraucht, so bedeutet dies, daß darauf abzustellen ist, was eine vernünftige Person in der gleichen Lage hätte wissen oder kennen müssen.

336 Art. 13 enthält eine Legaldefinition der in dieser Vorschrift ausdrücklich genannten Wendungen und ähnlicher Wendungen, wie „festgestellt hat oder ... hätte müssen“ (Art. 39), „zur Kenntnis gelangt ist oder hätte ... müssen“ (Art. 51 Abs. 4), „gekannt hat oder über sie nicht hat in Unkenntnis sein können“ (Art. 36)[160].

337 Art. 13 zufolge ist eine objektive Betrachtungsweise maßgeblich. Vergleichsmaßstab ist eine rational handelnde, den Regeln des Anstands verpflichtete Person, die die durchschnittlichen Fähigkeiten der Berufsgruppe des Vertragspartners besitzt und nach den Standards verfährt, die der Art des Geschäftes nach vernünftigerweise üblich sind. Unerheblich ist der Einfluß des Alters oder des Lebensbereiches, in dem die betroffene Partei tätig war. Die Formulierung „in der gleichen Lage“ läßt eine Individualisierung nur in dem Sinne zu, daß alle Besonderheiten des konkreten Geschäfts, nicht aber die der konkreten Partei zu berücksichtigen sind (*Tiling* RabelsZ **32** (1968) 258 (263)).

338 Für Hilfspersonen hat die Partei nicht schlechthin einzutreten. Das EKG hat die Haftung für Hilfspersonen nicht ausdrücklich geregelt. Die Lücke ist gemäß Art. 17 für jede einzelne Zurechnungsvariante zu schließen. Siehe auch Art. 74 Rdn. 547.

Artikel 14 EKG

Die in diesem Gesetz vorgesehenen Mitteilungen sind mit den nach den Umständen üblichen Mitteln zu bewirken.

339 Diejenige Partei, die unübliche Kommunikationsmittel verwendet, verliert das Recht, sich auf die Mitteilung zu berufen, wenn sich die Lage des Mitteilungsempfängers durch Verwendung unüblicher Mittel verschlechtert hat. Unter Umständen ist Schadensersatz zu leisten (z. B. Artt. 19 Abs. 3, 39 Abs. 3 in Verbindung mit Artt. 55 Abs. 1, 70 Abs. 1).

---

160 *Dölle/Reinhart* Art. 13 EKG 25; **a. A.** *Dölle/Stumpf* Art. 36 EKG 4.

Artikel 15 EKG

Für den Kaufvertrag ist keine besondere Form vorgeschrieben. Er kann insbesondere auch durch Zeugen bewiesen werden.

340 Das Prinzip der Formfreiheit gilt für sämtliche im Zusammenhang mit dem Kaufvertrag stehenden Erklärungen. Erforderlich ist ein typisch kaufrechtlicher Inhalt der Erklärung. **Ausnahmen:** Art. 5 Abs. 2 in Hinblick auf Abzahlungsgeschäfte. Andere Verbraucherschutzvorschriften unterfallen nicht dem Vorbehalt des Art. 5 Abs. 2. Das gilt auch für Allgemeine Geschäftsbedingungen, die das EKG partiell abbedingen (*Hausmann* WM **1980** 726, 733 (str.)). Ferner Art. 19 Abs. 3. **Privatautonome Formabreden** sind gültig. Mangels spezifisch kaufrechtlichen Charakters ist die Formbedürftigkeit von Schiedsklauseln und Gerichtsstandsklauseln nach dem maßgeblichen nationalen Recht bzw. anhand der einschlägigen völkerrechtlichen Abkommen zu beurteilen.

Artikel 16 EKG

Ist nach diesem Gesetz eine Partei berechtigt, von der anderen die Erfüllung einer Verpflichtung zu verlangen, so braucht ein Gericht ein Urteil auf Erfüllung in Natur nur nach Maßgabe des Artikels VII des Übereinkommens vom 1. Juli 1964 zur Einführung eines Einheitlichen Gesetzes über den internationalen Kauf beweglicher Sachen zu erlassen oder zu vollstrecken.

341 Art. VII des Übereinkommens vom 1. Juli 1964 lautet:

(1) Ist nach den Bestimmungen des Einheitlichen Gesetzes eine Partei berechtigt, von der anderen die Erfüllung der Verpflichtung zu verlangen, so ist kein Gericht gezwungen, ein Urteil auf Erfüllung in Natur zu erlassen oder zu vollstrecken, außer wenn es dies nach seinem eigenen Recht bei gleichartigen, nicht dem Einheitlichen Gesetz unterliegenden Kaufverträgen täte.

(2) Die Bestimmung des Abs. 1 berührt nicht die Pflichten der Vertragsstaaten aus bereits geschlossenen oder noch zu schließenden Übereinkommen über die Anerkennung und Vollstreckung von gerichtlichen Entscheidungen, Schiedssprüchen und anderen Vollstreckungstiteln.

Die Vorschrift trägt dem Umstand Rechnung, daß vor allem Staaten des angloamerikanischen Rechtskreises grundsätzlich keine Verurteilung zur Erfüllung in Natur, sondern nur zur Zahlung von Geld kennen. Diese staatlichen Besonderheiten sollten durch das EKG nicht in Frage gestellt werden. Art. 16 bezieht sich auf die Lieferung, Nachbesserung und Mitwirkungshandlungen in jeder Form. Streitig ist, ob Art. 16 entgegen seinem deutschen Wortlaut auch auf Verurteilungen zur Zahlung anzuwenden ist (zutr. verneinend *Dölle/Reinhart* Art. 16 EKG 27f). Die Geltung der nationalen währungs- und devisenrechtlichen Vorschriften bleibt unberührt.

Artikel 17 EKG

Fragen, die ein in diesem Gesetz geregeltes Rechtsgebiet betreffen, aber durch dieses Gesetz nicht ausdrücklich entschieden werden, sind nach den allgemeinen Grundsätzen zu entscheiden, die diesem Gesetz zugrunde liegen.

342 Art. 17 soll sicherstellen, daß das EKG im Geist der Rechtsvereinheitlichung angewendet und das unvereinheitlichte nationale Recht soweit wie möglich nicht — auch nicht mittelbar — herangezogen wird. Dem Wortlaut des Art. 17 zufolge scheint sich die Vorschrift nur auf Fragen der **Lückenfüllung** zu beziehen. Nach ganz h. M. gilt Art. 17 seinem Grundgedanken nach aber auch bei der **Auslegung** des EKG, weil hier ebenfalls verhindert werden muß, daß die Rechtsvereinheitlichung durch unterschiedliche nationale Methoden der Gesetzesinterpretation aufgelöst wird. **Keine Anwendung** findet Art. 17 dort, wo das EKG, EAG nicht zum Tragen kommen soll, z. B. bei den in

Art. 8 S. 2 geregelten Materien. Ferner gilt unmittelbar oder mittelbar das internationale Privatrecht bei Artt. 4, 5 Abs. 2, 9, 16, 38 Abs. 4, 42 Abs. 1 lit. c, 61 Abs. 2, 89 EKG (*Dölle/Wahl* Art. 17 EKG 21 ff). Im übrigen sind die Grenzen zwischen den aus dem Geltungsbereich des EKG ausgeklammerten Materien und den Lücken im Sinne des Art. 17 so zu ziehen, daß sie mit dem Ziel der Rechtsvereinheitlichung und einer sachgerechten Abrundung der EKG-Normen im Einklang stehen (ähnlich *Mertens/Rehbinder* Art. 17 EKG 4).

343 Soweit Lücken nicht nach Maßgabe des berufenen nationalen Rechts zu schließen sind (Rdn. 317), hat man **Lücken** mit den Instrumenten der Analogie und der offenen Rechtsfortbildung auszufüllen. Insbesondere im Rahmen der allgemeinen Rechtsfortbildung sind folgende Grundsätze von Bedeutung: Vorrang der Privatautonomie, Formlosigkeit, flüssige reibungslose Abwicklung des Warenaustausches und eventueller Leistungsstörungen, Vorrang objektiver Verhaltensstandards, Orientierung am Verhalten einer rational handelnden, anständigen Person. Der Vorschlag, der Richter habe in sorgfältig rechtsvergleichender Arbeit diejenige Lösung zu suchen, die den Rechtsordnungen der Vertragsstaaten gemeinsam ist oder im Lichte der Wertungen des EKG als beste Lösung zu qualifizieren ist (*Dölle/Wahl* Art. 17 EKG 75 m. Nachw.), ist nicht realisierbar (*Schlechtriem* IPrax. **1981** 113, 114). **Auszulegen** ist das EKG ohne Rückgriff auf nationale Rechtsvorstellungen aus sich heraus. Da die „allgemeinen Grundsätze" des EKG unter Umständen auch nur unter Rekurs auf seine Entstehungsgeschichte ermittelt werden können, sind historische und objektive Auslegung prinzipiell gleichrangig (**a. A.** *Mertens/Rehbinder* Art. 17 EKG 11). Das EKG ist als autonomes innerstaatliches Gesetz nicht nach den für völkerrechtliche Verträge geltenden Methoden zu interpretieren. Siehe ferner Art. 18 Rdn. 345 f.

Kapitel III

Pflichten des Verkäufers

Vorbemerkung vor Art. 18

344 Art. 18 umreißt in Form einer Übersicht die wichtigsten Pflichten des Verkäufers. Diese Pflichten werden sodann hinsichtlich Zeit und Ort der Lieferung in den Artt. 20—23, in Hinblick auf die Vertragsgemäßheit der Lieferung (insbesondere Qualität, aliud, Quantität) in Art. 19 Abs. 1, Artt. 33 ff sowie in den Artt. 50, 51 (Urkunden), Art. 52 (Eigentumsverschaffung), Artt. 19 Abs. 2 und 3, 54 (Versendung) und Art. 55 (sonstige Nebenpflichten) konkretisiert.

Das EKG geht von einem **einheitlichen Begriff** der **Vertragsverletzung** aus, der die Nichtlieferung, die verspätete, vertragswidrige (insbesondere mangelhafte) Lieferung sowie die Verletzung sonstiger Pflichten umfaßt. Die Rechtsfolgen dieser Vertragsverletzungen sind abgestuft, je nachdem, ob sich die Vertragsverletzung auf Zeit und Ort der Lieferung (Artt. 24 ff), auf die Qualität, Art oder Menge der gelieferten Waren (Artt. 33 ff), auf Rechtsmängel (Artt. 52, 53) oder sonstige Pflichten (Art. 55) bezieht. Innerhalb dieser Fallgruppen wird zusätzlich zwischen wesentlichen (Art. 10) und unwesentlichen Vertragsverletzungen unterschieden. Die Rechtsfolgen einer Vertragsverletzung hängen unter Umständen ferner davon ab, ob sie der Verkäufer zu vertreten hat oder nicht (Art. 74).

Artikel 18 EKG

Der Verkäufer ist nach Maßgabe des Vertrages und dieses Gesetzes zur Lieferung der verkauften Sache, gegebenenfalls zur Aushändigung der diese betreffenden Urkunden sowie zur Verschaffung des Eigentums an der Sache verpflichtet.

345 Art. 18 zählt die wichtigsten, typischen Pflichten des Verkäufers auf. Die Vorschrift definiert aber nicht den Begriff des Kaufvertrages (zum Begriff des Kaufvertrages Art. 1 Rdn. 301).

346 Die Pflicht zur Lieferung etc. entspringt nicht primär dem Gesetz, sondern dem Vertrag. Es ist Sache des Vertrages, die Pflichten des Verkäufers zu umreißen. Dies gilt insbesondere in Hinblick auf Art, Menge, Qualität sowie Gegenstand der geschuldeten Ware. Nur dort, wo der Vertrag schweigt, greift ergänzend das EKG ein. Demgemäß genießt die **Vertragsauslegung** Vorrang. Das EKG enthält keine auf die Interpretation von Verträgen bezogene Vorschrift (*Mertens/Rehbinder* Art. 17 EKG 27f (str.)). Die Lücke ist nach Maßgabe des Art. 17 zu schließen. Im Lichte der das EKG prägenden Grundsätze der Parteiautonomie sowie der Vernünftigkeit und Redlichkeit ist in erster Linie auf den übereinstimmenden Parteiwillen und in zweiter Linie auf die Erklärungsbedeutung aus der Perspektive eines redlichen Erklärungsempfängers abzuheben (ebenso *Mertens/Rehbinder* aaO). Daraus ergibt sich auch, daß eine **ergänzende Vertragsauslegung** zulässig ist, soweit sie das von den Parteien Gewollte zu Ende denkt. Unklar ist, inwieweit eine heteronome ergänzende Vertragsauslegung statthaft ist (*Mertens/Rehbinder,* aaO). Da die heteronome ergänzende Vertragsauslegung letztlich eine Form der Bildung objektiven Rechts darstellt, ist sie nach Maßgabe des Art. 17 zulässig. Soweit der Vertrag schweigt und auch eine ergänzende Vertragsauslegung nicht weiterführt, ist auf das dispositive Recht des EKG zurückzugreifen. Die Lieferverpflichtung ist in den Artt. 19—22, die Pflicht zur Verschaffung einer vertragsgemäßen Sache in Artt. 19 Abs. 1, 41 ff, die Pflicht zur Verschaffung unbelasteten und unbestrittenen Eigentums in den Artt. 52f und die Pflicht zur Aushändigung von Urkunden in Art. 50 näher geregelt.

Abschnitt I

Lieferung der Sache

Artikel 19 EKG

(1) Die Lieferung besteht in der Aushändigung einer vertragsgemäßen Sache.

(2) Ist nach dem Vertrag eine Beförderung der Sache erforderlich, so wird die Lieferung, wenn kein anderer Ort für sie vereinbart worden ist, dadurch bewirkt, daß die Sache dem Beförderer zur Übermittlung an den Käufer ausgehändigt wird.

(3) Ist die dem Beförderer ausgehändigte Sache nicht dadurch, daß sie mit einer Anschrift versehen ist, oder auf andere Weise deutlich zur Erfüllung des Vertrages bestimmt, so ist der Verkäufer außer zur Aushändigung der Sache zur Absendung einer Anzeige über die Versendung und erforderlichenfalls eines die Sache genau bezeichnenden Schriftstücks an den Käufer verpflichtet.

347 Art. 19 definiert die Hauptpflicht des Verkäufers, die Lieferung. Der Begriff der Lieferung spielt auch bei der Bestimmung der Fälligkeit des Kaufpreises (Art. 71) und bei dem Gefahrübergang (Art. 97) eine Rolle.

a) Art. 19 Abs. 1. Der Begriff der **Lieferung** wird mit Hilfe der Begriffe „Aushändigung" und „vertragsgemäße Sache" umschrieben.

348 Die Bedeutung des Begriffs **„Aushändigung"** ist nicht ganz klar. Sicher ist, daß es ebensowenig auf den Besitzübergang gemäß den §§ 854 ff BGB wie auf die Eigentumsverschaffung ankommt. Fraglich ist, ob die Lieferung schon dann erfolgt ist, wenn der Verkäufer alle Handlungen abgeschlossen hat, die notwendig sind, um dem Käufer den Gewahrsam zu verschaffen[161], oder ob der Käufer den Gewahrsam erlangt haben

---

[161] so *Dölle/Huber* Art. 19 EKG 1, 19; *Mertens/Rehbinder* Art. 19 EKG 7.

muß (so *Dölle/Huber* Art. 19 EKG 39). Man hat davon auszugehen, daß das EKG die Lieferung als zweiseitigen Akt konzipiert hat (vgl. *Dölle/Huber* Art. 19 EKG 18 m. Nachw.). Dafür spricht auch das Wort Aushändigung. Es kommt mithin nicht allein darauf an, daß der Verkäufer dem Käufer derart Gelegenheit zur Übernahme der tatsächlichen Herrschaft bietet, daß sich der Käufer unter normalen Umständen ohne weiteres den Gewahrsam verschaffen kann (vgl. *Magnus* European Experience with the Hague Sales Law, Comparative Law Yearbook **3** (1979/80) S. 105, 114). Der Verkäufer hat nämlich auch noch zu liefern, wenn der Käufer in Annahmeverzug geraten ist. Erst recht ist er verpflichtet, für die Ware zu sorgen, solange sie sich in seinem Gewahrsam befindet. Die Aushändigung erfolgt deshalb in der logischen Sekunde, in der der Verkäufer alle Maßnahmen abgeschlossen hat, die im konkreten Einzelfall erforderlich waren, um dem Käufer den Gewahrsam zu verschaffen; mit anderen Worten: in der logischen Sekunde vor Übernahme des Gewahrsams durch den Käufer. Die bloße Einigung darüber, daß sich der Käufer die Ware an einer frei zugänglichen Stelle abholen kann, stellt mithin keine Aushändigung dar. Dem konkreten Vertrag kann aber zu entnehmen sein, daß er dem Käufer erlaubt, sich die Ware zu holen oder zu behalten (brevi manu traditio). Eine „Aushändigung" im Sinne des Art. 19 Abs. 1 ist auch dort nicht geschuldet, wo der Verkäufer die Ware an einem vom Käufer bezeichneten Platz deponieren soll (vgl. *Dölle/Huber* Art. 19 EKG 40). Durch die Vereinbarung eines Besitzkonstituts (§§ 868, 930 BGB) erfolgt keine Aushändigung. Es kann aber sein, daß die Parteien die Pflicht zur Aushändigung durch eine Verpflichtung aus dem dem Besitzkonstitut zugrundeliegenden Schuldverhältnis ersetzt haben und der Verkäufer mithin schon erfüllt hat (*Dölle/Huber* Art. 19 EKG 45 ff). Soll Ware geliefert werden, die sich bei einem Lagerhalter oder sonst einem Dritten befindet, so erfolgt die Aushändigung im Zweifel nicht bereits mit der Abtretung des Herausgabeanspruchs. Soll sich der Käufer die Ware alsbald vom Gewahrsamsinhaber verschaffen oder dient die Abtretung des Herausgabeanspruchs nur der Sicherung, so ist die Abtretung lediglich erfüllungshalber vorgenommen worden, so daß die Lieferung erst vollendet ist, wenn der Gewahrsamsinhaber die Ware ausgehändigt hat (vgl. auch Rdn. 257 f). Hat der Verkäufer dem Käufer eine Anweisung auf den Gewahrsamsinhaber (z. B. Lagerhalter) erteilt, so liegt hierin erst recht keine Aushändigung, da der Käufer nicht einmal einen Herausgabeanspruch gegen den Dritten erworben hat (vgl. auch *Liesecke* WM **1978** Beilage Nr. 3 S. 10).

349 Die Ware, die ausgehändigt worden ist, muß **vertragsgemäß** gewesen sein. Das Wesen der Vertragsgemäßheit läßt sich aus Art. 33 erschließen, der definiert, wann eine Lieferung vertragswidrig ist. Nicht vertragsgemäß ist mithin insbesondere die quantitativ unzureichende Lieferung, die Lieferung eines aliud, die Schlechtlieferung. Die Rechtsfolgen der Aushändigung nicht vertragsgemäßer Ware ergeben sich aus den Art. 34 ff. In diesen Fällen bleibt die Preisgefahr beim Verkäufer, es sei denn, daß der Käufer die Ware behält oder weder Aufhebung des Vertrages noch Lieferung vertragsgemäßer Ware (mehr) verlangen kann (Art. 97 Abs. 2).

350 **b) Beförderung der Sache (Art. 19 Abs. 2).** Art. 19 Abs. 2 ist auf den Versendungskauf zugeschnitten, nicht auf Fernkauf schlechthin, wie sich aus der Formulierung „wenn kein anderer Ort für sie vereinbart worden ist" ergibt. Der **Lieferort** darf mithin nicht mit dem Bestimmungsort der Ware zusammenfallen. Ist als Lieferort ein Platz vereinbart worden, der zwischen dem Absendeort und Bestimmungsort der Ware liegt, so ist auf die Aushändigung der Ware am Lieferort abzuheben (Beispiel: cif-, fob-Verträge (Rdn. 6)), bei denen der Transport aus dem Binnenland zum Schiff noch keine Aushändigung der Ware darstellt. — Zum Lieferort im Falle der Verwendung anderer

Handelsklauseln Rdn. 168ff. Aus der Formulierung des Art. 19 Abs. 2 („wenn kein anderer Ort ...") ist abzulesen, daß **im Zweifel** von einem Versendungskauf auszugehen ist (BGH WM **1979** 764, 765). Dies gilt auch dort, wo der Transport innerhalb einer politischen Gemeinde erfolgen soll (*Dölle/Huber* Art. 19 EKG 83). Streitig ist die Einordnung des Transports mit **eigenen Leuten.** Zum Teil wird die Ansicht vertreten, daß die Ware eigenen Leuten nicht „zur Übermittlung" übergeben werde (*Mertens/Rehbinder* Art. 19 EKG 10), daß wegen der Beherrschungsmöglichkeiten des Verkäufers die Gefahr bei diesem verbleiben müsse (*Dölle/Neumayer* Art. 97 EKG 15). *Huber* (*Dölle/Huber* Art. 19 EKG 87) will danach differenzieren, ob der Transport üblicherweise und nach der Planung im Einzelfall mit selbständigen Beförderungsunternehmen durchgeführt werden sollte oder ob diese Voraussetzung fehlte. In der zweiten Variante soll die Übergabe zum Transport mit eigenen Leuten keine Lieferung darstellen. Diesem Ansatz ist im Prinzip zuzustimmen. Ausschlaggebend sind nicht allein die Beherrschungsmöglichkeiten des Verkäufers. Das Risiko muß auch kalkulierbar, im Preis berücksichtigungsfähig und versicherbar sein. Dort, wo der Verkäufer entgegen der Planung ausnahmsweise, insbesondere gefälligkeitshalber mit eigenen Leuten liefert, ist das Risiko unzureichend gedeckt, so daß Art. 19 Abs. 2 zum Tragen kommt.

351 **Beförderer** sind die Frachtführer sowie Eisenbahnen, Verfrachter und Luftfrachtführer. Auch der Spediteur ist Beförderer, da er maßgeblich in den Transportablauf eingeschaltet wird. Die Entstehungsgeschichte des Art. 19 Abs. 2 steht dieser Interpretation nicht entgegen[162]. Zum Kreis der Beförderer zählt ferner der Lagerhalter, bei dem die Ware während der Transportphasen oder vor der Auslieferung eingelagert wird.

352 Zum Begriff der **Aushändigung** s. Rdn. 348. Die Ware muß dem **(ersten) Beförderer** ausgehändigt worden sein, damit die Lieferpflicht erfüllt wird. Ist es, wie z. B. nach KVO, Pflicht des Befrachters, die Ware auf das Fahrzeug des Beförderers zu verladen, so ist die Ware ausgehändigt, sobald sie auf dem LKW abgesetzt ist. Obliegt die Verladung dem Frachtführer, so ist auf die Aushändigung an den Frachtführer abzuheben. **Rollende Ware** wird in dem Moment „ausgehändigt", in dem dem Beförderer die Weisung zugeht, die Ware dem Käufer zu übermitteln.

353 Die Ware muß dem Beförderer **zur Übermittlung** an den Käufer übergeben worden sein. Das setzt im Zweifel voraus, daß der Verkäufer den Beförderer zum Transport bzw. zur Organisation des Transports verpflichtet hat. Dem Beförderer muß grundsätzlich der Käufer bzw. dessen Ermächtigter als Empfänger der Ware genannt werden. Die Tatsache, daß der Verkäufer die frachtrechtliche Verfügungsbefugnis behält und daher z. B. einen anderen Empfänger benennen kann, schadet nicht, solange der Verkäufer das Recht nicht ausübt[163]. Hat der Verkäufer sich ein Frachtpapier auf eigene Order ausstellen lassen, so steht nicht fest, wer Empfänger ist. Hier wie in anderen Fällen, in denen die Ware nicht deutlich zur Erfüllung des Vertrages bestimmt ist, hat der Verkäufer zusätzlich die Versendung anzuzeigen (Art. 19 Abs. 3).

354 **c) Versendungsanzeige (Art. 19 Abs. 3).** Die Ware soll durch die Versendungsanzeige derart individualisiert werden, daß der Verkäufer sie nicht mehr anderen Abnehmern zuweisen kann, ohne daß dies für den Käufer erkennbar ist. Notwendig ist die Absendung einer Versendungsanzeige dort, wo dem Verkäufer Manipulationsmöglich-

---

[162] *Dölle/Huber* Art. 19 EKG 91; **a. A.** *Mertens/Rehbinder* Art. 19 EKG 9.

[163] Ausnahmen: Artt. 72 Abs. 1, 73 Abs. 2; weitergehend *Dölle/Huber* Art. 19 EKG 103: bei rechtswidrigem Anhalten nur Haftung gemäß Art. 55.

keiten eröffnet werden. Art. 19 Abs. 3 spricht „von Anzeige über die Versendung und erforderlichenfalls eines die Sache genau bezeichnenden Schriftstücks". Hierbei handelt es sich nicht um zwei verschiedene Mitteilungen[164], sondern es wird nur gesagt, daß die bloße Anzeige der Absendung nur dort genügt, wo hierdurch alle Manipulationsmöglichkeiten ausgeschaltet sind (der angezeigte Dampfer hat nur in vertragsgemäßem Umfang Ware der geschuldeten Art geladen). Ist dies nicht der Fall, so sind zusätzliche Angaben erforderlich (z. B. Markierung, Nummer des Konnossements). Eine Anzeige, in der nur Transporteur und Transportmittel mitgeteilt werden, kann, weil nur wenige Informationen übermittelt werden, mündlich erfolgen. Es genügt immer die richtige Absendung (Art. 14) der Anzeige. Es genügt auch die Übermittlung der Frachtdokumente, weil sich der Verkäufer hiermit der Manipulationsmöglichkeiten begibt.

355 Ist gemäß Art. 19 Abs. 3 eine Versendungsanzeige **erforderlich,** so ist sie Voraussetzung für die **Lieferung** im Sinn des Art. 19 Abs. 1. Der Verkäufer kann allerdings grundsätzlich den Vertrag immer noch dadurch erfüllen, daß er die Ware am Bestimmungsort dem Käufer aushändigen läßt. Er hat allerdings hinzunehmen, daß die **Preis- und Leistungsgefahr** bei ihm verblieben ist. Dies ergibt sich mittelbar aus Art. 100, der die für den Überseekauf geltenden Regeln über die Gefahrtragung (Rdn. 65, 116, 154, 165) in das EKG einführt[165]. Hat der Verkäufer pflichtgemäß die Versendungsanzeige abgesandt, so geht die Gefahr unter den in Art. 100 genannten Voraussetzungen rückwirkend auf den Käufer über.

356 Der Verkäufer kann kraft Gebräuchen, Gepflogenheiten (Art. 9) oder kraft Vereinbarung (Formularvertrag) verpflichtet sein, die Anzeige unverzüglich oder innerhalb bestimmter **Fristen** abzusenden. Die Rechtsfolgen einer Verletzung dieser Pflicht ergeben sich, soweit nicht besondere Regeln eingreifen (zum Überseekauf Rdn. 106ff), aus Art. 55. Dort, wo die Preise für die geschuldete Ware stark schwanken, stellt eine verspätete bzw. unrichtige und nicht rechtzeitig berichtigte Anzeige immer eine wesentliche Vertragsverletzung dar (Analogie zu Art. 28).

Unterabschnitt 1

Pflichten des Verkäufers hinsichtlich Zeit und Ort der Lieferung

A. Zeit der Lieferung

Artikel 20 EKG

Haben die Parteien den Zeitpunkt der Lieferung festgesetzt oder ergibt er sich aus den Gebräuchen, so ist der Verkäufer, ohne daß es irgendeiner Förmlichkeit bedarf, verpflichtet, die Sache in diesem Zeitpunkt zu liefern, vorausgesetzt, daß der so festgesetzte Zeitpunkt nach dem Kalender bestimmt ist oder bestimmt werden kann oder daß er an ein bestimmt eintretendes Ereignis geknüpft ist, bei dem die Parteien den Tag des Eintritts genau feststellen können.

357 Der Verkäufer hat Abreden über den objektiv exakt bestimmten Lieferzeitpunkt bzw. den sich aus einschlägigen Gebräuchen (Art. 9) ergebenden exakten Lieferzeitpunkt einzuhalten. Bei Versendungskäufen kommt es auf die Aushändigung an den Beförderer an (Art. 19 Abs. 2; vgl. *Magnus* S. 105, 115). Die Fälligkeit hängt von keinerlei Förmlichkeit, insbesondere von keiner Leistungsaufforderung ab. Zur Tragweite von Lieferklauseln s. Rdn. 168ff.

---

[164] *Dölle/Huber* Art. 19 EKG 107; **a. A.** *Stötter* Internationales Einheitsrecht (1975) Art. 19 EKG 10.

[165] *Dölle/Huber* Art. 19 EKG 114ff; **a. A.** *Mertens/Rehbinder* Art. 19 EKG 14.

Liefert der Verkäufer nicht rechtzeitig, so ergeben sich die Rechtsfolgen der **Verspätung** aus den Artt. 28 ff. In diesem Zusammenhang ist es bedeutsam, ob die durch die Verspätung ausgelöste Vertragsverletzung als „wesentlich" (Art. 10) oder als „unwesentlich" zu qualifizieren ist. Die Nichteinhaltung fix versprochener Lieferzeiten stellt immer eine wesentliche Vertragsverletzung dar (Art. 10 Rdn. 332). **Vorzeitige** Lieferung Art. 29.

Artikel 21 EKG

Ist die Lieferung nach den Vereinbarungen der Parteien oder nach den Gebräuchen innerhalb eines bestimmten Zeitraumes (eines bestimmten Monats, einer bestimmten Zeit des Jahres) zu bewirken, so steht es dem Verkäufer zu, den genauen Zeitpunkt der Lieferung festzusetzen, sofern sich nicht aus den Umständen ergibt, daß die Festsetzung des Zeitpunktes dem Käufer vorbehalten ist.

358 Art. 21 setzt voraus, daß lediglich ein Lieferzeitraum vereinbart wurde, z. B. „Abladung Juni/Juli" (Rdn. 18), „binnen drei Wochen". Der Anfangs- und Endzeitpunkt muß nicht exakt definiert sein. Die Zuständigkeit für die Wahl des exakten Lieferzeitpunkts ergibt sich in erster Linie aus dem Vertrag (Abrufklauseln), den Gebräuchen (Art. 9; zu den Abladeklauseln Rdn. 18) oder den Umständen (bei einer Holschuld kann im Zweifel der Käufer den Zeitpunkt der Abholung wählen). Zu den Lieferklauseln s. Rdn. 168 ff. Hilfsweise ist auf Art. 21 zurückzugreifen, demzufolge der Verkäufer berechtigt ist, den genauen Lieferzeitpunkt festzusetzen. Die Erklärung des Verkäufers ist empfangsbedürftig (*Noussias* Die Zugangsbedürftigkeit von Mitteilungen nach den Einheitlichen Haager Kaufgesetzen und nach dem UN-Kaufgesetz (1981) S. 132). Zu den Rechtsfolgen **vorzeitiger** oder **verspäteter** Lieferung Art. 20; Art. 29.

Artikel 22 EKG

Bestimmt sich der Zeitpunkt der Lieferung nicht nach Artikel 20 oder 21, so hat der Verkäufer die Sache innerhalb einer mit Rücksicht auf die Art der Sache und die Umstände angemessenen Frist nach Vertragsabschluß zu liefern.

359 Art. 22 trifft eine ergänzende Regelung für den Fall, daß weder Vertrag, Handelsklauseln (Rdn. 168 ff) noch Gebräuche den Lieferzeitpunkt oder den Lieferzeitraum fixieren. Die angemessene Frist ist im Wege der Interessenabwägung zu ermitteln. Der fruchtlose Ablauf dieser Frist berechtigt den Käufer, ohne jede Mahnung die in Artt. 24 ff genannten Rechte auszuüben.

B. Ort der Lieferung

Artikel 23 EKG

(1) Ist nach dem Kaufvertrag eine Beförderung der Sache nicht erforderlich, so hat der Verkäufer die Sache an dem Ort zu liefern, an dem er bei Vertragsabschluß seine Niederlassung oder in Ermangelung einer Niederlassung seinen gewöhnlichen Aufenthalt gehabt hat.

(2) Handelt es sich um den Kauf einer bestimmten Sache und war den Parteien der Ort bekannt, an dem sie sich bei Vertragsabschluß befunden hat, so hat der Verkäufer die Sache an diesem Ort zu liefern. Entsprechendes gilt, wenn die verkauften Sachen aus einem bestimmten Bestand zu entnehmende Gattungssachen sind oder wenn sie an einem Ort herzustellen oder zu erzeugen sind, der den Parteien bei Vertragsabschluß bekannt war.

360 Art. 23 enthält eine **subsidiäre** Regelung für den Fall, daß die Parteien den Lieferort weder vereinbart haben (zu den Lieferklauseln Rdn. 168 ff) noch die Gebräuche und Gepflogenheiten (Art. 9) Auskunft geben. Art. 23 betrifft nur den **Platzkauf.**

Voraussetzung für die Anwendung des Art. 23 ist, daß nach dem Kaufvertrag **eine Beförderung nicht erforderlich** ist. Ist weder dem Kaufvertrag noch den Gebräuchen oder Gepflogenheiten (Art. 9) zu entnehmen, ob ein Transport vorgesehen ist, so gilt der Grundsatz der schuldnerfreundlichsten Regelung (Art. 23). Der Käufer hat dann die Ware in erster Linie an den in Art. 23 Abs. 2 und hilfsweise an den in Art. 23 Abs. 1 genannten Orten abzuholen. Unter „Ort" ist in diesem Zusammenhang nicht eine politische Gemeinde, sondern der konkrete Lager- oder Herstellungsort bzw. die Niederlassung oder Wohnung des Schuldners zu verstehen. Ergibt sich aus der Vereinbarung (zu den Handelsklauseln Rdn. 168 ff), den Gebräuchen oder Gepflogenheiten (Art. 9), daß ein Transport vorgesehen ist, so ist der Lieferort in erster Linie diesen Bestimmungsfaktoren zu entnehmen. Hilfsweise gilt gemäß Art. 19 Abs. 2 die Vermutung, daß ein Versendungskauf verabredet wurde, daß Lieferort und Bestimmungsort auseinanderfallen. Damit ist noch nicht geklärt, ob der Verkäufer z. B. im sog. Streckengeschäft den Lieferort (Absendeort) frei wählen darf (so *Dölle/Huber* Art. 23 EKG 20) oder ob der Lieferort aus den dem Käufer erkennbaren Umständen abzuleiten ist (*Dölle/Neumayer* Art. 97 EKG 17). Art. 19 Abs. 2 gibt nur Aufschluß darüber, daß der Lieferort nicht mit dem Bestimmungsort zusammenfällt. Die dadurch entstehende Lücke (Art. 17) ist nach dem Prinzip der Vernünftigkeit zu schließen. Dies impliziert, daß der Käufer Gelegenheit haben muß, seine Risiken einzukalkulieren. Der Verkäufer darf mithin nur dort, wo im Einzelfall mit einer Lieferung von einem dritten Ort aus zu rechnen oder dies üblich war, den Lieferort im vorhersehbaren Rahmen wählen. Ansonsten ist Lieferort die Niederlassung des Verkäufers. Der Käufer darf jedoch im Zweifel aus der Tatsache, daß die Ware nicht vom Lieferort abgesandt worden war, keine Rechte herleiten, wenn sie ihm am Bestimmungsort vertragsgemäß und rechtzeitig ausgehändigt wurde.

C. Rechtsfolgen der Nichterfüllung der Pflichten des Verkäufers hinsichtlich Zeit und Ort der Lieferung

Artikel 24 EKG

(1) Hat der Verkäufer seine Pflichten hinsichtlich der Zeit oder des Ortes der Lieferung nicht erfüllt, so kann der Käufer nach Maßgabe der Artikel 25 bis 32
a) von dem Verkäufer die Erfüllung des Vertrages verlangen;
b) die Aufhebung des Vertrages erklären.

(2) Der Käufer kann ferner Schadenersatz nach Artikel 82 oder nach den Artikeln 84 bis 87 verlangen.

(3) In keinem Fall kann der Verkäufer verlangen, daß ihm ein Gericht oder ein Schiedsgericht eine zusätzliche Frist bewilligt.

361 Die Vorschrift ist auf diejenigen Fälle einer Vertragsverletzung bezogen, in denen die Ware überhaupt nicht (zur Abgrenzung von Quantitäts- und Qualitätsmängeln Art. 33), verspätet, vorzeitig oder am falschen Ort geliefert worden ist. Sie hat in erster Linie die Funktion einer Übersicht. Selbständigen Aussagewert besitzt Art. 24 Abs. 2, der klarstellt, daß Schadensersatzansprüche immer neben dem Anspruch auf Erfüllung und auch nach Aufhebung des Vertrages erhoben werden können. Art. 24 Abs. 3 stellt den Vorrang des EKG sicher, wendet sich aber weder gegen abweichende Vereinbarungen noch gegen abweichende Gebräuche und Gepflogenheiten (Art. 9).

362 Art. 24 Abs. 1 und Abs. 2 erwähnen drei Rechtsbehelfe: Erfüllung, Erklärung der Aufhebung des Vertrages, Schadensersatz. Der **Erfüllungsanspruch** steht dem Käufer unabhängig davon zu, ob die durch die Nichtlieferung, die verspätete, verfrühte Lieferung bzw. die Lieferung am falschen Ort zugefügte Vertragsverletzung wesentlich

(Art. 10) ist oder nicht. Der Erfüllungsanspruch ist ausgeschlossen, wenn die Lieferung objektiv unmöglich oder im Sinne des Art. 74 dauernd unzumutbar geworden ist, wenn ein Deckungskauf üblich und möglich ist (Art. 25), der Käufer bei wesentlichen Vertragsverletzungen (z. B. Art. 28) seine Wahl nicht binnen vorgeschriebener Frist mitgeteilt hat (Art. 26 Abs. 1, 2) oder der Käufer die Ware bei vorzeitiger Lieferung angenommen hat. — Bei wesentlichen (Art. 10) Verletzungen der Pflicht, am vertragsgemäßen Ort zur vertragsgemäßen Zeit zu liefern (Art. 26 Abs. 1, Art. 27 Abs. 2, Art. 28), eröffnet Art. 26 Abs. 1 dem Käufer das Recht, die **Aufhebung** des Vertrages zu wählen. Dort, wo ein Deckungskauf üblich und möglich ist, ist der Vertrag kraft Gesetzes aufgehoben (Art. 25). — Unabhängig davon, ob der Käufer Erfüllung oder Aufhebung wählt bzw. wählen kann, darf er **Schadensersatz** verlangen, sofern der Verkäufer die Schadensursache zu vertreten hat (Art. 74), der Schaden vorhersehbar war (Art. 82 Abs. 2, Art. 86) und soweit den Käufer kein Mitverschulden trifft (Artt. 85, 86, 88).

Artikel 25 EKG

Der Käufer kann von dem Verkäufer die Erfüllung des Vertrages nicht verlangen, wenn ein Deckungskauf den Gebräuchen entspricht und in angemessener Weise möglich ist. In diesem Fall ist der Vertrag kraft Gesetzes in dem Zeitpunkt aufgehoben, in dem der Deckungskauf vorzunehmen ist.

363 Der Käufer kann gemäß Art. 24 Abs. 1 grundsätzlich zwischen Erfüllung und Aufhebung des Vertrages wählen. Er wird aber regelmäßig an der Erfüllung gerade durch den Verkäufer kein Interesse haben, wenn er gleich taugliche Ware anderweit zu beziehen vermag. Die rasche Vornahme eines Deckungskaufes liegt durchaus auch im Interesse des vertragsbrechenden Verkäufers; denn auf diese Weise wird dieser vor der Gefahr bewahrt, daß der Käufer die Aufhebung des Vertrages hinauszögert, weil er hofft, daß die für die Schadensersatzberechnung maßgeblichen Marktpreise (Art. 84 Abs. 1) noch steigen werden. Art. 25 statuiert aus diesem Grunde eine automatische Aufhebung des Vertrages.

Art. 25 kommt überall dort zum Tragen, wo die Ware überhaupt nicht, verspätet oder am falschen Ort geliefert wird. Hierbei ist es dem Wortlaut des Art. 25 zufolge nicht entscheidend, ob die **Vertragsverletzung wesentlich** (Art. 10) war oder nicht. *Dölle/Huber* (Art. 25 EKG 14) plädieren in Fällen unwesentlicher Vertragsverletzungen dafür, Art. 25 zu restringieren, da der Verkäufer im Interesse einer Nachfrist (Art. 27 Abs. 2 S. 1) eine gewisse Spekulationsgefahr hinnehmen werde. Wenn die maßgeblichen Gebräuche (Art. 9) auch im Falle unwesentlicher Vertragsverletzungen einen alsbaldigen Deckungskauf vorsehen, so sei es jedoch dem Käufer zu gestatten, sich hierauf zu berufen. Dem Käufer ist es nicht verwehrt, freiwillig eine Nachfrist anzubieten (s. Rdn. 364). Die Vertragsverletzung muß vom Verkäufer auch nicht zu vertreten (Art. 74 Abs. 1) gewesen sein (**a. A.** *Dölle/Huber* Art. 25 EKG 39). Art. 25 soll alsbaldige Klarheit schaffen. Allerdings sind an die Gebräuchlichkeit und Angemessenheit des Deckungskaufs scharfe Anforderungen zu stellen (*Piltz* IPRax. **1983** 215, 216).

364 Unter **Deckungskauf** ist nach der Verkehrsanschauung ein Kauf gleichartiger, gleich tauglicher Ware zu verstehen. Der Deckungskauf muß den **Gebräuchen** (Art. 9) entsprochen haben. Da Art. 25 die Spekulationsgefahr beseitigen soll, ist grundsätzlich zu fordern, daß der Deckungskauf in der Form üblich sein muß, daß er sofort, nachdem die Vertragsverletzung erkennbar geworden ist, vorgenommen wird[166]. Relevant

---

166 *Dölle/Huber* Art. 25 EKG 22a, 33; **a. A.** *Mertens/Rehbinder* Art. 25 EKG 5.

sind aber auch solche Gebräuche, denen zufolge ein Deckungskauf erst üblich ist, nachdem der Käufer eine kurze, fest umrissene Zeit auf die verspätete Lieferung gewartet hat. Den Gebräuchen stehen Gepflogenheiten gleich (Art. 9). Der Deckungskauf muß überdies in **angemessener Weise möglich** gewesen sein. Es muß also gleichartige Ware auf dem Markt zu zumutbaren Kosten, Risiken und Anstrengungen erhältlich gewesen sein. Der Käufer darf nicht — wie üblicherweise beim Spezieskauf — ein besonderes Interesse gerade an der geschuldeten Ware gehabt haben. Der Verkäufer darf sich nicht mit einer **Nachlieferung einverstanden** erklärt oder der Käufer eine Nachlieferung angenommen haben. Setzt der Käufer eine **Nachfrist,** so muß er sich daran festhalten lassen. Das Verbot widersprüchlichen Verhaltens gilt auch im EKG (Art. 17); in der Regel wird es aber zu einer Vertragsänderung gekommen sein.

365 Sind die Voraussetzungen des Art. 25 S. 1 erfüllt, so ist die **Rechtsfolge** Aufhebung des Vertrages (Artt. 78, 81). Maßgeblich ist der Zeitpunkt, in dem üblicherweise, den Gebräuchen zufolge ein Deckungskauf abgeschlossen worden wäre. Eine besondere Überlegungsfrist, wie sie Art. 26 Abs. 1 S. 2 vorsieht, ist dem Käufer nicht zuzubilligen (so aber im Ergebnis *Mertens/Rehbinder* Art. 25 EKG 5). Das gilt auch dann, wenn der Käufer mit einer Nachlieferung rechnen kann, da dies dem Käufer unkontrollierbaren Spekulationsspielraum eröffnen würde und letztlich zu einer Lösung führen würde, wie sie Art. 26 Abs. 1 S. 2 vorsieht (**a. A.** *Dölle/Huber* Art. 25 EKG 40). Schadensersatz kann der Käufer nur unter der Voraussetzung fordern, daß der Verkäufer die Vertragsverletzung zu vertreten (Art. 74) hat. Höhe: Artt. 82ff. Abstrakte Schadensberechnung ist zulässig (Art. 84 Abs. 1; unklar *Stötter* Art. 25 EKG 4).

a) Rechtsfolgen hinsichtlich der Zeit der Lieferung

Artikel 26 EKG

(1) Stellt es eine wesentliche Vertragsverletzung dar, daß die Lieferung nicht in dem festgesetzten Zeitpunkt bewirkt worden ist, so kann der Käufer entweder von dem Verkäufer die Erfüllung des Vertrages verlangen oder die Aufhebung des Vertrages erklären. Er hat dem Verkäufer innerhalb angemessener Frist seine Entscheidung bekanntzugeben; andernfalls ist der Vertrag kraft Gesetzes aufgehoben.

(2) Fordert der Verkäufer den Käufer auf, ihm seine Entscheidung bekanntzugeben, und kommt der Käufer dem nicht innerhalb kurzer Frist nach, so ist der Vertrag kraft Gesetzes aufgehoben.

(3) Bewirkt der Verkäufer die Lieferung, bevor der Käufer seine Entscheidung bekanntgegeben hat, und erklärt der Käufer nicht innerhalb kurzer Frist die Aufhebung des Vertrages, so ist jede Aufhebung des Vertrages ausgeschlossen.

(4) Hat sich der Käufer für die Erfüllung des Vertrages entschieden, wird der Vertrag aber nicht innerhalb angemessener Frist erfüllt, so kann der Käufer die Aufhebung des Vertrages erklären.

366 Das EKG differenziert zwischen wesentlichen (Art. 26) und unwesentlichen (Art. 27) Vertragsverletzungen. Nur wesentliche (Art. 10) Vertragsverletzungen berechtigen den Käufer ohne Rücksicht darauf, ob der Verkäufer den Vertragsbruch zu vertreten hat (Art. 74 Abs. 3), die Vertragsaufhebung zu erklären (Art. 26 Abs. 1). Zur Vertragsaufhebung kraft Gesetzes Art. 25. Zur Schadensersatzpflicht Art. 25 Rdn. 365.

367 Das Gesetz regelt nicht ausdrücklich die **Unmöglichkeit** der Leistung. Verträge über anfänglich unmögliche Leistungen sind grundsätzlich gültig (arg. e. Art. 99). Im übrigen kommt es darauf an, ob der Verkäufer dauernd außerstande ist, zu liefern. Hat der Verkäufer die dauernde Lieferunmöglichkeit im Sinne des Art. 74 Abs. 1 nicht zu vertreten, so erlischt der Erfüllungsanspruch. Der Vertrag ist aufgehoben, da ein Entscheidungsspielraum des Käufers (Art. 26 Abs. 1 S. 2) nicht besteht. Gleiches gilt bei vorübergehender Unmöglichkeit unter den in Art. 74 Abs. 2 genannten Voraussetzungen. Hat der Verkäufer die Unmöglichkeit (dauernde oder vorübergehende) zu vertreten (Art. 74 Abs. 1), so geht das EKG davon aus, daß der Erfüllungsanspruch weiterbesteht. Bei dauernder Unmöglichkeit fehlt jedoch das Rechtsschutzbedürfnis für eine auf Erfüllung gerichtete Klage. Die Haftung für anfängliches Unvermögen unterliegt keinen besonderen Regeln.

368 Art. 26 Abs. 1 setzt voraus, daß die Lieferung zu dem festgesetzten (Artt. 20ff) **Zeitpunkt** ausgeblieben ist. Ob der Verkäufer dies zu vertreten hat (Art. 74), ist unerheblich. Teillieferung Artt. 33 Abs. 1 lit. b, 45. Lieferung am falschen Ort Artt. 30f. — Die Verspätung der Lieferung muß zu einer **Verletzung** des Vertrages durch den Verkäufer geführt haben. Von einer Vertragsverletzung kann man nicht sprechen, wenn der Käufer seinerseits nicht vertragsgemäß mitgewirkt hat und dadurch die Liefersäumnis mitverursacht hat. Beispiele: Annahmeverzug; keine Zug um Zug-Leistung (Artt. 71f). — Die Vertragsverletzung muß darüber hinaus **wesentlich** gewesen sein. Als wesentlich qualifiziert das EKG das Verstreichenlassen einer Nachfrist (Art. 27 Abs. 2), die nicht rechtzeitige Lieferung von preisnotierten Waren (Art. 28). In den anderen Fällen ist die Frage nach der Wesentlichkeit der Vertragsverletzung anhand des Art. 10 zu beantworten. Ist eine Fixschuldabrede getroffen worden oder ist kraft Handelsbrauchs „fix" zu liefern, so ist eine Säumnis „wesentlich" (Art. 10 Rdn. 332).

369 Art. 26 sieht als **Rechtsfolge** die Wahl zwischen dem Beharren auf Erfüllung und der Aufhebung des Kaufvertrages vor. Um die Spekulationsmöglichkeiten einzuschränken, ist das Wahlrecht grundsätzlich in **angemessener Frist** auszuüben. Dem Käufer steht eine Überlegungsfrist zu, die reichlich bemessen werden kann, da der Verkäufer den Käufer zu einer Entscheidung binnen kurzer Frist (Art. 11) zwingen kann. Zur Setzung einer Nachfrist Art. 75 Rdn. 554. — Die Aufhebungserklärung ist zugangsbedürftig (**h. M.; a. A.** *Noussias* S. 155ff m. Nachw.). Sie kann konkludent durch Forderung von Schadensersatz in Höhe des Erfüllungsinteresses erfolgen BGH WM **1984** 694, 696). Hält der Käufer die Vertragsverletzung **irrtümlich für unwesentlich,** so steht dies einer Aufhebung des Vertrages gemäß Art. 26 Abs. 1 S. 2 nicht entgegen. Setzt der Käufer in diesem Fall aber eine Nachfrist, so verlangt er Erfüllung (vgl. Art. 26 Abs. 4). Hält der Verkäufer eine unwesentliche Vertragsverletzung **für wesentlich** und fordert er den Käufer auf, zu erklären, ob dieser noch Erfüllung verlange, so löst ein Schweigen nicht die Rechtsfolge des Art. 26 Abs. 2 aus[167]. Die Rechtsfolgen einer berechtigten Aufhebungserklärung ergeben sich aus Artt. 78, 81. In jedem Fall kann der Käufer Schadensersatz (Artt. 82ff) verlangen, wenn der Verkäufer den Verzögerungs- und/oder Nichterfüllungsschaden zu vertreten hat (Art. 74 Abs. 1).

Artikel 27 EKG

(1) Stellt es keine wesentliche Vertragsverletzung dar, daß die Lieferung nicht in dem festgesetzten Zeitpunkt bewirkt worden ist, so behält der Verkäufer das Recht zur Vornahme der Lieferung und der Käufer das Recht, von dem Verkäufer die Erfüllung des Vertrages zu verlangen.

(2) Der Käufer kann dem Verkäufer jedoch eine Nachfrist von angemessener Dauer gewähren. Wird die Lieferung nicht innerhalb dieser Frist bewirkt, so stellt dies eine wesentliche Vertragsverletzung dar.

---

167 *Dölle/Huber* Art. 26 EKG 41; **a. A.** *Mertens/Rehbinder* Art. 26 EKG 16.

370 Art. 27 ergänzt Art. 26 in den Fällen, in denen die Nichtbelieferung oder verspätete Belieferung **keine wesentliche** (Art. 10, 28) Vertragsverletzung darstellt. Hier ist der Käufer, der sich vom Vertrag lösen will, gehalten, vor der Aufhebung des Vertrages eine Nachfrist zu setzen und abzuwarten, ob sie fruchtlos verstreicht. Er kann immer den Schaden (Art. 82 ff) liquidieren, falls der Verkäufer die Vertragsverletzung zu vertreten hat (Art. 74). Zu Fallgruppen der wesentlichen Vertragsverletzung Art. 26.

371 Die **Nachfrist** muß angemessen sein. Sie kann formfrei, muß jedoch nach Eintritt der Vertragsverletzung gesetzt werden. Die Erklärung muß erkennen lassen, daß der Käufer binnen bestimmter Frist („Nachfrist von angemessener Dauer") Lieferung verlangt. Die Erklärung ist nicht zugangsbedürftig (*Noussias* S. 145). Die Dauer der Frist ist nach denjenigen Kriterien zu bestimmen, die im Rahmen des § 326 BGB heranzuziehen sind (*Thamm* BB **1982** 2018). Eine zu kurze Nachfrist setzt eine angemessene Nachfrist in Lauf. — Läßt der Verkäufer die angemessene Nachfrist ohne Lieferung verstreichen, so hat er ohne Rücksicht auf etwaiges Vertreten-Müssen den Vertrag „wesentlich" verletzt (Art. 27 Abs. 2). Der Käufer erlangt die in Art. 26 genannten Rechte. Er kann mithin auch weiterhin Erfüllung verlangen. Eine vorangegangene Androhung der Zurückweisung der Ware bindet ihn nicht (**a. A.** *Dölle/Huber* Art. 27 EKG 37).

Artikel 28 EKG

Handelt es sich um Sachen, für die auf einem Markt, auf dem sie der Käufer erhalten kann, eine Preisnotierung stattfindet, so stellt es eine wesentliche Vertragsverletzung dar, wenn die Lieferung nicht in dem festgesetzten Zeitpunkt bewirkt wird.

372 Art. 28 soll dem Käufer dort, wo die Preise typischerweise stark schwanken, die Möglichkeit eröffnen, sich sofort vom Vertrag zu lösen (Art. 26 Abs. 1), wenn er eine sich abschwächende Preistendenz befürchtet. Vielfach wird der Vertrag aber schon kraft Gesetzes aufgehoben sein (Art. 25). Soweit der Käufer Schadensersatz gemäß Art. 84 Abs. 1 verlangt, muß er allerdings dartun, ob der Vertrag gemäß Art. 25 oder erst aufgrund einer späteren Aufhebungserklärung (Artt. 26 Abs. 1, 28) aufgelöst worden ist.

Art. 28 setzt voraus, daß auf dem **Markt,** auf dem auch der Käufer (u. U. mit Hilfe von Maklern) die Ware erhalten kann, Preise **notiert** werden. Es muß mithin auf dem relevanten Markt ein Markt- oder Börsenpreis gebildet werden (dazu § 373 HGB Rdn. 40; vgl. auch Art. 12). Es sind diejenigen „Marktpreise" auszuklammern, die erst nachträglich von Sachverständigen geschätzt werden. Auch der Listenpreis eines Produzenten ist kein notierter Preis (*Dölle/Huber* Art. 28 EKG 15).

Artikel 29 EKG

Bietet der Verkäufer die Lieferung der Sache vor dem festgesetzten Zeitpunkt an, so steht es dem Käufer frei, sie anzunehmen oder sie zurückzuweisen; nimmt er sie an, so kann er sich das Recht vorbehalten, Schadensersatz nach Artikel 82 zu verlangen.

373 Art. 29 will den Käufer davor schützen, daß er infolge einer vorzeitigen Lieferung Lagerkosten und Lagerrisiken hinnehmen muß. Sofern nichts Gegenteiliges vertraglich ausbedungen oder gebräuchlich (Art. 9) ist, darf der Verkäufer daher nicht vorzeitig liefern.

Der **Lieferzeitpunkt** ergibt sich aus dem Vertrag, den Gebräuchen (Art. 9), hilfsweise aus den Artt. 20 ff. Im Rahmen des Art. 22 darf der Verkäufer auch vor Ablauf der Frist liefern. — Der Verkäufer **bietet** die Lieferung an, indem er den Käufer auffordert, die Ware abzuholen, die Lieferung ankündigt oder sämtliche von seiner Seite zur Lieferung notwendigen Handlungen (Art. 19 Rdn. 348) vornimmt. Dies gilt auch beim Versendungskauf; allerdings kann hier das Anerbieten auch schon früher erfolgen, z. B. durch Versendungsanzeige. Der Käufer hat die **Wahl** zwischen Zurückweisung und Annahme (mit oder ohne Vorbehalt) der Ware. Die Ware wird **zurückgewiesen,** wenn sich der Käufer weigert, sie vorzeitig in Gewahrsam zu nehmen. Auf eine vorzeitige Aufforderung zur Abholung muß der Käufer nicht reagieren. Ware, die dem Käufer zugesandt wurde, kann er auch noch binnen kurzer Frist (Art. 11) zurückweisen, nachdem er sie in Gewahrsam genommen hatte, wozu er nach Maßgabe des Art. 92 Abs. 2 verpflichtet ist. Die berechtigte Zurückweisung hat zur Konsequenz, daß die Lieferung als nicht erfolgt gilt und die Gefahr nicht übergegangen ist. — Unter **Annahme** ist die tatsächliche Entgegennahme der Ware durch den Käufer oder seine zuständigen Hilfspersonen zu verstehen. Die Aushändigung an den Beförderer (Art. 19 Abs. 2) stellt keine Annahme dar, wohl aber die Entgegennahme der Transportpapiere durch den Käufer. Der **Vorbehalt,** Schadensersatz (insbes. Ersatz der Lagerkosten) zu verlangen, kann bis zu dem Moment erklärt werden, in dem die Zurückweisung erfolgen mußte (**a. A.** *Dölle/Huber* Art. 29 EKG 8).

b) Rechtsfolgen hinsichtlich des Ortes der Lieferung

Artikel 30 EKG

(1) Stellt es eine wesentliche Vertragsverletzung dar, daß die Lieferung nicht an dem vereinbarten Ort bewirkt worden ist, und würde es ebenfalls eine wesentliche Vertragsverletzung darstellen, wenn die Lieferung nicht in dem festgesetzten Zeitpunkt bewirkt wird, so kann der Käufer entweder von dem Verkäufer die Erfüllung des Vertrages verlangen oder die Aufhebung des Vertrages erklären. Er hat dem Verkäufer innerhalb angemessener Frist seine Entscheidung bekanntzugeben; andernfalls ist der Vertrag kraft Gesetzes aufgehoben.

(2) Fordert der Verkäufer den Käufer auf, ihm seine Entscheidung bekanntzugeben, und antwortet der Käufer nicht innerhalb kurzer Frist, so ist der Vertrag kraft Gesetzes aufgehoben.

(3) Befördert der Verkäufer die Sache an den vereinbarten Ort, bevor der Käufer seine Entscheidung bekanntgegeben hat, und erklärt der Käufer nicht innerhalb kurzer Frist die Aufhebung des Vertrages, so ist jede Aufhebung des Vertrages ausgeschlossen.

374 Art. 30 ist auf den Fall bezogen, daß die Ware am falschen **Ort** angedient wird und dies eine wesentliche (Art. 10) Vertragsverletzung darstellt und der Verkäufer überdies außerstande ist, noch rechtzeitig am richtigen Ort zu liefern. Ferner muß die daraus resultierende Verspätung als wesentliche (Artt. 10, 28) Vertragsverletzung zu qualifizieren sein. Bei dieser Kumulation wesentlicher Vertragsverletzungen gibt das Gesetz dem Käufer ein Aufhebungsrecht ohne Nachfristsetzung. Wo hingegen die Ortsabweichung nur unwesentlich war, ist nach Ansicht des Gesetzgebers ein sofortiges Aufhebungsrecht unverhältnismäßig. Der Käufer mag die Ware am falschen Ort annehmen, wenn ihm an rechtzeitiger Lieferung gelegen ist oder Nachfrist setzen (Art. 31). Art. 30 gilt **nicht** für den **Versendungskauf.**

375 Voraussetzung für die Anwendung des Art. 30 ist zunächst, daß die Lieferung **nicht** am **vereinbarten Ort** bewirkt worden ist. Ergibt sich der Lieferort aus Art. 23, so ist Art. 30 zumindest analog anzuwenden. Die Lieferung **„bewirkt"** heißt in erster Linie „die Lieferung am falschen Ort angeboten bzw. angekündigt"; denn hierauf sind Rechtsfolgen des Art. 30 bezogen. Hat der Käufer die Ware am falschen Ort nicht von vornherein zurückgewiesen, sondern angenommen, so findet Art. 30 gleichwohl, zumal in der Ausnahmesituation des Art. 92 Abs. 2, Anwendung. Allerdings muß nachträglich eine Zurückweisung binnen kurzer Frist (Art. 11) erklärt werden. Die **Wesentlichkeit** der aus der Ortsabweichung resultierenden Vertragsverletzung ergibt sich aus Art. 10. — Art. 30 Abs. 1 setzt **ferner** voraus, daß es dem Verkäufer nach der Andienung am falschen Ort nicht mehr gelingt, rechtzeitig am richtigen Ort zu liefern und das **Verstreichen des Liefertermins** eine **wesentliche** Vertragsverletzung auslöst.

376 Hat der Verkäufer den **Liefertermin** im Sinne der Artt. 10, 28 **„wesentlich" versäumt** und dient er **dann** Ware am falschen Ort an, so kommt nicht Art. 26 Abs. 3 zur Anwendung, da diese Vorschrift voraussetzt, daß abgesehen von der Verspätung die Ware vertragsgemäß ausgehändigt wird (Art. 19 Abs. 1; **a. A.** *Dölle/Huber* Art. 30 EKG 13). Das gilt auch, wenn die **Ortsabweichung unwesentlich** ist; denn die Privilegierung durch Art. 31 (Nachfrist) ist darauf zurückzuführen, daß der Verkäufer zumindest rechtzeitig, wenn auch an einem unwesentlich falschen Ort, angedient hatte und der Käufer die Möglichkeit besaß, die Ware dort abzunehmen. Dient der Verkäufer nach **unwesentlicher Verspätung** die Ware am falschen Ort an, so findet Art. 27 mit der Maßgabe Anwendung, daß der Verkäufer die Ware binnen der Nachfrist am vertragsgemäßen Lieferort aushändigen muß (**a. A.** *Dölle/Huber* Art. 30 EKG 14: es gilt grundsätzlich Art. 31).

377 Die **Rechtsfolgen** des Art. 30 sind in Parallele zu Art. 26 geregelt. Art. 26 Abs. 4 ist analog heranzuziehen. Art. 25 findet neben Art. 30 Anwendung.

Zur Annahme der Ware am falschen Ort Art. 31.

Artikel 31 EKG

(1) In den durch Artikel 30 nicht geregelten Fällen behält der Verkäufer das Recht zur Vornahme der Lieferung an dem vereinbarten Ort und der Käufer das Recht, von dem Verkäufer die Erfüllung des Vertrages zu verlangen.

(2) Der Käufer kann dem Verkäufer jedoch eine Nachfrist von angemessener Dauer gewähren. Wird die Lieferung nicht innerhalb dieser Frist an dem vereinbarten Ort bewirkt, so stellt dies eine wesentliche Vertragsverletzung dar.

378 Art. 31 regelt neben Art. 32 diejenigen Fälle, in denen es dem Käufer zuzumuten ist, die Ware entweder am falschen Ort oder verspätet abzunehmen. Art. 31 betrifft **nicht** den **Versendungskauf** (Art. 19 Abs. 2, Art. 32). Er kommt auch dort (analog) zum Tragen, wo sich der Lieferort aus Art. 23 ergibt.

379 Art. 31 setzt voraus, daß weder Art. 30 noch Art. 32 eingreifen. Er ist mithin auf **folgende Fallgruppen** zugeschnitten: (1) Der Verkäufer dient am falschen Ort an, dies stellt eine wesentliche (Art. 10) Vertragsverletzung dar, und der Verkäufer kann nicht mehr innerhalb der Lieferfrist, sondern nur noch mit freilich unwesentlicher Verspätung liefern. (2) Der Verkäufer dient an einem unwesentlich falschen Ort an und kann am richtigen Ort nur mit wesentlicher (Artt. 10, 28) Verspätung liefern. (3) Der Verkäufer dient am unwesentlich falschen Ort an und daraus resultiert eine unwesentliche Lieferverzögerung. — Hat der Verkäufer die **Lieferfrist bereits überschritten** und dient er **dann** die Ware am falschen Ort an, so ist, wenn der Käufer die Ware zurückweist, nur Art. 27 anzuwenden (**a. A.** *Dölle/Huber* Artt. 30, 31 EKG 14). Artt. 30, 31 sind auf den Fall zugeschnitten, daß eine Vertragsverletzung eine andere automatisch nach sich zieht, nicht aber, daß der Vertrag mehrfach nacheinander verletzt wird. Im Fall der Artt. 30, 31 hat der Verkäufer schon einen Leistungsversuch gemacht. Dort, wo dies nicht geschehen ist, kann man vom Verkäufer erwarten, daß er nach der ersten Nachfristsetzung den Vertrag penibel vertragsgemäß erfüllt, wenn er keine Vertragsaufhebung hinnehmen will.

380 Zur **Nachfrist** Art. 27. Der fruchtlose Ablauf der Nachfrist berechtigt den Käufer, Vertragsaufhebung zu erklären sowie die anderen in Artt. 30, 24 Abs. 2 genannten Rechte auszuüben. Entgegen *Dölle/Huber* (Artt. 30, 31 EKG 21 ff) ist der Käufer auch beim Fernkauf (Bringschuld) nicht analog Art. 32 Abs. 3 auf einen Schadensersatzanspruch zu beschränken, falls mit lediglich unwesentlicher Ortsabweichung geliefert worden war, weil beim Fernkauf die Abwicklung des Transports voll im vertraglich dem Verkäufer zugewiesenen Herrschafts- und Risikobereich liegt.

381 **Nimmt** der Käufer die Ware am falschen Ort **an,** so bedeutet dies nicht notwendig Vertragsänderung. Art. 29 „Vorbehalt des Schadensersatzanspruchs" ist nicht analog anzuwenden (s. Art. 32 Rdn. 383). Der Käufer, der seine Rechte aus Art. 31 behalten will, muß die Ware binnen kurzer Frist (Art. 11) zurückweisen (zutr. *Dölle/Huber* Artt. 30, 31 EKG 30).

Artikel 32 EKG

(1) Wird die Lieferung durch Aushändigung der Sache an einen Beförderer bewirkt und wird die Aushändigung an einem anderen als an dem festgesetzten Ort vorgenommen, so kann der Käufer die Aufhebung des Vertrages in allen Fällen erklären, in denen es eine wesentliche Vertragsverletzung darstellt, wenn die Lieferung nicht an dem festgesetzten Ort bewirkt wird. Er verliert dieses Recht, wenn er die Aufhebung nicht innerhalb kurzer Frist erklärt.

(2) Das gleiche Recht hat der Käufer in den in Absatz 1 bezeichneten Fällen und unter den dort vorgesehenen Voraussetzungen, wenn die Sache nach einem anderen als dem festgesetzten Ort versendet worden ist.

(3) Stellt die Versendung der Sache von oder nach einem anderen als dem festgesetzten Ort keine wesentliche Vertragsverletzung dar, so kann der Käufer nur Schadenersatz nach Artikel 82 verlangen.

382 Art. 32 enthält eine Spezialregelung für **Versendungskäufe.** Die Vorschrift soll in den **Abs. 1** und **2** den Käufer zwingen, sofern er nicht vom Vertrag zurücktreten will, alsbald einen Deckungskauf zu tätigen, anstatt einen zweiten Erfüllungsversuch zu fordern, der wegen der Transportentfernung zu viel Zeit in Anspruch nehmen kann. Einen Erfüllungsanspruch hat der Käufer nicht. Dort, wo dem Käufer keine anderweitigen Beschaffungsmöglichkeiten zur Verfügung stehen, wird der Verkäufer angesichts der Gefahr, daß der Schaden ständig wächst, einem Erfüllungsverlangen keinen Widerstand entgegensetzen. Art. 32 **Abs. 3** trägt dem Umstand Rechnung, daß es für den Verkäufer sehr schwierig sein kann, die falsch versandte Ware zu verwerten, der Käufer aber durch die Vertragsverletzung nicht so gravierend belastet ist, als daß ein Schadensausgleich nicht als ausreichend erschiene.

383 Art. 32 Abs. 1 und 2 setzen voraus, daß die Versendung **von** oder **nach** einem vertragswidrigen **Ort** eine **wesentliche Vertragsverletzung** (Art. 10) darstellt. Dies ist nicht der Fall, wenn der Verkäufer die falsch versandte Ware noch nicht annonciert oder sonst angedient hat und durch eine vertragsgemäße Lieferung ersetzt. Der Verkäufer darf ferner nicht innerhalb der Lieferfrist vertragsgemäß erfüllt haben. Art. 32 enthält kein Verbot der zweiten Andienung. Aus dem Wortlaut des Art. 32 ergibt sich nicht, ob die vertragswidrige Versendung außerdem zu einer **wesentlichen** (Artt. 10, 28) **Lieferverzögerung** führen müßte, wenn der Käufer auf vertragsgerechter Erfüllung bestünde. *Dölle/Huber* (Art. 32 EKG 11) bejahen dies mit dem Hinweis, daß der Verkäufer nicht schlechter gestellt werden dürfe, als wenn er gar nichts abgesandt hätte und sich dann zweifelsfrei auf Art. 27 Abs. 2 berufen dürfte. Da Art. 32 Abs. 1 und 2 jedoch dem Käufer im typischen Interesse des Verkäufers einen Anspruch auf Erfüllung verweigert, muß es der Verkäufer hinnehmen, daß der Käufer bei wesentlichen Versendungs-

fehlern vom Vertrag zurücktritt, auch wenn der Verkäufer noch innerhalb einer angemessenen Nachfrist vertragsgemäß erfüllen könnte. Sind die Voraussetzungen des Art. 32 Abs. 1 oder 2 gegeben, so verliert der Käufer mit dem Ablauf der Lieferfrist den **Erfüllungsanpruch.** Der Käufer kann die vertragswidrige Lieferung annehmen und sich auf eine **Schadensersatzforderung** gemäß Art. 24 Abs. 2, Artt. 82ff, 74 beschränken. Ein besonderer Vorbehalt ist nicht erforderlich, wie sich aus Art. 32 Abs. 3 ergibt, der im Unterschied zu Art. 29 keinen Vorbehalt vorsieht. Will der Käufer die **Aufhebung des Vertrages** erklären, so muß er zuvor oder zugleich die Ware zurückweisen. Art. 92 Abs. 2 bleibt unberührt. Da der Verkäufer die Lieferung mittels einer zweiten Andienung noch bis zum Ende des Lieferzeitraums bewirken darf, fängt die „kurze Frist" (Art. 11) erst im vertragsgemäßen Lieferzeitpunkt zu laufen an[168]. Verlangt der Käufer einen weiteren Erfüllungsversuch, so stellt dies ein neues Vertragsangebot dar.

384 Stellt die Versendung von oder nach einem **vertragswidrigen Ort** lediglich eine **unwesentliche Vertragsverletzung** dar **(Art. 32 Abs. 3),** so muß der Käufer die Lieferung als Vertragserfüllung hinnehmen. Dies gilt auch dann, wenn die Ware auf dem Transport beschädigt worden ist. Schadensersatzansprüche des Käufers bleiben unberührt. Der Käufer kann somit unter der Voraussetzung des Art. 74 z. B. erhöhte Transportkosten, Verzugsschäden, aber auch die Folgen erhöhter Transportrisiken liquidieren.

Unterabschnitt 2
Pflichten des Verkäufers hinsichtlich der Vertragsmäßigkeit der Sache

A. Vertragswidrigkeit
Vorbemerkung vor Art. 33 EKG

385 Das EKG qualifiziert die Lieferung mangelhafter Ware, Quantitätsmängel sowie aliud-Lieferungen als Vertragswidrigkeiten (Art. 33) und entschärft dadurch wesentliche im BGB/HGB auftauchende Abgrenzungsprobleme. Die Rechtsmängelhaftung ist in einer Sondervorschrift geregelt (Art. 52). — Die Artt. 33—35 regeln die Voraussetzungen der Vertragswidrigkeit; die Artt. 36—40, 49 grenzen die Haftung in vielfacher Weise ein; die Rechtsfolgen ergeben sich aus den Artt. 41—48.

Artikel 33 EKG

(1) Der Verkäufer hat seine Pflicht zur Lieferung nicht erfüllt,

a) wenn er nur einen Teil der verkauften Sache oder eine Menge ausgehändigt hat, die größer oder kleiner als die von ihm vertraglich versprochene ist;

b) wenn er eine andere als die vertraglich vereinbarte Sache oder eine Sache anderer Art ausgehändigt hat;

c) wenn er eine Sache ausgehändigt hat, die einer dem Käufer ausgehändigten oder übersendeten Probe oder einem dem Käufer ausgehändigten oder übersendeten Muster nicht entspricht, es sei denn, daß er die Probe oder das Muster nur zur Ansicht und ohne Übernahme einer Verpflichtung, daß die Sache damit übereinstimmen werde, vorgelegt hatte;

d) wenn er eine Sache ausgehändigt hat, die nicht die für ihren gewöhnlichen Gebrauch oder ihre kaufmännische Verwendung erforderlichen Eigenschaften besitzt;

e) wenn er eine Sache ausgehändigt hat, die nicht die für einen im Vertrag ausdrücklich oder stillschweigend vorgesehenen besonderen Gebrauch erforderlichen Eigenschaften besitzt;

f) im allgemeinen, wenn er eine Sache ausgehändigt hat, die nicht die im Vertrag ausdrücklich oder stillschweigend vorgesehenen Eigenschaften und besonderen Merkmale besitzt.

---

[168] A. A. *Dölle/Huber* Art. 32 EKG 18: Fristbeginn mit vertragswidriger Andienung.

(2) Mengenmäßige Abweichungen sowie das Fehlen eines Teiles der Sache oder von Eigenschaften oder besonderen Merkmalen bleiben außer Betracht, wenn sie unerheblich sind.

386 Art. 33 Abs. 1 definiert die Vertragswidrigkeit aufgrund von Qualitäts-, Quantitätsmängeln oder aliud-Lieferungen. Die Differenzierung zwischen den in Art. 33 Abs. 1 genannten Fallgruppen ist nur in Hinblick auf Art. 36 von Bedeutung.

387 **Art. 33 Abs. 1 lit. a:** Der Begriff „Teil" bezieht sich auf den Spezieskauf, der Begriff „Menge" auf den Gattungskauf. Die Lieferung eines Teils der geschuldeten Gattung (z. B. ein Band eines Lexikons fehlt) ist nicht ausdrücklich erwähnt. Eine Analogie zu lit. a liegt nahe, doch kann man diese Vertragswidrigkeit auch bei lit. d—f einordnen, weil Art. 36 nicht entscheidungserheblich werden kann (**a. A.** *Mertens/Rehbinder* Art. 33 EKG 10). Besonders auf diese Fallgruppe sind die in den Art. 42 Abs. 1 lit. b, c, Artt. 45, 47 geregelten Rechtsfolgen zugeschnitten.

388 **Art. 33 Abs. 1 lit. b** betrifft Falschlieferungen (aliud). Die erste Alternative bezieht sich auf den Spezieskauf, die zweite nur auf den Gattungskauf (*Dölle/Stumpf* Art. 33 EKG 9 m. Nachw.). Eine scharfe und auch recht schwierige Abgrenzung der aliud-Lieferung beim Gattungskauf von den Qualitätsmängeln im Sinne des Art. 33 Abs. 1 lit. d—f ist unnötig, da die Rechtsfolgen identisch sind. Das gilt auch in Hinblick auf Art. 36, der entgegen der h. M.[169] keine Anwendung findet, weil bei Vertragsschluß notwendigerweise noch nicht feststeht, welche Objekte im Sinne des Art. 19 geliefert werden. Auch wenn der Käufer weiß, daß der Verkäufer Ware einer nicht geschuldeten Gattung zu liefern beabsichtigt, so kennt er noch nicht die Vertragswidrigkeit der Lieferung, weil erst mit Aushändigung der Ware geliefert wird. Es ist zu berücksichtigen, daß sich der Verkäufer immer noch besinnen kann.

389 **Art. 33 Abs. 1 lit. c** entspricht § 494 BGB. Die Anwendbarkeit des Art. 36 ist nicht denkbar[170].

390 **Art. 33 Abs. 1 lit. d—f** bezieht sich auf Sachmängel im Sinne des § 459 Abs. 1 BGB, sofern man vom subjektiven Fehlerbegriff ausgeht, sowie auf die Fälle des Fehlens einer zugesicherten Eigenschaft im Sinne des § 459 Abs. 2 BGB. Eine exakte Abgrenzung der in den lit. d—f genannten Fallgruppen ist überflüssig, da die Rechtsfolgen nicht nach der Zuordnung zu den einzelnen Fallgruppen divergieren. Immerhin signalisieren die einzelnen Fallgruppen, wie der Sachmängelbegriff des EKG zu umreißen ist. So geht das EKG — vorbehaltlich des Art. 36 — als selbstverständlich davon aus, daß die Ware immer die zum gewöhnlichen Gebrauch oder ihrer kaufmännischen Verwendung (auch wertbildende Faktoren) erforderlichen Eigenschaften besitzt. Mißverständlich ist lit. e, wenn dort von den für den besonderen Gebrauch erforderlichen Eigenschaften die Rede ist. „Erforderlich" sind nicht diejenigen Eigenschaften, ohne die der besondere Gebrauch unmöglich wäre, sondern es sind lediglich diejenigen Eigenschaften erforderlich, die nach dem verkehrsüblichen Wissen um die Tauglichkeit der Ware vorhanden sein müssen. Es wäre unangemessen, wenn der Käufer das Verwendungsrisiko voll auf den Verkäufer abwälzen dürfte, falls z. B. die in der Sphäre des Käufers den Gebrauch beeinflussenden Faktoren für den Verkäufer unerkennbar atypisch gelagert sind. Nur wenn dem Verkäufer sämtliche, den atypischen Gebrauch beeinflussenden Faktoren bekannt oder wenn sie erkennbar waren (z. B. Einsatz bei extremer Hitze, Strahlung), so darf sich der Verkäufer nicht darauf berufen, daß für ihn die un-

---

169 *Kirchhof* Die Sachmängelhaftung nach deutschem Recht im Vergleich zur Haftung nach dem „Einheitlichen Gesetz über den internationalen Kauf beweglicher Sachen", Diss. München (1970) S. 136; *Mertens/Rehbinder* Art. 33 EKG 11 und *Dölle/Stumpf* Art. 33 EKG 8.

170 Ähnlich *Mertens/Rehbinder* Art. 33 EKG 15; **a. A.** *Dölle/Stumpf* Art. 36 EKG 2.

ter diesen Bedingungen erforderlichen Eigenschaften der Ware unerkennbar gewesen seien. Ausnahme: Aus der Sicht eines vernünftigen Käufers bestand kein Anlaß für ein Vertrauen auf die Sachkunde des Verkäufers. Gleiches gilt für **öffentlich-rechtliche Nutzungshindernisse** (LG Karlsruhe RIW **1982** 517), doch ist zu beachten, daß der Verkäufer nicht allein deshalb, weil er um den Export der Ware weiß, alle im Bestimmungsland maßgeblichen Qualitätsvorschriften kennen muß[171]. Spezifisch öffentlich-rechtliche Pflichten werden durch das EKG nicht berührt. **Maßgeblicher Beurteilungszeitpunkt:** Art. 35.

391 **Art. 33 Abs. 2:** Der Begriff „unerheblich" ist im Lichte der Verkehrsauffassung objektiv zu interpretieren, es sei denn, aus dem Vertrag ergibt sich, daß der Verkäufer bestimmte Eigenschaften garantieren wollte (Art. 3).

Artikel 34 EKG

In den Fällen des Artikels 33 schließen die Rechte, die dem Käufer nach diesem Gesetz zustehen, alle anderen auf die Vertragswidrigkeit der Sache gestützten Rechte aus.

392 Art. 34 soll garantieren, daß das Haftungssystem des EKG nicht durch nationale unvereinheitlichte Rechtsbehelfe unterminiert wird.

Ausgeschlossen sind die Anfechtung wegen Eigenschaftsirrtums (§ 119 Abs. 2 BGB), die Haftung wegen c. i. c. und positiver Forderungsverletzung, die auf Quantitäts-, Qualitätsmängel oder Falschlieferung gestützt wird. Hingegen ergibt sich aus der Entstehungsgeschichte, daß die Haftung für **doloses Verhalten** des Verkäufers **unberührt** bleiben sollte. Anwendbar bleiben mithin die §§ 123, 826 BGB, 823 Abs. 2 BGB i. V. m. § 263 StGB sowie die Haftung aus c. i. c. (insbesondere für den dolos handelnden Erfüllungsgehilfen). **Unberührt** bleibt **auch** Art. 3, so daß Garantieverträge sowie Beratungsverträge voll wirksam sind. Gleiches gilt für die deliktische Produzentenhaftung (*Dölle/Huber* Art. 8 EKG 11 m. Nachw.), weil es dort lediglich um den Vorwurf der Produktion und des Inverkehrbringens gefährlicher Ware geht.

Artikel 35 EKG

(1) Die Vertragsmäßigkeit beurteilt sich nach dem Zustand der Sache im Zeitpunkt des Übergangs der Gefahr. Geht jedoch infolge einer Aufhebungserklärung oder eines Verlangens nach Ersatzlieferung die Gefahr nicht über, so beurteilt sich die Vertragsmäßigkeit nach dem Zustand der Sache in dem Zeitpunkt, in dem die Gefahr übergegangen wäre, wenn die Sache vertragsmäßig gewesen wäre.

(2) Der Verkäufer haftet für die Folgen einer Vertragswidrigkeit der Sache, die nach dem in Absatz 1 festgesetzten Zeitpunkt eintritt, wenn die Vertragswidrigkeit durch eine Handlung des Verkäufers oder einer Person verursacht worden ist, für deren Verhalten er einzustehen hat.

393 Art. 35 fixiert in Abs. 1 den für die Beurteilung der Vertragsgemäßheit der Ware (Art. 33 Abs. 1) entscheidenden Zeitpunkt. In Abs. 2 wird die Verkäuferhaftung über diesen Zeitpunkt hinaus ausgedehnt.

394 **Art. 35 Abs. 1 S. 1:** Maßgeblich ist der Zeitpunkt des Übergangs der Gefahr im Sinne der Artt. 97—101. Vertragliche Vereinbarungen genießen Vorrang (Art. 3). Sie sind im Rahmen des Art. 35 Abs. 1 auch dort von Bedeutung, wo sie ausdrücklich nur auf das Verlust- und Beschädigungsrisiko bezogen sind, es sei denn, aus der Vereinbarung ergibt sich, daß die Gefahrtragungsklausel nicht den Bezugspunkt für sonstige Risiken abgeben soll.

---

[171] Ebenso *Dölle/Stumpf* Art. 33 EKG 18 m. Nachw.;
a. A. *Mertens/Rehbinder* Art. 33 EKG 19.

395 **Art. 35 Abs. 1 S. 2** trägt dem Umstand Rechnung, daß bei Aushändigung vertragswidriger Sachen die Gefahr unter Umständen gemäß Art. 97 Abs. 2 nicht übergeht.

396 **Art. 35 Abs. 2** erweitert die Verkäuferhaftung in den in Art. 55 geregelten Bereich hinein. Es geht hier nicht um Vertragswidrigkeiten, die im Keim bereits vor dem Gefahrübergang (Artt. 97ff) vorhanden waren[172]. Vielmehr erfaßt Art. 35 Abs. 2 solche Vertragswidrigkeiten, die erst nach dem Gefahrübergang verursacht werden. Beispiele: Falsche Weisungen an die Transportperson nach Aushändigung der Ware, mangelhafte Verpackung, sofern die Verpackung nicht zur geschuldeten Ausstattung der Ware gehört. Voraussetzung einer Haftung ist, daß der Verkäufer gemäß Art. 74 Abs. 1 für die Vertragswidrigkeit einzustehen hat[173]. Art 35 Abs. 2 verdrängt **Art. 55.** Auf diese Weise wird sichergestellt, daß der Verkäufer vom Käufer auch über solche Mängel informiert werden muß (Artt. 38, 39), die zwar bei Gefahrübergang noch nicht existierten, die aber vor dem in Art. 38 genannten Zeitpunkt entstanden sind (*Mertens/Rehbinder* Art. 35 EKG 4). Andererseits ist auf Vertragsverletzungen, die nach diesen Zeitpunkten begangen worden sind, ausschließlich Art. 55 anzuwenden (**a. A.** *Dölle/Stumpf* Art. 35 EKG 7 m. Nachw.).

Artikel 36 EKG

Der Verkäufer haftet nicht für die Folgen der in Artikel 33 Abs. 1 Buchstaben d, e und f bezeichneten Vertragswidrigkeiten, wenn der Käufer bei Vertragsabschluß die Vertragswidrigkeit gekannt hat oder über sie nicht in Unkenntnis hat sein können.

397 Art. 36 statuiert einen Haftungsausschluß in den Fällen, in denen der Käufer dem Mangel mindestens ebenso nahe steht wie der Verkäufer. Er betrifft nicht die Vertragswidrigkeiten im Sinne des Art. 33 Abs. 1 lit. a—c (*Dölle/Stumpf* Art. 33 EKG 2), wo allerdings entgegen dem historischen Gesetzgeber und der h. M. Vertragswidrigkeiten, die bei Vertragsschluß schon existierten, kaum vorstellbar sind.

398 Der Haftungsausschluß gemäß Art. 36 setzt voraus, daß der Ware bereits im Zeitpunkt des Vertragsschlusses die geschuldeten Eigenschaften und Merkmale fehlten. Der **Zeitpunkt** des Vertragsschlusses ist anhand des EAG (Rdn. 604), und wo dieses nicht anwendbar ist, nach dem einschlägigen nationalen unvereinheitlichten Recht zu bestimmen. Dem Käufer schadet nur Kenntnis und **grob fahrlässige Unkenntnis.** Dies ergibt sich nach allgemeiner Ansicht aus der Entstehungsgeschichte der Norm. Den Käufer trifft auch, wie die Entstehungsgeschichte zeigt, keine Pflicht zur Untersuchung vor Vertragsschluß.

399 Entgegen seinem Wortlaut ist Art. 36 nach ganz h. M. unanwendbar, wenn sich der Verkäufer den Vorwurf dolosen Verhaltens gefallen lassen muß (*Dölle/Stumpf* Art. 36 EKG 6 m. Nachw.). Außerdem bleibt der Verkäufer trotz grob fahrlässiger Unkenntnis des Käufers an Garantiezusagen gebunden. Die vertragliche Spezialzusage hat Vorrang (Art. 3). Gleiches gilt, wenn der Verkäufer zugesagt hat, einen Mangel zu beheben.

Artikel 37 EKG

Bei vorzeitiger Aushändigung behält der Verkäufer bis zu dem für die Lieferung festgesetzten Zeitpunkt das Recht, den fehlenden Teil oder die fehlende Menge oder andere vertragsmäßige Sa-

---

172 *Dölle/Stumpf* Art. 35 EKG 4; *Mertens/Rehbinder* Art. 35 EKG 3 m. Nachw.

173 *Mertens/Rehbinder* Art. 35 EKG 3; **a. A.** wohl *Dölle/Stumpf* Art. 35 EKG 6, 8, die auf nationales Recht zurückgreifen wollen.

chen zu liefern oder den Mangel der ausgehändigten Sachen zu beheben, sofern diese Maßnahmen dem Käufer keine unverhältnismäßigen Unannehmlichkeiten oder Kosten verursachen.

400 Art. 37 ergänzt den Art. 44 Abs. 1 und schränkt die Artt. 43, 48 ein.

Die Ware muß im Sinn des Art. 29 vorzeitig ausgehändigt worden sein. War für die Erfüllung des Vertrages ein Lieferzeitraum vereinbart und erbringt der Verkäufer seine Leistung vor dem Ende des Zeitraums, so ist Art. 37 zumindest analog anzuwenden (so im Ergebnis h. M.).

401 Macht der Verkäufer von seinem Recht im Sinn des Art. 37 keinen Gebrauch, so finden mit dem Ablauf des Liefertermins die Artt. 43 f Anwendung. Auf Art. 48 darf sich der Käufer nicht berufen, weil die Vertragswidrigkeit noch behoben werden kann, der Käufer aber vor dem vertraglichen Lieferzeitpunkt keinen Erfüllungsanspruch besitzt. Unberührt bleiben Schadensersatzansprüche. Weigert sich der Käufer unberechtigt, die Vertragswidrigkeit beheben zu lassen, so verliert er, solange er sich weigert, den Schadensersatzanspruch (Art. 88). Er macht sich darüber hinaus selbst schadensersatzpflichtig (Art. 70 Abs. 1 lit. b).

B. Feststellung und Anzeige der Vertragswidrigkeit

Artikel 38 EKG

(1) Der Käufer hat die Sache innerhalb kurzer Frist zu untersuchen oder untersuchen zu lassen.

(2) Im Fall einer Beförderung der Sache hat sie der Käufer am Bestimmungsort zu untersuchen.

(3) Wird die Sache durch den Käufer ohne Umladung weiterversendet und hat der Verkäufer bei Vertragsabschluß die Möglichkeit dieser Weiterversendung gekannt oder hätte er sie kennen müssen, so kann die Untersuchung der Sache bis zu ihrem Eintreffen an ihrem neuen Bestimmungsort aufgeschoben werden.

(4) Die Form der Untersuchung bestimmt sich nach der Vereinbarung der Parteien oder in Ermangelung einer Vereinbarung nach dem Recht oder den Gebräuchen des Ortes, an dem die Untersuchung vorzunehmen ist.

402 Art. 38 will in Verbindung mit Art. 39 dem Verkäufer eine schnelle Übersicht über die auf ihn zukommenden Forderungen verschaffen. Außerdem soll der Verkäufer vor Mißbräuchen wie dem unberechtigten Nachschieben von Mängeln bewahrt werden (BGH RIW **1982** 594, 595). Art. 38 statuiert entgegen seinem Wortlaut weder eine Verpflichtung noch eine Obliegenheit des Käufers. Das Ende des in Art. 38 bestimmten Untersuchungszeitraums fixiert nur den Zeitpunkt, in dem die Anzeigeobliegenheit des Käufers (Art. 39 Abs. 1) entsteht. Gebräuche und Gepflogenheiten gehen vor (Art. 9).

Der Moment, in dem die Anzeigeobliegenheit entsteht, ist anhand von drei Faktoren zu ermitteln: Beginn der Frist für die Untersuchung, Aufnahme der Untersuchung, Dauer der Untersuchung.

403 Die Untersuchung muß gemäß Art. 38 Abs. 1 **binnen kurzer Frist aufgenommen** werden. Die Frist beginnt vorbehaltlich Art. 9 mit der Aushändigung der Ware an den Käufer oder seinen Beauftragten (z. B. Empfangsspediteur) am Lieferort, bei Versendungskäufen (Art. 19 Abs. 2) am Bestimmungsort (Art. 38 Abs. 2), zu laufen. Haben die Parteien im Kaufvertrag vereinbart, daß die Ware im sog. Streckengeschäft unmittelbar an einen Abnehmer des Käufers zu senden ist, so kommt es auf die Aushändigung an den Abnehmer an. **Art. 38 Abs. 3** schiebt bei Weiterversendung der Ware den Fristbeginn unter bestimmten Voraussetzungen weiter hinaus. Hier wird verbreitet die

Ansicht vertreten, daß Art. 38 Abs. 3 nur beim Seetransport zum Tragen komme[174]. Für eine derartige Restriktion des Art. 38 Abs. 3 besteht kein Anlaß. Weiterversendungen ohne Umladung sind auch beim Landtransport üblich. Auch beim Landtransport kann die Ware vielfach nicht ohne Ausladen eines Teils der Ware überprüft werden (Container) und ein Ausladen unwirtschaftlich sein. Die Weiterversendung muß auch nicht, wie die Entstehungsgeschichte der Norm zeigt, alsbald erfolgt sein. Es genügt, daß der Verkäufer mit der Möglichkeit (nicht mit der Tatsache) der Weiterversendung ohne Umladung rechnen mußte. — In Analogie zu Art. 38 Abs. 3 ist der Fristbeginn ferner dort auf den Zeitpunkt der Aushändigung am neuen Bestimmungsort hinauszuschieben, wo der Verkäufer auf Bitte des Käufers die Ware an dessen Abnehmer sendet oder der Käufer die rollende bzw. schwimmende Ware selbst zu einem seiner Abnehmer umdirigiert. Voraussetzung ist allerdings auch hier, daß der Verkäufer mit einer Änderung des Bestimmungsorts rechnen mußte. — Eine vorzeitige Lieferung, die der Käufer angenommen hat, setzt die Untersuchungsfrist sofort in Lauf, weil sonst der Käufer Gelegenheit zu Manipulationen erhält (**a. A.** h. M. *Dölle/Stumpf* Art. 38 EKG 1 m. Nachw.). Allerdings hat die vorzeitige Lieferung unter Umständen Auswirkungen auf die Dauer der Untersuchungsfrist.

Gebräuche (Art. 9) oder vertragliche Vereinbarungen (Art. 3) (zu den Handelsklauseln s. Rdn. 168) genießen Vorrang.

404 Die Untersuchung ist **innerhalb kurzer Frist zu beenden.** Zum Begriff der kurzen Frist Art. 11. Es ist ein strenger Maßstab anzulegen; Verschulden spielt keine Rolle (BGH RIW **1982** 594, 596; OLG Hamburg RIW **1982** 435, 437). Es sind jedoch die Umstände des Einzelfalls, insbesondere die konkreten Untersuchungsmöglichkeiten des Käufers zu berücksichtigen (BGH RIW **1982** 594, 596); denn Art. 11 schreibt keine generalisierende, sondern lediglich eine objektivierende Betrachtungsweise vor[175]. Relevant sind daher z. B. Streiks beim Käufer. Organisationsfehler beim Käufer können nicht zur Verlängerung der Frist führen. Soweit die Untersuchung beim Abnehmer des Käufers oder dessen Beauftragtem erfolgen muß, hat dieser die Frist einzuhalten.

405 Die **Art und Weise der Untersuchung** wird vom Gesetz nicht konkret geregelt. Es verweist auf Parteiabreden (Art. 3) sowie Gebräuche (Art. 9) am Untersuchungsort. Hilfsweise ist auf Art. 17 zurückzugreifen. Der Käufer hat die **Kosten** der Untersuchung zu tragen (Art. 90). Dies gilt auch dann, wenn sich Mängel herausstellen (**a. A.** *Dölle/Stumpf* Art. 38 EKG 5 m. Nachw.). Der Käufer kann unter der Voraussetzung des § 74 Abs. 1 nur einen Schadensersatzanspruch geltend machen. Das EKG kennt keine dem § 467 S. 2 BGB vergleichbare Vorschrift.

406 Nimmt der Käufer bzw. sein Abnehmer oder Beauftragter die Untersuchung nicht oder nicht rechtzeitig vor, so erleidet er allein hierdurch keinerlei Rechtsnachteile. Art. 39 Abs. 1 knüpft ausschließlich an die unterlassene oder verspätete Anzeige (Art. 39) an. Der Käufer behält mithin seine Rechte, wenn er ins Blaue hinein rechtzeitig und hinreichend konkret (Art. 39 Abs. 2) vermutete Mängel anzeigt.

Artikel 39 EKG

(1) Der Käufer verliert das Recht, sich auf eine Vertragswidrigkeit der Sache zu berufen, wenn er die Vertragswidrigkeit dem Verkäufer nicht innerhalb kurzer Frist nach dem Zeitpunkt anzeigt, in dem er sie festgestellt hat oder hätte feststellen müssen. Stellt sich jedoch eine Vertragswidrig-

174 *Mertens/Rehbinder* Artt. 38, 39 EKG 16; *Dölle/Stumpf* Art. 38 EKG 4 m. Nachw.

175 *Mertens/Rehbinder* Art. 38 EKG 5; **a. A.** *Dölle/Stumpf* Art. 38 EKG 2 m. Nachw.

keit, die durch die in Artikel 38 vorgesehene Untersuchung nicht entdeckt werden konnte, später heraus, so kann sich der Käufer auf die Vertragswidrigkeit noch berufen, vorausgesetzt, daß er sie dem Verkäufer innerhalb kurzer Frist nach ihrer Entdeckung anzeigt. Der Käufer verliert stets das Recht, sich auf eine Vertragswidrigkeit zu berufen, wenn er sie nicht innerhalb von zwei Jahren nach der Aushändigung der Sache angezeigt hat, es sei denn, daß für diese Vertragswidrigkeit vereinbarungsgemäß für einen längeren Zeitraum Gewähr zu leisten ist.

(2) Bei der Anzeige der Vertragswidrigkeit hat der Käufer ihre Art genau zu bezeichnen und den Verkäufer aufzufordern, die Sache zu untersuchen oder durch einen Beauftragten untersuchen zu lassen.

(3) Wird eine Mitteilung nach Absatz 1 durch Brief oder Telegramm oder auf einem anderen geeigneten Übermittlungsweg übersendet, so nimmt der Umstand, daß sie verspätet oder gar nicht am Bestimmungsort angekommen ist, dem Käufer nicht das Recht, sich auf die Mitteilung zu berufen.

407 Zum Schutzzweck Art. 38 Rdn. 402.

408 Um keinen Rechtsverlust zu erleiden, muß der Käufer die **Vertragswidrigkeit** der Sache im Sinne der Art. 33 Abs. 1, Art. 35 Abs. 2 (OLG Bamberg RIW **1979** 566, 567) fristgerecht anzeigen. Die **Fristdauer** hängt davon ab, ob es sich um eine erkennbare (Art. 39 Abs. 1 S. 1) oder um eine unerkennbare (Art. 39 Abs. 1 S. 2) Vertragswidrigkeit handelt. Um **erkennbare Vertragswidrigkeiten** handelt es sich, wenn sie nach einer im Sinne des Art. 38 fristgerechten und ordnungsgemäßen Untersuchung erkannt wurden oder hätten erkannt werden können. Die Frage, welche Untersuchung ordnungsgemäß war, ist anhand der Spezialregelung Art. 38 Abs. 4 und nicht anhand des Art. 13 zu beantworten (*Dölle/Stumpf* Art. 39 EKG 2 (str.)). Die Frist beginnt in dem Moment, in dem der Mangel mit Sicherheit (BGH RIW **1982** 594, 596) und beweisbar erkannt wurde oder hätte bekannt sein können. Die Anzeige ist binnen **kurzer Frist** im Sinne des Art. 11 abzusenden (Art. 38 Rdn. 404).

409 War die Vertragswidrigkeit bei einer fristgerechten und ordnungsgemäßen Untersuchung (Art. 38) **unerkennbar, so beginnt die Frist** mit der positiven Kenntnis des Käufers, nicht eines Drittabnehmers zu laufen. Die Anzeige ist nach Kenntniserlangung binnen kurzer Frist (Art. 11) abzusenden (s. Art. 38 Rdn. 404). Ausschlußfrist: Art. 39 Abs. 1 S. 3; Aushändigung am gemäß Art. 38 Abs. 1—3 maßgeblichen Bestimmungsort. Vertragliche Verkürzung der Ausschlußfrist ist möglich (Art. 3) oder unter Umständen gebräuchlich (Art. 9).

410 **Art. 39 Abs. 2** schreibt vor, auf welche Weise die in Abs. 1 geforderte Anzeige zu erfolgen hat. Die Anzeige hat die Vertragswidrigkeit genau zu bezeichnen und verständlich zu sein (vgl. *Magnus* S. 105, 115), um dem Verkäufer rasch Dispositionen zu ermöglichen und um Manipulationen vorzubeugen (OLG Bamberg RIW **1979** 566, 567; LG Braunschweig RIW **1983** 371, 373). Der Käufer hat außerdem den Verkäufer zur Untersuchung aufzufordern. Diese Aufforderung ist ebenso wie die Konkretisierung des Mangels nach dem im EKG besonders bedeutsamen klaren Wortlaut des Art. 39 Abs. 2 Wirksamkeitserfordernis[176], obwohl diese Förmlichkeit dem deutschen Verkäufer fremd ist. Sie hat jedoch einen durchaus anerkennenswerten Zweck: die rasche Klärung der Vertragswidrigkeit (LG Braunschweig RIW **1983** 371, 373). Die Aufforderung kann konkludent erfolgen. Sie wird nicht durch eine klare Bezeichnung der Mängel ersetzt[177]. Allerdings können Handelsbräuche und Gepflogenheiten (Art. 9 AGBG) eine Untersuchungsaufforderung als überflüssig erscheinen lassen. Gleiches

[176] Str.; vgl. *Dölle/Stumpf* Art. 39 EKG 4 m. Nachw. zum Streitstand.

[177] **A. A.** OLG Köln MDR **1980** 1023; *Piltz* IPRax. **1981** 198, 199.

gilt, wenn zu erwarten ist, daß der Verkäufer auf die Aufforderung nicht angewiesen ist, oder wenn sich der Verkäufer auf die Rüge eingelassen hat.

411 Der Käufer muß die Anzeige rechtzeitig und ordnungsgemäß **absenden.** Die Beweislast liegt beim Käufer (LG Braunschweig RIW **1983** 371, 372). Wenn er die Anzeige mit den Mitteln des Art. 14 bewirkt, trägt er nicht das Risiko, daß die Anzeige nicht oder verspätet am Bestimmungsort eintrifft. Wenn nach den Umständen eine Anzeige durch Fernschreiben üblich ist (Art. 14), kann sich der Käufer nicht darauf berufen, daß in **Art. 39 Abs. 3** der Brief als Kommunikationsmittel genannt ist. Art. 14 geht insoweit dem Art. 39 vor[178].

412 Hat der Käufer die Vertragswidrigkeit **nicht oder verspätet angezeigt,** so verliert der Käufer alle Rechte aus Artt. 41—46, 55, 75, einschließlich des Anspruchs aus einem Vertragsstrafe- oder Garantieversprechen. **Ausnahmen:** Art. 40 (doloses und grob fahrlässiges Handeln des Verkäufers); die deliktische Produzentenhaftung (nach nationalem Recht); die Zuviellieferung (Art. 47); nach dem klaren Wortlaut des Art. 39 Abs. 1, der vom Rechtsverlust des Käufers, nicht vom Erwerb zusätzlicher Rechte des Verkäufers spricht, die Lieferung eines höherwertigeren und teueren aliud's (s. Art. 47 Rdn. 432); die offen deklarierte Zuweniglieferung, die ein Angebot zur Vertragsänderung enthält (§ 378 HGB 54); nicht jedoch die lediglich zweifelsfreie Minderlieferung (*Mertens/Rehbinder* Art. 39 EKG 30 (str.)), auf die allerdings regelmäßig Art. 40 anzuwenden sein wird. Der Rechtsverlust tritt nicht ein, wenn der Verkäufer — auch nachträglich — auf die Mängelrüge ausdrücklich oder konkludent **verzichtet** (BGH RIW **1982** 594, 596); z. B., indem er sich auf die Rüge sachlich einläßt, ohne die Verspätung zu rügen.

Artikel 40 EKG

Der Verkäufer kann sich auf die Artikel 38 und 39 nicht berufen, wenn die Vertragswidrigkeit auf Tatsachen beruht, die er gekannt hat oder über die er nicht in Unkenntnis hat sein können und die er nicht offenbart hat.

413 Art. 40 beläßt dem Käufer trotz Verstoßes gegen die Anzeigenobliegenheit seine Rechte, weil sich der Verkäufer unschwer darauf einstellen konnte, daß er mit Ansprüchen wegen Vertragswidrigkeit der Lieferung konfrontiert werden wird.

414 Die Formulierung „nicht in Unkenntnis sein konnte“ bedeutet wie in Art. 36 **grobe Fahrlässigkeit**[179]. Den Verkäufer trifft mithin seinerseits eine Untersuchungspflicht. Er hat sich über die Vertragsgemäßheit der Ware im Zeitpunkt der Lieferung (Art. 19) zu vergewissern. Unter Umständen hat er den Käufer sogar auf den Mangel hinzuweisen (OLG Hamm IPRax. **1983** 231, 232). Außerdem kann er sich nach der ratio des Art. 40 nicht darauf berufen, daß der Käufer eine Vertragswidrigkeit nicht angezeigt hat, die Folge seines grob fahrlässigen Verhaltens bzw. das seiner Hilfspersonen nach Lieferung ist. Erfährt er positiv von der Vertragswidrigkeit, bevor die Frist des Art. 38 zu laufen beginnt (z. B. sein Spediteur teilt ihm mit, daß die Ware zum Teil verdorben an den Frachtführer übergeben worden ist), so findet Art. 40 ebenfalls Anwendung. Gleiches gilt, wenn sich der Verkäufer grob fahrlässig der Zurkenntnisnahme verschlossen hat. Deklarierte, aber auch zweifelsfreie Minderlieferungen fallen mithin unter Art. 40. Zur Frage von Mehrlieferungen und höherpreisigen aliud-Lieferungen s. Art. 47 Rdn. 431 f.

---

178 *Dölle/Stumpf* Art. 39 EKG 8 m. Nachw.; **a. A.** *Mertens/Rehbinder* Art. 39 EKG 29.

179 OLG München DB **1977** 2225, 2226; OLG Köln MDR **1980** 1023; *Dölle/Stumpf* Art. 40 EKG 2; *Mertens/Rehbinder* Art. 40 EKG 3 jeweils m. Nachw.

C. Rechtsfolgen der Vertragswidrigkeit

Artikel 41 EKG

(1) Der Käufer, der die Vertragswidrigkeit ordnungsgemäß angezeigt hat, kann nach Maßgabe der Artikel 42 bis 46
a) von dem Verkäufer die Erfüllung des Vertrages verlangen;
b) die Aufhebung des Vertrages erklären;
c) den Kaufpreis herabsetzen.

(2) Der Käufer kann ferner Schadenersatz nach Artikel 82 oder nach den Artikeln 84 bis 87 verlangen.

415 Art. 41 gibt einen Überblick über die an die Andienung vertragswidriger Ware (Art. 33, Art. 35 Abs. 2) geknüpften Rechtsfolgen. Voraussetzung der in Art. 41 genannten Ansprüche ist regelmäßig eine Anzeige im Sinne des Art. 39.

416 Art. 41 Abs. 1 stellt die Erfüllung (in Form der Nachlieferung, Nachbesserung), Aufhebung des Vertrages und Herabsetzung des Kaufpreises gleichwertig nebeneinander. Abgesehen von den Fällen wesentlicher Vertragsverletzungen (Art. 10) hat der Verkäufer jedoch vorrangig ein „Recht" zur Erfüllung. Der Schadensersatzanspruch kann neben allen in Art. 41 Abs. 1 genannten Rechten geltend gemacht werden, wenn der Verkäufer die Schadensursache zu vertreten hat (Art. 74 Abs. 1).

417 Demgemäß besitzt der Käufer folgende **Wahlrechte**: (1) Anspruch auf Erfüllung (**Nachlieferungen, Nachbesserung,** Art. 42 Abs. 1). (2) **Aufhebung des Vertrages,** falls (a) die Vertragswidrigkeit im Sinne des Art. 43 wesentlich ist und eine nachträgliche Erfüllung zu einer wesentlichen Verspätung führen würde (Art. 43) oder falls (b) die Nachfrist für die Erfüllung fruchtlos abgelaufen ist (Art. 42 Abs. 2) oder falls (c) die Erfüllung für den Käufer im Sinne des Art. 44 Abs. 1 unzumutbar ist (str.). (3) **Herabsetzung des Kaufpreises** (Art. 46). (4) **Schadensersatz** (Artt. 82 ff) neben der Erfüllung oder Vertragsaufhebung bzw. Minderung des Kaufpreises, sofern sich der Verkäufer nicht gemäß Art. 74 Abs. 1 entlasten kann.

Zur Zuviellieferung, höherwertigen aliud-Lieferung s. Art. 47; zum Sukzessivlieferungsvertrag s. Art. 75.

Artikel 42 EKG

(1) Der Käufer kann von dem Verkäufer die Erfüllung des Vertrages verlangen,
a) wenn sich der Kauf auf eine vom Verkäufer zu erzeugende oder herzustellende Sache bezogen hat: durch Behebung der Vertragswidrigkeit, vorausgesetzt, daß der Verkäufer hierzu in der Lage ist;
b) wenn sich der Kauf auf eine bestimmte Sache bezogen hat: durch Lieferung der vereinbarten Sache oder des fehlenden Teiles;
c) wenn sich der Kauf auf Gattungssachen bezogen hat: durch Lieferung anderer vertragsmäßiger Sachen oder des fehlenden Teiles oder der fehlenden Menge, es sei denn, daß ein Dekkungskauf den Gebräuchen entspricht und in angemessener Weise möglich ist.

(2) Erlangt der Käufer nicht innerhalb angemessener Frist die Erfüllung des Vertrages, so behält er die Rechte nach den Artikeln 43 bis 46.

418 Art. 42 konkretisiert den allgemeinen Erfüllungsanspruch des Käufers im Falle von Vertragswidrigkeiten (Artt. 33, 35 Abs. 2) auf eine Weise, die dem Verkäufer unnötige Belastungen zu ersparen sucht.

419 **Art. 42 Abs. 1 lit. a** betrifft den Spezies- und den Gattungskauf. Der Verkäufer muß Produzent der Ware, nicht bloß (Vertrags-)Händler oder Kommissionär sein. Die Nachbesserung als die im Zweifel wirtschaftlichste Form der Mängelbeseitigung muß ihm mit eigenen Mitteln und Leuten möglich sein. Sie ist mithin nicht geschuldet, wenn sie ihm unmöglich ist oder wenn sie entsprechend der ratio des Art. 42 Abs. 1 lit. a nur mit unverhältnismäßigem Aufwand durchführbar wäre (*Mertens/Rehbinder* Art. 42 EKG 8 m. w. Nachw.). Soweit der Verkäufer nicht zur Nachbesserung verpflichtet ist, kann der Käufer, sofern dies möglich ist, Nachlieferung (Art. 42 Abs. 1 lit. c, Art. 74 Abs. 1) verlangen. Der Verkäufer darf seinerseits immer Ersatzware anstatt der Nachbesserung andienen (Art. 44 Abs. 1). Die Kosten der Nachbesserung fallen als Teil der Erfüllungshandlung dem Verkäufer zur Last. Da der Produzent mit eigenen Mitteln nachbessern können soll, kann er den Nachbesserungsort im Rahmen von Treu und Glauben frei wählen. Er trägt freilich die Transportkosten und -risiken (abw. *Dölle/Stumpf* Art. 42 EKG 11).

420 **Art. 42 Abs. 1 lit. b** betrifft die echte aliud-Lieferung und Teillieferung beim Spezieskauf.

421 **Art. 42 Abs. 1 lit. c** bezieht sich auf Gattungskäufe die mit Händlern oder Kommissionären abgeschlossen werden. Beim Kauf vom Produzenten geht lit. a vor (h. M.), es sei denn, daß dem Verkäufer die Nachbesserung mit eigenen Mitteln und Leuten unmöglich oder unzumutbar ist. Zum Begriff des Deckungskaufs Art. 25 Rdn. 364, der Gebräuche Art. 9. Es ist eine ungeschriebene Voraussetzung des Nachlieferungsanspruchs, daß der Käufer die vertragswidrige Ware zurückzugeben vermag (Analogie zu Art. 79 Abs. 1), es sei denn, daß Art. 79 Abs. 2 analog anzuwenden ist (*Dölle/Stumpf* Art. 42 EKG 17 m. Nachw.).

422 **Rechtsfolge:** Der Käufer kann die in Art. 42 genannten **Erfüllungsansprüche** gerichtlich durchsetzen. Dies könnte allerdings faktisch die Konsequenz haben, daß der Käufer gemäß Art. 43 S. 2 wegen Fristversäumung die Befugnis zur Vertragsaufhebung verliert. Man wird deshalb auch bei wesentlichen Vertragswidrigkeiten Art. 44 Abs. 2 analog anzuwenden haben, wenn der Käufer zunächst Erfüllung fordert. — Der Käufer, der zunächst Erfüllung verlangt hat, kann auf das Recht zur **Vertragsaufhebung** erst zurückgreifen, wenn die Frist des Art. 42 Abs. 2 verstrichen ist. Außerdem müssen die Voraussetzungen des Art. 43 oder Art. 44 erfüllt sein. Bei unwesentlichen Vertragsverletzungen muß also der Käufer, um die Vertragsaufhebung erklären zu können, ausdrücklich eine Nachfrist gesetzt haben, und die Nachfrist muß verstrichen sein (Art. 44 Abs. 2; h. M., *Dölle/Stumpf* Art. 42 EKG 21). Zur analogen Heranziehung des Art. 44 Abs. 2 bei wesentlichen Vertragsverletzungen s. o. — Die **Herabsetzung des Kaufpreises** (Art. 46) darf der Käufer ebenfalls erst nach Ablauf der in Art. 42 Abs. 2 genannten Frist verlangen, wenn er zuvor Erfüllung gefordert hatte. Eine zusätzliche Nachfrist braucht er, wie sich aus dem Wortlaut des Art. 46 ergibt, allerdings auch bei unwesentlichen Vertragswidrigkeiten nicht zu setzen[180].

Artikel 43 EKG

Der Käufer kann die Aufhebung des Vertrages erklären, wenn sowohl die Vertragswidrigkeit als auch der Umstand, daß die Lieferung nicht in dem festgesetzten Zeitpunkt bewirkt worden ist, wesentliche Vertragsverletzungen darstellen. Er verliert dieses Recht, wenn er es nicht innerhalb kurzer Frist nach der Anzeige der Vertragswidrigkeit oder nach Ablauf der in Artikel 42 Abs. 2 bezeichneten Frist ausübt.

423 Art. 43 erlaubt dem Käufer, den Vertrag ohne vorheriges Abwarten einer Nachbesserung oder Nachlieferung aufzuheben, vorausgesetzt, die Vertragsverletzung ist we-

180 *Mertens/Rehbinder* Art. 46 EKG 3; **a. A.** *Dölle/Stumpf* Art. 46 EKG 2 m. Nachw.

sentlich und — soweit dies überhaupt möglich — eine Behebung der Vertragswidrigkeit würde zu einer wesentlichen Verzögerung führen. Bei unwesentlichen Verzögerungen gilt der Vorrang der Erfüllung innerhalb der Nachfrist (Art. 44).

424 Voraussetzung des Aufhebungsrechts ist eine **Vertragswidrigkeit** (Artt. 33, 35 Abs. 2), die eine **wesentliche** Vertragsverletzung im Sinne des Art. 10 darstellt. Objektiv unbehebbare Mängel sind immer wesentlich, da eine Nachfrist sinnlos ist. Außerdem muß die Vertragswidrigkeit dazu geführt haben, daß der Käufer die Ware nicht zu einem im Sinne der Artt. 10, 28 wesentlichen Zeitpunkt nutzen konnte oder daß ein weiterer Erfüllungsversuch soviel Zeit in Anspruch nehmen würde, daß die **Lieferverzögerung** als wesentlich zu qualifizieren wäre [181]. Dem sind diejenigen Fälle gleichzustellen, in denen eine Behebung unwesentlicher Vertragswidrigkeiten im Sinne des **Art. 44 Abs. 1 unzumutbar** ist, und der Käufer daher keine Nachfrist zu setzen braucht [182]. Art. 45 Abs. 2 und Art. 79 Abs. 1 dürfen nicht eingreifen.

425 Zur **Form** der Vertragsaufhebung s. Art. 26 Rdn. 369. Das Gesetz schränkt die Aufhebungsmöglichkeit durch eine **Befristung** stark ein. Der Käufer hat im Rahmen des Art. 43 zweimal die Möglichkeit, die Vertragsaufhebung zu erklären. Er muß sie binnen kurzer Frist (Art. 11) mitteilen. Die Aufhebungserklärung kann auch vorsorglich mit dem Erfüllungsverlangen (Art. 42 Abs. 2) verbunden werden (BGH WM **1979** 761, 763). Zur Aufhebung nach Erfüllungsverlangen Art. 42. **Rechtsfolgen:** Artt. 78 ff. Zur Teillieferung s. Art. 45.

Artikel 44 EKG

(1) In den in Artikel 43 nicht geregelten Fällen behält der Verkäufer auch nach dem für die Lieferung festgesetzten Zeitpunkt das Recht, den fehlenden Teil oder die fehlende Menge oder andere vertragsgemäße Sachen zu liefern oder die Vertragswidrigkeit der ausgehändigten Sachen zu beheben, sofern diese Maßnahmen dem Käufer keine unverhältnismäßigen Unannehmlichkeiten oder Kosten verursachen.

(2) Der Käufer kann jedoch für die Nachlieferung oder die Behebung der Vertragswidrigkeit eine Nachfrist von angemessener Dauer setzen. Hat der Verkäufer bis zum Ablauf dieser Frist die Sache nicht geliefert oder die Vertragswidrigkeit nicht behoben, so kann der Käufer nach seiner Wahl die Erfüllung des Vertrages verlangen, den Preis nach Artikel 46 herabsetzen oder, sofern dies innerhalb kurzer Frist geschieht, die Aufhebung des Vertrages erklären.

426 Art. 44 sichert den Vorrang der Mängelbeseitigung gegenüber der Vertragsaufhebung dort, wo entweder (1) die Vertragswidrigkeit (Artt. 33, 35 Abs. 2) unwesentlich ist oder (2) die Lieferung als solche zwar wesentlich (Art. 10) vertragswidrig ist, die nachträgliche, im Sinne des Art. 44 Abs. 1 zumutbare (str.) Mängelbeseitigung jedoch so rasch durchgeführt werden kann, daß von einer wesentlichen (Artt. 10, 28) Lieferverzögerung nicht gesprochen werden kann. (3) Gleiches gilt erst recht, wenn die durch die Lieferung ausgelöste Vertragswidrigkeit und Lieferverzögerung infolge der Notwendigkeit der Nachlieferung unwesentlich sind. **Art. 44 Abs. 1** stellt es in den genannten Fällen grundsätzlich in das Belieben des Verkäufers, wie dieser sein Recht zur Mängelbeseitigung ausübt. Er kann auch dort nachliefern oder nachbessern, wo er gemäß Art. 42 Abs. 1 hierzu nicht verpflichtet ist. Beispiele: Deckungskauf ist üblich; der Produzent will nachliefern anstatt nachbessern, will mit fremden Mitteln nachbessern.

---

181 Unklar OLG Karlsruhe OLGZ **1978** 338, 340, das wohl von einer unwesentlichen Vertragswidrigkeit ausgeht.

182 *Mertens/Rehbinder* Artt. 43, 44 EKG 10; **a. A.** *Dölle/Stumpf* Artt. 43 EKG 2 m. Nachw.

Die Grenze dieses Mängelbeseitigungsrechts liegt bei den unverhältnismäßigen Unannehmlichkeiten oder Kosten für den Käufer. Der Käufer kann sich aber bereiterklären, diese Nachteile hinzunehmen. Eine Pflicht des Verkäufers zur Mängelbeseitigung besteht nur im Rahmen des Art. 42 Abs. 1 (*Dölle/Stumpf* Art. 44 EKG 4 (str.)).

427 Der Käufer kann — und wenn er den Vertrag aufheben will, muß — in den genannten Fällen (Rdn. 426) den dem Verkäufer zur Mängelbeseitigung zur Verfügung stehenden Zeitraum beschränken, indem er diesem eine **Nachfrist** setzt. Die Nachfrist muß mithin auch dort gesetzt werden, wo die Mängelbeseitigung möglich und zumutbar ist, der Käufer aber kein Recht auf Erfüllung im Sinne des Art. 42 Abs. 1 besitzt (OLG Karlsruhe OLGZ **1978** 338, 340; DB **1978** 2017 f). Die Nachfristsetzung kann mit der Anzeige im Sinne des Art. 39 Abs. 1 verbunden werden. Der Nachfrist braucht kein Erfüllungsverlangen im Sinne des Art. 42 Abs. 1 vorherzugehen. Wenn ohne Nachfrist Erfüllung verlangt wurde, so muß die Nachfrist nach Ablauf der in Art. 42 Abs. 2 genannten Frist gesetzt werden (Art. 42 Rdn. 442). Zur angemessenen Dauer der Nachfrist Art. 27 Rdn. 371. **Verstreicht die Nachfrist** fruchtlos, so kann der Käufer (1) binnen kurzer Frist (Art. 11) die Aufhebung des Vertrages erklären, (2) die Herabsetzung des Kaufpreises verlangen (Art. 46), (3) weiterhin im Rahmen des Art. 42 Abs. 1 Erfüllung fordern und (4) neben allen diesen Rechten Ersatz des Schadens (Artt. 81 ff) beanspruchen, falls der Verkäufer den Schaden zu vertreten hat (Art. 74).

Zur **Teillieferung** s. Art. 45. Zur Minderung Art. 46.

Artikel 45 EKG

(1) Hat der Verkäufer nur einen Teil der Sache oder eine zu geringe Menge geliefert oder ist nur ein Teil der Sache vertragsgemäß, so gelten die Artikel 43 und 44 für den Teil oder die Menge, die fehlen oder nicht vertragsgemäß sind.

(2) Der Käufer kann nur dann die Aufhebung des ganzen Vertrages erklären, wenn es eine wesentliche Vertragsverletzung darstellt, daß der Vertrag nicht in seinem vollen Umfang erfüllt worden ist.

428 **Art. 45 Abs. 1** schränkt bei teilbaren Leistungen die Reichweite der Artt. 43, 44 ein. Grundsätzlich soll bei teilbaren Leistungen (BGH RIW **1982** 594, 596) ein Aufhebungsrecht nur in Hinblick auf den nicht erfüllten Teil in Betracht kommen (Ausnahme: Art. 45 Abs. 2). Es ist mithin unter dem Aspekt der Aufhebung eines Teils des Vertrages zu prüfen, ob gerade das Ausbleiben der Teilleistung im Sinne des Art. 43 wesentlich ist oder ob in Hinblick auf die Teilleistung eine Nachfrist (Art. 44 Abs. 2) verstrichen ist. Der Käufer kann sich ferner auf Art. 45 Abs. 1 berufen, wenn er einen an sich vertragswidrigen Teil der Ware als ordnungsgemäß annimmt und nur den anderen Teil rügt (BGH RIW **1982** 394, 396). Hat der Käufer den Vertrag in Hinblick auf die fehlenden Partien wirksam aufgehoben, so ist der geschuldete Kaufpreis analog Art. 46 zu berechnen. — **Art. 45 Abs. 2** beseitigt die Einschränkung des Aufhebungsrechts durch Art. 45 Abs. 1. Voraussetzung der Aufhebung des Vertrags ist aber auch hier, daß die Tatbestandsmerkmale des Art. 43 oder Art. 44 gegeben sind; denn es ist nicht anzunehmen, daß der Käufer bei Teillieferungen soll zurücktreten können, obwohl der Mangel noch innerhalb angemessener Frist beseitigt werden kann (s. Art. 43 Rdn. 424).

Artikel 46 EKG

Der Käufer, der weder die Erfüllung des Vertrages erlangt noch die Aufhebung des Vertrages erklärt hat, kann den Preis in dem Verhältnis herabsetzen, in dem sich der Wert, den die Sache im Zeitpunkt des Vertragsabschlusses gehabt hat, durch die Vertragswidrigkeit vermindert hat.

429 Art. 46 regelt die Minderung des Kaufpreises. **Voraussetzung** ist (1) eine vertragswidrige Lieferung (Artt. 33, 35 Abs. 2), (2) daß der Mangel fortbesteht und der Käufer die Mängelbeseitigung nicht vor Ablauf der Frist des Art. 42 Abs. 2 beansprucht hat sowie (3), daß der Vertrag nicht wirksam aufgehoben worden ist (Artt. 43, 44 Abs. 2). Die sofortige Ausübung des Minderungsrechts hängt nicht davon ab, daß die Lieferung eine wesentliche Vertragsverletzung im Sinne des Art. 43 S. 1 darstellte oder eine Nachfrist (Art. 44 Abs. 2) fruchtlos abgelaufen ist. Das Mängelbeseitigungsrecht des Verkäufers (Art. 44 Abs. 1) steht unter dem Vorbehalt der Minderung des Kaufpreises[183]. Für diese Interpretation spricht der klare Wortlaut des Art. 46 im Vergleich zu Art. 43. Der Verkäufer wird durch das Recht der Minderung nicht unzumutbar belastet, weil der Minderungsbetrag in aller Regel den Aufwendungen für die Mängelbeseitigung entsprechen wird. Andererseits vermag der Käufer mit der Minderung rasch für klare Verhältnisse zu sorgen. Unerheblich ist es, ob der Verkäufer die Vertragswidrigkeit zu vertreten hatte oder nicht (Art. 74 Abs. 3). — Die Herabsetzung des Kaufpreises erfolgt durch **Gestaltungserklärung** (Art. 14). Der Minderungsbetrag ist in der in § 472 Abs. 1 BGB vorgeschriebenen Weise zu berechnen. Rückzahlung des Kaufpreises: Artt. 78 Abs. 2, 81 Abs. 1 analog. Die Herabsetzung des Kaufpreises schließt weitergehende Schadensersatzforderungen (Art. 41 Abs. 2) nicht aus.

Artikel 47 EKG

Hat der Verkäufer von Gattungssachen dem Käufer eine größere als die vereinbarte Menge tatsächlich angeboten, so kann der Käufer die Menge, die über die vereinbarte Menge hinausgeht, zurückweisen oder annehmen. Weist sie der Käufer zurück, so ist der Verkäufer nur zum Schadenersatz nach Artikel 82 verpflichtet. Nimmt er die zuviel angebotene Menge ganz oder teilweise an, so hat er sie nach dem vertraglichen Preisansatz zu bezahlen.

430 Art. 47 schränkt das Recht zur Aufhebung des Vertrages ein, weil der Käufer seine Interessen auch durch eine Zurückweisung der Mehrlieferung zu wahren vermag. Andererseits eröffnet er dem Käufer die Möglichkeit, die Ware auch aufgrund eines in der Mehrlieferung liegenden Vertragsänderungsangebots anzunehmen und damit den Kaufvertrag zu ändern. —

431 **Voraussetzungen: Gattungskauf** und — wie sich aus dem Begriff Menge ergibt — teilbare Leistung; Lieferung einer größeren Menge der vereinbarten Gattung, nicht einer anderen Gattung. **Rechtsfolge:** (1) Der Käufer kann die volle Menge billigend in Empfang nehmen und damit im Sinne des Art. 47 S. 3 **annehmen.** Die bloße Entgegennahme stellt keine Annahme dar, weil sie z. B. zur Erhaltung der Ware (Art. 92) erfolgt sein kann. Die Ware ist aber angenommen, wenn sie der Käufer nach der Entgegennahme nicht mehr zurückweisen kann, weil er z. B. nicht rechtzeitig gerügt hat (Art. 39 Abs. 1, Art. 40). Nach der Annahme schuldet der Käufer den entsprechend höheren Preis. (2) Die **Zurückweisung** der Ware wird in aller Regel mit der Anzeige der Vertragswidrigkeit erklärt und in ihr enthalten sein, sofern der Käufer die überschüssige Menge entgegengenommen hat. Dort, wo eine Anzeige der Mehrlieferung nicht notwendig ist (Art. 40) oder die Zurückweisung nicht mit der Anzeige der Mehrlieferung verbunden wird, hat der Käufer die Zurückweisung der Ware binnen angemessener Frist nach Entgegennahme zu erklären. Die rechtzeitig gerügte und zurückgewiesene Mehrlieferung verpflichtet den Verkäufer nur, den Schaden zu ersetzen (Artt. 74, 82 ff).

---

183 *Mertens/Rehbinder* Art. 46 EKG 3; **a. A.** *Dölle/Stumpf* Art. 46 EKG 2 jeweils m. Nachw.

Spezieskauf: Auf die Lieferung einer höherwertigen Sache ist Art. 47 nicht anzuwenden[184], weil der Käufer nicht so leicht feststellen kann, ob die Lieferung höherwertig ist und häufig davon ausgehen wird, daß die Sache an Erfüllungs Statt ausgehändigt worden ist. Andererseits wäre es unbillig, dem Verkäufer, der versehentlich die falsche Spezies geliefert hat, den Kondiktionsanspruch zu entziehen und ihn auf eine Geldforderung zu verweisen. Es ist ferner zu berücksichtigen, daß Art. 47 davon ausgeht, daß im vereinbarten Preis ein von der Privatautonomie getragener Bemessungsmaßstab für den Entgeltanspruch des Verkäufers zur Verfügung steht. **432**

Artikel 48 EKG

Der Käufer kann die in den Artikeln 43 bis 46 bezeichneten Rechte schon vor dem für die Lieferung festgesetzten Zeitpunkt ausüben, wenn offenbar ist, daß die Sache, die ausgehändigt werden soll, vertragswidrig ist.

Art. 48 stellt eine besondere Ausprägung des Art. 76 dar. Der Käufer soll nicht abwarten müssen, ob der Verkäufer tatsächlich vertragswidrig liefert. **Voraussetzung** für die Anwendung des Art. 48 ist, daß mit an Sicherheit grenzender Wahrscheinlichkeit mit einem vertragswidrigen Verhalten des Verkäufers zu rechnen ist und die Umstände, auf die das Wahrscheinlichkeitsurteil gestützt wird, offenbar sind. Vor dem Lieferzeitpunkt kann der Käufer keine Erfüllung verlangen. Er hat nur die Möglichkeit, sofort den Kaufpreis herabzusetzen (Art. 46) und bei zu erwartenden wesentlichen (Art. 10) Vertragswidrigkeiten den Vertrag aufzuheben (Art. 43). Unklar ist, wie bei unwesentlichen Vertragswidrigkeiten die Verweisung auf Art. 44 zu verstehen ist. Auf die Nachfrist kann hier nicht verzichtet werden, doch kann der Käufer die Nachfrist vorzeitig setzen. Allerdings darf die Nachfrist nicht vor dem Liefertermin enden (*Schultze-v. Lasaulx* S. 95 ff m. Nachw. zum Streitstand). **433**

Artikel 49 EKG

(1) Der Käufer verliert seine Rechte mit dem Ablauf einer Frist von einem Jahr nach der in Artikel 39 bezeichneten Anzeige, es sei denn, daß er an ihrer Geltendmachung infolge Täuschung durch den Verkäufer verhindert gewesen ist.

(2) Nach Ablauf dieser Frist kann der Käufer die Vertragswidrigkeit nicht mehr geltend machen, selbst nicht im Wege der Einrede. Der Käufer kann jedoch, wenn er den Preis nicht gezahlt hat und unter der Voraussetzung, daß er die Vertragswidrigkeit innerhalb der kurzen Frist nach Artikel 39 angezeigt hat, dem Anspruch auf Zahlung einredeweise das Recht auf Herabsetzung des Preises oder auf Schadenersatz entgegenhalten.

Art. 49 schützt das Vertrauen des Verkäufers darauf, den Kaufpreis behalten zu können. Die in Art. 49 statuierte Frist stellt eine Ausschlußfrist dar, die von Amts wegen zu berücksichtigen ist. **434**

Voraussetzungen: Die **Frist** von einem Jahr muß abgelaufen sein. Die Frist **beginnt** grundsätzlich mit dem Zugang der Anzeige im Sinne des Art. 39, da der Verkäufer erst in diesem Zeitpunkt von den potentiellen Ansprüchen des Käufers Kenntnis erlangt und erst von diesem Zeitpunkt an eine Untätigkeit des Käufers in ihm das Vertrauen darauf erwecken kann, der Käufer werde seine Rechte nicht geltend machen. Eine **Ausnahme** gilt für die in **Art. 40** geregelten Fälle, wo eine Mängelanzeige nicht erforderlich ist (OLG Köln MDR **1980** 1023). Der Verkäufer verdient hier keinen Schutz. **435**

---

184 **A. A.** *Mertens/Rehbinder* Art. 47 EKG 4; *Dölle/Stumpf* Art. 39 EKG 13 (str.).

Dies gilt auch, wenn der Käufer ohne Verpflichtung den Mangel angezeigt hat (**a. A.** OLG München DB **1977** 2225, 2226). War der Käufer arglistig getäuscht worden, so beginnt die Frist erst von dem Moment an zu laufen, in dem der Käufer nicht mehr durch arglistige Täuschung an der Geltendmachung seiner Rechte gehindert ist (*Dölle/Stumpf* Art. 49 EKG 5; *Mertens/Rehbinder* Art. 49 EKG 7).

436 Der Käufer muß sein Recht **binnen der Frist** von einem Jahr **geltend gemacht** haben, d. h. grundsätzlich nach Maßgabe des nationalen Rechts rechtshängig gemacht haben (OLG München DB **1977** 2225, 2226; AG Seesen IPRax **1984** 41). Eine Einleitung eines Beweissicherungsverfahrens genügt nicht (OLG Saarbrücken RIW **1981** 702; **a. A.** *Stötter* Art. 49 EKG 3 a). Soweit der Käufer den Kaufpreis noch nicht gezahlt hat und er Vertragsaufhebung erklärt, genügt die Erklärung. Gleiches gilt bei der Erklärung der Minderung. War der Kaufpreis bereits bezahlt und hatte der Käufer innerhalb des Jahres die Herabsetzung des Kaufpreises erklärt, so schuldet der Verkäufer die **Rückzahlung des Kaufpreises** analog Art. 78 Abs. 2, Art. 81 Abs. 1. Auch diese Forderung muß **innerhalb** der in Art. 49 Abs. 1 statuierten **Frist** geltend gemacht werden (*Dölle/Stumpf* Art. 49 EKG 7), da nur auf diese Weise schnell Rechtsklarheit geschaffen werden kann. Gleiches gilt für die Ansprüche **aus** der **Aufhebung** des Vertrages, wobei die Aufhebung in den von Art. 49 erfaßten Fällen ohnehin nur binnen kurzer Frist im Sinne der Artt. 43, 44 Abs. 2 S. 2 erklärt werden kann. Ist eine Nachfrist von mehr als einem Jahr gesetzt worden, so beginnt die Jahresfrist des Art. 49 Abs. 1 mit Ablauf der Nachfrist. Für die Minderung (Art. 46) gilt Entsprechendes.

437 **Rechtsfolgen:** Mit Ablauf der Frist verliert der Käufer den Anspruch auf **Erfüllung** (Art. 42 Abs. 1) und die **Einrede** der vertragswidrigen Lieferung gegen den Anspruch auf Kaufpreiszahlung (Art. 49 Abs. 2 S. 1; OLG Karlsruhe NJW **1978** 2453) und das Recht auf Minderung (Art. 46) und aus der Minderung. Er verliert ferner den Anspruch auf **Schadensersatz,** mit dem er deshalb auch nicht aufrechnen kann[185]. Eine **Ausnahme** gilt dort, wo und soweit der Käufer den eingeklagten (OLG München RIW **1982** 54, 55) Kaufpreis noch nicht bezahlt hat (Art. 49 Abs. 2 S. 2; ferner Art. 89). In derartigen Fällen kann sich der Käufer einredeweise auf das Recht zur Herabsetzung des Kaufpreises bzw. auf seinen Schadensersatzanspruch berufen. Dem steht die Berufung auf die fristgerecht erfolgte Erklärung der Minderung oder auf die bereits erklärte Aufrechnung mit dem Schadensersatzanspruch gleich. Voraussetzung ist jedoch immer, daß die offene Kaufpreisforderung und die Rechte aufgrund der Vertragswidrigkeit der Lieferung dem gleichen Kaufvertrag entspringen (AG Seesen IPRax **1984** 41).

Auf **Garantieversprechen** des Verkäufers findet Art. 49 analoge Anwendung. Die Frist fängt mit der Anzeige des Mangels zu laufen an.

Abschnitt II
Aushändigung von Urkunden
Artikel 50 EKG

Ist der Verkäufer verpflichtet, dem Käufer Urkunden auszuhändigen, die sich auf die Sache beziehen, so hat er dieser Pflicht in dem Zeitpunkt und an dem Ort nachzukommen, die durch den Vertrag oder die Gebräuche bestimmt sind.

---

185 OLG München DB **1977** 2225, 2226; RIW **1982** 54, 55; OLG Karlsruhe NJW **1978** 2453.

Art. 50 ist in Verbindung mit Art. 51 zu lesen. Unter **Urkunden** im Sinne des Art. 50 sind alle irgendwie auf die Ware bezogenen Urkunden zu verstehen, unabhängig davon, ob es sich z. B. um Traditionspapiere handelt, ob Herausgabeansprüche verbrieft sind oder ob eine Anweisung auf Auslieferung der Ware gegeben wurde. Zu den Urkunden gehören mithin z. B. auch das Transportversicherungszertifikat, das Ursprungszeugnis oder die Faktura. Rechtsfolge: Art. 51. Zu den beim Überseekauf auszuhändigenden Dokumenten Rdn. 42 ff. **438**

Artikel 51 EKG

Händigt der Verkäufer die in Artikel 50 bezeichneten Urkunden nicht in dem festgesetzten Zeitpunkt oder nicht an dem festgesetzten Ort aus oder händigt er Urkunden aus, die nicht denen entsprechen, die er auszuhändigen hat, so stehen dem Käufer, je nach Lage des Falles, die in den Artikeln 24 bis 32 oder die in den Artikeln 41 bis 49 bezeichneten Rechte zu.

Art. 51 stellt klar, daß Vertragsverletzungen in Hinblick auf Urkunden nicht unter Art. 55 fallen, sondern im Zweifel wie die nicht rechtzeitige, nicht vertragsgemäße Lieferung der Ware am falschen Ort zu behandeln sind. Sehen die Parteiabreden (Art. 3) oder die einschlägigen Gebräuche (Art. 9) abweichende Rechtsfolgen vor, so gehen diese vor. Art. 34 findet analoge Anwendung. **439**

Händigt der Verkäufer die geschuldeten Urkunden **nicht rechtzeitig** und/oder nicht am richtigen **Ort** aus, so gelten die Artt. 24—32. Ware und Urkunde werden gleichbehandelt. Es kommt mithin entscheidend darauf an, ob eine wesentliche Vertragsverletzung (Art. 10) eingetreten ist. Ob die ausgehändigte Urkunde **der entspricht,** die geschuldet ist, ist nicht Artt. 33, 35 zu entnehmen, sondern anhand eines Vergleichs zwischen Ist- und Sollzustand zu entscheiden. Der Mangel muß die Urkunde selbst betreffen. Beispiele: unvollständige Ursprungszeugnisse, Transportpapiere, unreine Konnossemente (Rdn. 56). Ergibt sich aus einer Urkunde bloß, daß nicht geschuldete Ware angedient wird oder daß die Ware mangelhaft ist, so ist unmittelbar auf die Artt. 48, 33 zurückzugreifen. Die **Rechtsfolgen** der Aushändigung **vertragswidriger Urkunden** ergeben sich vorbehaltlich besonderer Gebräuche (Art. 9) aus den Artt. 41—49. Die Verweisung auf Art. 49 zeigt, daß den Käufer grundsätzlich eine Rügelast trifft. Allerdings wird der Verkäufer sich vielfach Art. 40 entgegenhalten lassen müssen. **440**

Abschnitt III
Übertragung des Eigentums
Artikel 52 EKG

(1) Besteht an der Sache ein Recht eines Dritten oder beansprucht ein Dritter ein solches Recht und hat der Käufer nicht eingewilligt, die Sache unter diesen Umständen entgegenzunehmen, so hat der Käufer, wenn der Verkäufer die Sachlage nicht bereits kennt, das dem Dritten zustehende oder von diesem beanspruchte Recht dem Verkäufer anzuzeigen und ihn aufzufordern, innerhalb angemessener Frist Abhilfe zu schaffen oder ihm andere, von Rechten Dritter freie Sachen zu liefern.

(2) Kommt der Verkäufer dieser Aufforderung nach, so kann der Käufer, wenn er einen Schaden erlitten hat, Schadenersatz nach Artikel 82 verlangen.

(3) Kommt der Verkäufer dieser Aufforderung nicht nach, so kann der Käufer, wenn sich daraus eine wesentliche Vertragsverletzung ergibt, die Aufhebung des Vertrages erklären und Schadenersatz nach den Artikeln 84 bis 87 verlangen. Erklärt der Käufer die Aufhebung nicht oder handelt es sich nicht um eine wesentliche Vertragsverletzung, so ist der Käufer berechtigt, Schadenersatz nach Artikel 82 zu verlangen.

(4) Der Käufer verliert das Recht, die Aufhebung des Vertrages zu erklären, wenn er dem Verkäufer die in Absatz 1 bezeichnete Anzeige nicht innerhalb angemessener Frist nach dem Zeit-

punkt übersendet hat, in dem ihm das dem Dritten zustehende oder von diesem beanspruchte Recht an der Sache zur Kenntnis gelangt ist oder hätte zur Kenntnis gelangen müssen.

441 Art. 52 regelt die Haftung des Verkäufers bei Rechtsmängeln. In Abweichung vom BGB differieren die Rechtsfolgen je nachdem, ob die Vertragsverletzung als wesentlich (Art. 10) oder als unwesentlich zu qualifizieren ist. Schadensersatz ist auch bei anfänglichen Rechtsmängeln nur zu zahlen, wenn sie der Verkäufer zu vertreten hat (Art. 74 Abs. 1).

442 **Voraussetzungen:** An der Sache **besteht das Recht** eines Dritten, wenn der Verkäufer dem Käufer nicht den uneingeschränkten, unmittelbaren Besitz oder die ungestörte Eigentümerposition (Art. 18) verschaffen kann. Dabei ist es gleichgültig, ob das störende Recht als dingliches oder als schuldrechtliches Recht einzuordnen ist. Beispiel: Die Lieferung hat vertragsgemäß durch Abtretung des Herausgabeanspruchs zu erfolgen; der Dritte beruft sich auf ein langfristiges Mietrecht und verweigert die Herausgabe. Das Recht eines Dritten kann auch darin bestehen, daß es lediglich den ungestörten Gebrauch oder die Verwertung der Sache behindert (z. B. Patent). Streitig ist, ob auch hoheitliche Nutzungseinschränkungen oder Entzugsrechte unter Art. 52 fallen[186]. Die Diskussion um die Rechtsmängelhaftung im BGB hat gezeigt, daß öffentlich-rechtliche Nutzungs- und Verfügungsbeschränkungen nicht zu Lasten des Käufers gehen, wenn sie in den Beherrschbarkeits- oder Kalkulationsbereich des Verkäufers fallen (*Koller* JuS **1984** 106). Es liegt nahe, auf das nach IPR maßgebliche unvereinheitlichte Kaufrecht zurückzugreifen. Art. 53 steht dem nicht entgegen. Wenn man jedoch berücksichtigt, daß der Wortlaut des Art. 52 Abs. 1 auch hoheitliche Nutzungs- sowie Verfügungsbeschränkungen deckt und daß Lücken nach Maßgabe des vereinheitlichten Rechts zu schließen sind (Art. 17), muß man annehmen, daß das EKG diese Fragen zusammen mit privatrechtlichen Rechtsmängeln regeln wollte. Anders als im Rahmen des BGB besteht auch kein Anlaß, hoheitliche Nutzungsbeschränkungen wie Sachmängel zu behandeln, da die an Sachmängel geknüpften Rechtsfolgen nur geringfügig von den Rechtsfolgen des Art. 52 abweichen. — Ein Dritter **beansprucht ein solches Recht** nicht nur, wenn er gegen den Käufer gerichtlich vorgeht, sondern auch schon dann, wenn er sich bloß seines angeblichen Rechts berühmt. Hingegen ist der Käufer, der die Ware gutgläubig erworben hat, nicht ohne weiteres berechtigt, die Ware zurückzugeben (*Dölle/Neumayer* Art. 52 EKG 10 m. Nachw. (str.)). — Der Käufer darf nicht in die Existenz des Rechts des Dritten **eingewilligt** haben. Das EKG fordert im Unterschied zu § 439 Abs. 1 BGB nicht bloß Kenntnis, sondern Einwilligung. Es ist jedoch, da die Einwilligung konkludent erteilt werden kann, die Einwilligung zu vermuten, wenn der Käufer gegen den ihm bekannten Rechtsmangel nicht protestiert hatte. — Der Käufer muß ferner grundsätzlich den Rechtsmangel **angezeigt** haben. Art. 52 Abs. 1 statuiert keine echte Pflicht des Käufers, sondern lediglich eine Obliegenheit. Die Anzeigeobliegenheit entfällt, wenn der Verkäufer die Sachlage, d. h. auch den (angeblichen) Rechtsmangel bereits kannte. Selbst wenn der Verkäufer den Rechtsmangel bereits kannte, trifft den Käufer die Obliegenheit, den Verkäufer zur Mängelbeseitigung aufzufordern. Die Aufforderung kann zusammen mit der Anzeige oder getrennt von ihr ergehen. Sie muß — ausdrücklich oder konkludent — den Hinweis enthalten, daß innerhalb eines angemessenen Zeitraums Abhilfe erwartet wird. Eine Nachfrist muß im Unterschied zu Artt. 27, 44 nicht gesetzt werden (so i. E. auch *Mertens/Rehbinder* Art. 52 EKG 14).

---

186 Bejahend: *Mertens/Rehbinder* Art. 52 EKG 5; verneinend: *Dölle/Neumayer* Art. 52 EKG 7.

443 Unter den genannten Voraussetzungen kann der Käufer nach Maßgabe der Artt. 74, 82 ff immer **Schadensersatz** verlangen. Er kann ferner **Erfüllung** fordern, bei Gattungssachen die Lieferung unbelasteter Ware[187]. Die **Aufhebung** des Vertrages setzt zusätzlich voraus, daß der Käufer den Rechtsmangel rechtzeitig im Sinne des Art. 52 Abs. 4 angezeigt hat. Analog Art. 39 Abs. 3 genügt die rechtzeitige Absendung der Anzeige. Das Recht zur Aufhebung entfällt, wenn der Verkäufer die Vertragsverletzung binnen angemessener Frist beseitigt hat oder die in der Fortdauer des Rechtsmangels liegende Vertragsverletzung nicht als im Sinne des Art. 10 wesentlich qualifiziert werden kann. Zur Form der Aufhebungserklärung Art. 26 Rdn. 369. Die Erklärung ist nicht fristgebunden (Abweichung zu Art. 43).

Artikel 53 EKG

Die dem Käufer nach Artikel 52 zustehenden Rechte schließen alle anderen Rechte aus, die darauf gestützt werden, daß der Verkäufer seiner Pflicht zur Verschaffung des Eigentums an der Sache nicht nachgekommen ist oder daß an der Sache ein Recht eines Dritten besteht oder ein Dritter ein solches Recht beansprucht.

444 Art. 53 sichert den Vorrang des Art. 52 vor konkurrierenden nationalen Rechten, die nach international-privatrechtlichen Grundsätzen maßgeblich sein könnten. Aus dem Bereich des BGB ist an § 119 Abs. 2 sowie an die Haftung wegen c. i. c. zu denken. Ebenso wie Art. 34 greift Art. 53 nicht ein, wenn der Verkäufer dolos gehandelt hat (zweifelnd *Dölle/Neumayer* Art. 53 EKG 4), so daß der Käufer auf diese Weise auch unvorhersehbare Schäden liquidieren kann.

Abschnitt IV
Sonstige Pflichten des Verkäufers
Artikel 54 EKG

(1) Hat der Verkäufer die Sache zu versenden, so hat er zu den üblichen Bedingungen, und indem er die üblichen Beförderungsmittel wählt, die zur Beförderung der Sache an den vereinbarten Ort erforderlichen Verträge zu schließen.

(2) Ist der Verkäufer nicht selbst zum Abschluß einer Transportversicherung verpflichtet, so hat er dem Käufer auf dessen Verlangen alle zum Abschluß einer solchen Versicherung notwendigen Auskünfte zu geben.

445 Art. 54 stellt die Konkretisierung des allgemeinen Grundsatzes von Treu und Glauben dar. Gegenüber Vereinbarungen (Art. 3) und Gebräuchen (Art. 9) ist er subsidiär. Zu den Handelsklauseln s. Rdn. 168.

Art. 54 betrifft den Versendungskauf (Art. 19 Abs. 2). Bei Bringschulden spielt Art. 54 hingegen keine Rolle, weil der Verkäufer hier in einem sehr viel weiteren Rahmen für die Ankunft der Ware einzustehen hat. Die dem Verkäufer in Art. 54 Abs. 1 auferlegten Pflichten entsprechen den Pflichten nach BGB. Verletzung der Pflicht: Art. 55.

Sofern der Verkäufer nicht nach Vertrag oder Gebräuchen oder Treu und Glauben zur **Versicherung** der Ware verpflichtet ist, hat er gemäß Art. 54 Abs. 2 nur die notwendigen Auskünfte zu geben. Verletzung der Pflicht: Art. 55.

Artikel 55 EKG

(1) Erfüllt der Verkäufer andere als die ihm nach den Artikeln 20 bis 53 obliegenden Pflichten nicht, so kann der Käufer:

---

[187] *Dölle/Neumayer* Art. 52 EKG 20, 22; *Schultze-v. Lasaulx* S. 85.

a) **wenn die Nichterfüllung eine wesentliche Vertragsverletzung darstellt, die Aufhebung des Vertrages erklären, sofern dies innerhalb kurzer Frist geschieht, und Schadenersatz nach den Artikeln 84 bis 87 verlangen;**
b) **in den anderen Fällen Schadenersatz nach Artikel 82 verlangen.**

(2) Der Käufer kann, außer wenn der Vertrag aufgehoben ist, von dem Verkäufer auch die Erfüllung seiner Pflichten verlangen.

446 Art. 55 ist **Auffangtatbestand** für diejenigen Vertragsverletzungen, die weder in die Kategorie der Nicht-Lieferung (Varianten: Unmöglichkeit der Lieferung, Vereitelung der Lieferung), der verspäteten Lieferung, der Lieferung am falschen Ort fallen, noch Vertragsverletzungen in Hinblick auf Quantität, Qualität (Art. 33), Rechtsmängelfreiheit der Ware (Art. 52) oder in Hinblick auf Urkunden (Artt. 50f) betreffen. Art. 55 bezieht sich mithin in erster Linie auf die Pflicht zur Versendungsanzeige (Art. 19 Abs. 3), Pflicht zum Transport (Art. 54 Abs. 1) und zur Auskunft (Art. 54 Abs. 2) sowie zur Obhut (Artt. 91, 95). Daneben ist Art. 55 auf atypische Verpflichtungen zugeschnitten, die im Rahmen des Kaufvertrages vereinbart wurden, z. B. Montage-, Beratungs-, Vertriebsbindungspflichten[188].

447 **Verletzt** der Verkäufer eine der von Art. 55 erfaßten Pflichten, so hat der Käufer — soweit möglich — das Recht, **Erfüllung** zu verlangen (Art. 55 Abs. 2). Daneben kann er unter dem Vorbehalt des Art. 74 Abs. 1 **Schadensersatz** fordern (Artt. 82ff). Dort, wo die Nichterfüllung einer Pflicht im Sinne des Art. 55 eine wesentliche (Art. 10) Vertragsverletzung zur Folge hatte, kann der Käufer binnen kurzer Frist (Art. 11) die **Aufhebung** des Vertrages erklären. Zur Aufhebungserklärung und ihren Folgen Art. 26 Rdn. 369. Die Aufhebung des Vertrages läßt den Schadensersatzanspruch (Artt. 74, 84ff) unberührt. Zur Nachfrist bei wesentlichen Vertragsverletzungen Art. 75 Rdn. 554. Bei **unwesentlichen Vertragsverletzungen** kann der Käufer nur Erfüllung und/oder Schadensersatz fordern. Hat der Käufer eine Nachfrist gesetzt, so ist Art. 27 Abs. 2 S. 2 nicht analog anzuwenden, sondern es ist anhand von Art. 10 konkret zu prüfen, ob die Vertragsverletzung infolge des fruchtlosen Verstreichens der Nachfrist zur Erfüllung wesentlich geworden ist (**a. A.** *Schultze-v. Lasaulx* S. 64ff).

Kapitel IV
Pflichten des Käufers
Artikel 56 EKG

Der Käufer ist nach Maßgabe des Vertrages und dieses Gesetzes verpflichtet, den Kaufpreis zu zahlen und die Sache abzunehmen.

448 Art. 56 gibt unter dem selbstverständlichen Vorrang vertraglicher Abreden (Art. 3) und Gebräuche (Art. 9) einen Überblick über die Hauptpflichten des Käufers. In dieser Funktion entspricht er Art. 18. Die in Art. 56 genannte Pflicht „Zahlung" wird in den Artt. 57—64, 69, die Pflicht „Abnahme" in den Artt. 65ff konkretisiert. Weitere Käuferpflichten regeln z. B. die Artt. 67ff (Spezifikation), Art. 92 (Obhut).

---

188 *Mertens/Rehbinder* Art. 55 EKG 3; *Dölle/Huber* Art. 55 EKG 4; **a. A.** *Beß* Die Haftung des Verkäufers für Sachmängel und Falschlieferung im Einheitlichen Kaufgesetz im Vergleich mit dem englischen und deutschen Recht (1971) S. 144.

Abschnitt I
Zahlung des Preises
A. Festsetzung des Preises
Artikel 57 EKG

Wird ein Kaufvertrag geschlossen, der den Preis weder selbst bestimmt noch für dessen Bestimmung Vorsorge trifft, so hat der Käufer den Preis zu zahlen, den der Verkäufer im Zeitpunkt des Vertragsabschlusses gewöhnlich gefordert hat.

Art. 57 stellt eine Auffangvorschrift dar, die dort eingreift, wo sich der Preis weder aus ausdrücklichen noch aus konkludenten Parteiabreden ergibt bzw. ermitteln läßt (Preis ist bestimmbar), noch anhand von Gebräuchen (Art. 9) bestimmbar ist. **449**

Voraussetzung für die Anwendbarkeit des Art. 57 ist, daß der Kaufvertrag zustandegekommen ist, d. h., daß sich die Parteien darüber einig wurden, daß der Verkäufer die Ware zu liefern hat und der Käufer ein Entgelt zu zahlen hat. Der Preis darf nicht noch Verhandlungsgegenstand geblieben sein (anders in der Tendenz die Rechtsprechung des BGH, der die bereicherungsrechtliche Abwicklung zurückzudrängen sucht). Ein **gewöhnlich** geforderter Preis ist nur beim Kauf vertretbarer Güter vorstellbar. Er wird sich in aller Regel aus den Preislisten ergeben. Dort, wo auf die Listenpreise Rabatte gewährt werden oder keine Listenpreise existieren, sind die Durchschnittspreise heranzuziehen. Auf die Preise anderer Verkäufer kommt es nicht an. Der Käufer kann sich daher — vorbehaltlich des § 138 Abs. 1 BGB oder einer anderen einschlägigen nationalen Gültigkeitsnorm — nicht darauf berufen, daß die Preise des Verkäufers überhöht seien. Maßgeblich ist der **Zeitpunkt** des Vertragsschlusses, d. h. der Zeitpunkt, in dem sich der Verkäufer bindend verpflichtet hat, die Ware zu liefern. **500**

Kann kein gewöhnlicher Preis ermittelt werden, so tritt an seine Stelle, wie sich aus den Gesetzesmaterialien klar ergibt, nicht ein angemessener Preis (*v. Caemmerer* Vertragspflichten und Vertragsgültigkeit im international Einheitlichen Kaufrecht, Festschrift Beitzke (1979) S. 35, 37). Vielmehr ist der Kaufvertrag **unwirksam.** Die Beweislast für die Wirksamkeit des Kaufvertrages trifft denjenigen, der sich darauf beruft. Die Höhe des gewöhnlichen Kaufpreises hat der Verkäufer zu beweisen. **501**

Das EKG behandelt nicht die Frage, in welcher **Währung** der Kaufpreis zu zahlen ist. Die Frage wird regelmäßig durch Parteiabreden geklärt oder durch Gebräuche (Art. 9) beantwortet. Im Zweifel ist der Vertrag dahin auszulegen, daß in der Währung des Zahlungsortes zu zahlen ist (OLG Karlsruhe OLGZ **1978** 338, 340). Wurde ein Preis in fremder Währung verabredet, so ist der Käufer im Zweifel doch berechtigt, den Preis in der Währung des Zahlungsortes zu begleichen. Es gilt dann der Briefkurs des Zahlungs-, nicht des Fälligkeitstages (OLG Karlsruhe OLGZ **1978** 338, 340 f). **Devisenrechtliche** Vorschriften werden durch das EKG nicht berührt. **502**

Artikel 58 EKG

Ist der Preis nach dem Gewicht der Sache festgesetzt, so bestimmt er sich im Zweifel nach dem Nettogewicht.

Art. 58 gilt subsidiär zum Vertrag (Art. 3) und den Gebräuchen (Art. 9). Er entspricht § 380 Abs. 1 HGB. **503**

B. Ort und Zeit der Zahlung
Artikel 59 EKG

(1) Der Käufer hat dem Verkäufer den Preis an dessen Niederlassung oder in Ermangelung einer Niederlassung an dessen gewöhnlichen Aufenthaltsort zu zahlen; ist die Zahlung gegen Aus-

händigung der Sache oder von Urkunden zu leisten, so ist sie an dem Ort zu bewirken, an dem diese Aushändigung vorgenommen wird.

(2) Erhöhen sich die Kosten der Zahlung infolge eines Wechsels der Niederlassung oder des gewöhnlichen Aufenthalts des Verkäufers nach dem Vertragsabschluß, so hat der Verkäufer die Mehrkosten zu tragen.

504 Art. 59 bestimmt den Zahlungsort. Vertragliche Abreden (Art. 3) und Gebräuche am Zahlungsort im Sinne des Art. 59 genießen den Vorrang (Art. 9). Gleiches gilt für Gepflogenheiten unter den Parteien (Art. 9). Die Pflicht zur Kaufpreiszahlung ist **im Zweifel Bringschuld** (Art. 59 Abs. 1, 1. Alt.; *Schlechtriem* IPRax. **1981** 113, 115). Da die Pflicht zur Lieferung im Zweifel Holschuld ist (Art. 23 Abs. 1), wird auf diese Weise sichergestellt, daß Zug um Zug-Erfüllung möglich ist. Gleiches gilt für Art. 59 Abs. 1, 2. Alt. bei „Kassa gegen Dokumente".

505 Dem EKG läßt sich nicht unmittelbar entnehmen, was das Gesetz unter **Zahlung** versteht. Die Entstehungsgeschichte zeigt, daß unter diesen Begriff nur die Leistung von **Bargeld** in der geschuldeten staatlichen Währung fällt. **Bargeldlose** Zahlung stellt keine Zahlung im Sinne des Art. 59 dar, doch wird sie regelmäßig kraft Vereinbarung oder aufgrund von Gebräuchen am Zahlungsort (Art. 9) die Bargeldzahlung ersetzen dürfen. Art. 59 ist dann auf die bargeldlose Zahlung analog anzuwenden. **Zahlungsort** ist grundsätzlich die Niederlassung, hilfsweise der gewöhnliche Aufenthaltsort des Verkäufers. Daraus folgt, daß der Käufer die Gefahr trägt, daß das Geld auf dem Transport (vor Gutschrift), der Scheck vor Aushändigung an den Verkäufer bzw. bei der Bank des Käufers verlorengeht. Der Käufer trägt auch die Verzögerungsgefahr. Er hat somit unter der Voraussetzung des Art. 74 Abs. 1 den Verspätungsschaden zu ersetzen. Die von ihm eingeschalteten Banken, Post und dgl. fallen in seine Risikosphäre. **Ändert** der Verkäufer seine **Niederlassung** bzw. seinen Aufenthaltsort, so darf der Käufer gemäß Art. 59 Abs. 2 die Mehrkosten auf den Verkäufer abwälzen, d. h. sie vom Kaufpreis abziehen. Das Transport- und Verzögerungsrisiko bleibt aber beim Käufer, weil die Risikoerhöhung und ihre Auswirkungen nur schwer feststellbar sind.

506 **Art. 59 Abs. 1,2. HS** betrifft den **Versendungskauf** und den Fernkauf in Form einer Lieferung am Bestimmungsort (**Bringschuld**), bei dem Zug um Zug zu leisten ist. Bei der Bringschuld ist am Bestimmungsort zu zahlen; denn es kommt auf die Aushändigung der Ware an den Käufer an. Beim normalen Versendungskauf ergibt sich der Zahlungsort und zugleich der Erfüllungsort im Sinne der gerichtlichen Zuständigkeit aus Art. 59 Abs. 1, 1. HS[189]. Haben die Parteien „Kasse gegen Dokumente" vereinbart, so ist Zahlungsort derjenige Ort, an dem nach Vertrag und Gebräuchen die Dokumente auszuhändigen sind (Art. 50). Dies kann die Niederlassung des Käufers oder die einer Bank sein.

Artikel 60 EKG

Haben die Parteien den Zeitpunkt der Zahlung festgesetzt oder ergibt er sich aus den Gebräuchen, so ist der Käufer, ohne daß es irgendeiner Förmlichkeit bedarf, verpflichtet, den Preis in diesem Zeitpunkt zu zahlen.

507 Der Zahlungszeitpunkt ist primär dem Vertrag (zu Handelsklauseln Rdn. 168) und sekundär den Gebräuchen (Art. 9) zu entnehmen. Art. 60 sagt darüber hinaus etwas für das deutsche Recht Selbstverständliches aus: eine Mahnung ist nicht erforderlich. Soweit sich der Zahlungszeitpunkt weder aus dem Vertrag noch aus den Gebräuchen ab-

[189] BGH WM **1979** 764, 765; OLG Hamm RIW **1980** 662, 663.

lesen läßt, ist gemäß Artt. 71, 72 Zug um Zug, gegebenenfalls nach Untersuchung der Ware, zu leisten.

C. Rechtsfolgen der Nichtzahlung

Artikel 61 EKG

(1) Zahlt der Käufer den Preis nicht gemäß den im Vertrag und in diesem Gesetz festgesetzten Bedingungen, so kann der Verkäufer von ihm die Erfüllung dieser Pflicht verlangen.

(2) Der Verkäufer kann vom Käufer die Zahlung des Preises nicht verlangen, wenn ein Deckungsverkauf den Gebräuchen entspricht und in angemessener Weise möglich ist. In diesem Fall ist der Vertrag kraft Gesetzes in dem Zeitpunkt aufgehoben, in dem der Deckungsverkauf vorzunehmen ist.

508 Art. 61 statuiert aus deutscher Sicht die Selbstverständlichkeit, daß der Verkäufer grundsätzlich Zahlung verlangen kann, solange er will. Es kann ihm auch nicht als Mitverschulden angerechnet werden, daß er nicht zu einem Deckungsverkauf geschritten ist und nur noch Schadensersatz verlangt. **Ausnahme:** Art. 61 Abs. 2. Art. 61 Abs. 2 ist das Spiegelbild des Art. 25. Wegen Einzelheiten kann daher auf die Kommentierung des Art. 25 verwiesen werden. Der Käufer hat im Prozeß darzulegen und zu beweisen, daß er wegen Aufhebung des Vertrages gemäß Art. 61 Abs. 2 S. 2 nicht mehr Kaufpreiszahlung schuldet.

509 **Devisen-** und **Währungsvorschriften** werden durch das EKG nicht berührt. Ist nach dem Recht des Zahlungsortes die Erfüllung verboten, so hängen die Rechte des Verkäufers davon ab, ob die Nichtzahlung als wesentliche (Art. 10) oder unwesentliche Vertragsverletzung zu qualifizieren ist (Art. 62).

Artikel 62 EKG

(1) Stellt es eine wesentliche Vertragsverletzung dar, daß der Preis nicht in dem festgesetzten Zeitpunkt gezahlt worden ist, so kann der Verkäufer entweder von dem Käufer die Zahlung des Preises verlangen oder die Aufhebung des Vertrages erklären. Er hat dem Käufer innerhalb angemessener Frist seine Entscheidung bekanntzugeben; andernfalls ist der Vertrag kraft Gesetzes aufgehoben.

(2) Stellt es keine wesentliche Vertragsverletzung dar, daß der Preis nicht in dem festgesetzten Zeitpunkt gezahlt worden ist, so kann der Verkäufer dem Käufer eine Nachfrist von angemessener Dauer gewähren. Zahlt der Käufer den Preis bis zum Ablauf der Nachfrist nicht, so kann der Verkäufer nach seiner Wahl die Zahlung des Preises verlangen oder innerhalb kurzer Frist die Aufhebung des Vertrages erklären.

510 Art. 62 will den Käufer bei Nichtzahlung genauso stellen wie den Verkäufer bei Nichtlieferung (Artt. 26, 27). Der Verkäufer erhält — bei unwesentlichen Vertragsverletzungen erst nach Ablauf einer Nachfrist — das Recht, die Aufhebung des Vertrages zu wählen.

511 **Art. 62 Abs. 1** statuiert die Möglichkeit zu **sofortiger Aufhebung** des Vertrages. Voraussetzung ist, daß die Nichtzahlung eine **wesentliche Vertragsverletzung** im Sinne des Art. 10 darstellt. Art. 79 Abs. 1 ist unanwendbar. Jenseits der von Art. 61 Abs. 2 erfaßten Fällen wird eine Nichtzahlung nur sehr selten als wesentliche Vertragsverletzung zu qualifizieren sein (*Piltz* IPRax **1983** 215, 217), da Geld leicht anderweit beschafft werden kann (**a. A.** in der Tendenz *Hellner* The UN-Convention on International Sales of Goods, an outsiders view, Festschrift Riesenfeld (1983) S. 71, 92). Beispiele für wesentliche Vertragsverletzungen: Ausbleiben der Anzahlung, wenn die Solvenz des Käufers fragwürdig und von der Anzahlung die Liefervorbereitungen abhängen, die nur schwer verschoben werden können; wegen drohender devisenrechtlicher Änderungen muß die Zahlung termingerecht erfolgen; die bloße Vereinbarung „Kasse gegen Dokumente" genügt nicht; ebensowenig die bloße Zahlungsverweigerung[190]. Der Verkäufer kann die Aufhebung des Vertrages auch dann noch erklären, wenn der Käufer zwischenzeitlich gezahlt hat (Art. 26 Abs. 3 analog), dann aber nur binnen kurzer Frist. Die Aufhebung ist auch dann noch möglich, wenn der Verkäufer bereits geliefert hat. Entgegen *Dölle/v. Caemmerer* (Art. 62 EKG 19) ist es durchaus möglich, daß auch bei Vorleistung des Verkäufers die Nichtzahlung eine wesentliche Vertragsverletzung darstellt, so z. B. bei drohenden Gesetzesänderungen. Im übrigen muß sich der Verkäufer immer binnen angemessener Frist äußern, sonst ist der Vertrag nach Ablauf dieser Frist kraft Gesetzes aufgehoben (Art. 62 Abs. 1 S. 2). Zur Form der Aufhebungserklärung Art. 26 Rdn. 369. Zur Nachfrist bei wesentlichen Vertragsverletzungen Art. 75 Rdn. 554. **Ist** der Vertrag **wirksam aufgehoben,** so erlöschen die Erfüllungspflichten. Der Verkäufer kann Schadensersatz verlangen (Art. 63).

Erfüllung kann der Verkäufer bei wesentlichen Vertragsverletzungen nur binnen angemessener Frist wählen. Entscheidet er sich für Erfüllung und zahlt der Käufer auch dann nicht, so ist Art. 26 Abs. 4 analog anzuwenden (h. M., **a. A.** *Dölle/v. Caemmerer* Art. 62 EKG 11).

512 **Art. 62 Abs. 2** regelt die Fälle, in denen die **Nichtzahlung nicht** als im Sinne des Art. 10 **„wesentlich"** zu qualifizieren ist. Hier steht dem Verkäufer neben dem Recht aus Art. 61 Abs. 1 das Recht zu, dem Käufer eine **Nachfrist** zu setzen (s. hierzu die Parallelvorschrift Art. 27). Nach Ablauf der Nachfrist behandelt das EKG die Vertragsverletzung nicht als wesentlich im Sinne des Art. 62 Abs. 1, sondern eröffnet dem Verkäufer ein Wahlrecht: Die **Aufhebung** (zur Form, Art. 26 Rdn. 369) muß er binnen kurzer Frist (Art. 11) erklären. Wählt der Verkäufer **Erfüllung,** so darf der Verkäufer erneut eine Nachfrist setzen (*Dölle/v. Caemmerer* Art. 62 EKG 14). Er kann auch unter Berufung darauf, daß der Käufer nicht binnen angemessener Frist gezahlt hat, den Vertrag aufheben (Art. 26 Abs. 4 analog; zweifelnd *Dölle/v. Caemmerer* Art. 62 EKG 14). Allerdings setzt dies voraus, daß der Verkäufer nach Ablauf der ersten Nachfrist nochmals, wenn auch unbefristet Erfüllung gefordert hatte.

513 Bei **Teilzahlungen** kann Art. 45 nicht analog herangezogen werden. Bei teilbaren Leistungen wird man den Verkäufer aber für berechtigt ansehen müssen, den Vertrag nur entsprechend den ausstehenden Zahlungen aufzuheben. Fehlt lediglich ein unerheblicher Betrag, so ist die Aufhebung rechtsmißbräuchlich.

Artikel 63 EKG

(1) Wird der Vertrag wegen Nichtzahlung des Preises aufgehoben, so ist der Verkäufer berechtigt, Schadenersatz nach den Artikeln 84 bis 87 zu verlangen.

(2) Wird der Vertrag nicht aufgehoben, so ist der Verkäufer berechtigt, Schadenersatz nach den Artikeln 82 und 83 zu verlangen.

514 Art. 63 stellt klar, daß der Verkäufer unabhängig davon, ob der Vertrag aufgehoben wurde oder nicht, seinen Schaden immer nach Maßgabe der Artt. 82 ff liquidieren darf. Voraussetzung ist allerdings, daß der Käufer die Nichtzahlung zu vertreten hat (Art. 74 Abs. 1).

---

[190] OLG Hamm IPRax. **1983** 231; *Piltz* IPRax. **1983** 215, 217; **a. A.** *Mertens/Rehbinder* Art. 62 EKG 4.

Artikel 64 EKG

In keinem Fall kann der Käufer verlangen, daß ihm ein Gericht oder ein Schiedsgericht für die Zahlung des Preises eine zusätzliche Frist bewilligt.

515 Art. 64 stellt die Parallele zu Art. 24 Abs. 3 dar.

Abschnitt II
Abnahme
Artikel 65 EKG

Die Abnahme besteht darin, daß der Käufer alle erforderlichen Handlungen vornimmt, um dem Verkäufer die Aushändigung der Sache zu ermöglichen, und daß er die Sache an sich nimmt.

516 Art. 65 konkretisiert die in Art. 56 genannte Abnahmepflicht, die — unter dem Vorbehalt abweichender Gebräuche (Art. 9) und vertraglicher Abreden — eine echte Pflicht darstellt. Sie ist Gegenstück zur Lieferpflicht des Verkäufers im Sinne des Art. 19. Abruf der Ware und Spezifikation werden in Art. 67 besonders geregelt.

517 Der Käufer hat zunächst **alle erforderlichen Handlungen** vorzunehmen, um dem Verkäufer die Aushändigung der Sache zu ermöglichen. Entgegen dem Wortlaut des Art. 65 sind nicht alle objektiv erforderlichen Handlungen geschuldet, sondern nur solche Handlungen, zu denen der Käufer nach Vertrag, Gebräuchen (Art. 9) oder nach Treu und Glauben verpflichtet ist. Beispiele: Gestellung von Säcken, Containern, Benennung des Schiffes beim fob-Kauf (Rdn. 126). Der Käufer hat außerdem die Ware, die ihm unmittelbar zur Aushändigung angeboten wird, zu übernehmen. Er hat sie auch in **Gewahrsam zu nehmen,** wenn sie bereits im Sinne des Art. 19 ausgehändigt worden war. Beispiel: Ankunft der Ware beim Versendungskauf. **Rechtsfolge** der Verletzung der Abnahmepflicht: Art. 66.

Art. 65 ist vorbehaltlich abweichender Gebräuche (Art. 9) und Vertragsabreden auf das **Dokumentengeschäft** analog anzuwenden.

Artikel 66 EKG

(1) Stellt die Nichterfüllung der Pflicht des Käufers, die Sache unter den im Vertrag festgesetzten Bedingungen abzunehmen, eine wesentliche Vertragsverletzung dar oder gibt sie dem Verkäufer berechtigten Anlaß zu der Befürchtung, daß der Preis nicht gezahlt werden wird, so kann der Verkäufer die Aufhebung des Vertrages erklären.

(2) Stellt es keine wesentliche Vertragsverletzung dar, daß die Sache nicht abgenommen worden ist, so kann der Verkäufer dem Käufer eine Nachfrist von angemessener Dauer setzen. Hat der Käufer bis zum Ablauf der Nachfrist die Sache nicht abgenommen, so kann der Verkäufer innerhalb kurzer Frist die Aufhebung des Vertrages erklären.

518 Art. 66 harmonisiert die Rechtsfolgen der Abnahmepflichtverletzung mit denen der Nichtzahlung. Anders als die Art. 61 Abs. 1, Art. 62 sieht das EKG bei der Abnahme nicht vor, daß der Verkäufer **Erfüllung** verlangen, d. h. daß er auf Abnahme klagen kann. Der Verkäufer, der trotz der Nichtabnahme am Kaufvertrag festhalten will, darf lediglich Ersatz der Mehrkosten fordern (Art. 91), die Ware einlagern (Art. 93) und zum Selbsthilfeverkauf schreiten (Artt. 94f). Daneben kann er unter der Voraussetzung des Art. 74 Abs. 1 **Schadensersatz** verlangen (Art. 68 Abs. 2, Artt. 82ff). Allerdings kann im Vertrag die Abnahmepflicht einklagbar gemacht werden (Art. 3). Die Abnahme ist ferner für den Gefahrübergang (Art. 98) von Bedeutung.

519 Art. 66 eröffnet dem Verkäufer ein **Aufhebungsrecht** in drei Fallgruppen. Voraussetzung ist immer, daß der Verkäufer die Ware vertragsgemäß angedient hat.

(1) **Art. 66 Abs. 1:** Von einer im Sinne des Art. 10 **wesentlichen Vertragsverletzung** wird man nur sprechen können, wenn die Abnahme im Lichte des BGB als Hauptpflicht zu charakterisieren gewesen wäre (*Kronke* RIW **1981** 266 m. Nachw.).

(2) Der wesentlichen Verletzung der Abnahmepflicht wird eine drohende Verletzung der Zahlungspflicht gleichgestellt: Die Nichtabnahme gibt **Anlaß zu Besorgnis** der Zahlungsverweigerung. Diese Besorgnis muß gerade wegen der Nichtabnahme, nicht aus anderen Gründen entstanden sein. Die Nichtabnahme muß den Schluß auf die mangelnde Zahlungsbereischaft zulassen, darf also aus der Sicht des Verkäufers nicht durch andere Gründe plausibel erklärbar sein. Liegen diese Voraussetzungen vor, so kann der Verkäufer ebenfalls die Aufhebung des Vertrages erklären (vgl. *Magnus* S. 105, 115). Die Erklärung ist anders als im Fall des Art. 62 nicht an eine Frist gebunden, weil ihr Beginn dort, wo eine Zahlungsverweigerung zu befürchten ist, schlecht definierbar ist und man dem Verkäufer ausreichende Überlegungsfrist einräumen wollte. Eine Analogie zu Art. 26 Abs. 1 scheidet aus (**a. A.** *Leser* S. 9ff, 11).

(3) War die Verletzung der Abnahmepflicht **nicht wesentlich** im Sinne des Art. 10, so kann der Verkäufer eine angemessene Nachfrist (s. Art. 27 Rdn. 371) setzen. Nach deren fruchtlosem Ablauf darf er den Vertrag innerhalb kurzer Frist (Art. 11) aufheben. Die Nachfrist kann abermals gesetzt werden, wenn der Verkäufer nach Ablauf der ersten Nachfrist die Aufhebung nicht binnen kurzer Frist erklärt hatte (**a. A.** *Schultze-von Lasaulx* S. 73).

Zur Form und Folge der Vertragsaufhebung Art. 26 Rdn. 369. Hat der Verkäufer den Vertrag aufgehoben, so kann er unter der Voraussetzung des Art. 74 Abs. 1 zusätzlich Schadensersatz nach Maßgabe der Artt. 84ff geltend machen (Art. 68). Außerdem stehen ihm unter Umständen Ansprüche gemäß Artt. 91ff zu.

Artikel 67 EKG

(1) Behält der Vertrag dem Käufer das Recht vor, die Form, die Maße oder andere Merkmale der Sache später zu bestimmen (Spezifikationskauf), und nimmt der Käufer die Spezifizierung in dem ausdrücklich oder stillschweigend vereinbarten Zeitpunkt oder bis zum Ablauf einer angemessenen Frist nach Aufforderung durch den Verkäufer nicht vor, so kann dieser entweder innerhalb kurzer Frist die Aufhebung des Vertrages erklären oder selbst die Spezifizierung nach den Bedürfnissen des Käufers, soweit ihm diese bekannt sind, vornehmen.

(2) Nimmt der Verkäufer die Spezifizierung selbst vor, so hat er dem Käufer die von ihm getroffene Bestimmung im einzelnen mitzuteilen und ihm eine angemessene Frist für eine abweichende Spezifizierung zu setzen. Macht der Käufer von dieser Möglichkeit keinen Gebrauch, so ist die von dem Verkäufer vorgenommene Spezifizierung verbindlich.

520 Art. 67 hat zum einen die Funktion zu zeigen, daß auch Kaufverträge gültig sind, die das Kaufobjekt oder die gekaufte Gattung nicht objektiv bestimmbar bezeichnen. Zum anderen wird dem Verkäufer ein Bestimmungsrecht zugebilligt, um ihn auf diese Weise vor dem Einwand des Käufers zu bewahren, daß man den Schaden nicht berechnen könne, solange nicht spezifiziert sei.

521 Art. 67 spricht davon, daß sich der Käufer das Recht vorbehalten habe, die Form, die Maße oder **andere Merkmale** zu bestimmen. Unter „anderen Merkmalen" sind qualitäts- und quantitätsbezogene Kriterien zu verstehen. In Hinblick auf das Recht, den Lieferzeitpunkt zu bestimmen, ist Art. 67 nicht analog anwendbar (*Dölle/v. Caemmerer* Art. 70 EKG 3, 4). Hat der Käufer die Spezifikation objektiv, ohne Rücksicht auf mangelndes Verschulden **nicht rechtzeitig** vorgenommen, so wird dem Verkäufer ein **Wahlrecht** eröffnet: Der Verkäufer kann zum einen die **Aufhebung** des Vertrages erklären. Frist: Art. 11. Form und Folgen Art. 26 Rdn. 369. Außerdem kann der Verkäufer **Scha-**

densersatz fordern (Art. 68 Abs. 1). Zum anderen kann der Verkäufer die **Spezifikation** in der in Art. 67 Abs. 1 und Abs. 2 S. 1 bezeichneten Weise **selbst** vornehmen. Die Erklärung ist empfangsbedürftig (*Noussias* S. 129). Spezifiziert daraufhin der Käufer nicht innerhalb angemessener Frist, so schuldet der Käufer Abnahme und Bezahlung der vom Verkäufer spezifizierten Ware (Art. 56). Der Verkäufer darf wegen der Verzögerung der Spezifizierung zusätzlich nach Maßgabe des Art. 68 Abs. 2 Schadensersatz einklagen.

Artikel 68 EKG

(1) Wird der Vertrag wegen Nichterfüllung der Pflicht zur Abnahme oder zur Spezifizierung aufgehoben, so ist der Verkäufer berechtigt, Schadenersatz nach den Artikeln 84 bis 87 zu verlangen.

(2) Wird der Vertrag nicht aufgehoben, so ist der Verkäufer berechtigt, Schadenersatz nach Artikel 82 zu verlangen.

522 Art. 68 stellt eine Parallelvorschrift zu den Artt. 63 und 70 dar. Der Schadensersatzanspruch steht unter dem Vorbehalt des Art 74 Abs. 1.

Abschnitt III
Sonstige Pflichten des Käufers
Artikel 69 EKG

Der Käufer hat die nach dem Vertrag, den Gebräuchen oder den geltenden Rechtsvorschriften erforderlichen Maßnahmen zur Vorbereitung oder Sicherung der Zahlung des Preises zu treffen, wie etwa einen Wechsel anzunehmen, ein Dokumenten-Akkreditiv zu eröffnen oder eine bankmäßige Sicherheit zu stellen.

523 Art. 69 hat keinen selbständigen Regelungsgehalt; denn er verweist auf Vertrag, Gebräuche (Art. 9) und geltendes Recht. Unter den geltenden Rechtsvorschriften ist nicht nur das nach IPR maßgebliche Währungsrecht zu verstehen, sondern auch die Devisen-, Transfer- und Clearingvorschriften, die faktisch bei der Zahlung beachtet werden müssen[191]. Soweit sich die **Rechtsfolgen** einer Pflichtverletzung nicht aus dem Vertrag oder den Gebräuchen ergeben, sind sie Art. 70 zu entnehmen.

Artikel 70 EKG

(1) Erfüllt der Käufer andere als die ihm nach den Abschnitten I und II dieses Kapitels obliegenden Pflichten nicht, so kann der Verkäufer,

a) wenn die Nichterfüllung eine wesentliche Vertragsverletzung darstellt, die Aufhebung des Vertrages erklären, sofern dies innerhalb kurzer Frist geschieht, und Schadenersatz nach den Artikeln 84 bis 87 verlangen;

b) in den anderen Fällen Schadenersatz nach Artikel 82 verlangen.

(2) Der Verkäufer kann, außer wenn der Vertrag aufgehoben ist, von dem Käufer auch die Erfüllung seiner Pflichten verlangen.

524 Art. 70 entspricht Art. 55. Er sanktioniert die in Art. 69 geregelten Pflichten sowie sonstige sich aus dem Vertrag, den Gebräuchen (Art. 9) oder ungeschriebenen Grundsätzen des EKG, wie dem Prinzip loyaler Zusammenarbeit sowie angemessenen Vorgehens, ergebende Pflichten. Zu den Rechtsfolgen Art. 55.

---

[191] *Dölle/v. Caemmerer* Art. 69 EKG 3; **a. A.** *Mertens/Rehbinder* Art. 69 EKG 3.

Kapitel V
Gemeinsame Bestimmungen für die Pflichten des Verkäufers und des Käufers

Abschnitt I
Lieferung der Sache und Zahlung des Preises Zug um Zug
Artikel 71 EKG

Vorbehaltlich des Artikels 72 haben die Zahlung des Preises und die Lieferung der Sache Zug um Zug zu erfolgen. Der Käufer ist jedoch nicht verpflichtet, den Preis zu zahlen, ehe er Gelegenheit gehabt hat, die Sache zu untersuchen.

525 Art. 71 betrifft den Platzkauf **(Holschuld)** und den Fernkauf **(Bringschuld),** nicht aber den eigentlichen Versendungskauf (Art. 72). Art. 71 ist von geringer Bedeutung; denn in aller Regel wird sich aus dem Vertrag (zu den Handelsklauseln Rdn. 168) oder den Gebräuchen (Art. 9) Abweichendes ergeben. Sofern Art. 71 anzuwenden ist, ist er **von Amts wegen** zu beachten. Er verdrängt andere Zurückbehaltungsrechte nationalen Kaufrechts, die darauf basieren, daß Pflichten aus dem Kaufvertrag noch nicht erfüllt wurden (z. B. § 273 BGB, § 369 HGB).

526 **Zug um Zug** im Sinne des Art. 71 heißt nicht, daß die Leistung solange nicht fällig ist, als nicht eine der Parteien freiwillig mit der Leistung beginnt. Vielmehr hat jede Partei ihre Pflicht zu erfüllen und kann sich lediglich im Weg der Einwendung darauf berufen, daß sie nicht zu erfüllen hat, solange der andere Teil nicht seinerseits tätig geworden ist. Beim **Platzkauf** bedeutet das, daß der Verkäufer, sofern der Abholtermin nicht fixiert ist, die Ware anzudienen hat. Daraufhin hat der Käufer zur Untersuchung und Abholung der Ware zum Verkäufer zu kommen. Der Verkäufer hat angemessene Untersuchungsmöglichkeiten zu gewähren. Erst danach muß der Käufer Bezahlung und Abholung anbieten und der Verkäufer Handlungen zur Aushändigung der Ware vornehmen. Beim **Fernkauf** hat ebenfalls zunächst der Verkäufer die Ware anzudienen und (konkludent) die Untersuchung anzubieten. Dem Käufer muß eine angemessene Gelegenheit zur **Untersuchung** der Ware geboten werden.

527 Eine **Verletzung der Pflicht,** Zug um Zug zu leisten, läßt die Zahlungs- bzw. Lieferpflicht des anderen Teils nicht fällig werden. Eine „Zug um Zug"-Verurteilung gibt es nach EKG nicht.

Artikel 72 EKG

(1) Ist nach dem Vertrag eine Beförderung der Sache erforderlich und wird die Lieferung der Sache nach Artikel 19 Abs. 2 durch die Aushändigung der Sache an den Beförderer bewirkt, so kann der Verkäufer die Absendung bis zur Zahlung des Preises aufschieben oder die Absendung in der Weise veranlassen, daß er während der Beförderung zur Verfügung über die Sache berechtigt bleibt. In dem zuletzt genannten Fall kann er verlangen, daß die Sache dem Käufer am Bestimmungsort nur gegen Zahlung des Preises ausgehändigt wird; der Käufer ist nicht verpflichtet, den Preis zu zahlen, ehe er Gelegenheit gehabt hat, die Sache zu untersuchen.

(2) Ist jedoch nach dem Vertrag Zahlung gegen Dokumente zu leisten, so ist der Käufer nicht berechtigt, die Zahlung des Preises mit der Begründung zu verweigern, er habe keine Gelegenheit gehabt, die Sache zu untersuchen.

528 Art. 72 betrifft den Versendungskauf im Sinne des Art. 19 Abs. 2. Die Vorschrift gilt nur subsidiär. Typischerweise werden abweichende Vereinbarungen (zu den Handelsklauseln Rdn. 168) oder Gebräuche (Art. 9) die Art der Abwicklung regeln. Art. 72 soll den Verkäufer davor schützen, daß er die Ware ausliefert (Art. 19 Abs. 2), obwohl er noch kein Entgelt erhalten hat.

529 Art. 72 Abs. 1 eröffnet dem Verkäufer ein **Wahlrecht,** dessen er sich nach freiem Ermessen bedienen darf. Er ist nicht gezwungen, sich, soweit ihm dies zumutbar ist, für die zweite Variante des Art. 72 Abs. 1 S. 1 zu entscheiden, da diese Beschränkung des Wahlrechts die Rechtssicherheit beeinträchtigen und den Verkäufer angesichts der harten Sanktionen der Artt. 25, 26, 28 allzu großen Gefahren aussetzen würde (**a. A.** *Dölle/Huber* Art. 72 EKG 26). (1) Der Verkäufer hat zum einen das Recht, die **Absendung aufzuschieben.** Dieses Recht begründet eine Vorleistungspflicht des Käufers (zutr. *Dölle/Huber* Art. 72 EKG 22 (str.)). Der Käufer kann analog Art. 72 Abs. 1 S. 2 verlangen, daß er die Ware vor der Zahlung am Lieferort untersuchen lassen kann. Hat der Käufer vor der Absendung gezahlt, so hat sich der Verkäufer mit der Absendung seines frachtrechtlichen Verfügungsrechts zu begeben. (2) Der Verkäufer darf die Absendung auch in der Weise veranlassen, daß ihm das **frachtrechtliche Verfügungsrecht** verbleibt und die Ware am Bestimmungsort Zug um Zug gegen Zahlung ausgehändigt wird. Art. 72 Abs. 1 stellt insoweit klar, daß diese Form der Lieferung vertragsgemäß im Sinne des Art. 19 Abs. 2 ist (BGH WM **1979** 764, 765). Die Gefahr geht mithin auch hier nach Maßgabe des Art. 97 Abs. 1 über. Der Käufer hat ein Recht zur angemessenen Untersuchung vor Zahlung.

530 Art. 72 Abs. 2 stellt im Einklang mit dem deutschen Handelsbrauch (Rdn. 63) klar, daß dort, wo gegen die Andienung von Dokumenten zu zahlen ist, die Bezahlung auch dann nicht von einer vorherigen Untersuchung abhängig gemacht werden kann, wenn die Ware bereits am Bestimmungsort eingetroffen ist. Der Einwand des Rechtsmißbrauchs (Rdn. 63) ist zuzulassen (**a. A.** *Dölle/Huber* Art. 72 EKG 11).

Artikel 73 EKG

(1) Jede Partei kann die Erfüllung ihrer Pflichten immer dann aufschieben, wenn sich nach dem Vertragsabschluß herausstellt, daß die wirtschaftliche Lage der anderen Partei so schwierig geworden ist, daß berechtigter Anlaß zu der Befürchtung besteht, die andere Partei werde einen wesentlichen Teil ihrer Pflichten nicht erfüllen.

(2) Hat der Verkäufer vor dem Zeitpunkt, in dem sich die in Absatz 1 beschriebene wirtschaftliche Lage des Käufers herausstellt, die Sache bereits abgesendet, so kann er sich der Aushändigung der Sache an den Käufer widersetzen, selbst wenn dieser bereits eine Urkunde innehat, die ihn berechtigt, die Sache zu erlangen.

(3) Der Verkäufer kann sich der Aushändigung der Sache jedoch nicht widersetzen, wenn sie von einem Dritten verlangt wird, der rechtmäßiger Inhaber einer Urkunde ist, die ihn berechtigt, die Sache zu erlangen, außer wenn die Urkunde Vorbehalte hinsichtlich der Wirkungen ihrer Übertragung enthält oder der Verkäufer nachweist, daß der Inhaber bei Erwerb der Urkunde bewußt zum Nachteil des Verkäufers gehandelt hat.

531 Art. 73 Abs. 1 erlaubt es, die vertraglich vereinbarte oder sich aus den Gebräuchen ergebende Vorleistungspflicht zu beschränken[192]. Art. 73 Abs. 2 und 3 statuiert ein Anhalterecht beim Versendungskauf.

532 **Art. 73 Abs. 1:** Die wirtschaftliche Lage der anderen Partei ist nicht nur dann schwierig geworden, wenn sie sich nach Vertragsschluß verschlechtert hat, sondern auch in den Fällen, in denen sie schon **bei** Vertragsschluß schlecht war und dies dem anderen Teil unbekannt war. Die **wirtschaftliche Lage** muß vom Standpunkt einer vernünftigen Partei aus die Befürchtung der Nichterfüllung erwecken. Dabei darf sich diese fiktive Vergleichsperson nicht nur auf ex post beweisbare Fakten stützen, sondern auch ex post **falsche Nachrichten** heranziehen, sofern sie zuverlässig schienen und eine

---

192 *Dölle/Huber* Art. 73 EKG 3; **a. A.** *Mertens/Rehbinder* Art. 73 EKG 2.

vernünftige Partei sie nicht unbeachtet gelassen hätte[193]. Angesichts des Umstands, daß die Bonität wesentlich von Interna des Käufers abhängt, kann dem Vorleistungspflichtigen nicht das volle Informationsrisiko zugewiesen werden. Die Besorgnis, daß ein **wesentlicher Teil** der Pflichten nicht erfüllt wird, besteht nicht nur dort, wo eine wesentliche Vertragsverletzung im Sinne des Art. 10 droht (so *Dölle/Huber* Art. 73 EKG 6), sondern auch dort, wo die Grenze der Unerheblichkeit im Sinne des Art. 33 Abs. 2 überschritten ist (ähnlich *Mertens/Rehbinder* Art. 73 EKG 7). Es geht hier nämlich nicht um die Aufhebung des Vertrages, sondern um eine Sicherung gegen Rechtsmißbrauch. — Art. 73 Abs. 1 statuiert eine **Einrede** („kann ... aufschieben"), die nicht von Amts wegen zu beachten ist. Ist die Einrede geltend gemacht, so ist die Pflicht bis zu dem Zeitpunkt aufgeschoben, in dem die Leistung des anderen Teils in einer Form angedient wird, die den an sich Vorleistungspflichtigen zu keinerlei Vorleistung nötigt und seinen Sicherheitsinteressen in vollem Umfang Rechnung trägt (abw. *Dölle/Huber* Art. 73 EKG 16 ff). Die Einrede fällt nicht schon in dem Moment weg, in dem sich die wirtschaftliche Lage des anderen Teils derart bessert, daß keine Gefahr mangelnder Solvenz mehr besteht, sondern erst dann, wenn sich der Vorleistungspflichtige zuverlässig und angemessen über die neue wirtschaftliche Lage zu informieren vermag[194].

533 **Art. 73 Abs. 2 und 3** ist auf den Versendungskauf im Sinne des Art. 19 Abs. 2 bezogen, bei dem der Verkäufer vorleistungspflichtig ist. Art. 73 Abs. 2 regelt nur das Verhältnis zwischen Käufer und Verkäufer. **Voraussetzung** des Anhalterechts ist eine wirtschaftlich schlechte Lage in dem nach Art. 73 Abs. 1 maßgeblichen Moment. Die Ware muß im Sinne des Art. 19 Abs. 2 abgesandt sein, gleichgültig, ob der Beförderer vom Verkäufer oder Käufer eingeschaltet worden ist. Einem Dritten darf keine Urkunde im Sinne des Art. 73 Abs. 3 ausgehändigt worden sein. Solche Urkunden sind frachtrechtliche Wertpapiere und Anweisungen, die negotiabel sind. Sie enthalten Vorbehalte hinsichtlich der Wirkung ihrer Übertragung, wenn ihnen hierdurch nach der Verkehrsauffassung die Negotiabilität genommen wurde (abw. *Dölle/Huber* Art. 73 EKG 63). Die Ware darf noch nicht dem Käufer oder auf dessen Weisung hin einem dritten Abnehmer übergeben worden sein. Hingegen ist der Beförderungsvorgang noch nicht beendet, wenn die Ware lediglich vom Empfangsspediteur des Käufers übernommen worden ist. Sind die Voraussetzungen des Art. 73 Abs. 2 und 3 erfüllt, so kann der Verkäufer — sofern er noch ein **frachtrechtliches Weisungsrecht besitzt** — den Beförderer anweisen, die Ware nicht auszuliefern, sie zurückzutransportieren oder nur gegen Bezahlung zu übergeben. Der Verkäufer macht sich durch diese Weisung dem Käufer gegenüber nicht schadensersatzpflichtig. Im übrigen ist der Käufer, dem der Verkäufer mitgeteilt hat, daß er sich der Aushändigung widersetze, verpflichtet, die Ware nicht entgegenzunehmen. Der Verkäufer kann die Befolgung dieser Pflicht mit den Mitteln des einstweiligen Rechtsschutzes sichern. Ein Verstoß gegen diese Pflicht macht den Käufer schadensersatzpflichtig. Ist der Verkäufer **dem Beförderer** gegenüber **nicht mehr weisungsberechtigt,** so darf der Beförderer gleichwohl den Bitten des Verkäufers, die Ware nicht auszuliefern, entsprechen. Der Beförderer macht sich dann allerdings dem Käufer gegenüber schadensersatzpflichtig. Nimmt der Käufer den Beförderer in Anspruch und hat der Verkäufer dem Beförderer eine Freistellungszusage gegeben, so kann der Verkäufer vom Käufer Regreß in Höhe desjenigen Betrags fordern, mit dem er den Beförderer freistellen muß. Tritt er seinen (zukünftigen) Schadensersatzan-

---

[193] OLG Hamm RIW **1983** 952, 953; *Mertens/Rehbinder* Art. 73 EKG 5; **a. A.** *Dölle/Huber* Art. 73 EKG 8.

[194] *Graveson/Cohn/Graveson* The Uniform Laws on International Sales Act 1967 (1968) S. 529; **a. A.** *Dölle/Huber* Art. 73 EKG 18.

spruch an den Beförderer ab, so kann der Beförderer den Ansprüchen des Käufers den Einwand des Rechtsmißbrauchs entgegenhalten (ebenso i. E. *Dölle/Huber* Art. 73 EKG 44 ff).

Abschnitt II
Befreiungen
Artikel 74 EKG

(1) Hat eine Partei eine ihrer Pflichten nicht erfüllt, so hat sie für die Nichterfüllung nicht einzustehen, wenn sie beweist, daß die Nichterfüllung auf Umständen beruht, die sie nach den Absichten der Parteien bei Vertragsabschluß weder in Betracht zu ziehen noch zu vermeiden noch zu überwinden verpflichtet war; in Ermangelung von Absichten der Parteien sind die Absichten zugrunde zu legen, die vernünftige Personen in gleicher Lage gewöhnlich haben.

(2) Sind die Umstände derart, daß sie die Erfüllung nur vorübergehend hindern, so wird die säumige Partei dennoch endgültig von ihrer Pflicht befreit, wenn die Erfüllung durch die Verzögerung so grundlegend verändert wird, daß sie die Erfüllung einer völlig anderen als der im Vertrag vorgesehenen Pflicht darstellen würde.

(3) Die in diesem Artikel zugunsten einer der Parteien vorgesehene Befreiung steht der Aufhebung des Vertrages auf Grund anderer Bestimmungen dieses Gesetzes nicht entgegen und nimmt der anderen Partei nicht ein ihr nach diesem Gesetz zustehendes Recht, den Preis herabzusetzen, es sei denn, daß die Umstände, welche die Befreiung rechtfertigen, durch die andere Partei oder eine Person, für die sie einzustehen hat, verursacht worden sind.

A. Art. 74 Abs. 1

I. Grundgedanke des Art. 74 Abs. 1

534 Art. 74 Abs. 1 erfaßt alle Fälle der Nichterfüllung von vertraglichen Versprechen und Pflichten ohne Rücksicht darauf, ob ein Erfolg oder nur eine Tätigkeit geschuldet ist. Er ist insbesondere auch auf die Pflicht, vertragsgemäße Ware zu liefern (Art. 33) bezogen. Die Anwendbarkeit des Art. 74 Abs. 1 hängt nicht davon ab, ob es um anfängliche oder nachträgliche Leistungsstörungen geht, womit nicht gesagt ist, daß die konkreten Haftungsmaßstäbe dieselben sein müßten. Die Zurechnungsintensität ist primär dem Vertrag und den Gebräuchen (Art. 9) zu entnehmen. Hilfsweise ist auf die Absichten vernünftiger Parteien zurückzugreifen. Dabei kann der Sinn des Versprechens, das Wesen des Vertrages jenseits der ergänzenden Vertragsauslegung keine Leitlinie bilden (vgl. *Koller* Die Risikozurechnung bei Vertragsverletzungen in Austauschverträgen (1979) S. 32 ff; **a. A.** *Dölle/Stoll* Art. 73 EKG 18 ff m. Nachw.; *Eckhardt* Die Entlastung des Verkäufers nach Art. 74 EKG (1983) S. 39 f, 225 ff). Vielmehr stellt Art. 74 Abs. 1 letzter Halbsatz eine Ermächtigungsnorm dar, die es dem Richter gestattet, diejenigen Standards vorzuschreiben, die fiktive vernünftige Parteien respektieren sollten.

535 Der Schuldner ist von der Haftung befreit, wenn die Nichterfüllung auf Umständen beruht, die er nach den Absichten der Parteien weder in Betracht zu ziehen noch zu vermeiden oder zu überwinden verpflichtet war. Absichten der Parteien sind nicht die zufällig parallel laufenden Motive, sondern das vertragliche Pflichtenprogramm, aus dem sich der Umfang der Einstandspflicht ergibt. Beispiele: Haftungsausschlüsse; der Schuldner hat Erfüllungspersonen nur auszuwählen; Zusicherungen. In aller Regel wird sich durch Auslegung des Vertrages kein Haftungsmaßstab ermitteln lassen. Es ist dann auf die „Absichten vernünftiger Personen“ zurückzugreifen.

536 Über die Auslegung der Tatbestandsmerkmale „Absichten . . . vernünftiger Parteien“ herrscht viel Unklarheit. Der historische Gesetzgeber hat sich über die Tragweite des Art. 74 Abs. 1 nur unzulänglich vergewissert (*Eckhardt* S. 39). Auch in der Literatur sind klare Prinzipien, anhand derer die Begriffe „Absichten ..., die vernünftige Parteien ... haben" auszufüllen sind, bislang nicht erkennbar. Man ist sich lediglich darin einig, daß der Schuldner für eigenes Verschulden haftet. Im übrigen soll es auf grundlegende Voraussetzungen des Vertrages (*Mertens/Rehbinder* Art. 74 EKG 14), das Synallagma (*Mertens/Rehbinder* Art. 74 EKG 14), auf die Vorhersehbarkeit[195], Beherrschbarkeit des eigenen Herrschaftsbereichs[196] ankommen. Ungewiß ist, was man unter „Unvorhersehbarkeit" zu verstehen hat (vgl. *Dölle/Stoll* einerseits Art. 74 EKG 75, andererseits Art. 74 EKG 73).

537 Die **Entstehungsgeschichte** des Art. 74 Abs. 1 zeigt, daß die Vorschrift — ungeachtet der Tatsache, daß ihr Anwendungsbereich erheblich größer ist — dem englischen Recht am nächsten steht (*Dölle/Stoll* Art. 74 EKG 25). Demnach spielen zwei Haftungsbegrenzungsfaktoren eine Rolle: die Unüberwindlichkeit und die Unvorhersehbarkeit. Der Schuldner haftet mithin auch dort, wo die Störungsursache zwar unüberwindlich, aber vorhersehbar war. Dem entspricht der Wortlaut des Art. 74 Abs. 1, der die Begriffe **„in Betracht ziehen", „vermeiden", „überwinden" kumulativ,** nicht alternativ verwendet; denn der Schuldner soll sich schon dann nicht entlasten können, wenn er den die Nichterfüllung verursachenden Umstand lediglich in Betracht zu ziehen verpflichtet war.

538 Auf die Frage, was der Schuldner zu **vermeiden** bzw. zu **überwinden** hat, lassen sich zwei Antworten geben, die davon abhängen, ob man nur zumutbare Anstrengungen des Schuldners als geschuldet ansieht oder den Schuldner bis zur Grenze der evidenten Unvermeidbarkeit und Unüberwindlichkeit haften läßt. Sicher ist, daß der Schuldner alle **zumutbaren** Anstrengungen zu unternehmen hat. Dabei kann man z. B. davon ausgehen, daß ein Überwindungsaufwand unzumutbar ist, wenn er beträchtlich höher als der drohende Schaden ist. Gleiches gilt für den zur Vermeidung des Schadens nötigen Aufwand, wobei hier noch zusätzlich die Schadenswahrscheinlichkeit zu berücksichtigen ist. Je unwahrscheinlicher ein Schaden ist, desto geringere Vorsichtsmaßnahmen sind geschuldet. Der Richter stellt ex post im Einzelfall fest, was zumutbar ist. Er wird sich hierbei stark an den üblichen Sorgfaltsstandards orientieren, die das als wirtschaftlich angemessen angesehene Maß an Vorsorgevorkehrungen widerspiegeln. Werden nur zumutbare Anstrengungen geschuldet, so haftet man letztlich nur für Sorgfalt im Sinne des § 276 BGB. — Man kann aber — wie in Art. 74 Abs. 1 geschehen — auch darauf verzichten, das Maß an zumutbaren Anstrengungen zur Abwehr von Gefahren und Beseitigung von Störungen von Fall zu Fall hoheitlich zu fixieren, und die Frage der Zumutbarkeit des notwendigen Aufwandes ganz auszublenden. Der Schuldner hat dann all diejenigen Störungen zu vermeiden oder zu überwinden, die mit legalen Mitteln und nach dem Stand der Technik beherrschbar sind, auch wenn hierfür ein unsinniger Aufwand getrieben werden müßte. Nun kann man aber den Schuldner sicherlich nicht für verpflichtet ansehen, unsinnig hohen Aufwand zu treiben; denn jeder Schuldner wird einen Schaden entstehen lassen und dafür Ersatz zahlen, wenn der Schadensersatzanspruch geringer ist als der zur Schadensvermeidung notwendige Aufwand. Eine Verpflichtung stößt insoweit ins Leere. Das heißt aber noch nicht, daß der Schuldner nicht verpflichtet wäre, derartige Schadensquellen **„in Betracht zu ziehen".** Hält man den Schuldner für verpflichtet, den Schaden in Betracht zu ziehen, so muß er

[195] *Dölle/Stoll* Art. 74 EKG 61, 68; *Mertens/Rehbinder* Art. 74 EKG 14 ff.

[196] *Dölle/Stoll* Art. 74 EKG 68; *Mertens/Rehbinder* Art. 74 EKG 16; *Bartels/Motomura* RabelsZ **43** (1979) 649, 659.

die Zahlung einer Schadensersatzleistung einkalkulieren. Es ist dann seine Sache, im Einzelfall zu entscheiden, ob es sinnvoll ist, — z. B. weil dies gerade für ihn bedeutend billiger ist — Vorsorgemaßnahmen zu treffen oder den Schaden eintreten zu lassen und ihn zu ersetzen. Die Grenze dieser Haftung liegt bei den **unvorhersehbaren** und daher unkalkulierbaren Störungen und bei den evident nicht vermeidbaren Störungen (so i. E. zum Teil auch *Huber U.* DB **1975** 1350f). Das weit gefaßte Zurechnungskriterium „in Betracht zu ziehen" erlaubt es, noch einen Schritt weiter zu gehen. Sofern der Schuldner in der Lage war, die Störung, ihre Wahrscheinlichkeit und den potentiellen Schaden einzukalkulieren, haftet er auch dann, wenn er evident außerstande war, die Störung zu verhindern. Es geht hier also um Risikoabsorption. Im Einklang damit hat der Schuldner für Schäden zu haften, vor denen er sich mit Hilfe einer Versicherung — und dies besser als der Gläubiger — schützen konnte[197]. Auch hier braucht der Schuldner unvorhersehbare Störungen nicht in Betracht zu ziehen.

539 Das Kriterium der **Vorhersehbarkeit** ist unter dem Aspekt der Kalkulierbarkeit („in Betracht ziehen") zu konkretisieren. Demnach sind all diejenigen Störungsquellen vorhersehbar, die eine vernünftige Person in der Lage des Schuldners ins Kalkül gezogen hätte, gleichgültig, ob sie das Risiko zu Vorsorgemaßnahmen, Rückstellungen oder zu sonstigen risikopolitischen Maßnahmen motiviert oder ob sie lediglich die Gefahr bei der Entgeltbemessung berücksichtigt hätte.

Anhand dieser Leitprinzipien ist über die Tragweite des Art. 74 Abs. 1 zu entscheiden.

II. Einzelfragen

1. Objektive Unmöglichkeit der Leistung

540 **a) anfängliche Unmöglichkeit.** In der Regel wird hier den Verkäufer oder seine Hilfspersonen (Rdn. 547) ein Informationsverschulden treffen, so daß er sich nicht entlasten kann. Auch dort, wo der Verkäufer nicht schuldhaft gehandelt hat, kann er regelmäßig das Informationsrisiko besser steuern und einkalkulieren. Ausnahme: Die Unmöglichkeit war unvorhersehbar, der Käufer konnte sich genausogut über die Leistungsmöglichkeit bei Vertragsschluß informieren (z. B. bei technisch evident unmöglich zu erfüllenden Versprechen).

541 **b) nachträgliche Unmöglichkeit:** Der Schuldner kann sich bei der **Stückschuld** nicht entlasten, wenn er die Unmöglichkeit verschuldet hat. Gleiches gilt, wenn die Unmöglichkeit durch einen Mangel seiner Organisation verursacht worden ist (ebenso *Dölle/Stoll* Art. 74 EKG 68; *Huber* DB **1975** 1350). Hat eine von außen kommende Störung zur Unmöglichkeit geführt, so hat der Schuldner das Schadensrisiko zu tragen, wenn es ausreichend kalkulierbar war und er es besser als der Gläubiger zu kalkulieren vermochte. Diese über die in § 325 BGB statuierte Haftung weit hinausgehende Risikobelastung ist damit zu rechtfertigen, daß der Schuldner nach Artt. 82ff anders als nach BGB nur vorhersehbare, also kalkulierbare Schäden auszugleichen hat. Beim **Gattungskauf** hat der Schuldner ebenfalls Schadensersatz zu zahlen, wenn es für ihn hinreichend und besser als für den Gläubiger kalkulierbar war, daß die Ware vom Markt verschwindet.

---

197 *Mertens/Rehbinder* Art. 74 EKG 30; *Bartels/Motomura* RabelsZ **43** (1979) 649, 659.

2. Unvermögen

542 Auch hier hat der Schuldner nicht nur dann Schadensersatz zu leisten, wenn er oder seine Leute schuldhaft gehandelt haben, sondern auch dann, wenn er die Störung nach Art und Ausmaß „in Betracht ziehen" mußte, d. h., wenn sie ausreichend vorhersehbar und kalkulierbar war (**a. A.** *Dölle/Stoll* Art. 74 EKG 87: Entlastung bei Überschreitung der Opfergrenze). Dabei hat man zu berücksichtigen, daß vielfach Störungsfaktoren eine Rolle spielen werden, die im Organisationsbereich des Schuldners liegen, ja zu dessen Interna gehören. Beim Verkauf gestohlener Ware ist außerdem zu beachten, daß nur der Verkäufer imstande ist, die Zuverlässigkeit und Solvenz seines Lieferanten zu beurteilen und daß eine Belastung des Verkäufers dazu führt, daß mit Hilfe des Regresses gegen den Lieferanten letztlich der Dieb belastet werden kann. Der Schuldner ist dort zu entlasten, wo der Gläubiger bei Vertragsschluß wissen mußte, daß bestimmte, für den Schuldner unüberwindliche Hindernisse bestehen, oder wo der Schuldner deutlich gemacht hat, daß er den Vertrag ohne Prüfung seiner Leistungsfähigkeit abgeschlossen hat (z. B. Verkauf in Bausch und Bogen).

3. Rechtsmängel

543 Bei Rechtsmängeln ist der Schuldner nach den für das Unvermögen geltenden Grundsätzen zu entlasten. Für Entlastung des nicht-kaufmännischen Verkäufers *Dölle/Stoll* Art. 74 EKG 107 f.

4. Unerschwinglichkeit

544 Der Schuldner hat hier zunächst für Vorsorge-, Übernahme- und Abwendungsverschulden einzustehen. Ferner hat man ihm die Risiken aufzuerlegen, die Teil seiner Organisation sind. In Fällen, in denen die „Umstände" im Sinne des Art. 74 Abs. 1 zu den Marktbedingungen zählen, von hoher Hand diktiert werden oder sonst in die neutrale Sphäre fallen, ist zu berücksichtigen, daß die Verpflichtung des Schuldners mit seiner beruflichen Spezialisierung und der daraus resultierenden Sachnähe im Zusammenhang steht. Es ist daher zu erwarten, daß er das für die Erfüllung seines Versprechens wesentliche Umfeld intensiv beobachtet, Abwehrmaßnahmen einplant oder zumindest das Risiko von Leistungserschwerungen einkalkuliert. Er ist deshalb, selbst wenn eine Risikoversicherung z. B. in Form von Termingeschäften unüblich war, nur dort von einer Erhöhung des Leistungsaufwandes zu entlasten, wo die Leistungserschwerung nach Art und/oder Ausmaß gravierend und außerdem unkalkulierbar war [198]. Die Absicherung des Schuldners gegen Streikfolgen ist stark von der Funktion des Streiks in der nationalen Rechtsordnung abhängig und sollte daher im EKG jenseits der allgemeinen Grundsätze außer Betracht bleiben (vgl. *Eckhardt* S. 179 ff). Von einer Änderung der Sozialexistenz wird man die Entlastung nur bei langfristig abzuwickelnden Verträgen abhängig machen dürfen.

5. Finanzielle Leistungsfähigkeit

545 Für seine finanzielle Liquidität und Solvenz hat der Schuldner uneingeschränkt einzustehen, weil sonst die gleiche Stellung der Mitbewerber des Schuldners auf dem Markt zerstört werden würde (*Koller* Risikozurechnung S. 232). Ausnahme: Der

---

198 Enger *Dölle/Stoll* Art. 74 EKG 89 ff, der eine Änderung der Sozialexistenz fordert, aber bei Streiks für eine stärkere Entlastung des Schuldners plädiert. Ebenso *Mertens/Rehbinder* Art. 74 EKG 28.

Schuldner ist lediglich außerstande, das Geld zu transferieren. Insoweit ist er wie ein Gattungsschuldner zu behandeln.

6. Schuldnerverzug

546 Der Schuldner haftet für jede Form der Sorgfaltsverletzung. Eine Entlastung kommt darüber hinaus unabhängig davon, um welche Art von Verpflichtung es sich handelt, nicht in Betracht, wenn die zur Verspätung führende Störung nach Art und Intensität ausreichend vorhersehbar und kalkulierbar oder das Risiko gar angemessen versicherbar war (bei sphäreneigenen Risiken grundsätzlich Haftung trotz Unvorhersehbarkeit: *Dölle/Stoll* Art. 74 EKG 61 ff). Ausnahme: Die Störung stammte aus der Sphäre des Gläubigers oder konnte von diesem besser kalkuliert werden.

7. Hilfspersonen

547 Der Schuldner trägt ohne Rücksicht auf Verschulden das Risiko eines Fehlverhaltens seiner Leute[199]. Schwierig ist es, die Einstandspflicht des Schuldners in Hinblick auf selbständige Unternehmen abzugrenzen. Hier ist entscheidend, wie weit das Pflichtenprogramm des Schuldners, dem er sich nicht durch Stellung eines Substituten entziehen kann, reicht[200]. Man hat deshalb den Vertrag, falls er aus sich heraus nicht hinreichend aussagekräftig ist, so auszulegen, daß der Schuldner nicht mit einer Haftung beschwert wird, die im Sinne der Art. 74 Abs. 1 tragenden Grundsätze unzumutbar ist. Demnach wird man eine Haftung bejahen müssen, wenn bei Vertragsschluß ersichtlich war, daß der Schuldner Unternehmen einschalten wird, deren Verhalten er zu beherrschen in der Lage ist oder deren Tätigkeitsrisiken er ausreichend zu kalkulieren, zu versichern oder bei der Preisgestaltung zu berücksichtigen vermag. Für eine Haftung spricht auch, daß der Schuldner die konkrete Möglichkeit besaß, die Pflichten mit eigenen Leuten zu erfüllen, daß ein Teil der Konkurrenten die Leistung mit eigenen Leuten bewirkt oder daß der Schuldner erkennbar das Angebot macht, die Erledigung von Aufgaben, die üblicherweise von unabhängig voneinander tätigen Spezialisten wahrgenommen werden, in einer Hand zusammenzufassen. Gegen eine Haftung spricht, daß die voraussichtlich durch die Tätigkeit eines selbständigen Unternehmens entstehenden Kosten nur in dieser Höhe ohne Risikozuschlag weitergegeben werden dürfen. Demnach hat der Verkäufer bei einer Bringschuld für ein Fehlverhalten des Frachtführers einzustehen, weil der Preis nach dem Wert der Ware am Bestimmungsort bemessen werden konnte und dem Verkäufer ausreichende Versicherungsmöglichkeiten zur Verfügung standen[201].

8. Lieferung mangelhafter Ware

548 Der Verkäufer mangelhafter Ware hat bei eigenem Verschulden oder Verschulden seiner Leute nicht nur für Mängelfolgeschäden, sondern für sämtliche vorhersehbaren (Art. 82) Mängelschäden einzustehen. Wie weit der Verkäufer darüber hinaus zu haften hat, ist unklar. *Mertens/Rehbinder* (Art. 74 EKG 21 f) wollen den Verkäufer von allen unverschuldeten Schäden entlasten (ebenso *Stötter* Art. 74 EKG 9 a; *Beß* Die Haf-

---

199 *Dölle/Stoll* Art. 74 EKG 64; **a. A.** *Mertens/Rehbinder* Art. 74 EKG 17: nur die zur Erfüllung der verletzten Pflicht eingesetzten Personen.

200 *Dölle/Stoll* Art. 74 EKG 66; *Mertens/Rehbinder* Art. 74 EKG 17; *Bartels/Motomura* RabelsZ **43** (1979) 649, 658.

201 *Mertens/Rehbinder* Art. 74 EKG 17; enger *Dölle/Stoll* Art. 74 EKG 66; **a. A.** *U. Huber* DB **1975** 1351.

tung des Verkäufers für Sachmängel und Falschlieferung im Einheitlichen Kaufgesetz im Vergleich mit dem englischen und deutschen Recht (1971) S. 123), während *Dölle/Stoll* (Art. 74 EKG 101 ff) danach differenzieren, ob der Lieferant des Verkäufers arglistig gehandelt hatte oder nicht. Sachgerecht ist es, den Verkäufer nach den für die Nichtlieferung geltenden Grundsätzen haften zu lassen. Daraus folgt, daß der Verkäufer auch für bei handelsüblicher Überprüfung nicht erkennbare Mängel einzustehen hat, sofern die Existenz solcher Mängel nicht außerhalb aller Wahrscheinlichkeit lag. Eine Entlastung der Zwischenhändler ist nicht angebracht, da diese vorhersehbare Mängel ebenfalls einkalkulieren und gegen ihre Lieferanten bzw. die Produzenten, die für Mangelfreiheit sorgen konnten, Regreß nehmen bzw. sich den Regreß vorbehalten können. Die schärfere Haftung der Verkäufer für alle Mängel und Arten von Schäden ist dadurch gerechtfertigt, daß der Verkäufer nur vorhersehbare, also kalkulierbare Schäden des Käufers auszugleichen hat (*Dölle/Stoll* Art. 74 EKG 110). Es ist Sache des Verkäufers, das Solvenzrisiko zu steuern. Der Verkäufer haftet andererseits **nicht,** wenn er zu erkennen gibt, daß mit bestimmten Mängeln zu rechnen ist oder daß er über bestimmte Qualitätsmerkmale keine Aussage machen kann; denn dann liegt schon kein Mangel vor. Die Tatsache allein, daß der Verkäufer erkennbar keinen Einfluß auf die Qualität der Ware besitzt, führt jedoch bei abstrakt vorhersehbaren Mängeln nur dann zu einem Haftungsausschluß, wenn der Mangel keine Vertragswidrigkeit im Sinne des Art. 33 begründete (**a. A.** *Dölle/Stoll* Art. 74 EKG 104).

III. Rechtsfolge

549 Unter den in Art. 74 Abs. 1 geregelten Voraussetzungen ist der Schuldner weder zur Zahlung von Schadensersatz noch zur Erfüllung verpflichtet. Ein stellvertretendes commodum braucht er nicht herauszugeben, doch gibt die Existenz eines commodum Anlaß zu prüfen, ob der Schuldner nicht zu haften hat, weil er den Schaden besser zu absorbieren, d. h. in Betracht zu ziehen in der Lage war. Wird der Schuldner von seiner Leistungspflicht befreit, so kann daraus eine wesentliche (Art. 10) Vertragsverletzung resultieren. Der Gläubiger kann dann die Aufhebung des Vertrages erklären.

B. Art. 74 Abs. 2

550 Art. 74 Abs. 2 verhindert einen Schwebezustand, wenn eine Störung die Leistungsmöglichkeit nicht endgültig beseitigt, die Störung aber nach ihrem Ende Leistungserschwerungen auszulösen droht, die im Moment des Vertragsschlusses unkalkulierbar waren. Konnte der Schuldner die Störung ausreichend einkalkulieren, so ist davon auszugehen, daß sie in dem Vertrag berücksichtigt worden war, d. h. daß vernünftige Parteien eine uneingeschränkte Einstandspflicht des Schuldners begründen wollten. Beispiel: Gefahr eines Streiks, wenn dieser die Produktionskosten verdoppelt. Ausnahme: Der Gläubiger konnte das Risiko ebenso gut kalkulieren und steuern.

C. Art. 74 Abs. 3

551 Art. 74 Abs. 3 stellt klar, daß der Gläubiger ohne Rücksicht auf die Zurechenbarkeit des Risikos berechtigt ist, den Vertrag aufzuheben bzw. den Kaufpreis zu mindern. „Andere Bestimmungen" im Sinne des Art. 74 Abs. 3 sind alle im EKG angesiedelten Aufhebungstatbestände. Die Veranlassung eines vom Schuldner nicht beherrschbaren und vorhersehbaren Risikos spielt keine Rolle. Dem Gläubiger wird aber sein Recht zur Aufhebung des Vertrages bzw. zur Minderung des Kaufpreises entzogen, d. h. er wird zur vollen Erbringung seiner Gegenleistung verpflichtet, wenn die Störung von ihm, seinen Leuten oder Personen, die er eingeschaltet hat, verursacht worden ist (**a. A.** *Mertens/Rehbinder* Art. 74 EKG 33). Der Gläubiger ist, wie auch der Wortlaut des Art. 74 Abs. 3 zeigt, einer härteren Risikozurechnung als der Schuldner unterworfen (**a. A.** *Dölle/Stoll* Art. 74 EKG 83 f). Dies ist dadurch gerechtfertigt, daß der Gläubiger keinen Schadensersatz zu leisten braucht und nur für seine Organisation einzustehen hat.

D. Mitverschulden

Art. 88 ist analog anzuwenden (*Mertens/Rehbinder* Art. 74 EKG 34). **552**

Abschnitt III
Ergänzende Vorschriften über die Aufhebung des Vertrages
A. Zusätzliche Aufhebungsgründe
Artikel 75 EKG

(1) Gibt bei Verträgen über Sukzessivlieferungen die Nichterfüllung einer nur eine Lieferung betreffenden Pflicht durch eine der Parteien der anderen Partei berechtigten Anlaß zu der Befürchtung, daß Pflichten in bezug auf künftige Lieferungen nicht erfüllt werden, so kann sie innerhalb kurzer Frist die Aufhebung des Vertrages für die Zukunft erklären.

(2) Der Käufer kann außerdem innerhalb der gleichen Frist die Aufhebung des Vertrages für die künftigen Lieferungen oder für die bereits erhaltenen Lieferungen oder für beide erklären, wenn die Lieferungen wegen des zwischen ihnen bestehenden Zusammenhanges für ihn nicht mehr von Interesse sind.

553 Art. 75 trifft eine Sonderregelung für **Sukzessivlieferungsverträge,** die in etwa der im BGB/HGB geltenden Regelung entspricht. Art. 75 Abs. 1 und Art. 75 Abs. 2 stellen zwei voneinander unabhängige Regelungen dar.

554 **Art. 75 Abs. 1.** Das durch Art. 75 Abs. 1 zusätzlich eröffnete Recht zur Aufhebung des Vertrags setzt zunächst voraus, daß die Parteien einen einheitlichen Vertrag geschlossen haben, demzufolge Ware in mehreren Partien (Einzellieferungen) in zeitlichen Abständen zu liefern ist. Jede der Einzellieferungen muß für sich selbständig sein, d. h. sie muß nach der Verkehrsauffassung typischerweise auch Gegenstand eines selbständigen Vertrages sein können. Die Vereinbarung, daß lediglich das Entgelt in Raten zu zahlen ist, begründet keinen Sukzessivlieferungsvertrag. Ferner muß eine der Parteien (Käufer oder Verkäufer) eine die **Lieferung betreffende Pflicht** verletzt haben, ohne daß diese Vertragswidrigkeit wesentlich im Sinne des Art. 10 gewesen sein muß. Aus der Sicht des Käufers kommen insbesondere verspätete Leistung, mangelhafte Leistung, vertragswidrige Andienung von Urkunden, aus der Sicht des Verkäufers insbesondere die Verletzung der Abnahmepflicht (nicht Zahlungspflicht: hier Art. 73) in Betracht. Die Pflichtverletzung berechtigt nicht zur Aufhebung des Vertrages gemäß Art. 75, wenn sie — isoliert betrachtet — dem vertragstreuen Teil nach den allgemeinen Regeln weder die Vertragsaufhebung noch die Liquidation von Schäden erlaubt (*Dölle/Leser* Art. 75 EKG 23). Hingegen braucht nicht konkret festgestellt zu werden, ob die Vertrauensbasis nachhaltig gestört ist (**a. A.** *Schultze-v. Lasaulx* S. 89). Eine nachhaltige Störung wird vielmehr unwiderleglich vermutet, wenn vom Standpunkt einer vernünftigen, also einer weder risikoscheuen noch risikofreudigen Person Anlaß für die Befürchtung besteht, daß es zu weiteren gravierenden Vertragsverletzungen in Hinblick auf künftige Lieferungen kommen wird. **Rechtsfolge:** Aufhebung des Vertrages binnen kurzer Frist (Art. 11). Der Verletzte kann innerhalb der kurzen Frist dem anderen Teil eine Nachfrist setzen. Nach deren Ablauf steht ihm eine weitere kurze Frist zur Vertragsaufhebung zur Verfügung (BGH WM **1979** 761, 763). Die Aufhebungserklärung kann mit der Nachfristsetzung verbunden werden (BGH WM **1979** 761, 763). Die kurze Frist gilt auch dort, wo nach allgemeinen Vorschriften (z. B. Art. 26 Abs. 1) für die konkrete Vertragsverletzung längere Fristen vorgesehen sind. Diese Vorschriften bleiben in Hinblick auf die Einzellieferung unberührt, so daß hieraus zusätzliche Rechte abgeleitet werden können. Zur Form und Wirkung der Aufhebungserklärung Art. 26 Rdn. 369. Außerdem kann der vertragstreue Teil Schadensersatz gemäß Art. 77 fordern.

555 **Art. 75 Abs. 2** trifft zugunsten des Käufers eine Spezialregelung für den Fall, daß zwischen den Einzellieferungen ein funktionaler Verwendungszusammenhang besteht. Die Frage, ob infolge der Vertragsverletzung das Interesse an der Lieferung weggefallen ist, ist aus der Sicht des Käufers und dessen Verwendungsplanung zu untersuchen. Nicht notwendig ist es, daß die Vertragsverletzung zusätzlich weitere Vertragswidrigkeiten besorgen ließ (*Dölle/Leser* Art. 75 EKG 45). Es genügt die Tatsache des Interessenfortfalls. **Rechtsfolge:** Befugnis zur Aufhebung des Vertrages in Hinblick auf künftige und/oder vergangene Lieferungen binnen kurzer Frist (Art. 11). Zur Form und Wirkung der Aufhebungserklärung Art. 26 Rdn. 369. Schadensersatz: Art. 77. Daneben kann der Käufer sämtliche in Hinblick auf die Einzellieferung eröffneten Rechtsbehelfe geltend machen.

Artikel 76 EKG

Ist es vor dem für die Erfüllung festgesetzten Zeitpunkt offensichtlich, daß eine Partei eine wesentliche Vertragsverletzung begehen wird, so kann die andere Partei die Aufhebung des Vertrages erklären.

556 Art. 76 gewährt dem Vertragspartner zusätzlichen präventiven Schutz gegen Vertragsverletzungen, indem er ihm die Möglichkeit eröffnet, frühzeitig neu zu disponieren.

557 Eine Partei begeht eine Vertragsverletzung nicht nur dann, wenn sie die rechtzeitige, vertragsgemäße Erfüllung ihrer Pflichten verweigert, sondern auch dann, wenn sie objektiv ohne Rücksicht auf ein Vertreten-Müssen (unklar BGH WM **1984** 694, 695 f) **außerstande sein wird,** ihren Verpflichtungen rechtzeitig und vertragsgemäß nachzukommen (zu erwartende Unmöglichkeit, Verspätung). Die zu besorgende Vertragsverletzung muß **wesentlich** im Sinne des Art. 10 sein. Dem stehen solche Vertragsverletzungen gleich, bei denen nicht anzunehmen ist, daß sie binnen einer Nachfrist behoben werden (Analogie zu Art. 27 Abs. 2 S. 2; *Dölle/Leser* Art. 76 EKG 20). Der künftige Eintritt einer Vertragsverletzung ist offensichtlich, wenn sie sich im Zeitpunkt der Aufhebungserklärung vom Standpunkt einer vernünftigen Person in der Lage des Berechtigten aus mit an Sicherheit grenzender Wahrscheinlichkeit realisieren wird (*Mertens/Rehbinder* Art. 76 EKG 6). Vorherige Rückfragen beim anderen Vertragsteil sind nur dann notwendig, wenn die dem Berechtigten zur Verfügung stehenden Daten keine sichere Beurteilung zulassen (**a. A.** *Dölle/Leser* Art. 76 EKG 33). **Rechtsfolge:** Recht, die Aufhebung des Vertrages bis zu dem Zeitpunkt zu erklären, in dem die Vertragsverletzung eintreten würde. Eine angemessene Frist muß nicht eingehalten werden (*Mertens/Rehbinder* Art. 76 EKG 3; **a. A.** *Dölle/Leser* Art. 76 EKG 31 m. Nachw.), weil der Beginn der Frist schwer zu fixieren und im Zweifel dem Wortlaut der Vorschrift zu folgen ist. Der Berechtigte kann auch weiterhin Erfüllung verlangen und nach Eintritt der Vertragsverletzung die in den Artt. 24 ff genannten Rechte geltend machen. Zur Form und Wirkung der Aufhebungserklärung Art. 26 Rdn. 369. Ist der Vertrag aufgehoben, so ist es unerheblich, daß der Schuldner wider allen Erwartens doch noch erfüllen kann und will. Schadensersatz: Art. 77. Art. 48 hat Vorrang.

Artikel 77 EKG

Ist der Vertrag auf Grund des Artikels 75 oder des Artikels 76 aufgehoben worden, so kann die Partei, welche die Aufhebung erklärt hat, Schadensersatz nach den Artikeln 84 bis 87 verlangen.

558 Art. 77 hat Klarstellungsfunktion. Neben den Artt. 84—87, auf die er verweist, kommen Art. 74 Abs. 1 sowie die Schadensminderungspflicht des Art. 88 zum Tragen. — Maßgeblich ist nicht der Marktpreis am Tage der vertragsgemäßen Lieferung, sondern der Preis am Tage der Aufhebungserklärung (Art. 84). Allerdings sind die Marktpreise für die Lieferung zum vertragsgemäßen Zeitpunkt zugrunde zu legen.

B. Wirkungen der Aufhebung

Artikel 78 EKG

(1) Durch die Aufhebung des Vertrages werden beide Parteien von ihren Pflichten mit Ausnahme einer etwaigen Schadensersatzpflicht frei.

(2) Hat eine Partei den Vertrag ganz oder teilweise erfüllt, so kann sie die Rückgabe des von ihr Geleisteten beanspruchen. Sind beide Parteien berechtigt, die Rückgabe von Leistungen zu verlangen, so sind die Leistungen Zug um Zug zurückzugeben.

559 Art. 78 regelt in Verbindung mit Art. 81 die Folgen einer wirksamen Erklärung der Vertragsaufhebung. Art. 79 statuiert zusätzliche Voraussetzungen der Vertragsaufhebung. Zur analogen Anwendbarkeit bei Aufhebungsverträgen OLG München RIW **1982** 54.

560 **Art. 78 Abs. 1.** Die wirksame Vertragsaufhebung läßt alle mit den Austauschpflichten in engem Zusammenhang stehenden Pflichten erlöschen (z. B. Lieferpflicht, Zahlungspflicht, Pflicht zur Unterlassung von Konkurrenz). Jeder der Vertragspartner soll seine Dispositionsfreiheit wiedererlangen. Im übrigen besteht der Vertrag fort, z. B. in Hinblick auf Ansprüche auf Vertragsstrafe, aus Schiedsklauseln, aus Obhuts- und Verschwiegenheitspflichten. Der Fortbestand von Schadensersatzansprüchen ist ausdrücklich hervorgehoben.

561 **Art. 78 Abs. 2** verpflichtet die Parteien zur Rückgewähr des Geleisteten, gegebenenfalls Zug um Zug. Daneben kommt Art. 81 zum Tragen. Die Leistungen sind dort zurückzugewähren, wo sich der Erfüllungsort für die Kaufpreiszahlung bzw. Warenlieferung befindet (BGH RIW **1982** 123, 124; **a. A.** *Schlechtriem* IPRax **1981** 113, 115; **a. A.** *Mertens/Rehbinder* Art. 78 EKG 6). Das gilt auch für Aufhebungsvereinbarungen (BGH RIW **1982** 123, 124).

Artikel 79 EKG

(1) Der Käufer verliert sein Recht, die Aufhebung des Vertrages zu erklären, wenn es ihm unmöglich ist, die Sache in dem Zustand zurückzugeben, in dem er sie erhalten hat.

(2) Der Käufer kann jedoch die Aufhebung erklären,

a) wenn die Sache oder ein Teil der Sache infolge der Vertragsverletzung, welche die Aufhebung rechtfertigt, untergegangen oder verschlechtert worden ist;

b) wenn die Sache oder ein Teil der Sache infolge der in Artikel 38 bezeichneten Untersuchung untergegangen oder verschlechtert worden ist;

c) wenn der Käufer vor Entdeckung der Vertragswidrigkeit einen Teil der Sache, dem gewöhnlichen Gebrauch entsprechend, verbraucht oder verändert hat;

d) wenn die Unmöglichkeit, die Sache zurückzugeben oder sie in dem Zustand, in dem der Käufer sie erhalten hat, zurückzugeben, nicht auf einem Verhalten des Käufers oder einer Person beruht, für die er einzustehen hat;

e) wenn die Verschlechterung oder die Veränderung unbedeutend ist.

562 **Art. 79 Abs. 1** regelt ausschließlich die Rechtsstellung des **Käufers.** Der Verkäufer kann auch dann die Vertragsaufhebung erklären, wenn die Ware untergegangen ist. Es gilt dann Art. 81 Abs. 2 lit. b. Soweit der Verkäufer Rückzahlung von Geld schuldet, wird davon ausgegangen, daß dies nicht unmöglich werden kann. Art. 79 Abs. 1 gilt nicht nur bei Gestaltungserklärungen, sondern auch dort, wo der Vertrag **kraft Gesetzes aufgehoben** ist. Die Ware muß **vor** dem Wirksamwerden der Vertragsaufhebung verloren gegangen oder verschlechtert worden sein. Es darf nicht eine der in Art. 79 Abs. 2 geregelten Ausnahmesituationen vorliegen. Geht die Sache **nach** dem Wirksamwerden der Vertragsaufhebung verloren, so ist Art. 79 nicht analog anzuwenden, sondern lediglich Schadensersatz zu zahlen (Artt. 74 Abs. 1, 82 ff; **a. A.** *Huber* DB **1975** 1589, 1591). **Rechtsfolge:** Liegen die Voraussetzungen des Art. 79 Abs. 1 vor und greift Art. 79 Abs. 2 nicht ein, so bleibt der Vertrag voll in Kraft. Der Käufer behält aber sämtliche anderen aus der Vertragsverletzung resultierenden Rechte (Art. 80).

563 **Art. 79 Abs. 2 lit. c.** Es darf nur ein Teil der Sachen nicht mehr im ursprünglichen Zustand zurückgegeben werden können. Dieser Teil kann sehr gering sein. Wurde alles verbraucht und erst dann der Mangel entdeckt, so kann der Käufer nur mehr Schadensersatz verlangen (OLG Hamm IPRax. **1983** 231, 232). Für die verbrauchte oder umgestaltete Ware hat der Käufer nach Art. 81 Abs. 2 lit. b einzustehen.

564 **Art. 79 Abs. 2 lit. d.** Aus der Tatsache, daß lit. d neben lit. c, der eine Vertragsaufhebung trotz Verbrauchs zuläßt, steht, ist zu folgern, daß der Käufer nur für solche Verhaltensweisen einzustehen hat, die seinem Organisationsbereich entspringen oder von ihm vorhergesehen und einkalkuliert werden konnten[202]. Es ist zu berücksichtigen, daß das Recht zur Aufhebung nicht von einem Vertreten-Müssen des Verkäufers abhängt (Art. 74 Abs. 3) und daß der Käufer schon im eigenen Interesse die Abwehr von Gefahren optimieren wird und dort, wo er sich nicht für eine Gefahrenvermeidung entscheidet, die Gefahr auch bei seiner eigenen Nutzungsplanung in irgendeiner Form einkalkulieren und berücksichtigen kann. Beispiel: Vollkaskoversicherung. Der Verkäufer hat hingegen die Nutzungsrisiken nach der Lieferung nicht mehr in sein Kalkül eingestellt. Es ist deshalb nicht gerechtfertigt, daß der Käufer die Ware auf das Risiko des Verkäufers nutzen kann (*v. Caemmerer* Festschrift Larenz (1973) 621).

Artikel 80 EKG

Der Käufer, der nach Artikel 79 das Recht verloren hat, die Aufhebung des Vertrages zu erklären, behält alle anderen Rechte, die ihm nach diesem Gesetz zustehen.

565 Art. 80 ist restriktiv zu interpretieren. Entgegen dem Wortlaut des Art. 80 bleibt bei einem Verlust des Aufhebungsrechts der Nachlieferungsanspruch gemäß Art. 42 Abs. 1 lit. c nicht bestehen[203].

Artikel 81 EKG

(1) Hat der Verkäufer den Preis zurückzuzahlen, so ist er außerdem verpflichtet, den Preis vom Tag der Zahlung an und zu dem in Artikel 83 festgesetzten Zinssatz zu verzinsen.

(2) Der Käufer schuldet dem Verkäufer den Gegenwert aller Nutzungen und Vorteile, die er aus der Sache gezogen hat, wenn

a) er die Sache ganz oder teilweise zurückgeben muß oder

---

202 *Mertens/Rehbinder* Art. 79 EKG 14; **a. A.** *Dölle/Weitnauer* Art. 79 EKG 23 ff jeweils m. Nachw.

203 *Mertens/Rehbinder* Art. 80 EKG 2; *Dölle/Weitnauer* Art. 80 EKG 3; Schultze-v. Lasaulx S. 108.

b) es ihm unmöglich ist, die Sache ganz oder teilweise zurückzugeben, der Vertrag aber dennoch aufgehoben ist.

Art. 81 ergänzt Art. 78 Abs. 2.

566 **Art. 81 Abs. 1.** Art. 83 ist im Rahmen des Art. 81 Abs. 1 nicht modifiziert in der Form anwendbar, daß es auf den Zinssatz im Land der Niederlassung des Käufers ankommt; denn Art. 81 Abs. 1 regelt die Herausgabe eines typisierten Nutzens des Verkäufers (**a. A.** *Dölle/Weitnauer* Art. 81 EKG 3).

567 **Art. 81 Abs. 2.** Nutzungen sind Früchte und Gebrauchsvorteile (§ 100 BGB). Die Gebrauchsvorteile sind nicht in Anlehnung an den Mietpreis für vergleichbare Sachen zu bewerten, weil man zu berücksichtigen hat, daß der Mieter nur für eine schuldhaft verursachte Zerstörung der Mietsache haftet. Da dem Aufhebungsberechtigten gemäß Art. 79 (Rdn. 564) jedes beherrschbare und kalkulierbare Risiko zugerechnet wird, müssen Gebrauchsvorteile lediglich nach Abschreibungsgrundsätzen erstattet werden. Unter den Begriff der sonstigen **Vorteile** fällt insbesondere das stellvertretende commodum. Der Käufer kann auf den Anspruch aus Art. 81 Abs. 2 Schäden anrechnen, die er infolge der Mangelhaftigkeit der Sache erlitten hat. Der Käufer haftet nicht dafür, daß er die Sache nicht genutzt hat. Andererseits kann er sich nicht darauf berufen, daß er nicht mehr bereichert ist.

568 Ob **Verwendungen** des Käufers zu ersetzen sind, ist im EKG nicht ausdrücklich geregelt. Diese Lücke ist mit Hilfe des Art. 17 zu schließen. Art. 81 Abs. 2 ordnet an, daß der Käufer aus einer Nutzung der Sache keinen Gewinn ziehen darf. Dem entspricht eine Regelung, die den Verkäufer zur Vergütung der notwendigen Verwendungen (*Mertens/Rehbinder* Art. 81 EKG 5) und darüber hinaus der ihn konkret bereichernden Verwendungen zwingt[204].

569 **Nach der Vertragsaufhebung** haftet der Käufer nur noch wegen Verletzung der Pflicht zur Rückgabe unter der Voraussetzung des Art. 74 Abs. 1 auf Schadensersatz.

Abschnitt IV

Ergänzende Vorschriften über den Schadensersatz

Vorbemerkung vor Art. 82

570 Die Anspruchsgrundlage für Schadensersatzansprüche ist in den Art. 24 Abs. 2, Art. 41 Abs. 2, Art. 48, Art. 51, Art. 52, Art. 55 Abs. 1, Art. 62 Abs. 1, 2, Art. 68 Abs. 1, 2, Art. 70 Abs. 1 in Verbindung mit den Artt. 74, 88, 89 geregelt. Die Artt. 82—87 umreißen den **Umfang der Schadensersatzhaftung.** Sie finden nur auf die vertragliche Haftung nach EKG Anwendung. Bei dolosem Handeln ist außerdem Art. 89 zu beachten. Vertragliche Vereinbarungen (z. B. Vertragsstrafenabreden) und Gebräuche genießen den Vorrang (Artt. 3, 9).

571 Das EKG regelt nicht die **Kausalität** zwischen Vertragsverletzung und Schaden. Es ist daher von der conditio sine qua non-Formel auszugehen. — Auch der Begriff des **„Verlusts“** (Art. 82) wird nicht definiert. Sicher ist nur, daß der Vermögensschaden ersatzfähig ist. Streitig ist dagegen, ob auch **immaterielle Schäden** darunter fallen[205]. Es existieren keine zwingenden Gründe, den Begriff Verlust eng auszulegen. — Der Schaden ist in Geld auszugleichen. Soll der immaterielle Schaden ausgleichsfähig sein,

---

[204] So wohl auch *Mertens/Rehbinder* Art. 81 EKG 5 m. Nachw.; **a. A.** *Dölle/Weitnauer* Art. 81 EKG 11: angemessene Aufwendungen.

[205] Bejahend *Dölle/Weitnauer* vor Artt. 82—89 EKG 21; ablehnend *Mertens/Rehbinder* vor Art. 82 EKG 4.

so muß man auch einen Anspruch auf **Naturalrestitution** zulassen. — Das EKG enthält keine besondere Vorschrift in Hinblick auf die **Drittschadensliquidation.** Die Lücke ist gemäß Art. 17 in dem Sinne zu schließen, daß in Fällen typischer Schadensverlagerung auch ein Schaden des eigentlich Geschädigten geltend gemacht werden kann.

A. Schadensersatz in Fällen, in denen der Vertrag nicht aufgehoben ist

Artikel 82 EKG

Wird der Vertrag nicht aufgehoben, so sind als Schadensersatz für die durch eine Partei begangene Vertragsverletzung der der anderen Partei entstandene Verlust und der ihr entgangene Gewinn zu ersetzen. Der Schadensersatz darf jedoch den entstandenen Verlust und entgangenen Gewinn nicht übersteigen, welche die Partei, die den Vertrag verletzt hat, bei Vertragsabschluß unter Berücksichtigung der Umstände, die sie gekannt hat oder hätte kennen müssen, als mögliche Folge der Vertragsverletzung hätte voraussehen müssen.

572 Art. 82 ist unmittelbar in den Fällen anzuwenden, in denen der Vertrag nicht aufgehoben worden ist. Wurde der Vertrag aufgehoben, so kommt Art. 82 unter Umständen über Art. 87 zum Tragen.

573 Art. 82 S. 1 schreibt vor, daß der Verlust (dazu vor Art. 82 Rdn. 571) und der entgangene Gewinn zu ersetzen sind. Der Verlust ist mit Hilfe der Differenzmethode zu ermitteln. Auch für die Berechnung des entgangenen Gewinns gilt die konkrete Berechnungsmethode. Der Gewinn muß konkret wahrscheinlich gewesen sein. Schmerzensgeld wird nicht gezahlt (str.). Zum Kursverlust als Schaden OLG München RIW **1979** 277.

574 Der Umfang des Schadensersatzanspruchs wird mit Hilfe des Kriteriums der **Vorhersehbarkeit** beschränkt **(Art. 82 S. 2).** Es kommt auf die Vorhersehbarkeit vom Standpunkt einer vernünftigen Partei in der Lage des Schadensersatzpflichtigen an (Art. 13; BGH DB **1980** 343). Maßgebend sind die einer vernünftigen Partei bei Vertragsschluß zugänglichen Informationen (BGH DB **1980** 343). Daraus ist zu folgern, daß die konkrete Schadenshöhe bei Vertragsschluß ausreichend kalkulierbar gewesen sein muß, weil der Schuldner trotz mangelnden Verschuldens schadensersatzpflichtig werden kann (Art. 74 Abs. 1). Der Schuldner muß in der Lage gewesen sein, den potentiellen Schaden beim Aushandeln der Vertragskonditionen ausreichend zu berücksichtigen, hinreichend Rückstellungen zu tätigen und Versicherungen abzuschließen. Unklar ist, ob die Vorhersehbarkeit isoliert auf die Schadenssumme, auf den Kausalverlauf oder die bloße Art des Schadens zu beziehen ist (vgl. *Dölle/Weitnauer* vor Artt. 82—89 EKG 56 f). Aus der Tatsache, daß der Schädiger in der Lage gewesen sein muß, das Risiko einzukalkulieren, ist zu schließen, daß auch die Art des Schadensverlaufes und die Art des Schadens vorhersehbar gewesen sein müssen, weil hiervon die Wahrscheinlichkeit des Schadens abhängt (LG Bonn RIW **1984** 232, 233). Für den Schädiger müssen nicht nur die mit maximaler Wahrscheinlichkeit eintretenden Schäden, sondern auch die lediglich wahrscheinlichen (möglichen) Schäden voraussehbar gewesen sein. Schäden sind somit voraussehbar, wenn sie vernünftigerweise in das Kalkül eingestellt werden. Vorhersehbar sind insbesondere naheliegende Schäden (BGH DB **1980** 343). Zur Ermittlung der Vorhersehbarkeit können Sachverständigengutachten eingeholt werden (BGH DB **1980** 343, 344). Unvorhersehbarkeit ist z. B. zu bejahen, wenn der Geschädigte die Ware atypischen Verwendungszwecken zuführt (LG Bonn RIW **1984** 232, 233) oder eine branchenunübliche oder außergewöhnlich hohe Vertragsstrafe mit seinen Abnehmern vereinbart hat.

Artikel 83 EKG

Besteht die Vertragsverletzung in der nicht rechtzeitigen Zahlung des Preises, so hat der Verkäufer in jedem Fall Anspruch auf Verzugszinsen hinsichtlich des nicht gezahlten Betrages in Höhe von einem Prozent über dem amtlichen Diskontsatz des Landes, in dem er seine Niederlassung oder in Ermangelung einer Niederlassung seinen gewöhnlichen Aufenthalt hat.

575 Art. 83 schließt die Geltendmachung eines weitergehenden Schadens nicht aus. Der Anspruch aus Art. 83 besteht ohne Rücksicht auf die Vorhersehbarkeit des Schadens. Darüber hinausgehende Schadensersatzansprüche sind auch dann konkret zu berechnen, wenn kein Diskontsatz existiert[206].

B. Schadensersatz in Fällen, in denen der Vertrag aufgehoben ist

Artikel 84 EKG

(1) Bei Aufhebung des Vertrages ist, wenn die Sache einen Marktpreis hat, als Schaden der Unterschied zu ersetzen, der zwischen dem im Vertrag vereinbarten Preis und dem Marktpreis an dem Tag, an dem der Vertrag aufgehoben worden ist, besteht.

(2) Für die Berechnung des Schadensersatzes nach Absatz 1 ist der Preis auf dem Markt maßgebend, auf dem das Geschäft vorgenommen worden ist, oder, wenn ein solcher Preis nicht besteht oder seine Anwendung nicht angebracht wäre, der Preis auf dem Markt, der in angemessener Weise an seine Stelle treten kann, wobei Unterschiede in den Kosten der Beförderung der Sache zu berücksichtigen sind.

576 Art. 84 regelt einen Fall der **abstrakten Schadensberechnung,** bei der es auf die Vorhersehbarkeit des Schadens nicht ankommt. Der Geschädigte kann neben den Ansprüchen aus Art. 84 Schadensersatzansprüche gemäß Art. 86 geltend machen. Er darf auch, anstatt den Schaden abstrakt zu berechnen, eine konkrete Schadensermittlung vornehmen (Artt. 85, 87).

577 Voraussetzung der abstrakten Schadensberechnung gemäß Art. 84 ist es, daß der Vertrag **aufgehoben** ist und die verkaufte Sache einen Marktpreis besitzt. Zum Begriff des **Marktpreises** Art. 12. Ist der Käufer der Geschädigte, so kann er die Differenz zwischen „Marktpreis“ und Vertragspreis fordern. Er ist hingegen nicht berechtigt, den Schaden in der Weise abstrakt zu berechnen, daß er seine Handelsspanne beim geplanten Weiterverkauf zugrunde legt (**a. A.** LG Heidelberg zit. *Magnus* S. 117). Ist der Verkäufer der Geschädigte, so ist von der Differenz zwischen Vertragspreis und Marktpreis auszugehen. Der Marktpreis im Sinne des Art. 84 ist derjenige Preis im Sinne des Art. 12, der bei einem hypothetischen Deckungskauf oder Deckungsverkauf am Tag der Vertragsaufhebung am relevanten Markt vereinbart worden wäre. Relevant ist in erster Linie derjenige Markt, auf dem das Geschäft getätigt wurde, hilfsweise der Markt, auf den ein vernünftiger Geschädigter ohne unverhältnismäßige Aufwendungen ausweichen würde, wenn er sich am ursprünglichen Beschaffungsmarkt nicht mehr eindecken könnte. Ist der Marktpreis oder ein angemessener Ersatzmarkt nicht zu ermitteln, so muß der Geschädigte seinen Schaden konkret berechnen (Art. 87).

Artikel 85 EKG

Hat der Käufer einen Deckungskauf oder der Verkäufer einen Deckungsverkauf in angemessener Weise vorgenommen, so kann er den Unterschied zwischen dem im Vertrag vereinbarten Preis und dem Preis des Deckungskaufs oder des Deckungsverkaufs verlangen.

---

206 *Magnus* European Experience with the Hague Sales Law, Comparative Law Yearbook **3** (1979/80) S. 117; **a. A.** OLG Hamburg RIW **1982** 435, 437.

578 Art. 85 eröffnet bei aufgehobenen Verträgen die Möglichkeit einer konkreten Schadensberechnung anhand von realen Deckungsverträgen. Weitergehende Schäden können über Art. 86 liquidiert werden. Das Unterlassen des Deckungskaufs kann der Schadensminderungspflicht zuwiderlaufen (Art. 88).

Artikel 86 EKG

Der Schadensersatz nach den Artikeln 84 und 85 kann sich um die durch die Nichterfüllung entstandenen angemessenen Kosten sowie bis zum vollen Betrag des tatsächlich entstandenen Verlustes und entgangenen Gewinnes erhöhen, welche die Partei, die den Vertrag verletzt hat, bei Vertragsabschluß unter Berücksichtigung der Umstände, die sie gekannt hat oder hätte kennen müssen, als mögliche Folgen der Vertragsverletzung hätte voraussehen müssen.

579 Art. 86 **ergänzt** die Artt. 84, 85 in Hinblick auf **sonstige Schäden,** wie Lagerkosten, Maklerkosten oder Mangelfolgeschäden. Streitig ist, ob der Schaden auch anhand von Art. 86 liquidiert werden kann oder ob der reine Nichterfüllungsschaden jedenfalls dort, wo ein Marktpreis (Art. 12) existiert, immer nach Maßgabe der Artt. 84, 85 berechnet werden muß[207]. Der Nichterfüllungsschaden kann auch nach Maßgabe des Art. 86 berechnet werden. Zwar spricht Art. 86 von „erhöhen", aber auch von entgangenem Gewinn, einer typischen Form des Nichterfüllungsschadens. Art. 86 statuiert deshalb eine Variante der konkreten Schadensberechnung. Der Käufer, der die konkrete Schadensberechnung wählt, ist daher nicht gezwungen, einen Deckungskauf vorzunehmen, um seinen Nichterfüllungsschaden beziffern zu können.

580 Ersatz der Kosten kann nur in angemessener Höhe verlangt werden. Die Kosten müssen ebenfalls vorhersehbar (Art. 82 Rdn. 574) gewesen sein. Auch der reale entgangene Gewinn und die Verluste müssen vorhersehbar (Art. 82 Rdn. 574) gewesen sein. Gleiches gilt für Gewinne infolge von Preissteigerungen auf den Abnehmermärkten (*Huber* DB **1975** 1349 (1351); **a. A.** *Dölle/Weitnauer* Art. 86 EKG 2). Allerdings wird sich der Verkäufer bei unvorhersehbaren Preissteigerungen ohnehin in der Regel auf Art. 74 Abs. 1 berufen dürfen.

Artikel 87 EKG

Hat die Sache keinen Marktpreis, so wird der Schadensersatz nach Artikel 82 berechnet.

581 Art. 87 erlaubt dem Verletzten dort, wo mangels eines Marktpreises keine abstrakte Schadensberechnung gemäß Art. 84 möglich ist, die uneingeschränkte konkrete Schadensberechnung nach Maßgabe des Art. 82. Art. 87 überschneidet sich zum Teil mit Art. 86. Der Geschädigte darf den Nichterfüllungsschaden auf der Basis von Deckungsgeschäften berechnen (Art. 85).

C. Allgemeine Bestimmungen über Schadensersatz

Artikel 88 EKG

Die Partei, die sich auf eine Vertragsverletzung beruft, ist verpflichtet, alle angemessenen Maßnahmen zur Verringerung des entstandenen Verlustes zu treffen. Versäumt sie dies, so kann die andere Partei Herabsetzung des Schadenersatzes verlangen.

582 Art. 88 statuiert eine Obliegenheit zu Lasten des (potentiell) Geschädigten. Der Geschädigte ist zur **Verringerung** des entstandenen Verlustes verpflichtet. Das heißt nicht,

[207] Bejahend *Mertens/Rehbinder* Art. 86 EKG 4; verneinend *Dölle/v. Caemmerer* Art. 63 EKG 11 f; *Dölle/Weitnauer* Art. 86 EKG 2; *Schultze — v. Lasaulx* S. 43.

daß er gehalten wäre, ex post bereits eingetretene Verluste zu verringern. Vielmehr soll der Geschädigte von vornherein dafür sorgen, daß ein Verlust möglichst klein bleibt. Zur Einschaltung eines Inkassobüros LG Essen MDR **1981** 148. Der Geschädigte muß sich ferner darum bemühen, daß ein Verlust erst gar nicht entsteht, daß ein Schaden verhütet wird[208]. Der (potentiell) Geschädigte hat angemessene Maßnahmen zu treffen, d. h. mit Mitteln, die vom Standpunkt einer vernünftigen Partei in der Lage des Geschädigten aus zumutbar sind, für Gefahrenabwehr zu sorgen. Hierbei hat man sich an den verkehrsüblichen und verkehrserforderlichen Sorgfaltstandards zu orientieren. Der Geschädigte hat insoweit für seine Hilfspersonen einzustehen. Der Art. 74 Abs. 1 zugrunde liegende Maßstab kann nicht herangezogen werden, da Art. 88 von „angemessenen Maßnahmen" spricht und damit den „Pflichten"-Maßstab selbst festlegt. Zum anderen kann als Gegengewicht gegen eine Haftung des Schuldners nach den Grundsätzen abstrakter Beherrschbarkeit nur eine Entlastung nach den Grundsätzen der Fahrlässigkeit in Betracht gezogen werden.

Artikel 89 EKG

Im Fall absichtlicher Schädigung oder arglistiger Täuschung bestimmt sich der Schadenersatz nach den Vorschriften, die für nicht diesem Gesetz unterliegende Kaufverträge gelten.

583 Art. 89 erlaubt es dem Geschädigten, zusätzlich zu den sich aus dem EKG ergebenden Ansprüchen, Forderungen nach dem nationalen Recht, das nach IPR anwendbar wäre, durchzusetzen. Diese Möglichkeit ist insbesondere dort von Bedeutung, wo der Schaden unvorhersehbar (Art. 82 Rdn. 574) war. **Deliktische** Ansprüche bleiben vom EKG gänzlich unberührt.

Abschnitt V
Kosten
Artikel 90 EKG

Die Kosten der Lieferung der Sache hat der Verkäufer zu tragen; alle nach der Lieferung entstehenden Kosten hat der Käufer zu tragen.

584 Art. 90 gilt subsidiär. Wie allgemein im EKG, ist die maßgebliche Regelung primär dem Vertrag (Art. 3; zu den Handelsklauseln Rdn. 168) und den Gebräuchen (Art. 9) zu entnehmen. Art. 90 stellt hilfsweise den Grundsatz auf, daß jede Partei die im Zusammenhang mit dem von ihr geschuldeten Handlungsprogramm entstehenden Kosten zu tragen hat.

Abschnitt VI
Verwahrung der Sache
Artikel 91 EKG

Nimmt der Käufer die Sache nicht rechtzeitig ab oder zahlt er den Preis nicht rechtzeitig, so ist der Verkäufer verpflichtet, angemessene Maßnahmen zur Erhaltung der Sache zu treffen; er ist berechtigt, die Sache zurückzubehalten, bis ihm der Käufer seine angemessenen Aufwendungen erstattet hat.

585 Art. 91 schwächt die Art. 98 entspringende Risikobelastung des Käufers ab, indem er den Verkäufer verpflichtet, trotz des Gefahrübergangs für die Ware zu sorgen. **Voraussetzung** der Verwahrungspflicht ist, daß der Käufer (1) sich in Annahmeverzug

---

208 *Dölle/Weitnauer* Art. 88 EKG 3; **a. A.** wohl *Mertens/Rehbinder* Art. 88 EKG 2.

(Artt. 65 ff) befindet oder (2) keine Vorauszahlung leistet und der Verkäufer deshalb die Lieferung aufschieben darf oder (3) der Käufer nicht Zug um Zug (Art. 71) zahlt. Der Verkäufer hat für die Aufbewahrung der Ware so zu sorgen, als ob er die Ware eines Dritten zu verwahren verpflichtet wäre. Er kann sich den aus der Verwahrungspflicht resultierenden Belastungen in den Grenzen des Art. 83 durch **Einlagerung bei einem Dritten** entziehen. Drohen infolge der Verwahrung unverhältnismäßige Kosten zu entstehen, so greift Art. 95 ein. Der Verkäufer hat laufend darauf zu achten, ob trotz ordnungsgemäßer Verwahrung ein **Verlust** oder eine **Verschlechterung** des Gutes zu befürchten ist, und im Falle einer konkreten Gefahr zum Selbsthilfeverkauf zu schreiten (Art. 95). Zur ungebührlichen Hinauszögerung der Annahme bzw. Zahlung Art. 94. **Verletzt** der Verkäufer seine **Pflichten,** so hat er die Preisgefahr zu tragen (Art. 96). Außerdem haftet er gemäß Art. 55. Für sein Personal hat der Verkäufer im Rahmen des Art. 74 Abs. 1 einzustehen, nicht aber für den Lagerhalter, den er gemäß Art. 93 eingeschaltet hat.

586 Die **Kosten** der Verwahrung fallen dem Käufer zur Last, es sei denn, daß sie im Falle des Art. 93 unverhältnismäßig hoch waren oder der Verkäufer im Falle des Art. 91 die unverhältnismäßigen Kosten durch einen Verkauf gemäß Art. 95 vermeiden konnte. Der Käufer hat dann nur die verhältnismäßigen Kosten zu erstatten. Zur Sicherung dieses Anspruches ist der Käufer vorleistungspflichtig.

Artikel 92 EKG

(1) Hat der Käufer die Sache empfangen, will er sie aber zurückweisen, so hat er angemessene Maßnahmen zu ihrer Erhaltung zu treffen; er ist berechtigt, sie zurückzubehalten, bis ihm der Verkäufer seine angemessenen Aufwendungen erstattet hat.

(2) Ist die dem Käufer zugesendete Sache ihm am Bestimmungsort zur Verfügung gestellt worden, will er sie aber zurückweisen, so hat er sie für Rechnung des Verkäufers in Besitz zu nehmen, sofern dies ohne Zahlung des Preises und ohne unverhältnismäßige Unannehmlichkeiten oder Kosten möglich ist. Dies gilt nicht, wenn der Verkäufer am Bestimmungsort anwesend ist oder wenn an diesem Ort eine Person vorhanden ist, die befugt ist, die Sache für Rechnung des Verkäufers in Obhut zu nehmen.

587 Art. 92 Abs. 1 stellt eine Parallele zu Art. 91 dar. Art. 92 Abs. 2 erweitert den Pflichtenkreis des Käufers, wenn der Käufer — wie typischerweise beim Distanzkauf — näher daran ist, sich um die Ware zu kümmern.

588 **Art. 92 Abs. 1.** Die Ware muß in den Gewahrsam des Käufers gelangt sein. Der Käufer muß wegen einer Lieferung am falschen Ort oder wegen einer vorzeitigen (Art. 29) oder vertragswidrigen (Art. 33) Lieferung noch zur Zurückweisung der Ware berechtigt sein, d. h. noch berechtigt sein, den Vertrag aufzuheben oder vertragsgemäße Erfüllung zu verlangen. Der Käufer, der die Ware zurückweisen will, muß angemessene Maßnahmen der Erhaltung (Art. 91 Rdn. 584) treffen. Zur Erstattung der Aufwendungen für die Erhaltung Art. 91 Rdn. 585. Verletzt der Käufer seine Pflichten, so geht die Gefahr analog Art. 97 Abs. 2 auf ihn über. Er verliert unter Umständen sein Recht zur Aufhebung des Vertrages (Art. 79 Abs. 2 lit. d). Jedenfalls ist er zum Schadensersatz verpflichtet (Art. 70). Zur Einstandspflicht für Hilfspersonen Art. 91 Rdn. 585.

589 **Art. 92 Abs. 2.** Der Käufer darf hier die Ware noch nicht in Gewahrsam genommen haben. Sie muß ihm am Bestimmungsort, gleichgültig, ob im Rahmen eines Versendungs- oder Fernkaufs, so zur Verfügung gestellt worden sein, daß er sie ohne vorherige Bezahlung jederzeit in Empfang nehmen konnte. Dem Käufer dürfen aus einer Verwahrung, gegebenenfalls bei einem Dritten (Art. 93) keine unverhältnismäßigen

Unannehmlichkeiten drohen (denkbar bei aliud-Lieferung). Es dürfen auch keine unverhältnismäßigen Kosten zu besorgen sein (dann Art. 95 Rdn. 585). Ist der Verkäufer bzw. sein Agent (auch Frachtführer (§ 437 HGB)) nicht am Bestimmungsort anwesend, so ist der Käufer verpflichtet, die Ware nach Maßgabe des Art. 92 Abs. 1 zu verwahren, einzulagern (Art. 93) oder zu verkaufen (Art. 94).

Artikel 93 EKG

Die Partei, die verpflichtet ist, Maßnahmen zur Erhaltung der Sache zu treffen, kann die Sache auf Kosten der anderen Partei in den Lagerräumen eines Dritten einlagern, sofern daraus keine unverhältnismäßigen Kosten entstehen.

590 Der Verkäufer bzw. Käufer hat nur für fehlerhafte Auswahl des Lagerhalters, nicht aber für dessen Fehlverhalten einzustehen.

Artikel 94 EKG

(1) Die Partei, die in den Fällen der Artikel 91 und 92 Maßnahmen zur Erhaltung der Sache zu treffen hat, kann die Sache auf jede geeignete Weise verkaufen, wenn die andere Partei die Annahme oder die Rücknahme der Sache oder die Zahlung der Erhaltungskosten ungebührlich hinauszögert, vorausgesetzt, daß sie der anderen Partei die Verkaufsabsicht angezeigt hat.

(2) Die Partei, welche die Sache verkauft, kann aus dem Erlös des Verkaufes den Betrag zurückbehalten, der den angemessenen Kosten der Erhaltung und des Verkaufes der Sache entspricht; den Überschuß hat sie der anderen Partei zu übermitteln.

591 Art. 94 soll die zur Verwahrung verpflichtete Partei vor lang andauernden Belastungen infolge der Verwahrung und deren Finanzierung schützen und gibt daher dem Betroffenen das Recht, sich der Verwahrungspflicht mit Hilfe eines Verkaufs zu entledigen.

592 Voraussetzung des Selbsthilfeverkaufs ist, daß die Annahme (Art. 91), Rücknahme (Art. 92) oder Bezahlung (Art. 91) ungebührlich lange hinausgezögert worden ist. **Ungebührlich** lange ist die Verzögerung, wenn eine angemessene Nachfrist zur Annahme etc. abgelaufen wäre. Außerdem muß die Verkaufsabsicht **angezeigt** worden sein. Die Anzeige erfüllt Warnfunktionen, so daß die Berechtigung zum Verkauf erst kurze Frist (Art. 11) nach dem mutmaßlichen Eintreffen der Anzeige beim anderen Teil entsteht (ähnlich *Mertens/Rehbinder* Art. 94 EKG 5). Die Anzeige ist nicht empfangsbedürftig (*Noussias* S. 161 f; Analogie zu Art. 39 Abs. 3). Der Verkauf kann **freihändig** erfolgen. Der Selbsthilfeverkäufer ist zur **Herausgabe des Überschusses** im Sinne des Art. 94 Abs. 2 verpflichtet. Das Geld reist auf Gefahr des anderen Teils. Außerdem kann der Selbsthilfeverkäufer uneingeschränkt nach Maßgabe des einschlägigen unvereinheitlichten Rechts aufrechnen[209].

593 Lagen die Voraussetzungen des Art. 94 nicht vor, so wurde die Ware auf eigene Rechnung verkauft. Der Selbsthilfeverkäufer **haftet** entsprechend den allgemeinen Vorschriften[210].

Artikel 95 EKG

Ist die Sache in den Fällen der Artikel 91 und 92 einem Verlust oder einer raschen Verschlechterung ausgesetzt oder würde ihre Aufbewahrung unverhältnismäßige Kosten verursachen, so ist die Partei, der die Erhaltung obliegt, verpflichtet, die Sache nach Maßgabe des Artikels 94 verkaufen zu lassen.

---

209 Z. B. mit Kaufpreiszahlungsansprüchen; **a. A.** *Mertens/Rehbinder* Art. 94 EKG 8, die die Artt. 61 Abs. 2, 78 Abs. 2 S. 2 analog anwenden wollen.

210 **A. A.** *Dölle/Eberstein* Art. 94 EKG 3, der in der Anzeigepflicht keine Wirksamkeitsvoraussetzung sieht und nur Schadensersatzpflichten anerkennt.

594 Art. 95 regelt einen Fall des **Notverkaufs.** Hier ist der Käufer bzw. Verkäufer nicht nur zum Selbsthilfeverkauf berechtigt, sondern dazu sogar **verpflichtet. Voraussetzungen** des Notverkaufs sind alternativ der drohende Verlust, die rasche Verschlechterung oder die Entstehung unverhältnismäßiger Aufbewahrungskosten, die gemäß Artt. 91, 92, 93 nicht erstattet werden („angemessene Aufwendungen"). Art. 95 belastet diejenige Partei mit der Pflicht zum Notverkauf, der an sich die Erhaltung der Ware obliegt (Artt. 91 ff). Im Fall des Art. 92 Abs. 2 ist der Käufer nicht zur Annahme und damit von vornherein nicht zur Erhaltung verpflichtet, wenn unverhältnismäßige Kosten drohen. Er ist daher auch nicht zum Notverkauf verpflichtet. Art. 92 Abs. 2 ist auch nicht analog anzuwenden.

Art. 95 verweist nur auf die Rechtsfolgen des Artt. 94. Es ist deshalb **keine Verkaufsanzeige** zu erstatten (*Mertens/Rehbinder* Artt. 94, 95 EKG 12). Aus dem Wortlaut des Art. 95 „verkaufen zu lassen" ist nicht zu folgern, daß die Ware nicht durch den Erhaltungsverpflichteten selbst **freihändig** verkauft werden kann; denn es besteht kein Anlaß, die Voraussetzungen des Selbsthilfeverkaufs im Vergleich zu Art. 94 hochzuschrauben (**a. A.** *Dölle/Eberstein* Art. 95 EKG 5).

Wird die Pflicht zum Notverkauf verletzt, so macht sich die obhutspflichtige Partei **schadensersatzpflichtig** (Artt. 55, 70).

Kapitel VI
Übergang der Gefahr
Artikel 96 EKG

Ist die Gefahr auf den Käufer übergegangen, so ist dieser, ungeachtet des Untergangs oder der Verschlechterung der Sache, zur Zahlung des Preises verpflichtet, es sei denn, daß diese Ereignisse auf ein Verhalten des Verkäufers oder einer Person, für die er einzustehen hat, zurückzuführen sind.

595 Art. 96 regelt die Folgen des Gefahrübergangs im Sinne der Artt. 97 ff. Die Artt. 96 ff betreffen ausschließlich die **Preisgefahr.** Die Belastung mit der Leistungsgefahr ergibt sich primär aus Art. 74. Es ist jedoch festzuhalten, daß spätestens mit dem Übergang der Preisgefahr auch die **Leistungsgefahr** übergeht. Die Regelung der Artt. 96 ff steht unter dem Vorbehalt abweichender Abreden (Art. 3, zu den Handelsklauseln Rdn. 168: zur Vertragsauslegung Art. 101) und abweichender Gebräuche (Art. 9). Die Artt. 96 ff gelten nicht nur beim Untergang und der Verschlechterung der Ware, sondern kommen in **sämtlichen Fällen des Verlusts,** z. B. infolge Diebstahls oder Beschlagnahme, zur Anwendung. Der **Zeitpunkt** des Gefahrübergangs ergibt sich nach dispositivem Recht aus den Artt. 97 ff.

596 Die Rechtsfolge des Gefahrübergangs „Zahlung trotz Nichtbelieferung bzw. nichtvertragsgemäßer Belieferung" tritt **nicht** ein, wenn der **Verkäufer** den **Verlust** oder die Verschlechterung der Ware **zu vertreten** hat. Der Verkäufer hat für sämtliche Ereignisse einzustehen, die durch Handlungen verursacht wurden, die seinem Organisationskreis zuzurechnen sind oder die er bzw. seine Leute pflichtwidrig nicht verhindert haben. Eine Ausnahme gilt für solche Handlungen, die der Verkäufer bzw. seine Hilfspersonen rechtmäßig vornehmen durften. Hingegen ist es nicht notwendig, daß der Verkäufer bzw. seine Hilfspersonen schuldhaft gehandelt haben oder das Ereignis beherrschen konnten.

Artikel 97 EKG

(1) Die Gefahr geht auf den Käufer über, sobald die Lieferung der Sache nach den Bedingungen des Vertrages und dieses Gesetzes bewirkt ist.

(2) Im Fall der Aushändigung einer vertragswidrigen Sache geht die Gefahr, sobald die Sache, abgesehen von ihrer Vertragswidrigkeit, nach den Bedingungen des Vertrages und dieses Gesetzes ausgehändigt ist, auf den Käufer über, wenn dieser weder die Aufhebung des Vertrages erklärt noch eine Ersatzlieferung verlangt hat.

597 Art. 97 Abs. 1 legt den Übergang der **Preisgefahr** auf den Moment, in dem die Ware geliefert wurde. Die Ware muß im Einklang mit dem Vertrag geliefert worden sein. Für den Fall der vertragswidrigen Lieferung sieht Art. 97 Abs. 2 eine Sonderregel vor. Zu den vorrangigen Handelsklauseln Rdn. 168. Der Begriff **„Lieferung"** ist in Art. 19 Abs. 1 als Aushändigung einer vertragsgemäßen Sache definiert. Grundsätzlich geht mithin die Gefahr mit der **Aushändigung** der Ware an den Käufer (Art. 19 Abs. 1) bzw. bei Versendungskäufen an den Beförderer (Art. 19 Abs. 2) über. Haben die Parteien vereinbart, daß der **Herausgabeanspruch** abgetreten werden oder ein **Besitzkonstitut** begründet werden soll, so verbleibt es bei der in Art. 97 Abs. 1 aufgestellten Regel, es sei denn, daß die Übereignung durch Erfüllungssurrogate erfolgen sollte (*Huber* DB **1975** 1205, 1208; ferner Art. 19 Rdn. 348). Die Gefahr geht spätestens in dem Zeitpunkt über, in dem die Lieferpflicht erfüllt ist. Bei **Gattungsschulden** ist als zusätzliche, in Art. 97 Abs. 1 nicht erwähnte Voraussetzung des Gefahrübergangs zu berücksichtigen, daß die Ware ausgesondert und nach außen erkennbar dem Käufer zugeordnet worden sein muß (Ausnahme: Sammelversendung, Rdn. 67). Art. 100 scheint zwar für die entgegengesetzte Auslegung zu sprechen (*Mertens/Rehbinder* Art. 97 EKG 6 m. Nachw.). Die französische und englische Fassung des Art. 100 zeigen jedoch, daß im Einklang mit den im Überseehandel existierenden Gebräuchen im Falle einer konkretisierenden Versendungsanzeige (Rdn. 66) von einem rückwirkenden Übergang der Gefahr ausgegangen wird (**a. A.** *Dölle/Neumayer* Art. 100 EKG 6, 10). Daraus ist zu folgern, daß bei der Gattungsschuld die Gefahr ohne Konkretisierung nicht auf den Käufer übergeht (ebenso i. E. *Dölle/Neumayer* Art. 100 EKG 11). Hat der Verkäufer **Dokumente** anzudienen, die die Ware repräsentieren (z. B. Konnossemente), so wird dadurch der Gefahrübergang nicht aufgeschoben. Die Gefahr fällt allerdings auf den Verkäufer zurück, wenn dieser die Dokumente nicht vertragsgemäß andient und der Käufer daher die Aufhebung des Vertrages erklärt. Liefert der Verkäufer **vorzeitig,** so geht die Gefahr mit der Abnahme im Sinne des Art. 29 über, da der Käufer die Leistung als vertragsgemäß gelten läßt (*Mertens/Rehbinder* Art. 97 EKG 6 (str.)). In anderen Fällen geht die Gefahr erst im vertraglichen Lieferzeitpunkt über. Gleiches gilt bei Lieferung am **falschen Ort.** Bei **verspäteten** Lieferungen geht die Gefahr auch dann im Zeitpunkt der Aushändigung (Rdn. 348) auf den Käufer über, wenn die Verzögerung zu einer wesentlichen Vertragsverletzung geführt hat (*Dölle/Neumayer* Art. 97 EKG 52; **a. A.** *Mertens/Rehbinder* Art. 97 EKG 20 m. Nachw.). Allerdings besitzt der Käufer in der Aufhebung des Vertrages ein Instrument, die Gefahr auf den Verkäufer zurückfallen zu lassen.

598 Bei Lieferung **nicht vertragsgemäßer Sachen** geht grundsätzlich die Gefahr nicht über (Art. 97 Abs. 1). Davon macht Art. 97 Abs. 2 eine Ausnahme. — Die Gefahr geht in zwei Fallgruppen, gegebenenfalls rückwirkend auf den Zeitpunkt der Aushändigung im Sinne des Art. 19 Abs. 1, 2, auf den Käufer über: (1) Der Käufer war von vornherein nicht berechtigt, Ersatzlieferung zu verlangen oder die Aufhebung des Vertrages zu erklären, z. B. weil die als Species gekaufte Sache nur einen unwesentlichen Mangel aufwies und eine Nachbesserung unmöglich war. (2) Der Käufer durfte zwar Ersatzlieferung verlangen oder die Aufhebung des Vertrages erklären; im Entscheidungszeitpunkt hatte er jedoch diese Rechte verloren, z. B. weil er den Mangel nicht rechtzeitig angezeigt hatte oder eine Vertragsaufhebung an Art. 79 scheiterte. Hier wird der Käufer rückwirkend mit der Gefahr belastet[211]. Diese Regel gilt auch bei der Lieferung eines krassen aliud (**a. A.** *Dölle/Neumayer* Art. 97 EKG 35), nicht aber in Fällen, in denen der Käufer zunächst Erfüllung in Form von Nachbesserung oder Nachlieferung verlangt, dann aber den Vertrag aufgehoben hat, weil der Verkäufer dem Erfüllungsverlangen nicht binnen der in Art. 42 Abs. 2 genannten Frist oder einer angemessenen Nachfrist nachgekommen ist[212]. In diesen Fällen geht die Gefahr erst über, wenn die Vertragswidrigkeit beseitigt ist oder — dann mit Rückwirkung —, wenn dem Käufer die Aufhebung des Vertrages unmöglich wird.

Artikel 98 EKG

(1) Wird die Aushändigung der Sache verzögert, weil der Käufer eine seiner Pflichten verletzt hat, so geht die Gefahr in dem Zeitpunkt über, in dem ohne diese Vertragsverletzung die Sache nach dem Vertrag hätte spätestens ausgehändigt werden müssen.

(2) Betrifft der Kaufvertrag Gattungssachen, so geht wegen der dem Käufer zur Last fallenden Verzögerung die Gefahr nur dann auf diesen über, wenn der Verkäufer offensichtlich für die Vertragserfüllung vorgesehene Sachen ausgesondert und den Käufer durch eine Anzeige davon unterrichtet hat.

(3) Sind die Gattungssachen so beschaffen, daß der Verkäufer nicht einen Teil derselben aussondern kann, solange der Käufer nicht zur Abnahme bereit ist, so genügt es, daß der Verkäufer alle Handlungen ausgeführt hat, die erforderlich sind, um dem Käufer die Möglichkeit zur Abnahme zu geben.

599 Art. 98 regelt den Gefahrübergang beim Gläubigerverzug im Sinne der §§ 293 ff BGB. Der Verkäufer soll nicht mit einer auf das Verhalten des Käufers zurückzuführenden Gefahrerhöhung belastet werden. Der Käufer muß mithin seine vertraglichen **Pflichten** zur Abnahme (Art. 65), Zahlung (Artt. 57 ff) oder zur Mitwirkung verletzt haben. In Hinblick auf die Abnahmepflicht ist festzuhalten, daß der Käufer nur vertragsgemäße Leistungen abzunehmen hat. Die Ursache, die zur Pflichtverletzung geführt hat, ist unerheblich. Weder kommt es auf ein Verschulden des Käufers bzw. seiner Hilfspersonen an, noch ist Art. 74 Abs. 1 anwendbar (*Dölle/Neumayer* Art. 98 EKG 4 (str.)). Bei **Gattungsschulden** muß die Ware grundsätzlich konkretisiert gewesen sein (Art. 98 Abs. 2). Über die Anforderungen des § 243 Abs. 2 BGB hinausgehend fordert Art. 98 Abs. 2 als Voraussetzung des Gefahrübergangs eine Anzeige. Die Anzeige braucht nicht schriftlich zu erfolgen (**a. A.** *Mertens/Rehbinder* Art. 98 EKG 7); sie muß dem Käufer nicht zugehen (*Noussias* S. 134 f). Wie der Wortlaut der französischen Fassung des EKG zeigt, finden die Art. 19 Abs. 3, Art. 39 Abs. 3 keine analoge Anwendung (*Mertens/Rehbinder* Art. 98 EKG 7). **Ausnahme** vom Erfordernis der Konkretisierung: Art. 98 Abs. 3. Die Pflichtverletzung muß zu einer **Verzögerung** der Abnahme führen; sie muß das Risiko des Verlustes beim Verkäufer erhöht haben. Maßgeblich ist der letzte dem Käufer zur Erfüllung seiner Pflichten gewährte Zeitpunkt.

600 **Rechtsfolge:** Die Preisgefahr geht in dem Zeitpunkt über, in dem der Käufer spätestens seine Pflicht hätte erfüllen müssen. Der Gesetzeswortlaut führt zu zweckwidrigen Ergebnissen, wenn der Verkäufer berechtigt war, noch später zu liefern (vgl. *Dölle/Neumayer* Art. 98 EKG 3).

Artikel 99 EKG

(1) Betrifft der Kauf eine Sache, die sich zur Beförderung auf See befindet, so trägt der Käufer die Gefahr von dem Zeitpunkt an, in dem die Sache dem Beförderer ausgehändigt worden ist.

---

211 *Mertens/Rehbinder* Art. 97 EKG 9 f; *Dölle/Huber* Art. 9 EKG 158; abw. *Dölle/Neumayer* Art. 97 EKG 34.

212 Artt. 43, 44 Abs. 2; *Mertens/Rehbinder* Art. 97 EKG 19; *Dölle/Neumayer* Art. 97 EKG 46 jeweils m. Nachw. zum Streitstand.

(2) Hat der Verkäufer bei Vertragsabschluß gewußt oder hätte er wissen müssen, daß die Sache untergegangen oder verschlechtert worden war, so trifft ihn die Gefahr bis zum Zeitpunkt des Vertragsabschlusses.

Art. 99 betrifft den Kauf schwimmender Ware (Rdn. 73). In aller Regel werden hier vertragliche Abreden (Handelsklauseln Rdn. 168) oder Gebräuche den Vorrang genießen (Artt. 3, 9). Die Gefahr geht ohne Rücksicht auf den Zeitpunkt des Vertragsschlusses in dem Moment über, in dem die Ware dem Beförderer ausgehändigt (Art. 19 Abs. 2) wurde (*v. Caemmerer* Festschrift Beitzke (1979) S. 34, 39 (str.)). Eine Beförderung auf dem Landweg zum Hafen fällt nicht in den Regelungsbereich des Art. 99. Nicht notwendig ist es, daß die Ware als versichert verkauft wurde, doch ist im Zweifel davon auszugehen, daß Art. 99 abbedungen sein soll, wenn die Ware nicht versichert (z. B. auf cif-Basis) geliefert werden sollte (*Dölle/Neumayer* Art. 99 EKG 11 ff). Zur Leistung vertragswidriger Ware Art. 97 Abs. 2. **601**

Artikel 100 EKG

Hat in einem Fall des Artikels 19 Abs. 3 der Verkäufer in dem Zeitpunkt, in dem er die Anzeige oder das Schriftstück mit der Bezeichnung der Sache abgesendet hat, gewußt oder hätte er wissen müssen, daß die Sache nach der Aushändigung an den Beförderer untergegangen oder verschlechtert worden war, so trifft ihn die Gefahr bis zu dem Zeitpunkt, in dem er die Anzeige oder das Schriftstück abgesendet hat.

Art. 100 enthält eine aus dem Recht des Überseekaufs bekannte Regel (Rdn. 66). Art. 100 läßt die Gefahr rückwirkend auf den Zeitpunkt der Aushändigung der Ware an den Beförderer übergehen, wenn der Verkäufer eine Versandanzeige im Sinne des Art. 19 Abs. 3 abgesandt hatte und der Verkäufer im Moment der Absendung gutgläubig war (s. Art. 97 Rdn. 597). War der Verkäufer bösgläubig, so geht die Gefahr weiterer Schäden erst in dem Moment auf den Käufer über, in dem die Versendungsanzeige abgesandt wird (**a. A.** *Dölle/Neumayer* Art. 100 EKG 13). **602**

Artikel 101 EKG

Der Übergang der Gefahr bestimmt sich nicht notwendigerweise nach den Vereinbarungen über die Kostentragung.

Art. 101 entspricht § 269 Abs. 2 BGB. Zur Tragweite von Handelsklauseln Rdn. 168. **603**

Kapitel VII
Schlußbestimmungen
Artikel 102 EKG

Vertragsstaaten im Sinne von Artikel 1 Abs. 1 dieses Gesetzes sind die Staaten, die das Haager Übereinkommen vom 1. Juli 1964 zur Einführung eines Einheitlichen Gesetzes über den internationalen Kauf beweglicher Sachen ratifiziert haben oder ihm beigetreten sind.

Artikel 103 EKG

Dieses Gesetz gilt nach Maßgabe des § 13 Abs. 1 des Dritten Überleitungsgesetzes vom 4. Januar 1952 (Bundesgesetzbl. I S. 1) auch im Land Berlin.

Artikel 104 EKG

(1) Dieses Gesetz tritt an dem Tage in Kraft, an welchem das Haager Übereinkommen vom 1. Juli 1964 zur Einführung eines Einheitlichen Gesetzes über den internationalen Kauf beweglicher Sachen für die Bundesrepublik Deutschland in Kraft tritt.

(2) Der Tag, an dem dieses Gesetz in Kraft tritt, ist im Bundesgesetzblatt bekanntzugeben.

F. Einheitliches Gesetz über den Abschluß von internationalen Kaufverträgen über bewegliche Sachen vom 17. Juli 1973 (EAG)

(BGBl I S. 868)

Schrifttum

Siehe Schrifttum zum EKG (Rdn. 299).

Artikel 1 EAG

Dieses Gesetz ist auf den Abschluß von Kaufverträgen anzuwenden, für die im Falle des Zustandekommens das Einheitliche Gesetz über den internationalen Kauf beweglicher Sachen gelten würde.

604 Das EAG wurde bisher von Belgien, Bundesrepublik Deutschland, Gambia, Großbritannien, Italien, Luxemburg, Niederlande, San Marino ratifiziert. Die Bundesrepublik Deutschland hat den Vorbehalt nach Art. III des Kaufübereinkommens angemeldet. Demnach gilt vor deutschen Gerichten das EAG grundsätzlich zwischen Parteien, die ihre Niederlassung oder gewöhnlichen Aufenthalt in Vertragsstaaten besitzen (s. Art. 1 EKG Rdn. 302). Maßgeblich ist insoweit der Vertragsstaat im Sinne des EKG (*Dölle/Schlechtriem* Artt. 14—16 EAG 4ff; zu den Vorbehalten der übrigen Vertragsstaaten *Dölle/Herber* Art. 1 EAG 4, 9).

Das EAG regelt ausschließlich die äußeren Probleme des Konsenses, nicht aber die Gültigkeit von Willenserklärungen. Es greift nur beim Abschluß von Kaufverträgen im Sinne des EKG (vgl. Artt. 1 EKG Rdn. 301; 5 EKG Rdn. 312; 6 EKG) ein.

Artikel 2 EAG

(1) Die folgenden Artikel sind insoweit nicht anzuwenden, als sich aus den Vorverhandlungen, dem Angebot, der Antwort, den Gepflogenheiten, die sich zwischen den Parteien gebildet haben, oder den Gebräuchen eine andere Regelung ergibt.

(2) Eine Bestimmung des Angebots, wonach Schweigen als Annahme gelten soll, ist jedoch immer unwirksam.

605 Art. 2 Abs. 1 EAG legt den Vorrang des Parteiwillens und der Gepflogenheiten sowie Gebräuche (Art. 13 EAG) fest. Wird erst in der Antwort auf das Angebot das EAG ausgeschlossen, so ist dies als neues Angebot zu verstehen (*Dölle/Herber* Art. 2 EAG 5).

Der Ausschluß muß nicht umfassend sein. Die Ergänzung, Modifizierung oder der teilweise Ausschluß des EAG hat dann, wenn das EKG in vollem Umfang gelten soll, im Zweifel nur die Wirkung, daß einzelne Regeln des EAG nicht oder modifiziert zum Tragen kommen. Nur ausnahmsweise ergibt sich daraus, daß der Vertragsschluß dem nach dem IPR anwendbaren Recht unterliegt (*Mertens/Rehbinder* Art. 2 EAG 3). Die Grundsätze über die Wirkung von Bestätigungsschreiben stellen Gebräuche i. S. d. Art. 2 dar (OLG Hamburg RIW **1981** 262, 263).

Artikel 3 EAG

Für das Angebot und die Annahme ist keine besondere Form vorgeschrieben. Sie können insbesondere auch durch Zeugen bewiesen werden.

606 Die Regelung ist dispositiv (Art. 2 Abs. 1 EAG). Die Einhaltung einer Form kann sich auch aus den Gebräuchen (Art. 13 EAG) und Gepflogenheiten der Parteien ergeben. Die Form notwendiger Zustimmungserklärungen Dritter sowie Formerfordernisse, die auf das Handeln der öffentlichen Hand bezogen sind, ist in Art. 3 nicht geregelt. Ein Verstoß gegen die Form hat die Nichtigkeit der Erklärung zur Folge. Betrifft der Formverstoß die Annahmeerklärung, so ist sie nicht als neues Angebot unter Formverzicht zu deuten, das konkludent angenommen werden kann (**a. A.** *Dölle/Reinhart* Art. 3 EAG 34).

Artikel 4 EAG

(1) Eine Mitteilung, die eine Person an eine oder mehrere bestimmte Personen zum Zwecke des Abschlusses eines Kaufvertrages richtet, stellt ein Angebot nur dar, wenn sie bestimmt genug ist, um durch diese Annahme den Vertrag zustande kommen zu lassen, und wenn sie den Willen ihres Urhebers, sich zu binden, zum Ausdruck bringt.

(2) Vorverhandlungen, Gepflogenheiten, die sich zwischen den Parteien gebildet haben, Gebräuche sowie die Bestimmungen des Einheitlichen Gesetzes über den internationalen Kauf beweglicher Sachen sind bei der Auslegung der Mitteilung zu berücksichtigen und ergänzen diese.

607 Art. 4 steht der Vereinbarung von Verträgen mit einseitigen Bestimmungsmöglichkeiten nicht entgegen; doch müssen diese ihrerseits hinreichend bestimmt sein. Ist die Bestimmungsbefugnis nicht geregelt, so kann § 316 BGB nicht herangezogen werden. Für die Festsetzung des **Preises** sieht Art. 57 EKG die Regel vor, daß der Käufer den im Zeitpunkt des Vertragsschlusses vom Verkäufer üblicherweise geforderten Preis zu zahlen hat, falls der Preis im Vertrag weder bestimmt noch für seine Bestimmung Vorsorge getroffen ist. Die Gültigkeit der Mitteilung (**Geschäftsfähigkeit, Irrtum, Vertretung** etc.) richtet sich nach unvereinheitlichtem nationalen Recht.

608 **Allgemeine Geschäftsbedingungen** werden Inhalt des Vertrages, wenn sie den Mitteilungen beiliegen oder auf sie verwiesen wird und der Empfänger in zumutbarer Weise von ihnen Kenntnis nehmen konnte. Ferner können sie kraft Gebräuche (Art. 13 EAG) oder Parteigepflogenheiten Geltung erlangen. Hingegen soll das Kennenmüssen des Kunden von der Existenz branchenüblicher **AGB** nicht genügen (*Mertens/Rehbinder* Art. 4 EAG 18). Werden AGB, auf die verwiesen wird, nicht Erklärungsbestandteil, weil sie der Kunde nur mit unzumutbaren Schwierigkeiten zu ermitteln vermag, so ist die Mitteilung unbestimmt (**a. A.** *Dölle/Schlechtriem* Art. 4 EAG 17). Es kommt aber zum Vertragsschluß, wenn die Antwort auf die Mitteilung als neue Offerte gewertet werden kann, die z. B. in der Form des Art. 6 Abs. 2 EAG angenommen wird. Ein **Bestätigungsschreiben** kann zur Folge haben, daß die AGB noch Eingang in den Vertrag finden, falls das Schweigen auf Bestätigungsschreiben nach den Gebräuchen oder Gepflogenheiten (Artt. 2 Abs. 1, 13 Abs. 1 EAG) Zustimmung bedeutet (LG Karlsruhe RIW **1982,** 517, 518; OLG Hamburg RIW **1981** 262, 263). Zur Einbeziehung von AGB, die das EAG ausschließen, *Hausmann* WM **1980** 726ff m. Nachw.; *Otto,* Allgemeine Geschäftsbedingungen, aaO.

609 Der Komplex „**Auslegung** von Mitteilungen" ist in Art. 4 Abs. 2 EAG nur partiell geklärt. Die in Art. 4 Abs. 2 EAG genannten Kriterien haben nur die Funktion einer Richtlinie. Durch Auslegung im Sinne des Art. 4 Abs. 2 EAG ist zu ermitteln, ob die Mitteilungen hinreichend bestimmt waren und ob überhaupt ein Bindungswille vorlag (*Dölle/Schlechtriem* Art. 4 EAG 18). Es gilt auch sonst der Grundsatz der objektiven Auslegung (*Mertens/Rehbinder* Art. 4 EAG 18).

Artikel 5 EAG

(1) Das Angebot bindet den Anbietenden erst von dem Zeitpunkt an, in dem es dem Empfänger zugegangen ist; es erlischt, wenn dem Empfänger vor oder gleichzeitig mit dem Angebot dessen Widerruf zugeht.

(2) Das Angebot kann, nachdem es dem Empfänger zugegangen ist, widerrufen werden, es sei denn, der Widerruf erfolgt nicht in gutem Glauben oder entspricht nicht dem Verhalten eines redlichen Kaufmanns oder im Angebot ist für die Annahme eine Frist bestimmt oder sonst erklärt, daß es bindend oder unwiderruflich sei.

(3) Die Erklärung, daß das Angebot bindend oder unwiderruflich sei, kann ausdrücklich abgegeben sein oder sich aus den Umständen, den Verhandlungen, den Gepflogenheiten, die sich zwischen den Parteien gebildet haben, oder den Gebräuchen ergeben.

(4) Der Widerruf eines Angebots ist nur wirksam, wenn er dem Empfänger zugeht, bevor dieser seine Annahmeerklärung abgesendet oder eine Handlung vorgenommen hat, die gemäß Artikel 6 Abs. 2 einer Annahmeerklärung gleichsteht.

610 Zur Frist, binnen derer das Angebot angenommen werden kann, siehe Art. 8 EAG. Der Zugang ist in Art. 12 EAG definiert. Ein Verstoß gegen den guten Glauben oder das Verhalten eines redlichen Kaufmannes im Sinne des Art. 5 Abs. 2 EAG liegt vor, wenn der Empfänger des Angebots im Vertrauen auf das Angebot Dispositionen getroffen hat und der Widerrufende dies wissen mußte.

Artikel 6 EAG

(1) Die Annahme besteht in einer Erklärung, die dem Anbietenden, gleichviel auf welchem Wege, zugeht.

(2) Die Annahme kann auch in der Absendung der Sache oder des Kaufpreises oder in jeder anderen Handlung bestehen, die auf Grund des Angebots, der Gepflogenheiten, die sich zwischen den Parteien gebildet haben, oder der Gebräuche dahin aufgefaßt werden kann, daß sie einer Erklärung nach Absatz 1 gleichsteht.

611 Der Begriff „Zugang" ist in Art. 12 EAG definiert. Gemäß Art. 6 Abs. 2 EAG ist der objektive Erklärungswert des Verhaltens maßgeblich. Die **Gültigkeit** der Annahme (Relevanz von Irrtümern, Geschäftsfähigkeit etc.) bestimmt sich nach unvereinheitlichtem nationalen Recht. Eine sich kreuzende Offerte kann als Annahme gewertet werden (*Dölle/Schlechtriem* Art. 6 EAG 18).

612 In den in Art. 6 Abs. 2 EAG genannten Konstellationen ist das Wirksamwerden der Annahme nicht von einem Zugang abhängig. **Schweigen** kann nach Handelsbräuchen (Art. 13) oder den Gepflogenheiten Annahme bedeuten. Hingegen darf der Anbietende nicht eigenmächtig festsetzen, daß Schweigen als Zustimmung zu behandeln ist (Art. 2 Abs. 2 EAG). Handelsbräuche zum kaufmännischen **Bestätigungsschreiben** sind durch Art. 2 Abs. 1 EAG gedeckt (i. E. LG Karlsruhe RIW **1982** 517; OLG Hamburg RIW **1981** 262, 263). Zur Auftragsbestätigung vgl. *Grüter* RIW/AWD **1975** 611.

Artikel 7 EAG

(1) Eine Annahme, die Zusätze, Einschränkungen oder sonstige Änderungen enthält, gilt als Ablehnung des Angebots und stellt ein Gegenangebot dar.

(2) Eine Antwort auf ein Angebot, die eine Annahme darstellen soll, aber Zusätze oder Abweichungen enthält, welche die Bedingungen des Angebots in ihrem wesentlichen Inhalt nicht ändern, gilt jedoch als Annahme, es sei denn, daß der Anbietende innerhalb kurzer Frist das Fehlen der Übereinstimmung beanstandet; unterläßt er dies, so sind die Bedingungen des Vertrages jene des Angebots mit den in der Annahme enthaltenen Änderungen.

613 Art. 7 entspricht bei wesentlichen Abweichungen vom Angebot § 150 Abs. 2 BGB. Bei unwesentlichen Abweichungen gilt Schweigen als Zustimmung. Abweichungen können unwesentlich sein, wenn sie nach dem Vertragstyp lediglich gänzlich untergeordnete Punkte betreffen, von denen der Annehmende erwarten darf, daß der Anbieter ihretwegen nicht den sofortigen Vertragsschluß aufs Spiel setzen will (*Mertens/Rehbinder* Art. 7 EAG 8). Einen mehr auf einem objektivierten Äquivalenzverständnis gegründeten Ansatz verfolgen *Dölle/Schlechtriem* Art. 7 EAG 12. Wenig aussagekräftig ist die Gleichsetzung von „unwesentlich" und „schikanösem Verhalten" (*Grüter* RIW/AWD **1975** 611, 613), zumal es bei Art. 7 Abs. 2 EAG nicht bloß um Rechtsmißbrauch, sondern auch um kaufmännische Zweckmäßigkeit geht (vgl. *Magnus* Comparative Law Yearbook **3** (1979/80) 105, 113f). AGB werden regelmäßig wesentliche Abweichungen mit sich bringen (LG Landshut NJW **1977** 2033; *Grüter* RIW/AWD **1975** 611, 612). Art. 7 gilt nicht für kaufmännische **Bestätigungsschreiben,** da diese eine (vermeintliche) Einigung der Parteien voraussetzen, wohl aber für modifizierende Auftragsbestätigungen. Bei wesentlichen Abweichungen ist Art. 6 Abs. 2 EAG zu beachten.

Artikel 8 EAG

(1) Die Annahmeerklärung ist nur wirksam, wenn sie dem Anbietenden innerhalb der von ihm gesetzten Frist oder, in Ermangelung einer solchen Fristsetzung, innerhalb angemessener Frist zugeht, wobei die Umstände des Geschäfts, die Schnelligkeit der vom Anbietenden gewählten Übermittlungsart und die Gebräuche zu berücksichtigen sind. Bei einem mündlichen Angebot muß die Annahme sofort erklärt werden, wenn sich nicht aus den Umständen ergibt, daß der Empfänger eine Überlegungsfrist haben soll.

(2) Wird die Annahmefrist vom Anbietenden in einem Brief oder in einem Telegramm festgesetzt, so wird vermutet, daß die Frist beim Brief mit dem darin angegebenen Datum, beim Telegramm mit Tag und Stunde seiner Aufgabe beginnt.

(3) Besteht die Annahme in einer der in Artikel 6 Abs. 2 bezeichneten Handlungen, so ist sie nur wirksam, wenn die Handlung innerhalb der Frist nach Absatz 1 vorgenommen wird.

614 Art. 8 regelt die Annahmefrist, während Art. 5 die Bindung des Anbietenden an sein Angebot unter dem Aspekt der Widerruflichkeit behandelt. Für die Rechtzeitigkeit der Annahme ist grundsätzlich der Zugang all der Erklärungen maßgeblich, die notwendig sind, um den Vertrag zwischen Käufer und Verkäufer zustandekommen zu lassen. Dies gilt nicht für die Genehmigung des Handelns eines falsus procurators, da der Anbietende aufgrund der Annahmeerklärung des falsus procurators von einem Vertragsschluß ausgegangen ist (**a. A.** *Dölle/Schlechtriem* Art. 8 EAG 3). Anders ist zu entscheiden, falls dem Anbieter bekannt war, daß der Annehmende keine Vertretungsmacht besaß. Ein Angebot per Fernschreiber ist kein mündliches Angebot. Besaß der Angestellte des Adressaten des Angebots nur Empfangsvollmacht oder war er Empfangsbote, so liegt gleichfalls ein nicht-mündliches Angebot vor.

Artikel 9 EAG

(1) Ist die Annahme verspätet, so kann der Anbietende sie dennoch als rechtzeitig ansehen, wenn er den Annehmenden innerhalb kurzer Frist davon mündlich oder durch Übersendung einer Mitteilung verständigt.

(2) Geht die Annahmeerklärung verspätet zu, so gilt sie dennoch als rechtzeitig zugegangen, wenn sich aus dem die Annahme enthaltenden Brief oder Schriftstück ergibt, daß sie nach den Umständen, unter denen sie abgesendet worden ist, bei normaler Beförderung rechtzeitig zugegangen wäre; dies gilt nicht, wenn der Anbietende mündlich oder durch Übersendung einer Mitteilung den Annehmenden innerhalb kurzer Frist verständigt, daß er sein Angebot als erloschen betrachtet.

615 Auch ein Verhalten im Sinne des Art. 6 Abs. 2 EAG kann als verspätet angesehen werden. Kurze Frist bedeutet, daß das schnellstmögliche zumutbare Kommunikationsmittel zu verwenden ist. Das Transportrisiko der „Verständigungs-"Erklärung trägt der Annehmende, da er den Anbieter in einer Situation weiß, in der der Anbieter möglicherweise mit der Annahme nicht mehr rechnet (*Mertens/Rehbinder* Art. 9 EAG 7; **a. A.** *Dölle/Schlechtriem* Art. 9 EAG 11).

Artikel 10 EAG

Die Annahme ist unwiderruflich, es sei denn, daß der Widerruf dem Anbietenden vor oder gleichzeitig mit der Annahme zugeht.

616 Die Vorschrift entspricht § 130 Abs. 1 S. 2 BGB. Sie gilt nicht für Annahme i. S. d. Art. 6 Abs. 2 EAG, da sonst der Annehmende Spielraum für Spekulationen auf Kosten des anderen Teils erlangen würde. Es muß aber immer beachtet werden, daß die Absendung von Ware eine Mitteilung darstellen kann (*Grüter* RIW/AWD **1975** 611, 614). Zum Begriff „Zugang" s. Art. 12 EAG.

Artikel 11 EAG

Der Tod oder der Eintritt der Geschäftsunfähigkeit einer der Parteien vor der Annahme berührt das Zustandekommen des Vertrages nicht, es sei denn, daß sich aus dem Willen der Parteien, den Gebräuchen oder der Natur des Geschäfts das Gegenteil ergibt.

617 Art. 11 EAG entspricht im wesentlichen den §§ 130 Abs. 2, 153 BGB. Darüber hinausgehend ordnet er an, daß die Erklärung auch bei Tod oder Geschäftsunfähigkeit des Adressaten fortbesteht, doch muß sie dann dessen Vertreter oder Erben zugehen.

Artikel 12 EAG

(1) Unter dem Ausdruck „Zugehen" versteht dieses Gesetz: bei der Adresse des Empfängers der Mitteilung abgegeben werden.

(2) Die in diesem Gesetz vorgesehenen Mitteilungen sind mit den nach den Umständen üblichen Mitteln zu bewirken.

618 Art. 12 EAG entspricht im Ansatz der zum BGB herrschenden Meinung über den Zugang von Willenserklärungen; doch kommt es grundsätzlich nicht darauf an, ob die konkrete oder übliche Möglichkeit zur Kenntnisnahme bestand (*Dölle/Schlechtriem* Art. 12 EAG 9; **a. A.** *Mertens/Rehbinder* Art. 12 EAG 8). Diese Interpretation des Art. 12 EAG trägt dem Interesse an Rechtssicherheit besser Rechnung, ein Interesse, das bei Handelskäufen Vorrang genießt.

619 Art. 12 Abs. 2 EAG entspricht sachlich dem Art. 14 EKG.

Artikel 13 EAG

(1) Unter Gebräuchen ist jede Übung zu verstehen, von der vernünftige Personen in der gleichen Lage gewöhnlich annehmen, daß sie auf den Abschluß ihres Vertrages anzuwenden sei.

(2) Werden handelsübliche Ausdrücke, Klauseln oder Formulare verwendet, so bestimmt sich ihre Auslegung nach dem Sinn, den ihnen die beteiligten Handelskreise üblicherweise beilegen.

620 Art. 13 EAG entspricht Art. 9 Abs. 2, 3 EKG.

Artikel 14 EAG

Bei dem in den Artikeln 1 und 4 genannten Gesetz handelt es sich um das Einheitliche Gesetz über den internationalen Kauf beweglicher Sachen vom 17. Juli 1973 (Bundesgesetzbl. I S. 856).

Artikel 15 EAG

Dieses Gesetz gilt nach Maßgabe des § 13 Abs. 1 des Dritten Überleitungsgesetzes vom 4. Januar 1952 (Bundesgesetzbl. I S. 1) auch im Land Berlin.

Artikel 16 EAG

(1) Dieses Gesetz tritt an dem Tage in Kraft, an welchem das Haager Übereinkommen vom 1. Juli 1964 zur Einführung eines Einheitlichen Gesetzes über den Abschluß von internationalen Kaufverträgen über bewegliche Sachen für die Bundesrepublik Deutschland in Kraft tritt.

(2) Der Tag, an dem dieses Gesetz in Kraft tritt, ist im Bundesgesetzblatt bekanntzugeben.

G. Übereinkommen der Vereinten Nationen über Verträge über den internationalen Warenkauf (Wiener UN-Kaufrecht (WKR); vorläufige amtliche Übersetzung)

Schrifttum

621 *Bartels/Motomura* Haftungsprinzip, Haftungsbefreiung und Vertragsbeendigung beim internationalen Kauf, RabelsZ **43** (1979) 649ff; *Bonell* La nouvelle Convention des Nations-Unies sur les contrats de vente internationale de marchandises, Droit et pratique de commerce internationale (1981) 7ff; *v. Caemmerer* Die wesentliche Vertragsverletzung im international Einheitlichen Kaufrecht, Festschrift Coing Bd. II (1982) 33ff; *Dilger* Das Zustandekommen von Kaufverträgen im Außenhandel nach internationalem Einheitsrecht und nationalem Sonderrecht, RabelsZ **45** (1981) 169ff; *Eörsi* Problems of Unifying Law on the Formation of Contracts for the International Sale of Goods, American Journal of Comperative Law **27** (1979) 311ff; *Feltham* The United Nations Convention of Contracts for the International Sale of Goods, Journal of Business Law (1981) 346ff; *Hellner* The UN Convention of International Sales of Goods — an Outsider's View, Festschrift Riesenfeld (1983) 71ff; *Herber* Wiener UNCITRAL-Übereinkommen über den internationalen Kauf beweglicher Sachen vom 11. April 1980, Textausgabe samt Einführung[2] (1983); *Herrmann* Einheitliches Kaufrecht für die Welt: UN-Übereinkommen über internationale Kaufverträge, IPRax. **1981** 109ff; *Honnold* Uniform Law for International Sales under the United Nations Convention (Deventer (Niederlande) 1982); *Huber* Der UNCITRAL-Entwurf eines Übereinkommens über internationale Warenkaufverträge, RabelsZ **43** (1979) 413ff; *Kahn* La Convention de Vienne du 11. Avril 1980 sur les Contrats de Vente internationale de Marchandise, Revue international de Droit comparé (1981) 951ff; *Magnus* Reform des Haager Einheitskaufrechts, ZRP **1978** 12; *Maskow* Einige Hauptzüge der UN-Konvention über internationale Kaufverträge, Staat und Recht **1981** 542ff; *Moecke* Gewährleistungsbedingungen und Allgemeine Lieferbedingungen nach dem UNCITRAL-Übereinkommen über den Warenkauf, RIW **1983** 885; *Neumayer* Zur Revision des Haager Einheitlichen Kaufrechts, Gefahrtragung, Gehilfenhaftung, fait du vendeur und Lückenproblem, Festschrift v. Caemmerer (1978) 955, 960ff; *Noussias* Die Zugangsbedürftigkeit von Mitteilungen nach den Einheitlichen Haager Kaufgesetzen und nach dem UN-Kaufgesetz (1982); *Schlechtriem* Einheitliches UN-Kaufrecht (1981); *Stumpf*, Das UNCITRAL — über den Warenkauf und Allgemeine Geschäftsbedingungen, RIW **1984** 352; *Vries* The Passing of Risk in International Sales under the Vienna Sales Convention 1980 as Compared with Traditional Trade Terms, European Transport Law XVII (1982) 495ff.

Vorbemerkung

622 Auf einer von den Vereinten Nationen nach Wien einberufenen Konferenz wurde am 11. April 1980 ein weltweites Abkommen über Verträge über den internationalen Kauf beweglicher Sachen abgeschlossen (Wiener UNCITRAL-Übereinkommen über den internationalen Kauf beweglicher Sachen; im folgenden zitiert als **WKR**). Dieses Übereinkommen soll das EKG (Rdn. 299) und das EAG (Rdn. 604) ablösen und das internationale Einheitskaufrecht auf eine breitere Basis stellen (*Huber* RabelsZ **43** (1979) 413, 414f).

Das Wiener Kaufrechtsübereinkommen ist in sechs Sprachen abgeschlossen: Englisch, Französisch, Spanisch, Russisch, Arabisch, Chinesisch. Dem deutschen Text des WKR liegt die vorläufige amtliche Übersetzung zugrunde. Das WKR ist von Frankreich, Lesotho und Ungarn ratifiziert worden. Mit einer baldigen Ratifizierung durch die Bundesrepublik ist zu rechnen.

Das WKR stellt, wenngleich auch in rechtstechnisch von den Haager Kaufrechtsübereinkommen abweichender Weise, Einheitsrecht dar. Es stimmt in weiten Zügen mit dem EAG und dem EKG überein. Die einzelnen Vorschriften werden daher, zumal das WKR noch nicht in Kraft ist, nicht in vollem Umfang kommentiert, sondern nur so weit erläutert, als Abweichungen vom EAG oder EKG festzustellen sind. Im übrigen wird auf die Parallelvorschriften des EKG bzw. EAG (Rdn. 299 ff) verwiesen.

Teil I
Anwendungsbereich und allgemeine Bestimmungen

Kapitel I
Anwendungsbereich

Artikel 1 WKR

(1) Dieses Übereinkommen ist auf Kaufverträge über Waren zwischen Parteien anzuwenden, die ihre Niederlassung in verschiedenen Staaten haben,

a) wenn diese Staaten Vertragsstaaten sind oder

b) wenn die Regeln des internationalen Privatrechts zur Anwendung des Rechts eines Vertragsstaats führen.

(2) Die Tatsache, daß die Parteien ihre Niederlassung in verschiedenen Staaten haben, wird nicht berücksichtigt, wenn sie sich nicht aus dem Vertrag, aus früheren Geschäftsbeziehungen oder aus Verhandlungen oder Auskünften ergibt, die vor oder bei Vertragsabschluß zwischen den Parteien geführt oder von ihnen erteilt worden sind.

(3) Bei Anwendung dieses Übereinkommens wird weder berücksichtigt, welche Staatsangehörigkeit die Parteien haben, noch ob sie Kaufleute oder Nichtkaufleute sind oder ob der Vertrag handelsrechtlicher oder bürgerlich-rechtlicher Art ist.

623 Vgl. Art. 1 EKG. Im Unterschied zum EKG setzt die Anwendbarkeit des WKR nicht voraus, daß Ware über die Grenze geliefert wird oder ein Vertragsschluß über die Grenze hinweg erfolgt ist oder sonst ein grenzüberschreitender Akt vorliegt.

Art. 1 lit. a. Begriff des Vertragsstaats: Artt. 91 Abs. 2, 92 ff; Begriff der Niederlassung: Art. 10; Begriff des Kaufvertrages: Artt. 2, 3, vgl. ferner Artt. 1 ff EKG. Die Tatsache, daß die Parteien ihre Niederlassung in verschiedenen Vertragsstaaten besitzen, muß bei Vertragsschluß erkennbar gewesen sein (Art. 1 Abs. 2). Besitzt ein Vertragspartner mehrere Niederlassungen, so kommt Art. 10 lit. a zur Anwendung. Der bloße Umstand, daß ein Vertragspartner eng von einer Gesellschaft in einem anderen Vertragsstaat kontrolliert wird, ist irrelevant (*Honnold* Uniform Law for International Sales under the United Nations Convention (Deventer (Niederlande) 1982) S. 79). Als Niederlassung können nur solche Plätze bezeichnet werden, die ständig dazu dienen, die wesentlichen Geschäfte des Vertragspartners einschließlich der Lieferung (*Honnold* S. 81) abzuwickeln. Plätze, die nur zum Abschluß eines einzelnen Geschäfts gewählt werden, stellen keine Niederlassung dar.

624 **Art. 1 lit. b.** Gemäß Art. 1 lit. b soll das WKR auch im Verhältnis zu Nichtvertragsstaaten anwendbar sein, wenn nach dem IPR das Kaufrecht eines Vertragsstaates anwendbar ist und die übrigen Voraussetzungen des WKR vorliegen. Die Vertragsstaaten können gegen die Anwendbarkeit des Art. 1 lit. b einen Vorbehalt einlegen. Die Bundesrepublik Deutschland beabsichtigt einen solchen Vorbehalt anzumelden (*Herber* Wiener UNCITRAL-Übereinkommen über den internationalen Kauf beweglicher Sachen vom 11. 4. 1980, Textausgabe samt Einführung[2] (1983) S. 8).

Artikel 2 WKR

Dieses Übereinkommen findet keine Anwendung auf den Kauf

a) von Waren für den persönlichen Gebrauch oder den Gebrauch in der Familie oder im Haushalt, es sei denn, daß der Verkäufer vor oder bei Vertragsabschluß weder wußte noch wissen mußte, daß die Ware für einen solchen Gebrauch gekauft wurde,

b) bei Versteigerungen,

c) aufgrund von Zwangsvollstreckungs- oder anderen gerichtlichen Maßnahmen,

d) von Wertpapieren oder Zahlungsmitteln,

e) von Seeschiffen, Binnenschiffen, Luftkissenfahrzeugen oder Luftfahrzeugen,

f) von elektrischer Energie.

Art. 2 lit. a reduziert den Anwendungsbereich des WKR im wesentlichen auf den Handelskauf und Käufe von Mitgliedern freier Berufe. Damit umgeht das WKR Kollisionen mit kaufrechtlichen Verbraucherschutzvorschriften. Ausgeklammert bleiben mithin Käufe zur persönlichen Nutzung, gleich welcher Art (*Huber* RabelsZ **43** (1979) 413, 422), es sei denn, daß diese Nutzung für den Verkäufer nicht erkennbar war. Eine private Nutzung ist erkennbar, wenn dies die übliche Nutzung darstellt (*Huber* RabelsZ **43** (1979) S. 421; *Honnold* S. 86). Der Begriff der Familie ist weit auszulegen (*Schlechtriem* Einheitliches UN-Kaufrecht (1981) S. 15). Soweit die private Nutzung unerkennbar war, können Verbraucherschutzvorschriften nach IPR zur Anwendung kommen, wenn sie Gültigkeitsvorschriften enthalten. Soweit sie Formvorschriften aufstellen (z. B. §§ 1a, 1b AbzG), verdrängt Art. 11 als das jüngere Gesetz das ältere nationale Recht (*Schlechtriem* S. 14). **625**

Art. 2 lit. b. Der Begriff Versteigerung ist in dem in § 156 BGB verwandten Sinn zu interpretieren. **626**

Art. 2 lit. c—f. Vgl. Art. 5 EKG.

Artikel 3 WKR

(1) Den Kaufverträgen stehen Verträge über die Lieferung herzustellender oder zu erzeugender Ware gleich, es sei denn, daß der Besteller einen wesentlichen Teil der für die Herstellung oder Erzeugung notwendigen Stoffe selbst zur Verfügung zu stellen hat.

(2) Dieses Übereinkommen ist auf Verträge nicht anzuwenden, bei denen der überwiegende Teil der Pflichten der Partei, welche die Ware liefert, in der Ausführung von Arbeiten oder anderen Dienstleistungen besteht.

Im Vergleich zu Art. 6 EKG enthält Art. 3 Abs. 2 eine Einschränkung des Anwendungsbereichs des Einheitskaufrechts in Hinblick auf Verträge, die mit ihrem Schwerpunkt im Dienstvertragsrecht angesiedelt sind. Der Schwerpunkt ist anhand des Wertes der Teilleistungen zu ermitteln (*Schlechtriem* S. 17; *Honnold* S. 32f). Liegt das Schwergewicht bei den werkvertragsrechtlichen Pflichten, so erfaßt das WKR den gesamten Vertrag (*Honnold* S. 93). **627**

Artikel 4 WKR

Dieses Übereinkommen regelt ausschließlich den Abschluß des Kaufvertrages und die aus ihm erwachsenden Rechte und Pflichten des Verkäufers und des Käufers. Soweit in diesem Übereinkommen nicht ausdrücklich etwas anderes bestimmt ist, betrifft es insbesondere nicht

a) die Gültigkeit des Vertrages oder einzelner Vertragsbestimmungen oder die Gültigkeit von Gebräuchen,

b) die Wirkungen, die der Vertrag auf das Eigentum an der verkauften Ware haben kann.

Art. 4 lit. a. Vgl. Art. 8 EKG, wo die Fragen der Gültigkeit vertraglicher Abreden ebenfalls ausgeklammert sind[213]. Nicht zum Kreis der Gültigkeitsfragen gehören Pro- **628**

---

[213] *Huber* Der UNCITRAL-Entwurf eines Übereinkommens über internationale Warenkaufverträge, RabelsZ **43** (1979) 413, 431; *Schlechtriem* Einheitliches UN-Kaufrecht (1981) S. 18.

bleme, die im WKR geregelt sind (z. B. Art. 79), auch wenn sie das BGB zu den Fragen der Wirksamkeit von Verträgen zählt (z. B. § 306 BGB).

Art. 4 lit. b. Vgl. Art. 8 S. 2 EKG.

629 **Ferner** werden durch das WKR **nicht geregelt** die deliktische Haftung (*Schlechtriem* S. 19), generell die Haftung für Personenschäden (Art. 5), die Rechte bei Betrug (*Honnold* S. 96), die Haftung für culpa in contrahendo, soweit nicht Sachmängel betroffen sind (*Schlechtriem* S. 45).

Artikel 5 WKR

Dieses Übereinkommen findet keine Anwendung auf die Haftung des Verkäufers für den durch die Ware verursachten Tod oder die Körperverletzung einer Person.

630 Die Vorschrift soll den Rückgriff des Händlers bzw. Produzenten gegen seinen Lieferanten sichern helfen (*Schlechtriem* S. 20). Art. 5 regelt die vertraglichen Ansprüche. Deliktische Ansprüche werden vom WKR ohnehin nicht erfaßt.

Artikel 6 WKR

Die Parteien können die Anwendung dieses Übereinkommens ausschließen oder, vorbehaltlich des Artikels 12, von seinen Bestimmungen abweichen oder deren Wirkung ändern.

631 Art. 6 stellt ebenso wie Art. 3 EKG klar, daß das WKR grundsätzlich dispositives Recht enthält.

Der Ausschluß des WKR kann auch stillschweigend erfolgen[214]. Auf einen hypothetischen Ausschlußwillen soll es nicht ankommen (*Bonell* La nouvelle Convention des Nations-Unies sur les contrats de vente internationale de marchandises, Droit et pratique de commerce internationale (1981) S. 13; vgl. auch Art. 3 EKG Rdn. 308). — Der Ausschluß des WKR im Ganzen führt auch zum Ausschluß der Regeln über den Vertragsschluß (Artt. 14ff). Das gilt selbst dann, wenn eine Partei ein Angebot abgibt, das einen Ausschluß des WKR enthält (*Huber* RabelsZ **43** (1979) 413, 426). Wird in der „Annahmeerklärung" das WKR ausgeschlossen, so stellt dies eine Gegenofferte dar.

Kapitel II
Allgemeine Bestimmungen
Artikel 7 WKR

(1) Bei der Auslegung dieses Übereinkommens sind sein internationaler Charakter und die Notwendigkeit zu berücksichtigen, seine einheitliche Anwendung und die Wahrung des guten Glaubens im internationalen Handel zu fördern.

(2) Fragen, die in diesem Übereinkommen geregelte Gegenstände betreffen, aber in diesem Übereinkommen nicht ausdrücklich entschieden werden, sind nach den allgemeinen Grundsätzen, die diesem Übereinkommen zugrunde liegen, oder mangels solcher Grundsätze nach dem Recht zu entscheiden, das nach den Regeln des internationalen Privatrechts anzuwenden ist.

632 **Art. 7 Abs. 1** enthält eine auf das WKR bezogene Auslegungsregel. Art. 7 statuiert den auch im Rahmen des Art. 17 EKG (s. dort) geltenden Grundsatz, daß die Vorschriften des WKR im Sinne der Rechtsvereinheitlichung zu interpretieren sind. Im Unterschied zu Art. 17 EKG enthält Art. 7 als Auslegungsmaxime auch den Grundsatz des „guten Glaubens". Diese Maxime entspricht weitgehend dem Grundsatz von Treu

---

214 *Huber* RabelsZ **43** (1979) 413, 425; *Honnold* Uniform Law for International Sales under the United Nations Convention (Deventer (Niederlande) 1982) S. 106; vgl. dazu Art. 3 EKG Rdn. 308.

und Glauben im Sinne des § 242 BGB[215]. Die „Treu und Glauben"-Klausel bezieht sich freilich nur auf die Auslegung der gesetzlichen Normen. Sie stellt anders als § 242 BGB keine Generalklausel dar (*Honnold* S. 123 f). Die Auslegung von Verträgen behandelt Art. 8.

Art. 7 Abs. 2 entspricht der Sache nach Art. 17 EKG (*Schlechtriem* S. 24). Art. 7 Abs. 2 ist extensiv anzuwenden (*Herber* S. 11; *Huber* RabelsZ **43** (1979) 413, 432). Zur nachträglichen Auskunft, Informationspflichten, Schadensminderung *Honnold* (S. 128 ff).

Artikel 8 WKR

(1) Für die Zwecke dieses Übereinkommens sind Erklärungen und das sonstige Verhalten einer Partei nach deren Willen auszulegen, wenn die andere Partei diesen Willen kannte oder darüber nicht in Unkenntnis sein konnte.

(2) Ist Absatz I nicht anwendbar, so sind Erklärungen und das sonstige Verhalten einer Partei so auszulegen, wie eine vernünftige Person der gleichen Art wie die andere Partei sie unter den gleichen Umständen aufgefaßt hätte.

(3) Um den Willen einer Partei oder die Auffassung festzustellen, die eine vernünftige Person gehabt hätte, sind alle erheblichen Umstände zu berücksichtigen, insbesondere die Verhandlungen zwischen den Parteien, die zwischen ihnen entstandenen Gepflogenheiten, die Gebräuche und das spätere Verhalten der Parteien.

633 **Art. 8 Abs. 1, 2** entspricht den §§ 133, 157 BGB (*Huber* RabelsZ **43** (1979) 413, 429).

Art. 8 Abs. 3. Zum Begriff der Gepflogenheiten und der Handelsbräuche s. Art. 9 EKG. Zur Bindung an Handelsbräuche Art. 9 WKR.

Artikel 9 WKR

(1) Die Parteien sind an die Gebräuche, mit denen sie sich einverstanden erklärt haben, und an die Gepflogenheiten gebunden, die zwischen ihnen entstanden sind.

(2) Haben die Parteien nichts anderes vereinbart, so wird angenommen, daß sie sich in ihrem Vertrag oder bei seinem Abschluß stillschweigend auf Gebräuche bezogen haben, die sie kannten oder kennen mußten und die im internationalen Handel den Parteien von Verträgen dieser Art in dem betreffenden Geschäftszweig weithin bekannt sind und von ihnen regelmäßig beachtet werden.

634 Zum Begriff der Gepflogenheiten und der Handelsbräuche s. Art. 9 EKG. Im Unterschied zu Art 9 EKG und § 346 HGB binden Handelsbräuche nicht ohne weiteres. Vielmehr setzt die Berufung auf Handelsbräuche voraus, daß die Parteien die Bräuche entweder ausdrücklich (Art. 9 Abs. 1) oder stillschweigend (Art. 9 Abs. 2) in den Vertrag einbezogen haben (*Honnold* S. 146 f). Die Wirksamkeit der Einbeziehung regeln mit Ausnahme der Gültigkeitsfragen (Art. 4) die Artt. 14 ff (*Schlechtriem* S. 27). Diese Einschränkung der Geltung von Handelsbräuchen soll insbesondere den Vertragspartnern aus Entwicklungsländern Schutz vor ihnen unbekannten Handelsbräuchen gewähren.

635 Eine **konkludente Einbeziehung** von Handelsbräuchen ist — widerlegbar — zu vermuten, wenn die Parteien einschlägige Handelsbräuche kennen mußten und diese Handelsbräuche in der einschlägigen Branche allgemein bekannt sind und regelmäßig

---

[215] *Herber* Wiener UNCITRAL-Übereinkommen über den internationalen Kauf beweglicher Sachen v. 11. April 1980, Textausgabe samt Einführung[2] (1983) S. 11; *Huber* RabelsZ **43** (1979) 413, 430; **a. A.** *Schlechtriem* S. 25.

beachtet werden (Art. 9 Abs. 2). Die regelmäßige Beachtung von Handelsbräuchen setzt voraus, daß diese schon seit einiger Zeit bestehen, so daß sie die Parteien kennen können (*Honnold* S. 148). Die Handelsbräuche selbst müssen nicht „international" gelten; sie müssen lediglich im internationalen Handel zwischen den Staaten der Niederlassungen der Parteien und in deren Geschäftszweig weithin bekannt sowie regelmäßig beachtet werden, auch wenn der Handelsbrauch lokalen Ursprungs ist (*Honnold* S. 148). Art. 9 erstreckt sich auch auf Handelsbräuche, die sich auf den Vertragsschluß beziehen (*Schlechtriem* S. 28). Zum **Bestätigungsschreiben** Art. 18 Rdn. 645.

Artikel 10 WKR

Für die Zwecke dieses Übereinkommens ist,

a) **falls eine Partei mehr als eine Niederlassung hat, die Niederlassung maßgebend, die unter Berücksichtigung der vor oder bei Vertragsabschluß den Parteien bekannten oder von ihnen in Betracht gezogenen Umstände die engste Beziehung zu dem Vertrag und zu seiner Erfüllung hat;**

b) **falls eine Partei keine Niederlassung hat, ihr gewöhnlicher Aufenthalt maßgebend.**

636 Siehe Art. 1 Abs. 2 EKG. Das Hotelzimmer oder sonstige für einen vorübergehenden Aufenthalt zum Abschluß eines Kaufvertrages von einem Repräsentanten eines Unternehmens gemietete Räume stellen keine Niederlassung dar. Von einer Niederlassung kann nur gesprochen werden, wenn der Aufenthalt auf Dauer angelegt ist. Darüber hinaus ist zu beachten, daß Art. 10 lit. a auch auf die Vertragserfüllung abhebt und der Ort, an dem über die Vertragskonditionen verhandelt wird, in seiner Bedeutung regelmäßig hinter dem Ort der Vertragserfüllung zurücktritt (*Honnold* S. 150).

Artikel 11 WKR

Der Kaufvertrag braucht nicht schriftlich geschlossen oder nachgewiesen zu werden und unterliegt auch sonst keinen Formvorschriften. Er kann auf jede Weise bewiesen werden, auch durch Zeugen.

637 S. Art. 15 EKG. Die Parteien können Schriftform vereinbaren. Dies ist vor allem für Vertragsänderungen von Bedeutung (Art. 29 Abs. 2). Ein **Schriftformzwang** kann sich aus **Art. 12** ergeben.

Artikel 12 WKR

Die Bestimmungen der Artikel 11 und 29 oder des Teils II dieses Übereinkommens, die für den Abschluß eines Kaufvertrages, seine Änderung oder Aufhebung durch Vereinbarung oder für ein Angebot, eine Annahme oder eine sonstige Willenserklärung eine andere als die schriftliche Form gestatten, gelten nicht, wenn eine Partei ihre Niederlassung in einem Vertragsstaat hat, der eine Erklärung nach Artikel 96 abgegeben hat. Die Parteien dürfen von dem vorliegenden Artikel weder abweichen noch seine Wirkung ändern.

638 Art. 12 erlaubt es einzelnen Vertragsstaaten, die Schriftform zum zwingenden Gültigkeitserfordernis zu erheben. Macht ein Vertragsstaat von dieser Möglichkeit Gebrauch und liegt die Niederlassung eines der Vertragspartner in diesem Vertragsstaat, während die andere Vertragspartei in einem Vertragsstaat niedergelassen ist, der keine Erklärung nach Art. 96 abgegeben hat, so gilt nicht ohne weiteres Schriftform. Vielmehr ist erforderlich, daß das angerufene Gericht nach seinem IPR zu dem Ergebnis kommt, daß das Formstatut desjenigen Staates maßgeblich ist, der eine Erklärung nach Art. 96 abgegeben hat (*Schlechtriem* S. 32; *Honnold* S. 156). Der Schriftform wird durch die Zusendung von Telegrammen und Fernschreiben Genüge getan. Gleiches gilt für Telekopien. Art. 29 Abs. 2 ist bei treuwidrigem Verhalten analog anzuwenden (*Huber* RabelsZ **43** (1979) 413, 437).

Artikel 13 WKR

Für die Zwecke dieses Übereinkommens umfaßt der Ausdruck „schriftlich" auch Mitteilungen durch Telegramm oder Fernschreiben.

639 S. Art. 12.

Teil II

Abschluß des Vertrages

Vorbemerkung

Die Artt. 14—24 entsprechen weitgehend den Vorschriften des EAG (Rdn. 604).

Artikel 14 WKR

(1) Der an eine oder mehrere bestimmte Personen gerichtete Vorschlag zum Abschluß eines Vertrages stellt ein Angebot dar, wenn er bestimmt genug ist und den Willen des Anbietenden zum Ausdruck bringt, im Falle der Annahme gebunden zu sein. Ein Vorschlag ist bestimmt genug, wenn er die Ware bezeichnet und ausdrücklich oder stillschweigend die Menge und den Preis festsetzt oder deren Festsetzung ermöglicht.

(2) Ein Vorschlag, der nicht an eine oder mehrere bestimmte Personen gerichtet ist, gilt nur als Aufforderung, ein Angebot abzugeben, wenn nicht die Person, die den Vorschlag macht, das Gegenteil deutlich zum Ausdruck bringt.

640 **Art. 14 Abs. 1** entspricht im wesentlichen Art. 4 Abs. 1 EAG. Im Unterschied zum EAG betont Art. 14 Abs. 1 S. 2 den Grundsatz der Bestimmtheit der Konditionen. Dadurch entsteht ein gewisser Widerspruch zu Art. 55. Der Widerspruch ist in der Weise aufzulösen, daß dort, wo bestimmte Preise üblicherweise gefordert werden, im Zweifel davon auszugehen ist, daß das Angebot auf den üblichen Preisen basiert[216]. Art. 14 Abs. 1 ist abdingbar.

Art. 14 Abs. 2 begründet in Fällen, in denen eine Aufforderung ad incertas personas gerichtet war, eine Vermutung für eine invitatio ad offerendum.

Artikel 15 WKR

(1) Ein Angebot wird wirksam, sobald es dem Empfänger zugeht.

(2) Ein Angebot kann, selbst wenn es unwiderruflich ist, zurückgenommen werden, wenn die Rücknahmeerklärung dem Empfänger vor oder gleichzeitig mit dem Angebot zugeht.

641 Zum Begriff des Angebots Art. 14, des Zugehens Art. 24. Die Wirksamkeit des Angebots wird durch den späteren Tod oder die Geschäftsunfähigkeit des Anbietenden nicht berührt (Art. 11 EAG; *Schlechtriem* S. 40).

Art. 15 Abs. 2 entspricht Art. 5 Abs. 1 HS 2 EAG. Zusätzliche Widerrufsmöglichkeiten regelt Art. 16.

Artikel 16 WKR

(1) Bis zum Abschluß des Vertrages kann ein Angebot widerrufen werden, wenn der Widerruf dem Empfänger zugeht, bevor dieser eine Annahmeerklärung abgesandt hat.

(2) Ein Angebot kann jedoch nicht widerrufen werden,

a) wenn es durch Bestimmung einer festen Frist zur Annahme oder auf andere Weise zum Ausdruck bringt, daß es unwiderruflich ist, oder

216 *Herber* S. 15; *Schlechtriem* S. 38; *Honnold* S. 163; **a. A.** *Dilger* Das Zustandekommen von Kaufverträgen im Außenhandel nach internationalem Einheitsrecht und nationalem Sonderrecht, RabelsZ **45** (1981) 169, 191.

b) wenn der Empfänger vernünftigerweise darauf vertrauen konnte, daß das Angebot unwiderruflich ist, und er im Vertrauen auf das Angebot gehandelt hat.

642 Art. 16 weicht vom BGB ab. Das Prinzip der grundsätzlichen Widerruflichkeit von Angeboten stammt aus dem englischen Recht. Es liegt auch den Art. 5 Abs. 2, 3, 4 EAG zugrunde.

Art. 16 Abs. 1 entspricht Art. 5 Abs. 4 EAG. Der Widerruf ist grundsätzlich bis zur Absendung der Annahme zulässig. Die Annahmeerklärung ist abgesandt, wenn sie den Machtbereich des Absenders verlassen hat. Ein Widerruf scheidet auch dann aus, wenn der Vertragspartner das Angebot durch eine Handlung im Sinne des Art. 18 Abs. 3 angenommen hatte. Weitere Ausnahmen vom Prinzip der freien Widerruflichkeit des Angebots: Art. 16 Abs. 2.

Art. 16 Abs. 2 lit. a. Eine Frist zur Annahme des Angebots stellt nur ein Indiz für dessen Unwiderruflichkeit dar (*Herber* S. 16; **a. A.** *Honnold* S. 171).

643 **Art. 16 lit. b.** Für den Anbietenden muß es erkennbar gewesen sein, daß sich der Empfänger auf das Angebot verlassen hat und gezwungen war, sich zur Erreichung des dem anderen erkennbaren Ziels auf ein festes Angebot zu verlassen. Beispiel: Der Empfänger eines Angebots hatte dem Anbietenden mitgeteilt, daß er das Angebot benötige, um seinerseits ein Angebot abgeben zu können (*Honnold* S. 172).

Der Widerrufende kann sich nach den Grundsätzen der c. i. c. haftbar machen (*Honnold* S. 173 ff). Die Regeln der c. i. c. dürfen jedoch nicht herangezogen werden, um einen nach WKR gültigen Widerruf im Ergebnis als ungültig zu behandeln.

Artikel 17 WKR

Ein Angebot erlischt, selbst wenn es unwiderruflich ist, sobald dem Anbietenden eine Ablehnung zugeht.

644 Zugang: Art. 24.

Artikel 18 WKR

(1) Eine Erklärung oder ein sonstiges Verhalten des Empfängers, das eine Zustimmung zum Angebot ausdrückt, stellt eine Annahme dar. Schweigen oder Untätigkeit allein stellen keine Annahme dar.

(2) Die Annahme eines Angebots wird wirksam, sobald die Äußerung der Zustimmung dem Anbietenden zugeht. Sie wird nicht wirksam, wenn die Äußerung der Zustimmung dem Anbietenden nicht innerhalb der von ihm gesetzten Frist oder, bei Fehlen einer solchen Frist, innerhalb einer angemessenen Frist zugeht; dabei sind die Umstände des Geschäfts einschließlich der Schnelligkeit der vom Anbietenden gewählten Übermittlungsart zu berücksichtigen. Ein mündliches Angebot muß sofort angenommen werden, wenn sich aus den Umständen nichts anderes ergibt.

(3) Äußert jedoch der Empfänger aufgrund des Angebots, der zwischen den Parteien entstandenen Gepflogenheiten oder der Gebräuche seine Zustimmung dadurch, daß er eine Handlung vornimmt, die sich zum Beispiel auf die Absendung der Ware oder die Zahlung des Preises bezieht, ohne den Anbietenden davon zu unterrichten, so ist die Annahme zum Zeitpunkt der Handlung wirksam, sofern diese innerhalb der in Absatz 2 vorgeschriebenen Frist vorgenommen wird.

645 **Art. 18 Abs. 1** stellt klar, daß Schweigen keine Annahme darstellt. Dies schließt nicht aus, daß die Annahme stillschweigend (konkludent) oder sogar durch beredtes Schweigen erfolgen kann (*Schlechtriem* S. 41; *Dilger* RabelsZ **45** (1981) 193). Auch die zwischen den Parteien gemäß Art. 9 maßgeblichen Handelsbräuche können Schweigen als Annahme erscheinen lassen (*Honnold* S. 182). Unter dieser Voraussetzung sind auch die Regeln über das **Bestätigungsschreiben** heranzuziehen[217]. Eine Bindung an

[217] *Herber* S. 18; **a. A.** *Huber* RabelsZ **43** (1979) 413, 447; *Schlechtriem* S. 44.

das Bestätigungsschreiben kann sich ferner aus Art. 19 Abs. 2 ergeben. Die Parteien können auch jederzeit vereinbaren, daß Schweigen als Annahme gilt (Art. 6).

646 **Art. 18 Abs. 2** entspricht Art. 8 EAG. Zugang: Art. 24. Fristbeginn und -berechnung: Art. 20. Verspätete Annahme: Art. 21. Soweit Art. 21 nicht eingreift, ist die verspätete Annahme als Gegenofferte zu behandeln.

Art. 18 Abs. 3 entspricht Art. 6 Abs. 2 EAG.

Artikel 19 WKR

(1) Eine Antwort auf ein Angebot, die eine Annahme darstellen soll, aber Ergänzungen, Einschränkungen oder sonstige Änderungen enthält, ist eine Ablehnung des Angebots und stellt ein Gegenangebot dar.

(2) Eine Antwort auf ein Angebot, die eine Annahme darstellen soll, aber Ergänzungen oder Abweichungen enthält, welche die Bedingungen des Angebots nicht wesentlich ändern, stellt jedoch eine Annahme dar, wenn der Anbietende das Fehlen der Übereinstimmung nicht unverzüglich mündlich beanstandet oder eine entsprechende Mitteilung absendet. Unterläßt er dies, so bilden die Bedingungen des Angebots mit den in der Annahme enthaltenen Änderungen den Vertragsinhalt.

(3) Ergänzungen oder Abweichungen, die sich insbesondere auf Preis, Bezahlung, Qualität und Menge der Ware, auf Ort und Zeit der Lieferung, auf den Umfang der Haftung der einen Partei gegenüber der anderen oder auf die Beilegung von Streitigkeiten beziehen, werden so angesehen, als änderten sie die Bedingungen des Angebots wesentlich.

647 **Art. 19 Abs. 1** entspricht Art. 7 Abs. 1 EAG. Ausnahme: Art. 19 Abs. 2.

Art. 19 Abs. 2 schränkt Art. 19 Abs. 1 ein. Art. 19 Abs. 3 enthält eine Legaldefinition der wesentlichen Änderung. Unverzüglich bedeutet ohne schuldhaftes Zögern. Der Anbietende kann die Möglichkeit einer modifizierenden Annahme von vornherein ausschließen.

Art. 19 Abs. 2, 3 hat besondere Bedeutung bei Verwendung einander widersprechender AGB. Es gilt im Zweifel das Prinzip des letzten Worts (*Huber* RabelsZ **43** (1979) 413, 444) und nicht das dispositive Recht (*Schlechtriem* S. 44; *Honnold* S. 195).

Artikel 20 WKR

(1) Eine vom Anbietenden in einem Telegramm oder einem Brief gesetzte Annahmefrist beginnt mit Aufgabe des Telegramms oder mit dem im Brief angegebenen Datum oder, wenn kein Datum angegeben ist, mit dem auf dem Umschlag angegebenen Datum zu laufen. Eine vom Anbietenden telefonisch, durch Fernschreiben oder eine andere sofortige Übermittlungsart gesetzte Annahmefrist beginnt zu laufen, sobald das Angebot dem Empfänger zugeht.

(2) Gesetzliche Feiertage oder arbeitsfreie Tage, die in die Laufzeit der Annahmefrist fallen, werden bei der Fristberechnung mitgezählt. Kann jedoch die Mitteilung der Annahme am letzten Tag der Frist nicht an die Anschrift des Anbietenden zugestellt werden, weil dieser Tag am Ort der Niederlassung des Anbietenden auf einen gesetzlichen Feiertag oder arbeitsfreien Tag fällt, so verlängert sich die Frist bis zum ersten darauf folgenden Arbeitstag.

648 Art. 20 konkretisiert Art. 18 Abs. 2.

Artikel 21 WKR

(1) Eine verspätete Annahme ist dennoch als Annahme wirksam, wenn der Anbietende unverzüglich den Annehmenden in diesem Sinne mündlich unterrichtet oder eine entsprechende schriftliche Mitteilung absendet.

(2) Ergibt sich aus dem eine verspätete Annahme enthaltenden Brief oder anderen Schriftstück, daß die Mitteilung nach den Umständen, unter denen sie abgesandt worden ist, bei normaler Beförderung dem Anbietenden rechtzeitig zugegangen wäre, so ist die verspätete Annahme als An-

nahme wirksam, wenn der Anbietende nicht unverzüglich den Annehmenden mündlich davon unterrichtet, daß er sein Angebot als erloschen betrachtet, oder eine entsprechende schriftliche Mitteilung absendet.

649 **Art. 21 Abs. 1** entspricht Art. 9 Abs. 1 EAG. Aus der Annahmeerklärung kann sich ergeben, daß der Annehmende angesichts der Verzögerung des Zugangs keine Annahme gewollt hat (*Honnold* S. 200 f).

Art. 21 Abs. 2 entspricht im Kern Art. 9 Abs. 2 EAG. Anstelle der gemäß Art. 9 Abs. 2 EAG maßgeblichen „kurzen Frist" verlangt Art. 21 unverzügliches, d. h. ohne schuldhaftes Zögern erfolgendes Handeln.

Artikel 22 WKR

Eine Annahme kann zurückgenommen werden, wenn die Rücknahmeerklärung dem Anbietenden vor oder in dem Zeitpunkt zugeht, in dem die Annahme wirksam geworden wäre.

650 Entspricht Art. 10 EAG.

Artikel 23 WKR

Ein Vertrag ist in dem Zeitpunkt geschlossen, in dem die Annahme eines Angebots nach diesem Übereinkommen wirksam wird.

651 Art. 23 steht der Vereinbarung einer aufschiebenden Bedingung nicht im Wege (*Schlechtriem* S. 35).

Artikel 24 WKR

Für die Zwecke dieses Teils des Übereinkommens „geht" ein Angebot, eine Annahmeerklärung oder sonstige Willenserklärung dem Empfänger „zu", wenn sie ihm mündlich gemacht wird oder wenn sie auf anderem Weg ihm persönlich, an seiner Niederlassung oder Postanschrift oder, wenn diese fehlen, an seinem gewöhnlichen Aufenthaltsort zugestellt wird.

652 Entspricht Art. 12 Abs. 1 EAG.

Teil III
Warenkauf

Kapitel I
Allgemeine Bestimmungen
Artikel 25 WKR

Eine von der Partei begangene Vertragsverletzung ist wesentlich, wenn sie für die andere Partei solchen Nachteil zur Folge hat, daß ihr im wesentlichen entgeht, was sie nach dem Vertrag hätte erwarten dürfen, es sei denn, daß die vertragsbrüchige Partei diese Folge nicht vorausgesehen hat und eine vernünftige Person der gleichen Art diese Folge unter den gleichen Umständen auch nicht vorausgesehen hätte.

653 Art. 25 enthält ebenso wie Art. 10 EKG eine Legaldefinition. Die Aufhebung des Vertrages ohne vorherige fruchtlose Nachfristsetzung hängt grundsätzlich davon ab, daß die Vertragsverletzung, die sich der andere Teil hat zuschulden kommen lassen, wesentlich war (Artt. 49 ff; 64). Im Zweifel soll es nicht gestattet sein, sich vom Vertrag loszusagen, weil das WKR nach Möglichkeit sinnlose Transportaufwendungen sowie sonstige Kosten vermeiden will und zugleich verhindern will, daß eine unvorhergesehene Konjunkturentwicklung zu Lasten des Vertragsbrüchigen ausgenutzt wird (*v. Caemmerer* Die wesentliche Vertragsverletzung im international Einheitlichen Kaufrecht, Festschrift Coing (1982) S. 49).

Art. 25 weicht von Art. 10 EKG ab (*Herber* S. 21). Art. 25 ist objektiver gefaßt (*v. Caemmerer* S. 49). Art. 25 zufolge kommt es darauf an, ob die aus dem Vertragsbruch resultierenden Nachteile im Lichte der Erwartungen, die die Partei hegen durfte, fundamentaler Natur waren (*Honnold* S. 212f); mit anderen Worten, ob der Vertragsbruch dem Vertragspartner die wesentlichen erhofften Vorteile materieller oder immaterieller Natur (*Huber* RabelsZ **43** (1979) 413, 462f) nimmt oder vorenthält (*Schlechtriem* S. 47).

654 Als **wesentliche** Vertragsverletzung ist regelmäßig eine größere Lieferverzögerung bei Käufen von Waren mit laufendem Marktpreis (*Schlechtriem* S. 48), ferner die Lieferung funktionsuntüchtiger Geräte zu qualifizieren, es sei denn, daß Nachbesserung sofort zugesagt wird und das Gerät nach dem Vertrag nicht sofort benutzt werden mußte (*Honnold* S. 213f). Doloses Verhalten löst nicht ohne weiteres eine wesentliche Vertragsverletzung aus, da es auf die Auswirkungen ankommt (*v. Caemmerer* S. 52; **a. A.** wohl *Honnold* S. 213). **Unwesentlich:** Die Lieferung von Handelsware zum Weiterverkauf, die aussonderbar geringfügig mangelhaft ist, jedenfalls dann, wenn sich der Verkäufer sofort auf eine Minderung einläßt (*Honnold* S. 214f).

655 Die Wesentlichkeit der Vertragsverletzung muß im Moment des Vertragsschlusses ebenso wie bei Art. 10 EKG **kalkulierbar** gewesen sein (*v. Caemmerer* S. 50; *Huber* RabelsZ **43** (1979) 413, 463; *Schlechtriem* S. 49; **a. A.** *Feltham* The United Nations Convention of Contracts for the International Sale of Goods, Journal of Business Law (1981) S. 353). Zur Ausfüllung des Kriteriums „vorausgesehen hätte" s. Art. 10 EKG (Rdn. 331).

Artikel 26 WKR

Eine Erklärung, daß der Vertrag aufgehoben wird, ist nur wirksam, wenn sie der anderen Partei mitgeteilt wird.

656 Die Mitteilung ist nicht empfangsbedürftig (Art. 27; *Schlechtriem* S. 49; *Noussias* Die Zugangsbedürftigkeit von Mitteilungen nach den Einheitlichen Haager Kaufgesetzen und nach dem UN-Kaufgesetz (1982) s. 156; **a. A.** *Huber* RabelsZ **43** (1979) 413, 464). Das Erfordernis der Mitteilung soll nur klarstellen, daß der Vertrag — anders als nach dem EKG — nicht von selbst aufgehoben ist, sondern daß die Aufhebung einer Erklärung bedarf.

Artikel 27 WKR

Soweit in diesem Teil des Übereinkommens nicht ausdrücklich etwas anderes bestimmt wird, nimmt bei einer Anzeige, Aufforderung oder sonstigen Mitteilung, die eine Partei gemäß diesem Teil mit den nach den Umständen geeigneten Mitteln macht, eine Verzögerung oder ein Irrtum bei der Übermittlung der Mitteilung oder deren Nichteintreffen dieser Partei nicht das Recht, sich auf die Mitteilung zu berufen.

657 Art. 27 gilt für alle Anzeigen, Aufforderungen sowie Mitteilungen gemäß den Artt. 26, 39, 43, 47, 67, 88. Zu den Kommunikationsmitteln, die der Absender einzusetzen hat, vgl. Art. 14 EKG. Geeignet sind immer die üblichen Mittel, es sei denn, daß im Einzelfall für deren Untauglichkeit klare Anhaltspunkte ersichtlich sind (*Schlechtriem* S. 50). Art. 27 ist dispositiv. Gebräuche gehen unter den in Art. 9 genannten Voraussetzungen vor.

Artikel 28 WKR

Ist eine Partei nach diesem Übereinkommen berechtigt, von der anderen Partei die Erfüllung einer Verpflichtung zu verlangen, so braucht ein Gericht eine Entscheidung auf Erfüllung in Natur

nur zu fällen, wenn es dies auch nach seinem eigenen Recht bei gleichartigen Kaufverträgen täte, die nicht unter dieses Übereinkommen fallen.

658 Art. 28 entspricht in der Sache Art. 16 EKG.

Artikel 29 WKR

(1) Ein Vertrag kann durch bloße Vereinbarung der Parteien geändert oder aufgehoben werden.

(2) Enthält ein schriftlicher Vertrag eine Bestimmung, wonach jede Änderung oder Aufhebung durch Vereinbarung schriftlich zu erfolgen hat, so darf er nicht auf andere Weise geändert oder aufgehoben werden. Eine Partei kann jedoch aufgrund ihres Verhaltens davon ausgeschlossen sein, sich auf eine solche Bestimmung zu berufen, soweit die andere Partei sich auf dieses Verhalten verlassen hat.

659 **Art. 29 Abs. 1** ist aus der Sicht des BGB selbstverständlich. Abänderungen bedürfen im Anwendungsbereich des Art. 12 der Form. Art. 29 Abs. 2 S. 2 gilt auch hier.

Art. 29 Abs. 2 ist auf Fälle der vereinbarten Schriftform (Artt. 6, 8, 9) bezogen. Mündliche Änderungen des Vertrages sind unabhängig vom Willen der Parteien unwirksam (*Huber* RabelsZ **43** (1979) 413, 435). Der Schriftform wird durch Telegramm, Fernschreiben oder Telekopie Genüge getan (Art. 13).

Kapitel II
Pflichten des Verkäufers
Artikel 30 WKR

Der Verkäufer ist nach Maßgabe des Vertrages und dieses Übereinkommens verpflichtet, die Ware zu liefern, die sie betreffenden Dokumente zu übergeben und das Eigentum an der Ware zu übertragen.

660 Art. 30 konkretisiert die Lieferpflicht des Verkäufers. Sie wird ferner in Hinblick auf Lieferort, Lieferzeit, Dokumente, Qualität, Menge und Rechtsmängelfreiheit detailliert in den Artt. 31 ff geregelt. Daß der Verkäufer auch die ihm nach Treu und Glauben (Art. 7 Abs. 1) obliegenden Nebenpflichten sorgfältig zu erfüllen hat, hält das Gesetz für selbstverständlich. **Sanktion:** Artt. 36 ff, 42 f, 45 ff.

Abschnitt I
Lieferung der Ware und Übergabe der Dokumente
Artikel 31 WKR

Hat der Verkäufer die Ware nicht an einem anderen bestimmten Ort zu liefern, so besteht seine Lieferpflicht in folgendem:

a) Erfordert der Kaufvertrag eine Beförderung der Ware, so hat sie der Verkäufer dem ersten Beförderer zur Übermittlung an den Käufer zu übergeben;

b) bezieht sich der Vertrag in Fällen, die nicht unter Buchstabe a fallen, auf bestimmte Ware oder auf gattungsmäßig bezeichnete Ware, die aus einem bestimmten Bestand zu entnehmen ist, oder auf herzustellende oder zu erzeugende Ware und wußten die Parteien bei Vertragsabschluß, daß die Ware sich an einem bestimmten Ort befand oder dort herzustellen oder zu erzeugen war, so hat der Verkäufer die Ware dem Käufer an diesem Ort zur Verfügung zu stellen;

c) in den anderen Fällen hat der Verkäufer die Ware dem Käufer an dem Ort zur Verfügung zu stellen, an dem der Verkäufer bei Vertragsabschluß seine Niederlassung hatte.

661 Art. 31 regelt den Erfüllungsort, der auch für die Beantwortung der Frage von Bedeutung ist, welche der Parteien Exportlizenzen zu besorgen und Zölle zu bezahlen hat (*Honnold* S. 240). In lit. a ist zunächst die Schickschuld, in lit. b eine spezielle Form der Holschuld und in lit. c die normale Holschuld geregelt. Der Eingangssatz des Art. 31 besagt, daß der Kaufvertrag im Zweifel keine Bringschuld, sondern eine Holschuld begründet (*Herber* S. 23).

662 **Art. 31 lit. a** setzt voraus, daß sich der Verkäufer im Kaufvertrag (Artt. 8, 9) zur Beförderung der Ware oder zur Besorgung des Transportmittels verpflichtet hat (*Vries* European Transport Law XVII (1982) 495, 497 ff; vgl. Art. 19 Abs. 2 EKG). Der Begriff „übergeben" entspricht dem Begriff „aushändigen" in Art. 19 Abs. 2 EKG (*Schlechtriem* S. 53; *Vries* European Transport Law XVII (1982) 495, 497). Es soll sichergestellt sein, daß die Ware in den Gewahrsam des Beförderers gelangt, weil der Käufer nicht selbst für seine Interessen sorgen kann. Zum Begriff „zur Übermittlung" vgl. Art. 19 EKG Rdn. 353. Zum Kreis der Beförderer gehören nur die vom Verkäufer unabhängigen Transportpersonen (*Honnold* S. 236), nicht der vom Verkäufer beauftragte Spediteur, der den Transport nicht selbst ausführt (*Herber* S. 24). Zusätzliche Verkäuferpflicht: Art. 32.

663 **Art. 31 lit. b** begründet eine besondere Art der Holschuld, bei der der Käufer die Ware nicht in der Niederlassung des Verkäufers, sondern am Lager- oder Produktionsort abzuholen hat. Im Zweifel ist eine Holschuld im Sinne des Art. 31 lit. c vereinbart. Die Zweifel sind ausgeräumt, falls sich der Kaufvertrag auf einen bestimmten Bestand oder eine noch zu produzierende Ware bezog und der Käufer bei Vertragsschluß den Ort der Lagerung bzw. Produktion positiv kannte. Der Verkäufer hat die Ware derart bereitzustellen, daß der Käufer nur noch den Besitz zu ergreifen braucht (*Schlechtriem* S. 54).

664 **Art. 31 lit. c** statuiert bei Kaufverträgen, die weder in die Kategorie der Schick- oder Bringschuld noch in die der qualifizierten Holschuld (lit. b) fallen, eine Pflicht zur Abholung der Ware am Niederlassungsort des Verkäufers. Der Verkäufer muß die Ware so an den Käufer heranbringen, daß dieser die Ware an sich nehmen kann. Eine Übergabe ist nach dispositivem Recht nicht erforderlich; denn in lit. c ist, anders als in lit. a, nicht von Übergabe die Rede (*Huber* RabelsZ **43** (1979) 413, 352; **a. A.** *Herber* S. 23).

Artikel 32

(1) Übergibt der Verkäufer nach dem Vertrag oder diesem Übereinkommen die Ware einem Beförderer und ist die Ware nicht deutlich durch daran angebrachte Kennzeichen oder durch Beförderungsdokumente oder auf andere Weise dem Vertrag zugeordnet, so hat der Verkäufer dem Käufer die Versendung anzuzeigen und dabei die Ware im einzelnen zu bezeichnen.

(2) Hat der Verkäufer für die Beförderung der Ware zu sorgen, so hat er die Verträge zu schließen, die zur Beförderung an den festgesetzten Ort mit den nach den Umständen angemessenen Beförderungsmitteln und zu den für solche Beförderungen üblichen Bedingungen erforderlich sind.

(3) Ist der Verkäufer nicht zum Abschluß einer Transportversicherung verpflichtet, so hat er dem Käufer auf dessen Verlangen alle ihm verfügbaren, zum Abschluß einer solchen Versicherung erforderlichen Auskünfte zu erteilen.

665 **Art. 32 Abs. 1** entspricht in der Sache Art. 19 Abs. 3 EKG. Die Anzeige ist nicht empfangsbedürftig (Art. 27). Ohne Versendungsanzeige erfolgt kein Gefahrübergang (Artt. 67 Abs. 2, 69 Abs. 2). Ferner stellt das Unterlassen der Versendungsanzeige eine Vertragsverletzung dar[218].

[218] Artt. 45 ff; *Schlechtriem* S. 55; *Honnold* S. 243.

Art. 32 Abs. 2 entspricht in der Sache Art. 54 Art. 1 EKG. Im Unterschied zum EKG ist gemäß Art. 32 Abs. 2 das den Umständen nach angemessene Beförderungsmittel zu wählen. Dies erweitert den Ermessensspielraum des Verkäufers, bürdet ihm aber auch das Risiko auf, daß er eine falsche Wahl trifft. Rechtsfolge der Pflichtverletzung: Artt. 45 ff.

Art. 32 Abs. 3 entspricht Art. 54 Abs. 2 EKG. **Sanktion:** Artt. 45 ff.

Artikel 33 WKR

Der Verkäufer hat die Ware zu liefern,

a) wenn ein Zeitpunkt im Vertrag bestimmt ist oder aufgrund des Vertrages bestimmt werden kann, zu diesem Zeitpunkt,

b) wenn ein Zeitraum im Vertrag bestimmt ist oder aufgrund des Vertrages bestimmt werden kann, jederzeit innerhalb dieses Zeitraums, sofern sich nicht aus den Umständen ergibt, daß der Käufer den Zeitpunkt zu wählen hat, oder

c) in allen anderen Fällen innerhalb einer angemessenen Frist nach Vertragsabschluß.

666 **Art. 33 lit. a, b.** Die Lieferzeit kann sich auch aus den einschlägigen und gemäß Art. 9 anwendbaren Handelsbräuchen ergeben.

Art. 33 lit. c entspricht in der Sache Art. 22 EKG. Rechtsfolgen der verspäteten Lieferung: Artt. 45 ff. Vorzeitige Lieferung: Art. 52 Abs. 1.

Artikel 34 WKR

Hat der Verkäufer Dokumente zu übergeben, die sich auf die Ware beziehen, so hat er sie zu dem Zeitpunkt, an dem Ort und in der Form zu übergeben, die im Vertrag vorgesehen sind. Hat der Verkäufer die Dokumente bereits vorher übergeben, so kann er bis zu dem für die Übergabe vorgesehenen Zeitpunkt jede Vertragswidrigkeit der Dokumente beheben, wenn die Ausübung dieses Rechts dem Käufer nicht unzumutbare Unannehmlichkeiten oder unverhältnismäßige Kosten verursacht. Der Käufer behält jedoch das Recht, Schadensersatz nach diesem Übereinkommen zu verlangen.

667 **Art. 34 S. 1** entspricht Art. 50 EKG. Der Zeitpunkt, Ort und die Form der Dokumentenübergabe kann sich auch aus anwendbaren Handelsbräuchen (Art. 9) ergeben.

Art. 34 S. 2. Das Recht zu einer Art zweiten Andienung steht mit den Gepflogenheiten des Überseekaufs im Einklang und findet seine Parallele in Art. 48.

Abschnitt II

Vertragsmäßigkeit der Ware sowie Rechte oder Ansprüche Dritter

Artikel 35 WKR

(1) Der Verkäufer hat Ware zu liefern, die in Menge, Qualität und Art sowie hinsichtlich Verpackung oder Behältnis den Anforderungen des Vertrages entspricht.

(2) Haben die Parteien nichts anderes vereinbart, so entspricht die Ware dem Vertrag nur,

a) wenn sie sich für die Zwecke eignet, für die Ware der gleichen Art gewöhnlich gebraucht wird;

b) wenn sie sich für einen bestimmten Zweck eignet, der dem Verkäufer bei Vertragsabschluß ausdrücklich oder auf andere Weise zur Kenntnis gebracht wurde, sofern sich nicht aus den Umständen ergibt, daß der Käufer auf die Sachkenntnis und das Urteilsvermögen des Verkäufers nicht vertraute oder vernünftigerweise nicht vertrauen konnte;

c) wenn sie die Eigenschaften einer Ware besitzt, die der Verkäufer dem Käufer als Probe oder Muster vorgelegt hat;

d) wenn sie in der für Ware dieser Art üblichen Weise oder, falls es eine solche Weise nicht gibt, in einer für die Erhaltung und den Schutz der Ware angemessenen Weise verpackt ist.

(3) Der Verkäufer haftet nach Absatz 2 Buchstaben a bis d nicht für eine Vertragswidrigkeit der Ware, wenn der Käufer bei Vertragsabschluß diese Vertragswidrigkeit kannte oder darüber nicht in Unkenntnis sein konnte.

668 Art. 35 erfaßt wie Art. 33 EKG Quantitäts-, Qualitätsmängel und aliud-Lieferungen der Ware sowie Fälle mangelhafter Verpackung (*Schlechtriem* S. 56 f).

Art. 35 Abs. 2 lit. a entspricht Art. 33 Abs. 1 lit. d EKG.

669 **Art. 35 Abs. 2 lit. b** entspricht in der Sache im wesentlichen Art. 33 Abs. 1 lit. e EKG. Im Unterschied zum EKG muß nicht nachgewiesen werden, daß bestimmte Eigenschaften vertraglich vereinbart wurden (*Herber* S. 25; *Huber* RabelsZ **43** (1979) 413, 480), ohne daß dies in der Sache etwas an der Reichweite der Einstandspflicht ändert[219]. Der Verkäufer muß nur insoweit einstehen, als seine besondere Sachkenntnis den Käufer zum Kauf motivierte oder soweit er nicht deutlich machte, daß sich der Käufer nicht auf ihn verlassen dürfe (vgl. *Koller* Risikozurechnung bei Vertragsstörungen in Austauschverträgen (1979) S. 151).

Art. 35 Abs. 2 lit. c entspricht in der Sache Art. 33 Abs. 1 lit. c EKG.

Art. 35 Abs. 3 entspricht Art. 36 EKG. Nicht in Unkenntnis sein können bedeutet grobe Fahrlässigkeit (**a. A.** *Huber* RabelsZ **43** (1979) 413, 480). Eine Untersuchungspflicht des Käufers besteht nicht (*Honnold* S. 256).

670 **Zusicherungen** des Verkäufers fallen unter Art. 36 Abs. 2. Die Ware muß **im Zeitpunkt** des Gefahrübergangs vertragsgemäß gewesen sein (Artt. 36, 67 ff). Die **Haftung** des Verkäufers setzt grundsätzlich eine rechtzeitige Rüge (Artt. 38 f) voraus. Haftungsumfang: Artt. 36, 37, 45 ff, 5. **Beweislast:** Nach Abnahme beim Käufer (**a. A.** *Huber* RabelsZ **43** (1979) 413, 480). Rechtsmängel: Artt. 41 f.

Artikel 36 WKR

(1) Der Verkäufer haftet nach dem Vertrag und diesem Übereinkommen für eine Vertragswidrigkeit, die im Zeitpunkt des Übergangs der Gefahr auf den Käufer besteht, auch wenn die Vertragswidrigkeit erst nach diesem Zeitpunkt offenbar wird.

(2) Der Verkäufer haftet auch für eine Vertragswidrigkeit, die nach dem in Absatz 1 angegebenen Zeitpunkt eintritt und auf die Verletzung einer seiner Pflichten zurückzuführen ist, einschließlich der Verletzung einer Garantie dafür, daß die Ware für eine bestimmte Zeit für den üblichen Zweck oder für einen bestimmten Zweck geeignet bleiben oder besondere Eigenschaften oder Merkmale behalten wird.

671 **Art. 36 Abs. 1** legt den für die Haftung maßgeblichen Zeitpunkt auf den Moment des Gefahrübergangs (Artt. 67 ff). Die Haftung auf Schadensersatz, Aufhebung des Vertrages, Minderung sowie Nachlieferung bzw. Nachbesserung erfolgt nach Maßgabe der Artt. 45 ff, 5. Art. 34 EKG gilt der Sache nach auch im Rahmen des Art. 36 Abs. 1 (*Schlechtriem* S. 19). **Ausnahme:** Art. 37; Rügepflichtverletzung Art. 39.

Art. 36 Abs. 2 statuiert Selbstverständliches, soweit er eine Haftung auch für Vertragswidrigkeiten anordnet, die im Kern schon vor dem Gefahrübergang bestanden haben, sich aber erst nach Gefahrübergang herausstellten. Die Haftung für Garantien, die auch stillschweigend erteilt werden können (*Herber* S. 26), ergibt sich bereits aus dem Vertrag (*Honnold* S. 268 f).

---

[219] Vgl. *Koller* Die Risikozurechnung bei Vertragsstörungen in Austauschverträgen (1979) S. 146 ff.

Artikel 37 WKR

Bei vorzeitiger Lieferung der Ware behält der Verkäufer bis zu dem für die Lieferung festgesetzten Zeitpunkt das Recht, fehlende Teile nachzuliefern, eine fehlende Menge auszugleichen, für nicht vertragsgemäße Ware Ersatz zu liefern oder die Vertragswidrigkeit der gelieferten Ware zu beheben, wenn die Ausübung dieses Rechts dem Käufer nicht unzumutbare Unannehmlichkeiten oder unverhältnismäßige Kosten verursacht. Der Käufer behält jedoch das Recht, Schadensersatz nach diesem Übereinkommen zu verlangen.

672 **Art. 37 S. 1** entspricht Art. 37 EKG. Die Nachlieferung bzw. Nachbesserung hat der Käufer auch dann entgegenzunehmen, wenn sie nicht völlig vertragsgemäß ist (*Honnold* S. 272).

Art. 37 S. 2 stellt klar, daß der Käufer seine Schadensersatzansprüche (Artt. 45, 79, 74ff) behält. Ausnahme: Art. 5. Nach Ablauf des Lieferzeitpunkts darf sich der Verkäufer nur noch auf Art. 48 berufen.

Artikel 38 WKR

(1) Der Käufer hat die Ware innerhalb einer so kurzen Frist zu untersuchen oder untersuchen zu lassen, wie es die Umstände erlauben.

(2) Erfordert der Vertrag eine Beförderung der Ware, so kann die Untersuchung bis nach dem Eintreffen der Ware am Bestimmungsort aufgeschoben werden.

(3) Wird die Ware vom Käufer umgeleitet oder von ihm weiterversandt, ohne daß er ausreichend Gelegenheit hatte, sie zu untersuchen, und kannte der Verkäufer bei Vertragsabschluß die Möglichkeit einer solchen Umleitung oder Weiterversendung oder mußte er sie kennen, so kann die Untersuchung bis nach dem Eintreffen der Ware an ihrem neuen Bestimmungsort aufgeschoben werden.

673 **Art. 38 Abs. 1** begründet eine Untersuchungsobliegenheit in Hinblick auf Quantitäts-, Qualitätsmängel sowie Falschlieferungen (*Huber* RabelsZ **43** (1979) 413, 484f; *Schlechtriem* S. 59). Art. 38 Abs. 1 entspricht Art. 38 Abs. 1 EKG. Es gelten aber nicht ohne weiteres die Gebräuche des Untersuchungsortes (Art. 9; *Schlechtriem* S. 58).

Art. 38 Abs. 2 entspricht in der Sache Art. 38 Abs. 2 EKG.

Art. 38 Abs. 3 entspricht im wesentlichen Art. 38 Abs. 3 EKG. Im Vergleich zu Art. 38 Abs. 3 EKG setzt Art. 38 zusätzlich das Fehlen ausreichender Untersuchungsmöglichkeiten voraus.

Kosten der Untersuchung s. Art. 38 EKG Rdn. 405. Die bloße **Verletzung** der Untersuchungsobliegenheit zieht keine Sanktion nach sich. Der Rechtsverlust ist an den Verstoß gegen die Rügeobliegenheit geknüpft.

Artikel 39 WKR

(1) Der Käufer verliert das Recht, sich auf eine Vertragswidrigkeit der Ware zu berufen, wenn er sie dem Verkäufer nicht innerhalb einer angemessenen Frist nach dem Zeitpunkt, in dem er sie festgestellt hat oder hätte feststellen müssen, anzeigt und dabei die Art der Vertragswidrigkeit genau bezeichnet.

(2) Der Käufer verliert in jedem Fall das Recht, sich auf die Vertragswidrigkeit der Ware zu berufen, wenn er sie nicht spätestens innerhalb von zwei Jahren, nachdem ihm die Ware tatsächlich übergeben worden ist, dem Verkäufer anzeigt, es sei denn, daß diese Frist mit einer vertraglichen Garantiefrist unvereinbar ist.

674 **Art. 39 Abs. 1** differenziert in Hinblick auf die Rügefrist nicht zwischen Mängeln, die bei der Lieferung erkennbar sind, und solchen Mängeln, die erst später erkennbar werden. Verdeckte Mängel sind also nicht erst nach positiver Zurkenntnisnahme, sondern binnen angemessener Frist nach Erkennbarkeit zu rügen (*Schlechtriem* S. 60). Die

Rüge hat anders als im Rahmen des Art. 39 EKG nicht binnen kurzer Frist, sondern innerhalb angemessener Frist zu erfolgen. Die Angemessenheit der Frist ist anhand des ersichtlichen Bedürfnisses nach rascher Aufklärung, der Verderblichkeit der Güter, der Beweissicherung und der Möglichkeit, die Nachbesserung bzw. Nachlieferung zu sichern, zu bestimmen (*Honnold* S. 281). Die Rüge muß spätestens vor Ablauf von 2 Jahren erfolgt sein (Art. 39 Abs. 2). Die Rüge muß lediglich die Art der Vertragswidrigkeit genau bezeichnen. Die Rüge ist nicht empfangsbedürftig (Art. 27). Vgl. im übrigen Art. 39 Abs. 1 EKG. **Ausnahme:** Art. 40. **Rechtsfolge:** Verlust aller Rechte aus den Artt. 45—49, mit Ausnahme der Rechte aus Art. 50, falls die Voraussetzungen des Art. 44 vorliegen.

Art. 39 Abs. 2. Das WKR enthält keine zusätzlichen Verjährungsvorschriften. Das WKR soll durch ein UNCITRAL-Verjährungsabkommen (*Huber* RabelsZ **43** (1979) 413, 483) ergänzt werden.

Artikel 40 WKR

Der Verkäufer kann sich auf die Artikel 38 und 39 nicht berufen, wenn die Vertragswidrigkeit auf Tatsachen beruht, die er kannte oder über die er nicht in Unkenntnis sein konnte und die er dem Käufer nicht offenbart hat.

675 Art. 40 entspricht Art. 40 EKG (*Schlechtriem* S. 60; **a. A.** *Huber* RabelsZ **43** (1979) 413, 482).

Artikel 41 WKR

Der Verkäufer hat Ware zu liefern, die frei von Rechten oder Ansprüchen Dritter ist, es sei denn, daß der Käufer eingewilligt hat, die mit einem solchen Recht oder Anspruch behaftete Ware zu nehmen. Beruhen jedoch solche Rechte oder Ansprüche auf gewerblichem oder anderem geistigen Eigentum, so regelt Artikel 42 die Verpflichtung des Verkäufers.

676 Die Artt. 41—43 regeln die Fragen der Rechtsmängelhaftung abweichend vom EKG. Das WKR weicht von Art. 52 EKG insbesondere in Hinblick auf die Haftung für die Belastung durch **gewerbliche Schutzrechte** Dritter (Art. 42) ab.

Art. 41 erfaßt mit Ausnahme der in Art. 42 geregelten Fälle sämtliche **privatrechtlichen** Rechte Dritter, die die unmittelbare Besitzer- oder Eigentumsposition des Käufers einschränken, sowie die Fälle, in denen sich Dritte eines einschränkenden Rechts berühmen (vgl. Art. 52 EKG Rdn. 442; *Huber* RabelsZ **43** (1979) 413, 501; *Schlechtriem* S. 63). Unklar ist, inwieweit **öffentlich-rechtliche** Nutzungsbeschränkungen unter Art. 41 fallen. Verneinend *Schlechtriem,* S. 63, der Art. 35 anwenden will. — **Rechtsfolge:** Artt. 44, 45 ff, grundsätzlich unter der Voraussetzung, daß der Rechtsmangel rechtzeitig gerügt wurde (Art. 43). Eine Ausschlußfrist existiert nicht. Zur Verjährung Art. 39.

Artikel 42 WKR

(1) Der Verkäufer hat Ware zu liefern, die frei von Rechten oder Ansprüchen Dritter ist, die auf gewerblichem oder anderem geistigen Eigentum beruhen und die der Verkäufer bei Vertragsabschluß kannte oder über die er nicht in Unkenntnis sein konnte, vorausgesetzt, das Recht oder der Anspruch beruht auf gewerblichem oder anderem geistigen Eigentum

a) nach dem Recht des Staates, in dem die Ware weiterverkauft oder in dem sie in anderer Weise verwendet wird, wenn die Parteien bei Vertragsabschluß in Betracht gezogen haben, daß die Ware dort weiterverkauft oder verwendet werden wird, oder

b) in jedem anderen Falle nach dem Recht des Staates, in dem der Käufer seine Niederlassung hat.

(2) Die Verpflichtung des Verkäufers nach Absatz 1 erstreckt sich nicht auf Fälle,

a) **in denen der Käufer im Zeitpunkt des Vertragsabschlusses das Recht oder den Anspruch kannte oder darüber nicht in Unkenntnis sein konnte, oder**

b) **in denen das Recht oder der Anspruch sich daraus ergibt, daß der Verkäufer sich nach technischen Zeichnungen, Entwürfen, Formeln oder sonstigen Angaben gerichtet hat, die der Käufer zur Verfügung gestellt hat.**

677 Art. 42 stellt eine Sondervorschrift für Rechtsmängel dar, die aus Rechten oder Ansprüchen aus gewerblichem Eigentum (z. B. Patenten, Warenzeichen, Gebrauchsmusterschutz-, Sortenmusterschutzrechten) oder aus anderem geistigen Eigentum (z. B. Urheberrechte) resultieren. Die Haftung gemäß Art. 42 setzt kumulativ voraus, daß der Verkäufer (1) die Rechte im Sinne des Art. 42 kannte oder grob fahrlässig nicht kannte (vgl. *Honnold* S. 256) und (2) der Verkäufer erkennen mußte, daß die Rechte die Verwendungszwecke des Käufers tangieren. Die Frage, wann der Verkäufer die Verwendungszwecke des Käufers berücksichtigen mußte, ist detailliert in Art. 42 Abs. 1 lit. a und b geregelt. Zum Begriff der Niederlassung Art. 10. **Rechtsfolge der Rechtsmängelhaftung:** Artt. 44, 45 ff. **Ausnahmen:** Art. 42 Abs. 2 lit. a (entspricht Art. 35 Abs. 3); Art. 42 Abs. 2 lit. b, falls der Verkäufer nach Anweisungen des Käufers gehandelt hat. Der Käufer muß seine Anweisungen nicht im Sinne des Art. 79 zu vertreten gehabt haben. Konnte der Verkäufer erkennen, daß der Käufer nichts von der Existenz gewerblicher Schutzrechte wußte, so muß er ihn ungeachtet des Art. 42 Abs. 2 lit. b informieren. — Keine volle Haftung ferner nach Versäumung der Rügefrist (Art. 43). In einem solchen Fall kann der Käufer eventuell Minderung des Kaufpreises fordern (Art. 44).

Artikel 43 WKR

(1) Der Käufer kann sich auf Artikel 41 oder 42 nicht berufen, wenn er dem Verkäufer das Recht oder den Anspruch des Dritten nicht innerhalb einer angemessenen Frist nach dem Zeitpunkt, in dem er davon Kenntnis erlangt hat oder hätte erlangen müssen, anzeigt und dabei genau bezeichnet, welcher Art das Recht oder der Anspruch des Dritten ist.

(2) Der Verkäufer kann sich nicht auf Absatz 1 berufen, wenn er das Recht oder den Anspruch des Dritten und seine Art kannte.

678 **Art. 43 Abs. 1** entspricht Art. 52 Abs. 4 EKG. Die Rüge ist nicht zugangsbedürftig (Art. 27). Anders als nach EKG zieht die Versäumung der Rügefrist nicht notwendig den vollen Rechtsverlust nach sich (Art. 44). Soweit Art. 44 nicht zum Tragen kommt, haftet der Verkäufer dem Käufer, der die Rügefrist versäumt hat, — anders als nach Art. 40 EKG — nur, wenn der Käufer beweist, daß der Verkäufer den Rechtsmangel bzw. die Ansprüche Dritter positiv gekannt hat (*Honnold* S. 293).

Artikel 44 WKR

Ungeachtet des Artikels 39 Absatz 1 und des Artikels 43 Absatz 1 kann der Käufer den Preis nach Artikel 50 herabsetzen oder Schadensersatz, außer für entgangenen Gewinn, verlangen, wenn er eine vernünftige Entschuldigung dafür hat, daß er die erforderliche Anzeige unterlassen hat.

679 Vernünftige Entschuldigung ist zu bejahen, wenn in den Kreisen des Käufers eine Untersuchung sowie Rüge binnen angemessener Frist unüblich ist (*Herber* S. 28). Zu Gegenansprüchen des Verkäufers, *Schlechtriem*, S. 61.

Abschnitt III

Rechtsbehelfe des Käufers wegen Vertragsverletzung durch den Verkäufer

Vorbemerkung vor Art. 45

680 Ähnlich wie das EKG (vor Art. 18 EKG Rdn. 344), geht das WKR von einem einheitlichen Begriff der Vertragsverletzung aus, der die Fälle der Unmöglichkeit, des Unvermögens ebenso umfaßt, wie die Fälle verspäteter Lieferung, Lieferung am falschen Ort, der Quantitäts-, Qualitätsmängel, der Falschlieferung und der Verletzung von Nebenpflichten (*Huber* RabelsZ **43** (1979) 413, 507). Anders als das EKG differenziert das WKR jedoch nur geringfügig zwischen den auf die einzelnen Fallgruppen bezogenen Rechtsfolgen. Vielmehr sind die Rechtsfolgen im wesentlichen einheitlich geregelt. Ähnlich dem EKG unterscheidet das WKR zwischen wesentlichen (Art. 25) und unwesentlichen Vertragsverletzungen und macht hiervon die sofortige Aufhebung des Vertrages abhängig (Art. 49 Abs. 1). Die Rechtsbehelfe des Käufers bei Vertragsverletzungen (Erfüllung, Schadensersatz, Aufhebung des Vertrages, Minderung) können, soweit dies logisch möglich ist, nebeneinander geltend gemacht werden (Art. 45 Abs. 2).

Artikel 45 WKR

(1) Erfüllt der Verkäufer eine seiner Pflichten nach dem Vertrag oder diesem Übereinkommen nicht, so kann der Käufer

a) die in Artikel 46 bis 52 vorgesehenen Rechte ausüben;

b) Schadensersatz nach Artikel 74 bis 77 verlangen.

(2) Der Käufer verliert das Recht, Schadensersatz zu verlangen, nicht dadurch, daß er andere Rechtsbehelfe ausübt.

(3) Übt der Käufer einen Rechtsbehelf wegen Vertragsverletzung aus, so darf ein Gericht oder Schiedsgericht dem Verkäufer keine zusätzliche Frist gewähren.

681 Das Recht auf **Erfüllung** des Vertrages ist in den Artt. 46, 47 näher geregelt. Der Verkäufer hat grundsätzlich ein Recht auf zweite Andienung. — Die **Schadensersatzhaftung** wird durch die Artt. 74 ff konkretisiert. Voraussetzung ist immer, daß der Verkäufer die Schadensursache zu vertreten hat (Artt. 79 f). — Das Recht zur **Aufhebung** des Vertrages ergibt sich aus den Artt. 49, 51. Die Artt. 72, 73 statuieren weitere Aufhebungsgründe. Die Minderung des Kaufpreises (Art. 50) stellt eine Variante der Vertragsaufhebung dar. — **Zurückweisung der Ware**: Art. 52.

Die Rechtsbehelfe stehen **zur Wahl** des Käufers. Sie können nebeneinander geltend gemacht werden, soweit dies logisch möglich ist.

Artikel 46 WKR

(1) Der Käufer kann vom Verkäufer Erfüllung seiner Pflichten verlangen, es sei denn, daß der Käufer einen Rechtsbehelf ausgeübt hat, der mit diesem Verlangen unvereinbar ist.

(2) Ist die Ware nicht vertragsgemäß, so kann der Käufer Ersatzlieferung nur verlangen, wenn die Vertragswidrigkeit eine wesentliche Vertragsverletzung darstellt und die Ersatzlieferung entweder zusammen mit einer Anzeige nach Artikel 39 oder innerhalb einer angemessenen Frist danach verlangt wird.

(3) Ist die Ware nicht vertragsgemäß, so kann der Käufer den Verkäufer auffordern, die Vertragswidrigkeit durch Nachbesserung zu beheben, es sei denn, daß dies unter Berücksichtigung aller Umstände unzumutbar ist. Nachbesserung muß entweder zusammen mit einer Anzeige nach Artikel 39 oder innerhalb einer angemessenen Frist danach verlangt werden.

682 **Art. 46 Abs. 1.** Der Anspruch auf Erfüllung gemäß Art. 46 Abs. 1 setzt voraus, daß der Verkäufer noch nicht in vollem Umfang oder am falschen Ort oder rechtsmängelbehaftet geliefert hat. Wies die Ware lediglich Sachmängel auf oder hatte der Verkäufer ein aliud geliefert, so ist Art. 46 Abs. 2, 3 zu beachten. Der Verkäufer wird von der Pflicht zur Erfüllung nicht unter den in Art. 79 genannten Voraussetzungen befreit. Der Erfüllungsanspruch entfällt erst, wenn der Käufer wirksam die Aufhebung des Vertrages (Art. 49) oder die Minderung (Art. 50) erklärt hat. Die gerichtliche Durchsetzung des Erfüllungsanspruches kann ausgeschlossen sein (Art. 28). Neben der Erfüllung kann Schadensersatz nach Maßgabe der Artt. 45 Abs. 2, 74 ff, 79 gefordert werden.

683 **Art. 46 Abs. 2** ist auf den Gattungskauf zugeschnitten (*Herber* S. 30). Er setzt die Lieferung mangelhafter Ware oder die Lieferung eines aliud voraus. Die vertragswidrige Lieferung muß eine im Sinne des Art. 25 **wesentliche Vertragsverletzung** ausgelöst haben. Die Angemessenheit der Frist für die Forderung nach Ersatzlieferung ist im Licht der Spekulationsmöglichkeiten des Käufers, die es abzuwehren gilt, zu bestimmen. Die Aufforderung zur Ersatzlieferung ist nicht zugangsbedürftig (Art. 27). Trotz einer wesentlichen Vertragsverletzung kann Ersatzlieferung nicht verlangt werden, wenn Art. 82 Abs. 1 eingreift. Hat die Falschlieferung bzw. mangelhafte Lieferung lediglich eine **unwesentliche Vertragsverletzung** zur Folge gehabt, so darf der Käufer weder Ersatzlieferung fordern noch hierzu eine Nachfrist im Sinne des Art. 49 Abs. 1 lit. b setzen, so daß der Käufer darauf verwiesen ist, den Kaufpreis zu mindern (Art. 50) oder Schadensersatz zu verlangen (Artt. 74 ff), falls der Verkäufer den Schaden zu vertreten hat[220]. Im Rahmen des Schadensersatzanspruchs darf der Käufer die Ware nicht einfach zur Verfügung stellen und den vollen Nichterfüllungsschaden einklagen, da dies dem Zweck des Art. 46 Abs. 2, den Käufer nicht mit den Kosten des Rücktransportes zu belasten, zuwiderlaufen würde (*Honnold* S. 301). Eine Nachfrist im Sinne des Art. 47 Abs. 1 kann auch bei unwesentlichen Vertragsverletzungen gesetzt werden. — Zum Recht des Verkäufers auf zweite Andienung Art. 48.

684 **Art. 46 Abs. 3** ist auf Spezies- und Gattungskäufe zugeschnitten. Der Käufer kann auch bei unwesentlichen Vertragsverletzungen eine Nachfrist für Nachbesserungsversuche setzen (*Honnold* S. 301). Der fruchtlose Ablauf der Nachfrist führt jedoch nur dann zur Aufhebung des Vertrages (Art. 49), wenn die durch die Lieferung der mangelhaften Ware verursachte Vertragsverletzung wesentlich (Art. 25) war (*Huber* RabelsZ **43** (1979) 413, 485). Bei unwesentlichen Vertragsverletzungen kann der Käufer nur Minderung oder Schadensersatz geltend machen (s. oben Rdn. 683). Zum Recht des Verkäufers auf Nachbesserung Art. 48.

Artikel 47 WKR

(1) Der Käufer kann dem Verkäufer eine angemessene Nachfrist zur Erfüllung seiner Pflichten setzen.

(2) Der Käufer kann vor Ablauf dieser Frist keinen Rechtsbehelf wegen Vertragsverletzung ausüben, außer wenn er vom Verkäufer die Anzeige erhalten hat, daß dieser seine Pflichten nicht innerhalb der so gesetzten Frist erfüllen wird. Der Käufer behält jedoch das Recht, Schadensersatz wegen verspäteter Erfüllung zu verlangen.

685 **Art. 47 Abs. 1** gibt dem Käufer das Recht, eine angemessene Nachfrist zu setzen. Die Nachfrist kann auch mehrfach hintereinander gesetzt werden (*Huber* RabelsZ **43** (1979) 413, 475). Der Käufer muß zu erkennen geben, daß er nach fruchtlosem Ablauf der Frist weitere Erfüllungsversuche ablehnen werde. Die Erklärung ist nicht empfangsbedürftig (Art. 27; *Noussias* S. 145). Der bloße fruchtlose Ablauf der Nachfrist führt jedoch in Fällen, in denen der Verkäufer sachmängelbehaftete oder falsche Ware geliefert hat, nicht zur Aufhebung des Vertrages (Art. 49 Abs. 1 lit. b; *Honnold* S. 302).

220 *Herber* S. 31; *Huber* RabelsZ **43** (1979) 413, 484; *Schlechtriem* S. 67 f.

Art. 47 Abs. 2 sichert den Verkäufer davor, daß seine Erfüllungsbemühungen ins Leere gehen, weil der Käufer inzwischen zur Aufhebung des Vertrages (Art. 49 Abs. 1 lit. a), zur Minderung (Art. 50) oder zum Schadensersatz (Artt. 74ff) umgeschwenkt ist. Eine Ausnahme gilt dort, wo der Verkäufer ausdrücklich die Erfüllung verweigert und der Käufer hiervon positiv Kenntnis erlangt hat. **686**

Artikel 48 WKR

(1) Vorbehaltlich des Artikels 49 kann der Verkäufer einen Mangel in der Erfüllung seiner Pflichten auch nach dem Liefertermin auf eigene Kosten beheben, wenn dies keine unzumutbare Verzögerung nach sich zieht und dem Käufer weder unzumutbare Unannehmlichkeiten noch Ungewißheit über die Erstattung seiner Auslagen durch den Verkäufer verursacht. Der Käufer behält jedoch das Recht, Schadensersatz nach diesem Übereinkommen zu verlangen.

(2) Fordert der Verkäufer den Käufer auf, ihm mitzuteilen, ob er die Erfüllung annehmen will, und entspricht der Käufer der Aufforderung nicht innerhalb einer angemessenen Frist, so kann der Verkäufer innerhalb der in seiner Aufforderung angegebenen Frist erfüllen. Der Käufer kann vor Ablauf dieser Frist keinen Rechtsbehelf ausüben, der mit der Erfüllung durch den Verkäufer unvereinbar ist.

(3) Zeigt der Verkäufer dem Käufer an, daß er innerhalb einer bestimmten Frist erfüllen wird, so wird vermutet, daß die Anzeige eine Aufforderung an den Käufer nach Absatz 2 enthält, seine Entscheidung mitzuteilen.

(4) Eine Aufforderung oder Anzeige des Verkäufers nach Absatz 2 oder 3 ist nur wirksam, wenn der Käufer sie erhalten hat.

Art. 48 eröffnet dem Verkäufer ein Recht zur zweiten Andienung. Er kann damit verhindern, daß der Käufer die vertragswidrige Belieferung benutzt, um den Kaufpreis herabzusetzen (Art. 50) oder den Vertrag aufzuheben. Grundsätzlich kann der Käufer bei wesentlichen Vertragsverletzungen — und nur bei derartigen Vertragsverletzungen — sofort die Aufhebung des Vertrages erklären (Art. 49 Abs. 1 lit. a). Der Verkäufer kann dieser Aufhebungserklärung zuvorkommen, indem er dem Käufer anzeigt, daß er noch erfüllen will (Art. 48 Abs. 2, 3), falls der Käufer nicht binnen angemessener Frist die zweite Andienung ablehnt (*Schlechtriem* S. 69). **687**

Art. 48 Abs. 1 bezieht sich seinem Wortlaut zufolge auf alle Arten der Vertragsverletzung. Auch Lieferverzögerungen werden erfaßt, obwohl sie eigentlich nicht durch spätere Belieferung behoben werden können (*Schlechtriem* S. 69; *Honnold* S. 313f). Unter der Voraussetzung, daß die zweite Andienung bzw. verspätete Lieferung dem Käufer weder unzumutbare Unannehmlichkeiten noch Kostenrisiken bereitet, ist der Käufer verpflichtet, die zweite bzw. verspätete Andienung abzunehmen. Theoretisch kann er allerdings in Fällen des Art. 49 Abs. 1 lit. a der zweiten Andienung durch vorherige Aufhebung des Vertrages zuvorkommen (*Schlechtriem* S. 68f). Es ist jedoch zu berücksichtigen, daß sowohl die Möglichkeit der Nachleistung innerhalb angemessener Frist als auch erst recht die feste Zusage des Verkäufers, innerhalb angemessener Frist (nochmals) anzudienen, der Vertragsverletzung den Charakter der Wesentlichkeit nehmen kann (*Schlechtriem* S. 69; *Honnold* S. 311f). Eine weitere Einschränkung des Art. 49 Abs. 1 lit. a erfolgt durch Art. 48 Abs. 2, 3. **688**

Art. 48 Abs. 2 erlaubt es dem Verkäufer, sich Gewißheit darüber zu verschaffen, ob der Käufer seinem Andienungsversuch durch eine Aufhebungserklärung zuvorkommt. Antwortet der Käufer nicht rechtzeitig auf eine Anfrage des Verkäufers, so ist dem Käufer die Aufhebung des Vertrages vor Ablauf der in der Mitteilung des Verkäufers genannten Frist auch dann verwehrt (Art. 48 Abs. 2 S. 2), wenn die Lieferverzögerung für den Käufer unzumutbare Unannehmlichkeiten mit sich bringt oder sonst untragbare Kostenrisiken entstehen (*Honnold* S. 299). **689**

690 Da die Verkäufer in aller Regel nicht förmlich anfragen werden, ob der Käufer mit einer zweiten Andienung einverstanden ist, stellt **Art. 48 Abs. 3** eine Legalvermutung auf. Ihr zufolge ist das bloße Inaussichtstellen einer zweiten Andienung als Anfrage im Sinne des Art. 48 Abs. 2 zu qualifizieren. Das Gesetz geht davon aus, daß die Vertragspartner miteinander kooperieren und reagieren werden, wenn sie erkennen, daß ihr Vertragspartner Kosten auf sich nehmen will (*Honnold* S. 312). Allerdings muß in der Anzeige über die zweite Andienung ebenso wie in der Aufforderung im Sinne des Art. 48 Abs. 2 immer eine feste Frist angegeben werden, innerhalb der die Erfüllung vollendet wird. Aufforderung und Anzeige sind zugangsbedürftig (Art. 48 Abs. 4). Die Antwort des Käufers auf die Aufforderung ist nicht zugangsbedürftig (Art. 27).

Artikel 49 WKR

(1) Der Käufer kann die Aufhebung des Vertrages erklären,

a) wenn die Nichterfüllung einer dem Verkäufer nach dem Vertrag oder diesem Übereinkommen obliegenden Pflicht eine wesentliche Vertragsverletzung darstellt oder

b) wenn im Falle der Nichtlieferung der Verkäufer die Ware nicht innerhalb der vom Käufer nach Artikel 47 Absatz 1 gesetzten Nachfrist liefert oder wenn er erklärt, daß er nicht innerhalb der so gesetzten Frist liefern wird.

(2) Hat der Verkäufer die Ware geliefert, so verliert jedoch der Käufer sein Recht, die Aufhebung des Vertrages zu erklären, wenn er

a) im Falle der verspäteten Lieferung die Aufhebung nicht innerhalb einer angemessenen Frist erklärt, nachdem er erfahren hat, daß die Lieferung erfolgt ist, oder

b) im Falle einer anderen Vertragsverletzung als verspäteter Lieferung die Aufhebung nicht innerhalb einer angemessenen Frist erklärt,

i) nachdem er die Vertragsverletzung kannte oder kennen mußte,

ii) nachdem eine vom Käufer nach Artikel 47 Absatz 1 gesetzte Nachfrist abgelaufen ist oder nachdem der Verkäufer erklärt hat, daß er seine Pflichten nicht innerhalb der Nachfrist erfüllen wird, oder

iii) nachdem eine vom Verkäufer nach Artikel 48 Absatz 2 gesetzte Frist abgelaufen ist oder nachdem der Käufer erklärt hat, daß er die Erfüllung nicht annehmen wird.

Art. 49 Abs. 1. Das Recht zur Vertragsaufhebung besteht in **fünf Fallgruppen:**

691 (1) Die Vertragsverletzung ist wesentlich (Art. 25), und der Verkäufer hat nicht nachträglich erfüllt (Art. 48 Abs. 1), und der Käufer hat auf eine Aufforderung im Sinne des Art. 48 Abs. 2 nicht geschwiegen oder die für die zweite Andienung angekündigte Frist (Art. 48 Abs. 2) ist verstrichen (Art. 49 Abs. 1 lit. a).

692 (2) Der Verkäufer hat nicht oder zu wenig oder rechtsmangelhaft geliefert oder die geschuldeten Transportpapiere nicht ausgehändigt (*Schlechtriem* S. 69). Der Käufer hat außerdem eine Nachfrist im Sinne des Art. 47 gesetzt und diese Nachfrist ist fruchtlos verstrichen bzw. der Verkäufer hat angekündigt, daß er nicht innerhalb der Nachfrist liefern werde (Art. 49 Abs. 1 lit. b).

693 (3) Die Parteien hatten eine Fixschuld vereinbart oder nach den einschlägigen Handelsbräuchen (Art. 9) war zum vereinbarten Termin fix zu liefern (*Huber* RabelsZ **43** (1979) 413, 474).

694 (4) Es ist evident, daß der Verkäufer eine wesentliche Vertragsverletzung begehen wird (Art. 72).

695 (5) Beim Sukzessivlieferungsvertrag ist eine wesentliche Vertragsverletzung in Hinblick auf künftige Teillieferungen zu erwarten (Art. 73).

Schranken des Aufhebungsrechts: Artt. 51, 82.

696 **Art. 49 Abs. 2** soll Spekulationen auf Kosten des Verkäufers verhindern. Außerdem soll der Verkäufer von dem Risiko entlastet werden, daß er erhebliche Lagerkosten und Verschlechterungsrisiken nur deshalb zu tragen hat, weil sich der Käufer nicht binnen angemessener Frist zwischen den ihm offen stehenden Rechtsbehelfen entscheiden kann (*Honnold* S. 319 f). Die Aufhebung erfolgt durch eine nicht empfangsbedürftige Willenserklärung (Art. 26). Rechtsfolgen der Aufhebung des Vertrages: Artt. 81 ff.

Artikel 50 WKR

Ist die Ware nicht vertragsgemäß, so kann der Käufer unabhängig davon, ob der Kaufpreis bereits gezahlt worden ist oder nicht, den Preis in dem Verhältnis herabsetzen, in dem der Wert, den die tatsächlich gelieferte Ware im Zeitpunkt der Lieferung hatte, zu dem Wert steht, den vertragsgemäße Ware zu diesem Zeitpunkt gehabt hätte. Behebt jedoch der Verkäufer nach Artikel 37 oder 48 einen Mangel in der Erfüllung seiner Pflichten oder weigert sich der Käufer, Erfüllung durch den Verkäufer nach den genannten Artikeln anzunehmen, so kann der Käufer den Preis nicht herabsetzen.

697 Das Recht, den Kaufpreis zu mindern, entfällt, wenn der Verkäufer zur Nachbesserung bzw. Ersatzlieferung bereit und berechtigt ist (Art. 48 Abs. 1; *Huber* RabelsZ 43 (1979) 413, 490). Art. 50 ist bei Rechtsmängeln analog anzuwenden. Die Herabsetzung des Kaufpreises erfolgt durch einseitige, nicht zugangsbedürftige Willenserklärung (Analogie zu Art. 26).

Artikel 51 WKR

(1) Liefert der Verkäufer nur einen Teil der Ware oder ist nur ein Teil der gelieferten Ware vertragsgemäß, so gelten für den Teil, der fehlt oder der nicht vertragsgemäß ist, die Artikel 46 bis 50.

(2) Der Käufer kann nur dann die Aufhebung des gesamten Vertrages erklären, wenn die unvollständige oder nicht vertragsgemäße Lieferung eine wesentliche Vertragsverletzung darstellt.

698 Vgl. Art. 45 EKG. Art. 51 stellt klar, daß die Aufhebung des ganzen Vertrages nur erklärt werden kann, wenn die ausstehende Lieferung im Lichte des gesamten Vertrages als wesentliche Vertragsverletzung (Art. 25) zu qualifizieren ist.

Artikel 52 WKR

(1) Liefert der Verkäufer die Ware vor dem festgesetzten Zeitpunkt, so steht es dem Käufer frei, sie abzunehmen oder die Abnahme zu verweigern.

(2) Liefert der Verkäufer eine größere als die vereinbarte Menge, so kann der Käufer die zuviel gelieferte Menge abnehmen oder ihre Abnahme verweigern. Nimmt der Käufer die zuviel gelieferte Menge ganz oder teilweise ab, so hat er sie entsprechend dem vertraglichen Preis zu bezahlen.

699 **Art. 52 Abs. 1.** Vgl. Art. 29 EKG. Der Anspruch auf Schadensersatz bleibt unberührt (Art. 45 Abs. 2). Verweigert der Käufer die Abnahme, so kommen die Artt. 86 ff zur Anwendung.

700 **Art. 52 Abs. 2** stellt im Verhältnis zu Art. 35 keine Sondervorschrift dar. Der Käufer ist daher auch hier gehalten, rechtzeitig zu rügen (Artt. 38 ff). In Abweichung von den Artt. 46 ff eröffnet Art. 52 Abs. 2 dem Käufer nur das Recht, die Mehrlieferung zurückzuweisen und Schadensersatz zu verlangen (Art. 45 Abs. 2). Die Zurückweisung der Mehrlieferung setzt Teilbarkeit voraus. Sie kann fehlen, wenn die gesamte Menge in einem Transportpapier verbrieft ist (*Honnold* S. 332). Im Fall der Zurückweisung hat der Käufer unter Umständen Erhaltungsmaßnahmen zu treffen (Artt. 86 ff) bzw. nach Maßgabe des Art. 88 Abs. 2 einen Selbsthilfeverkauf vorzunehmen.

Kapitel III
Pflichten des Käufers
Artikel 53 WKR

Der Käufer ist nach Maßgabe des Vertrages und dieses Übereinkommens verpflichtet, den Kaufpreis zu zahlen und die Ware abzunehmen.

701 Art. 53 betont die Rolle des Vertrags und hebt die beiden Hauptpflichten des Käufers hervor, deren Verletzung nicht notwendig wesentlich im Sinne des Art. 25 sein muß.

Abschnitt I
Zahlung des Kaufpreises
Artikel 54 WKR

Zur Pflicht des Käufers, den Kaufpreis zu zahlen, gehört es auch, die Maßnahmen zu treffen und die Förmlichkeiten zu erfüllen, die der Vertrag oder Rechtsvorschriften erfordern, damit Zahlung geleistet werden kann.

702 Art. 54 entspricht Art. 69 EKG. Die in Art. 54 genannten Pflichten können sich auch aus den gemäß Art. 9 anwendbaren Handelsbräuchen ergeben. Die Verletzung der in Art. 54 genannten Pflichten löst die in Artt. 61 ff genannten Sanktionen aus.

Artikel 55 WKR

Ist ein Vertrag gültig geschlossen worden, ohne daß er den Kaufpreis ausdrücklich oder stillschweigend festsetzt oder dessen Festsetzung ermöglicht, so wird mangels gegenteiliger Anhaltspunkte vermutet, daß die Parteien sich stillschweigend auf den Kaufpreis bezogen haben, der bei Vertragsabschluß allgemein für derartige Ware berechnet wurde, die in dem betreffenden Geschäftszweig unter vergleichbaren Umständen verkauft wurde.

703 Art. 55 begründet eine Vermutung dafür, daß der übliche Preis vereinbart wurde. Wird diese Vermutung widerlegt, so kommt Art. 14 zum Tragen (*Herber* S. 34).

Artikel 56 WKR

Ist der Kaufpreis nach dem Gewicht der Ware festgesetzt, so bestimmt er sich im Zweifel nach dem Nettogewicht.

704 Art. 56 entspricht Art. 58 EKG.

Artikel 57 WKR

(1) Ist der Käufer nicht verpflichtet, den Kaufpreis an einem anderen bestimmten Ort zu zahlen, so hat er ihn dem Verkäufer wie folgt zu zahlen:

a) am Ort der Niederlassung des Verkäufers oder,

b) wenn die Zahlung gegen Übergabe der Ware oder von Dokumenten zu leisten ist, an dem Ort, an dem die Übergabe stattfindet.

(2) Der Verkäufer hat alle mit der Zahlung zusammenhängenden Mehrkosten zu tragen, die durch einen Wechsel seiner Niederlassung nach Vertragsabschluß entstehen.

705 Art. 57 entspricht Art. 59 EKG. Zum Begriff der Niederlassung Art. 10. Der Käufer trägt die Kosten und Gefahr der Zahlung. **Ausnahme:** Art. 57 Abs. 2.

Artikel 58 WKR

(1) Ist der Käufer nicht verpflichtet, den Kaufpreis zu einer bestimmten Zeit zu zahlen, so hat er den Preis zu zahlen, sobald ihm der Verkäufer entweder die Ware oder die Dokumente, die zur Verfügung darüber berechtigen, nach dem Vertrag und diesem Übereinkommen zur Verfügung

gestellt hat. Der Verkäufer kann die Übergabe der Ware oder der Dokumente von der Zahlung abhängig machen.

(2) Erfordert der Vertrag eine Beförderung der Ware, so kann der Verkäufer sie mit der Maßgabe versenden, daß die Ware oder die Dokumente, die zur Verfügung darüber berechtigen, dem Käufer nur gegen Zahlung des Kaufpreises zu übergeben sind.

(3) Der Käufer ist nicht verpflichtet, den Kaufpreis zu zahlen, bevor er Gelegenheit gehabt hat, die Ware zu untersuchen, es sei denn, die von den Parteien vereinbarten Lieferungs- oder Zahlungsmodalitäten bieten hierzu keine Gelegenheit.

706 **Art. 58 Abs. 1** entspricht im Kern Art. 71 EKG. Die Fälligkeit hängt außer von den in Art. 58 Abs. 1 genannten Voraussetzungen davon ab, daß der Käufer die Ware nach Maßgabe des Art. 58 Abs. 3 untersuchen konnte.

Art. 58 Abs. 2. Im Unterschied zu Art. 72 EKG hat der Verkäufer nicht ohne weiteres das Recht, die Versendung der Ware bis zur Zahlung aufzuschieben. Unter die „zur Verfügung berechtigenden Papiere" fallen nicht nur Traditionspapiere, sondern alle Dokumente im Sinne der Artt. 30, 34 (*Schlechtriem* S. 74).

707 **Art. 58 Abs. 3.** Das Recht zur Untersuchung vor Zahlung ist im Vergleich zu Art. 72 Abs. 1 flexibler gefaßt. Eine Ausnahme vom Recht auf vorherige Untersuchung besteht z. B. dort, wo gegen die Aushändigung von Transportpapieren zu zahlen ist, insbesondere, wenn der Käufer Gelegenheit hatte, vor Transportbeginn Qualitätsproben zu machen (*Honnold* S. 348).

Artikel 59 WKR

Der Käufer hat den Kaufpreis zu dem Zeitpunkt, der in dem Vertrag festgesetzt oder nach dem Vertrag und diesem Übereinkommen bestimmbar ist, zu zahlen, ohne daß es einer Aufforderung oder der Einhaltung von Förmlichkeiten seitens des Verkäufers bedarf.

708 Art. 59 hat aus der Sicht des BGB Klarstellungsfunktion.

Abschnitt II
Abnahme
Artikel 60 WKR

Die Pflicht des Käufers zur Abnahme besteht darin,

a) alle Handlungen vorzunehmen, die vernünftigerweise von ihm erwartet werden können, damit dem Verkäufer die Lieferung ermöglicht wird, und

b) die Ware zu übernehmen.

709 Art. 60 entspricht Art. 65 EKG. Ist im Vertrag kein fester Abnahmezeitpunkt fixiert und ergibt er sich auch nicht aus anwendbaren Handelsbräuchen (Art. 9), so gilt eine angemessene Abnahmefrist[221]. Sonderfall der Abnahmepflicht: Art. 65. **Verletzung** der Abnahmepflicht: Artt. 61 ff, 69.

Abschnitt III
Rechtsbehelfe des Verkäufers wegen Verletzungen durch den Käufer
Artikel 61 WKR

(1) Erfüllt der Käufer eine seiner Pflichten nach dem Vertrag oder diesem Übereinkommen nicht, so kann der Verkäufer

221 *Herber* S. 37; *Huber* RabelsZ **43** (1979) 413, 516; *Schlechtriem* S. 75.

a) die in Artikel 62 bis 65 vorgesehenen Rechte ausüben;

b) Schadensersatz nach Artikel 74 bis 77 verlangen.

(2) Der Verkäufer verliert das Recht, Schadensersatz zu verlangen, nicht dadurch, daß er andere Rechtsbehelfe ausübt.

(3) Übt der Verkäufer einen Rechtsbehelf wegen Vertragsverletzung aus, so darf ein Gericht oder Schiedsgericht dem Käufer keine zusätzliche Frist gewähren.

710 Die Artt. 61 ff gelten sowohl bei der Verletzung der Zahlungs- und/oder Abnahmepflicht (kritisch *Hellner* The UN Convention on International Sales of Goods — an Outsider's View, Festschrift Riesenfeld (1983) S. 71, 96 f) als auch bei Verletzung sonstiger Käuferpflichten (z. B. Nebenpflichten, Vertriebsbindung). Die Pflicht, den Kaufpreis zu **verzinsen** (Art. 78), ist in Art. 61 nicht erwähnt. **Weitere Rechte** des Verkäufers: Art. 72 (z. B. bei Erfüllungsverweigerung), Art. 88 (Selbsthilfeverkauf), Artt. 85, 87 (Aufbewahrung auf Kosten des Käufers).

Artikel 62 WKR

Der Verkäufer kann vom Käufer verlangen, daß er den Kaufpreis zahlt, die Ware abnimmt sowie seine sonstigen Pflichten erfüllt, es sei denn, daß der Verkäufer einen Rechtsbehelf ausgeübt hat, der mit diesem Verlangen unvereinbar ist.

711 Der Verkäufer kann immer die Zahlung des Kaufpreises verlangen, solange er nicht die Aufhebung des Vertrages erklärt hat (Art. 64). Dies gilt auch bei Werklieferungsverträgen, wenn der Käufer vor Produktionsbeginn erklärt hat, daß er die Ware nicht abnehmen werde (*Hellner* Festschrift Riesenfeld, S. 71, 87, 99). Das WKR enthält keine § 649 BGB vergleichbare Norm (**a. A.** *Honnold* S. 418 ff). Zum Selbsthilfeverkauf Art. 88. Schadensersatz kann unter der Voraussetzung des Art. 79 stets neben der Erfüllung gefordert werden (Art. 61 Abs. 2).

Artikel 63 WKR

(1) Der Verkäufer kann dem Käufer eine angemessene Nachfrist zur Erfüllung seiner Pflichten setzen.

(2) Der Verkäufer kann vor Ablauf dieser Frist keinen Rechtsbehelf wegen Vertragsverletzung ausüben, außer wenn er vom Käufer die Anzeige erhalten hat, daß dieser seine Pflichten nicht innerhalb der so gesetzten Frist erfüllen wird. Der Verkäufer verliert dadurch jedoch nicht das Recht, Schadensersatz wegen verspäteter Erfüllung zu verlangen.

712 Art. 63 ist das Pendant zu Art. 47. Der Anspruch auf Schadensersatz hängt davon ab, daß der Käufer den Verzug zu vertreten hat (Art. 79). Der Lauf einer Nachfrist hindert den Verkäufer nicht, auf Zahlung zu klagen (*Hellner* Festschrift Riesenfeld, S. 71, 90).

Artikel 64 WKR

(1) Der Verkäufer kann die Aufhebung des Vertrages erklären,

a) wenn die Nichterfüllung einer dem Käufer nach dem Vertrag oder diesem Übereinkommen obliegenden Pflicht eine wesentliche Vertragsverletzung darstellt oder

b) wenn der Käufer nicht innerhalb der vom Verkäufer nach Artikel 63 Absatz 1 gesetzten Nachfrist seine Pflicht zur Zahlung des Kaufpreises oder zur Abnahme der Ware erfüllt oder wenn er erklärt, daß er dies nicht innerhalb der so gesetzten Frist tun wird.

(2) Hat der Käufer den Kaufpreis gezahlt, so verliert jedoch der Verkäufer sein Recht, die Aufhebung des Vertrages zu erklären, wenn er

a) im Falle verspäteter Erfüllung durch den Käufer die Aufhebung nicht erklärt, bevor er erfahren hat, daß erfüllt worden ist, oder

b) im Falle einer anderen Vertragsverletzung als verspäteter Erfüllung durch den Käufer die Aufhebung nicht innerhalb einer angemessenen Zeit erklärt,

i) nachdem der Verkäufer die Vertragsverletzung kannte oder kennen mußte oder

ii) nachdem eine vom Verkäufer nach Artikel 63 Absatz 1 gesetzte Nachfrist abgelaufen ist oder nachdem der Käufer erklärt hat, daß er seine Pflichten nicht innerhalb der Nachfrist erfüllen wird.

713 Die **Aufhebung** des Vertrages wegen Verletzung der dem Käufer obliegenden Pflichten ist in **drei Fallvarianten möglich:**

(1) Der Käufer hat eine wesentliche Vertragsverletzung (Art. 25) begangen (s. Art. 62 EKG), und Art. 63 Abs. 2 kommt nicht zum Tragen.

(2) Der Käufer hat nicht innerhalb der Nachfrist im Sinne des Art. 63 Abs. 1 gezahlt oder die Ware abgenommen oder erklärt, daß er dies nicht innerhalb der Frist tun werde.

(3) Es ist evident, daß der Käufer eine wesentliche Vertragsverletzung begehen wird (z. B. Erfüllungsverweigerung; Art. 72). **Ausnahme:** Art. 64 Abs. 2.

714 **Art. 64 Abs. 2** gilt auch, wenn der Zahlungs- oder Abnahmeverzug zu einer wesentlichen Vertragsverletzung geführt hat (*Schlechtriem* S. 77). Der Begriff „andere Vertragsverletzung" bezieht sich auf Nebenpflichten sowie auf die Abnahmepflicht. Erfüllung im Sinne des Art. 64 Abs. 2 lit. b bedeutet Zahlung (*Hellner* Festschrift Riesenfeld, S. 71, 97).

Die **Aufhebung** des Vertrages **erfolgt** durch nicht zugangsbedürftige Willenserklärung (Art. 26). Die Aufhebungserklärung ist nicht fristgebunden. **Ausnahme:** Art. 64 Abs. 2. Ein Zuwarten kann allerdings als Verstoß gegen die Schadensminderungspflicht angesehen werden (Art. 77; **a. A.** *Hellner* Festschrift Riesenfeld, S. 71, 98). Rechtsfolgen der Aufhebung: Artt. 81 ff.

Artikel 65 WKR

(1) Hat der Käufer nach dem Vertrag die Form, die Maße oder andere Merkmale der Ware näher zu bestimmen und nimmt er diese Spezifizierung nicht zu dem vereinbarten Zeitpunkt oder innerhalb einer angemessenen Frist nach Eingang einer Aufforderung durch den Verkäufer vor, so kann der Verkäufer unbeschadet aller ihm zustehenden sonstigen Rechte die Spezifizierung nach den Bedürfnissen des Käufers, soweit ihm diese bekannt sind, selbst vornehmen.

(2) Nimmt der Verkäufer die Spezifizierung selbst vor, so hat er dem Käufer deren Einzelheiten mitzuteilen und ihm eine angemessene Frist zu setzen, innerhalb derer der Käufer eine abweichende Spezifizierung vornehmen kann. Macht der Käufer nach Eingang einer solchen Mitteilung von dieser Möglichkeit innerhalb der so gesetzten Frist keinen Gebrauch, so ist die vom Verkäufer vorgenommene Spezifizierung verbindlich.

715 Art. 65 entspricht Art. 67 EKG mit der Abweichung, daß Art. 65 nur die Spezifikation durch den Verkäufer regelt. Die Aufhebung des Vertrages ist unter den Voraussetzungen der Art. 64 Abs. 1 lit. a, Art. 72 möglich. Außerdem kann der Verkäufer nach Maßgabe der Artt. 74 ff, 79 Schadensersatz fordern.

Kapitel IV

Übergang der Gefahr

Artikel 66 WKR

Untergang oder Beschädigung der Ware nach Übergang der Gefahr auf den Käufer befreit diesen nicht von der Pflicht, den Kaufpreis zu zahlen, es sei denn, daß der Untergang oder die Beschädigung auf eine Handlung oder Unterlassung des Verkäufers zurückzuführen ist.

716 Die Artt. 66ff regeln den Übergang der **Preisgefahr.** Art. 66 entspricht Art. 96 EKG. Eventuelle Schadensersatzpflichten des Verkäufers bleiben unberührt (*Herber* S. 39). Die an den Gefahrübergang geknüpften Rechtsfolgen **treten nicht ein,** wenn der Untergang oder die Beschädigung auf eine Handlung des Verkäufers zurückzuführen ist. Der Verkäufer kann sich nicht auf Art. 79 berufen (*Huber* RabelsZ **43** (1979) 413, 457; **a. A.** *Neumayer* Zur Revision des Haager Einheitlichen Kaufrechts, Gefahrtragung, Gehilfenhaftung, fait du vendeur und Lückenproblem, Festschrift v. Caemmerer (1978) S. 961, 966ff). Er darf sich aber darauf berufen, daß er rechtmäßig gehandelt hat (z. B. Art. 71 Abs. 2). Zur **Leistungsgefahr** *Huber,* RabelsZ **43** (1979) 413, 458.

Artikel 67 WKR

(1) Erfordert der Kaufvertrag eine Beförderung der Ware und ist der Verkäufer nicht verpflichtet, sie an einem bestimmten Ort zu übergeben, so geht die Gefahr auf den Käufer über, sobald die Ware gemäß dem Kaufvertrag dem ersten Beförderer zur Übermittlung an den Käufer übergeben wird. Hat der Verkäufer dem Beförderer die Ware an einem bestimmten Ort zu übergeben, so geht die Gefahr erst auf den Käufer über, wenn die Ware dem Beförderer an diesem Ort übergeben wird. Ist der Verkäufer befugt, die Dokumente, die zur Verfügung über die Ware berechtigen, zurückzubehalten, so hat dies keinen Einfluß auf den Übergang der Gefahr.

(2) Die Gefahr geht jedoch erst auf den Käufer über, wenn die Ware eindeutig dem Vertrag zugeordnet ist, sei es durch an der Ware angebrachte Kennzeichen, durch Beförderungsdokumente, durch eine Anzeige an den Käufer oder auf andere Weise.

717 Art. 67 regelt den Gefahrübergang beim Versendungskauf. Zur Frage, ob Art. 67 auch dann zur Anwendung kommt, wenn der Verkäufer lediglich verpflichtet ist, die Ware einem Beförderer zu übergeben, den der Käufer ausgesucht hat (*Vries* European Transport Law XVII (1982) 495, 503ff). Der Gefahrübergang hängt immer davon ab, daß die Ware hinreichend individualisiert war (Art. 67 Abs. 2). Die Versendungsanzeige reist auf Gefahr des Käufers (Art. 27). Die Gefahr geht mit der Absendung der Anzeige ex nunc über, sofern die anderen Voraussetzungen des Art. 67 Abs. 1 erfüllt sind.

718 **Art. 67 Abs. 1.** Beförderer sind Frachtführer, Verfrachter, nicht aber der Spediteur des Verkäufers (*Herber* S. 39f; **a. A.** *Huber* RabelsZ **43** (1979) 413, 455) oder eigene Leute des Verkäufers (*Huber* RabelsZ **43** (1979) 413, 454; *Schlechtriem* S. 80). Der Umstand, daß der Verkäufer gemäß Art. 58 Abs. 2 oder aufgrund einer Vereinbarung berechtigt ist, Dokumente zurückzubehalten, hindert nicht den Gefahrübergang. Der Gefahrübergang findet auch bei der Lieferung mangelhafter Ware statt (Art. 70). Vgl. im übrigen Art. 97 EKG. **Rechtsfolge:** Art. 66.

Artikel 68 WKR

Wird Ware, die sich auf dem Transport befindet, verkauft, so geht die Gefahr im Zeitpunkt des Vertragsabschlusses auf den Käufer über. Die Gefahr wird jedoch bereits im Zeitpunkt der Übergabe der Ware an den Beförderer, der die Dokumente über den Beförderungsvertrag ausgestellt hat, von dem Käufer übernommen, falls die Umstände diesen Schluß nahelegen. Wenn dagegen der Verkäufer bei Abschluß des Kaufvertrages wußte oder wissen mußte, daß die Ware untergegangen oder beschädigt war, und er dies dem Käufer nicht offenbart hat, geht der Untergang oder die Beschädigung zu Lasten des Verkäufers.

719 **Art. 68 S. 1** weicht von Art. 99 EKG ab. Es ist zu beachten, daß **Art. 68 S. 1** dispositives Recht darstellt und daß nach Maßgabe des Art. 9 Handelsbräuche zu beachten sind. Art. 67 Abs. 2 ist entsprechend anzuwenden. Dokumente im Sinne des **Art. 68 S. 2** müssen keinen Wertpapiercharakter tragen (*Schlechtriem* S. 83). Die Umstände legen einen rückwirkenden Gefahrübergang nahe, wenn bei der Ankunft der Ware der Zeitpunkt der Beschädigung nur unzureichend feststellbar ist und die Ware versichert war (*Honnold* S. 380; *Vries* European Transport Law XVII (1982) 495, 508f). Zur Lieferung von **mangelhafter Ware** Art. 70. **Rechtsfolge** des Gefahrübergangs Art. 66.

Artikel 69 WKR

(1) In den durch Artikel 67 und 68 nicht geregelten Fällen geht die Gefahr auf den Käufer über, sobald er die Ware übernimmt oder, wenn er sie nicht rechtzeitig übernimmt, in dem Zeitpunkt, in dem ihm die Ware zur Verfügung gestellt wird und er durch Nichtabnahme eine Vertragsverletzung begeht.

(2) Hat jedoch der Käufer die Ware an einem anderen Ort als einer Niederlassung des Verkäufers zu übernehmen, so geht die Gefahr über, sobald die Lieferung fällig ist und der Käufer Kenntnis davon hat, daß ihm die Ware an diesem Ort zur Verfügung steht.

(3) Betrifft der Vertrag Ware, die noch nicht individualisiert ist, so gilt sie erst dann als dem Käufer zur Verfügung gestellt, wenn sie eindeutig dem Vertrag zugeordnet worden ist.

720 Art. 69 regelt den Gefahrübergang bei der Bring- und Holschuld sowie beim Abnahmeverzug des Käufers. Voraussetzung des Gefahrübergangs ist immer, daß die Ware individualisiert und dem Käufer zugeordnet war (Art. 69 Abs. 3).

721 **Art. 69 Abs. 1** betrifft die Bringschuld, den Abnahmeverzug und die Holschuld, falls die Ware bei der Niederlassung des Verkäufers (Art. 31 lit. c) abzuholen ist. Bei der **Bringschuld** kommt es auf den Zeitpunkt der realen Übergabe an (*Huber* RabelsZ **43** (1979) 413, 456). Dabei spielt es keine Rolle, daß die Ware mangelhaft war. Bei der **Holschuld im Sinne des Art. 31 lit. c** geht die Gefahr erst über, wenn der zur Abholung vereinbarte Zeitpunkt überschritten oder eine angemessene Frist zur Abholung verstrichen war oder die Ware übergeben worden ist (*Herber* S. 41; *Huber* RabelsZ **43** (1979) 413, 455). Dies gilt auch bei Lieferung mangelhafter Ware (Art. 70). Ist der Käufer in **Abnahmeverzug** geraten, weil er die Ware nicht zum vereinbarten Zeitpunkt übernommen oder weil er die Abnahme verweigert hatte, so geht die Gefahr ohne Rücksicht auf ein Vertreten-Müssen im Sinne des Art. 79 (*Schlechtriem* S. 83) in dem Moment auf ihn über, in dem die Ware dem Käufer real zur Verfügung gestellt worden ist. Im Falle der Abnahmeverweigerung genügt ein wörtliches Angebot des Verkäufers. Die Gefahr geht auch dann über, wenn der Käufer nicht rechtzeitig die für die Lieferung erforderlichen Voraussetzungen schafft[222].

722 War die Ware an einem **anderen Ort** als der Niederlassung des Verkäufers **abzuholen (Art. 31 lit. b),** so geht die Gefahr in dem Moment über, in dem die Lieferung fällig war und der Käufer von der Möglichkeit der Abholung wußte (Art. 69 Abs. 2), auch wenn der Käufer die Ware nicht sofort abholen mußte (*Schlechtriem* S. 84; **a. A.** *Honnold* S. 238). Der im Vergleich zur Holschuld, bei der die Ware in der Niederlassung des Verkäufers abzuholen ist (Art. 31 lit. c), frühere Gefahrübergang resultiert daraus, daß der Verkäufer bei der Lagerung der Ware an einem dritten Ort weniger für die Sicherheit der Ware beizutragen vermag und daher größere Risiken läuft. Somit führt die Aushändigung eines Lieferscheins regelmäßig zum Gefahrübergang. Der Gefahrübergang tritt auch bei der Lieferung mangelhafter Ware ein (Art. 70). **Rechtsfolge** des Gefahrübergangs: Art. 66.

---

222 Z. B. ein Schiff benennt; *Neumayer* Zur Revision des Haager Einheitlichen Kaufrechts, Gefahrtragung, Gehilfenhaftung, fait du vendeur und Lükkenproblem, Festschrift v. Caemmerer (1978), S. 981 ff; *Schlechtriem* S. 83.

Artikel 70 WKR

Hat der Verkäufer eine wesentliche Vertragsverletzung begangen, so berühren die Artikel 67, 68 und 69 nicht die dem Käufer wegen einer solchen Verletzung zustehenden Rechtsbehelfe.

723 Der Gefahrübergang wird nicht dadurch berührt, daß der Verkäufer eine Vertragsverletzung begangen hatte (z. B. mangelhafte Ware geliefert hat), die nicht zum Untergang oder zur Beschädigung der Ware geführt hat (Art. 66). Art. 70 stellt klar, daß der Gefahrübergang dem Käufer nicht die ihm normalerweise zustehenden Rechte (Artt. 45 ff) nimmt. Insbesondere kann er trotz der Beschädigung oder des Untergangs der Ware gemäß Art. 49 Abs. 1 lit. a den Vertrag aufheben, wenn der Verkäufer eine **wesentliche Vertragsverletzung** (Art. 25) begangen hatte (*Honnold* S. 386 f). Es ist immer zu beachten, daß Art. 82 Abs. 1 das Recht zur Aufhebung des Vertrages einschränken kann. Geht die Ware beim Versendungskauf auf dem Transport ganz oder zum Teil unter, so kommt Art. 82 Abs. 1 allerdings nicht zum Tragen, da die Ware im Moment des Schadenseintritts noch nicht übergeben war. Schadensersatz kann der Käufer nur verlangen, soweit der Verkäufer die Schadensursache zu vertreten hat (Art. 79). Verluste nach Gefahrübergang hat der Verkäufer grundsätzlich nicht zu vertreten (*Honnold* S. 387 ff; **a. A.** *Huber* RabelsZ **43** (1979) 413, 459). — Muß sich der Verkäufer lediglich eine **unwesentliche Vertragsverletzung** vorwerfen lassen, weil er z. B. minderwertige Ware geliefert hat, und geht diese Ware nach Gefahrübergang unter, so kann der Käufer nur in Hinblick auf den bei Gefahrübergang bestehenden Minderwert mindern (Art. 50) oder Schadensersatz verlangen (Art. 45 Abs. 2; *Honnold* S. 385 f).

Kapitel V
Gemeinsame Bestimmungen über die Pflichten des Verkäufers und des Käufers

Abschnitt I
Vorweggenommene Vertragsverletzung und Verträge über aufeinander folgende Lieferungen

Artikel 71 WKR

(1) Eine Partei kann die Erfüllung ihrer Pflichten aussetzen, wenn sich nach Vertragsabschluß herausstellt, daß die andere Partei einen wesentlichen Teil ihrer Pflichten nicht erfüllen wird

a) wegen eines schwerwiegenden Mangels ihrer Fähigkeit, den Vertrag zu erfüllen, oder ihrer Kreditwürdigkeit oder

b) wegen ihres Verhaltens bei der Vorbereitung der Erfüllung oder bei der Erfüllung des Vertrages.

(2) Hat der Verkäufer die Ware bereits abgesandt, bevor sich die in Absatz 1 bezeichneten Gründe herausstellen, so kann er sich der Übergabe der Ware an den Käufer widersetzen, selbst wenn der Käufer ein Dokument hat, das ihn berechtigt, die Ware zu erlangen. Der vorliegende Absatz betrifft nur die Rechte auf die Ware im Verhältnis zwischen Käufer und Verkäufer.

(3) Setzt eine Partei vor oder nach der Absendung der Ware die Erfüllung aus, so hat sie dies der anderen Partei sofort anzuzeigen; sie hat die Erfüllung fortzusetzen, wenn die andere Partei für die Erfüllung ihrer Pflichten ausreichende Gewähr gibt.

724 **Art. 71 Abs. 1** eröffnet ein Zurückbehaltungsrecht. Er entspricht in der Sache Art. 73 Abs. 1 EKG. Die Frage, ob ein „wesentlicher Teil der Pflichten" betroffen ist, ist nicht anhand Art. 25 zu entscheiden (*Schlechtriem* S. 86). Maßgeblich ist vielmehr das besondere Gewicht der Pflichten im Rahmen des Vertrages. Daraus folgt, daß sich derjenige Teil, der das Zurückbehaltungsrecht ausüben will, nicht darauf berufen darf, daß ihm aus der Nichterfüllung bestimmter Pflichten ein — für den anderen Teil unerkennbar — besonders hoher Schaden drohe (*Schlechtriem* S. 86). — Art. 71 Abs. 1

kommt auch dann zum Tragen, wenn die Gefahr der Leistungsunfähigkeit schon bei Vertragsschluß bestand, dies jedoch erst später offenbar wurde (*Schlechtriem* S. 86f; *Herber* S. 43). Anzeigepflicht: Art. 71 Abs. 3.

Art. 71 Abs. 2 entspricht im wesentlichen Art. 71 Abs. 2, 3 EKG (*Huber* RabelsZ **43** (1979) 413, 473). Anzeigepflicht: Art. 71 Abs. 3.

Art. 71 Abs. 3. Die Anzeige ist nicht zugangsbedürftig (Art. 27). Es genügt, daß lediglich für den Ersatz des Nichterfüllungsschadens Sicherheit geleistet wird.

Artikel 72 WKR

(1) Ist schon vor dem für die Vertragserfüllung festgesetzten Zeitpunkt offensichtlich, daß eine Partei eine wesentliche Vertragsverletzung begehen wird, so kann die andere Partei die Aufhebung des Vertrages erklären.

(2) Wenn es die Zeit erlaubt und es nach den Umständen vernünftig ist, hat die Partei, welche die Aufhebung des Vertrages erklären will, dies der anderen Partei anzuzeigen, um ihr zu ermöglichen, für die Erfüllung ihrer Pflichten ausreichende Gewähr zu geben.

(3) Absatz 2 ist nicht anzuwenden, wenn die andere Partei erklärt hat, daß sie ihre Pflichten nicht erfüllen wird.

725 **Art. 72 Abs. 1** entspricht Art. 76 EKG. Der Vertragsbruch muß sicher zu erwarten sein (*Schlechtriem* S. 89). Anzeigepflicht: **Art. 72 Abs. 2.** — Die Verletzung der **Anzeigepflicht** löst die in den Artt. 45ff, 61ff genannten Rechtsfolgen aus. Gibt der Leistungsverpflichtete ausreichend Sicherheit dafür, daß er seine Pflichten erfüllen oder zumindest den Nichterfüllungsschaden decken wird, so ist nicht mehr mit einer wesentlichen Vertragsverletzung im Sinne des Art. 72 Abs. 1 zu rechnen. Die Anzeige reist auf die Gefahr des Empfängers (Art. 27). **Ausnahme** von der Anzeigepflicht: Art. 72 Abs. 3.

Artikel 73 WKR

(1) Sieht ein Vertrag aufeinander folgende Lieferungen von Ware vor und begeht eine Partei durch Nichterfüllung einer eine Teillieferung betreffenden Pflicht eine wesentliche Vertragsverletzung in bezug auf diese Teillieferung, so kann die andere Partei die Aufhebung des Vertrages in bezug auf diese Teillieferung erklären.

(2) Gibt die Nichterfüllung einer eine Teillieferung betreffenden Pflicht durch eine der Parteien der anderen Partei triftigen Grund zu der Annahme, daß eine wesentliche Vertragsverletzung in bezug auf künftige Teillieferungen zu erwarten ist, so kann die andere Partei innerhalb angemessener Frist die Aufhebung des Vertrages für die Zukunft erklären.

(3) Ein Käufer, der den Vertrag in bezug auf eine Lieferung als aufgehoben erklärt, kann gleichzeitig die Aufhebung des Vertrages in bezug auf bereits erhaltene Lieferungen oder in bezug auf künftige Lieferungen erklären, wenn diese Lieferungen wegen des zwischen ihnen bestehenden Zusammenhangs nicht mehr für den Zweck verwendet werden können, den die Parteien im Zeitpunkt des Vertragsabschlusses in Betracht gezogen haben.

726 **Art. 73 Abs. 1** stellt klar, daß beim Sukzessivlieferungsvertrag die Aufhebung des Vertrages unter den Voraussetzungen der Artt. 49, 82 auch in Hinblick auf Teillieferungen erklärt werden kann.

Art. 73 Abs. 2 entspricht im wesentlichen Art. 75 Abs. 1 EKG. Im Unterschied zum EKG eröffnet Art. 73 Abs. 2 dem Käufer nur dort ein Aufhebungsrecht, wo die Gefahr einer wesentlichen Vertragsverletzung (Art. 25) besteht. Die Aufhebung hat innerhalb angemessener Frist zu erfolgen.

Art. 73 Abs. 3 entspricht im Kern Art. 75 Abs. 2 EKG. Art. 73 Abs. 3 weist ein zusätzliches Tatbestandsmerkmal auf: Die Erkennbarkeit des inneren Zusammenhangs zwischen den Einzellieferungen und den mit diesen vom Käufer verfolgten Zwecken.

Abschnitt II
Schadensersatz
Artikel 74 WKR

Als Schadensersatz für die durch eine Partei begangene Vertragsverletzung ist der der anderen Partei infolge der Vertragsverletzung entstandene Verlust, einschließlich des entgangenen Gewinns, zu ersetzen. Dieser Schadensersatz darf jedoch den Verlust nicht übersteigen, den die vertragsbrüchige Partei bei Vertragsabschluß als mögliche Folge der Vertragsverletzung vorausgesehen hat oder unter Berücksichtigung der Umstände, die sie kannte oder kennen mußte, hätte voraussehen müssen.

727 Im Vergleich zu den Artt. 82ff EKG bringen die Artt. 74ff eine wesentliche Vereinfachung, da in ihnen nicht mehr zwischen aufgehobenen und nicht-aufgehobenen Verträgen differenziert wird. Art. 74 entspricht in der Sache Art. 82 EKG und in Hinblick auf aufgehobene Verträge Art. 87 EKG, der wiederum auf Art. 82 EKG verweist.

Kein Schadensersatz im Sinne der Artt. 74ff wird bei Personenschäden (Art. 5) geschuldet.

Artikel 75 WKR

Ist der Vertrag aufgehoben und hat der Käufer einen Deckungskauf oder der Verkäufer einen Deckungsverkauf in angemessener Weise und innerhalb eines angemessenen Zeitraums nach der Aufhebung vorgenommen, so kann die Partei, die Schadensersatz verlangt, den Unterschied zwischen dem im Vertrag vereinbarten Preis und dem Preis des Deckungskaufs oder des Deckungsverkaufs sowie jeden weiteren Schadensersatz nach Artikel 74 verlangen.

728 Art. 75 entspricht den Artt. 85, 86 EKG.

Artikel 76 WKR

(1) Ist der Vertrag aufgehoben und hat die Ware einen Marktpreis, so kann die Schadenersatz verlangende Partei, wenn sie keinen Deckungskauf oder Deckungsverkauf nach Artikel 75 vorgenommen hat, den Unterschied zwischen dem im Vertrag vereinbarten Preis und dem Marktpreis zur Zeit der Aufhebung sowie jeden weiteren Schadensersatz nach Artikel 74 verlangen. Hat jedoch die Partei, die Schadensersatz verlangt, den Vertrag aufgehoben, nachdem sie die Ware übernommen hat, so gilt der Marktpreis zur Zeit der Übernahme und nicht der Marktpreis zur Zeit der Aufhebung.

(2) Als Marktpreis im Sinne von Absatz 1 ist maßgebend der Marktpreis, der an dem Ort gilt, an dem die Lieferung der Ware hätte erfolgen sollen, oder, wenn dort ein Marktpreis nicht besteht, der an einem angemessenen Ersatzort geltende Marktpreis; dabei sind Unterschiede in den Kosten der Beförderung der Ware zu berücksichtigen.

729 **Art. 76 Abs. 1** entspricht im Kern Art. 84 Abs. 1 EKG. Der für die Berechnung des abstrakten Schadens maßgebliche Zeitpunkt der Aufhebung des Vertrages soll Spekulationsmöglichkeiten zu Lasten des Verkäufers mindern (*Huber* RabelsZ **43** (1979) 413, 470). Die Verzögerung der Aufhebung kann gegen Art. 77 verstoßen (*Schlechtriem* S. 92).

Art. 76 Abs. 2. Im Unterschied zu Art. 84 EKG hebt Art. 76 Abs. 2 auf den Markt ab, auf dem die Lieferung hätte erfolgen sollen.

Artikel 77 WKR

Die Partei, die sich auf eine Vertragsverletzung beruft, hat alle den Umständen nach angemessenen Maßnahmen zur Verringerung des aus der Vertragsverletzung folgenden Verlusts, einschließlich des entgangenen Gewinns, zu treffen. Versäumt sie dies, so kann die vertragsbrüchige Partei Herabsetzung des Schadensersatzes in Höhe des Betrags verlangen, um den der Verlust hätte verringert werden sollen.

Art. 77 entspricht im Kern Art. 88 EKG. Art. 77 kommt auch dort zur Anwendung, wo der Geschädigte den Schadenseintritt mitverursacht hat (*Herber* S. 45). Im Unterschied zu Art. 88 EKG ist der ersatzfähige Schaden exakt um den vom Geschädigten mitverursachten oder nicht verhüteten Schaden zu mindern. Art. 77 ist von Amts wegen zu beachten. Die Minderung des ersatzfähigen Schadens bedarf keiner Gestaltungserklärung des Schädigers. **730**

Der Geschädigte hat **angemessene Maßnahmen** zur Verhütung oder zur Verringerung des Verlusts zu treffen. Dazu gehört nicht notwendig der Abschluß einer Betriebsausfallversicherung, weil sonst das Risiko einer Wahl von Vertragspartnern, die zu fahrlässigen Vertragsverletzungen neigen, auf die Gesamtheit der Versicherungsnehmer abgewälzt werden würde (**a. A.** *Huber* RabelsZ **43** (1979) 413, 471). Vielmehr ist den Versicherungsmöglichkeiten des Geschädigten im Rahmen des Art. 79 Abs. 1 Rechnung zu tragen, wenn den Schädiger kein Verschuldensvorwurf trifft. — Den Geschädigten kann im Fall einer Abnahmeverweigerung unter Umständen ein Mitverursachungsvorwurf auch deshalb treffen, weil er auf voller Erbringung seiner Leistung bestand, obwohl dies erkennbar zur Verschwendung von Ressourcen führte. Der Geschädigte ist grundsätzlich verpflichtet, die im Moment der Abnahmeverweigerung angedienten Erfüllungsobjekte mit zumutbarem Aufwand auf Kosten des Schädigers bestmöglich zu verwerten (*Honnold* S. 418 ff). **731**

Abschnitt III
Zinsen
Artikel 78 WKR

Versäumt eine Partei, den Kaufpreis oder einen anderen fälligen Betrag zu zahlen, so hat die andere Partei für diese Beträge Anspruch auf Zinsen, unbeschadet eines Schadensersatzanspruchs nach Artikel 74.

Die Höhe des Zinssatzes ergibt sich aus dem nach IPR anwendbaren nationalen Recht (*Herber* S. 47). Der Anspruch auf Zinsen besteht auch dort, wo der Schuldner gemäß Art. 79 Abs. 1 keinen Schadensersatz zu zahlen braucht (*Herber* S. 46). **732**

Abschnitt IV
Befreiungen
Artikel 79 WKR

(1) Eine Partei hat für die Nichterfüllung einer ihrer Pflichten nicht einzustehen, wenn sie beweist, daß die Nichterfüllung auf einem außerhalb ihres Einflußbereichs liegenden Hinderungsgrund beruht und daß von ihr vernünftigerweise nicht erwartet werden konnte, den Hinderungsgrund bei Vertragsabschluß in Betracht zu ziehen oder den Hinderungsgrund oder seine Folgen zu vermeiden oder zu überwinden.

(2) Beruht die Nichterfüllung einer Partei auf der Nichterfüllung durch einen Dritten, dessen sie sich zur völligen oder teilweisen Vertragserfüllung bedient, so ist diese Partei von der Haftung nur befreit,

a) wenn sie nach Absatz 1 befreit ist und

b) wenn der Dritte selbst ebenfalls nach Absatz 1 befreit wäre, sofern Absatz 1 auf ihn Anwendung fände.

(3) Die in diesem Artikel vorgesehene Befreiung gilt für die Zeit, während der der Hinderungsgrund besteht.

(4) Die Partei, die nicht erfüllt, hat den Hinderungsgrund und seine Auswirkung auf ihre Fähigkeit zu erfüllen der anderen Partei mitzuteilen. Erhält die andere Partei die Mitteilung nicht in-

nerhalb einer angemessenen Frist, nachdem die nicht erfüllende Partei den Hinderungsgrund kannte oder kennen mußte, so haftet diese für den aus dem Nichterhalt entstehenden Schaden.

(5) Dieser Artikel hindert die Parteien nicht, ein anderes als das Recht auszuüben, Schadensersatz nach diesem Übereinkommen zu verlangen.

733 Art. 79 gilt, wie sein Wortlaut zeigt, nur in Fällen der Haftung wegen Nichterfüllung. Vom Erfüllungsanspruch selbst gewährt Art. 79 keine Befreiung (*Huber* RabelsZ **43** (1979) 413, 468); doch darf dort, wo eine Haftung wegen Nichterfüllung ausgeschlossen ist, die Erfüllung nicht auf anderen Wegen erzwungen werden (*Herber* S. 48).

734 **Art. 79 Abs. 1 und Abs. 2** entsprechen trotz abweichender Formulierung Art. 74 Abs. 1 EKG. Anders als das EKG statuiert Art. 79 Abs. 2 ausdrücklich eine Haftung für Hilfspersonen. Für seine Leute haftet der Schuldner immer (*Herber* S. 48). Für selbständige Gehilfen hat der Schuldner einzustehen, soweit er sich ihrer zur Erfüllung seiner Pflichten bedient[223]. Für seine Lieferanten braucht der Schuldner nicht einzustehen (*Honnold* S. 440; *Herber* S. 49). Aus dem Wort „Hinderungsgrund" darf im Unterschied zu Art. 74 Abs. 1 EKG nicht abgeleitet werden, daß der Verkäufer ohne Befreiungsmöglichkeit für Mangelfolgeschäden infolge der Produktion oder der Lieferung mangelhafter Ware haftet (**a. A.** *Honnold* S. 423 unter Berufung auf die Entstehungsgeschichte). Eine Haftungsverschärfung ist nicht deshalb gerechtfertigt, weil die Beweislage bei Interna des Schuldners unsicherer ist; denn auch bei von außen kommenden Störungen (z. B. Feuer) muß bewiesen werden können, daß im Organisationsbereich des Schuldners sorgfältig gehandelt wurde.

735 Gemäß **Art. 79 Abs. 3** gilt anders als nach Art. 74 Abs. 2 EKG die Befreiung von der Schadensersatzpflicht nur für den Zeitraum, in dem das Leistungshindernis besteht. Allerdings kann die lange Dauer eines Leistungshindernisses dazu führen, daß eine spätere Erfüllung zu untragbaren, gemäß Art. 79 Abs. 1 zu berücksichtigenden Leistungserschwerungen führt (*Huber* RabelsZ **43** (1979) 413, 467; *Schlechtriem* S. 99).

736 **Art. 79 Abs. 5** entspricht Art. 74 Abs. 3 EKG. Unberührt bleiben die Rechte aus den Artt. 49, 50, 64 sowie Erfüllungsansprüche (Rdn. 733). **Ausnahme:** Art. 80.

Artikel 80 WKR

Eine Partei kann sich auf die Nichterfüllung von Pflichten durch die andere Partei nicht berufen, soweit diese Nichterfüllung durch ihre Handlung oder Unterlassung verursacht wurde.

737 Es sind auch solche Handlungen und Unterlassungen zu berücksichtigen, die der Schuldner im Rahmen des Art. 79 Abs. 1 nicht zu vertreten hätte (*Schlechtriem* S. 100; **a. A.** *Herber* S. 49). Unter den in Art. 80 genannten Voraussetzungen darf der Gläubiger weder Schadensersatz verlangen noch die Aufhebung des Vertrages erklären (*Honnold* S. 444).

Abschnitt V

Wirkungen der Aufhebung

Artikel 81 WKR

(1) Die Aufhebung des Vertrages befreit beide Parteien von ihren Vertragspflichten, mit Ausnahme etwaiger Schadensersatzpflichten. Die Aufhebung berührt nicht Bestimmungen des Vertrages über die Beilegung von Streitigkeiten oder sonstige Bestimmungen des Vertrages, welche die Rechte und Pflichten der Parteien nach Vertragsaufhebung regeln.

---

[223] *Huber* RabelsZ **43** (1979) 413, 466; *Schlechtriem* S. 98; *Honnold* S. 438 f.

(2) Hat eine Partei den Vertrag ganz oder teilweise erfüllt, so kann sie Rückgabe des von ihr Geleisteten von der anderen Partei verlangen. Sind beide Parteien zur Rückgabe verpflichtet, so sind die Leistungen Zug um Zug zurückzugeben.

Art. 81 entspricht im Kern Art. 78 EKG. Zu den Lücken der in Art. 81 getroffenen Regelung, *Schlechtriem*, S. 103. **738**

Artikel 82 WKR

(1) Der Käufer verliert das Recht, die Aufhebung des Vertrages zu erklären oder vom Verkäufer Ersatzlieferung zu verlangen, wenn es ihm unmöglich ist, die Ware im wesentlichen in dem Zustand zurückzugeben, in dem er sie erhalten hat.

(2) Absatz 1 findet keine Anwendung,

a) wenn die Unmöglichkeit, die Ware zurückzugeben oder sie im wesentlichen in dem Zustand zurückzugeben, in dem der Käufer sie erhalten hat, nicht auf einer Handlung oder Unterlassung des Käufers beruht,

b) wenn die Ware ganz oder teilweise infolge der in Artikel 38 vorgesehenen Untersuchung untergegangen oder verschlechtert worden ist oder

c) wenn der Käufer die Ware ganz oder teilweise im normalen Geschäftsverkehr verkauft oder der normalen Verwendung entsprechend verbraucht oder verändert hat, bevor er die Vertragswidrigkeit entdeckt hat oder hätte entdecken müssen.

Art. 82 Abs. 1 entspricht im Kern Art. 79 Abs. 1 EKG. Unwesentliche, nicht ins Gewicht fallende Beschädigungen der Ware sind nicht zu berücksichtigen (ebenso Art. 79 Abs. 2 lit. e EKG). **739**

Art. 82 Abs. 2 lit. a entspricht Art. 79 Abs. 2 lit. d EKG. Der Käufer hat für seine Hilfspersonen einzustehen (*Herber* S. 50). Das Verhalten Dritter braucht er sich nur zurechnen lassen, wenn er deren Einwirkungsmöglichkeiten vergrößert hatte (*Schlechtriem* S. 101). Der Käufer kann sich nicht allein damit entlasten, daß er sorgfältiges Verhalten nachweist (Art. 79 EKG Rdn. 564; **a. A.** *Honnold* S. 451).

Art. 82 Abs. 2 lit. c weicht von Art. 79 Abs. 2 lit. c EKG ab. Einerseits setzt Art. 82 Abs. 2 lit. c die Erkennbarkeit der Mangelhaftigkeit der Ware voraus. Andererseits hängt das Recht zur Aufhebung nicht davon ab, daß ein Teil der Ware noch zurückgegeben werden kann.

Artikel 83 WKR

Der Käufer, der nach Artikel 82 das Recht verloren hat, die Aufhebung des Vertrages zu erklären oder vom Verkäufer Ersatzlieferung zu verlangen, behält alle anderen Rechtsbehelfe, die ihm nach dem Vertrag und diesem Übereinkommen zustehen.

Art. 83 entspricht Art. 80 EKG. **740**

Artikel 84 WKR

(1) Hat der Verkäufer den Kaufpreis zurückzuzahlen, so hat er außerdem vom Tag der Zahlung an auf den Betrag Zinsen zu zahlen.

(2) Der Käufer schuldet dem Verkäufer den Gegenwert aller Vorteile, die er aus der Ware oder einem Teil der Ware gezogen hat,

a) wenn er die Ware ganz oder teilweise zurückgeben muß oder

b) wenn es ihm unmöglich ist, die Ware ganz oder teilweise zurückzugeben oder sie ganz oder teilweise im wesentlichen in dem Zustand zurückzugeben, in dem er sie erhalten hat, er aber dennoch die Aufhebung des Vertrages erklärt oder vom Verkäufer Ersatzlieferung verlangt hat.

Art. 84 entspricht im Kern Art. 81 EKG. Die Höhe der Zinsen ergibt sich aus dem nach IPR anwendbaren nationalen Recht. **741**

Abschnitt VI
Erhaltung der Ware

Artikel 85 WKR

Nimmt der Käufer die Ware nicht rechtzeitig ab oder versäumt er, falls Zahlung des Kaufpreises und Lieferung der Ware Zug um Zug erfolgen sollen, den Kaufpreis zu zahlen, und hat der Verkäufer die Ware noch in Besitz oder ist er sonst in der Lage, über sie zu verfügen, so hat der Verkäufer die den Umständen angemessenen Maßnahmen zu ihrer Erhaltung zu treffen. Er ist berechtigt, die Ware zurückzubehalten, bis ihm der Käufer seine angemessenen Aufwendungen erstattet hat.

742 Art. 85 entspricht in der Sache Art. 91 EKG. Der Anspruch auf Aufwendungsersatz steht nicht unter dem Vorbehalt des Art. 79 Abs. 1.

Artikel 86 WKR

(1) Hat der Käufer die Ware empfangen und beabsichtigt er, ein nach dem Vertrag oder diesem Übereinkommen bestehendes Zurückweisungsrecht auszuüben, so hat er die den Umständen angemessenen Maßnahmen zu ihrer Erhaltung zu treffen. Er ist berechtigt, die Ware zurückzubehalten, bis ihm der Verkäufer seine angemessenen Aufwendungen erstattet hat.

(2) Ist die dem Käufer zugesandte Ware ihm am Bestimmungsort zur Verfügung gestellt worden und übt er das Recht aus, sie zurückzuweisen, so hat er sie für Rechnung des Verkäufers in Besitz zu nehmen, sofern dies ohne Zahlung des Kaufpreises und ohne unzumutbare Unannehmlichkeiten oder unverhältnismäßige Kosten möglich ist. Dies gilt nicht, wenn der Verkäufer oder eine Person, die befugt ist, die Ware für Rechnung des Verkäufers in Obhut zu nehmen, am Bestimmungsort anwesend ist. Nimmt der Käufer die Ware nach diesem Absatz in Besitz, so werden seine Rechte und Pflichten durch Absatz 1 geregelt.

743 **Art. 86 Abs. 1** entspricht Art. 92 Abs. 1 EKG.

Art. 86 Abs. 2 deckt sich im Kern mit Art. 92 Abs. 2 EKG. Im Unterschied zum EKG hängt die Verwahrung von der Ausübung des Zurückweisungsrechts (nicht der Vertragsaufhebung) ab. Entscheidend ist, daß der Käufer die Ware nicht als Erfüllung annimmt. Einlagerung der Ware: Art. 87; Pflicht zum Selbsthilfeverkauf: Art. 88.

Artikel 87 WKR

Eine Partei, die Maßnahmen zur Erhaltung der Ware zu treffen hat, kann die Ware auf Kosten der anderen Partei in den Lagerräumen eines Dritten einlagern, sofern daraus keine unverhältnismäßigen Kosten entstehen.

744 Art. 87 entspricht Art. 93 EKG. Der Anspruch auf Aufwendungsersatz steht nicht unter dem Vorbehalt des Art. 79 Abs. 1.

Artikel 88 WKR

(1) Eine Partei, die nach Artikel 85 oder 86 zur Erhaltung der Ware verpflichtet ist, kann sie auf jede geeignete Weise verkaufen, wenn die andere Partei die Inbesitznahme oder die Rücknahme der Ware oder die Zahlung des Kaufpreises oder der Erhaltungskosten ungebührlich hinauszögert, vorausgesetzt, daß sie der anderen Partei ihre Verkaufsabsicht in vernünftiger Weise angezeigt hat.

(2) Ist die Ware einer raschen Verschlechterung ausgesetzt oder würde ihre Erhaltung unverhältnismäßige Kosten verursachen, so hat die Partei, der nach Artikel 85 oder 86 die Erhaltung der Ware obliegt, sich in angemessener Weise um ihren Verkauf zu bemühen. Soweit möglich hat sie der anderen Partei ihre Verkaufsabsicht anzuzeigen.

(3) Hat eine Partei die Ware verkauft, so kann sie aus dem Erlös des Verkaufs den Betrag behalten, der den angemessenen Kosten der Erhaltung und des Verkaufs der Ware entspricht. Den Überschuß schuldet sie der anderen Partei.

745 **Art. 88 Abs. 1** entspricht im Kern Art. 94 Abs. 1 EKG (*Huber* RabelsZ **43** (1979) 413, 517). Im Unterschied zum EKG hängt die Zulässigkeit des Selbsthilfeverkaufs von einer angemessenen Anzeige über die Verkaufsabsicht ab. Die Anzeige erfolgt auf angemessene Weise, wenn sie den Verkäufer bzw. Käufer rechtzeitig und konkret über die Verkaufsplanung unterrichtet, so daß sich dieser darauf einzustellen vermag (*Schlechtriem* S. 105). Die Anzeige ist nicht empfangsbedürftig (Art. 27). Der Selbsthilfeverkauf setzt nicht voraus, daß die Nichtzahlung eine wesentliche Vertragsverletzung darstellt oder eine Nachfrist verstrichen ist. Es genügt eine nicht unerhebliche Zahlungsverzögerung (*Schlechtriem* S. 76, 105; kritisch *Hellner* Festschrift Riesenfeld, S. 71, 89).

Art. 88 Abs. 2 statuiert im Unterschied zu Art. 95 EKG lediglich eine Pflicht zu angemessenen Bemühungen. Die Anzeige ist nicht empfangsbedürftig (Art. 27).

Art. 88 Abs. 3 deckt sich mit Art. 94 Abs. 2 EKG.

Teil IV

Schlußbestimmungen

Artikel 89 WKR

746 Der Generalsekretär der Vereinten Nationen wird hiermit zum Verwahrer dieses Übereinkommens bestimmt.

Artikel 90 WKR

Dieses Übereinkommen geht bereits geschlossener oder in Zukunft zu schließenden völkerrechtlichen Übereinkünften, die Bestimmungen über in diesem Übereinkommen geregelte Gegenstände enthalten, nicht vor, sofern die Parteien ihre Niederlassung in Vertragsstaaten einer solchen Übereinkunft haben.

Artikel 91 WKR

(1) Dieses Übereinkommen liegt in der Schlußsitzung der Konferenz der Vereinten Nationen über Verträge über den internationalen Warenkauf zur Unterzeichnung auf und liegt dann bis 30. September 1981 am Sitz der Vereinten Nationen in New York für alle Staaten zur Unterzeichnung auf.

(2) Dieses Übereinkommen bedarf der Ratifikation, Annahme oder Genehmigung durch die Unterzeichnerstaaten.

(3) Dieses Übereinkommen steht allen Staaten, die nicht Unterzeichnerstaaten sind, von dem Tag an zum Beitritt offen, an dem es zur Unterzeichnung aufgelegt wird.

(4) Die Ratifikations-, Annahme-, Genehmigungs- und Beitrittsurkunden werden beim Generalsekretär der Vereinten Nationen hinterlegt.

Artikel 92 WKR

(1) Ein Vertragsstaat kann bei der Unterzeichnung, der Ratifikation, der Annahme, der Genehmigung oder dem Beitritt erklären, daß Teil II dieses Übereinkommens für ihn nicht verbindlich ist oder daß Teil III dieses Übereinkommens für ihn nicht verbindlich ist.

(2) Ein Vertragsstaat, der eine Erklärung nach Absatz 1 zu Teil II oder Teil III dieses Übereinkommens abgegeben hat, ist hinsichtlich solcher Gegenstände, die durch den Teil geregelt werden, auf den sich die Erklärung bezieht, nicht als Vertragsstaat im Sinne des Artikels 1 Absatz 1 zu betrachten.

Artikel 93 WKR

(1) Ein Vertragsstaat, der zwei oder mehr Gebietseinheiten umfaßt, in denen nach seiner Verfassung auf die in diesem Übereinkommen geregelten Gegenstände unterschiedliche Rechtsord-

nungen angewendet werden, kann bei der Unterzeichnung, der Ratifikation, der Annahme, der Genehmigung oder dem Beitritt erklären, daß dieses Übereinkomen sich auf alle seine Gebietseinheiten oder nur auf eine oder mehrere derselben erstreckt; er kann seine Erklärung jederzeit durch eine neue Erklärung ändern.

(2) Die Erklärungen sind dem Verwahrer zu notifizieren und haben ausdrücklich anzugeben, auf welche Gebietseinheiten das Übereinkommen sich erstreckt.

(3) Erstreckt sich das Übereinkommen aufgrund einer Erklärung nach diesem Artikel auf eine oder mehrere, jedoch nicht auf alle Gebietseinheiten eines Vertragsstaats und liegt die Niederlassung einer Partei in diesem Staat, so wird diese Niederlassung im Sinne dieses Übereinkommens nur dann als in einem Vertragsstaat gelegen betrachtet, wenn sie in einer Gebietseinheit liegt, auf die sich das Übereinkommen erstreckt.

(4) Gibt ein Vertragsstaat keine Erklärung nach Absatz 1 ab, so erstreckt sich das Übereinkommen auf alle Gebietseinheiten dieses Staates.

Artikel 94 WKR

(1) Zwei oder mehr Vertragsstaaten, welche gleiche oder einander sehr nahekommende Rechtsvorschriften für Gegenstände haben, die in diesem Übereinkommen geregelt werden, können jederzeit erklären, daß das Übereinkommen auf Kaufverträge und ihren Abschluß keine Anwendung findet, wenn die Parteien ihre Niederlassung in diesen Staaten haben. Solche Erklärungen können als gemeinsame oder als aufeinander bezogene einseitige Erklärungen abgegeben werden.

(2) Hat ein Vertragsstaat für Gegenstände, die in diesem Übereinkommen geregelt werden, Rechtsvorschriften, die denen eines oder mehrerer Nichtvertragsstaaten gleich sind oder sehr nahekommen, so kann er jederzeit erklären, daß das Übereinkommen auf Kaufverträge oder ihren Abschluß keine Anwendung findet, wenn die Parteien ihre Niederlassung in diesen Staaten haben.

(3) Wird ein Staat, auf den sich eine Erklärung nach Absatz 2 bezieht, Vertragsstaat, so hat die Erklärung von dem Tag an, an dem das Übereinkommen für den neuen Vertragsstaat in Kraft tritt, die Wirkung einer nach Absatz 1 abgegebenen Erklärung, vorausgesetzt, daß der neue Vertragsstaat sich einer solchen Erklärung anschließt oder eine darauf bezogene einseitige Erklärung abgibt.

Artikel 95 WKR

Jeder Staat kann bei der Hinterlegung seiner Ratifikations-, Annahme-, Genehmigungs- oder Beitrittsurkunde erklären, daß Artikel 1 Absatz 1 Buchstabe b für ihn nicht verbindlich ist.

Artikel 96 WKR

Ein Vertragsstaat, nach dessen Rechtsvorschriften Kaufverträge schriftlich zu schließen oder nachzuweisen sind, kann jederzeit eine Erklärung nach Artikel 12 abgeben, daß die Bestimmungen der Artikel 11 und 29 oder des Teils II dieses Übereinkommens, die für den Abschluß eines Kaufvertrages, seine Änderung oder Aufhebung durch Vereinbarung oder für ein Angebot, eine Annahme oder eine sonstige Willenserklärung eine andere als die schriftliche Form gestatten, nicht gelten, wenn eine Partei ihre Niederlassung in diesem Staat hat.

Artikel 97 WKR

(1) Erklärungen, die nach diesem Übereinkommen bei der Unterzeichnung abgegeben werden, bedürfen der Bestätigung bei der Ratifikation, Annahme oder Genehmigung.

(2) Erklärungen und Bestätigungen von Erklärungen bedürfen der Schriftform und sind dem Verwahrer zu notifizieren.

(3) Eine Erklärung wird gleichzeitig mit dem Inkrafttreten dieses Übereinkommens für den betreffenden Staat wirksam. Eine Erklärung, die dem Verwahrer nach diesem Inkrafttreten notifiziert wird, tritt jedoch am ersten Tag des Monats in Kraft, der auf einen Zeitabschnitt von sechs Monaten nach ihrem Eingang beim Verwahrer folgt. Aufeinander bezogene einseitige Erklärungen

nach Artikel 94 werden am ersten Tag des Monats wirksam, der auf einen Zeitabschnitt von sechs Monaten nach Eingang der letzten Erklärung beim Verwahrer folgt.

(4) Ein Staat, der eine Erklärung nach diesem Übereinkommen abgibt, kann sie jederzeit durch eine an den Verwahrer gerichtete schriftliche Notifikation zurücknehmen. Eine solche Rücknahme wird am ersten Tag des Monats wirksam, der auf einen Zeitabschnitt von sechs Monaten nach Eingang der Notifikation beim Verwahrer folgt.

(5) Die Rücknahme einer nach Artikel 94 abgegebenen Erklärung macht eine von einem anderen Staat nach Artikel 94 abgegebene, darauf bezogene Erklärung von dem Tag an unwirksam, an dem die Rücknahme wirksam wird.

Artikel 98 WKR

Vorbehalte sind nur zulässig, soweit sie in diesem Übereinkommen ausdrücklich für zulässig erklärt werden.

Artikel 99 WKR

(1) Vorbehaltlich des Absatzes 6 tritt dieses Übereinkommen am ersten Tag des Monats in Kraft, der auf einen Zeitabschnitt von zwölf Monaten nach Hinterlegung der zehnten Ratifikations-, Annahme-, Genehmigungs- oder Beitrittsurkunde einschließlich einer Urkunde, die eine nach Artikel 92 abgegebene Erklärung enthält, folgt.

(2) Wenn ein Staat dieses Übereinkommen nach Hinterlegung der zehnten Ratifikations-, Annahme-, Genehmigungs- oder Beitrittsurkunde ratifiziert, annimmt, genehmigt oder ihm beitritt, tritt dieses Übereinkommen mit Ausnahme des ausgeschlossenen Teils für diesen Staat vorbehaltlich des Absatzes 6 am ersten Tag des Monats in Kraft, der auf einen Zeitabschnitt von zwölf Monaten nach Hinterlegung seiner Ratifikations-, Annahme-, Genehmigungs- oder Beitrittsurkunde folgt.

(3) Ein Staat, der dieses Übereinkommen ratifiziert, annimmt, genehmigt oder ihm beitritt und Vertragspartei des Haager Übereinkommens vom 1. Juli 1964 zur Einführung eines Einheitlichen Gesetzes über den Abschluß von internationalen Kaufverträgen über bewegliche Sachen (Haager Abschlußübereinkommen von 1964) oder des Haager Übereinkommens vom 1. Juli 1964 zur Einführung eines Einheitlichen Gesetzes über den internationalen Kauf beweglicher Sachen (Haager Kaufrechtsübereinkommen von 1964) ist, kündigt gleichzeitig das Haager Kaufrechtsübereinkommen von 1964 oder das Haager Abschlußübereinkommen von 1964 oder gegebenenfalls beide Übereinkommen, indem er der Regierung der Niederlande die Kündigung notifiziert.

(4) Eine Vertragspartei des Haager Kaufrechtsübereinkommens von 1964, die das vorliegende Übereinkommen ratifiziert, annimmt, genehmigt oder ihm beitritt und nach Artikel 92 erklärt oder erklärt hat, daß Teil II dieses Übereinkommens für sie nicht verbindlich ist, kündigt bei der Ratifikation, der Annahme, der Genehmigung oder dem Beitritt das Haager Kaufrechtsübereinkommen von 1964, indem sie der Regierung der Niederlande die Kündigung notifiziert.

(5) Eine Vertragspartei des Haager Abschlußübereinkommens von 1964, die das vorliegende Übereinkommen ratifiziert, annimmt, genehmigt oder ihm beitritt und nach Artikel 92 erklärt oder erklärt hat, daß Teil III dieses Übereinkommens für sie nicht verbindlich ist, kündigt bei der Ratifikation, der Annahme, der Genehmigung oder dem Beitritt das Haager Abschlußübereinkommen von 1964, indem sie der Regierung der Niederlande die Kündigung notifiziert.

(6) Für die Zwecke dieses Artikels werden Ratifikationen, Annahmen, Genehmigungen und Beitritte bezüglich dieses Übereinkommens, die von Vertragsparteien des Haager Abschlußübereinkommens von 1964 oder des Haager Kaufrechtsübereinkommens von 1964 vorgenommen werden, erst wirksam, nachdem die erforderlichen Kündigungen durch diese Staaten bezüglich der genannten Übereinkommen selbst wirksam geworden sind. Der Verwahrer dieses Übereinkommens setzt sich mit der Regierung der Niederlande als Verwahrer der Übereinkommen von 1964 in Verbindung, um die hierfür notwendige Koordinierung sicherzustellen.

Artikel 100 WKR

(1) Dieses Übereinkommen findet auf den Abschluß eines Vertrages nur Anwendung, wenn das Angebot zum Vertragsabschluß an oder nach dem Tag gemacht wird, an dem das Übereinkommen für die in Artikel 1 Absatz 1 Buchstabe a genannten Vertragsstaaten oder den in Artikel 1 Absatz 1 Buchstabe b genannten Vertragsstaat in Kraft tritt.

(2) Dieses Übereinkommen findet nur auf Verträge Anwendung, die an oder nach dem Tag geschlossen werden, an dem das Übereinkommen für die in Artikel 1 Absatz 1 Buchstabe a genannten Vertragsstaaten oder den in Artikel 1 Absatz 1 Buchstabe b genannten Vertragsstaat in Kraft tritt.

Artikel 101 WKR

(1) Ein Vertragsstaat kann dieses Übereinkommen oder dessen Teil II oder Teil III durch eine an den Verwahrer gerichtete schriftliche Notifikation kündigen.

(2) Eine Kündigung wird am ersten Tag des Monats wirksam, der auf einen Zeitabschnitt von zwölf Monaten nach Eingang der Notifikation beim Verwahrer folgt. Ist in der Notifikation eine längere Kündigungsfrist angegeben, so wird die Kündigung nach Ablauf dieser längeren Frist nach Eingang der Notifikation beim Verwahrer wirksam.

H. International Commercial Terms (Incoterms)

Die ersten Incoterms stammen aus dem Jahr 1953. Sie wurden 1967, 1976 sowie 1980 durch Nachträge wesentlich ergänzt. Die Incoterms sind, soweit sie auf jüngere Nachträge zurückgehen, Handelsklauseln und müssen wie Handelsklauseln vereinbart werden. Sie sind dem AGBG unterworfen. Zur Geltung der übrigen Incoterms s. Rdn. 11.

Diese Klausel trat 1953 in Kraft

Ab Werk

... (ab Fabrik, ab Mühle, ab Pflanzung, ab Lagerhaus usw.)

748 A. Der Verkäufer hat:

1. Die Ware in Übereinstimmung mit dem Kaufvertrag zu liefern und zugleich alle vertragsgemäßen Belege hierfür zu erbringen.

2. Dem Käufer die Ware zu der vertraglich vereinbarten Zeit an dem benannten Lieferungsort oder an dem für die Lieferung solcher Ware üblichen Ort zur Verladung auf das vom Käufer zu beschaffende Beförderungsmittel zur Verfügung zu stellen.

3. Auf eigene Kosten gegebenenfalls für die notwendige Verpackung zu sorgen, damit der Käufer die Ware übernehmen kann.

4. Den Käufer innerhalb einer angemessenen Frist von dem Zeitpunkt zu benachrichtigen, in dem die Ware zur Verfügung gestellt wird.

5. Die durch die Zurverfügungstellung der Ware für den Käufer bedingten Kosten des Prüfens (wie der Qualitätsprüfung, des Messens, Wiegens und Zählens) zu tragen.

6. Alle Kosten und Gefahren der Ware zu tragen, bis sie innerhalb der vertraglich vereinbarten Zeit dem Käufer zur Verfügung gestellt worden ist, vorausgesetzt, daß die Ware in geeigneter Weise konkretisiert, d. h. als der für den Käufer bestimmte Gegenstand abgesondert oder auf irgendeine andere Art kenntlich gemacht worden ist.

7. Dem Käufer auf dessen Verlangen, Gefahr und Kosten bei der Beschaffung irgendwelcher Dokumente, die in dem Liefer- und/oder Ursprungsland ausgestellt werden und die der Käufer

zur Ausfuhr und/oder Einfuhr (und gegebenenfalls zur Durchfuhr durch ein drittes Land) benötigt, jede Hilfe zu gewähren.

B. Der Käufer hat:

1. Die Ware abzunehmen, sobald sie an dem vertraglich vereinbarten Ort und innerhalb der vertraglich vereinbarten Frist zu seiner Verfügung gestellt worden ist und den Preis vertragsgemäß zu zahlen.

2. Alle Kosten und Gefahren der Ware von dem Zeitpunkt an zu tragen, in dem sie auf diese Weise zu seiner Verfügung gestellt worden ist, vorausgesetzt, daß die Ware in geeigneter Weise konkretisiert, d. h. als der für den Käufer bestimmte Gegenstand abgesondert oder auf irgendeine andere Art kenntlich gemacht worden ist.

3. Alle Zollgebühren und Abgaben zu tragen, die aufgrund der Ausfuhr erhoben werden.

4. Wenn er sich eine Frist für die Abnahme der Ware und/oder die Wahl des Lieferortes vorbehalten hat und nicht rechtzeitig Anweisungen erteilt, die sich hieraus ergebenden Mehrkosten und alle die Ware betreffenden Gefahren vom Ablauf der vereinbarten Frist an zu tragen, vorausgesetzt, daß die Ware in geeigneter Weise konkretisiert, d. h. als der für den Käufer bestimmte Gegenstand abgesondert oder auf irgendeine andere Art kenntlich gemacht worden ist.

5. Alle Kosten für die Ausstellung und Beschaffung der oben in Art. A. 7 erwähnten Dokumente zu tragen, einschließlich der Kosten für die Ursprungszeugnisse, die Ausfuhrbewilligung und die Konsulatsgebühren.

Diese Klausel trat 1953 in Kraft

For/Fot

FREI (FRANKO) WAGGON

. . . (benannter Abgangsort)

749

A. Der Verkäufer hat:

1. Die Ware in Übereinstimmung mit dem Kaufvertrag zu liefern und zugleich alle vertragsgemäßen Belege hierfür zu erbringen.

2. Wenn es sich um Ware handelt, die entweder eine volle Waggonladung ausmacht oder genügend Gewicht für die Beanspruchung besonderer Mengentarife für Waggonladungen aufweist, rechtzeitig einen Waggon geeigneter Art und Größe zu beschaffen, der gegebenenfalls mit Planen zu versehen ist, und ihn auf seine Kosten zum vereinbarten Termin oder innerhalb der vereinbarten Frist zu beladen, wobei er sich bei der Bestellung des Waggons und bei der Beladung an die Vorschriften der Abgangsstation halten muß.

3. Wenn es sich um eine Ladung handelt, die entweder keine volle Waggonladung ergibt oder nicht genügend Gewicht zur Beanspruchung besonderer Mengentarife für Waggonladungen aufweist, die Ware zu dem vereinbarten Termin oder innerhalb der festgesetzten Frist der Eisenbahn entweder an der Abgangsstation oder einem von der Eisenbahn gestellten Fahrzeug zu übergeben, wenn die Anfuhr zur Bahn im Frachtsatz mit einbegriffen ist, sofern er nicht nach den Vorschriften der Abgangsstation selbst die Ware in den Waggon zu verladen hat.

Gibt es am Versandort mehrere Bahnhöfe, so kann der Verkäufer den ihm am besten zusagenden Bahnhof auswählen, sofern dieser Bahnhof üblicherweise Waren für den vom Käufer benannten Bestimmungsort annimmt, es sei denn, der Käufer hat sich die Wahl des Abgangsbahnhofs vorbehalten.

4. Alle Kosten und Gefahren der Ware bis zu dem Zeitpunkt zu tragen, in dem der beladene Waggon oder, in dem gemäß Artikel A. 3 vorgesehenen Fall, die Ware der Eisenbahn ausgehändigt worden ist, vorbehaltlich jedoch der Bestimmungen des nachstehenden Artikels B. 5.

5. Auf eigene Kosten für die übliche Verpackung der Ware zu sorgen, sofern es nicht Handelsbrauch ist, die Ware unverpackt zu versenden.

6. Die durch die Verladung der Ware oder durch ihre Aushändigung an die Eisenbahn bedingten Kosten des Prüfens (wie der Qualitätsprüfung, des Messens, Wiegens und Zählens) zu tragen.

7. Den Käufer unverzüglich zu benachrichtigen, daß die Ware verladen oder der Eisenbahn ausgehändigt worden ist.

8. Auf eigene Kosten dem Käufer das übliche Versanddokument zu beschaffen, falls dies dem Handelsbrauch entspricht.

9. Dem Käufer auf dessen Verlangen und auf dessen Kosten das Ursprungszeugnis zu besorgen (siehe B. 6).

10. Dem Käufer auf dessen Verlangen, Gefahr und Kosten bei der Beschaffung von Dokumenten, die in dem Versand- und/oder Ursprungsland ausgestellt werden und die der Käufer zur Ausfuhr und/oder Einfuhr (sowie gegebenenfalls zur Durchfuhr durch ein drittes Land) benötigt, jede Hilfe zu gewähren.

B. Der Käufer hat:

1. Dem Verkäufer rechtzeitig die für den Versand notwendigen Anweisungen zu erteilen.

2. Die Ware von dem Zeitpunkt an abzunehmen, in dem sie der Eisenbahn übergeben worden ist, und den Preis vertragsgemäß zu zahlen.

3. Alle Kosten und Gefahren der Ware (mit Einschluß der etwa erforderlichen Kosten für die Miete der Planen) von dem Zeitpunkt an zu tragen, in dem der beladene Waggon oder, in dem unter Artikel A. 3 vorgesehenen Fall, von dem Zeitpunkt an, in dem die Ware der Eisenbahn ausgehändigt worden ist.

4. Alle Zollgebühren und Abgaben zu tragen, die aufgrund der Ausfuhr erhoben werden.

5. Wenn er sich eine Frist zur Erteilung der Versandanweisungen an den Verkäufer und/oder die Wahl des Verladeortes vorbehalten hat und nicht rechtzeitig Anweisungen erteilt, die sich hieraus ergebenden Mehrkosten und alle die Ware betreffenden Gefahren vom Ablauf der vereinbarten Frist an zu tragen, vorausgesetzt, daß die Ware in geeigneter Weise konkretisiert, d. h. als der für den Käufer bestimmte Gegenstand abgesondert oder auf irgendeine andere Art kenntlich gemacht worden ist.

6. Alle Kosten und Gebühren für die Ausstellung und Beschaffung der in den Artikeln A. 9 und A. 10 erwähnten Dokumente zu tragen, einschließlich der Kosten der Ursprungszeugnisse und der Konsulatsgebühren.

Diese Klausel trat 1953 in Kraft

Fas

FREI LÄNGSSEITE SEESCHIFF
... (benannter Verschiffungshafen)

750 A. Der Verkäufer hat:

1. Die Ware in Übereinstimmung mit dem Kaufvertrag zu liefern und zugleich alle vertragsgemäßen Belege hierfür zu erbringen.

2. Die Ware zu dem vereinbarten Zeitpunkt oder in der vereinbarten Frist dem Hafenbrauch entsprechend an dem vom Käufer benannten Ladeplatz in dem benannten Verschiffungshafen Längsseite Schiff zu liefern und dem Käufer unverzüglich mitzuteilen, daß die Ware Längsseite Schiff geliefert worden ist.

3. Dem Käufer auf dessen Verlangen, Gefahr und Kosten bei der Beschaffung aller für die Ausfuhr der Ware erforderlichen Bewilligungen oder sonstiger amtlicher Bescheinigungen, jede Hilfe zu gewähren.

4. Alle Kosten und Gefahren der Ware bis zu dem Zeitpunkt zu tragen, in dem sie tatsächlich Längsseite Schiff in dem benannten Verschiffungshafen geliefert worden ist, einschließlich der Kosten aller für die Lieferung der Ware Längsseite Schiff erforderlichen Formalitäten, jedoch vorbehaltlich der Bestimmungen der nachstehenden Artikel B. 3 und B. 4.

5. Auf eigene Kosten für die übliche Verpackung der Waren zu sorgen, sofern es nicht Handelsbrauch ist, die Ware unverpackt zu verschiffen.

6. Die durch die Lieferung der Ware Längsseite Schiff bedingten Kosten des Prüfens (wie der Qualitätsprüfung, des Messens, Wiegens und Zählens) zu tragen.

7. Auf eigene Kosten das zum Nachweis der Lieferung der Ware Längsseite des benannten Schiffes übliche reine Dokument zu besorgen.

8. Dem Käufer auf dessen Verlangen und Kosten das Ursprungszeugnis zu beschaffen (siehe B. 5).

9. Dem Käufer auf dessen Verlangen, Gefahr und Kosten neben dem im Artikel A. 8 genannten Dokument bei der Beschaffung aller im Verschiffungs- und/oder Ursprungslande ausgestellten Dokumente (mit Ausnahme des Konnossements und/oder der Konsulatspapiere), die der Käufer zur Einfuhr der Ware in das Bestimmungsland (und gegebenenfalls zur Durchfuhr durch ein drittes Land) benötigt, jede Hilfe zu gewähren.

B. Der Käufer hat:

1. Dem Verkäufer rechtzeitig den Namen, den Ladeplatz sowie den Zeitpunkt der Lieferung an das Schiff bekanntzugeben.

2. Alle Kosten und Gefahren der Ware von dem Zeitpunkt an zu tragen, in dem die Ware tatsächlich Längsseite Schiff in dem benannten Verschiffungshafen zu dem vereinbarten Termin oder innerhalb der festgesetzten Frist geliefert worden ist, und den Preis vertragsgemäß zu zahlen.

3. Alle zusätzlich entstehenden Kosten zu tragen, wenn das von ihm benannte Schiff nicht rechtzeitig eintrifft oder die Ware nicht übernehmen kann oder schon vor der festgesetzten Zeit keine Ladung mehr annimmt, sowie alle Gefahren für die Ware von dem Zeitpunkt an zu tragen, in dem sie der Verkäufer zur Verfügung des Käufers gestellt hat, vorausgesetzt, daß die Ware in geeigneter Weise konkretisiert, d. h. als der für den Käufer bestimmte Gegenstand abgesondert oder auf irgendeine andere Art kenntlich gemacht worden ist.

4. Wenn er das Schiff nicht rechtzeitig bezeichnet oder wenn er sich eine Frist für die Abnahme der Ware und/oder die Wahl des Verschiffungshafens vorbehalten hat und nicht rechtzeitig Anweisungen erteilt, die sich hieraus ergebenden Mehrkosten und alle die Ware betreffenden Gefahren von dem Zeitpunkt an zu tragen, in dem die für die Lieferung festgesetzte Frist abläuft, vorausgesetzt, daß die Ware in geeigneter Weise konkretisiert, d. h. als der für den Käufer bestimmte Gegenstand abgesondert oder auf irgendeine andere Art kenntlich gemacht worden ist.

5. Alle Kosten und Gebühren für die Beschaffung der oben in den Artikeln A. 3, A. 8 und A. 9 genannten Dokumente zu tragen.

Diese Klausel trat 1953 in Kraft

Fob

FREI AN BORD

. . . (benannter Verschiffungshafen)

751

A. Der Verkäufer hat:

1. Die Ware in Übereinstimmung mit dem Kaufvertrag zu liefern und zugleich alle vertragsgemäßen Belege hierfür zu erbringen.

2. Die Ware an Bord des vom Käufer angegebenen Seeschiffes im vereinbarten Verschiffungshafen zu dem vereinbarten Zeitpunkt oder innerhalb der vereinbarten Frist dem Hafenbrauch ent-

sprechend zu liefern und dem Käufer unverzüglich mitzuteilen, daß die Ware an Bord des Seeschiffes geliefert worden ist.

3. Auf eigene Kosten und Gefahr die Ausfuhrbewilligung oder jede andere amtliche Bescheinigung zu beschaffen, die für die Ausfuhr der Ware erforderlich ist.

4. Alle Kosten und Gefahren der Ware bis zu dem Zeitpunkt zu tragen, in dem die Ware im vereinbarten Verschiffungshafen die Reling des Schiffes tatsächlich überschritten hat, einschließlich aller mit der Ausfuhr zusammenhängenden Gebühren, Abgaben und Kosten sowie auch die Kosten aller Formalitäten, die für die Verbringung der Ware an Bord erforderlich sind, vorbehaltlich jedoch der Bestimmungen der nachfolgenden Artikel B. 3 und B. 4.

5. Auf eigene Kosten für die übliche Verpackung der Ware zu sorgen, sofern es nicht Handelsbrauch ist, die Ware unverpackt zu verschiffen.

6. Die durch die Lieferung der Ware bedingten Kosten des Prüfens (wie der Qualitätsprüfung, des Messens, Wiegens und Zählens) zu tragen.

7. Auf eigene Kosten das zum Nachweis der Lieferung der Ware an Bord des benannten Schiffes übliche reine Dokument zu beschaffen.

8. Dem Käufer auf dessen Verlangen und Kosten das Ursprungszeugnis zu beschaffen (siehe B. 6).

9. Dem Käufer auf dessen Verlangen, Gefahr und Kosten neben dem im vorhergehenden Artikel genannten Dokument bei der Beschaffung des Konnossements und aller im Verschiffungs- und/oder Ursprungslande auszustellenden Dokumente, die der Käufer zur Einfuhr der Ware in das Bestimmungsland (und gegebenenfalls zur Durchfuhr durch ein drittes Land) benötigt, jede Hilfe zu gewähren.

B. Der Käufer hat:

1. Auf eigene Kosten ein Seeschiff zu chartern oder den notwendigen Schiffsraum zu beschaffen und dem Verkäufer rechtzeitig den Namen und den Ladeplatz des Schiffes sowie den Zeitpunkt der Lieferung zum Schiff bekanntzugeben.

2. Alle Kosten und Gefahren für die Ware von dem Zeitpunkt an zu tragen, in dem die Ware im vereinbarten Verschiffungshafen die Reling des Schiffes tatsächlich überschritten hat, sowie den Preis vertragsgemäß zu zahlen.

3. Alle zusätzlich entstehenden Kosten zu tragen, wenn das von ihm benannte Schiff zu dem festgesetzten Zeitpunkt oder bis zum Ende der vereinbarten Frist nicht eintrifft oder die Ware nicht übernehmen kann oder bereits vor dem vereinbarten Zeitpunkt oder vor Ablauf der festgesetzten Frist keine Ladung mehr annimmt, sowie alle die Ware betreffenden Gefahren von dem Ablauf der vereinbarten Frist an zu tragen, vorausgesetzt, daß die Ware in geeigneter Weise konkretisiert, d. h. als der für den Käufer bestimmte Gegenstand abgesondert oder auf irgendeine andere Art kenntlich gemacht worden ist.

4. Wenn er das Schiff nicht rechtzeitig bezeichnet oder wenn er sich eine Frist für die Abnahme der Ware und/oder die Wahl des Verschiffungshafens vorbehalten hat und nicht rechtzeitig genaue Anweisungen erteilt, alle sich hieraus ergebenden Mehrkosten sowie alle die Waren betreffenden Gefahren von dem Zeitpunkt an zu tragen, in dem die für die Lieferung festgesetzte Frist abläuft, vorausgesetzt, daß die Ware in geeigneter Weise konkretisiert, d. h. als der für den Käufer bestimmte Gegenstand abgesondert oder auf irgendeine andere Art kenntlich gemacht worden ist.

5. Die Kosten und Gebühren für die Beschaffung eines Konnossements zu tragen, falls dies gemäß vorstehendem Artikel A. 9 verlangt worden ist.

6. Alle Kosten und Gebühren für die Beschaffung der oben in den Artikeln A. 8 und A. 9 erwähnten Dokumente zu tragen, einschließlich der Kosten der Ursprungszeugnisse und der Konsulatspapiere.

Diese Klausel trat 1953 in Kraft

C & F

Kosten und Fracht
... (benannter Bestimmungshafen)

752

A. Der Verkäufer hat:

1. Die Ware in Übereinstimmung mit dem Kaufvertrag zu liefern und zugleich alle vertragsgemäßen Belege hierfür zu erbringen.

2. Den Vertrag für die Beförderung der Ware auf eigene Rechnung auf dem üblichen Wege zu den üblichen Bedingungen bis zum vereinbarten Bestimmungshafen in einem Seeschiff (Segelschiff ausgenommen) der Bauart, die normalerweise für die Beförderung der im Vertrage genannten Ware verwendet wird, abzuschließen, sowie die Fracht und alle Ausladungskosten im Entladungshafen zu tragen, die von regulären Schiffahrtsgesellschaften schon bei der Verladung im Verschiffungshafen erhoben werden sollten.

3. Auf eigene Kosten und Gefahr die Ausfuhrbewilligung oder sonstige amtliche Bescheinigungen zu beschaffen, die für die Ausfuhr der Ware erforderlich sind.

4. Die Ware auf eigene Kosten zum vereinbarten Zeitpunkt oder innerhalb der vereinbarten Frist oder, falls weder ein Zeitpunkt noch eine Frist vereinbart wurde, innerhalb einer angemessenen Frist an Bord des Schiffes im Verschiffungshafen zu verladen und den Käufer unverzüglich von der Verladung an Bord des Schiffes zu benachrichtigen.

5. Alle Gefahren für die Ware bis zu dem Zeitpunkt zu tragen, in dem sie im Verschiffungshafen die Reling des Schiffes tatsächlich überschritten hat, vorbehaltlich jedoch der Bestimmungen des nachstehenden Artikels B. 4.

6. Unverzüglich auf eigene Kosten dem Käufer ein reines begebbares Konnossement für den vereinbarten Bestimmungshafen sowie eine Rechnung über die verschiffte Ware zu beschaffen. Das Konnossement muß über die vertraglich vereinbarte Ware lauten, ein innerhalb der für die Verschiffung vereinbarten Frist liegendes Datum tragen und durch Indossierung oder anderweitig die Lieferung an die Order des Käufers oder dessen vereinbarten Vertreters ermöglichen. Das Konnossement muß aus einem vollständigen Satz von „An Bord" (on board) — oder „verschifft" (shipped) — Konnossementen bestehen. Lautet das Konnossement „empfangen zur Verschiffung" (received for shipment), so muß die Reederei zusätzlich einen unterschriebenen Vermerk anbringen, der besagt, daß sich die Ware tatsächlich an Bord befindet; dieser Vermerk muß ein Datum tragen, das innerhalb der für die Verschiffung vereinbarten Zeit liegt. Wenn das Konnossement einen Hinweis auf den Chartervertrag enthält, so muß der Verkäufer außerdem noch ein Exemplar dieser Urkunde beschaffen.

Anmerkung: Ein Konnossement wird als „rein" bezeichnet, wenn es keine zusätzlichen Klauseln enthält, die ausdrücklich den Zustand der Ware oder der Verpackung als mangelhaft bezeichnen.

Folgende Klauseln sind bei einem reinen Konnossement zulässig:

a) Klauseln, die nicht ausdrücklich besagen, daß die Ware oder ihre Verpackung sich in einem unbefriedigenden Zustand befindet, z. B.: „gebrauchte Kisten", „gebrauchte Fässer" usw.; b) Klauseln, die betonen, daß der Frachtführer für die der Ware oder ihrer Verpackung innewohnenden Gefahren nicht haftet; c) Klauseln, mit denen der Frachtführer zum Ausdruck bringt, daß ihm der Inhalt, die Gewichte, die Abmessungen, die Qualität oder die technischen Einzelheiten der Ware nicht bekannt sind.

7. Auf seine Kosten für die übliche Verpackung der Ware zu sorgen, sofern es nicht Handelsbrauch ist, die Ware unverpackt zu verschiffen.

8. Die durch die Verladung der Ware bedingten Kosten des Prüfens (wie der Qualitätsprüfung, des Messens, Wiegens und Zählens) zu tragen.

9. Alle für die Ware bis zu ihrer Verladung erhobenen Abgaben und Gebühren zu tragen, einschließlich aller Steuern, Abgaben und Gebühren, die mit der Ausfuhr zusammenhängen, sowie die Kosten der zur Verbringung an Bord erforderlichen Formalitäten.

10. Dem Käufer auf dessen Verlangen und Kosten (siehe B. 5) das Ursprungszeugnis sowie die Konsulatsfaktura zu beschaffen.

11. Dem Käufer auf dessen Verlangen, Gefahr und Kosten neben den im vorhergehenden Artikel genannten Dokumenten bei der Beschaffung aller im Verschiffungs- und/oder Ursprungslande auszustellenden Dokumente, die der Käufer zur Einfuhr der Ware in das Bestimmungsland (und gegebenenfalls zur Durchfuhr durch ein drittes Land) benötigt, jede Hilfe zu gewähren.

B. Der Käufer hat:

1. Die von dem Verkäufer beschafften Dokumente bei ihrer Einreichung anzunehmen, wenn sie sich in Übereinstimmung mit dem Kaufvertrag befinden, und den Preis vertragsgemäß zu zahlen.

2. Die Ware im vereinbarten Bestimmungshafen anzunehmen und mit Ausnahme der Fracht alle während des Seetransportes bis zur Ankunft im Bestimmungshafen entstehenden Kosten zu tragen, ebenso die Kosten für die Löschung, die Leichterung und die Verbringung an Land, sofern diese Kosten nicht in der Fracht mit einbegriffen sind oder nicht von der Schiffahrtsgesellschaft zusammen mit der Fracht erhoben worden sind.

Anmerkung: Beim Verkauf der Ware „C&F landed" gehen die Kosten für die Löschung, die Leichterung und die Verbringung an Land zu Lasten des Verkäufers.

3. Alle Gefahren der Ware von dem Zeitpunkt an zu tragen, in dem die Ware im Verschiffungshafen die Reling des Schiffes tatsächlich überschritten hat.

4. Wenn er sich eine Frist für die Verschiffung der Ware und/oder die Wahl des Bestimmungshafens vorbehalten hat und nicht rechtzeitig seine Anweisungen erteilt, alle zusätzlich entstehenden Kosten sowie sämtliche Gefahren vom Ablauf der für die Verschiffung festgesetzten Frist an zu tragen, vorausgesetzt, daß die Ware in geeigneter Weise konkretisiert, d. h. als der für den Käufer bestimmte Gegenstand abgesondert oder auf irgendeine andere Art kenntlich gemacht worden ist.

5. Die Kosten und Gebühren für die Beschaffung des Ursprungszeugnisses und der Konsulatspapiere zu tragen.

6. Alle Kosten und Gebühren für die Beschaffung der oben in Art. A. 11 erwähnten Dokumente zu tragen.

7. Die Zollgebühren und alle sonstigen bei der Einfuhr und für die Einfuhr zu entrichtenden Abgaben zu zahlen.

8. Auf eigene Rechnung und Gefahr alle Einfuhrbewilligungen, Bescheinigungen oder dergleichen zu beschaffen, die er zur Einfuhr der Ware am Bestimmungsort benötigt.

Diese Klausel trat 1953 in Kraft

CIF

Kosten, Versicherung, Fracht
... (benannter Bestimmungshafen)

753 A. Der Verkäufer hat:

1. Die Ware in Übereinstimmung mit dem Kaufvertrag zu liefern und zugleich alle vertragsgemäßen Belege hierfür zu erbringen.

2. Den Vertrag über die Beförderung der Ware auf eigene Rechnung auf dem üblichen Wege zu den üblichen Bedingungen bis zum vereinbarten Bestimmungshafen in einem Seeschiff (Segelschiffe ausgenommen) der Bauart, die normalerweise für die Beförderung der im Vertrag genannten Ware verwendet wird, abzuschließen sowie die Fracht und alle Ausladungskosten im Entladungshafen zu tragen, die von regulären Schiffahrtsgesellschaften schon bei der Verladung im Verschiffungshafen erhoben werden sollten.

3. Auf eigene Kosten und Gefahr die Ausfuhrbewilligung oder sonstige amtliche Bescheinigungen zu beschaffen, die für die Ausfuhr der Ware erforderlich sind.

4. Die Ware auf eigene Kosten zum vereinbarten Zeitpunkt oder innerhalb der vereinbarten Frist oder, falls weder ein Zeitpunkt noch eine Frist vereinbart wurde, innerhalb einer angemessenen Frist, an Bord des Schiffes im Verschiffungshafen zu verladen und den Käufer unverzüglich von der Verladung an Bord des Schiffes zu benachrichtigen.

5. Auf eigene Kosten eine übertragbare Seeversicherungspolice gegen die durch den Vertrag bedingten Beförderungsgefahren zu beschaffen. Dieser Vertrag muß bei zuverlässigen Versicherern oder Versicherungsgesellschaften auf der Grundlage der FPA-Bedingungen abgeschlossen werden und soll den CIF-Preis zuzüglich 10 % decken. Die Versicherung ist, wenn möglich, in der Währung des Vertrages abzuschließen.

Sofern nichts anderes vereinbart ist, soll das Transportrisiko nicht die besonderen Risiken dekken, die nur in einzelnen Geschäftszweigen üblich sind, oder gegen die sich der Käufer besonders schützen will. Zu den besonderen Risiken, die im Vertrag zwischen Käufer und Verkäufer besonders berücksichtigt werden müßten, gehören Diebstahl, Plünderung, Auslaufen, Bruch, Absplittern, Schiffsschweiß, Berührung mit anderen Ladungen sowie sonstige Gefahren, die in bestimmten Branchen auftreten können.

Auf Verlangen des Käufers muß der Verkäufer auf Kosten des Käufers die Versicherung gegen Kriegsgefahr in der Vertragswährung decken, sofern dies möglich ist.

6. Alle Gefahren zu tragen bis zu dem Zeitpunkt, in dem die Ware im Verschiffungshafen tatsächlich die Reling des Schiffes überschritten hat, vorbehaltlich jedoch der Bestimmungen des nachstehenden Artikels B. 4.

7. Unverzüglich auf eigene Kosten dem Käufer ein reines begebbares Konnossement auf den vereinbarten Bestimmungshafen sowie eine Rechnung über die verschiffte Ware und den Versicherungsschein zu beschaffen oder, falls der Versicherungsschein zur Zeit der Vorlage der Dokumente nicht verfügbar sein sollte, ein von den Versicherern ausgestelltes Versicherungszertifikat zu beschaffen, das dem Inhaber die gleichen Rechte wie der Besitz des Versicherungsscheines gewährt und das die wesentlichen Bestimmungen des Versicherungsscheines enthält. Das Konnossement muß für die verkaufte Ware ausgestellt worden sein, ein innerhalb der für die Verschiffung vereinbarten Frist liegendes Datum tragen und durch Indossierung oder auf andere Art die Lieferung an die Order des Käufers oder seines vereinbarten Vertreters ermöglichen. Das Konnossement muß aus einem vollständigen Satz von „An Bord" (on board) oder „verschifft" (shipped) — Konnossementen bestehen. Lautet das Konnossement „empfangen zur Verschiffung" (received for shipment), so muß die Reederei zusätzlich einen unterschriebenen Vermerk anbringen, der besagt, daß sich die Ware tatsächlich an Bord befindet; dieser Vermerk muß ein Datum tragen, das innerhalb der für die Verschiffung vereinbarten Zeit liegt. Wenn das Konnossement einen Hinweis auf den Chartervertrag enthält, so muß der Verkäufer außerdem noch ein Exemplar dieser Urkunde beschaffen.

Anmerkung: Ein Konnossement wird als „rein" bezeichnet, wenn es keine zusätzlichen Klauseln enthält, die ausdrücklich den Zustand der Ware oder der Verpackung als mangelhaft bezeichnen.

Folgende Klauseln sind bei einem reinen Konnossement zulässig:

a) Klauseln, die nicht ausdrücklich besagen, daß die Ware oder ihre Verpackung sich in einem unbefriedigenden Zustand befindet, z. B.: „gebrauchte Kisten", „gebrauchte Fässer" usw.; b) Klauseln, die betonen, daß der Frachtführer für die der Ware oder ihrer Verpackung innewohnenden Gefahren nicht haftet; c) Klauseln, mit denen der Frachtführer zum Ausdruck bringt, daß ihm der Inhalt, die Gewichte, die Abmessungen, die Qualität oder die technischen Einzelheiten der Ware nicht bekannt sind.

8. Auf eigene Kosten für die übliche Verpackung der Ware zu sorgen, sofern es nicht Handelsbrauch ist, die Ware unverpackt zu verschiffen.

9. Die durch die Verladung der Ware bedingten Kosten des Prüfens (wie der Qualitätsprüfung, des Messens, Wiegens und Zählens) zu tragen.

10. Alle für die Ware bis zu ihrer Verladung erhobenen Abgaben und Gebühren zu tragen, einschließlich aller Steuern, Abgaben und Gebühren, die mit der Ausfuhr zusammenhängen sowie auch die Kosten der zur Verbringung an Bord erforderlichen Formalitäten.

11. Dem Käufer auf dessen Verlangen und Kosten (siehe B. 5) das Ursprungszeugnis sowie die Konsulatsfaktura zu beschaffen.

12. Dem Käufer auf dessen Verlangen, Gefahr und Kosten neben den im vorhergehenden Artikel genannten Dokumenten bei der Beschaffung aller im Verschiffungs- und/oder Ursprungslande auszustellenden Dokumente, die der Käufer zur Einfuhr der Ware in das Bestimmungsland (und gegebenenfalls zur Durchfuhr durch ein drittes Land) benötigt, jede Hilfe zu gewähren.

B. Der Käufer hat:

1. Die von dem Verkäufer beschafften Dokumente bei ihrer Einreichung anzunehmen, wenn sie sich in Übereinstimmung mit dem Kaufvertrag befinden, und den Preis vertragsgemäß zu zahlen.

2. Die Ware im vereinbarten Bestimmungshafen abzunehmen und mit Ausnahme der Fracht und der Seeversicherung alle während des Seetransportes bis zur Ankunft im Bestimmungshafen entstehenden Kosten zu tragen, ebenso wie die Kosten für die Löschung, die Leichterung und die Verbringung an Land, sofern diese Kosten nicht in der Fracht mit einbegriffen sind oder von der Schiffahrtsgesellschaft zusammen mit der Fracht erhoben worden sind.

Wenn die Versicherung gegen Kriegsgefahr gedeckt worden ist, muß der Käufer deren Kosten tragen (siehe A. 5).

Anmerkung: Beim Verkauf der Ware „CIF landed" gehen die Kosten für die Löschung, die Leichterung und die Verbringung an Land zu Lasten des Verkäufers.

3. Alle Gefahren der Ware von dem Zeitpunkt an zu tragen, in dem die Ware im Verschiffungshafen die Reling des Schiffes tatsächlich überschritten hat.

4. Wenn er sich eine Frist für die Verschiffung der Ware und/oder die Wahl des Bestimmungshafens vorbehalten hat und nicht rechtzeitig seine Anweisungen erteilt, alle zusätzlich entstehenden Kosten sowie sämtliche Gefahren vom Ablauf der für die Verschiffung festgesetzten Frist an zu tragen, vorausgesetzt, daß die Ware in geeigneter Weise konkretisiert, d. h. als der für den Käufer bestimmte Gegenstand abgesondert oder auf irgendeine andere Art kenntlich gemacht worden ist.

5. Die Kosten und Gebühren für die Beschaffung des Ursprungszeugnisses und der Konsulatspapiere zu tragen.

6. Alle Kosten und Gebühren für die Beschaffung der oben in Artikel A. 12 erwähnten Dokumente zu tragen.

7. Die Zollgebühren und alle sonstigen bei der Einfuhr und für die Einfuhr zu entrichtenden Abgaben zu zahlen.

8. Auf eigene Rechnung und Gefahr alle Einfuhrbewilligungen, Bescheinigungen oder dergleichen zu beschaffen, die er zur Einfuhr der Ware am Bestimmungsort benötigt.

Diese Klausel trat 1953 in Kraft

Ab Schiff

. . . (benannter Bestimmungshafen)

754 A. Der Verkäufer hat:

1. Die Ware in Übereinstimmung mit dem Kaufvertrag zu liefern und zugleich alle vertragsgemäßen Belege hierfür zu erbringen.

2. Dem Käufer die Ware tatsächlich innerhalb der vertraglich vereinbarten Frist an Bord des Schiffes an dem üblichen Löschungsort in dem benannten Hafen zur Verfügung zu stellen, so daß sie mit dem ihrer Natur entsprechenden Entladegerät von Bord genommen werden kann.

3. Alle die Ware betreffenden Gefahren und Kosten bis zu dem Zeitpunkt zu tragen, in dem die Ware tatsächlich dem Käufer gemäß Artikel A. 2 zur Verfügung gestellt worden ist, vorausgesetzt, daß die Ware in geeigneter Weise konkretisiert, d. h. als der für den Käufer bestimmte Gegenstand abgesondert oder auf irgendeine andere Art kenntlich gemacht worden ist.

4. Auf eigene Kosten für die übliche Verpackung der Ware zu sorgen, sofern es nicht Handelsbrauch ist, die Ware unverpackt zu versenden.

5. Die durch die Zurverfügungstellung der Ware für den Käufer gemäß Artikel A. 2 bedingten Kosten des Prüfens (wie der Qualitätsprüfung, des Messens, Wiegens und Zählens) zu tragen.

6. Den Käufer unverzüglich auf eigene Kosten über das voraussichtliche Ankunftsdatum des benannten Schiffes zu unterrichten und ihm rechtzeitig das Konnossement oder den Auslieferungsauftrag (delivery order) und/oder alle übrigen Dokumente zu beschaffen, die der Käufer zur Übernahme der Ware benötigt.

7. Dem Käufer auf dessen Verlangen und Kosten (siehe B. 3) das Ursprungszeugnis und die Konsulatsfaktura zu besorgen.

8. Dem Käufer auf dessen Verlangen, Gefahr und Kosten neben den im vorhergehenden Artikel genannten Unterlagen bei der Beschaffung der sonstigen Dokumente, die im Verlade- und/oder Ursprungsland ausgestellt werden und die der Käufer zur Einfuhr der Ware in das Bestimmungsland (und gegebenenfalls zur Durchfuhr durch ein drittes Land) benötigt, jede Hilfe zu gewähren.

B. Der Käufer hat:

1. Die Ware abzunehmen, sobald sie gemäß den Bestimmungen des Artikels A. 2 zu seiner Verfügung gestellt worden ist, und den Preis vertragsgemäß zu zahlen.

2. Alle die Ware betreffenden Kosten und Gefahren von dem Zeitpunkt an zu tragen, in dem sie tatsächlich gemäß Artikel A. 2 zu seiner Verfügung gestellt worden ist, vorausgesetzt, daß die Ware in geeigneter Weise konkretisiert, d. h. als der für den Käufer bestimmte Gegenstand abgesondert oder auf irgendeine andere Art kenntlich gemacht worden ist.

3. Alle vom Verkäufer entrichteten Ausgaben und Gebühren zu tragen, die bei der Beschaffung irgendwelcher der in den Artikeln A. 7 und A. 8 genannten Dokumente entstehen.

4. Auf eigene Kosten und Gefahr alle Bewilligungen oder ähnliche Dokumente zu beschaffen, die für das Löschen und/oder für die Einfuhr der Ware erforderlich sind.

5. Alle Kosten und Gebühren der Verzollung, alle Zölle sowie alle sonstigen Abgaben und Steuern zu tragen, die beim Löschen oder durch die Einfuhr der Ware entstehen.

Diese Klausel trat 1953 in Kraft

Ab Kai

(verzollt . . . benannter Hafen) [1]

A. Der Verkäufer hat:

1. Die Ware in Übereinstimmung mit dem Kaufvertrag zu liefern und zugleich alle vertragsgemäßen Belege hierfür zu erbringen.

2. Die Ware am Kai des benannten Hafens zum vereinbarten Zeitpunkt zur Verfügung des Käufers zu stellen.

3. Auf eigene Kosten und Gefahr die Einfuhrbewilligung zu beschaffen und die Kosten aller Einfuhrabgaben oder Steuern einschließlich aller anderen Abgaben, Gebühren oder Steuern zu tragen, die bei der Einfuhr oder für die Einfuhr der Ware sowie für deren Übergabe an den Käufer zu entrichten sind.

4. Auf eigene Kosten für die übliche Behandlung und Verpackung der Ware unter Berücksichtigung ihrer Beschaffenheit und ihrer Ab-Kai-Lieferung zu sorgen.

5. Die durch die Zurverfügungstellung der Ware für den Käufer gemäß Artikel A. 2 bedingten Kosten des Prüfens (wie der Qualitätsprüfung, des Messens, des Wiegens und des Zählens) zu tragen.

6. Alle Kosten und Gefahren für die Ware zu tragen, bis sie gemäß Artikel A. 2 tatsächlich zur Verfügung des Käufers gestellt worden ist, vorausgesetzt, daß die Ware in geeigneter Weise konkretisiert, d. h. als der für den Käufer bestimmte Gegenstand abgesondert oder auf irgendeine andere Art kenntlich gemacht worden ist.

7. Auf eigene Kosten den Auslieferungsauftrag (delivery order) und/oder alle anderen Dokumente zu beschaffen, die der Käufer zur Übernahme der Ware und zu deren Abtransport vom Kai benötigt.

B. Der Käufer hat:

1. Die Ware abzunehmen, sobald sie gemäß den Bestimmungen des Artikels A. 2 zu seiner Verfügung gestellt worden ist, vorausgesetzt, daß die Ware in geeigneter Weise konkretisiert, d. h. als der für den Käufer bestimmte Gegenstand abgesondert oder auf irgendeine andere Art kenntlich gemacht worden ist.

2. Alle die Ware betreffenden Kosten und Gefahren von dem Zeitpunkt an zu tragen, in dem sie tatsächlich gemäß Artikel A. 2 zu seiner Verfügung gestellt worden ist, vorausgesetzt, daß die Ware in geeigneter Weise konkretisiert, d. h. als der für den Käufer bestimmte Gegenstand abgesondert oder auf irgendeine andere Art kenntlich gemacht worden ist.

Diese Klausel trat 1967 in Kraft

Geliefert
Grenze
... (benannter Lieferort an der Grenze)

756 A. Der Verkäufer hat:

1. Die Ware in Übereinstimmung mit dem Kaufvertrag zu liefern und zugleich alle im Kaufvertrag vorgesehenen Belege hierfür zu erbringen.

2. Auf eigene Kosten und Gefahr:

a) Dem Käufer die Ware an dem benannten Lieferort an der Grenze zu dem vertraglich vereinbarten Zeitpunkt oder innerhalb der vertraglich vereinbarten Frist zur Verfügung zu stellen und ihm zugleich das übliche Transportpapier bzw. den Dock-, Lager- oder Lieferschein o. ä. zu besorgen und durch Indossament oder auf anderem Wege die Lieferung der Ware an den Käufer oder an dessen Order am benannten Lieferort an der Grenze sicherzustellen; der Verkäufer hat ferner eine Ausfuhrgenehmigung und alle sonstigen Dokumente zu besorgen, die absolut zu diesem Zeitpunkt am Lieferort benötigt werden, damit der Käufer, wie in Artikel B. 1 und B. 2 vorgesehen, die Ware zwecks späterer Bewegung abnehmen kann.

Die dem Käufer so zur Verfügung gestellte Ware muß abgesondert oder als die für den Käufer bestimmte Ware kenntlich gemacht werden.

b) Alle zu diesem Zweck evtl. erforderlichen Formalitäten zu erfüllen und alle Zollkosten und -gebühren, Inlandsteuern, Verbrauchssteuern, statistische Abgaben und dergl. zu zahlen, die im Versandland oder sonstwo erhoben werden, und die er aufgrund der Erfüllung seiner Verpflichtungen bis zum Zeitpunkt der Zurverfügungstellung der Ware an den Käufer in Übereinstimmung mit Artikel A. 2 a) zu übernehmen hat.

3. Alle Gefahren der Ware zu übernehmen bis zu dem Zeitpunkt, in dem er seine Verpflichtungen gemäß Artikel A. 2 a) erfüllt hat.

4. Auf eigene Kosten und Gefahr außer den in Artikel A. 2 a) vorgesehenen Dokumenten, Devisengenehmigungen sowie sonstige ähnliche amtliche Bescheinigungen zu beschaffen, die für die Zollabfertigung der Ware zur Ausfuhr an den benannten Lieferort an der Grenze erforderlich sind, sowie alle sonstigen Dokumente, die er für die Versendung der Ware an diesen Ort, gegebenenfalls zum Zweck des Transits durch ein oder mehrere Drittländer und für die Zurverfügungstellung an den Käufer in Übereinstimmung mit diesen Regeln benötigt.

5. Zu üblichen Bedingungen auf eigene Kosten und Gefahr die Beförderung der Ware (einschließlich des Transits durch ein oder mehrere Drittländer, falls erforderlich) zu dem benannten Lieferort an der Grenze zu übernehmen und die Fracht- oder sonstigen Transportkosten bis zu diesem Ort zu tragen und zu zahlen; vorbehaltlich der Bestimmungen in Artikel A. 6 und A. 7 hat er ferner alle sonstigen direkten oder indirekten Kosten für jede weitere Bewegung der Ware bis zu dem Zeitpunkt zu tragen und zu zahlen, in dem sie dem Käufer am benannten Lieferort an der Grenze ordnungsgemäß zur Verfügung gestellt wird.

Vorbehaltlich der Bestimmungen in Artikel A. 6 und A. 7 steht es dem Verkäufer jedoch frei, auf eigene Kosten und Gefahr eigene Transportmittel zu benutzen, vorausgesetzt, daß er bei Ausübung dieses Rechts alle anderen in diesen Regeln enthaltenen Verpflichtungen erfüllt. Ist im Kaufvertrag kein bestimmter Ort (z. B. Bahnstation, Mole, Kai, Dock, Lagerhaus oder dergl.) in dem benannten Lieferort an der Grenze benannt bzw. aufgrund der Bestimmungen des Frachtführers sowie der Zollbehörden oder sonstiger zuständiger Stellen vorgeschrieben, so kann der Verkäufer, wenn mehrere Orte zur Auswahl stehen, denjenigen auswählen, der ihm am besten zusagt: Voraussetzung ist, daß dort eine Zollstation sowie sonstige Einrichtungen vorhanden sind, die den Parteien die ordnungsgemäße Erfüllung ihrer Verpflichtungen in Übereinstimmung mit diesen Regeln ermöglichen. Der vom Verkäufer gewählte Ort muß dem Käufer angezeigt werden. Dieser Ort gilt alsdann für die Anwendung dieser Regeln als der Ort in dem benannten Lieferort an der Grenze, an dem die Ware dem Käufer zur Verfügung zu stellen ist und die Gefahr der Ware auf den Käufer übergeht.

6. Dem Käufer, auf dessen Verlangen und Gefahr, ein Durchfrachttransportpapier zu besorgen, das normalerweise im Versandland zu beschaffen ist und das sich auf den Transport der Ware zu üblichen Bedingungen vom Abgangsort im Versandland bis zu dem endgültigen vom Käufer benannten Bestimmungsort im Einfuhrland bezieht. Voraussetzung dabei ist, daß die Beschaffung dieses Dokuments nicht als Übernahme weiterer Verpflichtungen, Gefahren oder Kosten gilt, die über die von ihm in Übereinstimmung mit diesen Regeln normalerweise zu erfüllenden, zu übernehmenden bzw. zu zahlenden hinausgehen.

7. Wenn es erforderlich oder üblich ist, die Ware beim Eintreffen am benannten Lieferort an der Grenze zu löschen oder aus- bzw. abzuladen, die Entladungs- oder Löschkosten zu übernehmen und zu zahlen (einschließlich der Kosten für Leichterung und Handhabung).

Entschließt sich der Verkäufer, für die Beförderung der Ware zu dem benannten Lieferort seine eigenen Transportmittel zu benutzen, so hat er alle direkten oder indirekten Kosten für die im vorhergehenden Absatz genannten erforderlichen oder üblichen Vorgänge zu tragen und zu zahlen.

8. Auf eigene Kosten dem Käufer anzuzeigen, daß die Ware an den benannten Lieferort an der Grenze abgesandt worden ist. Diese Benachrichtigung muß so rechtzeitig erfolgen, daß der Käufer alle für die Abnahme der Ware normalerweise erforderlichen Maßnahmen treffen kann.

9. Auf eigene Kosten für Verpackung zu sorgen, die für den Transport der der vertraglichen Warenbeschreibung entsprechenden Ware zu dem benannten Lieferort üblich ist, sofern es in dem betreffenden Handelszweig nicht üblich ist, die der vertraglichen Warenbeschreibung entsprechende Ware unverpackt zu befördern.

10. Alle direkten oder indirekten Kosten zu tragen und zu zahlen für Prüfungen, wie Messen, Wiegen und Zählen, sowie für Qualitätsanalysen, die u. U. erforderlich sind, damit er die Beförderung der Ware zu dem benannten Lieferort an der Grenze durchführen und die Ware dem Käufer an diesem Ort zur Verfügung stellen kann.

11. Zuzüglich der von ihm in Übereinstimmung mit den vorhergehenden Artikeln zu tragenden und zu zahlenden Kosten alle sonstigen direkten oder indirekten Kosten zu tragen und zu zahlen, die bei Erfüllung seiner Verpflichtung entstehen, die Ware dem Käufer am benannten Lieferort an der Grenze zur Verfügung zu stellen.

12. Dem Käufer auf dessen Verlangen, Kosten und Gefahr in angemessenem Umfang Hilfe zu leisten zur Beschaffung aller Dokumente — außer den bereits erwähnten —, die im Versandland und/oder im Ursprungsland beschafft werden können und die der Käufer für die in Artikel B. 2 und B. 6 vorgesehenen Zwecke u. U. benötigt.

B. Der Käufer hat:

1. Die Ware, sobald sie ihm vom Verkäufer am benannten Lieferort an der Grenze ordnungsgemäß zur Verfügung gestellt wurde, abzunehmen, und ist für jede spätere Bewegung der Ware verantwortlich.

2. Auf eigene Kosten allen Zoll- und sonstigen Formalitäten zu entsprechen, die am benannten Lieferort, an der Grenze oder anderswo zum Zeitpunkt oder aufgrund des Eingangs der Ware in das angrenzende Land oder sonstiger Bewegung der Ware, nachdem diese ihm ordnungsgemäß zur Verfügung gestellt worden ist, zu erfüllen sind.

3. Alle direkten oder indirekten Kosten für Löschung, Aus- oder Abladung der Ware beim Eintreffen am benannten Lieferort, an der Grenze zu tragen und zu zahlen, insoweit als diese Kosten nicht in Übereinstimmung mit Artikel A. 7 vom Verkäufer zu zahlen sind.

4. Alle Gefahren der Ware zu übernehmen sowie alle sonstigen Kosten zu zahlen, einschließlich Zollkosten und -gebühren, die in dieser Hinsicht von dem Zeitpunkt an entstehen, in dem die Ware ihm am benannten Lieferort an der Grenze ordnungsgemäß zur Verfügung gestellt worden ist.

5. Wenn er die Ware, sobald diese ihm ordnungsgemäß zur Verfügung gestellt worden ist, nicht abnimmt, alle aufgrund der Nichtabnahme dem Verkäufer oder Käufer entstandenen zusätzlichen Kosten zu zahlen und alle Gefahren der Ware zu tragen; Voraussetzung ist jedoch, daß die Ware abgesondert oder auf irgendeine andere Art als die für den Käufer bestimmte Ware kenntlich gemacht worden ist.

6. Auf eigene Kosten und Gefahr Einfuhrlizenzen, Devisengenehmigungen, Zulassungen oder sonstige Dokumente zu beschaffen, die im Einfuhrland oder anderswo ausgestellt werden und die er im Zusammenhang mit der späteren Bewegung der Ware benötigt von dem Zeitpunkt an, in dem die Ware ordnungsgemäß am benannten Lieferort an der Grenze zur Verfügung gestellt worden ist.

7. Alle zusätzlichen Kosten zu tragen und zu zahlen, die dem Verkäufer u. U. hinsichtlich der Beschaffung eines Durchfrachttransportpapiers in Übereinstimmung mit Artikel A. 6 entstehen.

8. Auf Verlangen des Verkäufers, jedoch auf seine eigenen Kosten, dem Verkäufer Einfuhrlizenzen, Devisengenehmigungen, Zulassungen und sonstige Dokumente oder beglaubigte Abschriften davon zur Verfügung zu stellen, und zwar ausschließlich für die Beschaffung des in Artikel A. 6 vorgesehenen Durchfrachttransportpapiers.

9. Dem Verkäufer auf dessen Verlangen die Anschrift des endgültigen Bestimmungsortes der Ware im Einfuhrland bekanntzugeben, falls der Verkäufer diese Angabe für die Beantragung der in Artikel A. 4 und A. 6 vorgesehenen Genehmigungen und sonstigen Dokumente benötigt.

10. Die dem Verkäufer entstandenen Kosten für die Beschaffung der u. U. im Kaufvertrag vorgesehenen Bescheinigung neutraler Sachverständiger hinsichtlich der Übereinstimmung der Ware mit dem Kaufvertrag zu tragen und zu zahlen.

11. Alle Kosten zu tragen und zu zahlen, die dem Verkäufer u. U. bei oder im Zusammenhang mit seinen Bemühungen entstehen, dem Käufer bei der Beschaffung der in Artikel A. 12 vorgesehenen Dokumente behilflich zu sein.

Diese Klausel trat 1967 in Kraft

Geliefert verzollt ... (benannter Bestimmungsort im Einfuhrland)

757 A. Der Verkäufer hat:

1. Die Ware in Übereinstimmung mit dem Kaufvertrag zu liefern und zugleich alle im Kaufvertrag vorgesehenen Belege hierfür zu erbringen.

2. Auf eigene Kosten und Gefahr:

a) Dem Käufer die Ware an dem benannten Bestimmungsort im Einfuhrland zu dem vertraglich vereinbarten Zeitpunkt oder innerhalb der vertraglich vereinbarten Frist verzollt zur Verfügung zu stellen und ihm zugleich das übliche Transportpapier bzw. den Dock-, Lager- oder Lieferschein o. ä. zu besorgen und durch Indossament oder auf anderem Wege die Lieferung der Ware an den Käufer oder an dessen Order am benannten Bestimmungsort im Einfuhrland sicherzustellen; der Verkäufer hat ferner alle sonstigen Dokumente zu besorgen, die absolut zu diesem Zeitpunkt am Bestimmungsort benötigt werden, damit der Käufer, wie in Artikel B. 1 vorgesehen, die Ware abnehmen kann.

Die dem Käufer so zur Verfügung gestellte Ware muß abgesondert oder als die für den Käufer bestimmte Ware kenntlich gemacht werden.

b) Die Einfuhrgenehmigung bzw. Zulassung zu beschaffen, alle Einfuhrzölle oder -abgaben zu tragen, einschließlich der Kosten für die Zollabfertigung sowie alle Steuern und Gebühren oder Abgaben, die am benannten Bestimmungsort zum Zeitpunkt der Einfuhr der Ware zu zahlen sind, insoweit als diese Zahlungen erforderlich sind, damit der Verkäufer dem Käufer die Ware verzollt am Bestimmungsort zur Verfügung stellen kann.

c) Alle zu diesem Zweck u. U. erforderlichen Formalitäten zu erfüllen.

3. Alle Gefahren der Ware zu übernehmen bis zu dem Zeitpunkt, in dem der Verkäufer seine Verpflichtungen in Übereinstimmung mit Artikel A. 2 a) erfüllt hat.

4. Auf eigene Kosten und Gefahr außer den in Artikel A. 2 a) vorgesehenen Dokumenten, Ausfuhrgenehmigungen oder Zulassungen, Devisengenehmigungen, Bescheinigungen, Konsulatsfakturen sowie sonstige amtliche Dokumente zu beschaffen, die er für die Versendung der Ware, Ausfuhr vom Versandland, gegebenenfalls zum Zweck des Transits durch ein oder mehrere Drittländer, zur Einfuhr in das Land, in dem sich der benannte Bestimmungsort befindet und für die Zurverfügungstellung an den Käufer an diesem Ort benötigt.

5. Zu üblichen Bedingungen auf eigene Kosten und Gefahr die Beförderung der Ware vom Abgangsort im Versandland zu dem benannten Bestimmungsort zu übernehmen und die Fracht- und sonstigen Transportkosten bis zu diesem Ort zu tragen und zu zahlen; vorbehaltlich der Bestimmungen in Artikel A. 6 hat er ferner alle sonstigen direkten oder indirekten Kosten für jede weitere Bewegung der Ware bis zu dem Zeitpunkt zu tragen und zu zahlen, in dem sie dem Käufer am benannten Bestimmungsort ordnungsgemäß zur Verfügung gestellt wird.

Es steht dem Verkäufer jedoch frei, auf eigene Kosten und Gefahr eigene Transportmittel zu benutzen, vorausgesetzt, daß er bei Ausübung dieses Rechts alle anderen in diesen Regeln enthaltenen Verpflichtungen erfüllt.

Ist in dem Kaufvertrag kein bestimmter Ort (z. B. Bahnstation, Mole, Kai, Dock, Lagerhaus oder dgl.) in dem benannten Bestimmungsort im Einfuhrland benannt bzw. aufgrund der Bestimmungen des Frachtführers sowie der Zollbehörden oder einer anderen zuständigen Stelle vorgeschrieben, so kann der Verkäufer, wenn mehrere Orte zur Auswahl stehen, denjenigen auswählen, der ihm am besten zusagt; Voraussetzung ist, daß dort eine Zollstation und sonstige Einrichtungen vorhanden sind, die den Parteien die ordnungsgemäße Erfüllung ihrer Verpflichtungen in Übereinstimmung mit diesen Regeln ermöglichen. Der vom Verkäufer gewählte Ort muß dem Käufer angezeigt werden. Dieser Ort gilt alsdann für die Anwendung dieser Regeln als der Ort in dem benannten Bestimmungsort, an dem die Ware dem Käufer zur Verfügung zu stellen ist und die Gefahr der Ware auf ihn übergeht.

6. Wenn es erforderlich oder üblich ist, die Ware beim Eintreffen am benannten Bestimmungsort zu löschen bzw. aus- oder abzuladen, damit sie dem Käufer an diesem Ort verzollt zur Verfügung gestellt werden kann, die Löschungs- oder Entladungskosten zu tragen und zu zahlen, einschließlich der Kosten für Leichterung, Verbringung an Land, Einlagerung und Handhabung.

7. Auf eigene Kosten dem Käufer anzuzeigen, daß die Ware dem ersten Frachtführer zwecks Versendung an den benannten Bestimmungsort ausgehändigt wurde, bzw. daß sie mit den eigenen Transportmitteln des Verkäufers an diesen Bestimmungsort versandt wurde. Diese Benachrichtigung muß so rechtzeitig erfolgen, daß der Käufer alle für die Abnahme der Ware normalerweise erforderlichen Maßnahmen treffen kann.

8. Auf eigene Kosten für Verpackungen zu sorgen, die für den Transport der der vertraglichen Warenbeschreibung entsprechenden Ware zu dem benannten Bestimmungsort üblich ist, sofern es in dem betreffenden Handelszweig nicht üblich ist, die der vertraglichen Warenbeschreibung entsprechende Ware unverpackt zu befördern.

9. Alle direkten oder indirekten Kosten zu tragen und zu zahlen für Prüfungen, wie Messen, Wiegen und Zählen sowie für Qualitätsanalysen, die u. U. erforderlich sind, damit er die Beförderung der Ware zu dem benannten Bestimmungsort durchführen und die Ware dem Käufer an diesem Ort zur Verfügung stellen kann.

10. Zuzüglich der von ihm in Übereinstimmung mit Artikel A. 1 bis einschließlich A. 9 zu tragenden und zu zahlenden Kosten, alle sonstigen direkten oder indirekten Kosten zu tragen und zu zahlen, die bei Erfüllung seiner Verpflichtung entstehen, die Ware in Übereinstimmung mit diesen Regeln dem Käufer am benannten Bestimmungsort zur Verfügung zu stellen.

B. Der Käufer hat:

1. Die Ware, sobald sie ihm vom Verkäufer am benannten Bestimmungsort ordnungsgemäß zur Verfügung gestellt wurde, abzunehmen, und ist für jede spätere Bewegung der Ware verantwortlich.

2. Alle direkten oder indirekten Kosten für Löschung, Aus- oder Abladung der Ware beim Eintreffen am benannten Bestimmungsort zu tragen und zu zahlen, insoweit als diese Kosten nicht in Übereinstimmung mit Artikel A. 6 vom Verkäufer zu zahlen sind.

3. Alle Gefahren der Ware zu übernehmen sowie alle sonstigen Kosten zu zahlen, die in dieser Hinsicht von dem Zeitpunkt an entstehen, in dem ihm die Ware in Übereinstimmung mit Artikel A. 2 a) am benannten Bestimmungsort ordnungsgemäß zur Verfügung gestellt worden ist.

4. Wenn er die Ware, sobald diese ihm ordnungsgemäß zur Verfügung gestellt worden ist, nicht abnimmt, alle aufgrund der Nichtabnahme dem Verkäufer oder Käufer entstandenen zusätzlichen Kosten zu zahlen und alle Gefahren der Ware zu tragen; Voraussetzung ist jedoch, daß die Ware abgesondert oder auf irgendeine andere Art als die für den Käufer bestimmte Ware kenntlich gemacht worden ist.

5. Dem Verkäufer — auf dessen Verlangen — die Anschrift des endgültigen Bestimmungsortes der Ware im Einfuhrland bekanntzugeben, falls der Verkäufer diese Angabe für die Beantragung der in Artikel A. 2 b) vorgesehenen Dokumente benötigt.

6. Die dem Verkäufer entstandenen Kosten für die Beschaffung der u. U. im Kaufvertrag vorgesehenen Bescheinigung von neutralen Sachverständigen hinsichtlich der Übereinstimmung der Ware mit dem Kaufvertrag zu tragen und zu zahlen.

7. Dem Verkäufer auf dessen Verlangen, Kosten und Gefahr in angemessenem Umfang Hilfe zur Beschaffung aller Dokumente zu leisten, die im Einfuhrland ausgestellt werden und die der Verkäufer zum Zweck der Zurverfügungstellung der Ware an den Käufer in Übereinstimmung mit diesen Regeln u. U. benötigt.

Diese Klausel trat 1976 in Kraft

FOB Flughafen
. . . (benannter Abgangsflughafen)

758 A. Der Verkäufer hat:

1. Die Ware in Übereinstimmung mit dem Kaufvertrag zu liefern und zugleich alle vertragsgemäßen Belege hierfür zu erbringen.

2. Die Ware dem Luftfrachtführer oder dessen Agenten oder jeder anderen, vom Käufer benannten Person oder, wenn ein Luftfrachtführer, Agent oder andere Person so nicht benannt worden ist, einem vom Verkäufer gewählten Luftfrachtführer oder dessen Agenten zu übergeben. Die Lieferung hat zu dem vereinbarten Zeitpunkt oder innerhalb der vereinbarten Lieferfrist und

an dem benannten Abgangsflughafen, dem Flughafenbrauch entsprechend, oder an jedem anderen vom Käufer im Vertrag bezeichneten Ort, zu erfolgen.

3. Auf Kosten des Käufers den Vertrag für die Beförderung der Ware abzuschließen, es sei denn, der Käufer oder der Verkäufer gibt der anderen Partei unverzüglich gegenteilige Nachricht. Wenn der Verkäufer wie vorstehend den Beförderungsvertrag abschließt, muß er es, vorbehaltlich der in Artikel B. 1 vorgesehenen Anweisungen des Käufers, zu den üblichen Bedingungen bis zu dem vom Käufer benannten Bestimmungsflughafen oder, falls kein solcher Flughafen benannt worden ist, bis zu dem dem Geschäftssitz des Käufers am nächsten gelegenen, für einen derartigen Transport benutzbaren Flughafen, auf dem üblichen Wege in einem Flugzeug der Bauart, die normalerweise für die Beförderung der im Vertrag bezeichneten Ware verwendet wird, tun.

4. Auf eigene Kosten und Gefahr die Ausfuhrbewilligung oder jede andere amtliche Bescheinigung zu beschaffen, die für die Ausfuhr der Ware erforderlich ist.

5. Vorbehaltlich der Bestimmungen der nachfolgenden Artikel B. 6 und B. 7, alle Steuern, Gebühren und Abgaben zu zahlen, die im Hinblick auf die Ware aufgrund des Exports erhoben werden.

6. Vorbehaltlich der Bestimmungen der nachfolgenden Artikel B. 6 und B. 7, alle weiteren im Hinblick auf die Ware zu zahlenden Kosten bis zu dem Zeitpunkt zu tragen, in dem sie in Übereinstimmung mit den Bestimmungen des oben genannten Artikels A. 2 geliefert worden ist.

7. Vorbehaltlich der Bestimmungen der nachfolgenden Artikel B. 6 und B. 7, alle Gefahren der Ware bis zu dem Zeitpunkt zu tragen, in dem sie in Übereinstimmung mit den Bestimmungen des oben genannten Artikels A. 2 geliefert worden ist.

8. Auf eigene Kosten für eine angemessene Schutzverpackung zu sorgen, die für den Luftfrachtversand der Ware geeignet ist, sofern es nicht Handelsbrauch ist, die Ware unverpackt zu versenden.

9. Die durch die Lieferung der Ware bedingten Kosten des Prüfens (wie der Qualitätsprüfung, des Messens, Wiegens und Zählens) zu tragen.

10. Den Käufer unverzüglich auf eigene Kosten auf fernmeldetechnischem Wege von der Lieferung der Ware zu benachrichtigen.

11. Bei Vorliegen der in den nachfolgenden Artikeln B. 6 und B. 7 vorgesehenen Umstände, den Käufer sofort auf fernmeldetechnischem Wege von dem Eintritt der genannten Umstände zu benachrichtigen.

12. Dem Käufer die ordnungsgemäße Handelsrechnung zu beschaffen, um die Einhaltung der geltenden Vorschriften zu erleichtern, sowie dem Käufer auf dessen Verlangen und Kosten das Ursprungszeugnis zu beschaffen.

13. Dem Käufer auf dessen Verlangen, Gefahr und Kosten, neben den in Artikel A. 12 genannten Dokumenten, bei der Beschaffung aller im Abgangsland und/oder Ursprungsland auszustellenden Dokumente, die der Käufer zur Einfuhr der Ware in das Bestimmungsland (und gegebenenfalls zur Durchfuhr durch ein drittes Land) benötigt, jede Hilfe zu gewähren.

14. Dem Käufer auf dessen Verlangen, Gefahr und Kosten, und vorbehaltlich der Bestimmungen des nachfolgenden Artikels B. 9, bei der Geltendmachung eines Anspruchs gegenüber dem Luftfrachtführer oder dessen Agenten im Hinblick auf die Beförderung der Ware jede Hilfe zu gewähren.

B. Der Käufer hat:

1. Dem Verkäufer den Bestimmungsflughafen rechtzeitig bekanntzugeben und ihm (erforderlichenfalls) genaue Anweisungen zu geben für die Beförderung der Ware per Luftfracht von dem benannten Abgangsflughafen.

2. Wenn der Verkäufer den Vertrag für die Beförderung der Ware nicht abschließen will, auf eigene Kosten Vorkehrungen für diese Beförderung vom benannten Abgangsflughafen zu treffen und den Verkäufer rechtzeitig über diese Vorkehrungen zu benachrichtigen, unter Angabe des Namens des Luftfrachtführers oder dessen Agenten oder jeder anderen Person, der die Ware zu übergeben ist.

3. Vorbehaltlich der Bestimmungen in oben genanntem Artikel A. 5, alle im Hinblick auf die Ware zu zahlenden Kosten von dem Zeitpunkt an zu tragen, an dem die Ware in Übereinstimmung mit den Bedingungen des oben genannten Artikels A. 2 geliefert worden ist.

4. Den in Rechnung gestellten Preis vertragsgemäß zu zahlen, desgleichen die Kosten der Luftfrachtbeförderung, sofern diese vom Verkäufer bzw. in dessen Namen gezahlt worden sind.

5. Alle Gefahren für die Ware von dem Zeitpunkt an zu tragen, in dem sie in Übereinstimmung mit den Bestimmungen des oben genannten Artikels A. 2 geliefert worden ist.

6. Alle zusätzlich entstehenden Kosten zu tragen, wenn der Luftfrachtführer, dessen Agent oder jede andere vom Käufer benannte Person die Ware bei Anlieferung durch den Verkäufer nicht übernimmt, sowie alle die Ware betreffenden Gefahren vom Zeitpunkt dieser Anlieferung, vorausgesetzt, daß die Ware in geeigneter Weise konkretisiert, d. h. als der für den Käufer bestimmte Gegenstand abgesondert oder auf irgendeine andere Art kenntlich gemacht worden ist.

7. Falls er dem Verkäufer keine genauen Anweisungen (soweit erforderlich) für die Beförderung der Ware erteilt, alle sich hieraus ergebenden Mehrkosten sowie alle die Ware betreffenden Gefahren von dem vereinbarten Lieferzeitpunkt an bzw. vom Ablauf der vereinbarten Lieferfrist zu tragen, vorausgesetzt, daß die Ware in geeigneter Weise konkretisiert, d. h. als der für den Käufer bestimmte Gegenstand abgesondert oder auf irgendeine andere Art kenntlich gemacht worden ist.

8. Alle Kosten, Gebühren und Abgaben für die Beschaffung der im oben genannten Artikel A. 13 erwähnten Dokumente zu tragen, einschließlich der Kosten der Konsulatspapiere und der Ursprungszeugnisse.

9. Alle Kosten, Gebühren und Abgaben zu tragen, die dem Verkäufer durch die Geltendmachung und Verfolgung von Ansprüchen gegenüber dem Luftfrachtführer oder dessen Agenten im Hinblick auf die Beförderung der Ware entstehen.

Diese Klausel trat 1980 in Kraft

Frei Frachtführer

. . . (benannter Ort)

759 A. Der Verkäufer hat:

1. Die Ware in Übereinstimmung mit dem Kaufvertrag zu liefern und zugleich alle vertragsgemäßen Belege hierfür zu erbringen.

2. Die Ware dem vom Käufer benannten Frachtführer zu dem für die Lieferung vereinbarten Zeitpunkt bzw. innerhalb der für die Lieferung vereinbarten Frist am benannten Ort in der ausdrücklich vereinbarten bzw. an diesem Ort üblichen Art und Weise zu übergeben. Wenn kein bestimmter Ort benannt worden ist und mehrere Orte verfügbar sind, kann der Verkäufer den ihm am besten zusagenden Ort am Übergabeort auswählen.

3. Auf eigene Kosten und Gefahr die Ausfuhrbewilligung oder jede andere behördliche Genehmigung zu beschaffen, die für die Ausfuhr der Ware erforderlich ist.

4. Vorbehaltlich der Bestimmungen des nachstehenden Artikels B. 5 alle Steuern, Gebühren und Abgaben zu zahlen, die im Hinblick auf die Ware aufgrund der Ausfuhr erhoben werden.

5. Vorbehaltlich der Bestimmungen des nachstehenden Artikels B. 5 alle im Hinblick auf die Ware zu zahlenden Kosten bis zu dem Zeitpunkt zu tragen, in dem sie in Übereinstimmung mit den Bestimmungen des oben genannten Artikels A. 2 dem Frachtführer übergeben worden ist.

6. Vorbehaltlich der Bestimmungen des nachstehenden Artikels B. 5 alle Gefahren der Ware bis zu dem Zeitpunkt zu tragen, in dem sie in Übereinstimmung mit den Bestimmungen des oben genannten Artikels A. 2 dem Frachtführer übergeben worden ist.

7. Auf eigene Kosten für die übliche Verpackung der Ware zu sorgen, sofern es nicht Handelsbrauch ist, die Ware unverpackt zu versenden.

8. Die durch die Lieferung der Ware bedingten Kosten des Prüfens (wie der Qualitätsprüfung, des Messens, Wiegens und Zählens) zu tragen.

9. Den Käufer unverzüglich auf fernmeldetechnischem Wege von der Lieferung der Ware zu benachrichtigen.

10. Bei Vorliegen der in dem nachstehenden Artikel B. 5 vorgesehenen Umstände den Käufer unverzüglich auf fernmeldetechnischem Wege vom Eintritt der genannten Umstände zu benachrichtigen.

11. Auf eigene Kosten dem Käufer, falls handelsüblich, das übliche Dokument oder den Nachweis der Übergabe der Ware an den Frachtführer in Übereinstimmung mit den Bestimmungen des oben genannten Artikels A. 2 zu beschaffen.

12. Dem Käufer die ordnungsgemäße Handelsrechnung zu beschaffen, um die Einhaltung der geltenden Vorschriften zu erleichtern, sowie dem Käufer auf dessen Verlangen und Kosten das Ursprungszeugnis zu beschaffen.

13. Dem Käufer auf dessen Verlangen, Kosten und Gefahr neben den im oben genannten Artikel A. 12 erwähnten Unterlagen, bei der Beschaffung aller Dokumente, die im Abgangsland und/oder Ursprungsland ausgestellt werden und die der Käufer zur Einfuhr der Ware in das Bestimmungsland (und gegebenenfalls zur Durchfuhr durch ein drittes Land) benötigt, jede Hilfe zu gewähren.

B. Der Käufer hat:

1. Auf eigene Kosten den Vertrag über die Beförderung der Ware vom benannten Ort abzuschließen und dem Verkäufer rechtzeitig den Namen des Frachtführers sowie den Zeitpunkt anzugeben, an dem diesem die Ware zu liefern ist.

2. Vorbehaltlich der Bestimmungen des oben genannten Artikels A. 4 alle im Hinblick auf die Ware zu zahlenden Kosten von dem Zeitpunkt an zu tragen, in dem sie in Übereinstimmung mit den Bestimmungen des oben genannten Artikels A. 2 an den Frachtführer übergeben worden ist.

3. Den Preis wie im Vertrag vorgesehen zu zahlen.

4. Alle Gefahren der Ware von dem Zeitpunkt an zu tragen, in dem sie in Übereinstimmung mit den Bestimmungen des oben genannten Artikels A. 2 dem Frachtführer übergeben worden ist.

5. Alle entstehenden Mehrkosten zu tragen, wenn er zum vereinbarten Zeitpunkt den Frachtführer nicht benennt oder der von ihm benannte Frachtführer die Ware am vereinbarten Zeitpunkt nicht übernimmt, sowie alle Gefahren der Ware vom Ablauf der für die Übergabe bestimmten Frist, vorausgesetzt jedoch, daß die Ware in geeigneter Weise konkretisiert, d. h. als der für den Käufer bestimme Gegenstand abgesondert oder auf irgendeine andere Art kenntlich gemacht worden ist.

6. Alle Kosten, Gebühren und Abgaben für die Beschaffung der im oben genannten Artikel A. 13 erwähnten Dokumente zu tragen, einschließlich der Kosten der Konsulatspapiere sowie die Kosten der Ursprungszeugnisse.

Diese Klausel trat 1980 in Kraft

Frachtfrei

. . . (benannter Bestimmungsort)

760

A. Der Verkäufer hat:

1. Die Ware in Übereinstimmung mit dem Kaufvertrag zu liefern und zugleich alle vertragsgemäßen Belege hierfür zu erbringen.

2. Auf eigene Kosten den Vertrag abzuschließen für die Beförderung der Ware auf einem üblichen Wege und in üblicher Weise zu dem vereinbarten Ort am Bestimmungsort. Wenn der Ort nicht vereinbart ist oder sich nicht aus dem Handelsbrauch ergibt, kann der Verkäufer den ihm am besten zusagenden Ort am Bestimmungsort auswählen.

3. Vorbehaltlich der Bestimmungen des nachstehenden Artikels B. 3, alle Gefahren der Ware zu tragen, bis diese dem ersten Frachtführer an dem im Vertrag vorgesehenen Zeitpunkt übergeben worden ist.

4. Den Käufer unverzüglich auf fernmeldetechnischem Wege zu benachrichtigen, daß die Ware dem ersten Frachtführer übergeben worden ist.

5. Auf eigene Kosten für die übliche Verpackung der Ware zu sorgen, sofern es nicht Handelsbrauch ist, die Ware unverpackt zu versenden.

6. Die durch die Verladung der Ware oder durch die Übergabe an den ersten Frachtführer bedingten Kosten des Prüfens (wie der Qualitätsprüfung, des Messens, Wiegens, Zählens) zu tragen.

7. Auf eigene Kosten dem Käufer das übliche Versanddokument zu beschaffen, sofern dies dem Handelsbrauch entspricht.

8. Auf eigene Kosten und Gefahr alle Ausfuhrbewilligungen oder sonstige behördliche, für die Ausfuhr der Ware erforderliche Genehmigungen zu beschaffen und alle für die Ware im Versandland zu entrichtenden Steuern und Abgaben einschließlich der Ausfuhrabgaben sowie die Kosten der zur Verladung der Ware erforderlichen Formalitäten zu tragen.

9. Dem Käufer die ordnungsgemäße Handelsrechnung zu beschaffen, um die Einhaltung der geltenden Vorschriften zu erleichtern, sowie dem Käufer auf dessen Verlangen und Kosten das Ursprungszeugnis zu beschaffen.

10. Dem Käufer auf dessen Verlangen, Gefahr und Kosten neben den im vorhergehenden Artikel genannten Unterlagen, bei der Beschaffung aller Dokumente, die im Verlade- und/oder Ursprungsland ausgestellt werden und die der Käufer zur Einfuhr der Ware in das Bestimmungsland (und gegebenenfalls zur Durchfuhr durch ein drittes Land) benötigt, jede Hilfe zu gewähren.

B. Der Käufer hat:

1. Die Ware am vereinbarten Ort am Bestimmungsort in Empfang zu nehmen, den Preis wie im Vertrag vorgesehen zu zahlen und, mit Ausnahme der Fracht, alle Kosten und Gebühren, die im Hinblick auf die Ware während des Transportes bis zu ihrer Ankunft am Bestimmungsort entstanden sind, zu tragen, desgleichen die Entladungskosten, es sei denn, diese Kosten und Gebühren sind in der Fracht enthalten oder vom Frachtführer bei Zahlung der Fracht vereinnahmt worden.

2. Alle Gefahren der Ware von dem Zeitpunkt an zu tragen, in dem sie dem ersten Frachtführer in Übereinstimmung mit Artikel A. 3 übergeben worden ist.

3. Wenn er sich eine Frist für den Abruf der Ware und/oder die Wahl des Bestimmungsortes vorbehalten hat und nicht rechtzeitig Anweisungen erteilt, alle sich hieraus ergebenden Mehrkosten und alle Gefahren der Ware vom Ablauf der vereinbarten Frist an zu tragen, vorausgesetzt, daß die Ware in geeigneter Weise konkretisiert, d. h. als der für den Käufer bestimmte Gegenstand abgesondert oder auf irgendeine andere Art kenntlich gemacht worden ist.

4. Alle Kosten und Gebühren für die Beschaffung der im oben genannten Artikel A. 10 erwähnten Unterlagen zu tragen, einschließlich der Kosten der Konsulatspapiere, sowie die Kosten der Ursprungszeugnisse.

5. Alle Zollgebühren und sonstige Abgaben zu tragen, die bei der Einfuhr oder für die Einfuhr zu entrichten sind.

Diese Klausel trat 1980 in Kraft

Frachtfrei versichert
... (benannter Bestimmungsort)

761 A. Der Verkäufer hat:

1. Die Ware in Übereinstimmung mit dem Kaufvertrag zu liefern und zugleich alle vertragsgemäßen Belege hierfür zu erbringen.

2. Auf eigene Kosten den Vertrag abzuschließen für die Beförderung der Ware auf einem üblichen Wege und in üblicher Weise zu dem vereinbarten Ort am Bestimmungsort. Wenn der Ort nicht vereinbart ist oder sich nicht aus dem Handelsbrauch ergibt, kann der Verkäufer den ihm am besten zusagenden Ort am Bestimmungsort auswählen.

3. Vorbehaltlich der Bestimmungen des nachstehenden Artikels B. 3, alle Gefahren der Ware zu tragen, bis diese dem ersten Frachtführer an dem im Vertrag vorgesehenen Zeitpunkt übergeben worden ist.

4. Den Käufer unverzüglich auf fernmeldetechnischem Wege zu benachrichtigen, daß die Ware dem ersten Frachtführer übergeben worden ist.

5. Auf eigene Kosten für die übliche Verpackung der Ware zu sorgen, sofern es nicht Handelsbrauch ist, die Ware unverpackt zu versenden.

6. Die durch die Verladung der Ware oder durch die Übergabe an den ersten Frachtführer bedingten Kosten des Prüfens (wie der Qualitätsprüfung, des Messens, Wiegens, Zählens) zu tragen.

7. Auf eigene Kosten dem Käufer das übliche Versanddokument zu beschaffen, sofern dies dem Handelsbrauch entspricht.

8. Auf eigene Kosten und Gefahr alle Ausfuhrbewilligungen oder sonstige behördliche, für die Ausfuhr der Ware erforderliche Genehmigungen zu beschaffen und alle für die Ware im Versandland zu entrichtenden Steuern und Abgaben einschließlich der Ausfuhrabgaben sowie die Kosten der zur Verladung der Ware erforderlichen Formalitäten zu tragen.

9. Dem Käufer die ordnungsgemäße Handelsrechnung zu beschaffen, um die Einhaltung der geltenden Vorschriften zu erleichtern, sowie dem Käufer auf dessen Verlangen und Kosten das Ursprungszeugnis zu beschaffen.

10. Dem Käufer auf dessen Verlangen, Gefahr und Kosten neben den im vorhergehenden Artikel genannten Unterlagen bei der Beschaffung aller Dokumente, die im Verlade- und/oder Ursprungsland ausgestellt werden und die der Käufer zur Einfuhr der Ware in das Bestimmungsland (und gegebenenfalls zur Durchfuhr durch ein drittes Land) benötigt, jede Hilfe zu gewähren.

11. Auf eigene Kosten die im Vertrag vorgesehene Transportversicherung zu beschaffen, deren Bedingungen den Käufer oder eine sonstige Person, die ein Versicherungsinteresse an der Ware hat, berechtigen, beim Versicherer Ansprüche direkt geltend zu machen, und dem Käufer die Versicherungspolice oder einen sonstigen Nachweis über den Versicherungsschutz zu übermitteln. Die Versicherung muß bei zuverlässigen Versicherern und, mangels ausdrücklicher Vereinbarung, zu Bedingungen abgeschlossen sein, die nach Auffassung des Verkäufers unter Berücksichtigung des Handelsbrauchs, der Art der Ware und sonstiger die Gefahr berührende Umstände angemessen sind. Im letztgenannten Fall hat der Verkäufer dem Käufer den Umfang des Versicherungsschutzes mitzuteilen, um diesem so die Möglichkeit zu geben, von ihm u. U. als erforderlich erachtete Zusatzversicherungen abzuschließen, ehe die Gefahr der Ware in Übereinstimmung mit dem nachstehenden Artikel B. 2 auf ihn übergeht. Die Versicherung muß den im Vertrag vorgesehenen Preis zuzüglich 10 % decken und ist, sofern dies möglich ist, in der Vertragswährung zu beschaffen. Auf Verlangen des Käufers hat der Verkäufer auf Kosten des Käufers eine Versicherung gegen Kriegsgefahr in der Vertragswährung zu beschaffen, sofern dies möglich ist.

B. Der Käufer hat: **762**

1. Die Ware am vereinbarten Ort am Bestimmungsort in Empfang zu nehmen, den Preis wie im Vertrag vorgesehen zu zahlen und, mit Ausnahme der Fracht und der Transportversicherungskosten, alle Kosten und Gebühren, die im Hinblick auf die Ware während des Transportes bis zu ihrer Ankunft am Bestimmungsort entstanden sind, zu tragen, desgleichen die Entladungskosten, es sei denn, diese Kosten und Gebühren sind in der Fracht enthalten oder vom Frachtführer bei Zahlung der Fracht vereinnahmt worden.

2. Alle Gefahren der Ware von dem Zeitpunkt an zu tragen, in dem sie dem ersten Frachtführer in Übereinstimmung mit dem oben genannten Artikel A. 3 übergeben worden ist.

3. Wenn er sich eine Frist für den Abruf der Ware und/oder die Wahl des Bestimmungsortes vorbehalten hat und nicht rechtzeitig Anweisungen erteilt, alle sich hieraus ergebenden Mehrkosten und alle Gefahren der Ware vom Ablauf der vereinbarten Frist an zu tragen, vorausgesetzt, daß die Ware in geeigneter Weise konkretisiert, d. h. als der für den Käufer bestimmte Gegenstand abgesondert oder auf irgendeine andere Art kenntlich gemacht worden ist.

4. Alle Kosten und Gebühren für die Beschaffung der im oben genannten Artikel A. 10 erwähnten Unterlagen zu tragen.

I. Trade Terms

Zur Bedeutung und zum Geltungsbereich der Trade Terms s. Rdn. 12.

763

1. — Ab Werk

I. Der Verkäufer hat:

1. die vertragsgemäße Ware zu liefern und sie dem Käufer zur vereinbarten Zeit am vereinbarten Ort an der Stelle zur Verfügung zu stellen, die üblicherweise für die Lieferung solcher Ware und zu ihrer Verladung in die vom Käufer zu stellenden Beförderungsmittel vorgesehen ist;

2. den Käufer schriftlich zu benachrichtigen, daß die Ware zu seiner Verfügung steht;

3. die Ware in einer ihrer Art entsprechenden Verpackung zu liefern, und zwar so, daß sie für die Abholung durch den Käufer geeignet ist;

4. die durch die Zurverfügungstellung der Ware bedingten Kosten des Prüfens (wie der Qualitätsprüfung, des Messens, Wiegens und Zählens) zu tragen;

5. alle Gefahren und Kosten der Ware zu tragen, bis sie vom Werk abgenommen ist;

6. dem Käufer auf dessen Verlangen, Gefahr und Kosten bei der Beschaffung oder bei dem Versuch der Beschaffung der Dokumente, die in dem Ursprungs- und/oder Belieferungslande ausgestellt werden und die der Käufer zur Ausfuhr und/oder Einfuhr benötigt, jede Hilfe zu gewähren.

II. Der Käufer hat:

1. die Ware abzunehmen, sobald sie am vereinbarten Ort und zur vereinbarten Zeit zu seiner Verfügung gestellt worden ist;

2. alle Gefahren und Kosten der Ware von dem Zeitpunkt an zu tragen, an dem er sie abgenommen hat. Etwas anderes gilt nur dann, wenn der Käufer sich in Annahmeverzug befindet. In diesem Falle geht die Gefahr auf den Käufer über, vorausgesetzt, daß die Ware in geeigneter Weise als der für den Käufer bestimmte Gegenstand individualisiert worden ist;

3. die Kosten und Ausgaben für die Beschaffung oder für den Versuch der Beschaffung jeglicher der unter Artikel I. 6 genannten Dokumente zu tragen;

4. alle Zollgebühren und Abgaben zu tragen, die auf Grund der Ausfuhr erhoben werden.

764

2. — F.O.R. — F.O.T. Frei(franko) Waggon

I. Der Verkäufer hat:

1. alle erforderlichen Maßnahmen zu treffen, um die Ware am vereinbarten Versandort und zur vereinbarten Zeit nach Maßgabe der am Abgangsbahnhof bestehenden Vorschriften in den Waggon zu verladen;

II. Der Käufer hat:

1. dem Verkäufer rechtzeitig den Bestimmungsort der Ware anzugeben;

2. alle Gefahren und Beförderungskosten der Ware (Fracht nebst den während des

2. wenn die Ware eine volle Waggonladung ergibt:

a) rechtzeitig den der Art der Ware und ihrer Beförderung zum Bestimmungsort entsprechenden Waggonraum anzufordern,

b) sie auf eigene Kosten innerhalb der vereinbarten Frist in einen innerhalb des Bahnhofsbereichs zu seiner Verfügung gestellten Waggon zu verladen;

c) dem Käufer gegenüber für jede Verzögerung bei der Verladung zu haften, die durch die Nichtgestellung der Waggons entsteht, es sei denn, daß die Verzögerung nicht auf Fahrlässigkeit des Verkäufers beruht;

3. wenn die Ware keine volle Waggonladung ergibt, sie rechtzeitig, anstatt sie selbst zu verladen, der Frachtannahme auf der Abgangsstation zu übergeben, sofern er nicht nach den Vorschriften der Abgangsstation selbst in den Waggon zu verladen hat;

4. Planen zu stellen, sofern sie zum Schutz der Ware erforderlich sind;

5. die Kosten für die Gestellung dieser Planen zu tragen;

6. den Käufer unverzüglich zu benachrichtigen, daß die Ware verladen oder der Eisenbahn ausgehändigt worden ist;

7. auf eigene Kosten, sofern es die Art der Ware erfordert, für die übliche Verpackung entsprechend den Vorschriften der Abgangsstation zu sorgen und, falls keine Verpackung notwendig ist, alle üblichen Maßnahmen zu ergreifen, damit die Ware in gutem Zustand am Bestimmungsort eintrifft;

8. die Kosten für die Wiederinstandsetzung von Verpackungen durch die Eisenbahn zu tragen, wenn sie nach deren Ansicht mangelhaft sind, sofern er die Gefahr trägt. Andernfalls trägt der Käufer die Kosten. War etwa die Verpackung bei der Versendung mangelhaft, so hat der Verkäufer die Wiederherstellungskosten zu tragen;

9. die durch die Verladung der Ware oder durch ihre Aushändigung an die Eisenbahn bedingten Kosten des Prüfens (wie der Qualitätsprüfung, des Messens, Wiegens und Zählens) zu tragen;

10. dem Käufer für alle Beträge zu haften, die er als Zuschlag oder Entschädigung wegen unrichtiger, ungenauer oder unvollständiger Angaben zu entrichten haben sollte;

Transports entstehenden Ausgaben) von dem Zeitpunkt an zu tragen, an dem der Verkäufer die Ware dem Spediteur oder der Eisenbahn übergeben hat;

3. alle Kosten und Ausgaben für die Beschaffung oder für den Versuch der Beschaffung der unter Artikel I. 13 erwähnten Dokumente zu tragen;

4. wenn er sich eine Frist für die Verladung der Ware und/oder die Wahl des Verladeortes vorbehalten hat und nicht rechtzeitig Anweisungen erteilt, die sich hieraus ergebenden Mehrkosten und alle Gefahren der Ware vom Ablauf der vereinbarten Frist an zu tragen, stets vorausgesetzt, daß die Ware in geeigneter Weise konkretisiert, d. h. als der für den Käufer bestimmte Gegenstand abgesondert oder auf irgendeine andere Art kenntlich gemacht worden ist.

11. ein Frachtbriefduplikat zu beschaffen. Dieses Dokument darf keine Vorbehalte aufweisen, sofern es sich nicht um unbedeutende oder durch Handelsbrauch zugelassene Vorbehalte handelt;

12. alle Gefahren der Ware zu tragen, bis er sie dem Spediteur oder der Eisenbahn übergeben hat;

13. dem Käufer auf dessen Verlangen und Kosten bei Beschaffung oder bei dem Versuch der Beschaffung der Dokumente, die im Ursprungs- und/oder Versandland ausgestellt werden und die der Käufer zur Aus-, Ein- oder Durchfuhr durch ein anderes Land benötigt, jede Hilfe zu gewähren.

765

3. — F.A.S. . . . Benannter Verschiffungshafen

I. Der Verkäufer hat:

1. die Ware im angegebenen Verschiffungshafen in einer dem Hafenbrauch entsprechenden Weise zum vereinbarten Zeitpunkt oder innerhalb der vereinbarten Frist Längsseite des von dem Käufer (nach den Bestimmungen des Artikels II 2) benannten Schiffes zu liefern;

2. alle Kosten der Ware (einschließlich etwaiger Leichterungskosten) bis zu dem Zeitpunkt zu tragen, in dem sie Längsseite Schiff geliefert worden ist, vorbehaltlich jedoch der Bestimmungen der Artikel II. 4 und 5;

3. auf eigene Kosten für die übliche Herrichtung und Verpackung der Ware unter Berücksichtigung ihrer Art und Beförderung auf dem Seewege zu sorgen;

4. dem Käufer auf eigene Kosten das zum Nachweis der Lieferung der Ware übliche „reine" Dokument zu beschaffen;

5. die durch die Lieferung der Ware im Verschiffungshafen bedingten Kosten des Prüfens (wie der Qualitätsprüfung, des Messens, Wiegens und Zählens) zu tragen;

6. alle Gefahren der Ware bis zu dem Zeitpunkt zu tragen, in dem sie vom Frachtführer tatsächlich übernommen worden ist, das heißt, bei Lieferung an das Schiff, wenn die Ware vom Greifer erfaßt wurde, oder bei der Übergabe an den Frachtführer an Land, sobald er sie tatsächlich übernommen hat;

II. Der Käufer hat:

1. ein Schiff zu chartern oder den erforderlichen Schiffsraum zu stellen und die Kosten zu zahlen;

2. dem Verkäufer rechtzeitig den Namen, die Abfahrtszeit, den Ladeplatz sowie den Zeitpunkt der Lieferung an das Schiff bekanntzugeben;

3. alle Kosten und Gefahren der Ware von dem Zeitpunkt an zu tragen, in dem sie vom Frachtführer tatsächlich übernommen worden ist, das heißt bei Lieferung an das Schiff, wenn die Ware vom Greifer erfaßt wurde, oder bei Übergabe an den Frachtführer an Land, sobald er sie tatsächlich übernommen hat;

4. Kosten und Gefahr zu tragen, wenn er die Ware nicht rechtzeitig abnimmt, z. B. bei Verspätung des Schiffes;

5. wenn er das Schiff nicht rechtzeitig bezeichnet oder wenn er sich eine Frist für die Abnahme der Ware und/oder die Wahl des Verschiffungshafens vorbehalten hat und nicht rechtzeitig genaue Anweisungen erteilt, die sich hieraus ergebenden Mehrkosten und alle die Ware betreffenden Gefahren zum vereinbarten Zeitpunkt oder vom Ablauf der vereinbarten Frist an zu tragen, stets vorausgesetzt, daß die Ware in geeigneter Weise konkretisiert, d. h. als der für den Käufer bestimmte Gegenstand abgesondert oder auf irgendeine andere Art kenntlich gemacht worden ist;

7. dem Käufer auf dessen Verlangen und Kosten das Ursprungszeugnis und die Konsulatsfaktura zu beschaffen;

8. dem Käufer auf dessen Verlangen, Gefahr und Kosten neben den im vorangehenden Artikel erwähnten Dokumenten bei der Beschaffung oder bei dem Versuch der Beschaffung aller sonstigen im Ursprungs- und/oder Verschiffungsland auszustellenden Dokumente (einschließlich der Ausfuhrbewilligung), die der Käufer zur Ausfuhr der Ware oder zu ihrer Einfuhr in das Bestimmungsland oder zu ihrer Durchfuhr durch ein anderes Land benötigt, jede Hilfe zu gewähren. Aber alle etwaigen Kosten der Ausfuhrbewilligung gehen zu Lasten des Verkäufers.

6. die Kosten und Ausgaben für die Beschaffung der in den Artikeln I. 7 und 8 erwähnten Dokumente zu tragen.

4. — F.O.B. Seeschiff ... (Benannter Verschiffungshafen) 766

I. Der Verkäufer hat:

1. die Ware an Bord des vom Käufer (nach den Bestimmungen des Artikels II. 2) benannten Schiffes im vereinbarten Bestimmungs- (muß richtig heißen: Verschiffungs-)hafen zum vereinbarten Zeitpunkt oder innerhalb der vereinbarten Frist entsprechend dem Hafenbrauch zu liefern;

2. auf eigene Kosten für die handelsübliche Herrichtung und Verpackung der Ware unter Berücksichtigung ihrer Art und ihrer Beförderung auf dem Seewege zu sorgen;

3. alle Kosten der Ware bis zu dem Zeitpunkt zu tragen, in dem sie im Verschiffungshafen die Reling des Schiffes tatsächlich überschritten hat, vorbehaltlich jedoch der Bestimmungen der Artikel II. 6 und 7. Die Verladekosten, die einen integrierenden Bestandteil der Fracht bilden, gehen zu Lasten des Käufers;

4. den Käufer auf eigene Kosten so von der Anbordlieferung der Ware oder gegebenenfalls der Auslieferung an den Frachtführer zu unterrichten, daß der Käufer die Ware versichern kann. Auch wenn nicht vereinbart, entspricht es gutem kaufmännischen Brauch, den Käufer zu unterrichten;

5. auf eigene Kosten das übliche „reine" Dokument zu beschaffen, und zwar als Nachweis der Lieferung der Ware an Bord des Schiffes oder gegebenenfalls ihrer Aushändigung am Land an den Frachtführer „zur Verschiffung". Der Frachtvertrag betrifft den Ver-

II. Der Käufer hat:

1. auf eigene Kosten ein Schiff zu chartern oder den erforderlichen Schiffsraum zu stellen;

2. dem Verkäufer rechtzeitig den Namen, die Abfahrtszeit, den Ladeplatz sowie den Zeitpunkt der Lieferung an Bord des Schiffes bekanntzugeben;

3. alle Kosten und Gefahren der Ware von dem Zeitpunkt an zu tragen, in dem sie tatsächlich die Reling des Schiffes im Verschiffungshafen überschritten hat, vorbehaltlich jedoch der Bestimmungen der Artikel II. 6 und 7;

4. alle im Verschiffungshafen entstehenden Überliegekosten zu tragen, sofern nicht die Verzögerung dem Verkäufer zuzurechnen ist;

5. auf seine Kosten das Konnossement zu beschaffen;

6. wenn das von ihm benannte Schiff nicht rechtzeitig eintrifft oder die Ware nicht übernehmen kann oder vor dem für die Anbordlieferung vorgesehenen Zeitpunkt keine Ladung mehr annimmt, die hieraus entstehenden Mehrkosten und alle Gefahren der Ware von dem Zeitpunkt an zu tragen, in dem der Verkäufer ihm die Ware zur Verfügung gestellt hat, stets vorausgesetzt, daß die Ware in geeigneter Weise konkretisiert, d. h. als der für den Käufer bestimmte Gegenstand abgesondert oder auf irgendeine andere Art kenntlich gemacht worden ist;

käufer nicht, wenn er nicht im Auftrage des Käufers handelt. Er hat nur das handelsübliche Dokument (Steuermanns- oder Kaiempfangsschein) zu beschaffen; seine Verpflichtung endet in dem Zeitpunkt, in dem die Ware die Schiffsreling überschritten hat;

6. die durch die Lieferung der Ware an Bord im Verschiffungshafen bedingten Kosten des Prüfens (wie der Qualitätsprüfung, des Messens, Wiegens und Zählens) zu tragen;

7. alle Gebühren und Abgaben zu tragen, die für die Verbringung der Ware an Bord des Schiffes zu entrichten sind;

8. alle Gefahren der Ware bis zu dem Zeitpunkt zu tragen, in dem sie tatsächlich die Reling des Schiffes überschritten hat, vorbehaltlich jedoch der Bestimmungen der Artikel II. 6 und 7;

9. dem Käufer auf dessen Verlangen und Kosten das Ursprungszeugnis und die Konsulatsfaktura zu beschaffen;

10. dem Käufer auf dessen Verlangen, Kosten und Gefahr neben den im vorangehenden Artikel erwähnten Dokumenten bei der Beschaffung oder dem Versuch der Beschaffung aller sonstigen im Ursprungs- und/oder Verschiffungslande auszustellenden Dokumente (einschließlich der Ausfuhrbewilligung), die der Käufer zur Ausfuhr der Ware oder zu ihrer Einfuhr in das Bestimmungsland oder zu ihrer Durchfuhr durch ein anderes Land benötigt, jede Hilfe zu gewähren. Die (etwaigen) Kosten der Ausfuhrbewilligung gehen jedoch zu Lasten des Verkäufers.

7. wenn er das Schiff nicht rechtzeitig bezeichnet oder wenn er sich eine Frist für die Abnahme der Ware und/oder die Wahl des Verschiffungshafens vorbehalten hat und nicht rechtzeitig genaue Anweisungen erteilt, die sich hieraus ergebenden Mehrkosten und alle die Ware betreffenden Gefahren von dem für die Lieferung vereinbarten Zeitpunkt oder vom Ablauf der hierfür vereinbarten Frist an zu tragen, stets vorausgesetzt, daß die Ware in geeigneter Weise konkretisiert, d. h. als der für den Käufer bestimmte Gegenstand abgesondert oder auf irgendeine andere Art kenntlich gemacht worden ist;

8. die Kosten und Ausgaben für die Beschaffung oder für den Versuch der Beschaffung der in den Artikeln I. 9 und 10 erwähnten Dokumente zu tragen. Der Käufer hat dem Verkäufer Beträge zu vergüten, die dieser bei der Beschaffung von Dokumenten verauslagt hat, die nicht für die Verbringung der Ware an Bord unerläßlich waren.

767

5. — C. & F. . . . Bestimmungshafen

I. Der Verkäufer hat:

Beförderungsvertrag

1. auf eigene Rechnung den Vertrag für die Beförderung der Ware zu den üblichen Bedingungen bis zum Bestimmungshafen auf einem Seeschiff (ausgenommen Segelschiffe) der Bauart, die gewöhnlich für die Beförderung der im Vertrag genannten Ware zur Verwendung kommt, abzuschließen; erst die Zustimmung des Käufers einzuholen, wenn er ein benanntes Schiff durch ein anderes Schiff ersetzen will, insbesondere beim Vorliegen höherer Gewalt;

II. Der Käufer hat:

Verladung der Ware

1. wenn Verschiffung vereinbart ist, alle Gefahren der Ware von dem Zeitpunkt an zu tragen, in dem sie im Verschiffungshafen die Reling des Schiffes überschritten hat; wenn Verladung vereinbart ist, so geht die Gefahr über, sobald die Ware dem Schiffseigner zur Verschiffung übergeben worden ist.

2. wenn er sich eine Frist für die Verschiffung der Ware und/oder die Wahl des Bestimmungshafens vorbehalten hat und dem

2. die Ware auf dem üblichen Wege zu versenden, sofern kein anderer in dem Vertrag vereinbart ist. Im allgemeinen genügt es für den Verkäufer, einen schnellen und sicheren Weg zu wählen, das heißt, die Sorgfalt eines ordentlichen Kaufmanns walten zu lassen;

3. auf eigene Kosten vom Frachtführer ein Seekonnossement üblicher Art (einschließlich eines „Umlade"- oder eines „Durch"-Konnossements) zu beschaffen, das rein und übertragbar ist und den Abschluß eines Beförderungsvertrages beweist, der sich ausschließlich auf die verkaufte Ware bezieht. Der Verkäufer kann ein Übernahme-Konnossement oder ein „Kai-Konnossement" oder ein „Umlade-Konnossement" vorlegen. Auch Teilkonnossemente sind zulässig. Will der Käufer nur ein „Bordkonnossement" gelten lassen, so hat er dies im Vertrag zu vereinbaren.

Verladung der Ware

4. die Ware auf eigene Kosten an Bord des Schiffes unter Beachtung der amtlichen Bestimmungen und des Hafenbrauchs zu verladen;

5. die Ware zu dem vereinbarten Zeitpunkt oder innerhalb der im Kaufvertrag genannten Frist, oder falls weder ein Zeitpunkt noch eine Frist vereinbart wurde, innerhalb einer angemessenen Frist zu verladen. Der Verkäufer darf die Ware in Teilladungen versenden;

6. auf eigene Kosten für die handelsübliche Herrichtung und Verpackung der Ware unter Berücksichtigung ihrer Art und der einzuhaltenden Route zu sorgen, so daß sie vorbehaltlich der Ware selbst innewohnender Gefahren (Verderb, Auslaufen, Änderungen im Volumen oder Gewicht) in handelsfähigem Zustand im Bestimmungshafen eintreffen kann;

7. die durch die Verladung der Ware bedingten Kosten des Prüfens (wie der Qualitätsprüfung, des Messens, Wiegens und Zählens) zu tragen;

8. den Käufer unverzüglich zu benachrichtigen, daß die Ware an Bord des Schiffes verladen worden ist;

9. die gegebenenfalls im Verschiffungshafen entstehenden Überliegekosten zu tragen;

10. auf eigene Gefahr und Kosten alle Ausfuhrbewilligungen oder ähnliche Dokumente zu beschaffen, die für den Export der Ware erforderlich sind, sowie alle für die Ware bis zu ihrer Verladung erhobenen Abgaben und Gebühren

Verkäufer nicht rechtzeitig Anweisungen erteilt, alle sich hieraus ergebenden Mehrkosten und Gefahren der Ware von dem vereinbarten Zeitpunkt oder von dem Ablauf der vereinbarten Frist an zu tragen, stets vorausgesetzt, daß die Ware in geeigneter Weise konkretisiert, d. h. als der für den Käufer bestimmte Gegenstand abgesondert oder auf irgendeine andere Art kenntlich gemacht worden ist;

3. die Kosten und Gebühren für die Beschaffung oder den Versuch der Beschaffung der in den Artikeln I. 12 und 13 erwähnten Dokumente zu tragen;

Übergabe der Dokumente —
Zahlung des Preises

4. alle Dokumente bei Vorlage anzunehmen, wenn sie mit dem Kaufvertrag oder mit dem Handelsbrauch übereinstimmen, und den geschuldeten Betrag vertragsgemäß zu bezahlen;

5. diese Zahlung entsprechend dem Kaufvertrag bereits vor dem tatsächlichen Empfang und der Prüfung der Ware und sogar vor Ankunft des Schiffes im Bestimmungshafen oder auf der Reede des Bestimmungshafens zu leisten;

6. einen auf dem Konnossement — sei es durch Gummistempel oder schriftlich — angebrachten Vermerk „Fracht bezahlt" oder ähnlichen Hinweis als genügenden Beweis für die Bezahlung der Fracht durch den Verkäufer anzuerkennen;

7. den nicht vom Verkäufer entrichteten Teil der eigentlichen Fracht zu bezahlen, vorbehaltlich jedoch einer späteren Absetzung dieses Betrages von der Rechnungssumme, sofern nicht der Verkäufer bereits selbst die unbezahlte Fracht in seiner Rechnung berücksichtigt hat;

Pflichten bei Ankunft des Schiffes

8. die Ware im Bestimmungshafen abzunehmen und die Kosten für die Löschung einschließlich der Leichterung und der Kaigebühren zu tragen, sofern diese Kosten nicht in der Fracht mit einbegriffen sind;

9. alle Kosten der Ware ausschließlich der eigentlichen Fracht zu tragen, die während des Seetransports infolge von hierbei auftretenden Erschwernissen (wie Umladung, Abweichungen von der Route, Aufsuchen von Nothafen, Zuschläge zu Lagerhauskosten, Rückfracht usw.) bis zum Eintreffen im Bestimmungshafen

bühren einschließlich der Ausfuhrzölle und -abgaben zu zahlen;

11. alle Gefahren der Ware bis zu dem Zeitpunkt zu tragen, in dem sie im Verschiffungshafen die Reling des Schiffes überschritten hat, sofern ein Übernahme-Konnossement angenommen wurde. In diesem Fall geht die Gefahr in dem Zeitpunkt über, in dem die Ware dem Frachtführer übergeben worden ist;

12. dem Käufer auf dessen Kosten das Ursprungszeugnis und die Konsulatsfaktura zu beschaffen;

13. dem Käufer auf dessen Verlangen, Gefahr und Kosten neben den im vorhergehenden Artikel genannten Dokumenten bei der Beschaffung oder beim Versuch der Beschaffung aller sonstigen im Verschiffungs- und/oder Ursprungslande auszustellenden Dokumente, die der Käufer zur Einfuhr der Ware in das Bestimmungsland und gegebenenfalls zur Durchfuhr durch ein drittes Land benötigt, jede Hilfe zu gewähren;

Einreichung der Dokumente

14. dem Käufer in gehöriger Form einzureichen:

a) den vollständigen Satz der Konnossemente und gegebenenfalls, wenn sich das Konnossement auf einen Chartervertrag bezieht, eine beglaubigte Abschrift des Chartervertrages,

b) die Rechnung, das Ursprungszeugnis, die Konsulatsfaktura und gegebenenfalls

c) alle sonstigen in den zwischen Verkäufer und Käufer getroffenen Abmachungen ausdrücklich vorgesehenen Dokumente wie Gewichts-, Inhalts- oder Qualitätsbescheinigungen.

entstehen, sowie evtl. Überliegegelder in diesem Hafen zu zahlen;

10. die Ware bei Ankunft im Bestimmungshafen zu prüfen und, falls diese Prüfung nicht zufriedenstellend ausfällt, seine Rügen innerhalb einer angemessenen Frist schriftlich zu erheben;

11. auf eigene Gefahr und Kosten alle Einfuhrbewilligungen oder ähnliche Dokumente zu beschaffen, die er für die Einfuhr der Ware benötigt;

12. alle Kosten der Zollabfertigung, den Zoll sowie alle sonstigen bei der Einfuhr und für die Einfuhr zu entrichtenden Abgaben (innerstaatliche Steuern, Akzisen, Gebühren für statistische Zwecke, Einfuhrgebühren, weitere Kosten in Verbindung mit der Zollabfertigung usw.) zu tragen.

768

6. — C.I.F. . . . Bestimmungshafen

I. Der Verkäufer hat:

Beförderungsvertrag

1. auf eigene Rechnung den Vertrag für die Beförderung der Ware zu den üblichen Bedingungen bis zum Bestimmungshafen auf einem Seeschiff (ausgenommen Segelschiff) der Bauart, die gewöhnlich für die Beförderung der im Vertrag genannten Ware zur Verwendung kommt, abzuschließen; erst die Zustimmung des Käufers einzuholen, wenn er ein benanntes

II. Der Käufer hat:

Verladung der Ware

1. wenn Verschiffung vereinbart ist, alle Gefahren der Ware von dem Zeitpunkt an zu tragen, in dem sie im Verschiffungshafen die Reling des Schiffes überschritten hat. Ist Verladung vereinbart, so geht die Gefahr über, sobald die Ware dem Schiffseigner zur Verschiffung übergeben worden ist;

Schiff durch ein anderes Schiff ersetzen will, insbesondere beim Vorliegen höherer Gewalt;

2. die Ware auf dem üblichen Wege zu versenden, sofern kein anderer in dem Vertrag vereinbart ist. Im allgemeinen genügt der Verkäufer seinen Verpflichtungen, wenn er einen schnellen und sicheren Weg wählt, d. h. die Sorgfalt eines ordentlichen Kaufmanns walten läßt;

3. auf eigene Kosten vom Frachtführer ein Seekonnossement üblicher Art (einschließlich eines „Umlade"- oder eines „Durch"-Konnossements) zu beschaffen, das rein und übertragbar ist und den Abschluß eines Beförderungsvertrages beweist, der sich ausschließlich auf die verkaufte Ware bezieht. Der Verkäufer kann ein Übernahme-Konnossement oder ein „Kai-Konnossement" oder ein „Umladekonnossement" vorlegen. Will der Käufer nur ein Bordkonnossement gelten lassen, so hat er dies im Vertrag zu vereinbaren. Auch Teilkonnossemente sind zulässig;

4. die Ware auf eigene Kosten an Bord des Schiffes unter Beachtung der amtlichen Bestimmungen und des Hafenbrauchs zu verladen;

Verladung der Ware

5. die Ware zu dem vereinbarten Zeitpunkt oder innerhalb der im Kaufvertrag genannten Frist oder, falls weder ein Zeitpunkt noch eine Frist vereinbart wurde, innerhalb einer angemessenen Frist zu verladen. Der Verkäufer darf die Ware in Teilladungen versenden;

6. auf eigene Kosten für die handelsübliche Herrichtung und Verpackung der Ware unter Berücksichtigung ihrer Art und der einzuhaltenden Route zu sorgen, so daß sie vorbehaltlich der Ware selbst innewohnender Gefahren (Verderb, Auslaufen, Änderungen im Volumen oder Gewicht) in handelsfähigem Zustand im Bestimmungshafen eintreffen kann;

7. die durch die Verladung der Ware bedingten Kosten des Prüfens (wie der Qualitätsprüfung, des Messens, Wiegens und Zählens) zu tragen;

8. den Käufer unverzüglich zu benachrichtigen, daß die Ware an Bord des Schiffes verladen worden ist;

9. die gegebenenfalls im Verschiffungshafen entstehenden Überliegekosten zu tragen;

10. auf eigene Gefahr und Kosten alle Ausfuhrbewilligungen oder ähnlichen Dokumente

2. wenn er sich eine Frist für die Verschiffung der Ware und/oder die Wahl des Bestimmungshafens vorbehalten hat und dem Verkäufer nicht rechtzeitig Anweisungen erteilt, alle sich hieraus ergebenden Mehrkosten und Gefahren der Ware von dem vereinbarten Zeitpunkt oder von dem Ablauf der vereinbarten Frist an zu tragen, stets vorausgesetzt, daß die Ware in geeigneter Weise konkretisiert, d. h. als der für den Käufer bestimmte Gegenstand abgesondert oder auf irgendeine andere Art kenntlich gemacht worden ist;

3. die Kosten und Gebühren für die Beschaffung oder den Versuch der Beschaffung der in den Artikeln I. 12 und 13 erwähnten Dokumente zu tragen;

Versicherungsvertrag

4. die zusätzlichen Kosten der Versicherung gegen solche Risiken zu tragen, deren Deckung er von dem Verkäufer verlangt hat, und die nicht in den Risiken enthalten sind, deren Deckung dem Verkäufer nach den Artikeln I. 14 und I. 15 obliegt;

Übergabe der Dokumente. Zahlung des Preises

5. alle Dokumente bei Vorlage anzunehmen, wenn sie mit dem Kaufvertrag und/oder mit dem Handelsbrauch übereinstimmen, und den geschuldeten Betrag vertragsgemäß zu bezahlen;

6. diese Zahlung entsprechend dem Kaufvertrag bereits vor dem tatsächlichen Empfang und der Prüfung der Ware und sogar vor Ankunft des Schiffes im Bestimmungshafen oder auf der Reede des Bestimmungshafens zu leisten;

7. einen auf dem Konnossement — sei es durch Gummistempel oder schriftlich — angebrachten Vermerk „Fracht bezahlt" oder ähnlichen Hinweis als genügenden Beweis für die Bezahlung der Fracht durch den Verkäufer anzuerkennen;

8. den nicht vom Verkäufer entrichteten Teil der eigentlichen Fracht zu bezahlen, vorbehaltlich jedoch einer späteren Absetzung dieses Betrages von der Rechnungssumme, sofern nicht der Verkäufer bereits selbst die unbezahlte Fracht in seiner Rechnung berücksichtigt hat;

zu beschaffen, die für den Export der Ware erforderlich sind, sowie alle für die Ware bis zu ihrer Verladung erhobenen Abgaben und Gebühren einschließlich der Ausfuhrzölle und -abgaben zu zahlen;

11. alle Gefahren der Ware bis zu dem Zeitpunkt zu tragen, in dem sie im Verschiffungshafen die Reling des Schiffes überschritten hat, sofern nicht ein Übernahme-Konnossement angenommen wurde. In diesem Falle geht die Gefahr in dem Zeitpunkt über, in dem die Ware dem Frachtführer übergeben worden ist;

12. dem Käufer auf dessen Kosten das Ursprungszeugnis und die Konsulatsfaktura zu beschaffen;

13. dem Käufer auf dessen Verlangen, Gefahr und Kosten neben den im vorhergehenden Artikel genannten Dokumenten bei der Beschaffung oder beim Versuch der Beschaffung aller sonstigen im Verschiffungs- und/oder Ursprungslande auszustellenden Dokumente, die der Käufer zur Einfuhr der Ware in das Bestimmungsland und gegebenenfalls zur Durchfuhr durch ein drittes Land benötigt, jede Hilfe zu gewähren;

Versicherungsvertrag

14. auf eigene Kosten eine übertragbare Seeversicherung gegen die Transportrisiken abzuschließen, welche die Ware von dem Zeitpunkt an deckt, in dem sie vom Seefrachtführer übernommen worden ist, bis zu dem Zeitpunkt, in dem sie im Bestimmungshafen auf dem Kai ausgeladen oder gegebenenfalls in diesem Hafen auf ein anderes vom Käufer zu charterndes Schiff umgeladen worden ist;

15. es gibt so viele verschiedene Warenarten, Handelsbräuche und Wünsche der Abnehmer, daß eine allgemeine Antwort auf die Frage, bei welchen Versicherern und zu welchen Bedingungen die Ware zu versichern ist, nicht möglich ist. Die Versicherungsbedingungen müssen daher vertraglich geregelt werden. Im allgemeinen genügt eine FPA-Versicherung nicht;

16. die Versicherung, sofern in angemessener Weise möglich, in der Währung des Kaufvertrages abzuschließen sowie den vereinbarten CIF-Preis zuzüglich 10 % als der etwaigen Gewinnspanne zu decken, vorbehaltlich eines anderen Handelsbrauchs in einer bestimmten Branche;

Pflichten bei Ankunft des Schiffes

9. die Ware im Bestimmungshafen abzunehmen und die Kosten für die Löschung einschließlich der Leichterung und der Kaigebühren zu tragen, sofern diese Kosten nicht in der Fracht mit einbegriffen sind;

10. alle Kosten der Ware ausschließlich der eigentlichen Fracht zu tragen, die während des Seetransports (infolge von hierbei auftretenden Erschwernissen wie Umladung, Abweichungen von der Route, Aufsuchen von Nothafen, Zuschlägen zu Lagerhauskosten, Rückfracht usw.) bis zum Eintreffen im Bestimmungshafen entstehen, sowie evtl. Überliegegelder in diesem Hafen zu zahlen;

11. die Ware bei Ankunft im Bestimmungshafen zu prüfen und, falls diese Prüfung nicht zufriedenstellend ausfällt, seine Rügen innerhalb einer angemessenen Frist schriftlich zu erheben;

12. auf eigene Gefahr und Kosten alle Einfuhrbewilligungen oder ähnliche Dokumente zu beschaffen, die er für die Einfuhr der Ware benötigt;

13. alle Kosten der Zollabfertigung, den Zoll sowie alle sonstigen bei der Einfuhr und für die Einfuhr zu entrichtenden Abgaben (innerstaatliche Steuern, Akzisen, Gebühren für statistische Zwecke, Einfuhrgebühren, weitere Kosten in Verbindung mit der Zollabfertigung usw.) zu tragen.

Einreichung der Dokumente

17. dem Käufer in gehöriger Form einzureichen:

a) den vollständigen Satz der Konnossemente und gegebenenfalls, wenn sich das Konnossement auf einen Chartervertrag bezieht, eine beglaubigte Abschrift des Chartervertrages,

b) den Versicherungsschein oder, falls er bei Vorlage der Dokumente nicht verfügbar sein sollte, ein Versicherungszertifikat, das dem Inhaber die gleichen Rechte wie der Besitz des Versicherungsscheins gewährt und die wesentlichen Bestimmungen des Versicherungsscheins enthält,

c) die Rechnung, das Ursprungszeugnis, die Konsulatsfaktura und gegebenenfalls,

d) alle sonstigen in den zwischen Verkäufer und Käufer getroffenen Abmachungen ausdrücklich vorgesehenen Dokumente wie Gewichts-, Inhalts- oder Qualitätsbescheinigungen.

7. — Ab Schiff . . . benannter Hafen **769**

I. Der Verkäufer hat:

1. die vertraglich vereinbarte Ware zu liefern und sie dem Käufer zum vereinbarten Zeitpunkt oder innerhalb der vereinbarten Frist zur Verfügung zu stellen. Der Verkäufer ist nicht verpflichtet, die Ware an die Reling des Schiffes zu bringen. Der Käufer muß vielmehr die Ware aus dem Schiff abnehmen, so wie sie das Schiff herausgibt;

2. rechtzeitig das Schiff zu benennen, damit der Käufer weiß, wann er mit seiner Ankunft rechnen kann. Der Verkäufer muß dem Käufer rechtzeitig die Dokumente andienen. Alles weitere hat der Käufer zu tun. Dieser muß sich erkundigen, wann das Schiff ankommt und wann er die Ware „ab Schiff" übernehmen kann;

3. auf seine Kosten für die handelsübliche Herrichtung und Verpackung der Ware zu sorgen, so daß der Käufer die Ware dem Hafenbrauch entsprechend abnehmen kann;

4. die durch die Zurverfügungstellung der Ware bedingten Kosten des Prüfens (wie der Qualitätsprüfung, des Messens, Wiegens und Zählens) zu tragen;

II. Der Käufer hat:

1. die Ware an der Reling des Schiffes abzunehmen, sobald der Verkäufer alles Erforderliche getan hat, um die Ware zur Verfügung des Käufers zu stellen;

2. alle Kosten und Gefahren der Ware von dem Zeitpunkt an zu tragen, in dem sie in Übereinstimmung mit Artikel I. 1 zu seiner Verfügung gestellt worden ist, stets vorausgesetzt, daß die Ware in geeigneter Weise konkretisiert, d. h. als der für den Käufer bestimmte Gegenstand abgesondert oder auf irgendeine andere Art kenntlich gemacht worden ist;

3. wenn das Schiff nicht am Kai anlegen kann, auf eigene Kosten für die Leichterung zur Löschung der Ware zu sorgen;

4. alle Kosten und Ausgaben für die Beschaffung oder den Versuch der Beschaffung der in den Artikeln I. 6 und I. 7 erwähnten Dokumente zu tragen;

5. auf eigene Kosten und Gefahr alle Bewilligungen oder ähnliche Dokumente zu beschaffen, die er zur Entladung und/oder Einfuhr der Ware benötigt;

5. der Gefahr- und Kostenübergang vollzieht sich noch nicht in dem Zeitpunkt, in dem das Schiff mit der Ware im Bestimmungshafen liegt. Bei einem „ex ship"-Geschäft gelten die gleichen Grundsätze wie bei einem Geschäft „ab Lager". Der Kosten- und Gefahrübergang vollzieht sich erst, wenn die Ware vom Lager oder aus dem Schiff abgenommen wird. Anders liegt es nur dann, wenn der Käufer in Annahmeverzug ist. Von diesem Zeitpunkt an trägt er Kosten und Gefahr;

6. auf Kosten des Käufers das Ursprungszeugnis und die Konsulatsfaktura zu beschaffen;

7. dem Käufer auf dessen Verlangen, Gefahr und Kosten neben den im vorhergehenden Artikel genannten Unterlagen bei der Beschaffung oder dem Versuch der Beschaffung aller sonstigen im Verschiffungs- und/oder Ursprungslande auszustellenden Dokumente, die der Käufer zur Einfuhr der Ware in das Bestimmungsland und gegebenenfalls zur Durchfuhr durch ein drittes Land benötigt, jede Hilfe zu gewähren.

6. alle Kosten der Zollabfertigung, den Zoll sowie alle sonstigen bei der Entladung und für die Entladung und/oder die Einfuhr zu entrichtenden Gebühren und Abgaben zu tragen.

770

8. — Ab Kai ... benannter Einfuhrhafen

I. Der Verkäufer hat:

1. die Ware nur auf den Kai zu liefern. Mit der Einfuhr hat er nichts zu tun. Den Zoll hat daher der Käufer zu tragen. Dieser hat ferner auch auf seine Kosten die Einfuhrbewilligung zu besorgen;

2. die Ware am Kai des benannten Hafens zum vereinbarten Zeitpunkt oder innerhalb der vereinbarten Frist dem Hafenbrauch entsprechend zur Verfügung des Käufers zu stellen;

3. auf seine Kosten für die handelsübliche Herrichtung und Verpackung der Ware unter Berücksichtigung ihrer Beschaffenheit und ihrer Ab-Kai-Lieferung zu sorgen;

4. die durch die Ab-Kai-Lieferung der Ware bedingten Kosten des Prüfens (wie der Qualitätsprüfung, des Messens, Wiegens und Zählens) zu tragen;

5. die Gefahr geht in dem Zeitpunkt auf den Käufer über, in dem er die Ware vom Kai abnimmt. Befindet sich der Käufer mit der Abnahme in Verzug, so trägt er alle Kosten und Gefahren. Die „Konzentration", d. h. die Be-

II. Der Käufer hat:

1. die Ware dem Hafenbrauch entsprechend abzunehmen, sobald sie gemäß den Bestimmungen des Artikels I. 2, jedoch unter Berücksichtigung der Vorschriften des Artikels II. 3, zu seiner Verfügung gestellt worden ist;

2. der Gefahrübergang vollzieht sich nicht bereits durch das Aufsetzen der Ware auf den Kai, sondern erst durch das Absetzen der Ware vom Kai. Die Kosten sind in der Weise zu verteilen, daß der Verkäufer alle diejenigen zu tragen hat, die aufzuwenden sind, um die Ware auf den Kai zu bringen, während die mit der Abnahme der Ware vom Kai zusammenhängenden Kosten vom Käufer zu tragen sind;

3. Kosten (Kaigebühren) und Gefahr zu tragen, wenn er in Annahmeverzug gerät, d. h. die Ware nicht rechtzeitig vom Kai abnimmt, auch dann, wenn ihn kein Verschulden trifft;

4. alle Kosten und Gebühren zu tragen, die dem Verkäufer gegebenenfalls bei der Beschaffung oder bei dem Versuch der Beschaffung der in Artikel I. 7 erwähnten Dokumente entstehen.

schränkung des Kaufvertrages auf eine bestimmte Ware, tritt ein durch Absendung der Verladeanzeige oder der Konnossemente. Geht die Ware nach diesem Zeitpunkt verloren, so kann der Käufer keine Ersatzlieferung verlangen. Da er im Gegensatz zum C.I.F.-Geschäft nicht die Transportgefahr trägt, so braucht er, falls die Ware untergeht, keine Zahlung zu leisten. Nimmt er beschädigte Ware oder Teillieferungen an, so ermäßigt sich seine Gegenleistung entsprechend;

6. auf seine Kosten nur diejenigen Dokumente zu stellen, die für die Lieferung der Ware ab Kai im vereinbarten Hafen erforderlich sind. Der Käufer hat auf seine Kosten alle diejenigen Dokumente zu beschaffen, die er benötigt, um die Ware vom Kai abzuholen (zum Beispiel die Einfuhrbewilligung), oder an denen er aus irgendeinem anderen Grund interessiert ist (zum Beispiel das Ursprungszeugnis);

7. dem Käufer auf dessen Verlangen, Gefahr und Kosten neben den im vorangehenden Artikel genannten Unterlagen bei der Beschaffung oder bei dem Versuch der Beschaffung aller sonstigen im Ursprungs- und/oder Verschiffungslande auszustellenden Dokumente, die der Käufer gegebenenfalls benötigt, jede Hilfe zu gewähren.

§ 373

(1) Ist der Käufer mit der Annahme der Ware im Verzuge, so kann der Verkäufer die Ware auf Gefahr und Kosten des Käufers in einem öffentlichen Lagerhaus oder sonst in sicherer Weise hinterlegen.

(2) Er ist ferner befugt, nach vorgängiger Androhung die Ware öffentlich versteigern zu lassen; er kann, wenn die Ware einen Börsen- oder Marktpreis hat, nach vorgängiger Androhung den Verkauf auch aus freier Hand durch einen zu solchen Verkäufen öffentlich ermächtigten Handelsmakler oder durch eine zur öffentlichen Versteigerung befugte Person zum laufenden Preise bewirken. Ist die Ware dem Verderb ausgesetzt und Gefahr im Verzuge, so bedarf es der vorgängigen Androhung nicht; dasselbe gilt, wenn die Androhung aus anderen Gründen untunlich ist.

(3) Der Selbsthilfeverkauf erfolgt für Rechnung des säumigen Käufers.

(4) Der Verkäufer und der Käufer können bei der öffentlichen Versteigerung mitbieten.

(5) Im Falle der öffentlichen Versteigerung hat der Verkäufer den Käufer von der Zeit und dem Orte der Versteigerung vorher zu benachrichtigen; von dem vollzogenen Verkaufe hat er bei jeder Art des Verkaufs dem Käufer unverzüglich Nachricht zu ge-

ben. Im Falle der Unterlassung ist er zum Schadensersatze verpflichtet. Die Benachrichtigungen dürfen unterbleiben, wenn sie untunlich sind.

§ 374

Durch die Vorschriften des § 373 werden die Befugnisse nicht berührt, welche dem Verkäufer nach dem Bürgerlichen Gesetzbuche zustehen, wenn der Käufer im Verzuge der Annahme ist.

Übersicht

Schrifttum

Baumbach/Duden/Hopt Kommentar zum HGB[25] (1983); *Düringer/Hachenburg* Kommentar zum HGB[3] (1932); Großkommentar zum HGB (1967 ff); *Hagedorn* Der Handelskauf auf Abruf und die Handelsbräuche darüber (1915); *Heymann/Kötter* Kommentar zum HGB[21] (1971); *v. Hoyningen-Huene* Der Handelskauf, Jura **1982** 1 ff; *Hüffer* Rechtsfragen des Handelskaufs, JA **1981** 70 ff, 143 ff; *Leo* Der Selbsthilfeverkauf, HansGZ **1900** Beibl. 2; *Reichel* Krieg und Annahmeverzug, DJZ **1915** 602; *Rosenberg* Der Verzug des Gläubigers, JherJ **43** 141; *Schlegelberger* Kommentar zum HGB[5] (1976); *Schmidt, Karsten* Handelsrecht[2] (1982); *Sohm* Der Selbsthilfeverkauf, ZHR **53** 76.

A. Anwendungsbereich

1 § 373 HGB behandelt den Annahmeverzug des Käufers. Die Vorschrift gilt auch beim **einseitigen Handelskauf.** Gleichgültig ist es, auf welcher Seite die Kaufmannseigenschaft gegeben ist und für welchen der Partner der Kauf ein Handelsgeschäft darstellt. *K. Schmidt* (Handelsrecht[2] (1982) S. 578) vertritt die Ansicht, daß beim einseitigen Handelsgeschäft die Ausübung der Rechte aus § 373 HGB gegen Treu und Glauben verstoßen könne. So sei es unzulässig, die Ware bei einem Verkauf an Konsumenten auf deren Kosten zu hinterlegen. Dem kann nicht gefolgt werden. § 373 HGB trägt der Tatsache Rechnung, daß der Kaufmann als Verkäufer regelmäßig darauf angewiesen ist, seine Lagerbestände schnell umzuwälzen und seine Lagerkapazität rationell auszunutzen. Es wird ihm daher nicht zugemutet, seine Lagerräume für die Aufbewahrung nicht abgenommener Ware zur Verfügung zu halten. Der Käufer soll die Kosten unnötiger Lagerung tragen. Damit nicht Streit um die Höhe der Selbstkosten des Verkäufers entsteht, ist der Verkäufer befugt, die Ware bei Dritten einzulagern. Davon im Einzelfall abzugehen, zerstört die § 373 HGB zugrunde liegende Generalisierung. Ausnahme: Rechtsmißbrauch, z. B. falls der Annahmeverzug für den Verkäufer erkennbar nur wenige Tage dauern wird und das Lager des Verkäufers evident unausgelastet ist. Bei dieser Konstellation besteht aber kein Anlaß, zwischen einseitigen und beiderseitigen Handelsgeschäften zu differenzieren.

Dem Kauf von Waren steht der Kauf von Wertpapieren bzw. der **Werklieferungsvertrag** über bewegliche, nicht-vertretbare Sachen gleich (§ 381 HGB).

Der Käufer ist in Hinblick auf die Ware sowohl Gläubiger als auch Schuldner. Er kann die Lieferung der Ware verlangen, ist aber gemäß § 433 BGB auch verpflichtet, sie abzunehmen. Er kann mithin in **zweierlei Weise in Verzug** geraten. Gerät der Käufer mit der Abnahme in Verzug, so greifen die §§ 284 ff BGB ein; gerät er in seiner Eigenschaft als Gläubiger mit der Annahme in Verzug, so liegt ein Verzug im Sinne der §§ 293 ff BGB vor. **§ 373 HGB** ist **ausschließlich** auf den **Annahmeverzug** im Sinne der §§ 293 ff BGB zugeschnitten.

B. Die Voraussetzungen des Annahmeverzuges des Verkäufers im einzelnen:

I. Angebot der Ware

2 Dem Käufer muß die Leistung des Verkäufers so, wie sie vertragsgemäß zu erbringen ist, angeboten worden sein (§ 294 BGB). Die Ware muß mithin in der richtigen Menge und Beschaffenheit zur rechten Zeit am rechten Ort von der richtigen Person an die richtige Person und darüber hinaus in der rechten Art und Weise angeboten worden sein.

1. Vertragsgemäßheit der Ware

3 Weist der Käufer die ihm angebotene Ware zu Recht als vertragswidrig zurück, so gerät er dadurch nicht in Annahmeverzug. Die Ware kann vertragswidrig sein, weil sie nicht die geschuldete **Beschaffenheit** besitzt oder **Rechtsmängel** aufweist. Wegen mangelhafter Beschaffenheit können sowohl Gattungswaren als auch Speziessachen zurückgewiesen werden. Dabei kommt der Käufer auch dann nicht in Annahmeverzug, wenn er die Zurückweisung unzutreffend mit Leistungsverzug statt mit Mangelhaftigkeit begründet. Die Vertragswidrigkeit der Ware schließt den Annahmeverzug sogar dann aus, wenn sich der Käufer überhaupt nicht auf die Mangelhaftigkeit beruft (RGZ

111 86, 89 f). Ausgeschlossen ist die Zurückweisung der Ware allerdings dann, wenn der Käufer ausnahmsweise durch Vertrag oder Gesetz zur Annahme verpflichtet ist, weil ihm z. B. nur ein Minderungsrecht zusteht (RGZ **73** 257, 260) oder die Nichtannahme im Einzelfall rechtsmißbräuchlich ist, weil die Ware nur ganz geringfügige, behebbare Mängel aufweist (RG WarnRspr. **1909** Nr. 196; Recht **30** 363 Nr. 1238). Die Nichtannahme der Ware geschieht auf Gefahr des Käufers. Stellt sich später heraus, daß die Ware vertragsgemäß war oder daß der Käufer sie aus sonstigen Gründen nicht zurückweisen durfte, so ist der Käufer von Anfang an in Annahmeverzug geraten. Das ist auch dann der Fall, wenn der Käufer die zu Unrecht zurückgewiesene Ware dem Verkäufer auf dessen Verlangen zur nochmaligen Untersuchung zurückschickt und die Ware dann unterwegs verlorengeht (RGZ **106** 294). Eine Berufung auf den Annahmeverzug des Käufers ist jedoch ausgeschlossen, wenn der Käufer nicht erkennen konnte, ob ihm die geschuldete Leistung angeboten wird, weil der Verkäufer die ihm obliegende Auskunft verweigerte (BGH DB **1957** 1265).

4 Die Ware muß, damit Annahmeverzug eintreten kann, ferner in der **richtigen Menge** angeboten worden sein. Die Zurückweisung von unzulässigen Teilangeboten begründet somit keinen Annahmeverzug. Dabei ist zu berücksichtigen, daß der Käufer nach Treu und Glauben Teillieferungen anzunehmen hat, wenn ihn dies allenfalls geringfügig belastet (RG WarnRspr. **1909** Nr. 196; Recht **1930** 363 Nr. 1238). Bietet der Verkäufer **zu viel** an, so gerät der Käufer in Annahmeverzug, wenn die geschuldete Leistung ohne unzumutbare Beschwer aus der Gesamtmenge ausgeschieden werden kann und der Verkäufer bereit ist, sein Angebot auf den tatsächlich geschuldeten Teil zu beschränken (RGZ **4** 7; **23** 126; OLG Hamburg OLGE **24** 180). Zur Beimischung anderer als der bestellten Ware RG Recht **1919** Nr. 1336.

5 Nicht vertragsgemäß ist ferner ein Angebot, das mit **vertragswidrigen Forderungen gekoppelt** ist. Ein derartiges Angebot kann der Käufer zurückweisen, ohne dadurch in Annahmeverzug zu geraten (RG Recht **1928** Nr. 526). Ein Angebot unter Vorbehalt ist jedoch ausnahmsweise wirksam, wenn es lediglich den Zweck hat, dem Verkäufer unter dem Aspekt des § 814 BGB die Rückforderung offenzuhalten (RG WarnRspr. **1914** Nr. 240; **1924** Nr. 179). Vertragsgemäß ist z. B. bei einem „Kassa"-Geschäft die Forderung, daß der Käufer Zug um Zug gegen Übergabe der Ware den Kaufpreis bezahlt (§ 298 BGB; RGZ **109** 326).

2. Das Angebot muß von der richtigen Person ausgehen

6 Die Ware muß vom Verkäufer, seinem Erfüllungsgehilfen, seinem Bevollmächtigten angeboten worden sein. Auch ein unbeteiligter Dritter kann den Käufer in Annahmeverzug setzen, wenn er die Leistung genauso wie sie dem Schuldverhältnis entspricht, tatsächlich (nicht wörtlich; RG WarnRspr. **1909** Nr. 348) anbietet und der Verkäufer nicht widerspricht (§ 267 BGB). Ausnahme: § 268 BGB.

3. Adressat des Angebots

7 Der richtige Angebotsadressat ist in der Regel der Käufer bzw. einer der Mitkäufer (§ 293 BGB; RGZ **94** 140, 143). Dem Angebot an den Käufer steht das Angebot an seinen Stellvertreter gleich. Dieser ist im Zweifel auch zur Ablehnung berechtigt. Die unberechtigte Zurückweisung der Ware durch den Stellvertreter führt daher auch dann zum Annahmeverzug, wenn der Käufer den Verkäufer nicht konkret zur Leistung an den Stellvertreter ermächtigt hatte [1]; denn der Käufer darf bei einer arbeitsteiligen Or-

---

[1] *Palandt/Heinrichs*[43] § 293 BGB 2 c; differenzierend *Erman/Battes*[7] § 293 BGB 2; *Münchener Kommentar-Walchshöfer* § 293 BGB 9; *Staudinger/Löwisch*[12] § 293 BGB 4.

ganisation nicht allzu leicht aus seiner Verantwortung entlassen werden. Allerdings ist jeweils zu prüfen, ob sich die generelle Vollmacht auch auf die Entgegennahme der Ware bezieht. Einem Bevollmächtigten steht der Besitzer einer Quittung sowie der Anweisungsempfänger sowie jede vom Käufer konkludent zur Empfangnahme ermächtigte Person gleich.

4. Ort und Zeitpunkt des Angebots

8 Ist es dem Verkäufer freigestellt, innerhalb eines bestimmten Zeitraums zu liefern, ist eine Leistungszeit überhaupt nicht bestimmt oder ist der Verkäufer berechtigt, vorzeitig zu liefern, so muß er dem Käufer die Lieferung rechtzeitig ankündigen (OLG Hamburg LZ **1912** 784). Der Käufer ist zur Annahmeverweigerung nicht befugt, wenn der Verkäufer zwar am unrichtigen Ort angeboten hatte, die dadurch verursachten Mehrkosten aber unbedeutend sind oder der Kaufpreis um sie gekürzt werden kann oder wenn das Angebot am unrichtigen Ort für den Käufer sogar günstiger war.

5. Art und Weise des Angebots

9 Der Käufer muß grundsätzlich die Ware vor der Annahme besichtigen können. Es ist allerdings immer zu beachten, daß sich der Käufer geringfügige Abweichungen von den vertraglichen Abreden nach Treu und Glauben gefallen lassen muß (z. B. Empfang aus dem Seekahn statt ab Kai, RG JW **1897** 404).

6. Das tatsächliche Angebot

10 In der Regel ist ein tatsächliches Angebot erforderlich (§ 294 BGB). Der Verkäufer muß alles getan haben, was zur Bewirkung der Leistung seinerseits erforderlich ist, so daß der Eintritt des Leistungserfolges nur mehr davon abhängt, daß der Käufer „zugreift“ und die ihm angebotene Leistung annimmt (RGZ **85** 416; **109** 324, 328). Bei sogenannten Bringschulden muß der Verkäufer die Ware zum Käufer bzw. einem sonst Empfangsberechtigten gebracht haben. Beim einfachen Versendungskauf liegt ein tatsächliches Angebot erst dann vor, wenn der vom Verkäufer beauftragte Frachtführer die Ware am Bestimmungsort abliefert. Die Absendung oder die Übergabe der Ware an den Spediteur am Bestimmungsort ohne Zurollung an den Empfänger reicht nicht aus[2], weil sie allein den Käufer noch nicht in die Lage versetzt, durch bloße Annahme den Kaufvertrag zur Erfüllung zu bringen, und die Beförderungsperson die Ware auch nicht für den Käufer in Empfang nimmt. Daran ändert die Tatsache nichts, daß die Preisgefahr gemäß § 447 BGB bereits bei Auslieferung an die Transportperson an den Käufer übergeht. Unerheblich ist es auch, ob der Verkäufer eine Versendungsanzeige gemacht hat. Das gilt auch für die Verladeanzeige beim cif-Geschäft (Rdn. vor § 373 36) und fob-Geschäft (Rdn. vor § 373 106). Auch hier ist das tatsächliche Angebot noch nicht mit der Anzeige der Verladebereitschaft gemacht. Bei Nachnahmesendungen ist es notwendig, daß der Postbedienstete die Sendung beim Empfänger vorweist (RGZ **102** 370, 372). Ferner gehört es zum tatsächlichen Angebot, daß der Verkäufer die Erstattung der für die Ausstellung einer Quittung über den Empfang der Sendung entstandenen Kosten anbietet (§ 369 Abs. 1 BGB). Hat der Verkäufer außerdem neben der Lieferung zusätzliche Dienstleistungspflichten übernommen (z. B. eine Montage), so muß er auch diese Leistung tatsächlich am vereinbarten Ort anbieten.

---

[2] RGZ **102** 370, 372; **106** 294, 297 sowie die allg. M. in der Literatur, *Staudinger/Löwisch*[12] § 294 BGB 10; *Erman/Battes*[7] § 294 BGB 2 m. Nachw.; **a. A.** RG JW **1925** 607 m. Anm. von *Plum.*

11 Das tatsächliche Angebot ist keine Willenserklärung, sondern ein Realakt. § 130 BGB ist unanwendbar, weil den Verkäufer nicht das Risiko treffen soll, daß der Käufer von dem tatsächlichen Angebot keine Kenntnis erhält (**h. M.**, *Münchener Kommentar — Walchshöfer* § 293 BGB 8 m. Nachw.). Die Ware ist deshalb auch dann im Sinne des § 294 BGB wirksam angedient, wenn der anliefernde Verkäufer am vertragsgemäßen Bestimmungsort niemanden antrifft.

7. Das wörtliche Angebot und die Aufforderung an den Käufer zur Vornahme einer erforderlichen Mitwirkung (§ 295 BGB)

12 Nicht immer erschöpft sich die Mitwirkung des Käufers bei der Erfüllung des Kaufvertrags in der bloßen Annahme der ihm angedienten Leistung. Häufig hängt das tatsächliche Angebot seinerseits von einer vorhergehenden **Mitwirkung** des Käufers ab, so z. B., wenn der Käufer die Ware beim Verkäufer abzuholen hat. Weitere Beispiele: Spezifikation (§ 375 HGB); Abruf der Ware[3]; das Bereitstellen von Verpackungsmaterialien oder Transportmitteln; die Ausübung eines dem Käufer zustehenden Wahlrechts (§ 264 Abs. 2 BGB); Erteilung einer Versandorder innerhalb einer dem Käufer eingeräumten billigen Frist (RG Recht **1917** 367 Nr. 719); Aufgabe einer Verladeadresse (RG Recht **1923** 167 Nr. 634). Eine weitere Mitwirkungspflicht kann darin bestehen, sich beim Verkauf gegen Lieferschein durch Vorzeigen des Scheines bei der Abholung zu legitimieren. In diesen Fällen kann vom Verkäufer kein tatsächliches Angebot verlangt werden. Ausreichend ist daher ein wörtliches Angebot. Dem wörtlichen Angebot steht die Aufforderung des Verkäufers an den Käufer, die erforderliche Mitwirkungshandlung vorzunehmen, gleich (§ 295 BGB). Unter besonderen Umständen kann jedoch nach Treu und Glauben die Verladung der Ware auch ohne Versandorder des Käufers gerechtfertigt sein (RG JW **1899** 261).

13 Gemäß § 295 S. 1 BGB genügt ein wörtliches Angebot ferner dann, wenn der Käufer im voraus, gegebenenfalls schon vor Fälligkeit, **erklärt** hat, er werde die Ware **nicht annehmen** oder den Kaufpreis nicht — wie geschuldet — Zug um Zug **bezahlen** (§ 298 BGB) oder die Ware nicht zu dem vereinbarten Preis abnehmen (RGZ **102** 370, 372; BGH LM Nr. 3 zu § 651 BGB). Gleiches gilt, wenn der Käufer zu Unrecht den wirksamen Vertragsabschluß bestreitet, ohne Anfechtungsgrund den Vertrag anficht oder grundlos Schadensersatz wegen Nichterfüllung verlangt bzw. vom Vertrag zurücktritt. Die Annahmeverweigerung muß nicht ausdrücklich erklärt worden sein. Es genügt jedes Verhalten, aus dem der Verkäufer mit Sicherheit ableiten kann, daß der Käufer die Ware nicht abnehmen wird (BGH LM Nr. 3 zu § 651 BGB). Ein Irrtum des Käufers ist ohne Rücksicht auf etwaiges Verschulden unerheblich. Unter Umständen kann der Verkäufer sogar **verpflichtet** sein, ein **wörtliches Angebot** vorzunehmen. So muß er z. B. die Versendung der Ware unterlassen, wenn dem Käufer hierdurch unnötige Kosten entstehen würden (RGZ **15** 1, 3), es sei denn, daß der Transport ohnehin auf Kosten des Verkäufers zu erfolgen hat. Häufig wird allerdings der Transport der Ware an den Ablieferungsort im Interesse beider Vertragsteile liegen, weil dann im Rahmen des Selbsthilfeverkaufs bessere Preise erzielt werden können (RG *Bolze* **3** Nr. 701). Die Annahmeverweigerung entbindet ausschließlich von der Verpflichtung zum tatsächlichen Angebot (RGZ **50** 208, 210 f). Der Verkäufer hat also auch bei der Annahmeverweigerung die Leistung wörtlich anzubieten. Anderes gilt beim Sukzessivlieferungsvertrag (RG JW **1910** 804). Ein wörtliches Angebot ist **überflüssig,** wenn evi-

---

[3] BGH NJW **1954** 385; RGZ **73** 257, 260; JW **1904** 1688; LZ **1907** 222; **1913** 142.

dent ist, daß der Käufer auf seiner Verweigerungshaltung beharren wird (h. M., *Münchener Kommentar-Walchshöfer* § 296 BGB 6). Der Verkäufer wird durch eine derartige Annahmeverweigerung nicht von der Verpflichtung frei, die Leistung bereitzuhalten, bis zur Annahme zu warten und einen etwaigen Selbsthilfeverkauf nach § 373 Abs. 2 HGB anzudrohen.

8. Die Leistungsbereitschaft des Verkäufers

14 Dort, wo der Verkäufer lediglich ein wörtliches Angebot macht, muß die Leistungsbereitschaft des Verkäufers besonders festgestellt werden. Der Verkäufer muß im Zeitpunkt des wörtlichen Angebots bereit und imstande gewesen sein, die Ware zu liefern bzw., dort, wo der Käufer mitzuwirken hat, bereit und imstande gewesen sein, die Ware termingerecht zu liefern. Das Erfordernis der Leistungsbereitschaft darf nicht eng verstanden werden. Bei Gattungsschulden ist es z. B. unschädlich, daß die Ware im Zeitpunkt der Aufforderung noch nicht zur Abholung ausgesondert war oder wenn sonstige Maßnahmen noch nicht getroffen worden sind, die üblicherweise erst bei der Abnahme selbst vorgenommen werden (anderes gilt in Hinblick auf § 300 BGB). Es genügt, daß der Verkäufer mit Sicherheit imstande ist, richtig und rechtzeitig zu leisten, wenn der Käufer an dem kalendermäßig bestimmten Termin oder auf die Aufforderung des Verkäufers hin die ihm obliegenden Mitwirkungshandlungen vornimmt[4]. Steht die wörtlich angebotene Ware auf dem Markt jederzeit bereit und ist auch der Verkäufer in der Lage, sie sich dort kurzfristig zu besorgen, so ist die Lieferbereitschaft auch dann zu bejahen, wenn der Verkäufer die Ware nicht vorrätig hält (RGZ **50** 255, 260 f). Zur Verfügung des Verkäufers steht die Ware ferner dann, wenn er tatsächlich in der Lage war, sie jederzeit durch einen Dritten liefern zu lassen, bei dem sie aufgrund einer vertraglichen Verpflichtung zur Verfügung des Verkäufers gehalten wird (RGZ **29** 66; **34** 98).

9. Die Form des wörtlichen Angebots und der Aufforderung

15 Das wörtliche Angebot und die Aufforderung zur Mitwirkung sind formfrei. Beide sind einseitige, **empfangsbedürftige** Erklärungen. Die §§ 130 ff BGB sind jedenfalls analog anzuwenden. Inhaltlich muß das wörtliche Angebot so wie das tatsächliche den in Rdn. 3 ff angeführten Anforderungen entsprechen. Es muß also zur rechten Zeit am rechten Ort gegenüber der richtigen Person in der richtigen Art und Weise angeboten bzw. aufgefordert worden sein.

10. Überflüssigkeit jeglichen Angebots

16 Ausnahmsweise bedarf es überhaupt keines Angebots, wenn für die dem Käufer obliegende Mitwirkungshandlung ein bestimmter oder aufgrund einer Kündigung zu berechnender Kalendertag bestimmt ist (§ 296 BGB).

II. Nichtannahme der Ware oder Unterlassung der Mitwirkungshandlung

17 Voraussetzung eines Annahmeverzugs ist ferner, daß der Käufer trotz Aufforderung oder Verstreichens des festgesetzten Kalendertermins bzw. trotz tatsächlichen Angebots die vertragsgemäß offerierte Ware nicht annimmt oder eine ihm obliegende

---

[4] RGZ **50** 255, 260; Recht **1918** Beil. Nr. 678; vgl. auch BGH MDR **1958** 335; LM Nr. 3 zu § 651 BGB.

Mitwirkungshandlung unterläßt. Eine ausdrückliche oder unbedingte Weigerung ist nicht erforderlich. Es reicht aus, daß sich der Käufer untätig verhält oder die Annahme von unberechtigten Bedingungen abhängig macht oder die Ware nicht als Erfüllung gelten lassen will. Somit gerät der Käufer in Annahmeverzug, wenn er zwar Versandorder erteilt, sie jedoch mit unzulässigen Bedingungen verknüpft (RG JW **1897** 575), wenn er vertragswidrig nicht Zahlung des fälligen Kaufpreises Zug um Zug anbietet (RGZ **109** 324, 326). Der Käufer gerät ferner in Annahmeverzug, falls er die Ware wegen vertragswidriger Belastung mit Fracht zurückweist, obwohl ihm nach Treu und Glauben zumutbar wäre, die Frachtkosten von dem fälligen Kaufpreis abzuziehen. Annahmeverzug kommt aber nicht in Betracht, wenn der Käufer die Ware zunächst angenommen hat und sie später wieder zur Verfügung stellt (RGZ **43** 44, 46 f) oder wenn der Käufer über die Ware zunächst wie ein Eigentümer verfügt hat, sie aber später von seinem Abkäufer zurückerhält. Auch eine bloße Mängelrüge bei Entgegennahme der Ware enthält keine Erklärung der Nichtannahme; sie dient nur der Wahrung der Gewährleistungsansprüche (§ 377 HGB). Eine unbegründete Rüge führt ebenfalls nicht zum Annahmeverzug.

Liegt ein Kauf gegen ein **Dispositionspapier** vor, so begründet die Weigerung des Käufers oder der von ihm beauftragten Bank, das Papier entgegenzunehmen, Annahmeverzug und beim Verkauf „Kasse gegen Dokumente" zugleich Zahlungsverzug. Hat jedoch der Käufer die Dokumente aufgenommen, so ist die Lieferung im Sinn des § 293 BGB angenommen. Nimmt der Käufer dann die Ware bei dem Verfrachter nicht entgegen, so löst dies keinen Annahmeverzug mehr im Verhältnis zwischen Käufer und Verkäufer aus.

III. Zurechenbarkeit des Annahmeverzugs

18 Der Käufer gerät unabhängig davon in Annahmeverzug, ob er die Nichtannahme bzw. das Unterlassen der Mitwirkung verschuldet hat oder nicht. Von einem Annahmeverzug kann aber nur gesprochen werden, wenn im Zeitpunkt des Angebots die Annahme nachholbar war (*Münchener Kommentar— Walchshöfer* § 293 BGB 6; str.). Geht später die Nachholbarkeit verloren, so gilt § 324 Abs. 2 BGB. Zu den Fällen, in denen der Käufer die Ware nicht verwenden kann, *Koller* Die Risikozurechnung bei Vertragsstörungen in Austauschverträgen (1979), 32 ff, 306 ff m. Nachw..

IV. Beweislast

19 Der Verkäufer hat zu beweisen, daß er ein vertragsgemäßes Angebot bzw. ein vertragsgemäßes wörtliches Angebot getätigt hat und daß der Käufer die Ware nicht angenommen hat, die Annahme verweigert hat oder die ihm obliegende Mitwirkungshandlung nicht vertragsgemäß vorgenommen hat. Der Käufer trägt die Beweislast für die mangelnde Leistungsbereitschaft des Verkäufers (RGZ **50** 255, 261; Recht **1918** Nr. 679). Dies ergibt sich aus der Fassung des § 297 BGB.

C. Nachträglicher Fortfall des Annahmeverzugs sowie verwandte Fälle

20 Der bereits eingetretene Annahmeverzug entfällt mit Wirkung für die Zukunft, wenn der Käufer alles nachholt, was zur gehörigen Annahme erforderlich ist und seine Bereitschaft zur Annahme bzw. Mitwirkung dem Verkäufer bekannt gibt (RGZ **32** 61, 63 f; JW **1905** 13) und der Verkäufer ausreichend Zeit gehabt hat, um sich auf die Lieferung einstellen zu können[5]. Nicht erforderlich ist es, daß der Käufer sich zugleich zum Ersatz der bisher durch seinen Verzug entstandenen Kosten des vergeblichen ersten Angebots, der Aufbewahrung und der Erhaltung der Sache (§ 304 BGB, § 373 Abs. 1 HGB) sowie des nunmehr erforderlichen erneuten Angebots erbietet[6]. Es gilt nämlich nicht § 298 BGB, sondern § 273 BGB, weil der Käufer die Höhe der berechtigten Aufwendungen im Moment des tatsächlichen Angebots nicht kontrollieren kann. Befindet sich der Käufer zugleich im Zahlungsverzug, so muß er zunächst diesen beseitigen, weil der Verkäufer die Ware bis dahin zurückhalten kann. Dagegen wird der Annahmeverzug des Käufers nicht dadurch geheilt, daß der Verkäufer gegenüber dem bereits im Annahmeverzug befindlichen Käufer vertragswidrige Forderungen stellt, z. B. jetzt nur noch gegen Nachnahme liefern will.

Ist nach den vorstehenden Grundsätzen der Annahmeverzug beendet worden, so muß der Verkäufer einen eingeleiteten Selbsthilfeverkauf unverzüglich abzuwenden suchen (RGZ **109** 324, 327).

D. Rechtsfolgen des Annahmeverzugs

21 Die Rechtsfolgen des Annahmeverzugs ergeben sich zum Teil aus dem BGB, zum Teil aus § 373 HGB. Das Verhältnis der Regelungen des BGB und des HGB ordnet § 374 HGB. Danach behält der Verkäufer auch beim Handelskauf die ihm nach BGB zustehenden Rechte. Der Verkäufer kann also nach seiner Wahl die Rechte aus § 373 HGB oder die Rechte aus den §§ 293 ff, 372 ff, 382 BGB ausüben. Insbesondere kann der Verkäufer auch dann noch Zahlung des Kaufpreises verlangen, wenn er bereits den Selbsthilfeverkauf angedroht hatte und wenn ihm, ohne daß er dies zu vertreten gehabt hätte, nachträglich die Lieferung unmöglich geworden ist (§ 324 Abs. 2 BGB).

I. Die Rechtsfolgen des Annahmeverzugs nach BGB (§ 374 HGB)

1. Haftungserleichterung des § 300 BGB

22 § 300 BGB gewährt dem Verkäufer eine Haftungserleichterung. Unklar ist, ob diese Haftungserleichterung dem Verkäufer auch in Hinblick auf diejenigen Pflichten zugute kommt, die ihn im Rahmen des § 373 HGB treffen (Rdn. 30).

2. Die Regelung des § 324 Abs. 2 BGB

23 Ist dem Verkäufer die Leistung während des Annahmeverzugs des Käufers unmöglich geworden, so behält er gemäß § 324 Abs. 2 BGB seinen Anspruch auf den Kaufpreis, auch wenn er die Unmöglichkeit leicht fahrlässig verschuldet hat (§ 300 Abs. 1 BGB).

3. Ersatz der Mehraufwendungen

24 Der Verkäufer hat Anspruch auf Ersatz der Aufwendungen, die er für das erfolglose Angebot gemacht hat, sowie der Mehraufwendungen, die er für die Erhaltung und Aufbewahrung des geschuldeten Gegenstandes für notwendig halten durfte und die er

---

[5] *Staudinger/Löwisch*[12] § 293 BGB 18; **a. A.** *Münchener Kommentar-Walchshöfer* § 293 BGB 15.

[6] *Palandt/Heinrichs*[43] § 293 BGB 4; *Münchener Kommentar-Walchshöfer* § 293 BGB 15; **a. A.** *Staudinger/Löwisch*[12] § 293 BGB 21; *Soergel/Reimer/Schmidt*[10] § 293 BGB 7; *Erman/Battes*[7] vor § 293 BGB 14.

tatsächlich getätigt hat (§ 304 BGB). Der Begriff „mußte" in § 304 BGB ist im Sinne des § 670 BGB zu interpretieren, da es nicht angebracht ist, den Verkäufer mit dem Risiko eines Irrtums über die Notwendigkeit von Aufwendungen zu belasten (Wertung der §§ 300 Abs. 1, 324 Abs. 2 BGB).

4. Das Hinterlegungsrecht nach § 372 BGB

25 Geld, Wertpapiere und sonstige Urkunden sowie Kostbarkeiten kann der Verkäufer bei einer öffentlichen Hinterlegungsstelle hinterlegen (§ 372 BGB).

5. Die öffentliche Versteigerung nach § 383 BGB

26 Einen zur öffentlichen Hinterlegung nicht geeigneten Gegenstand kann der Verkäufer öffentlich versteigern lassen und den Erlös hinterlegen (§ 383 BGB). Ist der Kaufpreis noch nicht fällig, so ist dem Verkäufer anzuraten, nach § 383 BGB anstatt nach § 373 HGB (Selbsthilfeverkauf) vorzugehen. § 373 HGB zufolge wird nämlich der Selbsthilfeverkauf für die Rechnung des säumigen Käufers vorgenommen, so daß der Verkaufserlös sofort an den Käufer auszuzahlen ist, auch wenn der Kaufpreis noch nicht fällig war. Damit begibt sich der Verkäufer der Möglichkeit, seine Kaufpreisforderung zu sichern. Geht er nach § 383 BGB vor, so erlangt er die Möglichkeit, den Erlös zu hinterlegen, anstatt sofort auszahlen zu müssen. Gemäß § 383 BGB muß der Verkäufer die Ware am Erfüllungsort versteigern lassen. Nur wenn von der Versteigerung am Erfüllungsort kein angemessener Erfolg zu erwarten ist, darf er die Ware an einem anderen geeigneten Ort versteigern. Befindet sich die Ware zum Zeitpunkt des Eintritts des Annahmeverzugs bereits auf dem Transport, so muß der Verkäufer die Ware beim Versendungskauf an den Erfüllungsort (§ 269 Abs. 3 BGB) zurückbeordern.

II. Die Rechtsfolgen des Annahmeverzugs nach HGB (§ 373 HGB)

27 Beim Handelskauf (Rdn. 1) stehen dem Verkäufer neben den soeben erwähnten Rechten (§ 374 HGB) gemäß § 373 HGB zwei weitere Rechte zu. Dem Verkäufer wird ein besonderes Hinterlegungsrecht sowie die Befugnis eröffnet, für Rechnung des Käufers einen Selbsthilfeverkauf der nicht angenommenen Ware vorzunehmen. Beide Rechte aus § 373 HGB stehen dem Verkäufer so lange zu, wie sich der Käufer in Annahmeverzug befindet (Rdn. 2 ff). Er kann von ihnen selbst dann noch Gebrauch machen, wenn er zuvor bereits auf Erfüllung der Abnahme und/oder Zahlung geklagt hat. Die Rechte aus § 373 HGB sind wahlweise gegeben. Die Rechte können auch nach freiem Belieben hintereinander ausgeübt werden, d. h., der Verkäufer kann zunächst hinterlegen und dann versteigern.

1. Die Hinterlegung nach § 373 HGB

28 Mit der Hinterlegung nach § 372 BGB ist dem kaufmännischen Verkehr nicht ausreichend gedient. Sie beschränkt sich nämlich auf Geld, Wertpapiere, sonstige Urkunden sowie Kostbarkeiten. Die eigentlichen Gegenstände des Handelsverkehrs sind mithin nach BGB nicht hinterlegungsfähig. Aus diesem Grunde enthält das HGB ein eigenes Hinterlegungsrecht. Es handelt sich dabei ausschließlich um eine Befugnis im Interesse des Verkäufers. Der Verkäufer ist somit **zur Hinterlegung nicht verpflichtet;** denn das Gesetz will ihm nur die Möglichkeit eröffnen, sein Lager zu entlasten und sich der Obhut über die Ware, zu der er an sich verpflichtet ist, zu begeben. Der Verkäufer kann sich der **Sorge um die Ware** nur in der in den §§ 372 BGB, 373 HGB vorgesehenen Form entledigen. Er ist z. B. regelmäßig nicht berechtigt, die Ware unter allen Umständen einfach auf der Bahn zu lassen und zuzusehen, wie sie **bahnamtlich versteigert** wird, es sei denn, daß ein für das Vertragsverhältnis maßgeblicher Handelsbrauch besteht, demzufolge der bahnamtliche Verkauf den Selbsthilfeverkauf ersetzt (RG JW **1903** Beil. S. 6). Kommt es dennoch zu einer bahnamtlichen Versteigerung, so ist von Fall zu Fall zu prüfen, ob sie der Verkäufer verschuldet hat. Das wird z. B. nicht der Fall sein, wenn der Verkäufer von der Zurückweisung der Ware und ihrer drohenden Versteigerung keine Kenntnis erhalten hat. Dann hat sich der Käufer den Schaden selbst zuzuschreiben. Das gleiche gilt, wenn durch das Verhalten des Käufers neue, nicht unerhebliche Kosten bei der Eisenbahnverwaltung entstanden sind. Sie zu verauslagen und damit den Käufer vor der bahnamtlichen Versteigerung zu schützen, gehört nicht zu den Pflichten des Verkäufers. Haftungsmaßstab: § 300 Abs. 1 BGB. Im übrigen ist zu beachten, daß auch den **Käufer eine Verpflichtung zur Sorge** um die zurückgewiesene Ware trifft (§ 379 HGB). Unter Umständen ist eine Abwägung des beiderseitigen Mitverschuldens vorzunehmen (§ 254 BGB).

29 Die Hinterlegung hat in einem **öffentlichen Lagerhaus** oder **sonst** in **sicherer Weise** zu erfolgen. Der Verkäufer kann die Ware also auch einem privaten Dritten in Verwahrung geben. Handelt es sich um Gegenstände, die bereits nach BGB hinterlegungsfähig sind (§§ 372 ff BGB), so können sie auch — müssen aber nicht — bei der staatlichen Hinterlegungsstelle in Verwahrung gegeben werden. Der Verkäufer, der nach § 373 HGB vorgeht, ist anders als im Fall des § 374 BGB nicht gehalten, die Ware am Leistungsort zu hinterlegen.

30 Nach ganz h. M. hat der Verkäufer die **Hinterlegungsstelle** mit der im Verkehr erforderlichen Sorgfalt (§ 347 Abs. 1 HGB bzw. § 276 Abs. 1 BGB) **auszuwählen.** Handelt er sorgfaltswidrig, so soll ihm die Haftungserleichterung des § 300 Abs 1 BGB nicht zugute kommen[7]. Man begründet die Verweigerung der Haftungserleichterung damit, daß § 300 Abs. 1 BGB nur die Sorge für den Leistungsgegenstand betreffe und der Verkäufer nicht zur Hinterlegung verpflichtet sei. Außerdem stehe dem Verkäufer bei der Auswahl der Hinterlegungsstelle ein so breiter Ermessensspielraum zur Verfügung, daß von ihm erwartet werden könne, ohne jede Fahrlässigkeit vorzugehen. Hierbei wird verkannt, daß die Auswahl einer sicheren Hinterlegungsstelle nur eine Variante der Erfüllung der Obhutspflicht ist, so wie ja nie fraglich geworden ist, daß § 300 Abs. 1 BGB gilt, wenn der Verkäufer die Ware durch seine Erfüllungsgehilfen verwahren läßt. Ferner gehört zu den Vorsorgepflichten nicht nur die Auswahl des Verwahrers, sondern vielfach auch die Auswahl und der Abschluß der Versicherung sowie Anzeigepflichten. Wenn man hier den Verkäufer mit der Gefahr leicht fahrlässigen Handelns belastet, so muß man ihm zugestehen, immer die sicherste Lösung auswählen und die Erstattung der vollen Kosten vom Käufer verlangen zu dürfen. Damit provoziert man Verschwendung; denn § 373 Abs. 1 HGB spricht schlechthin von den Kosten des Käufers. Gleichwohl sollte man es — zumal im Lichte des § 304 BGB — dem Verkäufer nicht erlauben, den Käufer mit unangemessenen Kosten zu belasten, sondern seinen Erstattungsanspruch auf diejenigen Kosten beschränken, die der Verkäufer für erforderlich halten durfte (Rechtsgedanke des § 670 BGB). Beschneidet man in dieser Weise den Erstattungsanspruch, so kann der Verkäufer nicht mehr die absolut sicherste Lösung wählen, wenn er nicht ein Verlustgeschäft machen will.

---

7 BGH LM Nr. 3 zu § 651 BGB; RG JW **1921** 394; *Schlegelberger/Hefermehl*[5] § 373 HGB 17; *Baumbach/Duden/Hopt*[25] §§ 373/374 HGB 6; *Heymann/Kötter*[21] § 373 HGB 3; **a. A.** teilweise RGZ **57** 105, 107.

Berücksichtigt man ferner, daß der Käufer durch den Annahmeverzug die erhöhte Risikobelastung des Verkäufers veranlaßt hat und zugleich verhindert hat, daß die Ware bei ihm selbst untergehen kann, so muß der Verkäufer von einem leicht fahrlässigen Fehlgriff bei der Auswahl der Hinterlegungsstelle, Versicherung und sonstiger die Hinterlegung begleitender Pflichten entlastet werden. Zum Ausgleich kommt dem Käufer zugute, daß der Verkäufer nur angemessene Kosten abwälzen darf. Im Vergleich zur Verwahrung durch den Verkäufer selbst bzw. dessen Erfüllungsgehilfen trifft den Käufer bei Anwendung des § 300 Abs. 1 BGB auf die Hinterlegungspflichten auch nur ein geringfügig erhöhtes Risiko, nämlich das Insolvenzrisiko des Drittverwahrers im Fall fahrlässiger Schadenszufügung. Es erhöht sich je nachdem, wie weit man seitens des Lagerhalters eine Haftungsfreizeichnung durch AGB für zulässig hält. Siehe § 417 HGB. Hier kann und muß der Verkäufer aber die erhöhte Gefahr durch den Abschluß einer Versicherung ausschalten.

31 Gemäß § 373 Abs. 1 HGB erfolgt die Hinterlegung **auf Gefahr** des Käufers. Das heißt, daß der Drittverwahrer nicht Erfüllungsgehilfe des Verkäufers ist. Zur Auswahlpflicht Rdn. 30. Der Verkäufer muß entsprechend dem Handelsbrauch, im übrigen in dem Umfang die Ware **versichern,** wie sie ein verständiger Käufer, der eigene Ware einlagert, versichert hätte[8]. Grenze der Gefahrtragung: Vorsätzliche oder grob fahrlässige Einwirkung des Verkäufers auf die Ware.

Gemäß § 373 Abs. 1 HGB erfolgt die Hinterlegung **auf Kosten** des Käufers. Der Verkäufer kann unmittelbar aus § 373 Abs. 1 HGB Kostenerstattung verlangen, jedoch nur derjenigen Kosten, die er für erforderlich halten durfte (Rdn. 30). Streitig ist es, ob diese Kosten zu dem Kaufpreis hinzuzurechnen sind und automatisch die Zahlungsverpflichtung aus dem Kaufvertrag erhöhen (Rdn. 20). Jedenfalls steht dem Verkäufer ein Zurückbehaltungsrecht gemäß § 273 BGB zu. Der Verkäufer ist nicht berechtigt, den Verwahrungsvertrag im Namen des Käufers abzuschließen; der Lagerhalter besitzt demgemäß keinen Direktanspruch gegen den Käufer. Für die Hinterlegung darf der Verkäufer kein Entgelt gemäß § 354 HGB verlangen.

32 Der Verkäufer hat dem Käufer unverzüglich über die geplante bzw. durchgeführte Hinterlegung **zu unterrichten.** Dies entspringt den allgemeinen Sorgfaltspflichten des Verkäufers[9]. Haftung: § 300 Abs. 1 BGB (str. Rdn. 30).

Im Gegensatz zu der unter Verzicht auf das Recht zur Rücknahme vorgenommenen Hinterlegung nach § 372 BGB hat die Hinterlegung nach § 373 HGB keine Erfüllungswirkung. Sie soll den Verkäufer nur von der Last der Kaufsache befreien.

2. Der Selbsthilfeverkauf nach § 373 HGB

33 Dem Selbsthilfeverkauf muß grundsätzlich eine **Androhung** vorangehen. Dabei ist es gleichgültig, ob der Verkäufer die Ware im Wege der öffentlichen Versteigerung oder des freihändigen Verkaufs veräußern will.

34 **a) Inhalt der Androhung:** Die Androhung muß erkennen lassen, daß der Verkäufer die Veräußerung gerade der für den Käufer bestimmten Ware im Wege des Selbsthilfeverkaufs beabsichtigt. Allgemein gehaltene Erklärungen, aus denen nur hervorgeht, daß Ware gleicher Art verkauft werden soll, genügen daher nicht (RG LZ **1913** 675). Ungenügend ist auch die Ankündigung, „nach Handelsrecht zu verfahren" (RG JW

[8] *Schlegelberger/Hefermehl*[5] § 373 HGB 19; *Baumbach/Duden/Hopt*[25] §§ 373/374 HGB 6.

[9] *Schlegelberger/Hefermehl*[5] § 373 HGB 18; *Baumbach/Duden/Hopt*[25] §§ 373/374 HGB 6.

1925 946), es sei denn, aus den Umständen ergibt sich, daß der Verkäufer nicht bloß hinterlegen will. Die Art des geplanten Selbsthilfeverkaufs braucht in der Androhung nicht mitgeteilt zu werden. Allerdings ist eine unbestimmt gehaltene Androhung als Androhung der öffentlichen Versteigerung auszulegen, weil diese Art des Selbsthilfeverkaufs die Regel darstellt und nach der Fassung des § 373 Abs. 2 HGB der freihändige Verkauf besonders angedroht werden muß [10]. An die einmal angekündigte Art des Selbsthilfeverkaufs ist der Verkäufer bis auf Widerruf gebunden. Er kann nicht ohne neue Erklärung zu freihändigem Verkauf übergehen, wenn er z. B. zuvor die öffentliche Versteigerung angedroht hatte (RGZ **109** 134, 136). Offengelassen hat das RG die Frage, ob dies auch dann gilt, wenn die erste Androhung keine Angabe über die Art des geplanten Selbsthilfeverkaufs enthält. Hier ist zu berücksichtigen, daß die Entschließung des Käufers darüber, ob er es überhaupt zum Selbsthilfeverkauf kommen lassen will und ob er gegebenenfalls mitbieten will, entscheidend davon abhängt, daß er die Art des geplanten Vorgehens des Verkäufers kennt (vgl. ROHG **19** 293; **23** 170). Wurde in einer Verkaufsandrohung angekündigt, daß der Verkauf an der Börse an einem bestimmten Tag erfolgen werde, so ist bei Wertpapieren im allgemeinen freihändiger Verkauf nach § 373 HGB angekündigt. Ort und Termin des Selbsthilfeverkaufs braucht in der Androhung noch nicht angegeben zu werden. Der Verkäufer kann trotz Androhung des Selbsthilfeverkaufs jederzeit zur Hinterlegung übergehen.

35 **b) Form und Zeit der Androhung:** Eine Form ist für die Androhung nicht vorgeschrieben. Sie kann schriftlich oder mündlich erfolgen. Die Vorschriften über Willenserklärungen sind entsprechend anwendbar [11]. Der Verkäufer hat den Zugang der Androhung zu beweisen. — Die Androhung muß so rechtzeitig erfolgen, daß sie ihren Zweck erfüllen kann, dem Käufer die Möglichkeit zu der Überlegung zu lassen, ob er die Ware nicht doch noch annehmen will bzw. wie er für einen möglichst günstigen Verkaufserlös sorgen kann. Die Androhung kann mit der Benachrichtigung vom Versteigerungsort und -termin verbunden werden. Es ist auch zulässig, die Androhung des Selbsthilfeverkaufs bereits in dem Angebot der Leistung bzw. in der Aufforderung zur Mitwirkung (§§ 294, 295 BGB) zu erklären.

36 **c) Verzicht auf Androhung:** Auf die Androhung kann ausnahmsweise verzichtet werden, wenn entweder die Ware dem Verderben ausgesetzt und Gefahr im Verzug ist oder wenn die Androhung aus sonstigen Gründen untunlich ist (§ 373 Abs. 2 S. 2 HGB). In der ersten Fallvariante muß die Gefahr des **Verderbens** naheliegen. Verderb bedeutet hier die Zerstörung der objektiven Brauchbarkeit der Ware infolge ihrer physikalisch/chemischen Beschaffenheit oder infolge der ihr eigenen rechtlichen Verhältnisse (z. B. bei Lebensmitteln deren Verfaulen, bei Wechseln die Präjudizierung). Eine andere Art der Entwertung, z. B. infolge rückläufiger Preiskonjunktur, reicht nicht aus. Ebensowenig kommt es auf die persönlichen Verhältnisse des Käufers an. Es genügt die Gefahr einer nicht unerheblichen Verschlechterung der Ware. Eine völlige oder nahezu gänzliche Entwertung ist nicht zu fordern [12]. — In der zweiten Fallvariante muß die Androhung aus **sonstigen Gründen** untunlich sein. Beispiele: Der Käufer ist unter keinerlei Umständen rechtzeitig erreichbar oder seine Anschrift ist nicht

---

[10] *Schlegelberger/Hefermehl*[5] § 373 HGB 31; **a. A.** *Heymann/Kötter*[21] § 373 HGB 6; wie hier im Ergebnis RG JW **1925** 946 mit zustimmender Anm. *Schmidt-Rimpler.*

[11] §§ 130 ff BGB; *Schlegelberger/Hefermehl*[5] § 373 HGB 32; *Baumbach/Duden/Hopt*[25] § 373 HGB 7 B; *Heymann/Kötter*[21] § 373 HGB 6; **a. A.** OLG Hamburg LZ **1910** 568.

[12] *Schlegelberger/Hefermehl*[5] § 373 HGB 33; **a. A.** RG JW **1926** 2121; *Baumbach/Duden/Hopt*[25] § 373 HGB 7 B.

oder nur unter unzumutbaren Schwierigkeiten ermittelbar. Die Untunlichkeit ist sorgfältig zu prüfen. § 300 Abs. 1 BGB gilt hier nicht, da es hier nicht um die Aufbewahrung der Sache geht (Rdn. 30).

37 **d) Arten des Selbsthilfeverkaufs.** Das Gesetz kennt zwei zulässige **Arten des Selbsthilfeverkaufs: aa) Die öffentliche Versteigerung** (§ 373 Abs. 2 S. 1 1. Alt. HGB). Die öffentliche Versteigerung ist in § 383 Abs. 3 BGB gesetzlich definiert. Danach ist eine öffentliche Versteigerung zum einen dadurch gekennzeichnet, daß sie durch einen für den Versteigerungsort bestellten Gerichtsvollzieher oder einen zu Versteigerungen befugten anderen Beamten oder öffentlich bestellten Versteigerer öffentlich durchgeführt wird. Die öffentliche Bestellung von Versteigerern regelt § 34 b Abs. 5 GewO. Ihre Befugnisse und die Art und Weise der Durchführung ihrer Tätigkeit sind in der Verordnung über gewerbsmäßige Versteigerungen vom 12. 1. 1961 (BGBl. **1961** I S. 43) in der Fassung der Bekanntmachung vom 1. 6. 1976 (BGBl. **1976** I S. 1345) nebst Art. 7 VO v. 28. 11. 1979 (BGBl. **1979** I S. 1986) geregelt. Vgl. ferner § 20 Abs. 3 BundesnotarO sowie § 200 FGG.

38 Die Versteigerung muß ferner **öffentlich** erfolgen. Öffentlich ist eine Versteigerung, wenn die Teilnahme allgemein und nicht nur einem besonderen, nach speziellen Merkmalen bestimmten Personenkreis möglich ist. Zeit und Ort der Versteigerung sind zu diesem Zweck unter allgemeiner Bezeichnung des Versteigerungsgutes öffentlich bekanntzumachen (§ 383 Abs. 3 S. 2 BGB). Die Art der Bekanntmachung richtet sich nach örtlichen Gebräuchen. Die Bekanntmachung darf nicht zu kurzfristig vor dem Termin erfolgen (RG JW **1910** 298). Die Bekanntmachung muß mit der Sorgfalt eines ordentlichen Kaufmanns erfolgen (RG JW **1921** 394). Die Bezeichnung der Ware muß so gehalten sein, wie sie verkauft war.

39 Die Versteigerungsperson darf nicht **mitbieten** (§§ 456, 457 BGB, § 34 b VI GewO und §§ 170, 181 FGG). Mitbieten und die Ware ersteigern dürfen dagegen sowohl der Verkäufer als auch der Käufer (§ 373 Abs. 4 HGB). Ersteigert der Verkäufer die Ware zu einem niedrigeren als dem Verkaufspreis, so geht das den Käufer nichts an. Er ist nicht berechtigt, den Gewinn, den der Verkäufer aus dem Weiterverkauf der ihm billig zugeschlagenen Ware erzielt, von seiner Kaufpreisschuld abzuziehen.

Gerichtsvollzieher oder **Notar** handeln bei Durchführung der Versteigerung in Ausübung ihres öffentlichen Amtes. Sie sind keine Erfüllungsgehilfen des Verkäufers, auch wenn der Selbsthilfeverkauf von dem Verkäufer für Rechnung des Käufers betrieben wird und der Verkäufer verpflichtet ist, dabei auf die Interessen des Käufers Rücksicht zu nehmen. **Gewerbliche Versteigerer** sind trotz ihrer öffentlichen Bestellung keine Amtspersonen. Ihre Beziehungen zum Verkäufer beruhen auf einem privatrechtlichen Vertrag. Sie haften daher dem Verkäufer für etwaige Pflichtverletzungen nach den Grundsätzen über positive Vertragsverletzung, wobei der Verschuldensmaßstab dem § 276 BGB zu entnehmen ist. Im Verhältnis zum Käufer sind sie keine Erfüllungsgehilfen des Verkäufers (*Schlegelberger/Hefermehl*[5] § 373 HGB 24). Der Verkäufer haftet allenfalls in Anwendung des Rechtsgedankens aus § 664 Abs. 1 S. 2 BGB für Auswahlverschulden. Durch den Zuschlag kommt ein Vertrag zwischen Verkäufer und dem Zuschlagsempfänger zustande (§§ 156, 456 ff BGB).

40 **bb) Der freihändige Verkauf.** Gemäß § 373 Abs. 2 S. 1 2. Alt. HGB ist der freihändige Verkauf nur zulässig, wenn die Ware einen Markt- oder Börsenpreis hat. Unter dem **Marktpreis** versteht man gewöhnlich denjenigen Preis, der für eine Ware bestimmter Gattung und Art an dem Handelsplatz, an dem sie einen Markt hat, zu einer bestimmten Zeit bei normaler Marktlage im Durchschnitt gezahlt wird (RGZ **34** 117,

121; **47** 104, 113). Marktpreis ist nicht jeder beliebig erzielte Durchschnittspreis, sondern primär der aufgrund der bestehenden örtlichen Einrichtungen von amtlicher Seite oder von anerkannten Einrichtungen festgestellte Preis (*Schlegelberger/Hefermehl*[5] § 373 HGB 25). Mithin kann also der Marktpreis auch auf private Feststellungen gestützt werden, wenn sie von festen, anerkannten Einrichtungen gemacht wurden (RGZ **34** 117, 121). Rein private, den Vermögensinteressen von Gewerbetreibenden dienende Preisverzeichnisse bleiben außer Acht (RG JW **1927** 1143). Erst wenn Preisfeststellungen dieser Art nicht vorhanden sind, kann ein Marktpreis aus dem laufenden Preis ermittelt werden. Voraussetzung dafür, daß aus dem laufenden Preis auf die Existenz eines Marktpreises zurückgeschlossen werden kann, ist jedoch, daß die Ware zu der betreffenden Zeit an dem betreffenden Ort in ausreichender Menge gehandelt worden ist (RGZ **34** 117, 122). — Eine Unterart des Marktpreises ist der **Börsenpreis**. Darunter versteht man den durch den Börsenvorstand nach Maßgabe des § 29 BörsG (vom 22. 6. 1896; RGBl. 157 i. d. F. vom 27. 5. 1908 mit späteren Änderungen) amtlich festgestellten Preis für börsengängige Waren oder Wertpapiere. Bei letzteren spricht man vom Kurs. Der Preis muß wirklich gezahlt worden sein. Eine bloße „Geldnotiz" ist kein Marktpreis (RGZ **34** 117, 121 f); denn diese Notierung besagt, daß für die Ware nur Nachfrage vorhanden war. An der Börse werden nämlich nicht nur Kurse festgesetzt, zu denen tatsächlich Geschäfte abgeschlossen worden sind. Falls keine Umsätze erfolgten, werden die Kurse festgelegt, zu denen an der Börse Kauf- oder Verkaufsaufträge vorgelegen haben. Dabei bedeutet **b** oder Kurs ohne Zusatz, daß alle Aufträge ausgeführt worden sind; **bG,** daß die zum festgestellten Kurs limitierten Kaufaufträge nicht vollständig ausgeführt sind und daß weitere Nachfrage bestand; **bB,** daß die zum festgestellten Kurs limitierten Verkaufsaufträge nicht vollständig ausgeführt worden sind und daß weiteres Angebot bestand; **ebG,** daß die zum festgestellten Kurs limitierten Kaufaufträge nur zu einem geringen Teil ausgeführt werden konnten; **ebB,** daß die zum festgestellten Kurs limitierten Verkaufsaufträge nur zu einem geringen Teil ausgeführt werden konnten; **ratG,** daß die zum Kurs und darüber limitierten sowie die unlimitierten Kaufaufträge nur beschränkt ausgeführt werden konnten; **ratB,** daß die zum Kurs und niedriger limitierten sowie die unlimitierten Verkaufsaufträge nur beschränkt ausgeführt werden konnten (§ 30 Börsenordnung Frankfurt a. M.). Ferner werden folgende Hinweise verwendet: **G** bedeutet „zu diesem Preis bestand nur Nachfrage"; **B** bedeutet, daß zu diesem Preis nur Angebot bestand; **„—"** bedeutet, daß ein Kurs nicht festgestellt werden konnte; **-G,** daß ein Kurs nicht festgestellt werden konnte, da überwiegend Nachfrage bestand; **-B,** daß ein Kurs nicht festgestellt werden konnte, da überwiegend Angebot bestand; **-T,** daß ein Kurs nicht festgestellt werden konnte, der Preis nur geschätzt ist (§ 30 Börsenordnung Frankfurt a. M.).

41 Grundsätzlich kommt es gemäß § 453 BGB darauf an, ob am Erfüllungsort oder, wenn am Erfüllungsort kein Markt bzw. keine Börse existiert, an einem Ort, zu dessen Verkehrsbereich der Erfüllungsort in Bezug auf Waren der betreffenden Art gehört (RGZ **47** 113; **6** 28; ROHG **14** 141), ein Markt- oder Börsenpreis festzustellen ist. Im Rahmen des § 373 Abs. 2 HGB ist nicht der Erfüllungsort maßgeblich, sondern der Ort, an dem der Selbsthilfeverkauf vorzunehmen ist (Rdn. 51).

42 Zulässig ist **nur** ein Verkauf zum **laufenden Preis.** Der laufende Preis ist der jeweilige mittlere Durchschnittspreis, den eine bestimmte Ware an einem bestimmten Ort und Tag erzielt. Im Unterschied zu dem reinen Durchschnittspreis werden bei Ermittlung des laufenden Preises ungewöhnlich hohe oder niedrige Abschlüsse nicht berücksichtigt. Dem laufenden Preis müssen wirklich erzielte Preise und nicht lediglich Angaben über Angebot und Nachfrage zugrunde liegen (RGZ **34** 121). Laufender Preis ist auch der Börsenkurs (§ 29 BörsG). Ist der laufende Preis voraussichtlich nicht zu erzielen, so ist die Ware öffentlich zu versteigern. Der Käufer muß einen Verkauf zu einem unter dem laufenden Preis liegenden Entgelt hinnehmen, wenn der Verkäufer bei Wahrung der Sorgfalt eines ordentlichen Kaufmanns (§ 347 Abs. 1 HGB, § 276 Abs. 1 BGB) nicht voraussehen konnte, daß der durchschnittliche Tagespreis nicht erzielt werden kann (ROHG **10** 367).

43 Die amtliche oder der amtlichen gleichstehende Feststellung des Markt- oder Börsenpreises hat infolge ihrer erfahrungsgemäßen Zuverlässigkeit die **Vermutung der Richtigkeit** für sich. Die Vermutung ist widerlegbar (RG JW **1927** 1143; *Schlegelberger/Hefermehl*[5] § 373 HGB 26). Die Widerlegung kann auf Arglist, Schreibfehler, Versehen sowie auf jede objektive Unrichtigkeit gestützt werden. Z. B. kann dargetan werden, daß man sich über das, was unter Kurs- oder Marktpreis zu verstehen ist, geirrt hat (RGZ **101** 52). Ferner kann die Unrichtigkeit daraus resultieren, daß ein anderer Preis der Ware Marktpreis war oder daß wegen zu geringfügiger Umsätze ein wirklicher Marktpreis gar nicht vorhanden war (RGZ **12** 8) oder daß der Kurs von einem Bankhause diktiert wurde.

44 Es ist streitig, unter welchen Voraussetzungen ein Selbsthilfeverkauf unwirksam (Rdn. 54 ff) ist, wenn er **nicht zum laufenden Preis** abgeschlossen wurde. Zum Teil wird behauptet, jeder Verkauf unterhalb des laufenden Preises mache den Selbsthilfeverkauf unwirksam (ROHG **7** 69; **8** 101; *Heymann/Kötter*[21] § 373 HGB 7). In einer anderen Entscheidung hat das ROHG[13] hingegen angenommen, daß der Verkauf zu einem unter dem laufenden Preis liegenden Entgelt **gültig** sei, falls den Verkäufer hieran kein Verschulden treffe. Der Verkäufer habe dann lediglich die Differenz zum laufenden Preis zu entrichten. Beide Ansichten überzeugen nicht. Auszugehen ist von der Tatsache, daß der Verkäufer unter den Personen, die den Selbsthilfeverkauf abwickeln sollen, nicht frei wählen darf. Er muß sich eines Personenkreises bedienen, denen der Staat eine besondere Vertrauensposition eingeräumt hat. Diese Personen können daher auch nicht als Erfüllungsgehilfen des Verkäufers angesehen werden, da der Verkäufer weder ihr Tun zu beherrschen vermag noch es ausreichend in Hinblick auf etwaiges Fehlverhalten einzukalkulieren imstande ist. Das hat zur Folge, daß dort, wo der laufende Preis ausschließlich infolge eines Fehlverhaltens der öffentlich ermächtigten Handelsmakler bzw. öffentlich bestellten Versteigerer nicht erreicht worden ist, dem Käufer lediglich ein Anspruch auf Abtretung der Schadensersatzforderung gegen diese Personen zusteht (Drittschadensliquidation). Der Verkäufer ist nicht verpflichtet, die Differenz zum laufenden Preis selbst zu bezahlen. Gerade weil Dritte eingeschaltet werden müssen, ist die Formulierung in § 373 Abs. 2 1/2 Alt. HGB „zum laufenden Preis" nur als Zielangabe, nicht als unabdingbarer Erfolg zu verstehen. Hat der Verkäufer selbst fahrlässig gehandelt, sei es, daß ihn ein Auswahlverschulden trifft, sei es, daß er dem Handelsmakler nicht die richtigen Weisungen gegeben hat, so ist der Selbsthilfeverkauf ungültig.

45 Der Verkauf muß durch eine **zuständige Person** vorgenommen werden. Hierzu zählen neben den zu einer öffentlichen Versteigerung befugten Personen (Rdn. 39) auch zu solchen Verkäufen öffentlich ermächtigte Handelsmakler sowie gemäß § 34 BörsG amtlich bestellte Kursmakler. Ein Verkauf durch eine unzuständige Person geht nicht auf Rechnung des Käufers. Dies gilt selbst dann, wenn der laufende Preis er-

---

[13] ROHG **10** 367 ff; ebenso RG ZHR **26** 564; *Schlegelberger/Hefermehl*[5] § 373 HGB 26; *Würdinger/Röhricht* Vorauflage 55.

zielt worden ist, da dem Käufer die Chance genommen worden ist, durch eine zuverlässige Person einen höheren Preis zu erzielen (*Schlegelberger/Hefermehl*[5] § 373 HGB 27; *Heymann/Kötter*[21] § 373 HGB 7).

Beim freihändigen Verkauf darf der Verkäufer anders als bei öffentlichen Versteigerungen nicht als Käufer auftreten. Noch weniger ist es dem Verkäufer gestattet, die Ware zum Tageskurs einfach zu behalten.

46 e) **Benachrichtigung.** Dem Verkauf muß, wenn er im Wege öffentlicher Versteigerung erfolgt, eine Benachrichtigung des Käufers von **Zeit und Ort** der Versteigerung vorangehen (§ 373 Abs. 5 S. 1 1. Halbs. HGB). Eine anderweit erlangte Kenntnis des Käufers genügt nicht, läßt jedoch den Schadensersatzanspruch mangels Kausalität entfallen. Die Benachrichtigung kann mit der Androhung nach § 373 Abs. 2 HGB verbunden werden (Rdn. 34). — Eine weitere Benachrichtigung des Käufers muß bei jeder Art des Selbsthilfeverkaufs unverzüglich **nach** dem vollzogenen **Verkauf** erfolgen (§ 373 Abs. 5 S. 1 2. Halbs. HGB). — Beide Benachrichtigungen sind formlos wirksam. Das Unterbleiben beider Benachrichtigungen hat gemäß § 373 Abs. 5 HGB nicht die Unverbindlichkeit des Verkaufs, sondern lediglich eine Schadensersatzpflicht des Verkäufers zur Folge. Haftungsmaßstab: § 347 HGB, § 276 BGB, nicht § 300 Abs. 1 BGB (RG JW **1901** 11; **1910** 299; **1921** 394). — Die Benachrichtigungen können unterbleiben, wenn sie untunlich sind (§ 373 Abs. 5 S. 2 HGB). Das wird aber kaum jemals der Fall sein, da der Verkäufer in aller Regel zur Abrechnung verpflichtet ist.

47 f) **Gegenstand des Selbsthilfeverkaufs.** Der Verkäufer hat die zu liefernde **Ware,** nicht den Anspruch auf Lieferung durch einen Dritten oder auf Herstellung der Ware zu veräußern (RGZ **34** 99; **35** 1, 3). Beim Spezifikationskauf darf die Ware samt dem Recht zur Spezifikation veräußert werden (RGZ **43** 101, 103). Beim Gattungskauf muß der Verkäufer nicht unbedingt die ursprünglich ausgeschiedenen, vom Käufer zurückgewiesenen Stücke zum Selbsthilfeverkauf bringen. Er darf, wenn der Käufer nicht ausnahmsweise ein besonderes Interesse daran hatte, gerade diese Stücke zu erhalten, auch andere gleichartige Stücke zum Verkauf geben. Unzulässig ist hingegen ein Selbsthilfeverkauf in Form eines reinen Gattungsverkaufs. Die Ware muß beim Gattungskauf auch zum Zeitpunkt der Versteigerung noch nicht unbedingt ausgesondert sein. Sie muß aber bereits im Besitz des Verkäufers stehen oder für ihn verfügbar sein[14]; denn der Kaufinteressent soll wissen, welche Ware er erwirbt und wo er sie besichtigen kann (RGZ **34** 98, 100; **45** 29, 31). Deshalb muß die Versteigerung beim Gattungskauf mindestens den Hinweis auf einen bestimmten, durch Angabe des Lagerortes individualisierten Vorrat enthalten, wenn sich das Erforderliche nicht schon aus den Umständen ergibt (RG JW **1913** 47).

48 Ist der ursprüngliche Kauf so abgeschlossen worden, daß der Verkäufer ein **Dispositionspapier** (Konnossement, Ladeschein, Orderlagerschein) anzudienen hat oder andienen darf (z. B. „Kasse gegen Dokumente"), so kann die Ware in Gestalt des Dispositionspapiers zum Selbsthilfeverkauf gebracht werden[15]. Der Erwerber steht damit nicht ungünstiger als der Käufer. Ist dagegen kein Dispositionspapier anzudienen, sondern hat der Verkäufer dies entgegen dem Vertrag tatsächlich angeboten, so braucht sich der Käufer damit nicht zu begnügen. Er kann die Ware selbst verlangen. Der Käufer ist nur dann in Annahmeverzug geraten, wenn er die Annahme der Ware verweigert hat. Der Selbsthilfeverkauf ist bei dieser Sachlage erst dann möglich, wenn die Ware am Leistungsort eingetroffen, für den Käufer greifbar ist und vom Käufer nicht abgenommen wird.

---

[14] RGZ **33** 95, 96; **34** 99; *Schlegelberger/Hefermehl*[5] § 373 HGB 35.

[15] RG JW **1901** 654; DJZ **1906** 541; *Schlegelberger/Hefermehl*[5] § 373 HGB 35.

49 **Teillieferungen** können nur dort im Weg des Selbsthilfeverkaufs veräußert werden, wo der Käufer ausnahmsweise Teillieferungen annehmen muß. In einem solchen Fall ist jede einzelne fällige Rate, die der Käufer nicht angenommen hat, zum Selbsthilfeverkauf zu stellen. Liegt Annahmeverzug mit allen Einzellieferungen vor, so kann sie der Verkäufer nach seiner Wahl einzeln oder alle zusammen versteigern lassen, es sei denn, daß der Gesamtverkauf gegen Treu und Glauben verstößt, weil dadurch die Preise zu stark gedrückt werden. Teilleistungen können auch dann zum Selbsthilfeverkauf gebracht werden, wenn mehrere Gegenstände verschiedener Art ohne Gesamtpreis so verkauft sind, daß sie kein einheitliches Geschäft bilden. Anders ist es, wenn es sich um Teile eines durch ein Geschäft gekauften Postens handelt, selbst wenn der Posten teilbar ist. Die wirtschaftliche Teilbarkeit der Leistung genügt nicht, um Teillieferungen zu verkaufen. Das bedeutet jedoch nicht, daß bei einem einheitlichen Geschäft notwendigerweise die ganze Menge auf einmal zum Selbsthilfeverkauf gestellt werden muß. Entscheidend ist, in welchen Mengen handelsüblicherweise oder sonst im Interesse des Käufers (Rdn. 54) zu verkaufen ist. Es ist daher durchaus zulässig, Einzelverkäufe an verschiedenen Tagen stattfinden zu lassen. Der Verkäufer darf jedoch nicht einen Teil der Ware verkaufen und einen Teil der Ware hinterlegen. Der Selbsthilfeverkauf ist nicht beendet, bevor nicht die gesamte Menge, mit der sich der Käufer in Annahmeverzug befindet, verkauft ist. Bringt der Verkäufer eine größere Menge zum Selbsthilfeverkauf, als der Käufer anzunehmen verpflichtet war, oder läßt er auch noch andere Ware mitverkaufen, so macht dies den Selbsthilfeverkauf nur dann unwirksam, wenn dadurch das Verkaufsergebnis zum Nachteil des Käufers beeinflußt worden ist.

50 **g) Die Bedingungen des Selbsthilfeverkaufs.** Die Konditionen des Selbsthilfeverkaufs müssen nicht immer genau mit den Bedingungen des ursprünglichen Kaufvertrages übereinstimmen. Insoweit hat das Gesetz keine besonderen Erfordernisse, insbesondere keine Wirksamkeitserfordernisse aufgestellt[16]. Es kommt allein darauf an, daß der Verkäufer den Selbsthilfeverkauf für die Rechnung des Käufers, d. h. auch entsprechend den Interessen des Käufers durchführt. Der Verkäufer muß sich mit der gebotenen Sorgfalt (§ 347 HGB, § 276 BGB) bemühen, für die Ware den nach den Umständen bestmöglichen Preis zu erzielen[17]. Ist dieses Interesse des Käufers gewahrt, so sind auch erhebliche Abweichungen unschädlich. Das gilt insbesondere dann, wenn der erzielte Erlös dem Marktpreis der Waren entspricht[18]. Unter den genannten Voraussetzungen kann z. B. gegen Kasse verkauft werden, auch wenn der ursprüngliche Kaufvertrag Dreimonatsakzept oder Zahlung in dem auf die Lieferung folgenden Monat[19] oder Zahlung erst nach Eintreffen der Ware am Bestimmungsort (OLG Hamburg OLGE **37** 20) vorsah. — Unzulässig sind dagegen Abweichungen, welche dem Verkäufer auf Kosten des Käufers einen unbilligen Vorteil verschaffen oder den Preis unter Verletzung der Käuferinteressen drücken (RGZ **19** 198, 200; RG JW **1921** 394). So kann etwa ein im Hauptvertrag nicht vorgesehener Gewährleistungsausschluß den Verdacht erwecken, daß Güte und Beschaffenheit der Ware sich nicht mit ihrem Aussehen decken[20] und dadurch den Erlös zu Lasten des Käufers mindern. Eine unzulässige Bedingung macht den Verkäufer schadensersatzpflichtig. (Rdn. 59).

---

[16] *Schlegelberger/Hefermehl*[5] § 373 HGB 36; *Heymann/Kötter*[21] § 373 HGB 7.

[17] RG JW **1904** 560; Recht **1905** 623 Nr. 2605; LZ **1927** 455.

[18] RG Recht **1921** Nr. 2635; SeuffA **76** 54; *Heymann/Kötter*[21] § 373 HGB 7; *Baumbach/Duden/Hopt*[25] § 373 HGB 7 F.

[19] RG bei *Holdheim* **1915** 81; OLG Braunschweig OLGE **28** 375 f; OLG Dresden ZHR **38** Nr. 263.

[20] RGZ **19** 198, 200; JW **1902** 545; OLG Hamburg HansGZ **1907** Hptbl. 44 und **1920** Hptbl. 19.

51 **h) Der Ort des Selbsthilfeverkaufs.** Anders als im Fall des § 383 BGB steht die Wahl des Verkaufsortes beim Selbsthilfeverkauf gemäß § 373 Abs. 2 HGB im pflichtgemäßen Ermessen des Verkäufers. Der Verkäufer hat dabei wie ein Beauftragter des Käufers (Rdn. 54) auf die Interessen des Käufers mit pflichtgemäßer Sorgfalt Rücksicht zu nehmen. Z. B. darf er dem Käufer keine unnötigen Kosten verursachen oder mit der Ware spekulieren (RGZ **15** 1, 3; RG JW **1901** 617). Das Gebot, keine unnötigen Kosten zu verursachen, hat zur Konsequenz, daß der Verkäufer die Ware im Zweifel dort zu verkaufen hat, wo sie sich zur Zeit der Annahmeverweigerung befindet (RG JW **1901** 756; ROHG **16** 425). Gegebenenfalls kann der Verkäufer Waren, die sich auf dem Transport befinden, auch unterwegs verkaufen (*Baumbach/Duden/Hopt*[25] § 373 HGB 7 F). Vor allem aber hat der Verkäufer den Verkaufsort anhand des Kriteriums „günstige Verkaufsmöglichkeit" auszuwählen, ohne daß von ihm erwartet werden kann, die Ware an einen Ort zu transportieren, an dem sie nach dem Vertrag nicht transportiert werden sollte (ROHG **14** 422; RGZ **5** 67; OLG Hamburg OLGE **3** 81). Unerheblich ist es, ob der Transport nach dem Vertrag auf Kosten des Verkäufers erfolgen sollte, da die ersparten Transportkosten beim Verkauf am Absendeort dem Käufer gutzubringen sind[21].

52 Wird schwimmende Ware nicht angenommen und deshalb die Ware in Gestalt des Konnossements versteigert, so ist sie nicht an dem Ort zu versteigern, an welchem sich das Konnossement befindet, sondern im Zweifel dort, wo die Ware auszuliefern ist (RG JW **1901** 654), da in der Regel dort günstigere Preise zu erzielen sind. **Verstöße** gegen die Pflicht zur Interessenwahrung machen den Selbsthilfeverkauf nicht unwirksam, sondern begründen lediglich eine Schadensersatzpflicht[22]. Der Verkäufer hat zu beweisen, daß eine Verletzung seiner Pflicht den Erlös nicht oder nur in geringerem Umfang beeinflußt hat (RGZ **110** 269, 270).

53 **i) Zeitpunkt des Selbsthilfeverkaufs.** Mit dem Selbsthilfeverkauf kann frühestens am Tag der Fälligkeit der Lieferung begonnen werden. Das gilt selbst dann, wenn der Käufer schon vor dem Fälligkeitsdatum erklärt hatte, er werde die Lieferung nicht annehmen, da ja der Käufer bis zur Fälligkeit seine Meinung noch immer ändern kann. Außerdem ist zu berücksichtigen, daß bis zum Fälligkeitsdatum die Preise steigen können, weil in die Preise schon die Lagerkosten beim Verkäufer einkalkuliert sind. Nach Fälligkeit der Lieferung steht es dem Verkäufer frei, den ihm am zweckmäßigsten erscheinenden Zeitpunkt zu wählen; an eine bestimmte äußerste Zeitgrenze ist der Verkäufer nicht gebunden, da es ja dem Verkäufer gemäß § 373 HGB auf unbegrenzte Zeit gestattet ist, die Ware auf Kosten des Käufers zu hinterlegen. Der Käufer wird durch das Hinausschieben des Selbsthilfeverkaufs nicht benachteiligt, da es ihm ja jederzeit möglich ist, die Ware abzunehmen[23]. Der Verkäufer darf sich aber nicht dolos schädigend verhalten, indem er z. B. bewußt einen Zeitpunkt auswählt, in dem die im Wege des Selbsthilfeverkaufs zu erzielenden Preise außergewöhnlich niedrig sind. Das RG (RGZ **66** 186, 192) will dem Verkäufer auch grob fahrlässiges Verhalten entgegenhalten; doch ist zu berücksichtigen, daß zunächst der Verkäufer die Kosten der Hinterlegung zu zahlen hat und daß es deshalb dem Verkäufer erlaubt sein muß, sich dieser Kosten jederzeit durch einen Selbsthilfeverkauf zu entledigen. Eine Pflicht, die Ware zu einem möglichst günstigen Zeitpunkt zu verkaufen, kann daher nicht aner-

---

[21] *Baumbach/Duden/Hopt*[25] § 373 HGB 7 G; **a. A.** RG JW **1901** 756.

[22] RGZ **110** 270; *Schlegelberger/Hefermehl*[5] § 373 HGB 36 f; *Heymann/Kötter*[21] § 373 HGB 7.

[23] RGZ **32** 61, 64; **36** 83, 86 ff; **41** 63 f; **57** 105, 107; **66** 186, 192.

kannt werden. — Selbst wenn der Verkauf bereits angezeigt war, kann ihn der Verkäufer verschieben, zumal wenn dies dem Zweck dient, bessere Preise zu erzielen. Er muß diese Verschiebung allerdings dem Käufer rechtzeitig mitteilen, damit sich dieser darauf einstellen kann (OLG Hamburg SeuffA **69** 110). Ein evtl. Verstoß gegen das Gebot, den Zeitpunkt des Selbsthilfeverkaufs richtig zu wählen, macht den Selbsthilfeverkauf nicht unwirksam, sondern verpflichtet den Verkäufer lediglich zum Ersatz des Schadens[24]. Unter besonderen Umständen kann eine übermäßige Verzögerung auch zur Verwirkung des Rechts zum Selbsthilfeverkauf führen (RGZ **36** 83, 86 ff); doch ist zu beachten, daß der Verkäufer kaum jemals das Vertrauen beim Käufer erwecken wird, er werde die Ware auf unabsehbare Zeit hinterlegen. Allein die Tatsache des Zeitablaufs führt nicht zur Verwirkung.

54 **j) Die Rechtswirkungen des Selbsthilfeverkaufs. aa) Die Rechtswirkungen ordnungsgemäßen Selbsthilfeverkaufs.** Der handelsrechtliche Selbsthilfeverkauf erfolgt für die Rechnung des Käufers. Der Verkäufer hat demnach kraft Gesetzes die **Stellung eines Beauftragten.** Er ist daher verpflichtet, dem Käufer über die Durchführung des Selbsthilfeverkaufs Rechenschaft abzulegen (§ 666 BGB), ihm den erzielten Erlös herauszugeben (§ 667 BGB) und berechtigt, von dem Käufer Ersatz der Aufwendungen zu verlangen, die er nach den Umständen für erforderlich halten durfte (§ 670 BGB).

55 Der Selbsthilfeverkauf ist zugleich eine Art der **Erfüllung:** Durch die Veräußerung der Ware für Rechnung des Käufers erfüllt der Verkäufer diesem gegenüber seine Lieferpflicht aus dem Hauptvertrag. Bei Zug um Zug abzuwickelnden Käufen wird damit auch der Anspruch des Verkäufers auf den Kaufpreis fällig, da ja der Verkäufer seine Leistung erbracht hat. Der Kaufpreisanspruch des Verkäufers bleibt mithin nach Durchführung des Selbsthilfeverkaufs bestehen. Der Verkäufer kann mit seinem Kaufpreisanspruch, erhöht durch seinen Anspruch auf Aufwendungsersatz, gegen die Forderung des Käufers auf Herausgabe des Erlöses (einen Zahlungsanspruch) **aufrechnen**[25]. Die Aufrechnung ist ausgeschlossen, wenn der Kaufpreis noch nicht fällig ist. In diesem Falle muß der Verkäufer den Erlös abzüglich der Ansprüche auf Aufwendungsersatz herausgeben und die Fälligkeit seiner Kaufpreisforderung abwarten. Er hat kein Zurückbehaltungsrecht gemäß § 273 BGB. Allenfalls kann er sich auf § 321 BGB berufen. Der Verkäufer kann den Erlös nach § 383 BGB hinterlegen. Voraussetzung ist aber, daß eine öffentliche Versteigerung am Erfüllungsort stattgefunden hat. Hat der Verkäufer im Wege des Selbsthilfeverkaufs mehr erlöst als den vom Käufer geschuldeten Kaufpreis zuzüglich Aufwendungen des Verkäufers, so gebührt der Mehrerlös anders als beim Deckungsverkauf in jedem Falle dem Käufer (RGZ **102** 388 ff). Ist der erzielte Veräußerungserlös geringer, so kann der Verkäufer aus dem Kaufvertrag **Zahlung des Restbetrages** verlangen. Dieser Differenzanspruch ist der ursprüngliche Kaufpreisanspruch, der durch die Aufrechnung nicht erloschen ist (RGZ **41** 64; **57** 106; **110** 129 f; JW **1925** 946, 948). — Zu dem vom Käufer geschuldeten **Aufwendungsersatz** gehören im Rahmen des § 670 BGB die Reisekosten, Auslagen für den Warentransport, Porto. Streitig ist es, ob der Verkäufer, der Kaufmann ist, auch gemäß § 354 HGB **Provision** für den Selbsthilfeverkauf in Rechnung stellen kann[26]. Die Frage ist zu verneinen, da der Verkäufer die Wahl hat, ob er die Ware hinterlegt oder ob er sich des

---

[24] RGZ **110** 268, 270; *Schlegelberger/Hefermehl*[5] § 373 HGB 37; *Heymann/Kötter*[21] § 373 HGB 7.

[25] *Schlegelberger/Hefermehl*[5] § 373 HGB 40; **a. A.** *Baumbach/Duden/Hopt*[25] § 373 HGB 8 A: automatisches Erlöschen des Kaufpreisanspruchs.

[26] Bejahend *Schlegelberger/Hefermehl*[5] § 373 HGB 41; **a. A.** *Düringer/Hachenburg/Hoeniger*[3] § 373 HGB 39.

Kostenrisikos der Hinterlegung entledigt und letztlich im eigenen Interesse einen Selbsthilfeverkauf vornimmt (offengelassen BGH WM **1984** 165, 166). Im übrigen ist zu berücksichtigen, daß man im Falle eines Deckungsverkaufs dem Verkäufer auch nicht erlaubt, eine Provision in Rechnung zu stellen, obwohl es auch hier kaum jemals dazu kommen wird, daß der Deckungsverkauf einen höheren Erlös bringen wird als er im Kaufvertrag vereinbart worden war.

56 **bb) Die Rechtsfolgen des ordnungswidrigen Selbsthilfeverkaufs.** Ein Verstoß gegen die gesetzlichen Erfordernisse des Selbsthilfeverkaufs führt **grundsätzlich** dazu, daß der Käufer den Verkauf nicht als für seine Rechnung erfolgt gegen sich gelten lassen muß. (Ausnahmen Rdn. 59). Dabei ist es unerheblich, ob der Verkäufer schuldhaft oder schuldlos gehandelt hat (vgl. aber RG JW **1921** 394). Der Verkäufer muß eben zunächst sicherstellen, daß die Voraussetzungen des § 373 Abs. 2 gegeben sind, bevor er zum Selbsthilfeverkauf schreitet. An der Unverbindlichkeit eines solchen Selbsthilfeverkaufs ändert auch die Tatsache nichts, daß der Käufer gegen ihn keinen Einspruch erhoben hat (RG Gruch **28** 1067; SeuffA **50** Nr. 196), sich durch Mitbieten beteiligt oder die Ware sogar selbst ersteigert hat (ROHG **20** 24; RG *Bolze* 20 Nr. 405) oder ein formell einwandfreier Verkauf kein günstigeres Ergebnis gebracht hätte. Eine Ausnahme gilt dort, wo dem Verhalten des Käufers eine Zustimmung zu dem Selbsthilfeverkauf zu entnehmen ist. Im übrigen ist zu beachten, daß der Verkäufer als berechtigter Geschäftsführer ohne Auftrag gehandelt haben kann (BGH LM Nr. 5 zu § 325 BGB). In einem solchen Fall muß sich der Käufer so behandeln lassen, als ob der Dritte, an den der Verkäufer veräußert hat, empfangsermächtigt gewesen wäre (*Schlegelberger/Hefermehl*[5] § 373 HGB 43).

Zum Verkauf unterhalb des **laufenden Preises** Rdn. 44.

57 Braucht der Käufer den Selbsthilfeverkauf nicht als für seine Rechnung geschlossen gelten zu lassen, so hat der Verkäufer seine Lieferpflicht an den Käufer durch die Veräußerung der Ware an den Dritten nicht erfüllt. Der Käufer bleibt weiterhin berechtigt, von dem Verkäufer Lieferung der Ware zu verlangen, sofern dem Verkäufer (z. B. bei der Speziesschuld) die Leistung nicht (subjektiv) unmöglich geworden ist. Bei Gattungsschulden wird die Ware in aller Regel noch auf dem Markt greifbar sein. Sofern die Rechtswidrigkeit des Selbsthilfeverkaufs vom Verkäufer verschuldet ist, ist der Käufer außerdem berechtigt, gegen den Verkäufer die ihm gem. §§ 325, 326 BGB zustehenden Rechte geltend zu machen. § 300 Abs. 1 BGB kommt dem Verkäufer nicht zugute.

58 Verharrt aber der Käufer auch nach dem ersten für ihn unverbindlichen Selbsthilfeverkauf in seinem Annahmeverzug, so ist der Verkäufer, falls er den Voraussetzungen der §§ 372, 373 Abs. 2 HGB genüge tut, sogar berechtigt, einen zweiten Selbsthilfeverkauf vorzunehmen. Der erste, nicht ordnungsgemäße Selbsthilfeverkauf ist nämlich nicht nur für den Käufer, sondern auch für den Verkäufer im Sinne eines Erfüllungsgeschäftes unverbindlich und Ware, die sich für einen zweiten Erfüllungsversuch eignet, ist auch für den zweiten Selbsthilfeverkauf geeignet (RGZ **41** 63 f).

59 **Keine Unwirksamkeit** tritt ein, wenn der Selbsthilfeverkauf zu **interessenwidrigen Konditionen**(Rdn. 50) am unrechten **Ort** (Rdn. 51) oder zur unrechten **Zeit** (Rdn. 53) vorgenommen worden ist. Das Gesetz enthält keinerlei Vorschriften über Zeit, Ort und Bedingungen des Selbsthilfeverkaufs. Es hat lediglich statuiert, daß der Verkäufer im Interesse des Käufers wie ein Beauftragter tätig werden soll. Dem Verkäufer steht deshalb ein erheblicher Ermessensspielraum offen. Es würde eine zu große Belastung des Verkäufers darstellen, wollte man eine nur schwer erkennbare Überschreitung des

Ermessensspielraums zum Anlaß nehmen, den gesamten Selbsthilfeverkauf für unwirksam zu erklären und den Verkäufer unbegrenzt schadensersatzpflichtig zu machen. Das Handeln eines Beauftragten für einen anderen ist ja auch sonst nicht deshalb gänzlich unwirksam, weil der Beauftragte in einem Punkt seinen Ermessensspielraum überschritten hat. Der Verkäufer, der in Hinblick auf die Wahl von Ort, Zeit und Konditionen des Selbsthilfeverkaufs sein Ermessen falsch ausgeübt und fahrlässig gehandelt hat, ist verpflichtet, den daraus resultierenden Schaden zu ersetzen (RGZ **110** 268, 270). Der Verkäufer hat den Käufer im Wege des Schadensersatzes so zu stellen, wie dieser gestanden haben würde, wenn der Verkäufer mit der gebotenen Sorgfalt vorgegangen wäre. Der Käufer kann demnach verlangen, daß der Verkäufer ihm auf seine Kaufpreisschuld den Betrag gutbringt, den dieser bei pflichtgemäßem Vorgehen erlöst hätte (**a. A.** RG JW **1921** 394 f).

60 Ist lediglich eine **Benachrichtigung** im Sinne des § 373 Abs. 5 HGB unterlassen worden, so wird die Verbindlichkeit des Selbsthilfeverkaufs dadurch ebenfalls nicht berührt. Der Verkäufer hat dem Käufer einen etwaigen Schaden zu ersetzen.

61 k) **Verhältnis zum Deckungsverkauf.** Befindet sich der Käufer nicht nur in Annahmeverzug, sondern mit seiner **Zahlungspflicht** oder, falls die Abnahme Hauptverpflichtung ist, **auch** mit dieser in **Schuldnerverzug,** so stehen dem Verkäufer wahlweise ferner die Rechte aus § 326 BGB zu. Der Verkäufer kann dann gemäß § 326 BGB nach fruchtlosem Ablauf einer Nachfrist vom Vertrag zurücktreten oder Schadensersatz wegen Nichterfüllung verlangen und in diesem Rahmen einen Deckungsverkauf tätigen. Die Vornahme des Selbsthilfeverkaufs nach § 373 HGB bedeutet zwangsweise Erfüllung des Kaufvertrages (Rdn. 55). Geht der Verkäufer nach§ 326 BGB vor, so ist hingegen der Erfüllungsanspruch spätestens im Moment des **fruchtlosen Ablaufs der Nachfrist** ausgeschlossen. Daher kann der Verkäufer, der gemäß § 326 BGB angedroht hatte, er werde nach Ablauf der Nachfrist die Leistung ablehnen, nicht nachträglich zum Selbsthilfeverkauf gemäß § 373 HGB übergehen oder einen Deckungsverkauf im nachhinein als Selbsthilfeverkauf nach § 373 HGB ausgeben. Umgekehrt ist es dem Verkäufer allerdings möglich, auch noch nach Androhung des Selbsthilfeverkaufs die Ablehnungsandrohung im Sinne des § 326 BGB auszusprechen und einen Deckungsverkauf vorzunehmen. Deshalb kann der Verkäufer auch einen bereits durchgeführten Selbsthilfeverkauf nachträglich, sofern die Voraussetzungen des § 326 BGB erfüllt sind, als Deckungsverkauf behandeln[27]. Das ist für ihn günstiger, wenn er höhere Erlöse, als er sie im Vertrage mit dem Käufer vereinbart hatte, erzielen konnte; denn den Erlös aus dem Deckungsverkauf darf der Verkäufer voll behalten (RGZ **102** 388, 390). Da der Deckungsverkauf keinerlei Formvorschriften unterliegt, kann auch ein ordnungswidriger und als solcher nicht wirksamer Selbsthilfeverkauf nachträglich als wirksamer Deckungsverkauf behandelt werden (RGZ **109** 134, 136).

62 l) **Beweislast.** Die Beweislast für die Ordnungsmäßigkeit des Selbsthilfeverkaufs liegt beim Verkäufer. Er muß daher, wenn der Käufer das bestreitet, die Einhaltung der gesetzlichen Erfordernisse beweisen. Abweichungen hinsichtlich Zeit, Ort und Bedingungen des Verkaufs sowie Abweichungen vom laufenden Preis muß der Käufer beweisen, während der Verkäufer beweisen muß, daß der Schaden niedriger liegt und nicht die Höhe des Kaufpreises erreicht (RGZ **110** 268, 270).

---

[27] RGZ **53** 11 ff; **102** 388, 390; **109** 324, 326 f; **110** 155, 157; LZ **1916** 536.

3. Abweichende Vereinbarungen

63 § 373 HGB ist dispositiv. Abweichende Vereinbarungen im Rahmen von Allgemeinen Geschäftsbedingungen verstoßen gegen § 9 AGBG, wenn sie dem Verkäufer Selbsthilfeverkäufe nach freiem Ermessen erlauben.

§ 375

(1) Ist bei dem Kaufe einer beweglichen Sache dem Käufer die nähere Bestimmung über Form, Maß oder ähnliche Verhältnisse vorbehalten, so ist der Käufer verpflichtet, die vorbehaltene Bestimmung zu treffen.

(2) Ist der Käufer mit der Erfüllung dieser Verpflichtung im Verzuge, so kann der Verkäufer die Bestimmung statt des Käufers vornehmen oder gemäß § 326 des Bürgerlichen Gesetzbuchs Schadensersatz wegen Nichterfüllung fordern oder vom Vertrage zurücktreten. Im ersteren Falle hat der Verkäufer die von ihm getroffene Bestimmung dem Käufer mitzuteilen und ihm zugleich eine angemessene Frist zur Vornahme einer anderweitigen Bestimmung zu setzen. Wird eine solche innerhalb der Frist von dem Käufer nicht vorgenommen, so ist die von dem Verkäufer getroffene Bestimmung maßgebend.

Übersicht

Schrifttum

Baumbach/Duden/Hopt Kommentar zum HGB[25] (1983); *Capelle/Canaris* Handelsrecht[19] (1980); *Düringer/Hachenburg* Kommentar zum HGB[3] (1932); *Großkommentar zum HGB* (1967 ff); *Heymann/Kötter* Kommentar zum HGB[21] (1971) *Reichsgerichtsrätekommentar zum HGB*[12] (1974 ff); *Schlegelberger* Kommentar zum HGB[5] (1976); *Schmidt, Karsten* Handelsrecht[2] (1982).

A. Der Anwendungsbereich des § 375 HGB

I. Der Begriff des Spezifikationskaufs

1. Handelskauf, Waren, Wertpapiere, Werklieferung

1 § 375 findet nur auf Handelsgeschäfte im Sinne der §§ 343, 344 HGB Anwendung.

Es genügt, daß auf einer Seite des Vertrages ein Kaufmann steht[1]. Bewegliche Sachen im Sinne des § 375 Abs. 1 HGB sind Waren. Ihnen stellt § 381 HGB Wertpapiere und im Rahmen eines Werklieferungsvertrages herzustellende unvertretbare, bewegliche Sachen gleich. Es besteht kein Anlaß, dem Beschleunigungsinteresse des Werklieferers weniger Gewicht als dem des Verkäufers beizumessen[2]. § 375 HGB gilt auch für Spezieskäufe, z. B. in einem Fall, in dem dem Käufer das Recht zugestanden wird, eine besondere Ausstattung der gekauften Sache zu verlangen (*Schlegelberger/Hefermehl*[5] § 375 HGB 2).

2. Bestimmung durch Käufer

2 § 375 Abs. 1 HGB setzt voraus, daß der Käufer die näheren Bestimmungen nach freiem Ermessen treffen darf. Obliegt die Bestimmung z. B. einem Dritten, so findet als lex generalis § 317 BGB Anwendung. Ist das Ermessen des Bestimmenden gebunden, so ist gegebenenfalls ergänzend auf die §§ 315 ff BGB zurückzugreifen. § 375 HGB kommt nur in seinem Anwendungsbereich der Vorrang vor den §§ 315 ff BGB zu. Zur Bestimmung der Leistungsmodalitäten, Rdn. 9; zur Abgrenzung von der Wahlschuld (§§ 262 ff BGB, Rdn. 5).

3. Form, Maß oder ähnliche Verhältnisse

3 Im Handelsverkehr erfolgen Bestellungen häufig in der Weise, daß zunächst nur eine Vereinbarung über die abzunehmende Menge und engere Gattung der Ware als Qualitätsmerkmal getroffen wird. Dem Käufer wird das Recht vorbehalten zu bestimmen, in welchen Maßen, in welchen Formen, Farben und dergl. zu liefern ist. Der Preis ergibt sich in aller Regel aus einem vereinbarten Grundpreis und vereinbarten Zuschlägen je nach Maß oder Form. Vielfach wird auf die Preisliste des Verkäufers Bezug genommen.

4 **Streitig** ist es, was man unter **„ähnlichen Verhältnissen"** im Sinne des § 375 Abs. 1 HGB zu verstehen hat. Die ganz h. M. orientiert sich an einer Wortauslegung. Den Formen und Maßen werden **gleichgestellt** die Farbe, die Verarbeitung, die Herkunft, die Menge (RGZ **43** 101), die Zusammensetzung der Grundstoffe (BGH NJW **1960** 674), die Abwandlung desselben Maschinentyps (RG HRR **1934** Nr. 1302; *K. Schmidt* Handelsrecht[2] (1982) § 28 II 3). **Keine** „ähnlichen Verhältnisse" sollen nach ganz herrschender Meinung dort vorliegen, wo der Käufer berechtigt ist, die **Leistungsmodalitäten,** z. B. Leistungsort oder beim Kauf auf Abruf die Leistungszeit, festzusetzen. Insoweit sollen die §§ 315 ff BGB zum Tragen kommen[3]. Nicht unter § 375 HGB sollen auch solche Bestimmungsbefugnisse fallen, bei denen der Käufer zwischen zwei gänzlich verschiedenen Warensorten wählen könne[4]. § 375 HGB erfordere, daß sich das dem Käufer vorbehaltene Bestimmungsrecht innerhalb der Grenzen einer nach der maßgeblichen Verkaufsauffassung (RG Recht **1905** Nr. 1889) **einheitlichen Ware** halte. So liege noch ein Spezifikationskauf im Sinne des § 375 HGB vor,

---

[1] §345 HGB; kritisch *K. Schmidt* Handelsrecht[2] (1982) § 28 I 2; aber auch bei Konsumentengeschäften besteht ein anerkennenswertes Beschleunigungsinteresse des Kaufmannes.

[2] *Schlegelberger/Hefermehl*[5] § 375 HGB 2; vgl. auch RG HRR **1934** Nr. 1302; **a. A.** *Düringer/Hachenburg/Hoeniger* Kommentar zum HGB[3] (1932) § 375 HGB 6.

[3] *Schlegelberger/Hefermehl*[5] § 375 HGB 8; *Baumbach/Duden/Hopt*[25] § 375 HGB 1 A; *Heymann/Kötter*[21] § 375 HGB 1; vgl. auch BGH WM **1983** 1105, 1106.

[4] BGH NJW **1960** 674; WM **1976** 124; *Schlegelberger/Hefermehl*[5] § 375 HGB 5; *Baumbach/Duden/Hopt*[25] § 375 HGB 1 A; *Staudinger/Köhler*[12] vor § 433 BGB 19; *K. Schmidt* § 28 II 3.

wenn Maschinen eines bestimmten Typs in noch zu konkretisierenden Spezialausführungen verkauft seien. Dort aber, wo der Käufer die Wahl zwischen Maschinen verschiedener Typen habe, könne man nur von einer Wahlschuld im Sinne der §§ 262 ff BGB sprechen (RG Recht **1928** 136).

5 Diese Abgrenzung des Geltungsbereichs des § 375 HGB vermag nicht zu überzeugen. Zunächst ist zu kritisieren, daß eine Abgrenzung zwischen derselben Warengattung und verschiedenen Gattungen mit nur einiger Präzision unmöglich ist. Fällt ein Kauf, bei dem der Käufer zwischen Äpfeln und Birnen wählen kann, in den Bereich des § 375 HGB, weil beide zur Gattung Obst gehören oder läuft die Grenzlinie zwischen § 375 HGB und §§ 262 ff BGB bei der Gattung „Äpfel" schlechthin? Das RG (Recht **1905** Nr. 1889) hat daher nicht von ungefähr auf die Verkehrsanschauung zurückgegriffen, ohne klarzustellen, wie diese ermittelt wurde. Letztlich kann auch nur festgestellt werden, ob in einer Branche ein Brauch besteht, in bestimmten Situationen die Rechtsfolgen des § 375 HGB anzuwenden. Stärker ins Gewicht fällt, daß dem Institut der Wahlschuld, so wie es in den §§ 262 ff BGB geregelt ist, allgemein geringe Praxisnähe bescheinigt wird[5]. Dies zeigt sich besonders an der für den Fall der Unmöglichkeit vorgesehenen Regelung, daß der Käufer unter Umständen nur noch unter den verbliebenen Alternativen auswählen darf und muß (§ 265 BGB; *Ziegler* AcP **171** 193, 211). Im Vergleich zu § 375 HGB stellt die in den §§ 262 ff BGB getroffene Regelung den Käufer insofern besser, als er nicht schon nach Ablauf einer Nachfrist mit einem Rücktritt oder Schadensersatzverlangen rechnen muß (§ 375 Abs. 2 S. 1 HGB), sondern der Verkäufer zweimal eine „Nach"-Frist setzen muß, um die Rechte aus § 326 BGB geltend machen zu können. Er muß nämlich zunächst den Ablauf der in § 264 Abs. 2 BGB genannten Frist und dann, nach Ausübung der Wahl, da der Käufer regelmäßig auch zahlungsunwillig sein wird, den Ablauf der Nachfrist im Sinne des § 326 BGB abwarten. Angesichts des im HGB und im besonderen in § 375 HGB hochbewerteten Beschleunigungsinteresses des Verkäufers (Rdn. 1) ist nicht ohne weiteres einzusehen, warum der Käufer, der bestimmen kann, welche Warensorte geliefert werden soll, mehr Zeit zur Verfügung haben soll, bevor er mit einem Schadensersatzanspruch überzogen oder der Vertrag aufgelöst wird, als derjenige Käufer, der die konkreten Maße der zu liefernden Ware mitzuteilen hat. Der Käufer hat in beiden Fallvarianten die typischerweise gleich weitreichende Frage zu beantworten, nämlich, welche konkrete Ware für ihn geeignet bzw. am Markt optimal absetzbar ist. Erst recht passen die §§ 315 ff BGB nicht, wenn der Käufer nicht die Bestimmung über die Modalitäten der Leistungserbringung (z. B. Leistungszeitpunkt) trifft. § 315 Abs. 3 S. 2 2. Alt. BGB sieht dann eine Bestimmung durch Urteil vor. Darüber hinaus soll der Käufer, der trotz Aufforderung (§ 295 S. 2 BGB) die Bestimmung nicht vornimmt, nach h. M. in Annahmeverzug geraten[6]. Dies hilft dem Verkäufer aber dann nicht viel weiter, wenn die Ware nicht sogleich mit dem Abruf geliefert werden sollte; denn mit dem Selbsthilfeverkauf darf der Verkäufer erst bei Fälligkeit der Lieferung (§ 373 Rdn. 53) beginnen. Es kommt daher nicht von ungefähr, daß die ganz h. M. die Ansicht vertritt, auch eine in Hinblick auf die Leistungsmodalitäten gewährte Bestimmungsbefugnis sei nach den Regeln des Wahlschuldverhältnisses (§§ 262 ff BGB) zu behandeln[7]. Es ist deshalb not-

---

[5] *Münchener Kommentar-Keller* § 262 BGB 2; *Staudinger/Selb*[12] § 262 BGB 1; *Ziegler* AcP **171** 193, 209 ff.

[6] *Münchener Kommentar-Söllner* § 315 BGB 22 m. Nachw.; vgl. auch BGH WM **1983** 1105, 1106.

[7] RGZ **57** 138, 141; *Staudinger/Selb*[12] § 262 BGB 4; *RGRK-Alff* § 262 BGB 2; *Soergel/R. Schmidt*[10] § 262 BGB 6; *Esser/Schmidt* Schuldrecht AT (1975) § 14 II; *Medicus* Schuldrecht I (1981) § 19 V; *Münchener Kommentar-Keller* § 262 BGB 4 m. w. Nachw.; **a. A.** *Larenz* Schuldrecht I[13] § 11 II; das Problem wird nicht gesehen vom BGH, BB **1971** 1386.

wendig zu prüfen, ob § 375 HGB nicht zumindest analog auf diejenigen Fälle anzuwenden ist, bei denen man bei wörtlicher Auslegung des Begriffs „Ähnlichkeit" nicht mehr ohne weiteres davon sprechen kann, daß der Käufer berechtigt sei, ein der Form oder dem Maß der Ware „ähnliches" Merkmal zu fixieren.

II. Der Zweck des § 375 HGB

6 Die Bedeutung des § 375 HGB liegt darin, daß er das dem Käufer eingeräumte Spezifikationsrecht zur vertraglichen Hauptpflicht des Käufers erhebt und zugleich dem Verkäufer die Befugnis erteilt, notfalls anstelle des Käufers die Spezifikation vorzunehmen[8]. Die besondere Funktion des § 375 HGB tritt besonders deutlich in Erscheinung, wenn man sich klarmacht, welche Rechte der Verkäufer hätte, falls § 375 HGB nicht existieren würde: Der Verkäufer kann den Anspruch des Käufers auf Lieferung der Ware erst erfüllen, wenn der Käufer die ihm vorbehaltene Spezifikation der Ware vorgenommen hat. Die Spezifikation ist eine zur Bewirkung der Leistung des Schuldners erforderliche Handlung im Sinne des § 295 S. 1 2. Alt. BGB. Unterbleibt diese Mitwirkungshandlung, so ist der Verkäufer, vorausgesetzt er ist — abgesehen von der fehlenden Spezifikation — im übrigen leistungsbereit, nach allgemeinen Regeln befugt, den Käufer in Annahmeverzug zu versetzen, indem er den Käufer auffordert, die erforderliche Spezifikation vorzunehmen. War für die Vornahme der Spezifikation ein fester Zeitpunkt vorgesehen, so tritt der Annahmeverzug in diesem Zeitpunkt ein. Gemäß § 304 BGB kann der Verkäufer Ersatz der Kosten verlangen, die ihm durch die Aufbewahrung der Rohstoffe während des Annahmeverzuges entstehen. Denkbar ist auch eine Hinterlegung der Grundstoffe (§ 373 Abs. 1 HGB). Die Hinterlegung der Ware scheitert daran, daß die zu liefernde Ware noch nicht spezifiziert und daher auch nicht individualisiert ist. Auf Schwierigkeiten stößt auch der Selbsthilfeverkauf. Denkbar ist hier nur ein Verkauf der Ware samt dem Recht zur Spezifikation (RGZ **43** 101, 103). Der Käufer schuldet dann den Kaufpreis nach Maßgabe der Spezifikation, die der Erwerber im Rahmen des Selbsthilfeverkaufs erklärt hat. Außerdem kann der Verkäufer gemäß § 264 Abs. 2 BGB die Spezifikation nach Ablauf einer angemessenen Frist selbst vornehmen. Er befindet sich unter dem Aspekt des § 264 Abs. 2 BGB wirtschaftlich betrachtet in etwa in der Position, die ihm § 375 Abs. 2 S. 1, 1. Alt. und S. 2 HGB eröffnet. Nach der Selbstspezifikation gemäß § 264 Abs. 2 BGB darf der Verkäufer die nun geschuldete Ware, wenn sie der Käufer nicht abnimmt, hinterlegen oder zum Selbsthilfeverkauf schreiten (§ 373 HGB). Außerdem kann der Verkäufer in Hinblick auf seinen nun auch exakt berechenbaren Zahlungsanspruch nach § 326 BGB vorgehen. Allerdings kann der Verkäufer nur dann Rechte aus § 326 BGB herleiten, wenn der Kaufpreis mit der Spezifikation gemäß § 264 Abs. 2 BGB fällig geworden, der Käufer in Verzug geraten ist und eine Nachfrist erfolglos verstrichen ist.

7 Die Besonderheit des § 375 HGB liegt im Vergleich zur reinen BGB-Regelung darin, daß § 375 HGB die Spezifikation zur Hauptleistungspflicht des Käufers erhebt. Nimmt der Käufer die Spezifikation nicht vor, so ist der Verkäufer daher nicht genötigt, erst selbst ersatzweise die Spezifikation vorzunehmen und entsprechend der Spezifikation die eigene Leistungsbereitschaft herzustellen, um dann die Rechte aus § 326 BGB geltend zu machen, weil er feststellen muß, daß der Käufer nicht nur ab-

---

[8] So im Ergebnis — mit einer Modifikation in der Reihenfolge der Fristsetzung — auch § 264 Abs. 2 BGB, der allerdings anders als § 375 HGB nicht an den Schuldnerverzug, sondern an den Annahmeverzug anknüpft.

nahmeunwillig, sondern — wie in aller Regel — auch zahlungsunwillig, wenn nicht gar zahlungsunfähig ist. Vielmehr kann der Verkäufer gemäß § 375 HGB die trotz Nachfrist unterbliebene Spezifikation zum Anlaß nehmen, ohne vorherige Spezifikation, ohne Prüfung der Zahlungswilligkeit und -fähigkeit des Käufers sofort vom Vertrag zurückzutreten oder Schadensersatz zu verlangen.

8 Die Gründe für diese Privilegierung des Verkäufers liegen im Dunkeln. Verbreitet wird auf die Beschleunigungsfunktion (*Schlegelberger/Hefermehl*[5] § 375 HGB 2) oder darauf hingewiesen, daß der Verkäufer ein Interesse daran habe, den Kaufvertrag abzuwickeln und das Betriebspotential für andere Aufträge freizumachen (ebenso *Würdinger/Röhricht* Vorauflage § 375 HGB 7). Diese Deutung der ratio legis überzeugt jedoch nicht, wenn man bedenkt, daß der bloße Abruf der Ware nach ganz h. M. nicht unter § 375 HGB fallen soll. *Canaris* (*Capelle/Canaris* Handelsrecht[19] § 20 VI 3b) hebt hervor, daß die Befugnis zur Selbstspezifikation für den Verkäufer nicht lediglich vorteilhaft sei; denn der Käufer, der mit der Erfüllung der Spezifikationspflicht säumig geworden sei, werde auch vielfach mit der Zahlung in Verzug geraten und den Verkäufer auf einer nahezu unverwertbaren Ware sitzenlassen. Es spricht alles dafür, die ratio legis gerade bei dem von *Canaris* erwähnten Gesichtspunkt zu suchen. In den von § 375 Abs. 1 HGB ausdrücklich erwähnten Fällen, in denen der Käufer noch Form oder Maß bestimmen darf, müßte der Verkäufer in der Tat Grundstoffe nach Maßgabe seiner Ersatzspezifikation (§ 375 Abs. 2 S. 1 1. Alt. HGB) bearbeiten, obwohl er stark befürchten muß, daß der säumige Käufer nicht nur abnahmeunwillig, sondern, weil er sich z. B. in den Absatzchancen verschätzt hat, auch zahlungsunwillig, wenn nicht zahlungsunfähig ist. § 375 Abs. 2 S. 1 HGB erlaubt es dem Verkäufer, die Gefahr von Fehlinvestitionen zu vermeiden, indem er nach fruchtlosem Ablauf einer Nachfrist sofort zum Schadensersatz übergeht oder den Rücktritt erklärt.

III. Ähnliche Verhältnisse

9 Aus der Perspektive dieser ratio legis läßt sich auch klären, was unter „ähnlichen Verhältnissen" zu verstehen ist. Nicht unter den Begriff der „ähnlichen Verhältnisse" fällt das Recht des Käufers, die Leistungsmodalitäten zu bestimmen, z. B. die Ware zu einem ihm genehmen Termin abzurufen; denn der Abruf löst typischerweise keine zusätzlichen Investitionen des Verkäufers aus. Anders ist die Situation, wenn der Käufer das Recht hat, zu bestimmen, welche Stärke der zu liefernde Zwirn aufweisen soll, aus welchem Material er gefertigt sein soll, da der Verkäufer hier nach der Spezifikation mit der Produktion einer auf besondere Bedürfnisse zugeschnittenen Ware beginnen muß. Das RG (Recht **1905** Nr. 1889) hat daher richtig entschieden, als es § 375 HGB auf einen Verkauf anwandte, bei dem der Grundstoff der Ware näherer Bestimmung unterlag. Demnach gilt § 375 HGB auch in Fällen, in denen Maschinen nach Wunsch des Käufers besonderes auszurüsten sind. Problematisch ist die Lösung der Fälle, in denen sich der Käufer das Recht zur Auswahl unter verschiedenen Maschinentypen vorbehalten hat. Vergleichbar ist die Situation, wenn der Käufer innerhalb eines gewissen Rahmens bestimmen darf, welche Menge er abnehmen will. Hat der Verkäufer die Ware auf Lager oder kann er aus der laufenden Produktion liefern, so besteht von der ratio legis des § 375 HGB her kein Anlaß, den Verkäufer zu privilegieren. Anders ist die Situation, wenn der Verkäufer die Ware erst nach Spezifikation anschaffen muß. Hier ist es durchaus sinnvoll, den Verkäufer nicht die Gefahr sinnloser Investitionen laufen zu lassen. Allerdings geht es nicht an, die Anwendbarkeit des § 375 HGB von Fall zu Fall davon abhängig zu machen, ob der Verkäufer nach der Spezifikation noch nicht-unerhebliche Aufwendungen tätigen muß, um lieferbereit zu werden. Auch der

Käufer muß bereits bei Vertragsschluß wissen können, mit welchen Sanktionen er im Falle einer Leistungsstörung rechnen muß. Das RG (Recht **1905** Nr. 1889) hat daher im Kern richtig objektiviert und auf die Verkehrsanschauung in der Branche des Käufers und Verkäufers abgehoben. Freilich kann es nicht auf die Verkehrsanschauung über die Anwendbarkeit des § 375 ankommen. Maßgeblich ist vielmehr, ob der Verkäufer für den Käufer im Einzelfall erkennbar oder typischerweise nach der Spezifikation nicht unerhebliche Kosten aufwenden muß, um entsprechend der Spezifikation leistungsbereit zu werden. Ist dies der Fall, so kann von „ähnlichen Verhältnissen" im Sinne des § 375 HGB gesprochen werden.

B. Die Voraussetzungen für die Ausübungen der Rechte aus § 375 HGB

10 Da der Spezifikationsverzug einen Fall des Leistungsverzuges darstellt, müssen die Voraussetzungen der §§ 284 f BGB erfüllt sein. Dazu gehört als erstes, daß die Spezifikation fällig war. Die **Fälligkeit** ergibt sich in erster Linie aus den im Vertrag getroffenen Vereinbarungen. Sind ausdrückliche Abreden nicht ersichtlich, so hat die Spezifikation nach den Grundsätzen von Treu und Glauben unter Berücksichtigung der Umstände des Einzelfalls, insbesondere der Interessen beider Parteien und des beiden Vertragspartnern bekannten Zwecks der Bestellung sowie der einschlägigen Handelsbräuche und Gewohnheiten innerhalb angemessener Frist zu erfolgen (*Schlegelberger/Hefermehl*[5] § 375 HGB 10). Dies gilt auch, wenn die Bestimmung „nach Bedarf" des Käufers getroffen werden soll (OLG Colmar OLGE **12** 54, 55). Läßt sich eine Frist nicht ermitteln, so wird die Pflicht zur Spezifikation fällig, wenn der Verkäufer zur Bestimmung auffordert. Auf eine teilweise Spezifikation braucht sich der Verkäufer grundsätzlich nicht einzulassen (KG OLGE **19** 398). Regelmäßig ist zum Schuldnerverzug eine frühestens bei Fälligkeit erfolgende Mahnung erforderlich (§ 284 BGB). Ist dem Verkäufer vertraglich eine Lieferfrist bestimmt, so muß er grundsätzlich innerhalb dieser Frist den Käufer zur Spezifikation auffordern (RG WarnRspr. **1918** Nr. 177).

11 Der Käufer muß das Unterlassen der Spezifikation zu vertreten haben (§ 285 BGB). Da § 279 BGB nicht anwendbar ist, muß der Käufer schuldhaft gehandelt haben (§ 347 HGB, § 276 BGB). Das Verschulden bezieht sich allein auf die Erklärung und Mitteilung der Spezifikation (**a A.** *Würdinger/Röhricht* Vorauflage § 375 HGB 10). Die Ursache, aus der heraus es der Käufer unterlassen hat, zu spezifizieren, bewegt sich auf der Ebene des Verwendungszwecks der Ware und ist im Rahmen des Kaufvertrages für den Verkäufer — von den Fällen der Zweckvereitelung abgesehen[9] — unerheblich. Deshalb kann sich der Käufer grundsätzlich nicht darauf berufen, daß er wegen Modeschwankungen, wegen verspäteter Mitteilung der Wünsche seiner Abnehmer oder anderer auf seine Verwendungsplanung bezogener Umstände nicht in der Lage gewesen sei, die von ihm benötigten Waren rechtzeitig genau zu bezeichnen. Der Käufer kann sich mithin grundsätzlich nur damit entlasten, daß er infolge kriegerischer Ereignisse nicht mit dem Verkäufer in Verbindung treten konnte oder daß seine Mitteilung den Verkäufer ohne sein Verschulden nicht erreicht habe.

12 Streitig ist, ob als Voraussetzung der Rechte aus § 375 HGB der Verkäufer im Moment der geschuldeten Spezifikation bzw. nach Mahnung im Sinne des § 297 BGB **leistungsbereit** gewesen sein muß. In der Vorauflage (Rdn. 12) wurde mit eingehender Begründung die Ansicht vertreten, daß der Käufer mit seiner Spezifikationspflicht

[9] *Koller* Die Risikozurechnung bei Vertragsstörungen in Austauschverträgen (1979) 32 ff, 306 ff m. Nachw.

nicht in Leistungsverzug geraten könne, wenn auf der Seite des Verkäufers Umstände vorliegen, die einen Annahmeverzug des Käufers hindern[10]. Dem wird entgegengehalten, daß die dem Käufer vorbehaltene Bestimmung nicht im Sinne des § 295 BGB „zur Leistung erforderlich" sei, da der Verkäufer die Bestimmung ja nach Verzugseintritt selbst vornehmen könne[11]. Richtigerweise ist davon auszugehen, daß Leistungsverzug im Sinne des § 375 Abs. 1 HGB und **Annahmeverzug** infolge Unterlassens der Spezifikation konkurrieren können. Nur Annahmeverzug tritt dort ein, wo der Käufer die Spezifikation ohne sein Verschulden unterlassen hat (*Heymann/Kötter*[21] § 375 HGB 2). In Fällen, in denen der Käufer schuldhaft gehandelt hat, ist der Käufer mit dem Ausbleiben der Spezifikation zumindest eine logische Sekunde lang in Annahmeverzug geraten. Für diese Lösung spricht, daß es wenig sinnvoll ist, dem Verkäufer die volle Haftungserleichterung bis zur Grenze der groben Fahrlässigkeit (§ 300 Abs. 1 BGB) nur deshalb zu versagen, weil man ihm in § 375 Abs. 1 HGB eine im Vergleich zu den §§ 262 ff, 293 ff BGB bessere Rechtsposition verschaffen wollte. Aus der Tatsache, daß Leistungsverzug und Annahmeverzug konkurrieren, folgt jedoch noch nicht, daß auf den Verzug im Sinne des § 375 Abs. 1 HGB § 297 BGB anzuwenden wäre. Vielmehr ist die Frage, ob der Verkäufer im Moment des Spezifikationsverzugs leistungsfähig gewesen sein muß, nach allgemeinen Grundsätzen zu entscheiden. War der Verkäufer im Moment der Fälligkeit der Spezifikation bzw. bei Mahnung selbst außerstande, die spezifizierte Ware vertragsgemäß zu liefern, so ist ihm kein Schaden entstanden. Er kann daher keinen Schadensersatz wegen Nichterfüllung verlangen. Ein Rücktritt vom Vertrag wäre rechtsmißbräuchlich, da der Verkäufer kein Interesse an rechtzeitiger Spezifikation gehabt haben kann (*Heymann/Kötter*[21] § 375 HGB 2). Im übrigen sind die Grundsätze über die beiderseits zu vertretende Unmöglichkeit heranzuziehen (*Münchener Kommentar-Emmerich* § 324 BGB 35).

C. Die Rechte des Verkäufers im Spezifikationsverzug des Käufers

13 Ist der Käufer mit seiner Pflicht zur Spezifikation im Leistungsverzug (Rdn. 10), so hat der Verkäufer gem. § 375 Abs. 2 HGB das Recht, zwischen der Selbstspezifikation (§ 375 Abs. 2 S. 1 HGB), dem Rücktritt vom Vertrag und dem Schadensersatz wegen Nichterfüllung (§ 375 Abs. 2 S. 1 HGB) zu wählen. Außerdem kann er Ersatz des Verzugsschadens und grundsätzlich auch Erfüllung verlangen.

I. Die Selbstspezifikation, der Ersatz des Verspätungsschadens sowie die Vertragserfüllung

1. Erfüllung

14 Der Verkäufer kann Vertragserfüllung verlangen, d. h. der Käufer ist verpflichtet, so wie vertraglich vereinbart, zu spezifizieren. Allerdings kann der Verkäufer grundsätzlich nicht auf Erfüllung klagen, da ihm hierfür das Rechtsschutzinteresse fehlt, wenn er, wie dies § 375 Abs. 2 S. 1 HGB vorsieht, die Spezifikation selbst vorzunehmen vermag[12].

---

[10] § 297 BGB; ebenso im Ansatz *Baumbach/Duden/Hopt*[25] § 375 HGB 1 D.

[11] *Schlegelberger/Hefermehl*[5] § 375 HGB 16; im Grundsatz auch *Heymann/Kötter*[21] § 375 HGB 2.

[12] OLG Dresden OLGE **4** 227; OLG Jena LZ **1914** 967; *Schlegelberger/Hefermehl*[5] § 375 HGB 12; **a. A.** OLG Breslau OLGE **11** 410; *Capelle/Canaris*[19] § 20 VI 3 a.

2. Verzögerungsschaden

15 Der Verkäufer kann ferner unter den Voraussetzungen der §§ 284 ff BGB den aus einer Verzögerung der Spezifikation resultierenden **Verzögerungsschaden** ersetzt verlangen (§ 286 BGB). Es ist jedoch unter dem Aspekt des Mitverschuldens (§ 254 Abs. 2 BGB) zu beachten, daß der Verkäufer die Spezifikation selbst vornehmen darf (§ 375 Abs. 2 S. 1 HGB).

3. Selbstspezifikation (§ 375 Abs. 2 S. 1 HGB)

16 Gemäß § 375 Abs. 2 S. 1 HGB darf der Verkäufer anstelle des Käufers die Spezifikation vornehmen.

17 **a) Vornahme der Selbstspezifikation.** Der Verkäufer kann die dem Käufer vorbehaltene Bestimmung selbst vornehmen. Er muß hiervon dem Käufer Mitteilung machen. Die dem Käufer zugehende **Mitteilung** muß bereits die vom Verkäufer getroffene Spezifikation enthalten. Es genügt nicht, wenn der Verkäufer lediglich erklärt, er werde nach fruchtlosem Ablauf einer dem Käufer gesetzten Frist die Spezifikation selbst vornehmen. Die Verpflichtung des Verkäufers muß nach der Spezifikation so exakt festliegen, daß darauf eine Leistungsklage auf Lieferung dieser Ware gegründet werden kann. Es reicht daher auch nicht aus, daß der Verkäufer lediglich mitteilt, er werde in den gangbarsten Formen anfertigen oder gängigsten Farben einfärben. Streitig ist, ob und in welcher Form der Verkäufer bei der Selbstbestimmung die **Interessen des Käufers** zu beachten hat. *Schlegelberger/Hefermehl* (aaO § 375 HGB 18) und *Heymann/Kötter* (aaO § 375 HGB 5) vertreten die Ansicht, daß der Verkäufer die Spezifikation nach freiem Ermessen vornehmen kann. Demgegenüber sind *Baumbach/Duden/Hopt* (aaO § 375 HGB 2 B) und *Würdinger/Röhricht* (Vorauflage Rdn. 14) der Meinung, daß der Verkäufer nach billigem Ermessen spezifizieren müsse. Der Verkäufer sei verpflichtet, die Spezifikation so zu treffen, wie sie nach seiner Kenntnis mutmaßlich den Interessen des Käufers am besten entspreche. Man hat davon auszugehen, daß der Verkäufer an die Stelle des Käufers tritt, der seinerseits selbst nach freiem Ermessen spezifizieren durfte (*Schlegelberger/Hefermehl*[5] § 375 HGB 18). Aber auch dann, wenn man diesem formalen Argument wenig Gewicht beilegt, ist zu berücksichtigen, daß es für den Käufer wenig Sinn hat, wenn sich der Verkäufer möglichst in die Käuferinteressen hineinversetzt, zumal wenn man bedenkt, daß der Käufer, der im Spezifikationsverzug ist, selbst häufig nicht weiß, was er benötigt. Der Käufer wird durch eine nach freiem Ermessen vorgenommene Fremdspezifikation nicht entrechtet, weil § 375 HGB selbst Vorsorge für die Wahrung der Käuferinteressen trifft. Der Verkäufer hat nämlich die von ihm getroffene Bestimmung dem Käufer mitzuteilen und diesem in angemessenem Umfang die Möglichkeit zu geben, eine anderweitige Bestimmung zu treffen (§ 375 Abs. 2 S. 2 HGB; Rdn. 19). Man wird daher dem Verkäufer erlauben müssen, im Rahmen der Selbstspezifikation auch eigene Interessen zu berücksichtigen, so z. B. das Interesse, im Fall einer Nichtabnahme der Ware im Rahmen eines Selbsthilfeverkaufs (§ 373 HGB) möglichst günstige Preise zu erzielen. Das Recht zur Selbstspezifikation ist allerdings nicht ganz schrankenlos. Der Verkäufer darf nicht dolos schädigend vorgehen. Darüber hinaus gilt die allgemeine Schranke des Verbots des Rechtsmißbrauchs.

18 Die Selbstspezifikation kann grundsätzlich **frühestens** nach Eintritt des Spezifikationsverzugs mitgeteilt werden. Sie darf aber auch mit der Mahnung, die zum Spezifikationsverzug führt, verbunden werden. Die **Mitteilung** ist eine **empfangsbedürftige** Willenserklärung. Sie ist an keine **Form** gebunden.

19 **b) Fristsetzung.** Der Verkäufer hat zugleich mit der Mitteilung der Selbstspezifikation dem Käufer eine **angemessene Frist** zur Vornahme einer **anderen Spezifikation** zu setzen. Dem Käufer soll eine letzte Gelegenheit gegeben werden, seine Bedürfnisse zu wahren. Dem Wortlaut des § 375 Abs. 2 S. 2 HGB zufolge hat die Fristsetzung zugleich, d. h. gleichzeitig mit der Mitteilung der vom Verkäufer getroffenen Bestimmung zu erfolgen. Nach h. M. dürfen dem Käufer aber Mitteilung und Fristsetzung getrennt zugeleitet werden[13]. Eine **Trennung von Fristsetzung und Mitteilung** erscheint jedoch **nicht zulässig,** da nur die Verbindung von Selbstspezifikation und Fristsetzung dem Käufer die Konsequenzen einer weiteren Säumnis deutlich vor Augen führt. Wird in einer späteren Fristsetzung auf die früher mitgeteilte Selbstspezifikation Bezug genommen, so stellt dies eine gleichzeitige, erneute Mitteilung der Spezifikation dar. Unzulässig ist es jedenfalls, erst eine angemessene Frist zur Spezifikation zu setzen und dann die Selbstspezifikation mitzuteilen.

20 Die Fristsetzung ist ebenfalls nach den Regeln für **empfangsbedürftige** Willenserklärungen zu behandeln. Sie ist **formlos** wirksam. Eine unangemessen kurze Frist setzt eine angemessen lange in Gang. **Angemessen** ist eine **Frist,** die es dem Käufer erlaubt, nach kurzer Überlegung unter gebotener Beschleunigung seine Wünsche mitzuteilen. Bei der Bemessung der Frist ist zu berücksichtigen, welche Kommunikationsmittel dem Käufer voraussichtlich aus der Sicht des Verkäufers zur Verfügung stehen werden. Eine vom Verkäufer nicht vorhersehbare Störung der Kommunikationswege geht zu Lasten des Käufers (Wertung des § 287 BGB).

21 Die Frist zur Vornahme einer anderweitigen Bestimmung ist auch dann zu setzen, wenn sich der Käufer ernstlich und eindeutig **geweigert** hat, die Spezifikation vorzunehmen. § 375 Abs. 2 S. 2 HGB will dem Käufer eine letzte Möglichkeit eröffnen, von sich einen Schaden abzuwenden, der möglicherweise weit über einen Nichterfüllungsschaden bzw. den aus einem Rücktritt drohenden Schaden hinausgeht (so im Ergebnis allgemeine Meinung).

22 **c) Wirksamwerden der Selbstspezifikation.** Die Selbstspezifikation ist endgültig ausgeübt, wenn die Selbstspezifikation mitgeteilt worden ist und die wirksam gesetzte Frist zur Vornahme einer anderweitigen Bestimmung fruchtlos abgelaufen ist. Fruchtlos abgelaufen ist die Frist nicht nur, wenn sich der Käufer schweigend verhält, sondern auch dann, wenn er widerspricht, ohne aber innerhalb der Frist seinerseits die Lieferpflichten hinreichend exakt zu spezifizieren. Umgekehrt ist der Verkäufer, der die Selbstspezifikation mitgeteilt hat und zugleich eine Frist zur anderweitigen Bestimmung gesetzt hat, nicht berechtigt, von der Selbstspezifikation auf die anderen in § 375 Abs. 2 HGB genannten Rechte überzugehen. Er darf auch nicht nach fruchtlosem Fristablauf eine erneute Selbstspezifikation vornehmen. Der Spezifikationskauf hat sich nämlich in einen gewöhnlichen Kauf verwandelt. Der Verkäufer hat die von ihm spezifizierten Waren zu liefern und kann dafür den Kaufpreis beanspruchen. Der Käufer muß diese Waren abnehmen und bezahlen.

23 **d) Klage auf Zahlung eines Mindestkaufpreises.** Das Recht des Verkäufers zur Selbstspezifikation schließt eine Klage auf Zahlung des Mindestkaufpreises aus (*Schlegelberger/Hefermehl*[5] § 375 HGB 26). Für eine Klage auf Zahlung ohne Spezifikation fehlt es an einem hinreichend bestimmten vertraglich vereinbarten Preis, da die Höhe des Preises von Art und Weise der Spezifikation abhängt. Der Verkäufer kann auch nicht einen Mindestkaufpreis verlangen, da dem ja eine „Mindest"-Lieferpflicht gegen-

[13] *Schlegelberger/Hefermehl*[5] § 375 HGB 21; *Heymann/Kötter*[21] § 375 HGB 5; *Würdinger/Röhricht* Vorauflage Rdn. 15.

überstehen müßte und man vor Spezifikation nicht weiß, welche Ware der Verkäufer zu liefern hat. Für eine Feststellungsklage besteht kein Rechtsschutzbedürfnis.

II. Schadensersatz wegen Nichterfüllung oder Rücktritt

24 Der Verkäufer kann gemäß § 326 BGB Schadensersatz wegen Nichterfüllung fordern oder vom Vertrag zurücktreten. Das Gesetz hat die Ausübung der Spezifikation zur vertraglichen Hauptpflicht gemacht. Aus der Verweisung auf § 326 BGB folgt, daß der Verkäufer diese Rechte regelmäßig erst dann geltend machen kann, wenn er dem Käufer zuvor fruchtlos unter der Androhung, daß er eine nach Fristablauf erfolgende Spezifikation zurückweisen werde, eine angemessene Nachfrist zur Nachholung der Spezifikation gesetzt hat und diese Nachfrist fruchtlos abgelaufen ist. § 375 Abs. 2 S. 1 HGB verweist also nicht bloß auf die Rechtsfolgen des § 326 Abs. 1 S. 2 BGB, sondern verweist auch auf dessen Voraussetzungen (BGH WM **1976** 125). Die Nachfrist kann entfallen, wenn dies nach den allgemein für § 326 BGB geltenden Regeln zulässig ist (Beispiele: Erfüllungsverweigerung; Interessenfortfall; vertragswidrige Teilspezifikation). Handelt es sich um einen Sukzessivlieferungsvertrag, so kann der Verkäufer die ihm nach § 326 BGB zustehenden Rechte nach seiner Wahl entweder auf die einzelne fällige Rate beschränken oder bereits beim Spezifikationsverzug mit der ersten Rate seine Rechte in Hinblick auf die gesamten noch ausstehenden Lieferungen ausüben (BGH WM **1976** 124, 125). Erforderlich ist lediglich, daß er seine Absicht in der Erklärung, in der er die Nachfrist setzt, ausreichend kenntlich macht. Eine Nachfristsetzung ist ausnahmsweise entbehrlich, wenn der Käufer durch schuldhaft vertragswidriges Verhalten den Zweck des Vertrages und dessen reibungslose Durchführung ernsthaft gefährdet (BGH WM **1976** 124, 125).

25 Setzt der Verkäufer dem Käufer eine Nachfrist zur Spezifikation mit der Erklärung, daß er nach dem Ablauf der Frist die Spezifikation zurückweisen werde, so ist der Verkäufer an diese **Wahl gebunden.** Er kann mithin nicht mehr zur Selbstspezifikation übergehen. Holt der Käufer die unterlassene Spezifikation noch derart innerhalb der Nachfrist nach, daß die Spezifikation dem Verkäufer rechtzeitig zugeht, so ist der Verzug geheilt. Bei fruchtlosem Ablauf der Nachfrist ist der Anspruch auf Vertragserfüllung für beide Vertragsteile endgültig erloschen (§ 326 Abs. 1 S. 2 BGB). Gemäß § 326 Abs. 1 S. 2 BGB kann dann der Verkäufer zwischen Schadensersatz wegen Nichterfüllung und dem Rücktritt vom Vertrag wählen. Die Wahl kann auch schon im Rahmen der Erklärung über die Nachfristsetzung getroffen werden.

26 Der Verkäufer kann den **Nichterfüllungsschaden** konkret berechnen. Sein Schaden besteht darin, daß er die Lieferung nicht vornehmen kann und den Kaufpreis nicht erlangt. Allerdings bereitet die Ermittlung der Schadenshöhe praktische Schwierigkeiten, da nicht exakt bestimmt ist, welche Ware der Verkäufer schuldet. Die Schadensbemessung hat deshalb anhand der zur Verfügung stehenden Anhaltspunkte zu erfolgen. In Betracht kommen die Aufwendungen für die Grundstoffe, die Aufwendungen für sinnlos eingestelltes Personal. Der Verkäufer kann Ersatz dieser sinnlos gewordenen Aufwendungen fordern. Im Rahmen der abstrakten Schadensberechnung hat man davon auszugehen, welche Mindestmenge bzw. Mindestqualität der Käufer hätte spezifizieren müssen. Im Zweifel hat man von dem kleinsten gemeinsamen Nenner der potentiellen Spezifikationswünsche des Käufers, d. h. in der Regel dem geschuldeten Grundstoff, auszugehen. Auf dieser Basis sind die Preise der hypothetischen Deckungsverkäufe zu ermitteln und in Relation zu den vereinbarten Kaufpreisen (Preisen für den Grundstoff) zuzusetzen. Auf diese Weise kann auch ein entgangener Gewinn liquidiert werden. Eine volle Liquidation des entgangenen Gewinns ist nur möglich, wenn der Verkäufer zuvor selbst spezifiziert hatte; doch darf ihm das Unterlassen der Selbstspezifikation nicht als Mitverschulden angerechnet werden. § 375 Abs. 2 HGB eröffnet nämlich dem Verkäufer die Wahl zwischen verschiedenen Rechtsbehelfen. Dies ist auch durchaus sinnvoll. Der Verkäufer wird nämlich auf Selbstspezifikation zum Beispiel dann verzichten, wenn er befürchten muß, daß der Käufer nicht hinreichend solvent ist, er daher die selbstspezifizierte Ware nur unter erheblichen Kosten produzieren und nur weit unter den Kosten verkaufen kann.

III. Rechte des Verkäufers wegen Annahmeverzugs

27 Zum Verhältnis des § 375 HGB zu den Regeln über den Annahmeverzug vgl. Rdn. 6.

§ 376

(1) Ist bedungen, daß die Leistung des einen Teiles genau zu einer festbestimmten Zeit oder innerhalb einer festbestimmten Frist bewirkt werden soll, so kann der andere Teil, wenn die Leistung nicht zu der bestimmten Zeit oder nicht innerhalb der bestimmten Frist erfolgt, von dem Vertrage zurücktreten oder, falls der Schuldner im Verzug ist, statt der Erfüllung Schadensersatz wegen Nichterfüllung verlangen. Erfüllung kann er nur beanspruchen, wenn er sofort nach dem Ablaufe der Zeit oder der Frist dem Gegner anzeigt, daß er auf Erfüllung bestehe.

(2) Wird Schadensersatz wegen Nichterfüllung verlangt und hat die Ware einen Börsen- oder Marktpreis, so kann der Unterschied des Kaufpreises und des Börsen- oder Marktpreises zur Zeit und am Orte der geschuldeten Leistung gefordert werden.

(3) Das Ergebnis eines anderweit vorgenommenen Verkaufs oder Kaufes kann, falls die Ware einen Börsen- oder Marktpreis hat, dem Ersatzanspruche nur zugrunde gelegt werden, wenn der Verkauf oder Kauf sofort nach dem Ablaufe der bedungenen Leistungszeit oder Leistungsfrist bewirkt ist. Der Verkauf oder Kauf muß, wenn er nicht in öffentlicher Versteigerung geschieht, durch einen zu solchen Verkäufen oder Käufen öffentlich ermächtigten Handelsmakler oder eine zur öffentlichen Versteigerung befugte Person zum laufenden Preise erfolgen.

(4) Auf den Verkauf mittels öffentlicher Versteigerung findet die Vorschrift des § 373 Abs. 4 Anwendung. Von dem Verkauf oder Kaufe hat der Gläubiger den Schuldner unverzüglich zu benachrichtigen; im Falle der Unterlassung ist er zum Schadensersatze verpflichtet.

Übersicht

Schrifttum

Baumbach/Duden/Hopt Kommentar zum HGB[25] (1983); *Großkommentar zum HGB*[3] (1967 ff); *Heuer* Über Vertragsklauseln in Bezug auf Verschiffung und Abladung des Kaufgegenstandes im überseeischen Handelsverkehr, LZ **1911** 110; *Heymann/Kötter* Kommentar zum HGB[21] (1971); *Hirsch, E.* Anm. zu BGH JR **1960** 14, JR **1960** 16; *Liesecke* Die typischen Klauseln des internationalen Handelsverkehrs in der neueren Praxis, WM **1978** Beilage 3; *Schlegelberger* Kommentar zum HGB[5] (1976).

I. Das Fixgeschäft

1 Das Recht kennt zwei Formen von Fixgeschäften: das absolute und das eigentliche (relative) Fixgeschäft. Das absolute Fixgeschäft ist dadurch gekennzeichnet, daß mit dem Erreichen des Lieferzeitpunkts bzw. mit dem Ablauf der Lieferfrist die Leistung eo ipso i. S. d. §§ 275, 280, 325 BGB unmöglich wird. Beim eigentlichen Fixgeschäft berührt hingegen eine Überschreitung des Lieferzeitpunkts nicht die Möglichkeit der Erfüllung. Das Interesse des Gläubigers an der Einhaltung der Frist ist allerdings vereinbarungsgemäß so stark, daß die Rechtsstellung des Gläubigers im Vergleich zu § 326 BGB verstärkt wird. Gemäß § 361 BGB ist der Gläubiger beim Fixgeschäft im Zweifel ohne Nachfristsetzung zum Rücktritt berechtigt. § 376 HGB verbessert zusätzlich im Einklang mit den das HGB tragenden Grundsätzen der schnellen Abwicklung des Geschäfts und der Rechtssicherheit die Position des Gläubigers. In § 376 HGB ist deshalb nicht nur eine Auslegungsvorschrift normiert, die im Zweifel gilt. Vielmehr ist in § 376 HGB für Kauf- und Werklieferungsverträge (§ 381 HGB), die einseitige oder zweiseitige Handelsgeschäfte (§§ 343 f HGB) darstellen, eine materiell-rechtliche Sonderregelung getroffen. Diese Sonderregelung läßt im Vergleich zu den Regeln des BGB nicht nur die Notwendigkeit einer Nachfristsetzung entfallen, sondern erleichtert auch die Möglichkeiten der Schadensersatzberechnung und begrenzt den Erfüllungsanspruch.

II. Die Voraussetzungen des Fixkaufs im Sinne des § 376 HGB

1. Die Tatbestandsmerkmale des Fixkaufs

2 Ein Fixkauf liegt nicht immer schon dann vor, wenn ein festbestimmter Lieferzeitpunkt oder eine festbestimmte Frist, innerhalb derer geliefert werden sollte, ausbedungen wurde. Der fest vereinbarte Zeitpunkt läßt für sich allein lediglich eine Mahnung im Sinn der Verzugsvorschriften als überflüssig erscheinen. Andererseits ist nicht erforderlich, daß mit dem Ablauf der Lieferfrist bzw. dem Verstreichen des Lieferzeitpunkts der Gläubiger objektiv das Interesse an der Leistung verliert, wie dies § 326 Abs. 2 BGB voraussetzt. Vielmehr ist, damit von einem Fixgeschäft im Sinn des § 376 HGB gesprochen werden kann, notwendig, daß zwischen den Parteien Einigkeit hergestellt worden ist, daß der Vertrag mit der Einhaltung oder Nichteinhaltung der Lieferzeit **stehen oder fallen** soll, und zwar unabhängig davon, ob der Schuldner dies zu vertreten hat oder nicht[1]. Ob sich die Parteien in diesem Sinne einig geworden sind, ist durch Auslegung des Kaufvertrages zu ermitteln.

2. Leistung

3 Unter Leistung ist in erster Linie die Verpflichtung des Käufers zur Übergabe der Ware und Verschaffung des Eigentums sowie die Verpflichtung des Käufers zur Zah-

[1] RGZ **51** 347; **101** 361, 363; BGH LM 2 zu § 376 HGB; DB **1983** 385; OLG München BB **1956** 94; OLG Köln MDR **1954** 422; JR **1959** 302; DB **1963** 586; OLG Hamburg RIW **1981** 262, 264.

lung des Kaufpreises zu verstehen. Es können aber auch andere Verpflichtungen fix vereinbart werden. Beispiele: Abruf, Abholung der Ware, Abnahme der Ware, Übergabe eines Dispositionspapiers oder eines Duplikatfrachtbriefs sowie die Eröffnung eines Akkreditivs[2]. Diese Verpflichtungen sind dann ausnahmsweise als Hauptpflichten anzusehen. Häufig wird in Fällen dieser Art allerdings nur die Rechtsfolge des § 361 BGB gewollt sein (Rdn. 1).

3. Genau zur festbestimmten Zeit oder innerhalb festbestimmter Frist

a) Festbestimmte Zeit/Frist. Die Erfüllung zu einer festbestimmten Zeit oder innerhalb festbestimmter Frist setzt nicht notwendig voraus, daß der Erfüllungszeitpunkt nach dem Kalender festgelegt sein muß. Es genügt, wenn sich der Zeitpunkt vom Eintritt eines bestimmten Ereignisses ab kalendermäßig bestimmen läßt. Möglich ist es auch, eine Leistung in der Form als Fixgeschäft zu vereinbaren, daß der Käufer die innerhalb einer festbestimmten Frist zu liefernde Ware sofort auf Kündigung des Verkäufers hin abzunehmen hat. Ist innerhalb einer Frist zu leisten, so ist diese nur dann genau genug bestimmt, wenn dem Schuldner kein noch so geringer Spielraum offenbleibt. Der Endpunkt muß so exakt fixiert sein, daß jedes weitere Ermessen ausgeschlossen ist. Jedes Ermessen ist ausgeschlossen z. B., wenn „im Mai" zu leisten ist, da dann die Frist am 31. Mai 24.00 Uhr abläuft (RGZ **101** 361, 363). Keine feste Zeitbestimmung liegt dagegen vor, wenn **„sofort"** oder **„sogleich"** zu erfüllen ist (RG WarnRspr. **1926** Nr. 172; OLG Hamburg BB **1954** 613). Ungenügend bestimmt sind ferner Abmachungen, denen zufolge ohne Angabe eines genauen Termins die Leistung **„binnen kürzester Frist"**, **„umgehend"**, **„schleunigst"** oder **„schnellstmöglichst"** (RG LZ **1910** 140) erfolgen soll. Die Klausel, **„prompt"** zu liefern, verpflichtet im allgemeinen nur zur möglichst schnellen Lieferung (Rdn. 276). An einer genauen Zeitbestimmung fehlt es ferner dann, wenn vereinbart wurde, daß die Waren innerhalb der Saison geliefert werden (RG *Bolze* 10 Nr. 466) oder daß bei offener Schiffahrt (ROHG **11** 432) geliefert werden soll. Anders ist die Situation dagegen, wenn vereinbart wurde, daß die Ware wegen ihrer erfahrungsgemäß eintretenden Veränderung nach einem bestimmten Kalendertag für die Zwecke des Käufers nicht mehr zu gebrauchen ist (RG LZ **1925** 439). Ein fester Termin für einzelne Teillieferungen liegt nicht vor, wenn zwar die Gesamtmenge bis zu einem bestimmten Kalendertermin abgenommen sein muß, für Teillieferungen aber nur Abruf in möglichst gleichen Monatsmengen vereinbart ist (vgl. RG WarnRspr. **1933** Nr. 5). Der Vereinbarung eines festen Lieferungszeitpunkts steht nicht entgegen, daß dem Gläubiger das Recht zustehen soll, die Leistung auch schon vorher zu verlangen (Beispiel: Vereinbarung des Liefertermins und die Worte „und täglich"; RGZ **44** 104, 112). **4**

b) „Genau" festbestimmt. Der festbestimmte Lieferzeitpunkt bzw. das Ende der Lieferfrist muß im Vertrag derart fixiert worden sein, daß dem Parteiwillen zufolge mit deren Einhaltung der Vertrag stehen oder fallen soll. Die Parteien müssen einig gewesen sein, daß der Käufer berechtigt sein sollte, bei Nichteinhaltung der Lieferfrist den Kaufvertrag ohne weiteres zu beenden (BGH WM **1984** 639, 641). Ein so weitreichender Wille wird sich nur sehr selten aufgrund einer einzelnen Tatsache oder des Gebrauchs einer bestimmten Formel feststellen lassen (BGH DB **1983** 385, 386). Bei der Ermittlung des Parteiwillens ist deshalb stets auf die Gesamtheit aller zum Vertrag gehörenden Abreden, auf die einschlägigen Handelsbräuche sowie auf die sonst relevanten Umstände des Vertragsschlusses abzustellen. Im Zweifel ist davon auszugehen, daß **5**

---

2 *Canaris* Großkommentar zum HGB[3], Bd. III/3 (2. Bearb.) Rdn. 1051.

kein Fixgeschäft abgeschlossen worden ist (BGH WM **1984** 639, 641; DB **1983** 385 f; RG Recht **1925** 31; OLG Köln MDR **1954** 422).

6 **c) Indizien für ein Fixgeschäft.** Für die Vereinbarung eines Fixgeschäftes spricht die Verwendung von Klauseln, wie **„fix“, „genau“, „präzise“, „spätestens“, „Nachlieferung ausgeschlossen“**, die üblicherweise den Fixschuldcharakter begründen sollen. Die Klauseln lassen, zumal wenn sie in Fernschreiben, in denen wegen der Notwendigkeit, sich kurz zu fassen, Worte in besonderem Maße stereotyp verwendet werden müssen, eine äußerst starke Vermutung für die Begründung einer Fixschuld entstehen (BGH DB **1983** 385 f; OLG Hamburg MDR **1975** 845; KG NJW **1960** 632). Unwiderleglich ist diese Vermutung indessen nicht (BGH DB **1983** 385, 386).

7 Die Verwendung der **cif**- oder **fob**-Klausel läßt auch im Überseekauf nicht notwendig die Vermutung für ein Fixgeschäft entstehen (Rdn. vor § 373 23). Wird die cif- bzw. fob-Klausel im Zusammenhang mit einem Abladetermin (Rdn. vor § 373 17 ff) gebraucht, so bedeutet dies, daß nach Handelsbrauch der Verkäufer im Zweifel fix zu liefern hat[3]. Ist der Verkäufer verpflichtet, die Ware an einem bestimmten überseeischen Platz zu einer bestimmten Zeit **abzuladen** (Rdn. vor § 373 18) oder zu **verschiffen** (Rdn. vor § 373 19), so ist der Käufer nach fruchtlosem Verstreichen dieses Zeitpunkts berechtigt, die Abnahme der Ware bzw. die Aufnahme der Transportdokumente zu verweigern. Allerdings ist zu beachten, daß der Handelsbrauch die Rechtsfolgen zum Teil abweichend von § 376 HGB ausgestaltet. Dem § 376 HGB entspricht der Brauch, daß sich der Käufer keine zweite Andienung gefallen lassen muß, sondern bei Säumnis sofort zurücktreten kann[4]. Anders als im Rahmen des § 376 Abs. 1 S. 2 HGB ist der Käufer aber nicht gezwungen, sein Erfüllungsverlangen sofort nach Terminversäumnis geltend zu machen; denn er wird häufig erst geraume Zeit, nachdem im überseeischen Hafen der Termin zur Abladung bzw. Verschiffung verstrichen ist, von der Säumnis des Verkäufers erfahren. Es genügt daher, daß der Käufer unverzüglich erklärt, welche Ansprüche er erheben oder ob er vom Vertrag zurücktreten will (RGZ **30** 59, 60 f). Anders ist die Situation dort, wo nicht Massengüter, die typischerweise erheblichen Preisschwankungen unterworfen sind, sondern industrielle Erzeugnisse (z. B. Maschinen) in überseeischen Häfen cif oder fob abgeladen werden sollen. Hier haben die Absendetermine im Zweifel keinen Fixschuldcharakter (BGH NJW **1959** 933). Wird die cif- oder fob-Klausel in Verbindung mit einem Termin, an dem die Ware im **Bestimmungshafen eintreffen** soll, gebraucht, so spricht dies für eine Fixschuld, falls der Käufer bis zum Stichtag in die Lage versetzt werden soll, durch Vorlage des Konnossements den Auslieferungsanspruch geltend zu machen und die Ware starken Preisschwankungen unterliegt (BGH NJW **1959** 933; vgl. auch OLG Hamburg MDR **1975** 845). Gleiches gilt, falls vereinbart wurde, daß die Ware am Bestimmungsort bis zu einem bestimmten Termin vom Befrachter freigestellt sein mußte. Auch sog. Erwartungsklauseln (z. B. Dezember—April Erwartung) begründen im Zweifel eine Fixschuld (*Heuer* LZ **1911** 102, 113). Hingegen ist mit dem Verkauf schwimmender Ware (Rdn. vor § 373 73) nicht notwendig eine Fixschuldabrede verbunden.

8 Wurde beim **inländischen Versendungskauf** ein fester Termin bzw. eine feste Frist für die Absendung der Ware vereinbart, so kann nicht ohne weiteres eine Parallele zum überseeischen Abladegeschäft gezogen werden. Es ist deshalb hier anhand zusätzlicher

[3] RGZ **30** 59; **71** 308; **88** 71; RG SeuffA **55** 267 ff Nr. 133; RG JW **1902** Beil. S. 234 Nr. 108; **1917** 927; RG Recht **1909** Nr. 2377; RG WarnRspr. **1916** Nr. 216; OLG Karlsruhe VersR **1975** 1042, 1043; vgl. auch OLG Hamburg RIW **1981** 264.

[4] OLG Hamburg OLGE **44** 242 f; HansRGZ **1933** B 739, 745; *Heuer* LZ **1911** 102, 106; *Liesecke* WM **1978** Beil. 3 S. 24; *Schlegelberger/Hefermehl*[5] § 376 HGB 6; **a. A.** RGZ **71** 307, 309.

Umstände zu prüfen, welche Bedeutung die Terminvereinbarung besitzt; denn ein vergleichbarer Handelsbrauch existiert nicht. Die Tatsache, daß das Interesse des Käufers an der rechtzeitigen Absendung wegen der Unwägbarkeiten des Transportverlaufs nicht so groß ist wie an der rechtzeitigen Ankunft[5], darf nicht unberücksichtigt bleiben. Der Käufer muß daher besondere Gründe für sein Interesse an rechtzeitiger Absendung vortragen. Es genügt hierfür, daß der Verkäufer einen fixen Ankunftstermin nicht zusagen wollte, weil er das Risiko der Transportdauer nicht übernehmen wollte.

9 Für eine Fixschuldvereinbarung spricht ferner, daß für eine pünktliche Belieferung ein **höherer Preis** ausgehandelt wurde (BGH DB **1983** 385, 386), daß der Käufer klar darauf **hingewiesen** hat, der Liefertermin müsse **unter allen Umständen** eingehalten werden (BGH DB **1983** 385, 386). Der Umstand, daß der Käufer ein **großes Interesse** an rechtzeitiger Leistung hat und dies auch deutlich zu erkennen gibt, ist zwar ein Indiz für die Vereinbarung einer Fixschuld. In jedem Fall muß aber auch dargetan werden, daß sich der Verkäufer darauf eingelassen hat, diesem Interesse des Käufers Rechnung zu tragen (OLG Köln MDR **1954** 422; OLG München BB **1956** 94). So genügt es für sich allein weder, daß die Ware für die Anfertigung eines saisongebundenen Modeartikels bestimmt ist, noch, daß der Käufer die Ware zur Aufrechterhaltung der Produktion benötigt. Auch die Klausel **„ohne Nachfrist"** begründet isoliert gesehen keine Fixschuld (BGH NJW **1959** 933).

10 Für die Vereinbarung einer Fixschuld kann der spekulative Charakter eines Geschäfts ins Feld geführt werden (RGZ **101** 361, 363; OLG Hamburg RIW **1981** 262, 264). Allerdings reicht der Umstand allein, daß die Ware starken **Preisschwankungen** unterworfen ist, nicht aus, um unter allen Umständen von einem Fixgeschäft auszugehen (RGZ **36** 83, 85). Anders ist es, wenn das Geschäft in Hinblick auf den Börsenhandel abgeschlossen wurde (RGZ **44** 115; **101** 361, 363). **Börsentermingeschäfte** (§§ 50 ff BörsG) sind den allgemeinen Geschäftsbedingungen der Börsen zufolge Fixgeschäfte. Sie fallen regelmäßig auch ohne Rücksicht auf AGB in die Kategorie der Fixschulden (RGZ **101** 361, 363; **108** 158; LZ **1917** 976). Aus der Vereinbarung einer **Vertragsstrafe** oder Verfallklausel kann ebenfalls ein Indiz für eine Fixschuldabrede abgeleitet werden (*Schlegelberger/Hefermehl*[5] § 376 HGB 5). Schließlich kann sich der Fixschuldcharakter aus **Handelsbräuchen,** sogar aus bloßen Gebräuchen (BGH DB **1983** 385, 386; OLG Köln MDR **1955** 422) ergeben. Bei örtlich verschiedenen Bräuchen ist der Brauch desjenigen Ortes maßgeblich, an dem der Schuldner seine Niederlassung hat, seine Erklärung abgegeben oder in Erfüllung tätig zu werden hat (OLG Hamburg MDR **1975** 845).

11 **d) Indizien ohne Aussagekraft.** Weder in die eine noch in die andere Richtung weist der Umstand, daß der Verkäufer bei der Abwicklung früher abgeschlossener Verträge trotz Säumnis nicht die Rechte aus § 376 Abs. 1 S. 1 HGB geltend gemacht hat (BGH DB **1983** 385, 386); denn dem Käufer steht ja auch uneingeschränkt das Recht zu, trotz Verspätung Erfüllung zu verlangen (z. B. wenn sein Abnehmer mit der Verlängerung der Lieferzeit einverstanden ist). Kommt dem nach der Säumnis neu vereinbarten Liefertermin erkennbar die gleiche Bedeutung wie dem ursprünglichen Termin zu, so hat sich am Fixschuldcharakter der Lieferpflicht nichts geändert[6]. Ferner ist es unerheblich, daß der Käufer den Vertrag — für den Verkäufer nicht erkennbar — nicht ohne Einhaltung der Lieferfrist abgeschlossen hätte (BGH WM **1984** 639, 641).

---

[5] RGZ **36** 83, 85; RG WarnRspr. **1922** Nr. 49; OLG Hamburg HansGZ **1900** Hptbl. 278 Nr. 125; LZ **1917** 288; OLGE **44** 244.

[6] RG JR **1927** 646 Nr. 1103; OLG Hamburg BB **1954** 613; OLG Köln JR **1959** 302; vgl. auch BGH DB **1983** 385, 386.

12 **e) Indizien gegen Fixschuldcharakter.** Unvereinbar mit dem Wesen einer Fixschuld ist eine Vertragsbestimmung, derzufolge der Schuldner die Gewährung einer angemessenen Nachfrist verlangen kann. Das gilt auch dann, wenn die Dauer der Nachfrist exakt bestimmt ist, es sei denn, daß der Vertrag mit der Lieferung innerhalb der Nachfrist stehen oder fallen soll. Gegen die Vereinbarung einer Fixschuld spricht ferner, daß derartige Abreden in der Branche ungewöhnlich sind oder daß die AGB des Verkäufers vorsehen, daß „Fixgeschäfte nicht getätigt werden" und daher die Klausel „fix" im Lichte der AGB auszulegen ist (BGH DB **1983** 385, 386).

4. Aufhebung

13 Die die Fixschuld begründende Abrede kann durch eine spätere Vereinbarung jederzeit wieder aufgehoben werden. Eine solche Vereinbarung liegt z. B. in der vorbehaltlosen Annahme der verspäteten Leistung. Die Entgegennahme von Teillieferungen bedeutet dagegen regelmäßig nur einen Verzicht auf Schadensersatz wegen Nichterfüllung gerade in Hinblick auf diese Teile, es sei denn, daß sie einen erheblichen Teil der Gesamtlieferung ausmachen (RG Recht **1923** 96). Aus der Tatsache, daß der Käufer eine Nachfrist setzt, darf hingegen nicht abgeleitet werden, daß er auf seine Rechte aus § 376 HGB verzichtet; denn der Käufer behält trotz Säumnis des Verkäufers seinen Erfüllungsanspruch (§ 376 Abs. 1 S. 2 HGB; BGH DB **1983** 385, 386). In dem Schweigen des Käufers auf die Anzeige verspäteter Abladung liegt ebenfalls kein Verzicht. Der Käufer darf die Vorlage des Konossements abwarten und muß sich erst dann entscheiden, ob er das Konnossement aufnehmen will.

5. Beweislast

14 Die Beweislast für die Vereinbarung eines Fixgeschäftes trägt derjenige, der aus § 376 HGB Rechte für sich herleiten will.

III. Die Rechtsfolgen des Fixhandelskaufs

15 Leistet der Schuldner nicht an dem festbestimmten Termin oder innerhalb der festbestimmten Frist, so kann der Gläubiger zwischen Erfüllung, Rücktritt vom Kaufvertrag und Schadensersatz wegen Nichterfüllung wählen.

1. Der Anspruch auf Erfüllung

16 Beim Fixhandelsgeschäft geht das Gesetz davon aus, daß der Kaufvertrag, wenn die Leistung zum festgesetzten Stichtag ausbleibt, regelmäßig nicht mehr zur Abwicklung gelangt. Aus diesem Grunde erlischt der Erfüllungsanspruch, es sei denn, daß sich der Käufer die Forderung durch eine besondere **Anzeige** erhält (§ 376 Abs. 1 S. 2 HGB).

Die Anzeige, in der der Gläubiger dem Schuldner mitteilt, daß er auf Erfüllung bestehe, ist eine einseitige, empfangsbedürftige Willenserklärung (§§ 130 ff BGB). Sie bedarf keiner Form. Ein **bloßer Vorbehalt** der Rechte oder ein Protest gegen die Nichterfüllung **genügt nicht;** vielmehr muß der Gläubiger deutlich zu erkennen geben, daß er weiterhin Erfüllung erwarte.

17 Die Anzeige muß **sofort** nach Ablauf der festbestimmten Leistungszeit oder -frist erfolgen. Sofort bedeutet, daß die Anzeige so schnell als möglich erfolgen muß (BGH DB **1983** 385, 386). Anders als dort, wo der Gläubiger „unverzüglich" handeln muß, kann sich der Gläubiger hier nicht darauf berufen, daß er eine Verzögerung der Anzeige nicht verschuldet habe. Die Anzeige kann auch nicht nachgeholt werden, da der

Verkäufer binnen kürzester Frist Gewißheit erlangen soll, ob er noch liefern muß. Die Anzeige muß nach Ablauf der Leistungszeit oder -frist erfolgen. Eine vorher gemachte Anzeige reicht nicht aus. Eine Ausnahme gilt dort, wo der Anzeige zu entnehmen ist, daß der Käufer auf jeden Fall auf Erfüllung bestehen werde. Unter diesen Umständen ist eine Anzeige ganz entbehrlich, weil dem Verkäufer nicht noch etwas angezeigt werden muß, was er ohnehin weiß (**a. A.** *Schlegelberger/Hefermehl*[5] § 376 HGB 16).

18 Der Käufer trägt die **Beweislast,** daß die Anzeige rechtzeitig und in richtiger Form bewirkt worden ist oder ausnahmsweise entbehrlich war.

Hat der Käufer sein Erfüllungsverlangen angezeigt, so besteht sein Anspruch auf Erfüllung fort. Daneben kann der Käufer Ersatz seines **Verzugsschadens** verlangen (§ 286 BGB). Der Betrag des vom Verkäufer zu leistenden Schadensersatzes besteht mindestens in dem Unterschied zwischen dem Markt- oder Börsenpreis zur Zeit des Verzugseintritts und dem niedrigeren Markt- oder Börsenpreis zur Zeit der tatsächlichen Lieferung. In diesem Fall nähert sich der Verzögerungsschaden dem Schadensersatz wegen Nichterfüllung. An das **Erfüllungsverlangen** ist der Käufer **gebunden.** Das Rücktrittsrecht und der Anspruch auf Schadensersatz gem. § 376 Abs. 1 S. 1 HGB erlöschen. Der Fixhandelskauf ist nunmehr zu einem gewöhnlichen Handelskauf geworden. Liefert der Verkäufer weiterhin nicht, so kann der Käufer nur noch nach den allgemeinen Regeln der §§ 284 ff, 326 BGB vorgehen.

Hat der Käufer die Anzeige unterlassen, so ist sein Anspruch auf Erfüllung untergegangen. Er ist nunmehr endgültig auf das Rücktrittsrecht bzw. wahlweise auf einen Anspruch auf Schadensersatz beschränkt. Der Verkäufer ist nicht berechtigt, dem Käufer seine Leistung als Erfüllung aufzudrängen.

2. Der Rücktritt

19 Der Käufer ist zum Rücktritt berechtigt, wenn objektiv die Leistung im Zeitpunkt der Fälligkeit ausbleibt. Sonstige Voraussetzungen bestehen nicht. Insbesondere ist es nicht notwendig, daß der Verkäufer wie im Falle des § 326 BGB das Ausbleiben der Leistung zu vertreten hat. Bei Zug um Zug zu erfüllenden Kaufverträgen entsteht vielmehr das Rücktrittsrecht schon dann, wenn der Käufer darlegt, daß die ihm zustehende Leistung nicht zum Fälligkeitszeitpunkt erfolgt ist. Es ist dann Sache des Verkäufers einzuwenden, daß der Käufer zur Erbringung der Gegenleistung nicht bereit gewesen sei (RGZ **108** 159).

20 **Ausnahmen:** Der Rücktritt ist unter dem Gesichtspunkt des Rechtsmißbrauchs ausnahmsweise ausgeschlossen, wenn die Verspätung der Leistung als geringfügig und auch unter Würdigung der Interessen des Gläubigers an der Einhaltung der Frist so unwesentlich ist, daß die Berücksichtigung der Säumnis mit den Anforderungen an Treu und Glauben schlechthin unvereinbar wäre (RGZ **117** 354, 356 f; *Hirsch* JR **1960** 16). Das Rücktrittsrecht des Käufers entfällt ferner, wenn dieser seinerseits die Säumnis des Verkäufers zu vertreten hat, z. B. eine ihm obliegende Vorleistung nicht erbracht hat, oder wenn dem Verkäufer ein Leistungsverweigerungsrecht zustand[7]. Dabei ist es unerheblich, ob der Käufer schuldhaft gehandelt hat (**a. A.** wohl BGH MDR **1965** 377; KG NJW **1960** 632).

21 Der **Rücktritt erfolgt** durch eine formlose, einseitige, zugangsbedürftige (§§ 130 ff BGB) und grundsätzlich unwiderrufliche Erklärung des Käufers an den Ver-

[7] RG Recht **1927** Nr. 2441; BGH MDR **1965** 377; KG NJW **1960** 632.

käufer. Es gelten die Regeln, die auf den Rücktritt gemäß § 326 Abs. 1 BGB anzuwenden sind. Hat der Käufer nach der Fristversäumnis den Rücktritt vom Vertrag erklärt, so kann er nicht mehr nachträglich zum Schadensersatz übergehen, weil der Vertrag bereits aufgelöst ist (BGH DB **1983** 385, 386). Ob ein Rücktritt vorliegt, ist aus der Sicht des Empfängers zu beurteilen. Ein Zeitpunkt für die Rücktrittserklärung ist nicht bestimmt. Der Rücktritt kann frühestens im Moment der Fälligkeit erfolgen. Stellt sich schon davor heraus, daß der Schuldner den Termin unmöglich einhalten kann, so ist ausnahmsweise die Rücktrittserklärung bereits früher zulässig (OLG Köln JR **1959** 302). § 376 Abs. 1 S. 1 HGB setzt dem Käufer für den Rücktritt keine **Frist.** Dadurch entsteht eine untragbare Schwebelage; denn der Verkäufer weiß nicht, ob der Käufer zurücktreten oder Schadensersatz verlangen wird. Man hat daher im Rahmen des Fixkaufs § 355 BGB analog anzuwenden[8]. Der Verkäufer kann dem Käufer eine angemessene Frist zur Ausübung des Rücktrittsrechts mit der Folge setzen, daß mit dem Fristablauf das Rücktrittsrecht erlischt. Die Rechte des Käufers beschränken sich dann auf den Schadensersatzanspruch wegen Nichterfüllung. Dies gilt auch dort, wo der Käufer im konkreten Fall keinen Schadensersatzanspruch geltend machen kann, weil sich der Verkäufer z. B. nicht im Verzug befunden hatte (**a. A.** *Würdinger/Röhricht* Vorauflage Rdn. 40). Das Interesse an schneller und klarer Beendigung von Schwebesituationen hat den Vorrang[9]. Angesichts der Möglichkeit einer Analogie ist es nicht notwendig, in freier Rechtsfindung eine Frist einzuführen.

3. Der Anspruch auf Schadensersatz wegen Nichterfüllung

22 Voraussetzung des Schadensersatzanspruches ist ausschließlich das objektive Ausbleiben der Leistung bei Fälligkeit und der Verzug des Verkäufers. Im Gegensatz zum Rücktrittsrecht muß der Käufer, der Schadensersatz wegen Nichterfüllung verlangt, also dartun, daß der Verkäufer die Nichterfüllung zu vertreten hat (§§ 284, 285 BGB). Der Käufer kann seinen Schaden **abstrakt** oder **konkret** berechnen. Zu Einzelheiten der abstrakten und konkreten Schadensberechnung s. Kommentare zu den §§ 325, 326 BGB.

---

[8] *Schlegelberger/Hefermehl*[5] § 376 HGB 8; *Baumbach/Duden/Hopt*[25] § 376 HGB 2 A; *Heymann/Kötter*[21] § 376 HGB 3).

[9] Vgl. Art. 26 Abs. 1 S. 2, Abs. 2 EKG; Art. 49 Abs. 2 a Wiener UN-Kaufrecht; **a. A.** RG Recht **1930** 365 Nr. 1245, demzufolge die Rücktrittserklärung alsbald abgegeben werden muß.